1. Ferienziel Florida

1. Miami, Miami Beach und Everglades National Park

4. Nordflorida und der Panhandle mit Abstecher nach New Orleans

ANHANG: Florida Wissen

2. Reisevorbereitung

2. Florida Keys, Key West und Dry Tortugas National Park

5. Vom Panhandle nach Süden zur Tampa Bay

3. Unterwegs in Florida

3. Die (Atlantik-) Küste der Kontraste: Von Miami nach Jacksonville (mit Abstechern nach Georgia)

6. Die südliche Golfküste

Großes Sonderkapitel ORLANDO

7. Von der Golfküste nach Miami

8. Floridareise mit Ausgangspunkt Atlanta

Klappe links: Gesamtübersicht Florida und angrenzende Gebiete mit Seitenzahlen für die in diesem Buch beschriebenen Orte und Routen

REISE KNOW-HOW im Internet

Mehr zu unseren Büchern zu
Nordamerika, Mallorca, Teneriffa u.a,
Newsletterabonnierung, aktuelle und Sonderthemen,
Fahrzeugvermittlung USA/Canada, Buchshop,
viele Links zu nützlichen Internetseiten u.v.a.m.
finden Sie auf unserer Verlagshomepage:

Aktuelle Reisetips und Neuigkeiten
zu fast allen Reisezielen der Erde,
Ergänzungen nach Redaktionsschluss
Büchershop und Sonderangebote:

www.reise-know-how.de

Dr. Hans-R. Grundmann GmbH
Verlagsgruppe REISE KNOW-HOW

Hans-R. Grundmann
Bernd Wagner

Florida

mit **Atlanta, Charleston, New Orleans**

Impressum

Hans-R. Grundmann
Bernd Wagner

Florida
mit Atlanta, Charleston, New Orleans

6. komplett überarbeitete Auflage 7/2013
mit separater Floridakarte
ist erschienen im

Reise Know-How Verlag

ISBN 978-3-89662-280-8

© Dr. Hans-R. Grundmann GmbH
  Am Hamjebusch 29
  26655 Westerstede

Gestaltung

Umschlag: Carsten Blind, Asperg, Hans-R. Grundmann
Satz und Layout: Hans-R. Grundmann, Ulf Behrmann, Carsten Blind
Karten: map solutions, Karlsruhe

Fotos ➢ Fotonachweis auf Seite 491

Druck
Media Print, Paderborn

Dieses Buch ist in jeder Buchhandlung
in Deutschland, Österreich und der Schweiz erhältlich.
Die Bezugsadressen für den Buchhandel sind

– Prolit Gmbh, 35463 Fernwald
– Buch 2000, CH-8910 Affoltern
– Mohr & Morawa GmbH, A-1230 Wien
– Barsortimenter

Wer im lokalen Buchhandel Reise Know-How-Bücher nicht findet,
kann diesen und andere Titel der Reihe auch im Buchshop des
Verlages im Internet bestellen: **www.reisebuch.de**

Alle in diesem Buch enthaltenen Informationen und Daten wurden mit großer Sorgfalt
recherchiert, zusammengestellt und vom Verlag gewissenhaft bearbeitet. Inhaltliche und
sachliche Fehler sind dennoch nicht auszuschließen. Alle Angaben erfolgen daher ohne
Gewähr für die Richtigkeit im Sinne einer Produkthaftung;
Verlag und Autor übernehmen keine Verantwortung und Haftung
für inhaltliche wie sachliche Fehler.

Vorwort

Willkommen im Sonnenstaat

Als im frühen 16. Jahrhundert die Spanier erstmals an Floridas Küste anlegten, hielten sie das neu entdeckte Land für eine Insel und lagen damit nicht ganz falsch. Denn Florida hat in mancher Hinsicht mehr mit den Inseln der Karibik gemein als mit dem Rest der kontinentalen USA. Tropische Temperaturen, Palmen und Sandstrände, karibische Klänge und kubanische Küche machen es zu einem vergleichsweise exotischen Reiseziel.

Andererseits ist Florida aber auch Durchschnittsamerika mit *Shopping Malls*, *Fast Food* an jeder Ecke, ausufernden Großstädten, vielspurigen *Freeways* und was sonst noch so dazu gehört. Hinzu kommt eine touristische Infrastruktur typisch amerikanischer Prägung. Kein anderer US-Staat ist so sehr vom Tourismus bestimmt wie Florida. Mancher Ort verdankt ihm sogar seine Entstehung.

Die größten *Attraktionen* Floridas sind so bekannt, dass man sie kaum erwähnen muss: Neben *Sonne, Sand und Meer* gehören dazu vor allem die *Vergnügungsparks* bei *Orlando*, speziell *Walt Disney World*, die *Art Deco*-Meile in Miami Beach, das schillernde *Key West* und das *J. F. Kennedy-Raumfahrtzentrum* beim Cape Canaveral.

Florida hat auch darüber hinaus viel zu bieten. In zahlreichen *State*, einigen *National Parks* und anderen Naturschutzgebieten stößt man auf eine ungewöhnlich *vielfältige Flora und Fauna* und – unter Wasser vor der Inselkette der Florida Keys – auf Korallenriffe. Eine Florida-Spezialität sind die *Spring Parks*, die um ergiebige Frischwasserquellen und ihre Abflüsse entstanden und teilweise Lebensraum für Seekühe und Alligatoren sind.

Jahrhundertealte *Forts*, angelegt in den Anfängen der Besiedelung bis zum Bürgerkrieg, *Plantagen* aus der Zeit der Sklaverei und die älteste, von spanischen Kolonisten gegründete Stadt der USA, *St. Augustine*, sind sehenswerte Besuchsziele nicht nur für historisch Interessierte. Geballte (Waffen-) *Technik* bieten das bereits erwähnte *Kennedy Space Center* bei Cape Canaveral, das *Museum of Naval Aviation* für Militärflugzeuge bei Pensacola und der *Battleship Park in Mobile/Alabama*. Echte *Kunstschätze* warten u.a. im *Ringling Art Museum* in Sarasota und im *Dalí Museum* in St. Petersburg. Wer *Kneipenbummel* und *Nachtleben* sucht, wird vor allem in Miami Beach fündig, aber auch in Key West, Orlando und anderen Brennpunkten des Tourismus.

Dieses Buch steigt im *Allgemeinen Teil 1* nach einer kompakten Darstellung all dessen, was man vor einer Reise nach Florida unbedingt wissen sollte, rasch in die Details für Reiseplanung- und vorbereitung ein. Das umfangreiche *Kapitel »Unterwegs in Florida«* befasst sich danach intensiv mit allen praktischen Fragen, die sich für und auf Reisen im Sonnenstaat stellen (können).

Der *Aufbau des Teil 2 »Routen und Reiseziele«* ist auf Seite 110 beschrieben. Der Reiseteil ist gespickt mit up-to-date-Informationen und *Internetadressen* für noch mehr Details. Neben den zahlreichen Empfehlungen für *Unterkünfte* vom *Hostel* über *Mittelklasse-Motels* bis hin zur *Luxusherberge* findet der Leser ebenso viele überprüfte Hinweise auf besonders schöne *Campingplätze*.

Ein neues Kapitel ist ab der vorliegenden Auflage dem möglichen **Reisebeginn und/oder auch -ende in Atlanta** gewidmet mit ausführlicher Beschreibung von Routen durch Georgia, South Carolina und Alabama und lohnender Ziele am Wege nach/von Florida.

Wer mehr über Florida erfahren möchte, wird im *Anhang »Florida Wissen«* ausführlich über Geschichte, Bevölkerung, Staat, Politik und Wirtschaft, Kunst und Kultur informiert.

Eine gute Reise wünschen Ihnen

Hans-R. Grundmann und Bernd Wagner

TEIL 1	**PLANUNG, VORBEREITUNG UND DURCHFÜHRUNG**	
	einer Reise nach Florida	**10**

1	**Ferienziel Florida**	**12**
1.1	**Reiseplanung und -information**	**12**
1.1.1	Warum nach Florida?	12
1.1.2	Reisezeiten	13
1.1.3	Reiseziele und -dauer	13
1.1.4	Information hier und vor Ort	14
1.2	**Geografie und Klima**	**16**
1.3	**National Parks und State Parks**	**19**
1.4	**Flora und Fauna**	**23**
1.4.1	Eichen, Mangroven, Pinien und Palmen	23
1.4.2	Floridas Tierwelt	24

2	**Reisevorbereitung**	**26**
2.1	**Flüge nach Florida**	**26**
Kasten	*Gepäckfreigrenzen und -kontrollen bei USA-Flügen*	*27*
2.2	**Pass & Einreiseformalitäten**	**30**
Kasten	*ESTA*	*31*
2.3	**Transport in Florida**	**33**
2.3.1	Öffentliche Verkehrsmittel	33
2.3.2	Mietwagen – Pkw, SUV und Minivans	34
2.3.3	Die Campmobilmiete	39
	• Grundsätzliches	39
	• Campertypen	40
	• Miet-Tarife, Gesamtkosten und Konditionen	41
2.3.4	Kostenvergleich Pkw – Campmobil	44
2.4	**Die Finanzen**	**45**

3	**Unterwegs in Florida**	**48**
3.1	**Autofahren in den USA**	**48**
3.1.1	Abweichende Verkehrsregeln	48
Thema	*Polizeikontakt und Alkohol am Steuer*	*50*
3.1.2	Straßensystem	51
3.1.3	Tanken und Pannenhilfe	52
Kasten	*Hilfreiches Vokabular für Autoreisende*	*54*
3.2	**Unterkunft und Camping**	**55**
3.2.1	Motels, Motor Inns, Hotels und Lodges	55
Thema	*Discount Coupons*	*59*
Kasten	*Die wichtigsten Motel-/Hotelketten*	*61*
Kasten	*H/Motels telefonisch richtig reservieren und stornieren*	*63*
3.2.2	Sonstige Unterkünfte	64

3.2.3	**Camping in Florida**	66
	• Die Situation	66
	• Staatliche Campgrounds	67
	• Kommerziell betriebene Campgrounds	68
	• Campingplatzreservierung	69
	• Campen ohne Campingplatz	70
3.3	**Essen und Trinken**	**71**
3.3.1	Selbstversorgung	71
Kasten	*Preiswert einkaufen mit Kundenkarte*	72
3.3.2	Restaurants	72
	• Fast Food- und Restaurantketten	72
	• Restaurantküchen	74
	• Kaffeebars	75
	• Mahlzeiten	76
	• Verhalten im Restaurant	77
Kasten	*Vokabular im Restaurant*	78
3.4	**Aktivitäten**	**80**
3.5	**Alles Weitere von A bis Z**	**85**
Kasten	*Übersicht Feiertage USA*	88
Essay	*Ochopee Post Office*	94

TEIL 2   ROUTEN UND REISEZIELE IN FLORIDA   108

	Zum Aufbau des Reiseteils	**110**
1	**Miami und Umgebung**	**111**
1.1	**Miami**	**111**
1.1.1	Geschichte	111
1.1.2	Praktisches	115
	• Orientierung, Information und öffentlicher Transport	115
	• Unterkunft, Camping und Essengehen	116
1.1.3	Stadtbesichtigung	118
	• Downtown Miami	118
Thema	*Krimis in Pink: Miami Vice*	121
	• Little Havana	122
	• North Miami	124
	• Südliche Stadtteile	124
1.1.4	Tropische Gärten und Metrozoo	129
Kasten	*Das Coral Castle bei Homestead*	129
1.2	**Miami Beach**	**130**
1.2.1	Kennzeichnung und Entwicklung	130
1.2.2	Praktisches	130
	• Orientierung, Information und öffentlicher Transport	130
	• Unterkunft, Camping und Essengehen	132

1.2.3	Stadtbesichtigung	135
Thema	*Art Deco in Florida*	*136*
1.3	**Everglades National Park**	**141**
Kasten	*Achtung: Moskitos*	*143*
1.4	**Biscayne National Park**	**144**
Thema	*Das Phänomen Everglades*	*145*
	TOP 10 in Miami und Umgebung	**146**

2 »Inselhüpfen« auf den Florida Keys 147

2.1	**Geographie und Geschichte**	**147**
Kasten	*MM für «Mile Marker»*	*149*
2.2	**Die oberen Keys**	**149**
Bericht	*Tauchen zu Kriegsschiffen, Haien und Hochzeiten*	*153*
2.3	**Die mittleren Keys**	**156**
	• Windley Key und Upper Matecumbe Key	156
	• Lignumvitae, Long, Grassy, Vaca und Pigeon Key	157
2.4	**Die südlichen Keys**	**160**
2.5	**Key West**	**163**
2.5.1	Geschichte	163
2.5.2	Praktisches	165
Thema	*Die Schwulen- und Lesbenszene in Key West*	*166*
2.5.3	Besichtigung	168
Thema	*Eine schwierige Nachbarschaft: Key West und Kuba*	*175*
2.6	**Abstecher auf die Dry Tortugas**	**176**
	TOP 10 auf den Florida Keys	**178**

3 Küste der Kontraste: Von Miami nach Jacksonville 179

3.1	**Zur Route**	**179**
3.2	**Städte im urbanen Streifen nördlich von Miami**	**181**
3.2.1	Fort Lauderdale	181
	• Kennzeichnung	181
	• Praktisches	181
	• Stadtbesichtigung	183
Kasten	*»Tourboot« Watertaxi in Fort Lauderdale*	*185*
3.2.2	Boca Raton, Delray Beach und Lake Worth	188
3.2.3	Palm Beach	190
3.2.4	West Palm Beach	192
Exkurs	Abstecher zum Lake Okeechobee	195
3.3	**Von Palm Beach nach Cape Canaveral**	**195**
3.4	**Das Kennedy Space Center**	**202**
Thema	*Stimme des schwarzen Florida: Zora Neale Hurston*	*206*

| | Inhaltsübersicht | **5** |

Sonderkapitel Orlando — **207**

	Orlando, Welthauptstadt des Kommerztourismus	**208**
	Geschichte	**208**
Kasten	*Vergnügungsparkstatistik*	208
	Praktisches	**210**
	• Orientierung, Information und öffentlicher Transport	210
	• Unterkunft	212
	• Camping	214
	• Essengehen, Abendunterhaltung und Shopping	215
Thema	*Celebration: Mickeys Musterstadt*	217
	Stadt Orlando	**219**
	Walt Disney World	**222**
	• Geografie, Zeiten und Tickets	222
	• Anfahrt und Transport zwischen den Parks	224
	• Unterkommen in Disney World	225
Kasten	*Tipps und Hinweise*	226
	Die vier Disney Themenparks	**229**
	Magic Kingdom	229
	• Bereiche	229
	• Programm und Gastronomie	233
	Epcot	234
	• Kennzeichnung und Bereiche	234
	• Future World	234
	• World Showcase	236
	• Gastronomie	237
	Disney's Hollywood Studios	238
	• Bereiche	238
	• Programm und Gastronomie	240
	Disney's Animal Kingdom	241
	• Discovery Island	241
	• Die Bereiche	242
	• Gastronomie	244
	Wasserparks	**244**
	Downtown Disney	**246**
	Die Universal Parks	**247**
	Universal Studios	247
	• Anfahrt, Eintritt & Information	247
	• Die Bereiche	248
	• Gastronomie	250
	Islands of Adventure	251
	CityWalk	252

	Weitere Themenparks	**252**
	SeaWorld Adventure Park	252
	Discovery Cove	254
	Aquatica	255
	The Holy Land Experience	255
	Gatorland	256
	Wet'n Wild	257
Exkurs	**Fortsetzung einer Rundreise durch Florida ab Orlando**	**258**
Thema	*Floridas Quellflüsse und Spring Parks*	*259*

3.5	**Die Nordküste von Daytona Beach bis Jacksonville**	**262**
3.5.1	Daytona Beach	262
3.5.2	Von Daytona Beach nach St. Augustine	266
3.5.3	St. Augustine	267
	• Geschichte	267
	• Praktisches	267
	• Stadtbesichtigung	269
	• Anastasia Island	274
Thema	*Ripley's Believe It or Not!*	*275*
3.5.4	Jacksonville und Umgebung	276
	• Jacksonville	276
	• Amelia Island	279
	TOP 10 an der Atlantikküste	**281**
Exkurs	**Abstecher nach Georgia**	**281**
	• Nach Cumberland Island	282
	• Zum Okefenokee Swamp	283

4	**Nordflorida und der Panhandle**	**287**
4.1	**Durch Florida von Ost nach West**	**287**
4.1.1	Von Jacksonville nach Tallahassee	287
Exkurs	Von Lake City nach Süden	289
	• Abstecher von der I-75	290
	• Gainesville	291
4.1.2	Tallahassee	292
	• Praktisches	293
	• Stadtbesichtigung	294
4.1.3	Von Tallahassee nach Pensacola	296
4.1.4	Pensacola und Pensacola Beach	297
	• Praktisches	298
	• Stadtbesichtigung	300
	• Pensacola Beach	303
4.2	**Abstecher nach New Orleans**	**304**
4.2.1	Lohnenswert?	304

4.2.2	Küstenroute in Alabama	305
4.2.3	Auf der I-10 durch Alabama	306
4.2.4	Die Mississippiküste	308
4.2.5	**New Orleans**	310
	• Wissenswertes	310
Thema	*Hurrikan »Katrina« und die Folgen*	*312*
	• Praktisches	313
	• Stadtbesichtigung	321
Thema	*New Orleans Jazz*	*324*
Thema	*Voodookönigin Marie Laveau*	*325*
Thema	*Mardi Gras in New Orleans*	*333*
4.2.6	*Ante Bellum Plantations* am Mississippi	334
4.3	**Von Pensacola nach Apalachicola**	**338**
4.3.1	Die Emerald Coast	338
Thema	*Dr. Beach: Wo ist der schönste Strand im Land?*	*341*
4.3.2	Panama City Beach	344
Thema	*Nordfloridas Reiseziel No 1*	*345*
4.3.3	Von Panama City nach Apalachicola	346
	TOP 12 in Nordflorida und dem Panhandle	**348**
5	**Vom Panhandle nach Süden zur Tampa Bay**	**349**
Thema	*Das Massaker von Rosewood*	*351*
6	**Die südliche Golfküste**	**355**
6.1	**Die Tampa Bay**	**355**
6.1.1	Tampa	355
	• Geschichte und Entwicklung	357
	• Praktisches	358
	• Sehenswertes	360
Thema	*Die Renaissance der Zigarre*	*363*
6.1.2	St. Petersburg und St. Pete Beach	365
	• Kennzeichnung	365
	• Praktisches	367
	• Sehenswertes	369
6.1.3	Clearwater und die Golfküste nördlich der Tampa Bay	372
	• Clearwater Beach	372
	• Caladesi und Honeymoon Island	373
	• Tarpon Springs	374
6.2	**Von der Tampa Bay nach Naples/Marco Island**	**375**
6.2.1	Zur Route	375
6.2.2	Bereich Sarasota / Venice	376
	• Sarasota	376
	• Venice	380

6.2.3	Bereich und Stadt Fort Myers	381
Thema	*Die Koreshans*	*384*
	• Estero Island	385
	• Sanibel Island und Captiva Island	386
6.2.4	Naples und Umgebung	389
	TOP 10 an der Golfküste	**392**

7 Vom Golf nach Miami / Fort Lauderdale 393

7.1	**Tamiami Trail nach Miami**	**393**
7.2	**Alligator Alley**	**396**
Thema	*Die Seminolen heute*	*396*

8 Floridareise mit Ausgangspunkt Atlanta 400

8.1	**Atlanta und Umgebung**	**401**
8.1.1	Kennzeichnung, Geschichte und Klima	401
8.1.2	Ankunft, Orientierung, Transport und Information	403
8.1.3	Unterkunft und Camping	406
8.1.4	Restaurants und Shopping	408
8.1.5	Sightseeing Atlanta	409
	• Downtown	409
	• Sweet Auburn	413
	• Midtown und Buckhead	414
	• Weitere Sehenswürdigkeiten	416
	• Stone Mountain Park	418
8.2	**Alternative Routen nach Florida**	**420**
8.2.1	Die direkte Route und der Umweg über Savannah	420
	• Nach Macon und weiter auf der I-75 nach Süden	420
	• Nach Tallahassee	423
	• Nach Florida über Savannah	423
	• Savannah	424
	Praktisches	424
	Die Altstadt	427
	Tybee Island	429
	• Von Savannah nach Jacksonville	431
	Brunswick	431
	The Golden Isles	432
8.2.2	Über Charleston und Savannah nach Jacksonville	435
	• Von Atlanta nach Charleston via Augusta	435
	• Charleston	436
	Geschichte	436
	Orientierung und praktische Informationen	438
	Unterkunft und Camping	440
	Leibliches Wohl und mehr	443
	Stadtbesichtigung	444

	Plantations bei Charleston	451
	Mount Pleasant and Sullivan's Island	453
	• Von Charleston nach Savannah	454
	Zur Route/Beaufort	454
	Hilton Head Island	458
8.2.3	Über Mobile nach New Orleans und/oder Pensacola	460
Exkurs	Abstecher nach Columbus/Georgia	461

ANHANG: FLORIDA WISSEN 464

1 Geschichte 466
- Indianerkulturen — 466
- Erste Europäer — 467
- Britisches Zwischenspiel — 469
- Die Amerikanisierung Floridas — 470
- Florida im Bürgerkrieg — 471
- Die Jahrhundertwende — 472

Thema *Die Seminolenkriege* — 473
- Die »goldenen 1920er-Jahre« — 474
- Wirtschaftskrise und Auswirkungen des 2. Weltkriegs — 475
- Bürgerrechtsbewegung — 476
- Einwanderung aus Kuba und Haiti — 476
- Florida zu Beginn des neuen Jahrtausends — 477

Thema *Kriminalität* — 478

2 Bevölkerung 478
- Angloamerikaner — 479
- Afroamerikaner — 479

Thema *First Lady des kubanischen Amerika: Gloria Estefan* — 481
- Hispanics — 482

3 Staat und Politik 483

4 Wirtschaft 485
Thema *Staat im Staat: Disney World* — 486

5 Kunst und Kultur 488

6 Sport 490

	Fotonachweis	491
Liste	Touristische Vertretungen in Deutschland	492
	Index	**496**

Piktogramme Zur Bedeutung der Piktogramme bei den Unterkunfts-, Camping- und Restaurantempfehlungen am linken Seitenrand siehe Seite 110. Außer auf einzelne Quartiere weisen Unterkunftspiktos häufig auch auf – in den USA übliche – H/Motelzonen mit vielen Häusern hin.

Steckbrief Florida: Zahlen und Fakten

Größe	Mit einer Fläche von ca. 150.000 km^2 (Deutschland 357.000 km$^{2)}$) liegt Florida unter den 50 US-Staaten auf Platz 22.
Einwohner	Aber mit 19,4 Mio Einwohnern (2013) rangiert der Staat bevölkerungsmäßig – nach Kalifornien, Texas und New York State – an vierter Stelle. Die **Bevölkerungsdichte** liegt mit 125 Personen/km^2 zwar deutlich unter der von Deutschland (230 Personen/km^2 bei 82 Mio Einwohnern), ist aber für amerikanische Verhältnisse hoch und überdies extrem unterschiedlich verteilt.
	Das Gros der Bevölkerung lebt an den Küsten südlich der Linie Tampa-Orlando-Daytona, rund um Orlando und im nordöstlichen Ballungsraum Jacksonville.
	Die Innenbereiche der Halbinsel und der Norden samt dem Panhandle oberhalb der Linie Tampa/Orlando/Daytona Beach sind nur relativ dünn besiedelt.
Hauptstadt	Seit 1824 Tallahassee
Flagge	Die Staatsflagge zeigt ein rotes Kreuz auf weißem Hintergund und – in der Mitte des Kreuzes – das Staatssiegel.
Verwaltung	Der Staat Florida besteht aus 67 Landkreisen (*Counties*).
Regierung	Das Parlament hat zwei Kammern mit Sitz in Tallahassee/Nordflorida. Ein Gouverneur, der alle vier Jahre neu gewählt wird, regiert den Staat.
Staatshymne	*Suwannee River* von *Stephen C. Foster*, ➤ Seite 288
Staatsmotto	*In God we trust*

Planung, Vorbereitung und Durchführung
einer Reise nach Florida

1. FERIENZIEL FLORIDA

In diesem Kapitel geht es zunächst einmal um wichtige und nützliche Vorabinformationen zum Ferienziel Florida. Weitergehende Details zu Florida, seiner Geschichte, Land und Leuten, finden sich im ausführlichen Anhang, Teil 3 dieses Buches.

1.1 Reiseplanung und -information

1.1.1 Warum nach Florida?

Vielfältige Attraktionen

Dass Florida eines der beliebtesten Reiseziele der USA ist, hat gute Gründe. Die klimatischen und geografischen Bedingungen für **Badeurlaub** und **Wassersport** aller Art sind ideal. Es gibt darüberhinaus zahlreiche Anziehungspunkte für unterschiedlichste Interessen: Neben den **Vergnügungsparks** rund um Orlando und anderswo abwechslungsreiches **City Life**, spannende **historische Stätten**, herrliche **Landschafts-** und **Naturparks** und sogar eine Reihe hochkarätiger **Museen** vielfältiger Prägung.

Florida ist als Reiseziel für »Amerikaneulinge« genauso geeignet wie für amerikaerfahrene Urlauber. Wer vorher noch nie in den USA unterwegs war, wird sich in Florida leichter zurechtfinden als in anderen Teilen des Landes. Der Staat ist auf Reisende aus aller Welt eingestellt und macht ihnen den Aufenthalt leicht. Die **Entfernungen** sind in Florida **überschaubar** und auch die **touristische Infrastruktur ist dicht**. Für Amerikaerfahrene ist Florida ein Staat, den man einfach (auch) gesehen haben muss. Denn er unterscheidet sich dank seines karibischen »Einschlags« deutlich vom Rest der USA. Außerdem existieren – neben einigen der schönsten Strände der USA – einmalige Sehenswürdigkeiten wie den Weltraumbahnhof **Cape Canaveral**, das alte **St. Augustine** oder die ungewöhnlichen **Florida Keys** mit Key West.

Urlaubskosten

Auch rein praktische Erwägungen erleichtern die Entscheidung für Florida. Nach Miami oder Orlando sind **Flugzeiten** und **-kosten** noch einigermaßen erträglich und **Mietwagen** in Florida **billiger** als irgendwo sonst in den USA oder in den meisten anderen Ländern. Auch die **Hotel- und Moteltarife** sind im Vergleich mit anderen beliebten US-Reisezielen – vor allem Neu-England und Kalifornien – im allgemeinen moderat.

Belebter Atlantikstrand vor der Hochhauskulisse von Miami Beach

1.1.2 Reisezeiten

Winterziel Florida?

Florida galt lange als reines **Winterreiseziel**. Im frühen 20. Jahrhundert kamen wohlhabende Nordstaatler zum Überwintern in den Staat und verließen ihn wieder, wenn die heiße Jahreszeit nahte. Da Hotels, Restaurants, Museen und Geschäfte heute alle gekühlt werden, und man sich jederzeit im Meer oder im Hotelpool, in Flüssen oder Seen abkühlen kann, ist es in Florida durchaus auch im Hochsommer gut auszuhalten.

Südflorida

Als **ideale Reisezeit** gelten in **Südflorida** aber immer noch **Winter und Frühling**, da die Temperaturen dann am angenehmsten sind und es nur selten regnet. Der Sommer hingegen kann ziemlich feucht sein. Gelegentlich gibt es monsunartige Regenfälle – dann stehen die Straßen für kurze Zeit komplett unter Wasser. Die Übernachtungskosten sind daher in Südflorida im Winter weit höher als zwischen Mai und November.

Nordflorida

An der nördlichen Golf- und Atlantikküste sind die **Sommermonate** die beliebteste Reisezeit mit den höchsten Preisen. Im Winter ist es in Nordflorida zum Baden zu kalt. Tagsüber werden zwar auch 15-20°C erreicht, aber nachts sinken die Temperaturen kräftig. Immerhin ist es dann in der Regel trocken und sonnig.

Zentralflorida

Das zentrale Florida mit Orlando und den Vergnügungsparks vermarktet sich zwar als **ganzjährige Reiseregion**. Da man sich in den Parks aber viel im Freien aufhält und in der Sonne anstehen muss, wenn auch oft abgeschattet und mit Wassernebel besprüht, sollte man den Hochsommer möglichst meiden.

1.1.3 Reiseziele und -dauer

Überlegungen

Wer nicht gleich drei Wochen oder mehr Zeit hat (➢ unten), sollte sich keine komplette Florida-Rundfahrt oder mehr vornehmen, sondern sich für Teilregionen entscheiden. Welche Region in erster Linie in Frage kommt, hängt natürlich von persönlichen Interessen, von der Jahreszeit und der möglichen Reisedauer ab.

Eine Woche

Bei nur 7-8 Tagen Aufenthalt ist man am besten mit einer festen Unterkunft in einem passenden Ort bedient. Am Standquartier kann man den gewünschten Ferienaktivitäten nachgehen und/oder von dort aus die Umgebung erkunden. Eine gute Wahl für einen solchen Kurzurlaub ist z.B. **Miami Beach**, das mit dem nahen Miami besonders viel Abwechslung bietet und ein guter Ausgangspunkt für Ausflüge auf die Florida Keys und in die *Everglades* ist. Auch **Orlando** passt für eine Woche *Action:* der Besuch in den Vergnügungsparks lässt sich gut mit Ausflügen an die Strände an beiden Küsten, nach Cap Canaveral und zu nahen *Spring Parks* kombinieren. Wer eher Badeurlaub im Sinn hat, sollte die »**Strandstädte**« **an der südlichen Golfküste** vorziehen, wo auch Kultur und Unterhaltung warten und der Weg nach Orlando nicht weit ist. **Tampa** und **Fort Myers** sind ebenso wie Miami, Fort Lauderdale und Orlando von europäischen Flughäfen aus mit Nonstop-Flügen zu erreichen.

Zwei Wochen

Bei einem Aufenthalt von zwei Wochen (oder mehr) wäre es dagegen schade, sich nur auf **ein** Standquartier zu beschränken. Man könnte zwei Wochen z.B. zwischen Miami Beach und Orlando aufteilen oder auch eine **kleine Rundreise** durch den südlichen Teil des Staates unternehmen. Wer den Besuch der **Vergnügungsparks** bei Orlando mit einem **Badeurlaub** im Spätsommer/Herbst kombinieren möchte, sollte überlegen, nach dem Hauptspaß in den *Amusement Parks* zum Entspannen **ins nordwestliche Florida** zu fahren. Dort ist zwar weniger »los«, aber man findet **im** *Panhandle* **die schönsten Strände der ganzen USA**.

Ab zwei Wochen lohnt sich ggf. schon die **Miete eines Campmobils**, zumal viele Campingplätze schon allein für sich attraktive Ziele sind, ➤ Seite 39ff.

Drei und mehr Wochen

Für eine **Rundreise** durch den ganzen Staat sollte man am besten bis zu **vier** Wochen Zeit haben. Mit einigen Auslassungen kann man aber auch **in drei Wochen eine beachtliche Route** realisieren.

Die im Reiseteil dieses Buches beschriebenen Strecken lassen sich leicht zu einer größeren Rundfahrt verbinden.

Dieser palastartige Bau dient ausschließlich als Visitor Center für Touristen

1.1.4 Information hier und vor Ort

Staatliche Tourist Information

Die zentrale Touristeninformation des Staates Florida heißt *Visit Florida*, 661 East Jefferson Street, Tallahassee, ✆ 1-888-735-2872, ✆ (850) 488-5607). Auch in Deutschland gibt es eine touristisch orientierte Florida-Vertretung, die auf Anforderung kostenloses Informationsmaterial verschickt (➤ Adressenanhang Seite 492).

Internet

Visit Florida unterhält die ausführliche Website

www.visitflorida.com bzw. www.visitflorida.com/deutsch

mit jeder Menge aktuellen Informationen zu Florida als Urlaubsziel. Von dort kann man sich zu wichtigen Orten und Regionen durchklicken, Infos zu Sehenswürdigkeiten, Unterkunft, Shopping, Anreise etc. finden und ggf. Reservierungen vornehmen.

Die Seite www.visitflorida.com/guides bietet den Download zahlreicher Broschüren, u.a. Hefte über Fahrrad-, Kajak und Kanutouren, Wanderwege, Ausritte und Angelmöglichkeiten.

Reiseinformation

Wem es weniger um Reiseinformationen als um Hintergrundwissen geht, sollte sich die Website des Staates Florida ansehen. Dort findet sich Wissenswertes zu Natur, Wirtschaft und Politik des Staates in englischer Sprache; www.myflorida.com.

Lokale Tourist Information

In allen größeren und auch den meisten kleineren Orten in Florida gibt es lokale Informationsstellen, die *Tourist Information Centers* oder *Convention & Visitors Bureaus*. Sie haben neben allgemeinen Florida-Infos jede Menge **Broschüren**, **Karten** und **Werbung** (Hotels, Restaurants, Aktivitäten) zur jeweiligen Stadt und Region. Diese Stellen sind immer einen kurzen Besuch wert. Die Adressen sind im Reiseteil jeweils vor den Restaurant- und Übernachtungstipps aufgelistet. Vor Ort sind die **Hinweisschilder** »*Tourist Information*« selten zu übersehen.

AAA Karten & TourBooks

In den Vertretungen des amerikanischen Automobilclubs **AAA** (als *Triple A* bezeichnet; www.aaa.com) gibt es **Straßenkarten**, **Stadtpläne** und *TourBooks* für Mitglieder **kostenlos**; das gilt auch für Mitglieder europäischer Clubs.

Die *TourBooks* sind eine Art Reiseführer mit Betonung kommerzieller Attraktionen. Sie enthalten außerdem ein umfangreiches **Motel-/Hotelverzeichnis** für Häuser ab unterer Mittelklasse, Preisbereich ab ca. $60. Wer einigermaßen Englisch versteht, wird es unterwegs als zusätzliche Informationsquelle zu schätzen wissen (aktuelle Öffnungszeiten/Eintrittspreise, Ermäßigungen für Clubmitglieder etc.). *TourBooks* gibt es für alle US-Staaten, mal sind auch mehrere Staaten in einem Band zusammengefasst.

Florida dagegen ist aufgeteilt in gleich drei Bände: **Central Florida**, **South Florida**, **Alabama & Florida Panhandle**.

AAA Büros

Vertretungen des AAA gibt es in fast jeder Stadt, in großen Städten mehrere; alle Adressen über die Homepage www.aaa.com.

Discount Card des AAA

Gegen Vorlage der ADAC-Clubkarte gibt es alle gewünschten Unterlagen – wie gesagt – gratis. Die Clubkarte sorgt obendrein für Gleichstellung mit amerikanischen AAA-Mitgliedern bei Club-*Discounts* und Sondertarifen in Motels, Vergnügungsparks etc. (auf den Slogan »*Show your Card*« achten). Zur Sicherheit sollte man sich die *AAA-Discount Card* schon zuhause ausgedruckt haben: www.adac.de/_mmm/pdf/AAA-Pappkarte2013_9848.pdf.

Stadtrundfahrten sind ggf. eine gute Idee für eine erste Übersicht, in Fort Lauderdale besonders originell mit Ducky Rides zu Land und zu Wasser

1.2 Geografie und Klima

Geografische Charakteristik

Lage

Florida ist der **südlichste Staat** der kontinentalen USA. Selbst seine Nordgrenze (mit Georgia und Alabama) liegt noch südlich der Grenze Kaliforniens mit Mexiko. In Key West, am südwestlichen Zipfel des Staates, kann man daher den **Southernmost Point** bewundern, den südlichsten Punkt der kontinentalen Vereinigten Staaten, der dort durch einen bunten Betonklotz markiert wird (➤ Seite 172). Wegen dieser exponierten Lage galt Florida früher als der *Southernmost State*. Doch seit 1959 das ferne Hawaii zum US-Bundesstaat wurde, muss bei diesem Superlativ immer der Zusatz »*continental*« hinzugefügt werden, denn die Inselgruppe im Pazifik liegt noch ein Stück weiter südlich. So wurde aus dem *Southernmost State* der **Sunshine State**.

Leicht übersehen wird, dass der Staat Florida nicht nur aus der riesigen Halbinsel im Südosten Nordamerikas besteht. Das Staatsgebiet zieht sich von der **Hauptstadt Tallahassee** ganz im Norden über dem westlichen Ende der Halbinsel noch rund 350 km weiter nach Westen. Dieser 70-150 km breite Streifen ist bekannt als der ***Florida Panhandle***, der Pfannenstiel des Staates. Er grenzt im Norden überwiegend und Westen ganz an Alabama.

Küsten und Inseln

Neben der südlichen Lage prägt vor allem das **Meer** die Geografie des Staates. Wenn man einmal von der Nordgrenze absieht, ist Florida rundum von **Wasser** umgeben. Von keinem Punkt des Staates sind es wesentlich über 100 km bis zum Meer, im Osten an den Atlantik, im Westen an den Golf von Mexiko. Die Küstenlänge beträgt ca. 2.000 km. Wenn man alle Buchten und Inseln mitzählt, kommt man sogar auf über 10.000 km Küstenlinie.

Den Küsten sind über Hunderte von Kilometern sandbankartige **Inseln** vorgelagert, die sog. ***Barrier Islands***. Einige der bekanntesten Städte Floridas – z.B. Miami Beach, Palm Beach oder Daytona Beach – liegen auf solchen Inseln.

An der **Atlantikküste** ziehen sich derartige langgestreckte Inseln fast ununterbrochen von der Nordgrenze bis hinunter nach Miami. Und selbst wo das Festland aufhört, gehen die Inseln noch weiter: Südlich von Miami beginnt die Inselkette der ***Florida Keys***, die sich in einer geschwungenen Linie aneinanderreihen und sich südwestlich von Key West im Golf von Mexiko verlieren. An der **Westküste** sind die vorgelagerten Inseln nicht ganz so durchgängig. Aber auch dort existieren lange Küstenabschnitte, denen nicht enden wollende lange, schmale Inseln vorgelagert sind, so im Nordwesten zwischen Pensacola und Apalachicola und im Südwesten zwischen Tampa und Fort Myers.

Vor den südwestlichen Sümpfen, den ***Everglades***, schließlich liegt eine enorme Anzahl winziger Inseln, die sog. ***10.000 Islands***. Es sind so viele, dass sie noch niemand wirklich gezählt hat.

Geografie und Klima 17

Seen und Flüsse

Florida ist ausgesprochen reich an **Binnengewässern**. Das größte unter ihnen ist der riesige **Lake Okeechobee** (➤ Seite 195) mit einer Fläche von fast 2.000 km². Im Landesinneren gibt es noch eine Menge weiterer Seen: größere wie den Lake George oder Lake Kissimmee und zahllose kleinere, die sich u.a. in den *National Forests* und zahlreichen *State Parks* verbergen.

Die großen **Flüsse** des Staates findet man in seiner Nordhälfte. Die wichtigsten sind der breite **St. Johns River**, der in der Nähe von Jacksonville in den Atlantik mündet, und der malerische **Suwannee River**, der aus Georgia kommt und nördlich der Insel Cedar Key in den Golf von Mexiko fließt. Flüsse und Seen bedecken in Florida insgesamt etwa 30.000 km². Fast 20% der Fläche des Staates bestehen somit aus Wasser.

Landschaft

Florida ist unglaublich **flach**. Die höchste Erhebung ist der gerade mal 105 m hohe **Britton Hill** ganz im Nordwesten in der Nähe des Dorfes Lakewood unweit der Alabamagrenze. Da es also keinerlei Berge, noch nicht einmal wirkliche Hügel gibt, fehlen spektakuläre Landschaft, wie man sie z.B. aus dem Westen der USA kennt. Wer größere Straßen und Autobahnen nicht verlässt, sieht daher nichts als eintönige und oft ziemlich dicht besiedelte Landstriche. Auch die Küstenstrecken als solche sind daher weniger attraktiv als etwa im Westen am Pazifik.

Naturgeschützter Sumpf gleich hinter den Stränden von Fort Lauderdale (Hugh Taylor Birch State Park, ➤ Seite 184), wie er früher überall in Florida vorherrschte.

Das heißt nicht, dass Florida keine Naturschönheiten besitzt. Ganz im Gegenteil. Es gibt wunderschöne **Quellflüsse** in schattigen **Wäldern**, umwerfende weiße **Sandstrände** und üppige subtropische **Sumpflandschaften**. Im Gegensatz zum Westen indessen, wo man oft schon beim Durchfahren mancher Region bleibend beeindruckt wird, muss man sich um Florida mehr »bemühen«, muss landschaftlich reizvolle Ecken gezielt anfahren, sich Zeit nehmen und etwas genauer hinsehen als anderswo. Wer etwa durch die berühmten *Everglades* nur mit dem Auto hindurchbraust, wird enttäuscht sein, weil es so außer brettebener grüner Waldlandschaft nicht viel zu sehen gibt. Wenn man die *Everglades* aber im Boot erkundet – ob auf organisierten Ausflügen oder auf eigene Faust im gemieteten Kanu –, dann kann der Besuch zu einem unvergesslichen Erlebnis werden.

Windiger Strand auf Key West

Klimatische Besonderheiten

Klimazonen

In Florida treffen **verschiedene Klimazonen** aufeinander: im Norden herrscht das warme, aber gemäßigte Klima der Südstaaten, im Süden das tropisch-feuchte Klima der Karibik; dazwischen liegt eine subtropische Übergangszone. Das Wetter ist daher in den Regionen oft sehr unterschiedlich. **Im Winter** kann es in Pensacola im *Panhandle* schneien, während die Urlauber auf **Key West** in der Sonne brutzeln. Und an ein- und demselben Sommerwochenende kann in **Tallahassee** das Gießen der Gärten wegen Wasserknappheit untersagt sein, während in **Miami** sintflutartiger Regen die Straßen überschwemmt.

Wetterkonstanten

Trotz aller Vielfalt gibt es aber einige Konstanten, die das typische Wetter in Florida vom mitteleuropäischen Klima unterscheiden. **Zunächst einmal ist das Wetter extremer und unberechenbarer**. Besonders wer im Sommer an den Küsten unterwegs ist, die zwischen Juli und September häufig von Orkanen heimgesucht werden, sollte daher möglichst oft den Wetterbericht verfolgen.

Die zweite Konstante ist sehr viel erfreulicher: Es ist in Florida in allen Teilen des Staates immer deutlich **wärmer** und fast immer **sonniger** als in Mitteleuropa. Die Sommer sind überall sehr heiß. Von Mai bis September herrschen durchgehend Temperaturen von weit über 30°C, die sich indessen im feuchten Süden ganz anders anfühlen als im nördlichen Panhandle.

Winter

Einen echten Winter mit etwas Schnee kennt man allenfalls an der Nordgrenze des Staates – aber auch dort als absolute Ausnahme. Ansonsten ist Schneefall in Florida eine Sensation. Auf den *Florida Keys* sind Temperaturen unter dem Gefrierpunkt vollständig unbekannt.

Konsequenz für Reisen nach Florida

Ideale Reisezeiten sind **Frühling und Herbst**, wenn es viel wärmer als in Mitteleuropa, aber nicht brüllend heiß ist. Im Süden von Florida gelten die Monate November bis April als Hauptreisezeit, da es dann mit Temperaturen um 20°-25°C angenehm warm und meistens sonnig und trocken ist.

Der **Hochsommer** ist für die Umgebung von **Miami** und für die Inselgruppe der *Keys* eine eher ungünstige Zeit, in der es extrem schwül sein kann und außerdem regelmäßig regnet. Im *Panhandle* hingegen sind die Sommer trockener und nicht so heiß wie im Süden. Dort gelten daher die Sommermonate von Mai bis September als Hauptsaison.

1.3 National Parks und State Parks

Die schönsten Regionen Floridas stehen heute unter **Naturschutz**. Wälder, Sümpfe, Flüsse, Seen, Küstenabschnitte und komplette Inseln sind zu Parks erklärt worden, in denen die Naturschönheiten des Staates für die Nachwelt erhalten werden sollen. Dabei werden *National Parks* von der Bundesregierung verwaltet (nur wenige in Florida) und die zahlreichen *State Parks* vom Staat Florida selbst betrieben.

Nationalpark-Idee

Der Naturfreund *Horace McFarland* hielt sie für »das einzige, was wir haben, das nicht von irgendwo importiert wurde« und der Autor *James Bryce* nannte sie »die beste Idee, die Amerika je hatte«. Die Rede ist von den **Nationalparks**, die auch für Touristen aus dem Ausland eine der Hauptattraktionen der USA darstellen. Die Schaffung der Nationalparks basiert auf dem Gedanken, außergewöhnliche Landschaften, Naturwunder und bedeutsame historische Stätten vor Zerstörung und kommerzieller Ausbeutung zu bewahren und gleichzeitig den Bürgern des Landes den (kontrollierten) Zugang zu ermöglichen. Als erster wurde der **Yellowstone** bereits 1872 zum Nationalpark erklärt. Aber erst seit 1916 existiert der **National Park Service**, der seither die Nationalpark-Idee in weltweit nachgeahmter Weise in die Praxis umgesetzt hat; www.nps.gov.

Nat`l Parks in Florida

In Florida sollte es allerdings noch etwas länger dauern, bis man sich ernsthafte Gedanken über die Erhaltung der Naturschönheiten des Staates machte. Die **Everglades**, das große Sumpfgebiet ganz im Süden der Halbinsel wurde erst 1947 zum **ersten Nationalpark des Staates** erklärt (➢ Seite 141ff). Hinzu kamen in den folgenden Jahrzehnten nördlich der *Everglades* die **Big Cypress National Preserve** (➢ Seite 394), an der Atlantikküste die **Canaveral National Seashore** (nördlich des Kennedy Space Center, kaum erschlossen) und der ungewöhnliche **Biscayne National Park** (➢ Seite 144), dessen Attraktionen zu 95% unter Wasser

Der jüngste Nationalpark Floridas »Dry Tortugas« mit dem alten Fort Jefferson auf Garden Key liegt 100 km westlich von Key West im Golf von Mexico

20 Reiseziel Florida

liegen, und an der nördlichen Golfküste die **Gulf Islands National Seashore** (➤ Seite 303). Der jüngste Zuwachs war 1992 der **Dry Tortugas National Park** (➤ Seite 176), der eine Gruppe von sieben kleinen Inseln ca. 100 km westlich von Key West umfasst.

National Forests

Hinzu kommen noch drei **National Forests**, Waldgebiete, die der nationalen Forstverwaltung Washingtons unterstehen: der **Osceola National Forest** (➤ Seite 287) an der Grenze zu Georgia, der **Ocala National Forest** (➤ Seite 258) nördlich von Orlando und der **Apalachicola National Forest** (➤ Seite 349) im *Panhandle*.

Eintritt/ Jahrespass

Der Eintritt für einen der *National Parks* in Florida beträgt maximal $10 (*Everglades NP*) für alle Insassen (bis zu 6 Personen) eines privaten Autos. Der Kauf eines Jahrespasses, ***America the Beautiful – Annual Pass***, der für den Eintritt in alle Nationalparks, das Parken an *Trailheads* von *National Forests* u.a.m. gilt, **kostet $80** und lohnt sich meist nur für Leute, die innerhalb von 12 Monaten nach Erwerb weitere Reisepläne für die USA haben.

State Parks

In Florida gibt es zur Zeit 160 staatseigene Parks. »**The real Florida**« lautet das Motto dieser Parks, denn sie bieten eine ursprünglichere Seite Floridas, die mit der Künstlichkeit der Vergnügungsparks nichts gemein hat. Während man in manchem Bundesstaat den Eindruck haben kann, dass sich die Bundesregierung die »Leckerbissen« für ihre Nationalparks geschnappt und den Einzelstaaten nur die Attraktionen »zweiter Klasse« überlassen hat, können es einige *State Parks* in Florida mit *National Parks* durchaus aufnehmen. Nicht umsonst wurde Florida schon 1999 für die attraktivsten *State Parks* der USA ausgezeichnet; www.floridastateparks.org. Das Urteil gilt bis heute.

An der Mündung des Manatee Springs Quellflusses (Golf von Mexico nördlich von Tampa) in den Suwannee River, ➤ Text unten

National und State Parks 21

**Unter-
wasserpark**

Tatsächlich sind die **Florida State Parks** an Vielfalt kaum zu überbieten. So ist etwa der 1960 gegründete **John Pennekamp Coral Reef State Park** (➤ Seite 150ff) vor der Küste von Key Largo ein Unterwasser-Park und zugleich der älteste seiner Art in den USA. Er schützt ein Gebiet von 460 km², zu dem die bekanntesten Korallenriffe Floridas gehören.

Schnorcheln mit Stachelrochen, nur ca. 1 m unter der Wasseroberfläche (hier in der künstlichen Lagune von Discovery Cove, ➤ Seite 254)

Strandparks

Viele der Parks an den Küsten des Staates besitzen traumhafte Strände. Der **Grayton Beach State Park** (➤ Seite 342) im *Panhandle*, der **Caladesi Island State Park** (➤ Seite 373) an der Golfküste oder der **Bahia Honda State Park** (➤ Seite 160) auf den südlichen *Keys* landen mit ihren *Beaches* regelmäßig in der US-Top-Ten-Liste der schönsten Strände.

Spring Parks

Eine Reihe von *State Parks* im Landesinneren bestehen aus Arealen rund um **glasklare Quellflüsse**. In den *Springs* treten Wassermengen von 35.000 m³ (*Wekiwa Springs*) bis über 2 Mio. m³ (*Silver Springs*) täglich an die Oberfläche. Die rund um die Quellen und vor allem um die ersten Kilometer ihrer Abflüsse herum entstandene Vegetation und die unerhörte Wassertransparenz bei sommers wie winters immer gleichen Temperaturen zwischen 20°C und 23°C sorgten früh für die Anlage von *State Parks*: **Wakulla Springs** bei Tallahassee (➤ Seite 295), **Blue Spring** bei Deltona, **Ichetucknee Springs** bei Hildreth (➤ Seite 290) oder **Manatee Springs** am Unterlauf des Suwannee River (➤ Seite 349). Weitere *Springs* befinden sich im **Ocala National Forest**, ➤ auch Themenkasten Seite 259.

Historical Parks

Viele *State Parks* beziehen sich auf historische Sehenswürdigkeiten. Im **Fort Clinch State Park** (➤ Seite 280) an der nördlichen Atlantikküste kann man z.B. die Festung *Fort Clinch* aus dem frühen 19. Jahrhundert besichtigen und am Strand schwimmen gehen. Im **Koreshan State Park** (➤ Seite 383f) südlich von Fort

Myers an der Golfküste geht es in erster Linie um die außergewöhnliche historische Siedlung einer sonderbaren Sekte, aber zum Gelände gehören – wie häufig – auch ein schöner Campingplatz und ein Kanuverleih.

State Park Typen

Der **Erschließungsgrad** der Parks ist unterschiedlich. Die meisten kann man mit dem Auto, einige nur per Boot oder zu Fuß erreichen. Die verschiedenen Bezeichnungen geben Hinweise dazu: eine *State Preserve* ist der am wenigsten entwickelte Typ. Dort gibt es kaum Infrastruktur. Bei den *State Parks* kann man von gut ausgebauten Besuchereinrichtungen wie Bootsstegen, Picknickbereichen und **oft Campingplätzen** ausgehen, letztere in der Ausstattung von einfach bis komfortabel.

Camping

Eintritt State Parks

Die meisten *State Parks* sind täglich von 8 Uhr morgens bis zum Sonnenuntergang geöffnet. Einzelbesucher ohne Auto zahlen $2/Person Eintritt, Einzelbesucher mit Auto $4-$6, bei zwei bis acht Personen im Fahrzeug beträgt der Eintritt $5-$10.

Meistens befindet sich an Einfahrten eine *Entrance Station*, wo man eine Karte des Parks erhält und die Gebühr bezahlt. In abgelegeneren Parks oder in der Nebensaison müssen Besucher an einer *Self-Service-Pay-Station* den Eintritt in einen Umschlag stecken und in einen Behälter werfen.

Wie bei den Nationalparks kann man auch für die *Florida State Parks* einen **Jahrespass** (*Annual Pass*) kaufen, der $60 pro Einzelperson oder $120 pro Familie (bis zu 8 Personen) kostet.

Weiterführende Informationen

Wer noch mehr über Floridas *State Parks* wissen möchte, als auf den offiziellen Websites steht, findet in *Michael Strutins* **Florida State Parks: A Complete Recreation Guide** (*Mountaineer Books*) detaillierte Informationen zu den einzelnen Parks.

Internetinfo

Offizielle Seite State Parks Florida: <u>www.floridastateparks.org</u>

Ranger

In *National-* wie in *State Parks* sind sog. **Ranger** – in graugrünen Uniformen leicht erkennbare und immer hilfsbereite – männliche und weibliche »Mädchen für alles«. Sie organisieren Wanderungen, Bootsfahrten etc. und haben in den Parks polizeiliche Befugnisse. Viele *Ranger* sind Idealisten, denn trotz ihrer oft überdurchschnittlichen Ausbildung und vielfältigen Aufgaben gehören sie zu den am schlechtesten bezahlten öffentlichen Angestellten.

Strandszene im Henderson State Park an der Emerald Coast im Nordwesten, dem »Pfannenstiel« Floridas

1.4 Flora und Fauna

1.4.1 Eichen, Mangroven, Pinien und Palmen

Waldland

Als die ersten weißen Siedler eintrafen, war das Gebiet des heutigen Florida ein einziger üppiger **Urwald**. Der Norden der Halbinsel wurde von dichten Kiefernwäldern bedeckt, die immer mehr mit Palmen durchsetzt waren, je weiter man nach Süden kam. Dort gingen die Wälder langsam in Grasland und Sümpfe über, die sich mit Baumgruppen aus **Mangroven** und aus **Palmen** abwechselten.

*Vor allem in Südflorida findet man in vielen Parks und Gärten ausladende **Banyan Trees** mit Zweigen, die »Luftwurzeln« bilden und sich damit selbst abstützen*

Eichen und Spanish Moss

Neben Kiefern, Palmen und Mangroven sind auch Pinien, Zypressen und Eichen in Florida heimisch. Eine weit verbreitete Eichenart sind etwa die immergrünen **Live Oaks**, die – besonders im Norden des Staates – häufig malerisch mit dem sogenannten *Spanish Moss* behangen sind. Dabei handelt es sich nicht etwa um Moos, sondern um eine Pflanze, die zur Familie der Ananas gehört und sich von der Luftfeuchtigkeit ernährt. In manchen Orten sind die Eichenalleen so dicht mit *Spanish Moss* bewachsen, dass sich aus dieser Pflanze ein durchgängiger grau-grüner Baldachin gebildet hat. Z.B. ist Tallahassee für derartig überwachsene, tunnelartige Straßen bekannt, die **Canopy Roads**.

Pinien und Palmen

Obwohl die **Pinie** der am häufigsten vorkommende Baum des Staates ist, gilt die **Palme** als sein inoffizielles Symbol. Eigentlich sind in Florida nur etwa 15 Palmenarten heimisch, darunter die **Coconut Palm** und die sog. **Royal Palm**, die schlank und hochgewachsen ist und viele Alleen säumt. In Palm Beach (Atlantikküste) und in Fort Myers (Golfküste) wurden viele Straßen mit Tausenden von *Royal Palms* verschönert. Zu den einheimischen sind im 20. Jahrhundert über 100 weitere Palmenarten aus aller Herren Länder nach Florida importiert worden, so auch die kurze und stämmige **Sago Palm** aus Asien oder die **King Palm** aus Australien, die man leicht an ihren knorrigen Stämmen erkennt.

1.4.2 Tierwelt

In der Luft und auf dem Land

Besonders die Sümpfe im südlichen Florida sind für ihre vielfältige Tierwelt bekannt. Hier ist eine Reihe von Arten heimisch, die im Rest der USA vom Aussterben bedroht sind. In den *Everglades* wurden allein über **300 Vogelarten** identifiziert, darunter verschiedene Pelikane, alle zwölf amerikanischen Reiherarten, Bussarde, Geier, Truthähne, Fischadler, Weißibisse, Schlangenhalsvögel und die schönen Rosalöffler. Auch die Liste der einheimischen **Reptilien** ist lang. Wasser- und Landschildkröten sind hier ebenso zu beobachten wie Klapperschlangen und Leguane, die ihre Farbe je nach Umgebung wechseln können. In Florida ebenfalls anzutreffen sind **Säugetiere** wie Hirsche, Waschbären, Kaninchen, Gürteltiere, Beutelratten und der – allerdings ausgesprochen seltene – Florida-Panther.

Alligatoren und Krokodile

Die Sümpfe Südfloridas sind die einzige Region auf der ganzen Welt, in der zugleich **Alligatoren** und **Krokodile** leben. Das ist möglich, da sich im Ökosystem dieses Gebiets Salz- und Süßwasser vermischen und die Lebensbedingungen daher sowohl für Süßwasserbewohner wie den Alligator als auch für Salzwassertiere wie das Krokodil geeignet sind. Man kann beide Arten dadurch unterscheiden, dass das seltenere Krokodil ein spitzeres Maul und große Fangzähne hat. Überwiegend bekommt man in den *Everglades* und anderswo Alligatoren zu Gesicht. Sie können ein Gewicht von über 500 kg und eine Länge von 5 m und mehr erreichen. Vor nicht allzu langer Zeit wurden sie noch gejagt, da ihr Fleisch als schmackhaft galt und ihre Haut gerne zu Schuhen und Gürteln verarbeitet wurde.

Unter Wasser

Die **Unterwasserwelt** Floridas ist noch **vielfältiger** und abwechslungsreicher als Flora und Fauna an Land. Geangelt werden z.B. gerne Tarpon, Marlin und Schwertfisch. Auch Krabben, Krebse, Langusten und Austern gibt es an den Küsten und davor Haie in mehreren Arten, darunter Hammer-, Wal- und die prinzipiell gefährlichen Tigerhaie. Angriffe auf badende Urlauber sind indessen bislang sehr selten.

Tierwelt 25

Delfine

In den 1960er-Jahren machte die Fernsehserie *Flipper* den **Delfin** zum prominentesten Meerestier Floridas. Die hochintelligenten Delfine leben an den Küsten zwar durchaus auch in freier Wildbahn (Bootstouren im Panhandle, speziell Seite ➢ 344), wer sie aber aus der Nähe betrachten möchte, ist im allgemeinen auf Meereszoos, -parks und- aquarien angewiesen. Es gibt in einigen Parks auch die Möglichkeit, zu den Tieren Wasser zu steigen und mit ihnen zu schwimmen . Solche **Dolphin Encounter Programs** werden z.B. in der **Discovery Cove** (➢ *SeaWorld Orlando*, Seite 254) und im **Dolphin Research Center** auf der Insel Grassy Key angeboten (➢ Seite 158), wo einst *Flipper* ausgebildet wurde.

Schwimmen mit Delfinen bei SeaWorld (Discovery Cove)

Manatees

Neben Delfinen sind vor allem die bedrohten **Seekühe** (*Manatees*) zu einer Art Maskottchen des Staates Florida geworden. Diese massigen und etwas plump aussehenden Meeressäuger leben in den warmen Küstengewässern, aber auch in Flüssen und in Süßwasserseen im Landesinneren. *Manatees* haben einen grauen, fischförmigen, aber felligen Körper, zwei Vorderflossen und einen flachen Schwanz; sie können bis zu 5 m lang und über 1.500 kg schwer werden. Da sie schlecht hören und etwas träge sind, werden sie häufig von Booten angefahren und verletzt. An die hundert werden alljährlich durch Bootsschrauben getötet. Wenn es nicht gelingt, diesen Trend zu stoppen, wird man *Manatees* bald nur noch in *SeaWorld* und anderen Marineparks sehen können.

Korallen

Zu den bekannten Meeresbewohnern Floridas gehören schließlich auch die **Korallen**. Wie Polypen setzen sie sich auf dem Meeresboden fest. Wenn sie sterben, verkrusten ihre Skelette, auf denen sich wiederum neue Korallen ansiedeln. So wachsen sie zu gebirgsartigen Riffen heran, die von einer bunten Welt von Pflanzen und Tieren bewohnt werden. Da **Korallenriffe** nur in konstant warmen, sauberen Gewässern gedeihen können und ein ausgesprochen empfindliches Ökosystem darstellen, sind sie mittlerweile weltweit eine echte Rarität geworden. In den kontinentalen USA gibt es nur ein einziges Korallenriff: es ist – wie erwähnt – den Florida Keys vorgelagert und kann u.a. im **Biscayne National Park** (➢ Seite 144) und im **John Pennekamp Coral Reef State Park** (➢ Seite 150f) bewundert werden.

2. REISEVORBEREITUNG

2.1 Flüge nach Florida

Direktflüge ab Deutschland

Die fünf größten Flughäfen Floridas, **Miami** (MIA) mit jährlich 38,3 Mio Passagieren, **Orlando** (MCO - 35,4 Mio), **Fort Lauderdale** (FLL - 23,3 Mio), **Tampa** (TPA - 16,7 Mio) und **Fort Myers** (RSW - 7,3 Mio) werden von Europa aus nonstop, d.h., ohne Zwischenlandung oder Umsteigen, von den folgenden Airlines angeflogen:

* *Lufthansa* fliegt von Frankfurt nach Orlando und Miami
* **Swiss** von Zürich nach Miami und Orlando
* *British Airways* von London nach Miami, Orlando und Tampa
* *Air France* von Paris nach Miami und Orlando
* *Condor* von Frankfurt nach Fort Lauderdale
* *Air Berlin* von Düsseldorf nach Fort Myers und Miami

Atlanta

Ein guter Ausgangspunkt für Florida-Rundreisen ist auch **Atlanta** (ATL): Der nach Passagieraufkommen (ca. 92 Mio/Jahr) weltgrößte Flughafen bietet den Vorzug zahlreicher transatlantischer Non-Stop-Verbindungen. Von dort gibt es mehrere interessante Routen nach Florida (ca. plus 250 mi bis 500 mi), ➤ Kapitel 8 ab Seite 400.

Business Class

Wer es bequemer als in der *Economy Class* haben möchte, zahlt für die *Business Class* bei vielen Liniengesellschaften sehr hohe Tarife. **Air Berlin** und **Condor** offerieren eine *Business Class* zu etwas moderateren Preisen. Sie kostet z.B. bei *Condor* nach Fort Lauderdale je Strecke ca. €400-€700 mehr als *Economy*, bei *Air Berlin* nach Miami etwa plus €500 je Strecke.

World Traveller Plus Class

British Airways bietet seit Jahren mit der **World Traveller Plus Class** höheren Sitzkomfort plus 15 cm mehr Abstand, aufgewertete Bordverpflegung sowie zwei freie Gepäckstücke und Handgepäck bis 23 kg (!). Das kostet ca. €100 bis €360 pro Flugstrecke.

Economy Plus KLM u.a.

Auch *KLM/Delta* und *United* bieten 15 cm mehr Sitzabstand in der *Economy-Plus*-Kabine, aber keine höheren Gepäckfreigrenzen etc. **American Airlines** nennt das *Main Cabin Extra*. **Lufthansa** hat die Einführung einer *Economy Plus Class* für 2014 angekündigt.

Umsteigen in Europa

Die Zubringerflüge nach Frankfurt sind in den Ticketkosten der *Lufthansa* enthalten, ebenso ab Deutschland zu den Drehkreuzen der Nachbarstaaten mit der jeweiligen dort beheimateten *Airline*.

Umsteigen in den USA

US-Fluggesellschaften fliegen zurzeit nicht nonstop von Europa nach Florida. Deren Passagiere müssen in Washington DC, Charlotte, Atlanta oder anderen großen Drehkreuzen an der Ostküste umsteigen. Das kostet zwar mehr Zeit, aber die Tarife für diese Flüge sind teilweise niedriger als die der Charterflieger; bei ihnen kann man zudem die Flüge großräumig »gabeln«, also etwa einen Hinflug nach Miami mit einem Rückflug von Atlanta oder New Orleans kombinieren und ggf. auch noch (gegen geringen Aufpreis) in der Umsteigestadt unterbrechen, die in vielen Fällen ein attraktives Ziel für sich ist.

Gepäckfreigrenzen und -kontrolle bei USA-Flügen

Für alle Transatlantikflüge in der *Economy Class* gilt: **1 Gepäckstück** nicht über 23 kg und 158 cm (Länge+Breite+Tiefe) wird frei befördert. **Übergepäck** (über 23 kg bis 32 kg und/oder über 158 cm) und/oder zusätzliche **Gepäckstücke werden teuer**. Bei *Air Berlin* fallen dafür noch relativ moderate €50 je Flugstrecke an, bei *Condor* €20 je Kilo zusätzlich je Strecke, bei der *Lufthansa* für Übergepäck über 23 kg bis 32 kg und über 158 cm pauschal €100, für ein zweites Gepäckstück bis 23 kg/158 cm €75. *American Airlines* z.B. begnügt sich aber noch mit $60 pro Zusatzstück unter 23 kg/158 cm und ebenso für Übergewicht bis max. 32 kg pro Gepäckstück.

Darüber hinaus gelten allerhand Zusatzdetails, die mit den Gesellschaften variieren, ➢ Internetportale der *Airlines*. Wer nicht aufpasst, zahlt für Extragepäck und Gewicht- oder Maßüberschreitungen erheblich drauf. Außer in der *Business* oder *First Class*. Dann gelten höhere Freigrenzen.

Handgepäck darf die Größe 55x40x20 cm (z.B. *Air Berlin*), 55x40x23 (*Lufthansa*) oder 56x35x23 cm (andere) nicht überschreiten, **Gewichtslimit 6-8 kg** je nach *Airline*, meist, aber nicht immer immer **plus Laptop**. Auch was das angeht, sollte man sich vorab genau bei der gebuchten Airline informieren.

Im Handgepäck darf sich kein **Behälter mit Flüssigkeiten, wachs- und gelartigen Stoffen** über 100 ml befinden. Behälter mit dieser Beschaffenheit müssen in einer verschlossenen transparenten Plastiktüte stecken, deren Volumen maximal einem Liter entsprechen darf.

Gepäckstücke werden im Transatlantikverkehr in großen Stichproben geöffnet und durchsucht. Verschlossenes Gepäck »knackt« man einfach. Also entweder alles von vornherein unverschlossen lassen oder – besser – **Travel Safe Locks** verwenden, Zahlenschlösser in unterschiedlichsten Ausführungen und gesicherte Gepäckgurte, die von der amerikanischen Checkinstanz TSA (und angeblich nur von dieser) geöffnet werden können. Erhältlich sind sie in Ausrüstungs-, Sport- und Gepäckshops ab ca. €10/Stück (USA ab ca. $7). Es gibt mittlerweile auch Koffer und Reisetaschen mit eingebauten **TSA Locks**.

Mehr Information über die *TSA*-Schlossvarianten findet man im Internet z. B. beim Hersteller *Eagle Creek*: www.eaglecreek.com/accessories/security_id.

Delta Airlines Maschinen in Atlanta

Buchung In der Hauptsaison in den Sommermonaten, über Weihnachten/ Neujahr und Ostern sind die noch halbwegs preiswerten Tickets oft lange im voraus vergeben; sie müssen frühzeitig gebucht werden. Außerhalb der jeweiligen Hochsaison gibt es aber selbst zu Sondertarifen immer noch kurzfristig freie Plätze.

Preisvergleich Zum Preisvergleich bieten sich neben dem Besuch im Reisebüro Reisezeitschriften wie ***Reise & Preise*** (www.reise-preise.de) oder ***Clever Reisen*** (www.fliegen-sparen.de) an.

Zahlreiche **Internetportale** bieten scheinbar komplette Informationen zu Flügen weltweit und das Buchungstool gleich mit, z.B.:

www.airline-direct.de   www.ebookers.de
www.expedia.de   www.flug.de
www.flugticket.de   www.mcflight.de
www.skyways.de   www.opodo.de
www.ticketman.de   www.travel-overland.de

Die Portale www.billiger-reisen.de, www.info-reisepreisvergleich. de und www.swoodoo.com vergleichen die Angebote dieser und weiterer Agenturen und listen sie nach Tarifen geordnet.

Nicht selten ist das Finden und Buchen eines geeigneten, dazu noch preiswerten Fluges per Eigeninitiative im Internet selbst mit Hilfe solcher Reiseportale aber ein ziemlich mühsames Geschäft, das sich per Anruf in einer Reiseagentur schneller erledigen lässt und – für vorinformierte Bucher – nicht teurer kommt.

In der Schweiz geht nichts über den *Globetrotter Travel Service*: www.globetrotter.ch.

Übersicht Airlines Die Telefonnummern in Deutschland und der Schweiz und die Internetportale aller nennenswerten **Fluggesellschaften im USA-Luftverkehr** finden sich in der folgenden Liste.

Airline	Telefon in D	in CH	Internet-Adresse
Air Berlin	030/34343434	0848/737800	www.airberlin.de
Air France	01805/830830	0848/747100	www.airfrance.de
American	01805/113709	044/6545257	www.aa.com
Austrian Air	01803/000520	044/2868088	www.austrian.com
British	01805/266522	0848/845845	www.ba.com
Condor	01805/767757	0840/266367	www.condor.de
Delta	01805/8C5872	0848/000872	www.delta.com
Icelandair	069/299978		www.icelandair.de
KLM	01805/254750	0848/874444	www.klm.de
Lufthansa	01805/805805	0900/900922	www.lufthansa.com
SAS	01805/117002	08488/117100	www.flysas.de
SWISS	01805/110036	0848/700700	www.swiss.de
United	069/50985051	044/8009212	www.united.com
USAir	0800/7236421	0844/805213	www.usairways.de
Virgin Atlantic (ab London) 0044/844209-7777			www.virgin-atlantic.com

Einreise in die USA 29

Im Lufthansa Airbus A 380

Abflugzeit und Flugdauer	Die Flüge in die USA starten üblicherweise am späten Vormittag bis frühen Nachmittag, so dass man nach Ortszeit am Nachmittag oder frühen Abend am Ziel eintrifft (Zeitdifferenz Florida zu MEZ 6 Stunden). Die reine Flugzeit vom europäischen Transatlantik-Airport beträgt 8,5-10 Stunden. Mit Umsteigen auf einen Zubringerflug in den USA werden daraus rasch 13-14 Stunden plus eine eventuelle Anreise nach Frankfurt, Paris, London etc.
Rückflug	Für Fragen bezüglich des Rückfluges, die in den USA auftreten, kann man die *Airlines* ausnahmslos von öffentlichen Telefonen oder auch vom Hotelzimmer aus gebührenfrei anrufen:

Air Berlin	1-866-266-5588
Air France	1-800-237-2747
American	1-800-433-7300
Austrian Air	1-800-843-0002
British	1-800-247-9297
Condor	1-866-960-7915
Delta	1-800-221-1212
Icelandair	1-800-223-5500
KLM	1-800-618-0104
Lufthansa	1-800-645-3880
SAS	1-800-221-2350
Swiss	1-877-359-7947
United	1-800-864-8331
USAir	1-800-428-4322
Virgin Atlantic	1-800-821-5438

Diese und weitere *toll-free numbers* sind gebührenfrei von jedem US-Telefon aus zu erfragen unter ✆ **1-800-555-1212**.

30   **Reisevorbereitung**

2.2   Pass und Einreiseformalitäten

**Einreise
in die USA
ohne
Visum**

Voraussetzung einer Einreise ohne Visum für Westeuropäer ist,
dass der Aufenthalt in den USA

• besuchsweise erfolgt,

• nicht länger als **maximal 90 Tage** dauert und

• ein **Ticket mit reserviertem Rückflug** innerhalb dieser Frist vor-
gelegt werden kann.

**Reisepass/
Biometrische
Daten
und ESTA**

(➢ rechts)

Wer diese Bedingungen erfüllt, muss **für den Flug in die USA** noch
seinen **Reisepass** einstecken und mindestens 72 Stunden vor der
Abreise (besser jedoch früher) seine **ESTA-Genehmigung** im In -
ternet (nur dort möglich!) beantragt haben. Der Pass muss – unabhängig von der effektiven Dauer der Reise – vom Tag der Einreise an noch mindestens 3 Monate Restgültigkeit haben und **ma-
schinenlesbar** sein. **Seit Oktober 2005** ausgestellte Reisepässe,
und nur diese (!), müssen zusätzlich biometrische Daten enthalten. Es handelt sich also noch nicht um **ein Erfordernis für alle.**.

**Kontroll-
Prozedur**

Obwohl also jeder dank ESTA bzw. Visum noch vor Besteigen des
Flugzeugs überprüft wurde, erfolgt eine weitere Kontrolle am Immi-
grationsschalter im Ankunftsairport. Dort werden die sog. **biome-
trischen Daten** erfasst. Das sind in diesem Fall die Abdrücke aller 10
Finger und ein Gesichtsfoto (dauert ca. eine Minute), um sicherzu-
stellen, dass später der/die Ausreisende wirklich der-/dieselbe wie
bei Einreise ist bzw. die Person, die im Pass steht. Ein **Passlesegerät**
gibt Auskunft über vorherige Einreisen und dabei ggf. gespeicherte
negative Kontakte mit der US-Obrigkeit. Oft erkundigt sich der
Officer auch noch nach Reiseabsichten des Touristen, seiner Berufs-
tätigkeit etc. Hat er nichts zu beanstanden, erhält der Ankömm -
ling in der Regel den Einreisestempel für volle 90 Tage.

Gebühr

• Bei erster **Einreise auf dem Landweg** (von Canada oder Mexico
aus) fällt eine **Gebühr von US$6** in bar/$-Reisescheck an –
keine Kreditkarte, keine kanadische Währung!

**Visum-
erfordernis**

Bei Reiseplänen, die 90 Tage Aufenthalt in Nordamerika und in
Mexico übersteigen, und sofern eine zweite Einreise in die USA
(aus Canada oder Mexico) nach diesen 90 Tagen liegt, benötigt man
immer ein Visum. Das erhält man indessen nur nach plausibel zu
erläuternden Reiseabsichten. **Auch für USA-Reisen unter 90 Tagen
Dauer benötigen ein Visum bei uns lebende Bürger jener Staaten,
die nicht ausdrücklich von der Visapflicht ausgenommen sind.**

Generelle **Informationen zu Visaantrag und Ausdruck/Ausfüllen
des Antragsformular DS-160** gibt es unter http://german.germany.
usembassy.gov/visa/niv/antrag.

Die Details zur **Visa-Erlangung** finden sich auch auf dem 12/2013
neu eingerichteten Internetportal http://www.ustraveldocs.com/de.

**Antrag
auf Erteilung**

Die Beantragung des Besuchervisums kostet eine variable vom
Dollarkurs abhängige **Gebühr** (Anfang 2014 **€120**), die auch bei
Ablehnung nicht erstattet wird.

Der ausgefüllte Antrag DS-160 samt farbigem Passfoto (digital 50 x 50 mm) plus Zahlungsnachweis der Antragsgebühr (➢ vorstehende Website) **kann nur elektronisch versandt werden.**

Verschärfte Regelungen nach 9/11/ Interview

Bereits seit dem 11. September 2001 erteilen die USA die Visa nicht mehr einfach nach Sichtung der Formulare, sondern laden alle Antragsteller über 13 und unter 80 Jahren zum persönlichen **Interview** in eines der untenstehenden Konsulate bzw. in die US-Botschaft (A und CH) ein. Zum Interviewtermin, den man im Internet im Rahmen der Möglichkeiten selbst definiert (»*Schedule my Appointment*«) bringt der Antragsteller den Ausdruck seines Antrags, das Fotooriginal, Reisepass und weitere Unterlagen mit. Nach dem Interview kommt das Visum per Post oder gar nicht.

Konsularabteilung der US-Botschaft in Berlin
(zuständig für norddeutsche und neue Bundesländer)
Clayallee 170, 14195 Berlin (www.us-botschaft.de)

ESTA

2009 wurde das bisherige Einreiseverfahren ersetzt durch **ESTA**, ein elektronisches System der Einreiseregistrierung und -genehmigung. Ohne vorherige Anmeldung bei ESTA ist eine Einreise per Flugzeug oder Schiff in die USA nicht möglich. Damit das rechtzeitig vor Abreise klappt, muss die Registrierung mindestens 72 Stunden vorher erfolgen. Die Genehmigung gilt für zwei Jahre und mehrere Einreisen. Auch kurzfristigere Reiseentscheidungen sind damit also möglich, sofern man bei ESTA »prophylaktisch« registriert ist. Unter der Internetadresse http://germany.usembassy.gov/visa/vwp/esta finden sich alle Einzelheiten und ein Link zum Antragsvordruck unter https://esta.cbp.dhs.gov/esta auch auf Deutscher. **Die Registrierung kostet US$14**, zahlbar per Kreditkarte.

Auf der Botschaftsseite wird gewarnt vor unautorisierten Seiten, die den Eindruck erwecken, offizielle Seiten der US-Regierung zu sein, aber erst nach Kartenzahlung von z.B. $59 für eine überflüssige Informationsschrift den Antrag weiterleiten. Wer z.B. bei Google »Einreise USA« sucht, findet weit oben gleich eine ganze Reihe von Portalen, die für die ESTA-Beantragung Hilfe anbieten. Keine davon benötigt man.

Von der ersten Antragsseite (zunächst nur den Block links beachten) geht's in der deutschsprachigen Version ganz unten einfach »weiter« (englischsprachige Version »*apply*«). Ein Klick darauf und noch einer nach »ja« samt »weiter« und noch einmal dasselbe führt in zwei weiteren Schritten zum Formular.

Mit Versand des Formulars erhält der/die Antragsteller/in einen komplizierten Zugangscode, unter der er/sie nach spätestens 72 Stunden nachschauen kann, ob er/sie autorisiert wurde, in die USA einzureisen. Um das zu tun, ist wieder https://esta.cbp.dhs.gov aufzurufen. Man gelangt auf die identische Seite wie im Fall des Antrags, muss nun aber im Formular den zugeteilten Code und noch einmal weitere Daten eintragen. Unter »Aktualisieren« erfährt man, ob alles geklappt hat. Wenn ja, steckt man mit den gelieferten Daten im Computer der *US-Homeland Security* als zugelassener Einreiser. Das kann so auch die Fluggesellschaft beim Einchecken aufrufen und ablesen, ebenso und vor allem der Immigrationsbeamte bei Ankunft in den USA.

Generalkonsulat München (zuständig für Bayern)
Königinstr. 5, 80539 München (http://munich.usconsulate.gov)

Generalkonsulat Frankfurt (alle anderen Bundesländer),
Gießener Str. 30, 60435 Frankfurt
(http://frankfurt.usconsulate.gov)

Botschaft der Vereinigten Staaten in der Schweiz
Sulgeneckstr. 19, 3007 Bern,
Info: ✆ **0720 116000** (2,50 SFr/min), http://bern.usembassy.gov

Botschaft der Vereinigten Staaten in Österreich,
Visa Section, Parkring 12, 1010 Wien
Info: ✆ **0900-510300** (€2,16/min), www.usembassy.at

Das erteilte – in den Pass geklebte – Visum berechtigt zu beliebig vielen Einreisen in die USA innerhalb des gewährten Zeitrahmens.

Aufenthaltsdauer in den USA

Letzte Instanz bei der Einreise ist der ***US Immigration Officer*** auf US-Territorium. Er vergibt bei Visainhabern die gewünschte Zeit bis zu 180 Tagen, aber ggf. auch weniger. Er kann die Einreise im Extremfall trotz Vorhandensein eines Visums verweigern.

Zoll/Customs

Neben dem Einreiseformular (nur Visainhaber) ist eine **Zollerklärung** auszufüllen. Man darf alle persönlichen Gegenstände (Kleidung, Foto- und Sportausrüstung etc.) zollfrei einführen. Alkohol ist auf ein Quart (ca. 1 Liter) begrenzt. Bei Mitbringseln gibt es eine Wertgrenze von $100, aber das Auge des Gesetzes schaut vor allem auf die Zollerklärung: Dort darf auf keinen Fall ein »Yes« angekreuzt sein bei: »Ich habe Früchte, Gemüse, Fleischwaren etc. dabei« oder »Ich war kürzlich auf einem Bauernhof«. Der Zoll macht beim grünen Schild (***nothing to declare***) nur **Stichproben** und stempelt das Zollpapier. Ohne **Stempel** geht nichts.

Ankunft

Einreise/Passkontrolle und Zollfreigabe des Gepäcks erfolgen dort, wo man erstmals amerikanischen Boden betritt. Umsteigen hat immer die Erledigung aller Formalitäten im ersten Flughafen zur Folge. Vorteilhaft dabei ist, dass die Ankunft am Ziel danach stressfrei und rascher läuft, nachteilig, dass man sein Gepäck entgegennehmen und nach der Zollkontrolle wieder aufgeben muss.

2.3 Transport in Florida

Situation

Die meisten Urlauber mieten sich für ihre Floridareise zu Recht ein Fahrzeug, sei es ein Pkw/Minivan, Camper oder auch Motorrad. Es gibt zwar durchaus Bus- und Zugverbindungen und manche Städte – wie Miami, Atlanta oder New Orleans – haben ein gut funktionierendes öffentliches Verkehrssystem, aber in vielen Orten sieht es damit schlecht aus. Gerade die schönsten Parks und Strände sind mit öffentlichen Verkehrsmitteln überhaupt nicht zu erreichen. Der einzige Ort, in dem man sich länger ohne eigenes Transportmittel aufhalten kann, ist Miami Beach, da dort Hotels, Geschäfte, Restaurants, Strände und Sehenswürdigkeiten eng beieinander liegen und es Busverbindungen nach Miami gibt.

2.3.1 Öffentliche Verkehrsmittel

Eisenbahn

Wenn man bedenkt, welch wichtige Rolle die Eisenbahn bei der Erschließung Floridas einst spielte, ist es erstaunlich, wie wenig Zugverbindungen es dort heute noch gibt. Die von **Amtrak** betriebene Florida-Linie **Silver Service** verbindet New York via Washington DC und Savannah mit Orlando, Tampa und Miami. Dabei besteht – wie im Flugzeug – Reservierungspflicht. Auf dieser Route verkehren der **Silver Star** (mit Umweg über Tampa) und der **Silver Meteor** (ohne Umweg über Tampa) jeweils einmal täglich; www.amtrak.com. Auskunft in Deutschland bei CRD International, ☎ 040/300616-0; www.amtrak.de.

Die Route der regionalen Bahnlinie **Tri Rail** verbindet die drei Bezirke Miami, Fort Lauderdale und Palm Beach samt deren Flughäfen; www.tri-rail.com.

Greyhound

Das Busnetz ist in Florida für amerikanische Verhältnisse relativ dicht. Vor allem **Greyhound-Busse** verbinden alle größeren und viele kleinere Orte. Die Busse sind komfortabel, haben Klimaanlage und Toilette. Auf längeren Strecken werden Pausen bei Cafés oder *Fast Food Places* eingelegt. Es herrscht **Rauchverbot**. Da *Greyhound-Terminals* häufig in weniger erfreulichen Stadtteilen liegen, sind Busse vorzuziehen, die möglichst vor Einbruch der Dunkelheit ankommen.

Keine Greyhound Netztickets mehr

Den legendären **Greyhound Ameripass** und seinen Nachfolger, den **Discovery Pass**, mit dem man während der Geltungsdauer ohne weitere Kosten *stand-by* in jeden Bus steigen konnte, sofern Platz war, hat man **Ende 2012 ersatzlos gestrichen**. Wer heute für eine Reise in den USA den Bus benutzen möchte, muss – kurz- oder langfristig – Tickets mit Sitzplatzreservierung für die geplanten Teilstrecken kaufen. Dabei lassen sich zwar im Internet *Discounts* bei Frühbuchung und Sonderangebote »mitnehmen«, aber insgesamt wird das schnell teuer: www.greyhound.com.

Kosten - vergleich

Ein Vergleich der Reisekosten im **Greyhound** und per **Mietwagen** führte zu Zeiten der preiswerten Netztickets zwar noch zu ökonomischen Vorteilen für Alleinreisende, von anderen Aspekten nicht zu reden. Aber schon ab zwei Personen war die Wagenmiete billiger und zwar selbst bei jungen Leuten unter 25, die bei der Automiete erhöhte Tarife in Kauf nehmen müssen, ➤ unten.

Buchen vor der Reise? Wer sich dennoch für den *Greyhound* entscheidet, sollte vor der Reise im Internet zunächst nur Teilstrecken für den Einstieg reservieren und dann unterwegs flexibel weitersehen. Unabdingbar dafür ist zumindest ein auch in den USA internetfähiges Smartphone, besser noch Notebook oder Tablet-PC.

Information Aktuelle **Informationen zu den Routen** (samt Streckennetz zum *Download*) gibt's im Internet unter www.greyhound.com. Fahrplaninformationen vor Ort *toll free* unter ✆ **1-800-231-2222**.

Nachteile Busreise Nachteilige Aspekte des *Busreisens* sind, dass man stärker auf Cafeterias und *Fast Food* angewiesen ist als Autofahrer, die sich leichter in Supermärkten fern der *Terminals* versorgen können. Man wird oft auch mit weniger erfreulichen M/Hotels im Umfeld der Station vorlieb nehmen müssen. Campingplätze, *Hostels* etc. befinden sich oft außer Reichweite, so dass im Schnitt die Übernachtungskosten höher ausfallen als beim flexiblen Automieter.

2.3.2 Mietwagen – Pkw, SUV und Minivans

Vermieter, Kosten, Konditionen

Beurteilung Ein Mietwagen ist in den USA für individuell reisende Touristen im allgemeinen die **beste Transportalternative**, ab zwei Personen immer auch **die finanziell günstigste**. **Für Florida** gilt außerdem, dass die Automiete deutlich billiger ist als im gesamten Rest der USA. Die Kosten für Mietwagen der *Economy Class* (ganzjährig ab ca. €160/Woche inkl. aller Versicherungen ohne Saisonaufschlag) sind dort selbst für Einzelreisende nicht zu schlagen.

Mindestalter Voraussetzung der Fahrzeugmiete ist allgemein ein Mindestalter der als Fahrer vorgesehenen Personen von **21 Jahren**.

Für jeden **Fahrer unter 25 Jahren** wird in aller Regel ein **Zuschlag** von mindestens €20/Tag berechnet. Junge Leute **von 21-24 Jahren** können beispielsweise bei *Alamo* pauschal ein »*Under 25-Special*« buchen, das je nach Wagentyp ab ca. €130/Woche teurer ist als der Tarif *Super Spar Plus* für Mieter ab 25 Jahren (nur im Voraus bei uns verfügbar; ist nicht in den USA erhältlich).

Der Toyota RAV4 gilt als Midsize SUV; diese Kategorie kostet in Florida bei Alamo ab ca. €190/Woche

Transport in Florida - Pkw, SUVs, Minivans

Vermieter und Buchung

Bei hiesigen Reiseveranstaltern, Automobilclubs, zahlreichen Internetagenturen und Vermittlern wie *Holiday Autos*, *Sunny Cars* (zu buchen in Reisebüros und im Internet: www.holiday autos.de bzw. www.sunnycars.de), *Mietwagenmarkt* und *billiger-mietwagen* (nur im Internet: www.mietwagenmarkt.de bzw. www.billiger-mietwagen.de) wie auch direkt bei den Vermietern kann man für Florida alle gängigen Fahrzeuge buchen. Überwiegend wird mit international bekannten Firmen wie *Avis, Hertz, Alamo/National* etc., aber auch mit weniger bekannten *Rental Car Companies* wie *Enterprise, Dollar, Thrifty* zusammengearbeitet. Bei uns unterhalten folgende US-Vermieter eigene Büros und Portale:

Alamo/	www.alamo.de
National	www.national.de
Avis	www.avis.de
Budget	www.budget.de
Dollar	www.dollar.de
Enterprise	www.enterprise.de
Hertz	www.hertz.de
Thrifty	www.thrifty.de

Pkw-Kategorien

Pkw und Vans können ausschließlich nach **Größenklassen** von *Economy* bis *Fullsize/Premium* und nach **Gattungskriterien** wie *Convertible* (Cabriolet), *SUV* oder *Minivan* gebucht werden. **Bestimmte Fahrzeugmarken und -typen lassen sich nicht reservieren.** Einige Vermieter führen überwiegend die Autos bestimmter Hersteller (z.B. Avis: *General Motors*, Hertz: *Ford*).

Ausstattung

Amerikanische Autos sind häufig etwas komfortabler als europäische Wagen vergleichbarer Größe. Mietwagen besitzen immer ein **Automatikgetriebe**, *Air Condition* und **Radio mit CD-Player**, neuerdings teilweise auch **Satellitenradio**. Ihr **Verbrauch** ist höher als bei ähnlichen Typen in Europa, hält sich aber heute wegen moderner Motoren und der Tempobeschränkungen (➤ Seite 49) auch bei größeren Fahrzeugen in erträglichen Grenzen.

Größe

Bei der Wahl der Kategorie sollte man sich weniger vom Preis leiten lassen; die Unterschiede sind bei den Pkw von Größenklasse zu Größenklasse oft kaum der Rede wert (€20-€50 pro Woche!).

Ein etwas geräumigerer Wagen bietet den Vorteil, dass der Kofferraum nicht so knapp ist. Ab 4 Personen könnte man – speziell auf längeren Reisen – an einen **Minivan** denken (ab ca. €300 pro Woche), wenn ein Campmobil nicht in Frage kommt.

Tarife und Kosten - vergleich

Ein Vergleich der Angebote von Reiseveranstaltern, von Vermittlungsportalen und der *Rental Car Companies* zeigt für Standard-Pkw-Modelle vielfach keine wirklich substanziellen Unterschiede bei den Tarifen. Doch es gibt erstaunliche »Ausreißer« nach oben, so dass ein Preisvergleich immer lohnt. Dabei sollte mit Sorgfalt auf die Nebenbedingungen (es gibt sogar Miettarife ohne Zusatzhaftpflicht) und Tarifinhalte im Einzelnen geachtet werden, damit nicht eine scheinbar preiswerte Miete letztlich teuer kommt.

36 Reisevorbereitung

Tarifinhalt

Bei **Vorausbuchung** sind unabhängig vom Vermieter vor Ort auch im günstigsten Tarif üblicherweise bereits die **Basiskosten**, Umsatz- und Lokalsteuern, **Haftpflicht-** und **Vollkaskoversicherung** enthalten. Außerdem **unlimitierte Meilen**. In Katalogen und Internetportalen sind die Details recht übersichtlich gelistet.

Leistungs-pakete

Fast alle Tarife sind seit Jahren in sog. **Leistungspakete** unterteilt, deren Bezeichnungen variieren, aber fast identische Inhalte kennzeichnen: »A« und »B«, »Spar Plus« und «Inklusiv Plus«, »Silber« und »Platin« o. ä. Das jeweils teurere Paket beinhaltet neben den Punkten oben Zusatzversicherungen, keine Gebühren für zusätzlichen Fahrer und vollen Tank »gratis«. Bei einer Woche Mietdauer lohnen sich die Mehrkosten oft schon durch die bezahlte Tankfüllung. Bei längerer Miete sind andere Aspekte ggf. interessant.

Es gibt auch *Leistungspakete mit Navigerät* für €30-€50/Woche mehr. Erwägenswert ist das für Fahrten in dicht besiedelten Regionen, bei Routen jenseits der Ballungsgebiete eher unnötig.

Bevor man den Vermieter endgültig wählt und »A« oder »B« bucht, sollte man sich über die Tarifinhalte im Klaren sein, um keine Überraschungen zu erleben. **Nützlich ist, Folgendes zu wissen:**

Tankregelung

Die günstigen Tarife basieren auf dem vor Ort extra zu bezahlenden vollen Tank – oft zu übertriebenen Kosten. Rückgabe dann leer. Aber wer riskiert schon die Tankuhrnadel am Anschlag mit der Gefahr, 3 mi vorm Abflugairport liegenzubleiben? Da schenkt man dem Vermieter lieber ein paar Gallonen des teuren Sprits. Gelegentlich wird der Restinhalt auch notiert und ein Schätzwert dafür gutgeschrieben. Fahrzeuge, die ohne Berechnung mit vollem Tank übernommen und voll zurückgegeben werden müssen, sind die Ausnahme. In der Regel ist dann der Tarif aber auch höhe

Einwegmiete

Bei **Miete in Florida** gelten nicht nur die niedrigsten Miettarife, sondern es gibt bei den großen Verleihern keine Einwegzuschläge für die Rückgabe an einer anderen Station innerhalb Floridas. Bei *Alamo* ist auch die Rückgabe in **Atlanta** und umgekehrt frei.

Zusatzkosten/ Taxes

Bei **Zusatzkosten**, die vor Ort zu entrichten sind (in Florida: im wesentlichen nur Aufpreis für junge Fahrer, anderswo oder bei Rückgabe des Fahrzeugs außerhalb von Florida Einweggebühr), kommen **immer *taxes***, staatliche Umsatzsteuern, hinzu.

Miete vor Ort

Auch bei einer Automiete vor Ort läuft ohne **Kreditkarte** nichts. Für eine verbindliche telefonische Reservierung benötigt man immer eine Kreditkarte.

Airport-off Airport

Für eine **kostengünstige Wagenmiete** erst vor Ort meidet man besser die Schalter im Airport. Billigvermieter sind meist nicht weit. Lokale Telefonnummern finden sich rasch (Telefonbuch unter *Car Rental*), sofern nicht sogar ein **Gratistelefon für *Off-Airport*** Vermieter unweit der Gepäckausgabe vorhanden ist. Oben das ***toll-free*** © und Webportal der wichtigsten Vermieter.

Weekend Rates

Fast überall gibt es **Wochenendtarife** (manchmal ab Donnerstag Mittag) und **Wochenpauschalen** zum 4-5fachen Tagessatz.

Die Reservierung bereits vor Reiseantritt spart Mühe und sichert in der Regel die gewünschte Wagenklasse und gelegentlich auch einen besseren Preis als direkt vor Ort.

Rental Car Companies vor Ort

Firma	Toll-free &	Internet-Adresse
Alamo	1-800-GO ALAMO	www.alamo.de
Avis	1-800-633-3469	www.avis.de
Budget	1-800-218-7992	www.budget.de
Dollar	1-800-800-4000	www.dollar.de
Enterprise	1-800-261-7331	www.enterprise.de
Hertz	1-800-654-3131	www.hertz.de
National	1-800-CAR RENT	www.nationalcar.de
Payless	1-800-PAY LESS	www.paylesscar.de
Thrifty	1-800-847-4389	www.thrifty.de

Gebrauchtwagen

Am preiswertesten leiht man Autos von Firmen, die sich **Rent-A-Used-Car** oder ähnlich nennen. In ganz Nordamerika gibt es beispielsweise Filialen von **Rent-A-Wreck**; www.rentawreck.com.

Haftpflicht bei vor Ort gemieteten Fahrzeugen

Nicht vergessen darf man die viel zu niedrigen **Haftpflichtdeckungssummen** bei vor Ort gemieteten Fahrzeugen, ➢ unten. Man kann bei großen Vermietern eine »Aufstockung« kaufen. Sie heißt **LIS** (*Liability Insurance Supplement*) oder **ALI** (*Additional Liability Insurance*) und kostet ab ca. $10/Tag für die Erhöhung auf $1 Mio, nicht gerade ein preis-

werter Spaß. Auch daher sollte Mietwagen besser vor der Reise hier buchen, wer keine spezielle Kreditkarte hat, ➢ umseitig.

Vollkasko und Deckungssumme der Haftpflichtversicherung

Vollkasko

Die **Vollkaskoversicherung** ohne Selbstbeteiligung ist als Tarifbestandteil Standard; sie gilt aber nur auf öffentlichen befestigten Straßen. Unklar ist die Angelegenheit, wenn Schäden auf – ja meist »privaten« – Parkplätzen, etwa von Supermärkten oder Hotels oder Campplätzen anfallen. Also Vorsicht unterwegs!

Übliche Haftpflichtdeckung

Die Frage der Haftpflichtdeckung ist bei Mietwagen ein wichtiger Punkt. Es gibt für USA-Mietwagen auch bei uns Niedrigtarife, die nur die – wiewohl gesetzeskonforme – Minimaldeckung beinhalten. Sie kann bei lächerlichen pauschal $50.000 liegen.

Reisevorbereitung

Aufstockung der Deckung über Veranstalter

Derartig geringe Deckungssummen resultieren aus der in den USA personenbezogenen Haftpflichtversicherung: Amerikanische Automieter bringen ihre persönliche (meist bessere) Versicherung mit. Sie gilt unabhängig vom Fahrzeug. Reiseveranstalter und internationale Vermieter kennen die aus Unterversicherung bzw. den Zusatzkosten für ALI/LIS (➢ Seite 37) resultierende Problematik und bieten ihren europäischen Kunden eine bereits im Basistarif enthaltene **Zusatzversicherung über mindestens $1 Mio**, teilweise **€1,7-€2 Mio**. Seit 2013 sind Automieter bei einigen deutschen Veranstaltern sogar bis **€7,5 Mio** zusatzversichert. Wer Risiken minimieren möchte, bucht sein Fahrzeug bei solchen Firmen.

Aufstockung der Haftpflichtdeckung und ggf. Vollkasko via Kreditkarte

Inhaber einiger **Goldkarten** genießen eine **Kfz-Reise-Haftpflicht-Versicherung** (= Aufstockung, z.B. ADAC Goldcard).

Bei der **Netbank** gibt es eine **Platinkarte**, die sowohl Haftpflichtaufstockung als auch Mietwagen-Vollkasko beinhaltet. Mit der **Lufthansa Goldkarte** ist zwar keine Haftpflichtaufstockung, aber eine Vollkaskoversicherung für Mietwagen verbunden.

Voraussetzung solcher Deckungen ist immer Zahlung der Mietkosten mit Karte. Wer die Karte dafür einsetzen möchte, sollte »seine« **Kreditkarten-Bedingungen** daraufhin überprüfen.

Führerschein

In Nordamerika genügt eigentlich der nationale Führerschein. Noch-Inhaber der alten grauen »Lappen« oder rosafarbenen Ausweise sollten besser den **Internationalen Führerschein** zusätzlich dabei haben. Denn Regierungsabkommen und die Vorstellungen eines Sheriffs auf dem Lande sind zweierlei: Bei Kontrollen und Unfall leuchtet dem eine *International Driver's License* eher ein als ein rein deutschsprachiges Dokument. Florida möchte dies neuerdings sogar gesetzlich vorschrieben, aber es blieb bislang unklar, ob dies durchsetzbar ist, ➢ www.flhsmv.gov/IDP.htm.

Motorradmiete

Auch Motorräder kann man genau wie Mietwagen, im heimatlichen Reisebüro oder im Internet vorbuchen. Klimatisch eignet sich Florida für Motorradtrips bestens.

Es gibt vor allem allerhand Spezialisten für **Harleys** (z.B. *Chrome Horse Harley Rentals*; www.chromehorserentals.com). Bei Internetrecherche findet man unter Schlagworten wie z.B. »*motorcycle rental florida*« 'zig Verleiher samt ihrer Tarife.

Ausnahmefall Key West: Vermietung von Mopeds. Sie sind – neben Fahrrädern – ideal zur Inselerkundung.

Transport in Florida - Pkw, SUVs, Minivans 39

2.3.3 Die Campmobilmiete

Grundsätzliches

Vorzüge/
Nachteile

Die Miete eines **Campers** bzw. **Wohnmobils** bietet für Rundreisen manchen Vorteil. Zunächst kann man sich das ständige Packen und Umziehen sparen und hat außerdem sein »Wohnzimmer« dabei. Selbstversorgung ist kein Problem und man ist daher viel weniger auf *Fast Food* und Restaurants angewiesen als im Pkw oder Van. Hinzu kommt, dass die USA zahllose Campingplätze jeder Komfortkategorie bieten, besonders in Florida in großer Dichte, so dass es äußerst selten ein Problem ist, einen passenden Platz zum Übernachten zu finden. Zu Camping und Campingplätzen im Einzelnen ➤ Kapitel 3.2.3 ab Seite 66.

Der Urlaub im Camper ist leider ein **teures Vergnügen**. Während Leihwagen in Florida preiswerter sind als in anderen Regionen, kann davon – wiewohl saisonabhängig – bei Campmobilen keine Rede sein. Gerade im Frühling, der besten Reisezeit im Süden des Sonnenstaates, sind die Tarife hoch.

Hinzu kommen im Umfeld populärer Touristenziele oft **happige Stellplatzgebühren**, die auf den Florida Keys und anderswo auf Spitzenplätzen direkt am Strand in der Hochsaison (Januar bis Ostern) bis über $100/Nacht und Fahrzeug betragen können.

Andererseits gibt es traumhaft angelegte und ebenso gelegene (meist) staatliche *Campgrounds* mit Gebühren ab $16/Tag, in vielen Fällen sogar mit Strom- und Wasseranschluss.

Der heftige Benzindurst vieler Campmobile fällt bei vergleichsweise moderaten Literpreisen (➤ Seite 52) und den in Florida nicht so großen Entfernungen weniger ins Gewicht als bei Rundreisen in anderen Gebieten der USA.

Altersgrenze/
Camper
fahren,
ein Problem?

Campmobile, welcher Größe auch immer, dürfen prinzipiell mit **Pkw-Führerschein** von Fahrern **ab 21 Jahren** bewegt werden.

Niemand unterscheidet dort bei Anmietung deutsche alte (Klasse 3 t bis 7,5 t) und neue (Klasse B bis 3,5t) Führerscheine. Bislang ungeklärt ist, was bei Unfällen passiert, wenn Polizei oder Gericht feststellen, dass der Fahrer eines Campmobils über 3,5 t Gesamtgewicht nur einen neuen Pkw-Führerschein Klasse B besitzt.

Das Fahren im Campmobil ist (auf den in Florida durchweg sehr gut ausgebauten Straßen) selbst in großen Fahrzeugen einfacher, als es auf Anhieb den Anschein hat. Man gewöhnt sich schnell an die oft etwas schwammige Straßenlage und leichtgängige Lenkung, die wenig Straßenkontakt vermittelt.

Aber man sollte den in vielen Regionen Floridas dichten Verkehr nicht unterschätzen (Atlantikküste Miami-Palm Beach, Bereich Tampa-Fort Myers, Großräume Orlando und Jacksonville). Große Fahrzeuge erfordern dann hohe Konzentration und vermitteln auch auf zweispurigen Straßen, etwa der Strecke über die Florida Keys hinunter nach Key West, **selten sonderlichen Fahrspaß**.

Campertypen

RVs

In den USA gelten Camper vom kleinsten Modell bis zum Riesen-Motorhome als **Recreational Vehicles** – Kürzel **RV** (»Arwi«). *RVs* verfügen über großvolumige 8-12-Zylinder-Benzinmotoren und zusätzliche mit **110 Volt-Klimaanlagen** auf dem Dach, für - Florida und den ganzen USA-Süden ein unverzichtbarer Komfort. **Dieselmotoren** hat zur Zeit kein Anbieter im Programm.

Kategorien/ Vermieter

Nimmt man die Angebote der großen Reiseveranstalter, findet man in Florida nur relativ große Campmobiltypen:
- *Motorhome Class C*
- *Motorhome Class A*

Man kann sich die Fahrzeuge mit allen Details am besten auf den Internetportalen der Vermieter selbst im Internet ansehen.

Camping World: www.RVRental.com
(Atlanta, Fort Lauderdale, Orlando)
El Monte: www.elmonterv.com (Atlanta, Miami, Orlando)
Cruise America*:* www.cruiseamerica.com
(Atlanta, Fort Lauderdale, Miami, Orlando, Tampa)
Road Bear RV Rentals*:* www.roadbearrv.com (Orlando)
Sunshine RV Rentals*:* www.sunshinervrentals.com (Orlando)

Escape Vans

Erst seit kurzem auf dem Markt sind die peppig bemalten umgebauten **Minivans** der Firma *Escape* mit Stationen im US-Westen, New York und **Miami**. Es handelt sich um ältere Vans von Ford oder GM, die als Gebrauchtwagen gekauft werden. Die Umrüstung zum **Einfachcamper** mit *Flowerpower-Look* erfolgt jeweils bei Anschaffung neu durch *Escape*. Die hintere Sitzbank wird nachts zum Doppelbett. Für zwei zusätzliche Passagiere kann ein Zelt dazugemietet werden. Weitere Details unter www.escapecampervans.com und www.usareisen.com (➤ Seite 42).

Motorhomes Class C

Kennzeichnung

Bei den Class C-*Motorhomes* (22-27/28 Fuß) gibt es immer einen weit über die Fahrerkabine hinausragenden Dachüberhang, in dem sich ein **Doppelbett** verbirgt, das nicht nur zum Schlafen, sondern auch als Stauraum tagsüber praktisch ist.

Campmobile von Cruise America (hier die C-Klasse) sind allesamt rundum großflächig mit bunten touristischen Motiven der USA verziert

Nachteilig ist die durch diese Bauweise **eingeschränkte Sicht nach oben** (im Stadtverkehr wichtig wegen höherhängender Ampeln). Ab 24 Fuß Länge gibt es zusätzlich (zur immer auch zum Bett umzubauenden Sitzecke) ein Doppelbett im hinteren

Teil des Wagens und ein richtiges »Badezimmer«. Erkauft wird der Komfort mit langen, bei Fahrzeugen über 25 Fuß abenteuerlichen Überständen des Aufbaus über die Hinterachse. Die C-Klasse gibt es meist in **Slide out**-Version, die den Sitzbereich auf »Wohnzimmergröße« ausdehnt, aber den Benzindurst erhöht

C-19 von Cruise America

Nur *Cruise America* hat eine kleinere C-Klasse mit nur 19 Fuß Länge). Dieser Fahrzeugtyp ist auch wegen geringerer Breite ein guter Kompromiss zwischen den verkehrstechnischen Vorzügen von Camper Vans und dem *Class C*-Komfort, aber leider auch teuer. Der geringere Verbrauch kompensiert das nur zum Teil.

Motorhome Class A

Ab 30 Fuß Länge wird aus dem *Motorhome* ein **Riesen-Campingbus**, den man **Class A Camper** nennt. Die Überhänge verschwinden zugunsten eines integrierten Cockpits über die volle Breite von ca. 2,50 m mit viel besserer Rundumsicht als in der C-Klasse. Anstelle eines Alkovenbetts tritt ein Doppelbett, das nachts über den Vordersitzen abgesenkt werden kann. Das Schlafzimmer ist vom Wohnbereich separiert, die Nasszelle angenehm groß.

Miet-Tarife, Gesamtkosten und Konditionen (2013)

Tagestarife

Camper sind – wie gesagt – ein recht **teures Vergnügen**. Zu (täglich schwankenden!) Basis-Tagestarifen kommen Übergabegebüh-ren/Endreinigungskosten, Pauschalen für die Ausstattung des RV mit Campingutensilien und Bettwäsche, Zusatzversicherungen, Zuschläge für Wochenend- und Vormittagsübernahme u.a.m.

Meilen und Meilenpakete

Die **Standardtarife** beziehen sich auf 0 mi, 60 mi oder 100 mi pro Tag. Mehrmeilen kosten bis zu $0,40 pro Meile plus *tax*. Statt einer Meilenabrechnung können zusätzliche Pauschalmeilen/Tag (+40, +100 etc.) oder 500-mi-Pakete gekauft werden. Auch **unbegrenzte Meilen** sind zum Pauschaltarif oder als Tageszuschlag auf den Grundtarif erhältlich. Die Details wechseln von Firma zu Firma und in schöner Regelmäßigkeit von Jahr zu Jahr.

Meilenpakete und Pauschalen für unbegrenzte Meilen sind vor Ort nicht verfügbar. Sie müssen hier vorgebucht werden. Das bedingt eine gute Vorausplanung der Route inkl. Meilenschätzung, damit man nicht die falsche, sprich zu teure Variante bucht. Denn für nicht verbrauchte Meilenpakete gibt es keinen Ersatz, ebensowenig für unlimitierte Pauschalen, wenn sich herausstellt, dass man mit Abrechnung der Meilen besser gefahren wäre.

Internet-/ Frühbuchung

Frühbucher erhalten bei allen Vermietern unterschiedliche, z.T. sehr hohe Rabatte über sog. Flextarife, zusätzlich ggf. bei Internetbuchung, was zusammen die Kosten spürbar senken kann.

Specials

Alle Vermieter offerieren in Abhängigkeit von der Buchungslage und von Ungleichgewichten bei der Buchungssituation sog. **Specials**. Teilweise gibt's die bei unseren Veranstaltern, teilweise auch nur auf den Portalen der Vermieter. Es macht für zeitlich und geographisch flexible Mieter Sinn, danach zu suchen.

Preis- **vergleich**	Es ist heute nicht mehr nötig, zum Preisvergleich mühsam Tarife und Nebenkosten per Hand zu addieren, denn Reiseveranstalter nehmen dem potenziellen Kunden die Mühe der Endpreisermittlung ab. Auf einer ganzen Reihe von **Veranstalterportalen** führt die Eingabe der Daten und Anklicken aller gewünschten »Extras« (Zusatzversicherung, Meilenpakete etc) rasch zum Ergebnis.
Konditionen	**Einige Details der Bedingungen bedürfen aber einer Erläuterung:**
One-way	• **Unterschiedliche Ankunfts- und Abflug-Airports** führen bei allen RV-Vermietern zu – teilweise hohen – Einweggebühren.
Haftpflicht- **Deckungs–** **summen**	• Die **Haftpflichtdeckungssumme** ist auch bei den Campern ein wichtiger Punkt. Campmobile sind in den USA wie Miet-Pkw oft nur mit der gesetzlich minimalen Summe abgesichert, ➢ Seiten 37f. Daher ist bei Campern, die über hiesige Veranstalter gebucht werden, durchweg eine Aufstockung der Deckungssumme von $1 Mio. bis zu €2 Mio. im Tarif enthalten.
CDW	• Die **Abkürzung CDW** steht für *Collision Damage Waiver* (manchmal auch **LDW**, L für *Loss*) und suggeriert Freistellung von Kosten im Schadenfall. Sie ist immer in den Campertarifen enthalten, beinhaltet aber hohe Eigenbeteiligung bei Schäden am Fahrzeug (unabhängig davon, wer der schuldige Verursacher sein mag, zahlt der Mieter zunächst immer). Bei bestimmten Schäden (z.B. bei vom Dach abrasierter Klimaanlage und bei Unterbodenschaden) und Schäden, die auf nicht öffentlichen Straßen eintreten (z. B. Zufahrt zum Campingplatz), haftet der Mieter selbst mit CDW ggf. unbegrenzt.
VIP	• Die **Zusatzversicherung** mit der seltsamen Bezeichnung **VIP** (*Vacation Interruption Policy*) ergänzt CDW/LDW. Sie kostet vor Ort bis zu $20/Tag (plus Steuern), ist aber heute ebenfalls in den meisten bei uns angebotenen Tarifen enthalten (worauf man achten sollte!). Sie reduziert von CDW nicht abgedeckte Schäden und in anderen Fällen die Selbstbeteiligung.
Kaution	• Die **Höhe der Kaution** bei Übernahme des Campers ist unterschiedlich ($500-$1.000). Sie fällt immer an, kann normalerweise aber nicht bar geleistet werden. Üblich ist die Blanko - unterschrift auf einem Kreditkartenformular. Oder aber die Summe wird auf einem Formular eingetragen bzw. ausgedruckt und vom Mieter unterschrieben. Ggf. bucht man sie tatsächlich ab unter Verrechnung bei Rückgabe bzw. Erstattung, wenn keine $-Kosten anfielen.

Hinweis zur Vorbuchung des Campers

Kosten und Konditionen der RV-Vermieter sind bei direkter Buchung in den USA eher ungünstiger als bei Buchung hier vor der Reise. Man tut daher gut daran, Campmobile bei hiesigen Veranstaltern zu buchen. Ausschließlich bei diesen gibt es zudem kostengünstige **Inklusivangebote**, die Flug und RV-Miete in einem Pauschalpreis zusammenfassen.

Moturis RV & Camping World ist Ihre erste Wahl für Ihre Wohnmobilferien in den USA weil wir

- die neueste Flotte ab 14 Stationen bieten
- die günstigsten Einwegmieten offerieren
- alle Fahrzeuge mit einer sehr hochwertigen Matratze ausgerüstet sind
- unsere Kunden an über 80 Filialen von Camping World im ganzen Land willkommen sind
- jeder Mieter gratis eine temporäre Mitgliedschaft bei Good Sam Club und Presidents Club bekommt
- ab allen Stationen Mietfahrräder, Navigationsgeräte, hochwertige Bettwäsche und Haushaltgegenstände u.v.m. zur Miete angeboten werden

Weitere Informationen finden Sie auf www.moturis.com /www.campingworld.com oder beim guten Reisebüro Ihrer Wahl.

Flughofstrasse 55 • CH-8152 Glattbrugg • Tel +41 44 808 7000

2.3.4 Kostenvergleich Pkw – Campmobil

Überlegungen mit Motel/Hotel

Wegen der erheblichen Kostendifferenz zwischen Pkw- und Campmobilmiete ist es – unabhängig von der Jahreszeit – so, dass die Summe aus Autokosten und Übernachtung im Motel/Hotel in der unteren bis Mittelklasse in der Regel deutlich geringer ausfällt als die Summe aller Campmobilkosten. Gerade in Florida sind die Übernachtungstarife in hohem Maße saisonabhängig, so dass bei niedrigen Miettarifen für Camper etwa im Herbst auch die Motelkosten niedrig liegen und umgekehrt. Die Kosten für die Campingplätze schwanken dagegen nicht oder nur vergleichsweise wenig, sieht man vom Extremfall der Florida Keys ab. Im Schnitt kann man im Winterhalbjahr für RVs von täglichen Campingplatzkosten (mit *Full-Hook-up*) in Höhe von $35-$40 ausgehen (ohne Florida Keys), sonst $25 bis (eher) $30. Auch die höheren Benzinkosten des Campmobils sind bei Vergleichen zu berücksichtigen. Bei **Pkw-Mietkosten** von €25-€40/Tag inklusive aller Meilen und Versicherungen und **Camperkosten** (mit Mehrmeilen und -verbrauch plus Campgebühren) kaum unter €120/Tag darf das tägliche Hotel locker über $100/Tag kosten, und dennoch spart man. Bis zu welcher Höhe der Quartierkosten Pkw, SUV oder Minivan günstiger sind als ein Camper ist aber letztlich ein nur individuell zu kalkulierendes Rechenexempel.

Andere Aspekte

Im Endeffekt stehen sich hier aber eher **Philosophien** gegenüber als die reine Kalkulation. Wer den Camper vorzieht – aus persönlichen Präferenzen oder weil z.B. eine Reise mit Kindern im Wohnmobil einfach mehr Spaß macht, nicht zuletzt bei *Disney World*, ➢ Seite 214 –, wird dabei nicht auf den letzten Euro sehen.

Pkw + Zelt

Im übrigen gilt: Man kann auch ein Zelt mitnehmen, meistens oder dann und wann campen, dabei viel Geld sparen und auf manchen wunderschönen Plätzen zwischen Mangroven strandnah an Seen oder Wasserläufen Klima und Natur Floridas besonders genießen. Wobei die Campgebühren auf vielen Plätzen etwas bis deutlich niedriger als die für Wohnmobile sind, da ja weder Steckdose noch Wasseranschluss benötigt werden.

Campingutensilien sind in den USA bei Wal- und K-Mart oder Target billig: Schlafsack $24; einflammiger Gaskocher $18; Luftmatraze $20; 12V-Pumpe $12; Kaufhauszelt aus der Heimat €49 oder nichts, weil man es hat

Finanzen   **45**

Problem: Girokarte (früher EC-Karte) mit EMV-Chip

Wer in den USA auf bewährte Art Bargeld am Automaten ziehen möchte, muss mit Problemen rechnen und sollte vor der Reise unbedingt seine Bank kontaktieren. Seit kurzem geben deutsche Banken und Sparkassen nur noch Girokarten aus, die mit einem sogenannten EMV-Chip ausgestattet sind. Dieser Chip enthält wichtige Informationen, die vom Geldautomaten ausgelesen werden müssen. Das Problem: In den USA sind Automaten, die dies können, zurzeit noch nicht sehr weit verbreitet. Zudem wird oft der Verfügungsrahmen für das Geldabheben im außereuropäischen Ausland von den Banken per se deutlich eingeschränkt. Hier sollte man vor Abfahrt klären, wie hoch der Verfügungsrahmen ist – und diesen eventuell erhöhen.

2.4   Die Finanzen

In den USA, speziell in Florida ohne Kreditkarte zu reisen ist fast unmöglich. Aber neben dem Plastikgeld benötigt man man für kleinere Ausgaben immer auch Bardollars, denn einfache Cafés, *Fast Food Places* und auch mancher kleine Shop ebenso wie viele staatliche Campingplätze akzeptieren keine Kreditkarten.

Nötige Bardollars

Ein **Barbestand** für die ersten Ausgaben in den USA sollte auf jeden Fall in der Brieftasche stecken. Und zwar **in relativ kleinen Scheinen bis maximal $50**. Mit größeren Banknoten gibt es schon mal Probleme bei der Annahme. Ein **Vorrat an $1-Noten** darf nicht fehlen. Denn die braucht man manchmal für den Gepäck - karren am Airport, für Trinkgelder und andere kleine Ausgaben vom Moment des Betretens amerikanischen Bodens an.

Mit **Euros** kann man mangels Umtauschmöglichkeit außerhalb von Airports und Großstädten wenig anfangen. Auch ist der Wechselkurs immer miserabel (das gilt nicht für Bardollars aus dem Automaten, die zum aktuellen Kurs belastet werden).

Bargeld per EC-Geldkarte

Apropos: Man kann aus **amerikanischen Bargeldautomaten** (**ATM** = *Automatic Teller Machines*. »*Teller*« ist das amerikanische Wort für den »Schalter«) **flächendeckend** mit der **Girokarte** (früher EC-Karte) Dollars ziehen, sofern diese das *Maestro-Logo* zeigt und noch einen Magnetstreifen hat, ➢ oben. Die Kosten sind etwas niedriger als bei Bargeldbeschaffung per Kreditkarte.

ATM

Ein kleines Problem der ATM ist das immer wieder etwas andere Menü der Benutzerführung in englischer Sprache. Unklarheiten, ob nun »*yes*« oder »*no*« zu pressen ist, tauchen da schon mal auf. Häufig wird abgefragt: »*Debit*« or »*Credit*«? Grundsätzlich heißt die Antwort »*Credit*« (sog. »*Debit Cards*« sind bei uns kaum verbreitet). Gelegentlich fragen Automaten nach dem *Zip Code*, also der Postleitzahl des Kartenbesitzers. Manchmal genügt die Eingabe eines beliebigen real existierenden *Zip Code*, ➢ Seite 53.

Tipp: Besorgen Sie sich Bargeld aus dem Automaten – speziell beim ersten Versuch in den USA – lieber während der Öffnungszeit der Bank. Wenn etwas schiefgeht, lässt sich das dann klären. Bloß nicht den ersten Versuch am Samstagnachmittag machen!

Banknoten	**US-Dollar-Noten** – die Scheine lauten auf die Beträge 1, 2 (sehr selten), 5, 10, 20, 50, 100 – **unterscheiden sich nicht in der Größe** und wiesen früher **dieselbe Farbe** auf: Zahlseite grauschwarz und die Rückseite grün (daher der Begriff **Greenback** für die Dollarwährung). Beim Herausgeben ist daher mehr Aufmerksamkeit als hierzulande geboten. Neueren 5-, 10-, 20-, 50- und 100-Dollarscheinen wurde auf der »grauen« Seite ein **rosa Farbton** unterlegt. Der **Dollar** wird umgangssprachlich oft **Buck** genannt. Speziell gilt dies bei Fragen nach dem Preis auf Märkten, an Imbissständen o.ä. Die Antwort lautet dann z.B. **»five bucks«**.
Münzen	Münzen gibt es zu 1, 5, 10, 25, 50 Cents und $1. Die 50-Cents-Münze wie auch eine **goldfarbene 1$-Münze** sind im täglichen Zahlungsverkehr eher selten, obwohl davon angeblich jedes Jahr Millionen in Umlauf gebracht werden. Folgende Bezeichnungen haben sich eingebürgert:

Penny	1 Cent
Nickel	5 Cents
Dime	10 Cents
Quarter	25 Cents

Wichtigste Münze ist nach wie vor der **Quarter**, man benötigt ihn zum Telefonieren an Münzgeräten und für viele Automaten.

Travelers Cheques	Da es sich aus Sicherheitsgründen nicht empfiehlt, größere Summen Bargeld mit sich herumzutragen, sind auch auf US-$ ausgestellte Reiseschecks durchaus noch praktisch und gebührenmäßig etwas preiswerter als Bargeld aus dem Automaten, wobei es natürlich auf den jeweiligen Wechselkurs ankommt. **Travelers Cheques** (amerikanische Schreibweise) werden in nahezu allen Geschäften ohne Abzug wie Bargeld akzeptiert. Unterschrift und Ausweis (auch Führerschein) vorzeigen und fertig. Nur Banken berechnen bei Einreichung von Reiseschecks überwiegend Gebühren. Am besten fährt man mit $20- und $50-Schecks, höhere Werte werden ungern oder gar nicht angenommen.
Kreditkarten	Die Kreditkarte ist in den USA ein viel wichtigeres Zahlungsmittel als bei uns. Neben Hotels und Restaurants akzeptiert das Gros der Geschäfte und Supermärkte Kreditkarten. Auch Eintrittsgeld für Museen oder die Tickets fürs Kino kann man fast immer mit der Karte bezahlen. Die Mehrheit der Tanksäulen ist heute ebenfalls für Direktzahlung mit Karte ausgerüstet, was ein Anstehen an der Kasse erübrigt. Es gibt wenige Situationen, in denen nur bar bezahlt werden kann, etwa an Straßenständen, in einfachen Cafés und Fast Food Places. Selbst wer bei uns ohne Plastikgeld auskommt, sollte sich für die Floridareise eine Karte zulegen. Überall akzeptiert werden **Visa-** und **Mastercard**. **American Express** folgt mit Abstand und ist nicht so universell einsetzbar.
Cashing	Mit der Kreditkarte kann man in den meisten Banken im Rahmen der Grenzen, die die ausgebende Institution setzt, auch Bargeld abheben, mit Pin Code auch am Geldautomaten. Die Gebühren

Finanzen

dafür sind aber durchweg höher als ein **Cashing** mit Scheckkarte. Oft ist ein *Cashing* auch nur dann möglich, wenn bei der ausgebenden Organisation ein Guthaben unterhalten wird.

Verlust der Kreditkarte

Bei Verlust einer Kreditkarte ist die Haftung auf €50 beschränkt, gleichgültig, welcher Schaden zwischen Verlust und Benachrichtigung der Organisation eintritt.

Folgende Telefonnummern können in den USA gebührenfrei angerufen werden, sollte die Kreditkarte verlorengehen oder sonst irgendein Problem auftauchen:

American Express	✆ 1-800-528-4800
Mastercard	✆ 1-800-622-7747
VISA	✆ 1-800-847-2911

Für alle in Deutschland ausgestellten Karten gibt es das zentrale ✆ 116116; bei Anruf dort aus den USA 011-0049 vorwählen.

Notfall

Was tun, wenn Reiseschecks, Dollars und Kreditkarten abhanden gekommen sind und ein Ersatz nicht zu beschaffen ist?

Mit Anruf in der Heimat gibt's nur noch eine sinnvolle Möglichkeit für einen raschen Geldtransfer:

Reisebank/ Western Union

Diesen bieten von Deutschland aus **Reisebank** und **Post** in Kooperation mit **Western Union**, einer Unternehmung, die in fast allen Städten Nordamerikas ab mittlerer Größe ein Büro unterhält. **Filialen der Reisebank** befinden sich in Bahnhöfen deutscher Großstädte und in Flughäfen. Nach Einzahlung bei der Reisebank oder Post kann die Summe nach wenigen Minuten in einem *Western Union Office* in Empfang genommen werden; die Gebühren sind indessen sehr hoch.

Auskunft in Deutschland unter
✆ 0800/1811797 bzw. unter www.reisebank.de

Western Union in den USA:
✆ 1-800-325-6000; www.westernunion.com

Zur Auslandsvertretung

Wenn alle Stricke reißen, bleibt nur der Gang zum nächsten **Konsulat** (Adresse ➤ Seite 87). Die Konsulate helfen im allgemeinen nicht mit Bargeld, aber bezahlen ggf. Hotelkosten und Flugticket in die Heimat. Das Außenamt fordert vorgestreckte Auslagen dort aber sofort wieder zurück.

Zum Mitrechnen im Supermarkt: Einkaufswagen mit integriertem Rechner

48   Unterwegs in Florida

3.   Unterwegs in Florida

3.1   Autofahren in den USA

**Verkehrs-
situation**

Autofahren ist in den USA – von den Großstädten und ihrem Umfeld einmal abgesehen – oft weniger stressig als etwa in Deutschland oder der Schweiz. Außerhalb der Ballungsgebiete sind geringe Verkehrsdichte, weitgehend beachtete Tempolimits, die
nicht zwischen Pkw und Lastwagen unterscheiden, und größere
Gelassenheit am Steuer einige Gründe dafür.

Orientierung

Speziell für **Florida** fällt zudem die Orientierung – dank weitgehend ebener Landschaft und in Küstennähe verlaufender Haupt-
strecken besonders leicht. Die meisten Städte sind schachbrettartig mit durchnummerierten Straßen angelegt, so dass man dort
allgemein besser klarkommt als in unbekannten Orten Europas.

Es wird rechts gefahren, und die wenigen für uns neuen Verkehrszeichen erklären sich durch ihre Symbolik durchweg von selbst.
Ein europäischer Autofahrer braucht also nicht umzudenken.

Es gibt aber eine Reihe von Verhaltensregeln und gewisse Anders-
artigkeiten, die zu kennen wichtig ist und in bestimmten Situationen sogar unabdingbar sein kann.

3.1.1   Abweichende Verkehrsregeln

Vorfahrt

• **Stoppzeichen** für alle Fahrtrichtungen an Kreuzungen bedeuten
»wer zuerst kommt, fährt zuerst«. Das Anhaltgebot gilt auch
bei offensichtlich leeren Querstraßen und wird strikt befolgt.
Die Regel ist genauer als »rechts vor links« und besonders in
Wohngebieten Standard. Mehrere sich der Kreuzung nähernde
Wagen überqueren diese nach kurzem Halt in der **Reihenfolge
der Ankunft**. Ist diese unklar, löst man das Problem überwiegend und höflich durch Handzeichen.

Ampeln

• Zeigt eine Ampel **rot,** darf unter Beachtung der Vorfahrt des
Querverkehrs rechts abgebogen werden, es sei denn, eine
Schrifttafel untersagt dies ausdrücklich (*No Turn on Red*). Im
Fall einer gesonderten Abbiegerspur **muss** sogar bei Rot abge-
bogen werden, solange dies der Querverkehr zuläßt. Die **Lich -
terfolge** an der Ampel ist **Grün-Gelb-Rot-Grün**; die Rot/Gelb-
Phase vor dem Grün entfällt.

Schulbus

• Die bekannten gelben Schulbusse dürfen weder überholt noch
vom **Gegenverkehr** (!) passiert werden, wenn sie anhalten und
Kinder ein-/aussteigen lassen. Warnblinker an den Ecken der
Busse und seitliche Stopschilder markieren die Stopp-Phase.
Ein Nichtbeachten gilt als schweres Verkehrsdelikt.

Überholen

• Auf mehrspurigen Straßen wird in den USA legal rechts überholt. Theoretisch ist dies zwar nur erlaubt, wenn dafür nicht
die Spur gewechselt wird, aber in der Praxis sind **Überholma-
növer auf der rechten Seite** üblich. Daran muss man sich ge-
wöhnen und den rechten Fahrbahnen **auf *Freeways*** höhere

Autofahren in den USA

Für Begegnungen mit den knallgelben Schulbussen gelten Sonderregeln mit der Schärfe des Verhaltens bei Ampelrot und Stoppschild

Aufmerksamkeit schenken als von Europa gewohnt. Eines der obersten Gebote auf mehrspurigen Straßen ist nicht zuletzt deshalb das **sture Spurhalten**. Auf voll besetzten Straßen, speziell auf Stadtautobahnen kann ein Spurwechsel schwieriger sein als bei uns.

Carpool
- Zum Zweck der Verkehrsreduzierung während des Berufsverkehrs sind auf City-Autobahnen ***Carpool-Lanes*** eingerichtet. Diese Fahrspuren dürfen immer oder zu angegebenen Zeiten nur von Bussen, Taxen und Fahrzeugen benutzt werden, in denen zumindest 2, manchmal auch ab 3 Passagiere sitzen.

Linie/ Doppellinie
- Durchgezogene **Fahrbahn-Trennmarkierungen** dürfen zum Überholen oder Abbiegen überfahren werden. Die Funktion der in Europa einfachen Linie übernimmt in den USA eine auf keinen Fall zu überfahrende Doppellinie.

Tempolimits
- Es ist den Bundesstaaten überlassen, Höchstgeschwindigkeiten festzulegen. In Florida gelten:
  - **auf Autobahnen Höchstgrenzen von 70 mph**
  - auf **Landstraßen 60 mph, bei 4 Spuren bis 65 mph**
  - in **Orten 30 mph** (**in Schulnähe 20 mph**) oder ausgeschildert

Die **Überwachung** erfolgt durch in Polizeiwagen installierte **Radargeräte**. Wer am Sheriff zu schnell »vorbeibrettert«, hat ihn bald im Rückspiegel und wird sogleich fürs ***speeding*** zur Kasse gebeten (ab $75 bei geringfügigen Überschreitungen). Für Geschwindigkeitsüberschreitungen an Baustellen und bei Schulen verdoppelt sich die Geldstrafe.

Speziell Florida
In Florida gilt außerdem, dass bei **Regen** das **Fahrlicht** eingeschaltet werden muss. Für **Kinder unter 4 Jahren** bzw. unter einem Gewicht von 15 kg ist ein Kindersitz vorgeschrieben.

50   **Unterwegs in Florida**

Parkrichtung (Florida)	Beim schrägen Einparken – wo auch immer – muss das Heck mit dem Nummernschild zur Straße bzw. Fahrspur zeigen, da in Florida nur hinten ein Nummernschild Vorschrift ist. Das will die Polizei bei Vorbeifahrt sehen. Sonst gibt's ein teures *Ticket*.
Parken und Parkverstöße	Die **Parkvorschriften** in den USA sind auch generell streng. Kontrolleure sind ständig unterwegs, verteilen *Tickets* oder lassen abschleppen (Die »*fine*« beträgt in Cities leicht $100 und mehr).

Park- bzw. Halteverbote sind mit Verkehrszeichen kenntlich gemacht, zusätzlich markieren oft farbige Bordsteine die Verbotszonen. Die Farben in Florida bedeuten:

Roter Streifen am Fahrbahnrand: **Halteverbot**

Blauer Streifen am Fahrbahnrand: **Parken nur für Behinderte**

Gelber Streifen am Fahrbahnrand: **Parkverbot** (oft nur bis 18 Uhr)

Hydranten dürfen nicht zugeparkt werden: rechts und links müssen etwa 5 m frei bleiben.

Zahlung	Wer ein *Ticket* erhält, darf entweder im beigelegten Umschlag **Dollars bar** verschicken oder bei einer Bank per *Money Order* die Bußgeldsumme einzahlen. Bei Versäumnis hat man die Aufforderung zur Zahlung bald auch in Europa zu Hause auf dem Tisch, denn der Autovermieter muss die Adresse herausrücken.

Polizeikontakt und Alkohol am Steuer

Um einen Autofahrer zu stoppen, bleibt die Polizei hinter ihm und betätigt kurz die Sirene und die rote Rundumleuchte, das Zeichen zum »Rechtsranfahren«. Nach dem Anhalten wartet man im Wagen, alles andere könnte falsch gedeutet werden. Es ist auch nicht ratsam, unbedachte Bewegungen zu machen, etwa in der Absicht, die Papiere aus dem Handschuhfach zu kramen. In den USA könnte das als der Griff zur »Knarre« interpretiert werden. Am besten bleiben die Hände auf dem Lenkrad.

Ein solches Verhalten ist üblich, um der Polizei – die immer mit überraschendem Schusswaffengebrauch rechnen muss – eine defensive Position zu signalisieren. Polizisten verhalten sich in Kontrollsituationen im allgemeinen sachlich-korrekt; nach dem ersten »Abtasten« und kooperativer Haltung des Gestoppten auch bei Übertretungen – speziell gegenüber Touristen – freundlich.

Die respektvollen Anreden lauten *Officer* oder *Sir*. In *National* und *State Parks* besitzen die *Ranger* einen ähnlichen Status wie sonst die Polizei.

In Florida gilt die 0,8-Promille-Grenze. Wer sie überschreitet, wird hart bestraft ($500-$1.000). Es darf sich nicht einmal eine geöffnete Flasche mit einem alkoholischen Getränk im Innenraum des Fahrzeugs befinden – streng genommen nicht einmal die bereits entkorkte, aber nicht geleerte Weinflasche vom Vorabend im Kühlschrank des Campers.

Auch trinkende Beifahrer rund um einen stocknüchternen Fahrer zählen schon zum Tatbestand »Alkohol im Verkehr«. Gegenüber **Drogen** am Steuer gilt ebenfalls die *Zero Tolerance*-Politik. Wer in dieser Beziehung auffällt, wird registriert und nach Bestrafung und Heimreise in Zukunft nicht wieder ins Land gelassen.

Autofahren in den USA 51

Autobahn-kreuzung in Fort Lauderdale (I-95/I-595). Im Großraum Miami ist das nur eine von vielen ähnlich komplex und großräumig angelegten »Intersections«

3.1.2 Straßensystem

Zum Verständnis der **Klassifizierung von Straßen** in den USA erscheinen folgende Hinweise nützlich:

Highways/Freeways
Eine durchgehende Autostraße, welcher Qualität auch immer, ist grundsätzlich ein *Highway*. Für *Interstate* Autobahnen und alle sonstigen autobahnartig ausgebauten Straßen existiert der Begriff *Freeway*. *Freeways* sind teilweise gebührenpflichtig (in Florida gilt das gleich für eine ganze Reihe von Autobahnen im Bereich Miami/Orlando). Sie heißen dann **Toll Road** (*Toll* = Gebühr).

Toll/Gebühren
Die Kosten sind unterschiedlich. Das Abfahren der kompletten Strecke der **Alligator Alley** (I-75) in Südflorida von Miami nach Naples an der Westküste zwischen Ausfahrten 23 und 101 (78 mi) kostet z.B. nur $3,00 (in bar).

Relativ teuer ist dagegen die Benutzung der **Florida's Turnpike** ab Florida City über Miami nach Orlando und darüberhinaus. Tarif für Miami-Orlando (233 mi) $19,15; www.floridasturnpike.com.

Der M.B. Andersen Beachline Expressway verbindet Orlando und Cape Canaveral; www.oocea.com (41 mi; $4,25). An den Mautstationen muss entweder der jeweils angezeigte Betrag gezahlt werden, oder man erhält eine Art Lochkarte, die bei Verlassen der *Toll Road* abgerechnet wird.

Wer elektronisch über **Toll by Plate** abrechnen lässt, braucht bei Durchfahrt der Stationen nicht mehr bar zu bezahlen und passiert sie rasch. Diese Möglichkeit besteht auch bei Mietwagen. Details bei Übernahme des Fahrzeugs.

In Florida ist auch für manche **Brücken** auf sonst gebührenfreien Strecken **toll** zu bezahlen, so etwa für die phänomenale **Sunshine Skyway Bridge** über die Tampa Bay.

Interstate Autobahnen
Wie der Name sagt, sind **Interstates** die großen Verbindungsstraßen zwischen den, aber auch vielfach innerhalb der Staaten. An

Unterwegs in Florida

ihnen geht auf einer Floridareise zur Überwindung langweiliger Landstriche und fürs schnelle Vorankommen kein Weg vorbei. Indessen fährt man auch in Florida auf Autobahnen leicht an manchem vorbei, was die Reise abrundet.

Picnic Areas
An den *Interstates*, aber auch an anderen Straßen gibt es außerhalb der Ballungsgebiete viele schöne **Rastplätze** (*Picnic/Rest Areas*). Sie sind oft ähnlich wie Campingplätze mit Picknicktischen und Grillrosten ausgestattet. An Gelegenheit, unterwegs Mahlzeiten bequem im Freien zu bereiten, fehlt es damit nicht.

Gravel Roads
Für uns ungewohnt sind **Schotterstraßen** (*Gravelroads* oder *Unpaved Roads*). Schotter ist bevorzugter Belag für wenig benutzte Nebenstrecken und Zufahrten zu manchen Stränden und *State Parks*, speziell zu deren Campingplätzen. Bei anhaltender Trockenheit sind sie mitunter sehr **staubig**, bei Nässe **rutschig**, bei gutem Wetter jedoch problemlos zu befahren, wiewohl mit vielen Mietfahrzeugen, speziell Campmobilen, laut Kleingedrucktem in den Verträgen »eigentlich« nicht erlaubt - daher Vorsicht!

Straßenkarten
Die **kostenfreie offizielle Straßenkarte des Staates Florida**, die es in jeder Touristeninformation gibt, lässt fast nichts zu wünschen übrig. Sie enthält außerdem Umgebungspläne für alle wesentlichen Städte, Übersichten über *National* & *State Parks* & *Forests* sowie Details zu Autobahnen und *Toll Roads*.

Die diesem Buch beigefügte Floridakarte ist für Reiseplanung und Übersicht unterwegs mehr als ausreichend.

Genauere Stadtpläne gibt es in den örtlichen Büros der **Tourist Information**. Mitglieder von Automobilclubs erhalten beim **AAA** Straßenkarten und Stadtpläne ebenfalls kostenfrei, ➤ Seite 15.

3.1.3 Tanken und Pannenhilfe

Benzinpreise
Die Benzinpreise in Florida lagen im April 2013 bei $3,20-$3,60 pro Gallone (3,8 l) für unverbleites Normalbenzin (*Regular Gas unleaded*=bleifrei). Wegen der hohen Preisunterschiede zwischen Selbstbedienung und *Full-Service* sind **Self-serve Gas Stations** die Regel. Wer tankt, muss zunächst einen **Hebel an der Tanksäule** ziehen, drücken oder umlegen, sonst fließt kein Sprit.

Die meisten Tankstellen sind für Kreditkartenzahlung direkt an der Tanksäule eingerichtet. Die US-Oktanzahl (87/89) der Benzinsorten ist immer deutlich angegeben.

Autofahren in den USA

Patriotisch eingefärbte Tankstelle

Aktuelle Benzinpreise erfährt man im Internet unter www.talla hasseegasprices.com usw., wobei die fett geschriebene Ortsangabe ausgetauscht werden kann durch »miami, «tampa« etc.

Tankstellen/ Gas Stations

Die Mehrheit der Benzipreise bezieht sich heute auf *Cash or Credit Card – same Price*. Die günstigsten Tarife bieten **Mini-Marts** mit Tanksäulen.

Discount-Tankstellen überraschen gelegentlich damit, dass sie keine Kreditkarten akzeptieren. Es überwiegen aber **Kreditkarten-Tanksäulen**, die den Gang zur Kasse an sich überflüssig machen. Nach Einschieben der Karte und elektronischer Prüfung wird die Zapfsäule (*pump*) freigegeben und am Ende ein Beleg ausgedruckt. Aber es fragen mehr und mehr Automaten den ZIP-Code der Rechnungsadresse über die Karte ab. Auf europäischen Karten findet der Rechner diese nicht und verweigert dann den Benzinfluss. In solchen Fällen zahlt man vor dem Tanken bar oder mit Kreditkarte einen selbst gewählten Betrag und erhält die Freigabe der Zapfsäule. Ist der Betrag verbraucht, stoppt das Gerät automatisch. Wer volltanken will, kann auch alternativ die Kreditkarte einfach an der Kasse hinterlegen (in der Hoffnung, dass sie anschließend noch da ist bzw. niemand die Daten samt dreistelliger Prüfziffer auf der Rückseite notiert hat).

Reifendruck

Einen Druckluftservice, wie bei uns selbstverständlich, vermisst man oft an den Tankstellen. Wo vorhanden, findet sich meist ein langer sperriger Schlauch mit Manometer, aber man sollte sich selbst mit eigenen, billig zu findenden Prüfern im Kugelschreiberformat nachchecken. ***Mini Marts*** haben gelegentlich einen Münzkompressor, der für einen *Quarter* ein paar Minuten anspringt.

Unfall/ Panne

Alle Auto- und Campervermieter geben ihren Kunden eine Telefonnummer mit auf den Weg, die bei Panne oder Unfall angerufen werden muss. Bei den großen, landesweit operierenden Firmen ist das Telefon Tag und Nacht besetzt.

AAA Straßendienst

Ebenfalls helfen kann der **TripleA** (AAA=A*merican Automobil Association*), der einen ***Emergency Road Service*** unterhält. Einsatzwagen patroullieren wie bei uns auf Autobahnen und stark frequentierten Strecken. Im Fall einer Panne wählt man *toll free* ✆ **1-800-222-4357** (4357=*HELP*). Mitglieder europäischer Automobilklubs, die ihre Mitgliedskarte (*Membership Card*) vorweisen können, werden behandelt wie AAA-Mitglieder, ➢ Seite 15.

Hilfreiches Vokabular für Autoreisende

beware of	Vorsicht vor	merging traffic	einmündender Verkehr
brake	Bremse	narrow bridge	schmale Brücke
brake lights	Bremslichter	neutral	Leerlauf
bypass	Umgehungsstraße	no parking	Parken verboten
causeway	Brücke	no passing	Überholverbot
caution	Achtung	no turn on red	kein Rechtsabbiegen bei Rot
clutch	Kupplung		
construction	Bauarbeiten	no U-turn	kein Wenden
crossing/xing	Kreuzung	one way	Einbahnstraße
dead end	Sackgasse	ped xing	Fußgängerüberweg
detour	Umleitung	rear wheel	Hinterrad
do not enter	Einfahrt verboten	right of way	Vorfahrt
engine	Motor	slippery when wet	Rutschgefahr bei Nässe
exit	Ausfahrt		
front wheel	Vorderrad	slow	langsam fahren
gas	Benzin	steering wheel	Lenkrad
headlights	Scheinwerfer	tail gate	Heckklappe
hood	Motorhaube	tail light	Rücklicht
horn	Hupe	tire	Reifen
jack	Wagenheber	toll	Autobahn- bzw. Brückengebühr
junction	Kreuzung/ Abzweigung		
licence	Führerschein	traffic light	Ampel
license plate	Nummernschild	turn light	Blinker
loading zone	Ladezone	tow-away zone	Abschleppzone
		yield	Vorfahrt beachten

Nostalgisches Hotel in Apalachicola an der nördlichen Golfküste

Die Außenwerbung dieses Rodeway Inn (untere Mittelklasse) verdeutlicht, dass noch Zimmer frei sind und DZ ab $37 kosten (nur bei schlechter Auslastung in der off-season).

3.2 Unterkunft und Camping

3.2.1 Motels, Motor Inns, Hotels und Lodges

Situation

In den USA und speziell in Florida wird Touristen die Suche nach einer geeigneten Unterkunft leicht gemacht. Außerhalb der jeweiligen Hochsaison findet man fast überall problemlos ein Zimmer. Hotels und Motels konzentrieren sich unübersehbar an den Ausfallstraßen von Städten und Ortschaften, an typischen touristischen Routen, in Flughafennähe und in bestimmten Bereichen der Cities. *Motels* und *Motor Inns* zeigen überwiegend mit

Vacancy/**No Vacancy**,
Welcome/**Sorry** oder ganz einfach mit **Yes**/**No**

in Leuchtschrift deutlich an,
ob die Frage nach einem freien Zimmer lohnt.

Motels/ Motor Inns

Motels verfügen über ebenerdige oder zweistöckige (selten mehr) – von außen unkontrolliert zugängliche – Zimmertrakte und eine Rezeption, **nicht aber über eine eigene Gastronomie**. Gegen den Durst gibt`s Cola- und Eiswürfelautomaten zur Kühlung mitgebrachter Getränke.

Auf dem Lande besteht manches Motel aus einer Ansammlung sogenannter **Cabins**, zimmergroßen Holzhäuschen mit Bad.

Motor Inns unterscheiden sich prinzipiell kaum vom Motel. In den etwas besseren *Inns* erfolgt der Zutritt zu den Zimmern wie im Hotel über die Rezeption oder Nicht-Gästen verschlossene Eingänge, nicht über außenliegende Türen. **Motor Inns der gehobenen Klasse** verfügen gelegentlich über Restaurant und Bar.

Hotels

Im Fall der **Hotels** liegen zwischen »Absteigen« und Luxusherbergen aus Glas und Marmor Welten. Gemeinsames Merkmal ist die zum Haus gehörende **Gastronomie** und die Erhältlichkeit von **Alkoholika** an einer Bar.

Unterwegs in Florida

Parken kann in *Downtown*-Hotels kostspielig sein, da Gäste fürs ***Valet Parking*** (der Portier fährt das Auto in eine Parkgarage) extra zur Kasse gebeten werden und obendrein ein Trinkgeld anfällt.

Resorts, Lodges
In landschaftlich reizvollen Gebieten und an der Küste nennen sich Hotelkomplexe gerne **Resort** oder **Lodge** und signalisieren damit, dass **Aktivitäten** wie Golf, Tennis, Surfen, Reiten, Kanufahren, Fischen etc. geboten werden oder im Umfeld möglich sind. **Lodges** befinden sich in Florida u.a. in einigen der schönsten Parks in herrlicher Lage im Grünen. Solche Unterkünfte sind oft sehr populär und müssen frühzeitig reserviert werden.

Zur Art der Zimmer
Üblich sind in der Mehrheit der Unterkünfte ***smoking*** und ***non-smoking rooms***. Für viele bedeutsam ist auch die Entscheidung ***first or second floor***, was in Motels mit Außenkorridoren den Alternativen »gepäckgünstig, da direkt beim Auto« oder »ruhiger im 1. Stock, dafür Gepäckschlepperei« entspricht. ***Connecting Rooms*** (Zimmer mit doppelter Verbindungstür) sind für Familien ideal, können aber sonst (obwohl meist doppelt abschließbar) Abstriche in Sachen Sicherheit und Lärmbelästigung bedeuten.

Neues minimalistisches Zimmerdesign im Motel 6. Dominant ist der Flachbild-Fernseher. Rechts hinten der in preiswerten Quartieren typischerweise vom Bad mit Wanne/Dusche +WC getrennte zum Zimmer hin offene Waschtisch

Ausstattung
Die **Innenausstattung** amerikanischer Hotel- und Motelzimmer zeichnet sich durch **Uniformität** aus: je nach Größe des Raums ein ***Kingsize Bed*** (ca. 1,90 x 2 m), ***Queensize Bed*** (1,50 x 2 m) oder zwei kleinere ***Double Beds*** (1,40 x 1,90 m), in einer Ecke Sessel oder Stühle plus Tisch. **Eigenes Bad und Farbfernseher** gehören zum preiswertesten Raum, ebenso eine **Klimaanlage** (in Billigmotels laute Kästen unter dem Fenster). Unterschiede im Preis drücken sich weniger im grundsätzlich vorhandenen Mobiliar als durch Zimmergröße, Qualität der Ausstattung und Grad der Abnutzung aus. Neuere Häuser der Mittelklasse bieten für $90-$120 einen Komfort, der denen in weit teureren Hotels kaum nachsteht.

Manche der in Florida beliebten ***Suite Hotels*** und ***Lodges*** verfügen über gut eingerichtete **Wohnungen** oder Suiten mit Kochecke.

Motels, Motor Inns, Hotels und Lodges 57

»Frühstück« Gerne wirbt man mit *Free Coffee und Free (continental) Breakfast*. Der **Gratiskaffee** bezieht sich oft auf eine Kaffeemaschine in der Rezeption oder ein kleines Heißwassergerät im Zimmer plus einige Tütchen Pulverkaffee. **Kontinentales Frühstück** umfasst Kaffee oder Tee und ein Tablett *Donuts* und *Muffins* zur gefälligen Bedienung in der Rezeption. Einige Ketten der Mittelklasse wie **Hampton**, **Fairfield**, **La Quinta** u.a. bieten ortsabhängig ein etwas reichhaltigeres, aber selten aus unserer Sicht wirklich gutes Frühstück. Wo Letzteres der Fall ist (in besseren Hotels), muss das meist entsprechend extra bezahlt werden. Motelgäste, die Wert auf ein »echtes« und preisgünstiges Frühstück legen, begeben sich zu **McDonalds** und ähnlichen *Fast Food*-Ketten oder in die Filialen von Restaurantketten wie **Denny`s** u.a., ➢ Seite 73

Pay-TV und Internet **Gratisfilme** am laufenden Band (fast) ohne werbliche Unterbrechung gibt es auf den Kanälen des *Cable-TV (HBO)*, das manche Motels abonniert haben. Bessere Häuser bieten per Hausprogramm eine Auswahl neuester Produktionen und abends Softpornos. Nach Einschalten oder nach ein paar Freiminuten wird eine **hohe Gebühr** fällig.

WLAN/WIFI Ab untere Mittelklasse, speziell, was die Ketten betrifft, finden heute **Laptop-Besitzer** in der Mehrheit der H/Motels kostenfreien kabellosen Zugang zum Internet (*free Wifi*), gelegentlich sind auch Gebühren fällig. Das **Passwort** gibt's an der Rezeption.

Kosten Die Tarife für die Übernachtung unterliegen erheblichen regionalen und saisonalen **Schwankungen**. Sieht man ab von Innenstädten und Brennpunkten des Tourismus zur Hochsaison, kommt man in Florida **recht preiswert** unter. Es gibt immer noch eine große Zahl einfacher Motels, die bei Belegung mit 2 Personen selbst in der Hochsaison unter $60 pro Nacht und Zimmer fordern – an Wochentagen auf dem Land und in kleinen Ortschaften. **Die Mehrheit der Unterkünfte in der durchaus akzeptablen unteren Mittelklasse liegt in Florida im Tarifbereich $70-$100**. Bei schlechter Auslastung und in der *Off-Season* sinken die Preise.

Wakulla Lodge im gleichnamigen State Park. Ein individuelles älteres Mittelklassehotel in wunderbarer Parklage gleich hinter dem Strand des Quellteichs, ➢ Seite 295

Da es keine echten **Einzelzimmer** (*single occupancy*) gibt – mindestens steht ein Bett der Größe *Queensize* (ca. 1,50 m x 2 m) im Raum –, liegt der Preis für eine Person nur wenig unter dem für 2 Personen (*double*) oder ist sogar identisch. In **Twin Bedrooms** (mit Doppelbetten) können **bis 4 Personen** übernachten. Häufig – z.B. bei Eltern mit Kinder – kostet das Zimmer dann nicht mehr.

Alle Preisangaben sind netto, hinzu kommt immer die *Sales Tax* (➢ Seite 96). Ein »richtiges« **Frühstück** ist überwiegend nicht im Zimmerpreis enthalten, ➢ Seite 57 oben.

Zimmersuche/ Hotelverzeichnisse

Man kann in den USA komplikationslos ohne Hotelverzeichnis und Empfehlungen in Reiseführern unterkommen, indem man sich ganz einfach auf die Werbung entlang von Autobahnen, an Ausfallstraßen oder in Flughäfen verlässt. Die hohe Zahl an **Hotel- und Motelketten** in allen Kategorien, deren Häuser weitgehend identisch sind, erleichtert die Unterkunftswahl. Aber darüberhinaus gibt es auch viele **unabhängige Motels und Hotels**, mehrheitlich im Billigsektor oder in der Luxuskategorie.

Tourbooks

Wer nicht ganz auf den Zufall bauen möchte und Wert auf ein gutes Preis-/Leistungsverhältnis bei der Übernachtung legt, besorgt sich *TourBooks des AAA* mit ziemlich umfassenden **Unterkunftsverzeichnissen** samt aktueller Preise und Daten für Häuser ab unterer Mittelklasse mit **Sonderrabatten für Mitglieder**. Auch die in *Welcome* oder *Visitor's Centers* gratis ausliegenden regionalen oder auf den ganzen Bundesstaat bezogenen *Accommodation/Hotel Guides* (Unterkunfts-/Hotelführer) sind hilfreich.

Hotel Coupons

In den Touristeninformationen, aber auch in Hotels, Motels und Restaurants einschließlich *Fast Food* Ketten wie *McDonald`s* findet man Hefte voller **Discount Coupons** für Hotels/Motels. Die beziehen sich überwiegend auf Häuser der Ketten an den *Interstate Freeways*, in Städten und rund um touristische Attraktionen. Man kann dieselben Tarife auch im **Internet** aufrufen, ausdrucken und ausschneiden, so unter www.hotelcoupons.com.

Die *Coupons* versprechen in erster Linie dem kurzfristig anrufenden Gast Schnäppchenpreise (oft nur am Tag/Nachmittag der Ankunft) und dienen vielen M/Hotels dazu, ihre Auslastung zu erhöhen. Gute Chancen auf Realisierung von *Coupontarifen* hat man natürlich eher außerhalb von Saisonzeiten und Wochenenden.

Wer flexibel ist und *Discounts* dieser Art nutzen möchte, kann dafür bereits von unterwegs anrufen und mit explizitem Hinweis auf den Gutschein nach dem annoncierten Preis fragen:

»Do you have a room tonight at a rate of $59?
I have a coupon from the Room Saver Booklet«.

Ein Anspruch auf Einlösung bzw. den Coupontarif besteht nicht. Der praktische Nutzen solcher Coupons ist daher saisonal unterschiedlich, aber oft genug ein guter Deal »drin«, ➢ Kasten rechts.

Die Coupon-Hefte sind dank ihrer Karten auch geeignet zur Identifizierung der Lage von Motelballungen.

Motels, Motor Inns, Hotels und Lodges

Discount Coupons

Wie auch anderswo in den USA findet man speziell im Tourismus-Staat Florida *Discount Coupons* und **Couponhefte** für Hotels, Motels, Restaurants und Sehenswürdigkeiten.

Was **Unterkünfte** angeht, beziehen sich Coupons meistens auf Häuser der bekannten großen Ketten, ➢ Liste Seite 61. Manchmal versprechen sie ein prozentuale Ermäßigung (z.B. »30% off«), meist einen konkreten Niedrigpreis.

In der Realität ist es nicht immer leicht, *Coupons* mit Erfolg einzusetzen. Sie dienen auch dazu, potenzielle Gäste überhaupt ins Haus zu locken. Man spekuliert darauf, dass zumindest ein Teil der Kunden auch dann ein Zimmer bucht, wenn aus irgendeinem Grund der Couponvorteil nicht zum Zuge kommt. Bei besonders günstigen Tarifen – etwa $39,50 oder $49,50 – gibt es oft »Haken«: entweder gilt das Angebot nicht am Wochenende oder nicht in der Hauptreisezeit, es bezieht sich nur auf wenige Zimmer, die schon alle gebucht sind, oder es heißt sogar: »*Sorry, we do not accept coupons anymore*«.

Für attraktive Ziele wie Key West oder Miami Beach findet man *Discount Coupons* eher selten. Aber in Regionen mit dauerhaften Überkapazitäten wie z.B. im Bereich Orlando/Kissimmee und entlang der Autobahnen lohnt es sich durchaus, auf *Coupon Discounts* zu setzen. Dort werden die *Coupons* meistens entgegengenommen. Simple Ansprache beim Betreten einer Rezeption mit dem *Coupon* in der Hand ist denn auch: »: »*Do you honour this coupon tonight?*« Identische Niedrigtarife finden sich manchmal auch auf den Werbetafeln an der Straße oder werden auf Nachfrage ganz ohne Coupon gewährt.

Ganz anders sieht es mit **Coupons von Restaurants und Sehenswürdigkeiten** aus. Wenn ein Restaurant z. B. *2 for 1* verspricht, dann kann man damit tatsächlich immer zwei Mahlzeiten zum Preis von einer essen. Auch bei Eintrittspreisen gibt es in manchen Fällen erhebliche Ermäßigungen, die bis zu 30% betragen können. *Coupons* dieser Art werden erfahrungsgemäß generell anstandslos eingelöst.

Heft voller Discountcoupons für Hotels & Motels in ganz Florida

Coupons, ausgeschnitten aus einer Gratiskarte vom Großraum Orlando (liegt in Hotels, Touristeninformationen und Restaurants aus), die von derartigen Coupons eingerahmt wird.

Unterwegs in Florida

Senioren — **Nachlässe** gibt es oft auch **für Senioren**, wobei man auch schon mal ab 55 Jahren so definiert wird. In Hotels beginnt der discountberechtigende Seniorenstatus meist mit 63, ➤ Seite 95.

Unterkünfte im Internet — Wer sich nicht mit den in diesem Buch empfohlenen Unterkünften begnügen und sich im **Internet** mit der Auswahl in bestimmten Städten/Zielen vertraut machen möchte, findet für jede wesentliche Stadt eine komplette Liste mit aktuellen Preisen.

Buchungsportale — **Für eine Übersicht** empfehlen sich Portale wie www.booking.com, www.hotelreservierung.de, www.hotels.com, www.orbitz.com.

Reservierung von Unterkünften, ➤ Kasten Seite 63 — Dank der gebührenfreien *(toll-free)* **800/855/866/877/888-Nummern** fallen bei Reservierungen in den USA keine Telefonkosten an. Über diese Nummern verfügen nicht nur Hotelketten, sondern auch viele Einzelunternehmen. Unter den nebenstehend genannten Nummern erreicht man die Reservierungszentralen.

Die **Preisgestaltung variiert selbst innerhalb ein- und derselben Kette stark**; die Tarifintervalle in Klammern geben nur einen Anhaltspunkt. An Brennpunkten des Tourismus, in Innenstädten und Airportnähe wird die genannte $-Grenze bisweilen erheblich überschritten. Auch ein Budgetmotel kann in einigen Städten und/oder zur Hochsaison leicht $70 und mehr kosten. Anderseits sind Preise in der Nebensaison unter $50 nicht selten.

Unten ein typisches Einfachmotel (hier ohne Kettenbindung) der $50-$70-Kategorie mit überdachter Einfahrt (dort ist die Rezeption und gibt's Kaffee). Auch viele Kettenmotels sehen so oder ähnlich aus

Die Verteilung und Dichte von Hotels und Motels der verschiedenen Ketten ist sehr unterschiedlich. Die **Ober- und Luxusklasse** konzentriert sich dabei eher auf **die Großstädte und besonders beliebte Zielregionen**. Auf einige Namen der Mittelklasse (*Super 8, Econolodge, Ramada, Travelodge, Fairfield, Days Inn, Best Western, Holiday Inn/HI-Express, Hampton, Comfort/Quality/Sleep Inns*) stößt man auch in Florida allerorten. Die preiswerteren Kettenmotels sind ebenfalls stark vertreten; z.B.:

Choice Hotels mit *Clarion, Comfort Inn, EconoLodge, Mainstay, Quality Inn, Rodeway Inn, Sleep Inn*; www.choicehotels.com

InterContinental Hotels Group mit *Holiday Inn, Crown Plaza, Doubletree, Indigo, Staybridge Suites*; www.ichotelsgroup.com

Marriott Hotels mit *Courtyard, Fairfield Inn, Marriott, Renaissance, Springhill Suites*; www.marriott.com

Motels, Motor Inns, Hotels und Lodges

Die wichtigsten Motel-/Hotelketten,
soweit sie auch in Florida und weiteren Staaten im US-Süden vertreten sind

		toll-free © USA	Internetportal
Obere Preisklasse ($150 und mehr)	Clarion	1-800-4CHOICE	www.choicehotels.de
	Crown Plaza	1-800-227-6963	www.crowneplaza.de
	Doubletree	1-800-222-TREE	www.doubletree.com
	Embassy Suites	1-800-362-2779	www.embassysuites.com
	Hilton	1-800-HILTONS	www.hilton.de
	Hyatt	1-800-233-1234	www.hyatt.de
	Marriott	1-888 236-2427	www.marriott.de
	Radisson	1-800-333-3333	www.radisson.com
	Sheraton	1-800-325-3535	www.sheraton.de
	Westin	1-800-WESTIN1	www.westin.com
	Wyndham	1-800-9963426	www.wyndham.com
Mittlere Preisklasse ($80-$130)	Best Western	1-800-528-1234	www.bestwestern.de
	Comfort Inn	1-800-4-CHOICE	www.choicehotels.de
	Country Inns	1-888-201-1746	www.countryinns.de
	Courtyard	1-888-236-2427	www.marriott.de
	Days Inn	1-800-DAYS-INN	www.daysinn.com
	Drury	1-800-378-7946	www.druryhotels.com
	Econo Lodges	1-888 4 CHOICE	www.choicehotels.de
	Fairfield Inn	1-888 236-2427	www.marriott.de
	Four Points	1-800-325-3535	www.fourpoints.de
	Hampton	1-800-HAMPTON	www.hamptoninn.com
	Holiday Inn (mit HI Express)	1-800-HOLIDAY	www.holidayinn.de
	Howard Johnson	1-800-I-GO-HOJO	www.hojo.com
	La Quinta	1-800-753-3757	www.lq.com
	Quality Inn	1-800-4-CHOICE	www.choicehotels.de
	Ramada Inn	1-800-2RAMADA	www.ramada.de
	Sleep Inn	1-800-4-CHOICE	www.choicehotels.de
	Springhill Suites	1-888-236-2427	www.marriott.de
	Super 8	1-800-800-8000	www.super8.com
	Travelodge	1-800-578-7878	www.travelodge.com
Untere Preisklasse ($50-$80)	Budget Host	1-800-BUD HOST	www.budgethost.com
	Hospitality Int`l (Scottish/Red Carpet/Passport u.a.)	1-800-251-1962	www.bookroomsnow.com
	Knights Inn	1-800-477-0629	www.knightsinn.com
	Motel 6	1-800-4MOTEL6	www.motel6.com
	Red Roof Inn	1-800-RED-ROOF	www.redroof.com
	Rodeway Inn	1-800-4CHOICE	www.choicehotels.de

62   **Unterwegs in Florida**

Kategorien

Die Grenzen zwischen **Ober-, Mittel-** und **Untere Preisklasse** verlaufen insbesondere zwischen Unterer und Mittelklasse fließend. Ein »Untere-Mittelklasse-Haus« muss nicht unbedingt den Standard eines *Red Roof Inn* übertreffen.

Während die Unterkünfte der Mittel- und Oberklasse in den meisten Fällen einen Standard bieten, der den Erwartungen und dem Preis (im jeweiligen lokalen Rahmen) gerecht wird, sind **in der untersten Kategorie die Unterschiede groß**. Das gilt insbesondere für die Vielzahl der kleinen preiswerten *Motels*, die keiner Kette angehören. Bei ihnen erkennt man erst vor Ort, ob man sich für $49 eine heruntergekommene Absteige einhandelt oder ein Sonderangebot in einem gerade halbleeren Motelkleinod.

Brauchbare Motels gibt es in Florida schon ab $60.

Übernachtung und Kriminalität

Motels und Hotels verfügen mehrheitlich über eigene Parkplätze oder Parkhäuser, manchmal gibt es sogar Wachpersonal (*security*). Die Zimmer sind üblicherweise mit Spionen und zusätzlichen Verriegelungen versehen. Das gilt auch für Verbindungstüren zwischen Räumen, die als Familienzimmer genutzt werden können, ➢ auch Seite 56.

Wem Motels und Motor Inns mit von außen letztlich unkontrolliert zugänglichen Zimmern suspekt erscheinen, der findet ab der unteren Mittelklasse genug Häuser, deren Zimmer von Nicht-Gästen nur durch die Rezeption betreten werden können.

Wertgegenstände und Dokumente sollte man im zentralen **Safe** an der Rezeption deponieren, sofern es keine Zimmersafes gibt.

Check-in/ check-out

In **Hotels** und ***Inns*** ist *Check-in* meist erst ab 15 Uhr, *Check-out* 11-13 Uhr, während in ***Motels*** gereinigte Zimmer meist ganztägig bezogen werden können. *Check-out*-Zeiten sind üblicherweise 10-12 Uhr, wobei ein *Late Check-out* ohne Probleme vereinbart werden kann, wenn nicht schon Gäste »auf der Matte« stehen.

Sollte einem das Zimmer nicht zusagen (z.B. Aufzug oder Eismaschine nebenan), sollte man auf einer Alternative bestehen.

Bezahlung

In Motels muss gleich bei Ankunft gezahlt werden, bar oder per Kreditkarte. In besseren Häusern erfolgt in der Regel zunächst nur Prüfung und Registrierung der Kreditkarte und Abrechnung aller in Anspruch genommenen Leistungen (Zimmerservice, Telefon, *Pay-TV* etc.) bei der Abreise.

Trinkgeld

Ein kleines Problem ist für europäische Touristen die Frage der richtigen **Trinkgeldbemessung**. Da die Angestellten in Hotels und Restaurants in den USA viel stärker vom Trinkgeld abhängig sind als bei uns (➢ auch Seite 77), wird bei allen Dienstleistungen im Hotel ein *tip* erwartet. Überlässt man es einem **Attendant**, den Wagen auf dem Parkplatz abzustellen (***Valet Parking***, üblich in Stadthotels ab oberer Mittelklasse), erwartet dieser nicht unter $3. Der ***Bellhop*** (Hotelpage) erhält fürs Koffertragen $1 pro Gepäckstück, der ***Doorman*** (Türsteher) $2 fürs Taxiholen und die ***Room Maid*** $2 täglich, die im Zimmer hinterlassen werden.

Telefonisch richtig reservieren und stornieren

(generell zum Thema »Telefonieren in den USA« ➢ ab Seite 96)

Damit bei einer Zimmerreservierung unterwegs per Telefon alles klappt, sind ein paar Punkte **zu beachten:**

- Bei einem **Direktanruf** im Haus der Wahl sind zunächst Art des Zimmers (*Single/Double/non-smoking* etc.) und die Daten (*tonite only, 2 nights October 15-17* etc.) zu nennen. Im Fall eines **Anrufs beim toll-free & einer Kette** nennt man natürlich zuerst Staat und Stadt, in Großstädten ggf. die Präferenz für einen Stadtteil. Sind Zimmer frei, werden dem Anrufer immer automatisch die Tarife genannt.
- Ist man einverstanden, wird nach der Ankunftszeit gefragt. Ohne weitere Formalitäten erhält man normalerweise eine Zusage bis 18 Uhr (6 pm), in einigen Fällen auch 16 Uhr. Ist nicht sicher, dass man vor dieser Uhrzeit eintrifft, muss das Zimmer mit einer **Kreditkarte** »garantiert« werden. Nur so lässt sich eine anderweitige Vergabe ausschließen. Dazu müssen *Credit Card Number* und Verfalldatum der Karte (*Expiration Date)* zur Hand sein. Das Zimmer bleibt dann die ganze Nacht reserviert; der Preis wird der Karte belastet, egal wann – oder ob – man letztlich eintrifft.

Notieren sollte man sich unbedingt (ggf. nachhaken):

- die *Reservation Number* (üblich nur bei Ketten)
- die genaue Adresse des Hauses und **lokale Rufnummer.**
- bei Anfahrt mit dem Auto ggf. **Hinweise zur Lage,** z. B. *Interstate #75, Exit 26, right turn and at first traffic light left on Frontage Road.*
- im Fall eines Hotels im Airportumfeld das **Aussehen des hoteleigenen Busses.** *Vans* kleinerer Häuser sind als solche oft schwer zu identifizieren. Wer nicht exakt an der üblichen Stelle wartet, wird leicht »übersehen«.

Bei Absagen – *sorry, we are completely booked for that day* – kann man es mit oft guten Chancen **am Tag der Anreise ab spätem Vormittag** wieder probieren. Manchmal werden dann Zimmer frei, die ursprünglich länger gebucht waren.

Ob man nun unterwegs eine bessere/preiswertere Unterkunft entdeckt oder das Ziel nicht erreichen wird, eine <u>feste </u>Reservierung sollte rechtzeitig storniert werden (*»to cancel«*), sonst fallen die vollen Kosten an. Stornoanruf unbedingt **vor 18 Uhr** (ggf. früher, ➢ oben). Im Fall einer Kette ist es notwendig, die Reservierungsnummer parat zu haben, damit nichts schiefläuft. Man erhält eine Stornierungsnummer (ggf. nachfragen), die aufbewahrt werden sollte. Falls später die Kosten einer stornierten Übernachtung dennoch vom Kreditkartenkonto abgebucht werden, lässt sich ohne sie schlecht reklamieren. Wer sicher gehen möchte, notiert außerdem **Datum und Uhrzeit der Stornierung** und lässt sich den Namen der Person im Call Center geben.

Reservierung per Internet

Kurzfristige Reservierungen sind auch unterwegs noch per Internet möglich und haben den Vorteil der leichten Vergleichbarkeit mehrerer Alternativen wie auch Beurteilung der Lage verschiedener Hotels.

3.2.2 Sonstige Unterkünfte

Bed & Breakfast

Amerikanische B&Bs sind nicht mit europäischen Pendants zu vergleichen, d.h., **nicht die billige Alternative zum Motel** oder Hotel. Das Preisniveau liegt überwiegend im Rahmen der oberen Mittelklasse und oft weit darüber, also **ab ca. $90/DZ** im günstigen Fall **bis ohne weiteres $300**. Dafür bieten *B&Bs* durchweg gute, individuell eingerichtete Zimmer mit Bad und immer ein üppiges Frühstück. Die teuren Alternativen befinden sich meist in stilvollen historischen Häusern mit Atmosphäre. Attraktiv an den *B & Bs* ist für viele auch der über »Familienanschluss« ggf. erleichterte Kontakt zu Land und Leuten.

Bei ***Florida Bed & Breakfast Inns*** sind knapp 80 *B&B Places* registriert, ➤ unter www.florida-inns.com. Listen mit ***Bed & Breakfast Places*** einer Stadt/Region gibt es vor Ort in fast allen Büros der *Tourist Information*.

Ferienwohnungen

Wer einen Badeurlaub in Florida verbringen möchte oder an eine Rundreise eine geruhsame Woche in Strandnähe anhängen will, kann auch aus einem großen Angebot an **Ferienwohnungen** und (teureren) **Ferienhäusern** wählen. Viele Touristeninformationen (Adressen im Reiseteil) vermitteln Ferienwohnungen. Eine gute Auswahl an Wohnungen am Atlantik und an der Golfküste bieten USA-Reiseveranstalter wie TUI, Dertour und FTI.

Hostels USA

Das Jugendherbergswesen ist in den USA im Vergleich zu Europa zwar unterentwickelt, aber viele Herbergen befinden sich in günstiger Lage im Brennpunkt der Cities oder in einem besonders attraktiven Umfeld. Zu unterscheiden sind die Häuser der ***American Youth Hostel Federation*** (***HI-Hostels***), die dem weltweiten Jugendherbergsverband angehören und ***Hostels*** **freier Träger**. Im gesamten Süden der USA einschließlich Florida gibt es keine *HI-Hostels* (mehr), sondern nur noch unabhängige Herbergen.

Bed & Breakfast, Hostels und College Dormitories 65

Hostels Florida

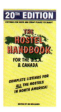

Für Einzelreisende sind *Hostels* konkurrenzlos billig. Die Übernachtung im Mehrbettzimmer kostet ab $18 bis ca. $30/Person. Bei zwei Personen ist manches *Hostel* schon teurer als die untere Motelkategorie. Wobei im *Hostel* immer allerhand Extras inklusive sind vom Frühstück über Küchenbenutzung und *Happy Hour* bis hin zu *Beach Parties*, vom Kontakt zu gleichgesinnten Gästen nicht zu reden, den es im Motel nicht gibt. Manche Herbergen offerieren auch preiswerte EZ/DZ mit und ohne privates Bad.

Hostels in der Nähe attraktiver Ziele (in Florida z.B. Miami Beach, Key West, St. Augustine und ganz generell in Küstenorten) sind oft ausgebucht. Dort sorgt nur **langfristige Vorausreservierung** für ein freies Bett zum gewünschten Termin.

Hostel Verzeichnis/ Internet

Ein Verzeichnis aller *Hostels* in Nordamerika ist das **Hostel Handbook**, ein auf dünnem Papier gedrucktes Adressheft. Es ist in den USA für $4 in vielen Herbergen zu kaufen. Die darin genannten Adressen für Florida mit Websites, Telefon und Tarifen finden sich auch unter www.hostelhandbook.com/usa/fl.htm. Über die dort gelisteten Websites gelangt man direkt zu den einzelnen Häusern und das jeweilige Reservierungsformular.

Einen generellen Überblick über alle verfügbaren *Hostels* liefern die Reservierungsportale

www.hostels.com   www.hostelsclub.com   www.hostelworld.com

Apps

Smartphone-Nutzer finden Apps für *Hostels* im ***iTunes App Store*** und im **Android Market**.

Studentenwohnheim

Eine Übernachtungsalternative sind in den Sommermonaten (Mai bis einschl. August) dann teilweise leerstehende Studentenwohnheime, **University Residences** oder **College Dorm(itorie)s**. Fast jede größere Stadt verfügt über mindestens ein *College*. Das **Department of Housing** der jeweiligen Institution ist zuständig für die Vermietung, wobei die Bedingungen (z.B. keine Einzelübernachtungen) und Preise sehr variieren.

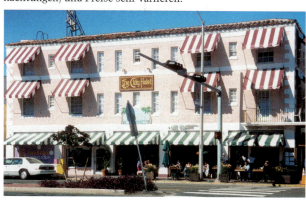

The Clay Hotel, bis vor kurzem auch International Hostel in Miami Beach, ➢ Seite 132, jetzt eine preiswerte Alternative für budget-bewusste Hotelbucher

Zeltcamping in der Gulf Islands Nat'l Seashore auf Santa Rosa Island bei Pensacola (Fort Pickens Campground in der Nähe schneeweißer meilenlanger Strände, ➢ Seite 299)

3.2.3 Camping in Florida

Die Situation

Campingplätze

Die USA bieten Campingfans Zelten unter einfachen Bedingungen in schöner Landschaft bis zum Komfortcamping für Wohnmobile alles, was das Herz begehrt. Die meisten Campingplätze sind großzügig angelegt, und die Stellplätze fürs Campmobil oder Zelt beschränken sich nicht auf wenige Quadratmeter, sondern umfassen immer ein **kleines Areal mit Picknicktisch und Grillrost**, oft auch mit Feuerstelle – letzteres in erster Linie auf staatlichen Plätzen (➢ weiter unten).

Campingführer/ Camping Apps

Früher ging nichts ohne Campingführer. Doch sogar der *AAA* stellte die Herausgabe seiner *CampBooks* 2012 ein. Denn die mittlerweile verfügbaren **Camping Apps** sind den gedruckten Listungen in allen Belangen überlegen. Im **iTunes App Store** und **Android Market** gibt's solche **Apps für alle US-Staaten**. Neben »*All Campgrounds*« kann man selektiv auch Plätze nur für Zeltcamper, nur für Campmobile, nur in *State Parks* etc. aufrufen; ➢ www.allstays.com.

Die Campervermieter legen ihren Kunden meist den **KOA-Atlas** (➢ Seite 68f) und Werbung privater Campingplatz-Betreiber ins Fahrzeug. Die **Florida Association of RV Parks & Campgrounds** (FARVC) gibt jährlich eine kostenlose Broschüre heraus, die privatwirtschaftlich geführte Campingplätze im gesamten Staat mit allen Details auflistet und kommentiert; www.campflorida.com.

Campingtipps im Reiseteil

Wer nur einige Wochen auf Campingreise in Florida unterwegs ist, kommt entlang der in diesem Buch beschriebenen Routen auch mit den zahlreichen Camphinweisen im Reiseteil ganz gut hin.

Gebühren

Auf allen **staatlichen Campingplätzen** gilt eine **pauschale Einheitsgebühr** (*fee*) **pro Stellplatz** unabhängig von der Personenzahl (Obergrenze 8 Personen und oft 2 Fahrzeuge). Die Gebühren werden häufig im *Self-Registering* Verfahren erhoben: die Camper stecken – nach Eintragung ihrer Daten – Bargeld in einen bereitliegenden Umschlag und werfen diesen in eine **Deposit Box**.

Camping

Auf kommerziellen **Plätzen** überwiegt die Berechnung einer Basisgebühr für 2 Personen plus Aufschlag für jeden weiteren Gast.

Hook-ups, TV und Internet

Die meisten kommerziell betriebenen *Campgrounds* und auch viele *State Parks* (➤ unten) verfügen über sog. **Hook-ups**, Steckdosen, Wasserhahn und Abwasserloch an den Stellplätzen. Häufig sind auch **Sites**, die nur **Electricity and Water** bieten. Sind alle drei Anschlüsse vorhanden, spricht man von einem **Full Hook-up**. Oft gibt es auch eine **TV-Buchse** für die zentrale Satellitenschüssel oder das Kabelnetz. Mittlerweile haben viele Campingplätze **Wifi Internetzugang** mit und ohne Gebühr. Naturgemäß kosten Stellplätze mit Voll- oder Teilversorgung mehr als andere ohne derartige Annehmlichkeiten.

Dumping/ Entsorgung der Abwässer

Sogar Campmobilfahrer kommen aber gut ohne *Hook-ups* aus. Denn sogar auf Rastplätzen und *Campgrounds* ohne Anschluss am Stellplatz befinden sich sog. **Dump-** oder **Sewage- Stations**, wo man – meist gegen Gebühr – Schmutzwasser ablassen und Trinkwasser auffüllen kann. Auch **Tankstellen** und **Truck Stops** haben bisweilen eine *Dump Station*. Mit vollen Batterien lassen sich in Wohnmobilen gut 2-3 Tage ohne **Strom** von außen und neuerliche Aufladung überbrücken.

Dumping Station mit Wasserschlauch zum Reinigen des Abflussbeckens. Frischwasser gibt's aus dem Hahn direkt am Stellplatz

Staatliche Campgrounds

Nationalparks

Campingplätze in Nationalparks liegen in Florida – dort nur *Everglades* (Seite 144) und *Dry Tortugas National Parks* (Seite 176f) sowie *Gulf Islands Nat`l Seashore* (Seite 299) – und anderswo in meist reizvoller Umgebung und zeichnen sich durch großzügige Aufteilung aus. Die NP-Plätze in Florida verfügen über einfache sanitäre Einrichtungen. Die Kosten betragen $16-$30 je Nacht und Stellplatz, *Dry Tortugas* $3/Person (nur Zelte); www.nps.gov.

Nationalforste

In Waldgebieten unter Bundesverwaltung betreibt der **National Forest Service** Campingplätze der sanitären Einfachkategorie. In Florida gibt es nur drei größere Nationalforste, die – insbesondere im **Ocala NF** nördlich von Orlando – außerordentlich gut angelegte und gelegene Plätze bieten.

Ausstattung und Tarife	NF-Plätze sind überwiegend im *AAA CampBook* verzeichnet. Markierungen in der **Official Florida State Map** und Karten von **Rand McNally** zeigen einen Teil davon und deren ungefähre Lage; vor Ort findet man Wegweiser. Die Gebühren betragen $5-$20 je nach Ausstattung und Lage.
State Parks	Florida unterhält zahlreiche **State Parks** in reizvoller Lage; zu vielen gehören Campingplätze. Sie verfügen mehrheitlich über guten sanitären Komfort mit Wasser- und Stromanschluss an den meisten Stellplätzen. Lage und Anlage sorgen fast immer für sehr **erfreuliche Campingbedingungen**. Die **Kosten** variieren; sie betragen $10-$42/Nacht. Am teuersten sind *Topsail Hill* im *Panhandle* und die *State Parks* auf den Florida Keys. Informationen zu den *Florida State Parks* im Internet unter: <u>www.floridastateparks.org</u>
	State Park Campgrounds sind ausnahmslos in Campingführern verzeichnet und **auf allen Karten** markiert.
Corps of Engineers	Die **Pioniere der US-Armee** (US Army Corps of Engineers) sind in Friedenszeiten auch mit zivilen Projekten befasst, speziell mit Staudammbau und Stauseewartung; <u>www.usace.army.mil</u>. Die von ihnen an Flußläufen und *Reservoirs* angelegten Plätze gehören überwiegend zur preiswerten Einfachkategorie (ca. 20-24 US$). In Florida gibt es ein paar schön gelegene Plätze am Caloosahatchee River/St. Lucie Canal, der via Lake Okeechobee Golf- und Atlantikküste miteinander verbindet, und am Seminole Lake nordwestlich von Tallahassee an der Grenze zu Georgia.
County Parks	Einige **Städte** und **Landkreise** unterhalten in eigener Regie Campingplätze sehr unterschiedlicher Qualität und Ausstattung. Die Kosten liegen dort eher auf moderatem Niveau.

Kommerziell betriebene Campgrounds

Kennzeichnung	Über die kommerziell betriebenen Campinglätze lassen sich **allgemeingültige Aussagen** nur grob machen. Alle bezüglich Komfort und Lage denkbaren Kategorien sind vorhanden. Es überwiegen Anlagen mit **Hook-up-Angebot** (➤ oben) und deutlich knapperem Zuschnitt der Plätze als auf staatlichen *Campgrounds*. Die **Tarife** orientieren sich an Ausstattung und Nähe zu touristischen Reiserouten und -zielen. Die **preisliche Untergrenze** für einfache und/oder abgelegene Privatplätze liegt in Florida bei ca. $20. Im Umfeld von Attraktionen, an den Küsten und im Einzugsbereich von Großstädten wird es rasch teurer. Ab **$30/Nacht und teilweise weit mehr** (Florida Keys bis $100 in der Ostersaison) gibt`s dort ebene Plätzchen, saubere Sanitäranlagen, Waschmaschinen, Pool, Minishop etc., aber auch den Nachbarn auf Tuchfühlung.
Kampgrounds of America	Die Mehrheit der *Campground*-Betreiber ist unabhängig. Aber es gibt auch »Campingplatz-Ketten«; in erster Linie **KOA** mit nahezu 400 Plätzen in den USA, davon 27 in Florida. Sie bieten ihren Gästen allerorten einen fast identischen Sanitärstandard und oft genug vorbildliche Anlagen.

Camping

Das Zentralgebäude mit allen Serviceeinrichtungen sieht bei KOA fast immer genau so aus wie hier

KOA lockt Campmobilfahrer mit einer **Value Kard ($24)**, die einen 10%-igen Rabatt auf die Übernachtungskosten garantiert. Auch mit diesem Discount bleibt KOA überwiegend in der preislichen Oberklasse **ab $30/Nacht** und oft weit mehr; www.koa.com

Good Sam — Sanitär durchweg sehr gut sind auch die ebenfalls nicht ganz billigen, aber unabhängigen *Campgrounds*, die vom **Good Sam Club**, einer kommerziellen Camping-Organisation, eine Art Gütesiegel erhalten. Deren Qualitäten sind stärkeren Schwankungen unterworfen als bei KOA; www.goodsamclub.com.

Campingplatzreservierung

National Parks — In Florida kann man in 3 der 4 Nationalparks campen (*Everglades National Park, Dry Tortugas NP* unf *Gulf Islands National Seashore*); die Plätze in den **Everglades** und an der Küste der **Gulf Islands** lassen sich **bis zu 6 Monate im Voraus** buchen unter
www.recreation.gov, ✆ **1-877-444-6777**

NFS und CoE Campgrounds — Die Belegung der **National Forest Campgrounds** erfolgt mehrheitlich nach ***first-come-first-served***. Die populären Plätze im *Ocala National Forest* (ab $15) lassen sich aber zentral reservieren und zwar – ebenso wie die *Campgrounds* des **Corps of Engineers** – auch unter www.recreation.gov bzw. ✆ wie oben.

State Parks — Alle Campingplätze in **Floridas State Parks** sind unter
✆ **1-800-326-3521** oder www.reserveamerica.com zu reservieren.

Auf beiden hier genannten Portalen finden sich für jeden Platz regionale Lagekarten, eine genaue Karte der Platzanlage und Satellitenbilder, die ein klares Bild des Geländes samt Umgebung liefern.

Reservierungsdetails staatliche Plätze — In vielen Fällen ist es möglich, sich einen spezifischen Stellplatz (am Wasser, im Schatten, in Duschanlagennähe etc.) herauszusuchen und gezielt zu reservieren. Bei www.recreation.gov kostet das eine Reservierungsgebühr ($9) zusätzlich. Auf beiden Portalen muss man sich (nur einmal) vor der Reservierung registrieren (»sign in«), eine Kreditkartennummer aber erst bei konkreter Buchung angeben. Die Belastung der Campingkosten plus ggf.

Gebühren erfolgt unmittelbar danach. Den vor Ort vorzulegenden *Voucher* kann man sich selbst ausdrucken.

Kommerziell geführte Campgrounds

Alle **kommerziellen Campingplätze** sind telefonisch zu reservieren (© in Campingführern bzw. *-Apps* und – für besonders empfehlenswerte Plätze – im Reiseteil dieses Buches). Die Mehrheit verfügt heute über eigene *Websites* mit Kontaktformular. Reservierung viele dieser Plätze auch über www.reserveamerica.com.

Wie bei den Hotels werden Reservierungen für eine Ankunft auch nach 18 Uhr garantiert, wenn der Anrufer bzw. Internetbucher eine **Kreditkartennummer** hinterlegt. Auch bei Nichterscheinen wird diese dann belastet. Es gilt daher wie bei den Hotels: unbedingt vor 18 Uhr stornieren, wenn die Platznutzung nicht erfolgt.

Campen ohne Campingplatz

National Forest

In allen *National Forests* und Gebieten des *Bureau of Land Management* ist Camping abseits offizieller Plätze (sog. *Dispersed Camping*) erlaubt. Allerdings wird das wilde Campen in der Nähe dicht besiedelter Regionen oder von Naturschutzgebieten oft untersagt. Die Büros des **Forest Service** geben über bestehende Einschränkungen beim *Dispersed Camping* Auskunft; www.fs.fed.us.

Private Property/ Parks

Sich einfach irgendwo hinzustellen, ist weder erlaubt noch ratsam. Schilder mit der Aufschrift *Private Property* oder *No Trespassing* sollten unbedingt respektiert werden. Dasselbe gilt für öffentliche Parks. **Übernachten in Campmobilen auf innerstädtischen Plätzen und Straßen ist überall untersagt**, die Gefährdung durch **Kriminalität** zudem erheblich.

Rastplätze und -stätten

Speziell bei längeren Autobahnfahrten oder als Ausweichlösung liegt es für **Campmobilfahrer** ggf. nahe, auf Rastplätzen an *Interstates* zu übernachten. Dieses sogenannte *Overnight Parking* ist zwar in einer Reihe von US-Staaten erlaubt, aber offiziell nicht in Florida – dort darf man max. 3 Stunden parken. In der Praxis wird dies aber durchaus geduldet. Solange Camper den Verkehr nicht behindern, dürfen sie dort anstandslos die ganze Nacht stehen.

Wichtig: Alle *Rest Areas* in Florida verfügen mittlerweile über *Nighttime Security* – das heißt ein Sichheitsdienst sorgt für ruhigen Schlaf. Außerdem kann man im Campmobil auch auf Parkplätzen von *Truck Stops* eine Nacht (gratis) überbrücken. Die weit verbreitete *Truck-Stop*-Kette *Pilot Flying J* (www.pilotflying j.com) wirbt um Camper sogar mit Gratisübernachtung und (gebührenpflichtiger) *Dumping Stations* zum Leeren der Schmutzwassertanks. Der auch nachts auf solchen Truckparkplätzen vorhandene Verkehrslärm lässt diese Möglichkeit aber nur ausnahmsweise geeignet erscheinen.

Wal Marts

Manche Filialen der Kaufhauskette *Walmart* erlauben *Campmobilisten* die gebührenfreie Übernachtnutzung ihrer **Parkplätze**. Wo nicht, steht ein unmissverständliches Schild: *No RV-parking overnight!* In Florida gibt es immerhin über 200 *Walmarts* (www.walmartatlas.com).

Essen und Trinken

Bombastischer Supermarkt in Florida mit Öffnungszeiten rund um die Uhr

3.3 Essen und Trinken

3.3.1 Selbstversorgung

Supermärkte

Wer sich auf einer Floridareise selbst versorgen möchte, hat damit keinerlei Probleme. Überall gibt es **Supermärkte** mit einem immensen Sortiment. Die beiden größten Supermarktketten in Florida sind **Publix** und **Winn-Dixie**. Beide haben fast immer eine eigene **Bäckerei** und **Metzgerei**, zudem immer eine **Fischtheke**.

Man findet große Supermärkte an den Hauptstraßen aller Ortschaften, oft sind sie Teil eines kleinen Einkaufszentrums. Die **Öffnungszeiten** variieren stark, in größeren Orten bleiben sie oft bis Mitternacht geöffnet, gelegentlich sogar 24 Stunden. Wer dennoch einmal vor verschlossenen Türen steht, findet das Nötigste in einem der vielen, meist mit Tankstellen verbundenen *Mini Marts*, die durchweg rund um die Uhr geöffnet sind.

Alkoholika

Im Vergleich zu anderen Staaten im Süden der USA geht man in Florida mit dem Alkohol relativ locker um. **Bier** und **Wein** gibt es in großer Auswahl in praktisch allen **Supermärkten**, hochprozentige Alkoholika aber nur in speziellen *Liquor Stores*.

Um alkoholische Getränke kaufen oder auch in der Bar oder im Restaurant bestellen zu können, muss man 21 Jahre alt sein. Die Einhaltung dieser **Regelung** wird strikt beachtet. Bars und Kneipen, aber auch Supermärkte und *Liquor Stores* verlangen im Zweifel die Vorlage einer ID (Identity« = Personalausweis/Führerschein) zur Alterskontrolle. Hintergrund der Strenge ist, dass bei Verstößen gegen die Alkoholgesetzgebung rigoros die Schank- bzw. Verkaufslizenz aberkannt wird.

Alkoholkonsum ist auf öffentlichen Plätzen und im Auto streng verboten. Man darf auch keine geöffneten Flaschen oder angebrochen Container mit Alkoholika im Auto mitführen. Dies gilt sogar für den Kofferraum und strenggenommen für den Kühlschrank des Campmobils. Selbst angetrunkene Beifahrer erfüllen bei nüchternem Fahrer den Tatbestand »Alkohol am Steuer«.

72 **Unterwegs in Florida**

Trinkwasser Ein Problem nicht nur in Florida ist die Wasserqualität. Das Leitungswasser wird in den USA meist stärker als bei uns mit Chemikalien behandelt – man riecht und schmeckt es. Für Kaffee und Tee, oft auch für's Kochen, empfiehlt sich daher, das Leitungswasser zu meiden und **Drinking Water** aus dem Supermarkt zu benutzen. Es wird überall in transparenten 1- und 2-Gallonen-Behältern ab ca. $0,70/*Gallon* verkauft.

Preiswert einkaufen mit Kundenkarte

Viele – oft substanziell preisermäßigte – Sonderangebote in Supermärkten gelten nur für »gute« Kunden, die als solche über Kunden-/Clubkarten definiert sind. Eine Kundenkarte erhält jeder, auch ein ausländischer Tourist. Man geht nur vorm Einkauf zum *Service Desk* des Marktes und lässt sich mit einer amerikanischen Adresse registrieren (mit Zip-Code=PLZ).

Manche Läden stellen die Karte auch direkt an der Kassse aus, obwohl das Wartezeiten verlängert. Kundenkarten eines Konzerns (*Albertsons, Publix, Winn Dixie* etc.) gelten für alle Märkte der Kette und weiterer zum jeweiligen Konzern gehörender Ketten in den ganzen USA und Canada.

3.3.2 Restaurants

Situation In Florida ist die gastronomische Vielfalt beachtlich, die Palette reicht vom üblichen *Fast Food* bis zum Feinschmecker-Restaurant in allen Ausprägungen: Neben klassischer amerikanischer ist die Küche der Südstaaten ebenso vertreten wie mexikanische, karibische, asiatische und europäische Küche. Besonders empfehlenswert sind in Florida viele Fischlokale.

Fast Food- und Restaurantketten

Fast Food Places Die großen amerikanischen **Ketten** sind auch in Florida vertreten. Bei **McDonald's**, **Burger King**, **Boston Market** und **Hardee`s** serviert man neben einigen spezifischen Varianten in erster Linie Hamburger und Pommes Frites (*french fries*), bei **KFC** (= *Kentucky Fried Chicken*) fritierte Hühnerteile mit geschmacklosen Beilagen. Bei **Wendy's** gibt es neben Hamburgern auch Salat und Nudelgerichte, bei **Taco Bell**, **Taco John`s** und anderen Tacostätten die *Fast Food*-Version der mexikanischen Küche. Bei der **Dairy Queen** stehen zwar die Milchprodukte (sehr leckeres Eis und *Milkshakes*) im Vordergrund, aber auch dort geht es nicht ohne die unvermeidlichen Burger. **Subway** und **Larry's Sub Shops** sind Sandwichketten, die sich in »mehrstöckigen« Kreationen überbieten. Und **Long John Silver`s** und **Bubba Gump** haben preiswert – vor allem – frittierten Fisch und *Seafood*.

Essen und Trinken

Auch Filialen der Drive-in Kette Checkers (Hamburger etc.) sind verbreitet. Dem eiligen Gast wird dort das Tablett mit seiner Bestellung ins geöffnete Seitenfenster gehängt.

In Richtung *Family Restaurant* tendieren das **Waffle House** und das **IHOP** (= *International House of Pancakes*). Beide servieren alle Mahlzeiten und nicht etwa nur Waffeln und Pfannkuchen.

Wer schnell für vergleichsweise wenig Geld satt werden möchte, kommt in den Kettenrestaurants auf seine Kosten, zumal bei immer irgendwo laufenden Sonderofferten (»*Big Mac & French Fries for $1,99*« oder »*2 Tacos for the price of one*«).

Family Restaurants

Zuverlässige Adressen für den Kampf gegen den großen Hunger sind – gerne als **Family Restaurants** klassifizierte – **Kettenlokale mit Bedienung**, die eine Stufe über den *Fast Food Places* eingeordnet werden können. Hier ist **Denny's** am weitesten verbreitet, aber auch auf Namen wie **Shoney`s**, **Perkins**, **Pizza Hut**, **Steak`n Shake**, **J.Bs.** oder **Cracker Barrel** stößt man häufig. Bei *allen* ist die Auswahl vor allem bei den typisch amerikanischen **Items** (Positionen auf der Karte) groß, die durchweg in recht üppigen Portionen serviert werden.

Denny's hat – wie viele *Fast-Food*-Ketten – rund um die Uhr geöffnet. Ein mengen- und preisreduziertes Angebot gibt es dort und anderswo für **Seniors** (bisweilen ab 55).

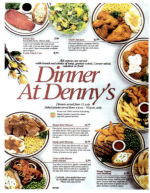

Speisenkarte des Family Restaurants »Denny's« mit kalorienträchtigen amerikanischen "Items" auf den immer randvollen Tellern

Und selbst im kleinsten Nest findet man meist noch ein **Diner** oder eine einfache **Cafeteria**, wo man eine authentischere Zubereitung in – nicht selten – originellerer Umgebung als im Kettenrestaurant genießen kann.

Unterwegs in Florida

Steakhäuser/ Red Lobster

Für ein preiswertes Steak und eine **Salad Bar**, an der auch warme Gerichte zu finden sind, ist z.B. das *Sizzler Steakhouse* ideal. Zum Einheitspreis darf man sich an der **all-you-can-eat-Bar** grenzenlos bedienen. Hauptgericht ist dabei kein Zwang.

Sizzler ist auch gut mit Kindern, da oft gilt: **Kids eat free with adults**. Aber selbst wenn nicht, immer gibt`s **Kinderteller** und -auswahl an der Dessertheke.

Die Steakhäuser **Ponderosa** und **Bonanza** und die **Steak & Seafood-Kette Red Lobster** gehören in dieselbe Kategorie wie *Sizzler* bei kleinen Unterschieden in Philosophie und Einrichtung.

Appetit machende Teller in einem Restaurant der Seafood-Kette **Bubba Gump**

Restaurantküchen

Kubanische Küche

Eine besonders in Südflorida weit verbreitete und beliebte Küche ist die kubanische. **Kubanische Gerichte** sind deftig und meistens einfach. Sie bestehen neben Schweine- oder Rindfleisch aus Reis, Bohnen und *plantains* (bananenartige Frucht, die frittiert als Beilage serviert wird). Gewürzt wird mit Zwiebeln und Knoblauch; häufig sind auch Gerichte mit **mojo** abgeschmeckt, einer Sauce aus Knoblauch und Zitronen. Bei dem in Florida allgegenwärtigen **Cuban sandwich** handelt es sich um ein baguetteartiges Brötchen, das mit Schinken und Käse belegt ist. Ein ungewöhnliches kubanisches Getränk ist der Zuckerrohrsaft **guarapo**, den man in Südflorida unbedingt einmal probieren sollte.

Mexikanische Küche

In **mexikanischen Restaurants** überwiegen in Tortillas eingerollte, mit Zwiebeln gewürzte und ggf. mit Käse überbackene Fleisch- und Hackfleischvariationen. Wer auf eine bessere Fleischqualität Wert legt, sollte sich beim Mexikaner an **fajitas** halten, marinierte und gegrillte Steakstreifen. **Enchiladas** und **Burritos** können auch mit Huhn oder – für Vegetarier – nur mit Käse und/oder Bohnen gefüllt sein. In eher innovativen mexikanischen Restaurants gibt es auch modische Abwandlungen wie Spinat-*Enchiladas* oder **Shrimp Burritos**. Als Beilagen werden immer schwarze

Essen und Trinken

Bohnen (*refried beans*) und rötlicher, gewürzter Reis (*Spanish rice*), bisweilen auch Salat und Avocadomus (*guacamole*) serviert.

Sonstige Außer kubanischen und mexikanischen Restaurants findet man überall **italienische Lokale** mit einem großem Angebot an Pizza- und Nudelgerichten. Auch **asiatische Restaurants** sind häufig. Neben den üblichen chinesischen und thailändischen Restaurants sind in Florida **Sushi Bars** populär. Dank des großen Angebots an Frischfisch ist die Qualität der *Sushi*-Happen meistens sehr gut, und die Preise sind günstiger als in Europa.

Fisch/ Seafood Auch in Lokalen, die nicht auf Fisch und Meeresfrüchte spezialisiert sind, findet man Fisch- und *Seafood*-Gerichte, in erster Linie Krabben (*shrimps*), Thunfisch (*tuna*), Lachs (*salmon*) und sogar Schwertfisch (*swordfish*). Fisch wird gegrillt (*grilled*) oder frittiert (*deep fried*) serviert. Hier und dort gibt es auch *blackened fish*. Dabei handelt es sich um eine für die Südstaaten typische Zubereitung, die Grillen und Braten kombiniert.

Während **reine Fischrestaurants** in den Großstädten eher zur oberen Preiskategorie gehören, findet man in den Küstenorten viele einfache, durchaus preiswerte Fischlokale. Bestimmte Regionen in Florida sind für Spezialitäten bekannt: z.B. der Süden für **Stone Crab** (Krebs) und die Gegend von Apalachicola im Panhandle für **Oysters** (Austern).

Vegetarische Küche In den bekannten Urlaubsorten Floridas und auch in allen größeren Städten ist es kein Problem, sich fleischlos zu ernähren. Viele Restaurants haben vegetarische Gerichte auf der Karte, und es gibt eine wachsende Zahl rein vegetarischer Lokale. In kleineren Ortschaften sieht es indessen schlechter aus, denn in der einfachen Küche des Südens dominiert das Fleisch. Dort sollte man beim Bestellen lieber doppelt nachfragen, ob im Salatteller wirklich kein Fleisch steckt, denn manche Bedienungen halten Schinkenstreifen oder Speckwürfel nicht für Fleisch.

Kaffeebars

Die Zeiten, in denen es in den USA keinen guten Kaffee gab, sind vorbei. Überall haben **Coffee Bars** eröffnet, in denen es Espresso, Cappuccino und alle möglichen Kreationen gibt, die aber nicht unbedingt jedermanns Geschmack treffen. Besonders die heute allerorten zu findenden Filialen der Kaffeekette **Starbucks** verkörpern die neue Kaffeekultur. Doch selbst der teuerste Edelkaffee kommt meist nur im Papp- oder Plastikbecher.

Mahlzeiten

Amerikanisches Frühstück

Das traditionelle **American Breakfast** ist reichhaltig und schwer. Es besteht aus Eiern, Speck oder Würstchen, *Hash Browns* (gerösteter Kartoffelpamps), je nach Geschmack kombiniert mit Pfannkuchen, Waffeln oder auch schlicht Toast. Eine in Florida – wie in anderen Südstaaten – manchmal zu findende Beilage ist außerdem **Grits**, ein warmer Maisbrei, den man süß oder herzhaft abschmecken kann. Die Eier gibt es meistens als Rührei (*scrambled eggs*), jedoch auch als Spiegelei (*sunny side up*) oder in Form eines Omeletts. Diese Art Frühstück serviert man in Hotelrestaurants und in *Family Restaurants* wie *Denny`s* (➤ oben), in »abgespeckter« Form auch bei *McDonalds* und Co.

Continental Breakfast

Wem dies zu viel und zu schwer ist, dem bietet das **Continental Breakfast** die leichtere Alternative. Hier gibt es zum Kaffee einfach nur Gebäck, etwa *Donuts*, *Croissants*, *Muffins* (kleine Napfkuchen) oder *Bagels*. Manche Motels bieten ein schlichtes *Continental Breakfast* im Hause an. Wer Wert auf »richtigen« Kaffee möglichst aus einem Porzellanbecher statt aus der Styropor- oder Papptasse legt, geht in einen *Coffee Shop* oder eine *Coffee Bar*, wo immer auch ein Sandwich oder eine Auswahl an Gebäck wartet.

Lunch

Im Vergleich zum häufig üppigen Frühstück fällt das **Lunch** in Florida üblicherweise bescheidener aus. Sandwich oder Salat sind

«Empfangskomitee« vor dem Open-air Restaurant »Crabshack« auf Tybee Island bei Savannah/Georgia, ➤ Seite 430.

typische Mittagsspeisen. Viele Lokale offerieren mittags leichte Kombinationen wie **Soup & Salad** und berechnen mittags niedrigere Preise als abends für identische Gerichte.

Vor allem **Steak Restaurants** verfügen oft über eine **Salad Bar**, an der unbegrenzt nachgefasst werden darf. Meistens sogar ohne ein Hauptgericht zu bestellen, auch wenn das nicht auf der Karte steht. Das kostet wenig und ersetzt leicht eine volle Mahlzeit.

Dinner Im Allgemeinen wird das Abendessen in den USA **früher** serviert als in Europa. In Florida sitzt man oft schon um 18 Uhr beim *Dinner*. Wer außerhalb großer Städte unterwegs ist, denkt besser relativ zeitig ans Abendessen, da oft schon ab 21 Uhr kein warmes Essen mehr zu bekommen ist.

Das *Dinner* ist die tägliche **Hauptmahlzeit**, sie besteht aus mehreren Gängen. Man beginnt mit *Appetizers* oder *Starters* (Vorspeisen), widmet sich dann dem *Main Course* oder *Entree* (Hauptgericht) und schließt mit *Dessert* (Nachspeise) und Kaffee ab.

Getränke Getränke stehen unter der Rubrik *(Alcoholic) Beverages*. Nur ausgesprochen feine Restaurants führen eine **Wine List**. Das **Glas of Wine** (*red, white*, oft ohne weitere Spezifikation), sofern man sich darauf einlässt, ist Glückssache.

Verhalten im Restaurant

Für das Verhalten in den Restaurants gibt es eine Reihe **ungeschriebener Gesetze**, die man beachten sollte, wenn man nicht unangenehm auffallen möchte.

Please wait to be seated Zunächst einmal stürmt man nicht einfach an den nächstbesten freien Tisch, sondern wartet auf den/die **Host(ess)**, eine Art Empfangschef(in), der/die die Tische zuteilt. **Non-smoking** gilt an allen Tischen. Hat man nicht reserviert und ist gerade alles besetzt, wird man in eine Warteliste eingetragen und namentlich aufgerufen. Man muss in der Zwischenzeit nicht Schlange stehen (wiewohl es auch das gelegentlich gibt), sondern kann während der Wartezeit schon `mal einen Drink an der Bar nehmen.

Trinkgeld/Tip Beim Bezahlen gilt es zu beachten, dass **Trinkgeld** (*tip*) ein Muss ist. Bedienungen verdienen in Florida sehr wenig und sind auf die Trinkgelder angewiesen. Wenn man die Rechnung (den *cheque*) erhält, rechnet man daher zur Endsumme vor (!) *Sales Tax* noch etwa 15% hinzu, bei besonders gutem Service auch 20%. Man kann den *Tip* bar auf dem Tisch liegen lassen oder es bei Kreditkartenzahlung auf dem *Credit Card Slip* eintragen und dann selbst die Endsumme eintragen, ehe man unterschreibt.

Wo viele ausländische Touristen sind, hat sich in manchen Restaurants – als Reaktion darauf, dass viele europäische und lateinamerikanische Gäste nicht genug Trinkgeld geben – die Unsitte breitgemacht, 15% Trinkgeld mit auf die Rechnung zu setzen. Man sollte daher seine Rechnung immer erst genau ansehen, ehe man ggf. weitere 15% hinzurechnet.

78 Unterwegs in Florida

Vokabular im Restaurant

menu	Speisekarte
napkin	Serviette
cutlery	Besteck
check	Rechnung
tip	Trinkgeld

Frühstück - Breakfast

coffee	Kaffee
decaf	entkoff. Kaffee
hot chocolate	Kakao
tea	Tee
fruit juice	Fruchtsaft
cream	Sahne
milk	Milch
sugar	Zucker
sweetener	Süßstoff
scrambled eggs	Rühreier
poached eggs	pochierte Eier
eggs sunny side up	Spiegeleier
hard-boiled eggs	hartgekochte Eier
soft-boiled eggs	weichgekochte Eier
(cheese/ mushroom)	(Käse- / Pilz-)
omelette	Omelette
hash browns	röstiähnliche Frühstücksbeilage
french toast	weißes Toastbrot
waffle	Waffel
pancake	Pfannkuchen
maple syrup	Ahornsirup
bread	Brot
rolls	Brötchen
toast	Toast
butter	Butter
honey	Honig
jam	Marmelade
jelly	Gelee

Mittag-/Abendessen - Lunch/Dinner

appetizers/ starters	Vorspeisen
soup	Suppe
clam chowder	Muschelsuppe
broth	Fleischbrühe
gumbo	würziger Fischeintopf
tomato soup	Tomatensuppe
cream of chicken soup	Hühnercremesuppe
vegetable soup	Gemüsesuppe
mixed / green salad	gemischter / grüner Salat
corn salad	Feldsalat
lettuce	Kopfsalat
spinach	Spinat
Cesar salad	grüner Salat mit Croutons
chef's salad	gemischter Salat mit Schinken, Käse o.ä.
onion rings	fritierte Zwiebelringe
seafood salad	Salat mit Meeresfrüchten
meat	Fleisch
ham	gekochter Schinken
bacon	Speck
barbequed spare ribs	gegrillte Rippchen
beef	Rindfleisch
chop	Kotelett
filet mignon	Filetsteak
ground beef	Rinderhack
lamb	Lamm
liver	Leber
meatloaf	Hackbraten
pork	Schweinefleisch
rabbit	Kaninchen
roast	Braten
rump steak	Rumpsteak
sausages	Würstchen
t-bone steak	Rindersteak
veal	Kalbfleisch
venison	Wild
poultry	Geflügel
turkey	Truthahn
chicken	Hähnchen
duck	Ente
french fries	Pommes Frites
baked potatoes	gebackene Kartoffel in Schale
mashed potatoes	Kartoffelbrei

Gemüsearten - Vegetables

baked beans	gebackene Bohnen
cabbage	Kohl
carrots	Karotten

Essen und Trinken

cauliflower	Blumenkohl		pastries	Gebäck
eggplant	Aubergine		rice pudding	Reisbrei
corn-on-the-cob	Maiskolben			
cucumber	Gurke		**Obst - Fruit**	
garlic	Knoblauch		apple	Apfel
herbs	Kräuter		apricot	Aprikose
leek	Lauch		blackberries	Brombeeren
lentils	Linsen		cantaloup	Zuckermelone
mushrooms	Pilze		cherries	Kirschen
onions	Zwiebeln		figs	Feigen
peas	Erbsen		grapes	Weintrauben
peppers	Paprika		lemon	Zitrone
pickles	Essiggurken		lime	Limone
pumpkin	großer Kürbis		orange	Orange
squash	kleiner Kürbis		melon	Melone
produce	frisches Gemüse		peaches	Pfirsiche
potatoes	Kartoffeln		pears	Birnen
			pineapple	Ananas

Fisch und Meeresfrüchte - Fish and Seafood

			plums	Pflaumen
catfish	Wels		rasberries	Himbeeren
cod	Kabeljau		rhubarb	Rhabarber
crab	Krebs		strawberries	Erdbeeren
eel	Aal			

Getränke - Beverages

halibut	Heilbutt		alcoholic drinks	alkohol. Getränke
herring	Hering		beer	Bier
lobster	Hummer		beer on tap	Fassbier
oysters	Austern		brandy	Cognac
perch	Barsch		cider	Apfelwein
salmon	Lachs		red wine	Rotwein
scallops	Jakobsmuscheln		white wine	Weißwein
sole	Seezunge		dry	trocken
squid	Tintenfisch		sweet	lieblich
trout	Forelle		sparkling wine	Sekt
tuna	Thunfisch		table wine	Tafelwein
shrimp cocktail	Krabbencocktail		soft Drinks	alkoholfreie Getränke
smoked salmon	Räucherlachs		fruit juice	Fruchtsaft

Nachtisch - Dessert

			lemonade	süßer Zitronensaft
apple pie	gedeckter Apfelkuchen		milk	Milch
brownie	Schokokuchen bzw. -plätzchen		mineral water	Mineralwasser
			tonic water	Tonicwasser
cinnamon roll	Zimtschnecke		soda water	Selterswasser
cream	Sahne		tomato juice	Tomatensaft
custart	Vanillepudding		root beer	»Kreuzung« aus Malzbier und Limonade (reine Chemie)
donut	Schmalzkringel			
fruit salad	Obstsalat			
ice-cream	Eis			

3.4 Aktivitäten

Baden/ Beachlife/ Swimming

Strände sind Hauptanziehungspunkte Floridas und für jedermann frei zugänglich. Fast ohne Unterbrechung besteht die gesamte **Ostküste** von Miami bis Georgia mit ihren vorgelagertennn Inselstreifen hinter dem *Intracoastal Waterway* aus Dünen und hellsandigen Stränden. Von April bis Ende Oktober, in Südflorida noch länger, liegen die **Wassertemperaturen** über 20°C. Wegen flach auslaufender Strände ist dort die **Brandung** meist wenig ausgeprägt.

Noch etwas badefreundlicher sind die Wassertemperaturen an der südlichen **Golfküste** zwischen Naples und Clearwater. Seegang beeinträchtigt dort Badefreuden seltener als am Atlantik.

Die unendlichen Strände des *Panhandle* sind zwar bei den Einheimischen beliebt, aber bislang international eher wenig bekannt. Dabei gehören sie zu den **schönsten der USA**. Der Sand ist dort puderweich und blendend weiß, das Wasser sehr sauber und von türkisfarbener Transparenz, ➤ Seite 338ff. Für Badeurlaub weniger geeignet sind generell die **Florida Keys**, die Strände dort vergleichsweise schmal und dünn gesät, auf **Key West** zudem nicht sehr attraktiv und dennoch zu Saisonzeiten oft sehr voll.

Gefahren

An den Stränden lauern **kaum Gefahren**, sieht man vom gelegentlichen Auftreten von Quallen ab. Haifischangriffe kommen an der Atlantikküste zwar vor, sind aber selten, an der Golfküste so gut wie gar nicht. Am gefährlichsten ist an den Stränden Floridas die **Sonne**. Auch wer sonnenempfindlich ist, sollte in Florida Sonnencremes mit hohem Lichtschutzfaktor benutzen.

Surfen/ Surfing

Für echte Surfer ist Florida **kein Traumziel**, denn die Bedingungen können nicht annähernd mit Kalifornien oder Hawaii mithalten – die **Wellen** sind meistens zu niedrig. Für **Anfänger** oder für Leute, die das Wellenreiten einfach mal ausprobieren möchten, sieht es anders aus. Man kann an der Atlantikküste das Surfen ganz entspannt lernen oder einfach nur mit dem Surfbrett herumexperimentieren. An der Golfküste ☻ ist das Wasser häufig selbst für Anfänger zu ruhig. Zum Surfen eignet sich bestens die **mittlere Atlantikküste** zwischen Daytona Beach und Cape Canaveral und zwischen Flagler Beach und St. Augustine. Als Floridas **Surf-Hauptstadt** gilt **Cocoa Beach** bei Cape Canaveral, wo auch der bekannte *Ron Jon's Surf Shop* zu finden ist, ➤ Foto Seite 201.

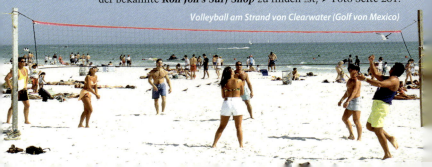

Volleyball am Strand von Clearwater (Golf von Mexico)

Aktivitäten

Tauchen & Schnorcheln/ Diving & Snorkeling

Bei Tauchern sind die Küsten Floridas und ganz besonders die Gewässer um die Inselgruppe der **Florida Keys** sehr beliebt. Neben der bunten Unterwasserwelt der **Korallenriffe** sind die Reste gesunkener Schiffe für viele Taucher attraktiv. Es gibt sogar einen speziellen **Shipwreck Trail**, eine Taucher-Route, die neun Schiffwracks zwischen Key Largo und Key West verbindet.

Man benötigt zum Tauchen in Florida einen **Tauchschein**, den man ggf. vor Ort in mehrtägigen Intensivkursen erwerben kann. Wer dafür keine Zeit hat oder wem Kurse und Ausrüstung zu teuer sind, kann durchaus auch mit Hilfe von **Schnorchel** und **Brille** die eindrucksvolle Unterwasserwelt Floridas erleben. Als Traumziel für Schnorchler gilt der ***John Pennekamp Coral Reef State Park*** vor Key Largo. Schnorchel und Taucherbrillen sind überall zu kaufen und werden an den Stränden der bekannteren Urlaubsorte auch stundenweise verliehen.

Angelsport/ Fishing

Angeln ist in Florida eine äußerst beliebte Freizeitbeschäftigung. In vielen Küstenorten kann man Angel-Ausflüge (**Fishing Trips**) buchen. Häufig ragen lange **Fishing Piers** ins Meer hinaus, von denen man seine Angel auswirft. Oft kosten solche Piers Eintritt, eine spezielle Lizenz braucht man dort aber nicht. Anders sieht es mit dem Angeln im Landesinneren aus. Wer in Seen oder Flüssen fischen möchte, muss sich zunächst einen Angelschein (*Fishing License*) kaufen, den es z.B. in Sport- und *Outdoor-Shops* gibt. Irgendwelche Kenntnisse brauchen dafür nicht nachgewiesen zu werden. Detaillierte Auskünfte erteilen jeweils die örtlichen Touristeninformationen.

Auf Flüssen und Seen sowie in Sumpfregionen sind Kanus auch in Florida populär. Auf Kanu- und Kajakverleiher stößt man an allen dazu geeigneten Gewässern, speziell in State Parks

Kanu & Kajak/ Canoe & Kayak

Die Möglichkeiten für Kanu- und Kajaktrips sind in Florida unbegrenzt. Neben den **Küsten**, **Seen** und **Flüssen** ist es vor allem das große Sumpfgebiet der **Everglades**, das sich für Touren per Kanu oder Kajak anbietet. Der Clou überhaupt ist der **Wilderness Waterway** durch das Gebiet der 10.000 Islands von Flamingo nach Everglades City durch 160 km sumpfige Wildnis (per Kanu in 4-5 Tagen machbar). An den Ufern befinden sich kleine Primitiv-*Campgrounds* und sog. **Chickees** (Übernachtungsplattformen

Unterwegs in Florida

auf dem Wasser) weitab der Zivilisation für Leute, die sich 100%ig moskitosicher verpackt haben. In Flamingo und Everglades City können die Boote gemietet werden.

Auch in vielen **State Parks** und im **Ocala National Forest** sind Kanus zu leihen und z.B. die Quellflüsse der vielen glasklaren *Springs* abzufahren. Vom **Koreshan State Park** bei Fort Myers kann man auf dem Estero River ins Landesinnere oder zu vorgelagerten Inseln paddeln. Eine gute Adresse für den Verleih ist die **Florida Professional Paddlesport Association**, die zahlreiche Verleiher umfasst und Paddeltouren organisiert; www.paddleflausa.com.

Schwimm-ringe/Tubes

Tubing ist ein **Wasserspaß**, den man unbedingt einmal ausprobieren sollte. Gerade im heißen Sommer in Florida bietet das *Tubing* ruhige Entspannung und Abkühlung. Im *Tube*, einem Schwimmring, der aussieht wie der Schlauch eines Traktorreifens, lässt man sich auf Flüssen und Bächen durch die Landschaft treiben. Die populärsten Wasserläufe zeichnen sich durch geringe Tiefen, mäandernden Verlauf, kleine gefahrlose Stromschnellen und angenehme Wassertemperaturen aus. Das Problem der »Einbahnstraße« Fluss lösen Firmen, die **Tubes** verleihen und ihre Kunden per Bus zu einem ein paar Planschstunden entfernten Ausgangspunkt befördert, so z.B. im **Ichetucknee Springs State Park** bei Hildreth/Fort White im zentralen Nordflorida. Auch in einigen Wasserparks wie *Disneys Typhoon Lagoon* und *Blizzard Beach* umrunden fürs *Tubing* geschaffene »Wasserläufe« das Gelände.

Wandern/Hiking

Wandern gehört nicht zu den bevorzugten Aktivitäten Floridas. Aber in den Nationalparks, in den meisten *State Parks* und anderweitigen Naturschutzgebieten sind **Wege** (*Hiking Trails*) für kurze und mittlere Wanderungen angelegt, viele davon als **Nature Trails** mit Lehrcharakter, wo auf Tafeln und Schaubildern, Landschaft, Geschichte, Flora und Fauna der Region kommentiert und erklärt werden.

Golf

Kein Wunder, dass **Tiger Woods** in Florida lebt: die Bedingungen zum Golfen sind ideal; es gibt im Sonnenstaat über tausend **Golfplätze** – mehr als in jedem anderen US-Bundesstaat.

Die Touristeninformation des Staates verschickt einen **kostenlosen Golf-Führer**, anzufordern bei **Visit Florida**, Bezugsadresse ➢ Seite 14. Infos im Internet: www.playfla.com.

Golf in Florida: Der Alligator ist echt und scheint nicht weiter zu beunruhigen

Aktivitäten

Golfturniere

Auch wer es vorzieht, nur zuzuschauen, liegt in Florida richtig, dort werden viele hochkarätige Turniere ausgetragen. Die sechs PGA-Turniere in Florida finden in der Regel von Ende Februar bis Anfang Mai statt: u.a. **The Honda Classic** in Palm Beach und **The Players Championship** auf dem berühmten Platz *TPC Sawgrass* in Ponte Vedra Beach; www.pgatour.com.

Wenn nicht Golf, dann vielleicht Minigolf? Anlagen dafür gibt es allerorten. Sie sind oft fantasievoll angelegt und auf den ersten Blick als solche kaum zu erkennen

Tennis

Tennisspieler sollten ihre Rackets nicht vergessen. Vielenorts findet man – meistens in öffentlichen Parkanlagen – allgemein zugängliche **gebührenfreie Plätze**. Zu größeren Hotels und Resortkomplexen, manchmal sogar Campingplätzen gehören immer Tenniscourts, deren Benutzung meistens für Gäste frei ist. Tennisschläger sind – nebenbei – deutlich billiger als bei uns.

Vogelbeobachtung/ Bird Watching

Das **Vogelbeobachten** ist in den USA und so auch in Florida ein regelrechter Volkssport. Ob in den *Everglades*, im *Corkscrew Swamp* oder an den Küsten, oft sieht man mit Ferngläsern ausgerüstete Gruppen auf der Suche nach exotischen Vogelarten. In Florida gibt es etwa 180 einheimische Arten und dazu noch etwa 300 Zugvogelarten, die sich zumindest zeitweise dort aufhalten. Als beste Gebiete zum *Bird Watching* gelten der **Corkscrew Swamp** bei Naples (➤ Seite 392), das **Shark Valley** am Rand der *Everglades* (➤ Seite 395), das **Ding Darling National Wildlife Refuge** auf Sanibel Island (➤ Seite 388) und das **Merritt Island National Wildlife Refuge** bei Cape Canaveral (➤ Karte Seite 202).

Kulturelle Erbauung/ Cultural Sights

Ein lückenloser Besuch aller wesentlichen **historischen Sehenswürdigkeiten** und **Museen** Floridas würde eine lange Studienreise ausfüllen. Florida verfügt über imposante alte Küstenforts, einige sehenswerte Ante Bellum-Plantagen und eine ganze Reihe exzellenter Kunstsammlungen und technischer Museen. Viele davon sind in architektonisch beachtlichen Gebäuden untergebracht, teils historischen Vorbildern nachempfunden, teils ultramodern.

Vergnügungsparks/ Theme Parks

Die meistbesuchten Sehenswürdigkeiten in Florida sind die bekannten Themenparks bei Orlando. Dort ist **Disney World** mit vier Parks der Marktführer. Zu den wichtigsten Konkurrenten gehören **Universal** mit zwei Parks, der Marinepark *Sea World* und die **Busch Gardens** in Tampa. Man könnte allein im Bereich von Orlando/Tampa einen längeren Urlaub verbringen und dabei täglich neue Attraktionen besuchen. Das wäre indessen nicht nur sehr teuer, da der Eintritt für die bekanntesten Parks mittlerweile $89 pro Person/Tag kostet (Kinder 3-9 Jahre $83), es wäre auch schade, denn die »echten« Sehenswürdigkeiten Floridas gibt es dort nicht zu sehen.

Shopping

Von Muscheln, Naturschwämmen und dem eher bescheidenen Angebot an indianischem Kunsthandwerk der Seminolen einmal abgesehen, gibt es kaum typische Florida-Produkte. In Ybor City (➤ Seite 362) und Key West (➤ Seite 163) kaufen Urlauber gerne **Zigarren** als Mitbringsel; ansonsten bleibt kaum mehr als Florida T-Shirts und jede Menge Souvenirs für alle Geschmäcker.

Wer **exklusive Shoppingzonen** mag, wird in Florida u.a. am **Las Olas Boulevard** in Fort Lauderdale (➤Seite 184), im *Mayfair Shopping Center* in Coconut Grove (➤Seite 129) und entlang der **Worth Ave** in Palm Beach (➤ Seite 190) fündig. Preiswerter ist es in den *Factory Outlet Malls*. Die bekannteste ist *die **Sawgrass Mills Factory Outlet Mall*** in Sunrise bei Fort Lauderdale. Der riesige Komplex ist die weltgrößte *Mall* dieser Art und zieht jährlich 26 Mio. Besucher an (➤ Seite 186). Beachtlich sind auch die **Orlando Premium Outlets** in der Vineland Ave bzw. am International Drive.

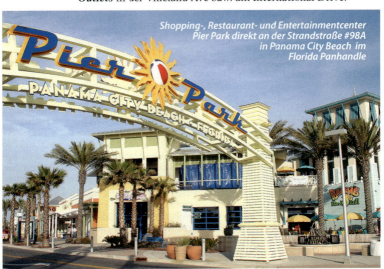

Shopping-, Restaurant- und Entertainmentcenter Pier Park direkt an der Strandstraße #98A in Panama City Beach im Florida Panhandle

Florida A-Z 85

3.5 Alles Weitere von A bis Z

Abkürzungen

Einige wichtige Abkürzungen, denen man unterwegs immer wieder begegnet und die auch in diesem Buch vorkommen, sind:

AAA	American Automobile Association/
A/C	Air Conditioning/Klimaanlage
a.m.	vormittags
ATM	Automated Teller Machine/Bankautomat
Ave	Avenue
Bldg	Building
Blvd	Boulevard
Hwy	Highway
I-75	Interstate-Autobahn Nummer 75
ID	Identity Card/Ausweis
Ln	Lane
NP	National Park
ORV	Off-Road Vehicle
pm	nachmittags
Rd	Road
RV	Recreational Vehicle/Wohnmobil
St	Street

Apotheken und Drugstores

Reine Apotheken (***Pharmacies***), wiewohl hier und dort vorhanden, findet man relativ selten. Meistens ist bestimmten ***Drugstores*** und großen Supermärkten eine *Pharmacy* zugeordnet, wo es **nicht verschreibungspflichtige Medikamente** in Selbstbedienung gibt.

Rezeptpflichtige Medikamente werden an einer Sondertheke für ***Prescriptions*** ausgegeben. Marktführer sind *Walgreens* (www.walgreens.com), *CVS* (www.cvs.com) und *Rite Aid* (www.riteaid.com).

Ärzte und Zahnärzte

Vor einer Reise nach Florida sollte unbedingt eine Reisekrankenversicherung abgeschlossen werden. Es kommt vor, dass eine Behandlung auch im Notfall verzögert oder sogar abgelehnt wird, wenn unklar ist, wie und ob sie bezahlt werden kann. Trotz einer insgesamt hohen Dichte bei der ärztlichen und zahnärztlichen Versorgung, ist es in den USA für Touristen bisweilen nicht einfach, einen Arzt (***Physician***) oder Zahnarzt (***Dentist***) zu finden bzw. einen Termin zu erhalten. Im Prinzip benötigt man lokale »Fürsprache«, etwa des Hotel- oder Campingplatzpersonals.

Relativ zwecklos ist der Versuch, ohne Anmeldung in einer beliebigen Praxis (***Doctor's Office***) vorzusprechen. Eine Ausnahme bilden ***Walk-in Clinics***, auf »Laufkundschaft« eingestellte Gemeinschaftspraxen, die man in Städten ab mittlerer Größe findet.

Mit **akuten Beschwerden** und **Verletzungen** kann man sich direkt zum *Emergency Room* (Notaufnahme) des nächstgelegenen Hospitals begeben. Bei Problemem hilft ggf. in einigen Orten die Organisation *Traveler's Aid* weiter (www.travelersaid.org, ➢ auch Seite 95). In *National* und *State Parks* sind die **Ranger** Ansprechpartner und meist sehr hilfsbereit.

Notfälle   **Telefonnummer für Notfälle aller Art *(Emergencies)* ist 911.**

Banken

Eine Bankfiliale findet sich noch im kleinsten Ort. Viele akzeptieren **Reiseschecks** nur »ungern« und wenn, zahlen sie den Nennwert nur nach Gebührenabzug aus. Oft gibt es auch eine Summenbegrenzung (z.B. max. $300). Üblicherweise muss dazu der Pass vorgelegt werden. Das gilt ausnahmslos auch für die Auszahlung von Bardollars gegen Kreditkarte *(Cashing)*. Die Mehrheit der Banken honoriert **Mastercard** und **VISA**. Banken öffnen durchweg montags bis freitags (selten auch samstags) um 9 Uhr und schließen bei durchgehender Geschäftszeit bisweilen bereits um 14 Uhr, selten später als 16 Uhr. Geldautomaten (*ATM*: *Automated Teller Machines*) stehen für Abhebungen mit *Credit Card* oder EC-Karte rund um die Uhr zur Verfügung.

So können Banken auch aussehen

Behinderungen

Florida ist – wie die gesamten USA – **vorbildlich** auf Menschen mit Behinderung eingestellt. Es gibt überall behindertengerechte Eingänge, Hotel- und Motelzimmer, WCs etc. Parkplätze für Behibderte sind ebenso Vorschrift wie bei uns. Einige der größeren *Rental Car Companies* (z.B. *Avis* und *Dollar*) haben behindertengerechte Fahrzeuge im Programm. Themenparks sind ausnahmslos für Rollstuhlfahrer geeignet. Alle amerikanischen Fluggesellschaften sind gesetzlich verpflichtet, ihre Maschinen auch Rollstuhlfahrern zugänglich zu machen. In den Flughäfen können über die jeweilige Airline Rollstühle angefordert werden.

Florida A-Z 87

Gerade für Reisende mit speziellen Bedürfnissen bietet das **Internet** Informationen und Hilfe. Unter den Adressen www.disabled travelers.com oder www.access-able.com findet man u.a. Reiseführer, Reisebüros und Newsletter, die sich auf die Bedürfnisse von Menschen mit Behinderung spezialisiert haben.

Botschaften und Konsulate

Die diplomatischen Vertretungen des eigenen Landes in den USA sind für Touristen normalerweise nur von Interesse, wenn **Not am Mann** ist, in erster Linie bei Verlust der Finanzen und der Papiere. Soweit »lediglich« Reiseschecks und Kreditkarten abhandengekommen sind, helfen die ausgebenden Organisationen und Eigeninitiative, ➤ Seite 47. Ist der **Pass weg**, lässt sich der Gang zur heimischen Botschaft bzw. zu den Konsulaten nicht vermeiden. Die Adresse des jeweils zuständigen Konsulats erfährt man bei seiner **Botschaft**:

Deutschland:	***Embassy of the Federal Republic of Germany*** 2300 M Street NW **Washington DC** 20037 ✆ (202) 298-4000 www.germany.info
Schweiz:	***Embassy of Switzerland*** 2900 Cathedral Ave NW **Washington DC** 20008 ✆ (202) 745-7900 www.swissemb.org
Österreich:	***Austrian Embassy*** 3524 International Court NW **Washington DC** 20008 ✆ (202) 895-6700 www.austria.org

In Florida gibt es folgende **Konsulate**:

Deutschland:	**Generalkonsulat** der Bundesrepublik, 100 N Biscayne Boulevard, Suite 2200, **Miami**, ✆ (305) 358-0290
	Honorarkonsulat, 9128 Strada Place, #10115 10115 **Naples**, ✆ (239) 821-6504 www.germany.info/henning
	Honororkonsulat, 215 East Livingston Street 32801 **Orlando**, ✆ (407) 872-0600 www.germany.info/mcclane
Österreich:	**Honorarkonsulat Miami,** 2445 Hollywood Blvd, Hollywood, ✆ (954) 925-1100 www.konsulatmiami.com
	Konsulat Orlando, 8044 Firenze Boulevard, ✆ (407) 924-3877

Schweiz:	**Honorarkonsulat Miami,** The Four Ambassadors; 825 Brickell Bay Drive, Suite 1450, ✆ (305) 377-6700; miami@honrep.ch **Konsulat Orlando,** 1011 North Wymore Road Winter Park, ✆ (407) 645-3500

Elektrischer Strom

Die USA verfügen über ein Wechselstromnetz mit 110-125 Volt Spannung und einer Frequenz von 60 Hertz. Apparaten, die sich auf 110/125 V umschalten lassen bzw. sich automatisch anpassen (Ladegeräte für Kamera, Handy oder Laptop), schadet der Frequenz - wechsel von 50 auf 60 Hertz nicht; Rasierapparate laufen etwas rascher. Adapter für unsere Stecker findet man leichter und billiger bei uns im Kaufhaus als in Florida. Vor Ort hat man am ehesten Glück im **Walmart** (*International Travel Adapter Plug*) oder in Läden der Kette **Radio Shack** (www.radioshack.com).

Feiertage und Schulferien

Auf einer Floridareise muss man sich um Feiertage keine großen Sorgen machen, denn die meisten Sehenswürdigkeiten, Vergnügungsparks, Geschäfte und Restaurants sind **immer geöffnet**.

Feiertagsbezeichnung	Datum	Erläuterung/Bedeutung
New Years Day	1. Januar	Neujahrstag wie bei uns
Martin Luther King Day	3. Montag im Januar	Gedenktag an den ermordeten Prediger wider den Rassenhass
President`s Day	3. Montag im Februar	an sich Washingtons Geburtstag, heute Feiertag zu Ehren aller ehemaligen Präsidenten
Good Friday	Freitag vor Ostern	Karfreitag, nur bedingt Feiertag
Memorial Day	Letzter Montag im Mai	Tag zur Ehrung aller Gefallenen. Das Wochenende läutet den Sommer ein
Independence Day	4. Juli	Unabhängigkeitstag, wichtigster Feiertag der USA, Umzüge und Paraden, Feuerwerk
Labor Day	1. Montag im September	Tag der Arbeit, wie bei uns der 1. Mai. Ende der Feriensaison
Columbus Day	12. Oktober	Tag der Entdeckung Amerikas
Veteran`s Day	11. November	Ehrentag für die Veteranen der US-Armee
Thanksgiving (»Turkey Day«)	4. Donnerstag im November	Erntedankfest, großer Familientag
Christmas Day	25. Dezember	Nur **ein** Weihnachtstag

Schulen, Behörden und – für Urlauber wichtiger – **Banken**, sind jedoch an Feiertagen geschlossen. Manche offiziellen Feiertage werden jedes Jahr neu datiert, damit sie immer auf einen Montag fallen und den Arbeitnehmern so ein langes Wochenende sichern. Die **Sommerferien** der Schulen variieren etwas mit dem Landkreis (*county*), sie beginnen im allgemeinen Mitte Juni und enden Mitte der zweiten Augusthälfte.

Fernsehen

Situation

Das amerikanische Fernsehen mit zahlreichen Kanälen wird von einer Handvoll großer, auf privatwirtschaftlicher Basis operierender Gesellschaften dominiert. Gegen die in kurzen Abständen von Werbung unterbrochenen überwiegend seichten Programme wirkt das Angebot unserer öffentlich-rechtlichen Sender intellektuell hochwertig, und auch unsere Kommerzsender schneiden im Vergleich dazu nicht schlecht ab. Die »locker« gemachten amerikanischen Nachrichten vermitteln mehr noch als bei uns Informationen in krasser Momentaufnahme, außerdem sind sie viel stärker auf **National News** konzentriert.

Nachrichten

International berichtenswert ist nur, was die Politik und Interessen der USA direkt tangiert oder Sensationswert besitzt. Die Welt außerhalb der USA ist für den durchschnittlichen US-Fernsehkonsumenten daher *terra incognita*.

Talk-Show

Die täglichen *Talkshows* sind vielfach witzig und unterhaltsam, plätschern aber ohne Tiefgang meist noch flauer dahin als bei uns. Insgesamt besitzen **anspruchsvollere Sendungen Seltenheitswert**.

Kabel

Für alle, die der vielen Werbebotschaften überdrüssig sind, kommt **werbefreies Kabelfernsehen gebührenpflichtig** ins Haus.

Filme am laufenden Band von jugendfrei bis Softporno ohne Unterbrechungen durch Werbespots gibt es auf speziellen **Movie Channels**. Viele Hotels und Motels werben damit.

Filme

Genau wie Reisebücher und Romane sind auch Filme eine **gute Einstimmung** auf eine Floridareise. Hier eine kleine Auswahl bekannter Spielfilme, die ganz oder teilweise (in einzelnen wichtigen Szenen) in Florida gedreht wurden:

Analyze This/	
Reine Nervensache (1998)	Miami
Apollo 13 und Armageddon	Kennedy Space Center
Birdcage / Ein Paradies	
für schrille Vögel	Miami und Beach
Cape Fear	Fort Lauderdale u. Hollywood
Contact	Cape Caneveral u. Umgebung
Criss Cross	Key West
Days of Thunder/	
Tage des Donners	Daytona

Godfather II/Der Pate II	Miami
Goldfinger	Miami
Greatest Show on Earth	Sarasota
Jaws II/Der weiße Hai II	Navarre Beach
(Key Largo	nur teilweise auf den Florida Keys, überwiegend in den Studios von Hollywood/LA)
Lethal Weapon III	Orlando
Licence to Kill/ Lizenz zum Töten	Key West
Miami Blues	Miami
Midnight Cowboy	Coral Gables (*Miracle Mile*)
Random Hearts/ Begegnung des Schicksals	Miami
Rosewood	Lake County
Scarface	Miami
Something about Mary	Miami
Strip Tease	Fort Lauderdale
Thunderball	Silver Springs
Truman Show	Seaside und Destin

FKK

Nacktbaden ist nur an der **Haulover Beach** (www.hauloverbeach. org) in Bal Harbor (10880 Collins Ave) nördlich von Miami Beach erlaubt, ansonsten aber in Florida nicht. »Oben-ohne« wird auf **Party-Stränden** wie South Beach (gehört zu Miami Beach), Key West, Daytona Beach, Panama City Beach und auch in manchen Urlaubsanlagen in Grenzen toleriert, ist aber andernorts unüblich. Trotz auch dort installierter Verbotsschilder bleiben Nudisten in der **Canaveral National Seashore** (www.nps.gov/cana) am nördlichsten Abschnitt der **Playalinda Beach** unbehelligt.

Fotografieren

Speicherchips für Digitalkameras liegen bei Wechselkursen um $1,30 für den Euro im deutschen Preisbereich. Man findet sie u.a. in den Läden der Ketten **Best Buy**, **Staples**, **Office Depot**, **Radio Shack** und den Fotoabteilungen der Kaufhäuser **K Mart**, **Walmart** und **Target**. Am besten aber nimmt man ausreichend Kapazität für die Reise mit.

Empfehlenswert ist ein **externer Speicher** (*Laptop*), um das »Tagespensum« zu sichern und ggf. gleich zu ordnen und zu bearbeiten bzw. den Chip wieder frei zu bekommen.

Hurrikan

Ein *Hurricane* ist ein **Orkan**, an den Küsten Floridas keine Seltenheit. Der Sturm wird von intensiven Regenfällen und häufig auch von **Überflutungen** begleitet. Orkane kommen nur in der *Hurricane Season* zwischen Juni und November vor – besonders von Juli bis September. Sie richten teilweise böse Schäden an, so in Florida am schlimmsten von allen *Hurricane Andrew* **1992**. Im Jahr 2004 zogen gleich vier schwere Hurrikane hintereinander über Florida, u.a. waren die vorgelagerten Inseln der Ostküste, Sanibel und Captiva Island im Westen stark betroffen. Allen noch gut erinnerlich ist der *Hurricane Katrina*, der Ende August 2005 in New Orleans und an der Mississippi Küste für extreme Überschwemmungen sorgte, schwerste Verwüstungen, viele Tote und Hunderttausende Obdachlose verursachte, ➢ Seiten 309 und 312. Florida blieb davon weitgehend unberührt. Auch danach wurde Florida von keinem vergleichbaren Extremorkan heimgesucht.

Die Unwetter kommen aber nie überraschend. Sie werden frühzeitig vom *National Hurricane Center* in Miami angekündigt, so dass genug Zeit bleibt, um gefährdete Gebiete zu verlassen. Überall gibt es Evakuierungszentren und ausgeschilderte Routen, denen man im Notfall folgen muss; www.nhc.noaa.gov.

Internet ➢ unter WLAN/Wifi auf Seite 104

Kinder

Florida ist ein ausgesprochen **kinderfreundliches** Reiseziel. In Restaurants gibt es immer Kinderstühle und spezielle Gerichte für Kinder. Viele **Museen** haben Kinderabteilungen, in denen die Inhalte spielerisch vermittelt werden. Auch schöne Spielplätze zum Austoben findet man in Florida leicht. Viele Campingplätze und *Fast Food*-Restaurants haben attraktive Kinderspielanlagen.

Kinder mit nach Florida zu nehmen, muss nicht teuer sein. Die Miete von Leihwagen und Campern ist unabhängig von der Anzahl der Insassen, ebenso der Eintritt in *National* und *State Parks*. Staatliche Campingplätze, ➢ Seite 67, kosten mit Kindern keinen Dollar mehr. Auf kommerziell geführten *Campgrounds* und in Motels/Hotels bezahlt man in Abhängigkeit vom Alter der

Plastiklöwe in den Universal Studios bei Orlando

Kinder ebenfalls keinen oder einen nur geringen Aufpreis. Ein wirklich **teurer Spaß** sind indessen die Vergnügungsparks. Kinder ab zehn (!) Jahren zahlen oft schon den **vollen Erwachsenenpreis** und niemand fragt, ob die erwachsenen, voll zahlenden Begleiter ohne das Kind/die Kinder überhaupt den Park besuchen würden.

Klimatisierter Indoor Kinderspielplatz. Derartig attraktive Anlagen sind keine Ausnahme, sondern bei McDonalds in allen größeren und vielen kleinen Orten zu finden

Klimaanlagen

In Anbetracht der in Florida enormen sommerlichen Hitze sind Klimaanlagen/*Air Conditioner* dort nicht wegzudenken. Leider besteht oft die Tendenz zur Übertreibung. Eisiger Wind empfängt bisweilen die Besucher von Restaurants, Banken und *Shopping Malls*. **Hotelzimmer** besitzen ausnahmslos *Air Conditioning*. Auch alle **Mietfahrzeuge** verfügen über Klimaanlagen. Oft fährt man mit ein bisschen Fahrtwind angenehmer. Ganz besonders mit Kindern im Auto ist Zurückhaltung beim Umgang mit *AC* angezeigt. Erkältungskrankheiten sind leicht die Folge eines allzu extremen Wechsels zwischen Backofenhitze draußen und vergleichsweise niedrigen Temperaturen im Wagen.

Lesen - Literatur

Ob als **Einstimmung** und **Reisevorbereitung** oder als **Urlaubslektüre**, hier eine kleine Auswahl an Romanen mit Bezug zu Florida:

Russell, Karen, **Swamplandia**. Eine wahrlich magische Abenteuer- und Familiengeschichte aus den Sümpfen Floridas.

Hemingway, Ernest, **Haben und nicht haben**. Der weltberühmte Autor arbeitete zwar an vielen Werken während er in Key West lebte – dies ist aber sein einziger Roman, der auch vor Ort spielt.

Hiaasen, Carl, **Sternchenhimmel**. Dieser und andere Romane von *Carl Hiaasen* haben viel Lokalkolorit und befassen sich kritisch und humorvoll mit den Zuständen in Florida.

Hurston, Zora Neale, **Their Eyes Were Watching God** (ein »Oldie« von 1937, deutsch: »Und ihre Augen schauten Gott«). Der bekannteste Roman der afro-amerikanischen Autorin spielt in verschiedenen Gegenden Floridas, u.a. in den *Everglades*. Auf Deutsch nur antiquarisch oder in der Bibliothek zu bekommen.

Rawlings, Marjorie Kinnan, **The Yearling** (ein weiterer »Oldie« hier 1938; deutsch: »Frühling des Lebens«). In diesem mit dem Pulitzer-Preis ausgezeichneten Roman beschreibt die Autorin eine Kindheit in der ländlichen Gegend, die heute zum *Ocala National Forest* nördlich von Orlando gehört. Auf Deutsch nur noch antiquarisch oder in der Bibliothek zu bekommen.

Maße & Gewichte

Obwohl die Einführung metrischer Maß- und Gewichtseinheiten seit Jahren gesetzlich beschlossene Sache ist, findet man bis heute nur in Broschüren und auf Wegweisern der Nationalparks so exotische Angaben wie Kilometer, Liter und Celsius. Ansonsten gelten *Miles, Gallons, Pounds* usw.:

1 inch			2,54 cm
1 foot	12	inches	30,48 cm
1 yard	3	feet	91,44 cm
1 mile	1760	yards	1,61 km
1 acre	4840	square yards	0,405 ha
1 square mile	640	acres	2,59 km^2
1 fluid ounce			29,57 ml
1 pint	16	fluid ounces	0,47 l
1 quart	2	pints	0,95 l
1 gallon	4	quarts	3,79 l
1 barrel (Öl)	42	gallons	158,97 l
1 ounce			28,35 g
1 pound (lb)	16	ounces	453,59 g
1 ton	2000	pounds	907,18 kg

Wohlstandsinsel Star Island zwischen Festland und Miami Beach. Im Hintergrund die Skyline von Miami

94 Florida A–Z

Ochopee Post Office   ein Essay von Hans Löwenkamp/Regensburg

Stell dir vor, du willst deinem Onkel in der *Miccosukee Indian Reservation* eine Freude machen und ein Kistchen Whisky schicken – und das schickst du dann mit der Post nach Ochopee am *Tamiami Trail* mitten in der *Big Cypress National Preserve* zwischen Naples und Miami. Womöglich noch postlagernd, damit dein Onkel nicht vom Briefträger bei der Siesta gestört wird, sondern in Ruhe sein Sumpfboot rüsten und das Ding in Ochopee abholen kann. Du ahnst nicht, welche Probleme du der lokalen Postbehörde bereiten würdest.

Ich spreche nun nicht von den Gefahren der Anreise durch die unheimlichen *Everglades*, von den rechts und links des *Highway* No. 41 gut sortiert im Sumpf lauernden Alligatoren, die bekanntlich nur auf das Postauto warten, um es bei den Haxen zu packen und sich zum Zwecke sofortigen Verzehrs aller Wertsendungen und des Fahrers sowieso zu bemächtigen. Nein, ich spreche von der vorschriftsmäßigen und sachgerechten Verwaltung des Versendungsgutes in der Postanstalt des Bestimmungsortes. Da sehe ich Schwierigkeiten.

Gewiss, die *Everglades* sind ein weites Land. Mit unermesslich viel Stauraum, wenn du dir nur mal die Höhe vorstellst. Aber nehmen wir mal an, dass dem Kistchen nach postalischen Vorschriften, wenn es denn postlagern soll, der Aufenthalt im Freien untersagt ist, meinetwegen weil es nicht auf den Whisky regnen darf oder wegen der Alligatoren. Dann muss es wohl oder übel reingeschafft werden ins Postgebäude, und da wird es eng, sehr eng.

Durch die Tür wird das Kistchen wohl kommen. Zumindest hochkant. Denn wo sich ein Postkunde vom Stamme der *Seminole* oder *Miccosukee* hineinzwängen kann, da geht auch ein Kistchen Whisky durch. Aber dann?

Wo soll man denn da um himmelswillen das Kistchen postlagern? Doch nicht im Keller und nicht auf dem Dachboden; ganz sicher nicht in der Schalterhalle, die muss ja für den miccosukeeischen Publikumsverkehr frei bleiben, oder? Auch nicht hinter der Theke oder gar im Büro des Postvorstehers. Also?

Nichts also! Du siehst es doch selber, es geht nicht. Postgut in Übergröße kann nun einmal im *Ochopee Post Office* keine Aufnahme finden. Deshalb wirst du auch gewiss, wenn du nur gehörig nachschaust, in allen Postämtern der Welt auf einen amtlichen Aushang stoßen mit dem Hinweis, dass es im *Ochopee Post Office* in Florida leider nicht möglich sei, Sperrgut zur Postlagerung entgegenzunehmen, das in Länge, Breite oder Höhe ein Maß von 12,5 *inches* übersteigt, es sei denn, es fände sich auf der Paketkarte eine deutlich geschriebene und eigenhändig unterzeichnete Erklärung des Absenders in englischer, seminolischer oder miccosukeeischer Sprache, dass sich der Inhalt des Paketes für die Lagerung im Freien eigne und im Fall von Regen- oder Alligatoreneinwirkung auf Schadensersatzansprüche jedweder Art verzichtet werde.

Das kleinste US-Postamt steht mitten in den Everglades an der Straße #41 (Tamiami Trail, ➢ Seite 393)

Notfälle – ✆ in deutscher Sprache: 1-888-222-1373 (ADAC)

Die **Notrufnummer 911** gilt überall in den USA, egal, ob es sich um Verkehrsunfälle, Verbrechen oder Feuer handelt, ➤ Seite 86.

Öffnungszeiten

Behörden sind meistens von montags bis freitags, jeweils 9-17 Uhr geöffnet, **Banken** ebenfalls nur montags bis freitags ab 9 Uhr (oder bisweilen 10 Uhr) bis 15 Uhr (oder 16 Uhr). Manche haben *Drive-through*-Schalter, die länger offen gehalten werden.

Einzelhandelsgeschäfte öffnen oft erst um 10 Uhr und schließen bereits um 18 Uhr, in **Einkaufszentren** ggf. erst um 20/21 Uhr. In allen größeren Städten und an den Ausfallstraßen selbst mittelgroßer Orte bleiben viele **Supermärkte rund um die Uhr** geöffnet.

Die Öffnungszeiten der **Museen** variieren stark, viele sind montags geschlossen (Angaben zu einzelnen Museen im Reiseteil).

Post

Postämter befinden sich noch im kleinsten Nest und sind dank der zu den Schalterstunden immer aufgezogenen **Nationalflagge** selten schwer zu finden. Die landesweiten **Öffnungszeiten** sind Mo-Fr 9-17 Uhr oder bis 18 Uhr, Sa 8-12 Uhr.

Briefmarken gibt es meistens auch in Hotels und in Geschäften, die Postkarten verkaufen, außerdem in **Automaten** in Supermärkten und Einkaufszentren. Dort jedoch zahlt man einen Aufschlag für diesen Service, d.h., ein Nennwert von beispielsweise $0,40 kostet $0,50 oder ähnlich.

Briefkästen erkennt man an der blauen Farbe und der Aufschrift *US Mail*. In Hotels und Motels kann man Postkarten und Briefe an der Rezeption abgeben.

Die amerikanische Post funktioniert zuverlässig; www.usps.com.

Brief- und Postkartengebühren:

Postkarten und **Briefe** (bis 28 g) nach Europa **$1,10**

Inlandsbriefe und **Postkarten** bis 28 g: **$0,46**

Post nach Übersee läuft (mit der Ausnahme von Paketen) automatisch per Luftpost, wenn *Air Mail Stamps* benutzt werden. Briefe nach Europa dauern **bis zu 1 Woche**.

Rauchen

Die USA sind heute eine weitgehend »rauchfreie Zone«. In allen **öffentlichen Gebäuden** (einschl. Vergnügungsparks) ist in Florida/USA das Rauchen **untersagt**. Restaurants und Kneipen sind ebenfalls *non-smoking*-Bereiche, da Lokale mit Raucherzimmer oder -ecke immer weniger werden. In vielen Motels und Hotels hat man noch die Wahl zwischen **Raucher-** und **Nichtraucherzimmern**, wobei erstere – weil nun offenbar nur noch von echten Kampfrauchern bewohnt – oft unerträglich verpestet sind.

Sales und Room Tax

In den USA sind in Läden und Restaurants nur **Nettopreise** angegeben, auf die erst an der Kasse die **Umsatzsteuer** aufgeschlagen wird. In Florida beträgt die *Sales Tax* 6%. Gelegentlich addiert man dazu noch eine **lokale Steuer** (in Miami z.B. 1,0%). Auch in Motels und Hotels sind die Tarife immer netto, hinzu kommen *Resort Taxes*, die von Stadt zu Stadt variieren. In Miami Beach z. B. belaufen sich die *Resort Taxes* zur Zeit auf 7%, auf jede Hotelrechnung kommen daher dort noch 13% drauf.

Senioren

Der Begriff des *Senior* für ältere Mitbürger ist eine amerikanische Erfindung, die sich auch bei uns durchgesetzt hat. Wichtig ist, dass es in Amerika für alles und jedes **Seniorenrabatt** gibt, auf die Eintrittspreise in Museen, beim Camping, in *Family Restaurants* und auch in manchen Hotels. In den USA gilt bisweilen schon als *Senior*, wer 55 Jahre alt ist. Spätestens erreicht man diesen Status dort mit 63 Jahren. Für alle ab 55 macht es Sinn, nach dem *Senior Discount* zu fragen, z.B. in Motels (Choice/Super 8, ➢ Seite 60).

Telefonieren

System/ Florida

Die USA und Kanada verfügen über ein in sich geschlossenes Telefonsystem aus stets dreistelliger Vorwahl und siebenstelliger Rufnummer. Jeder Bundesstaat besitzt eine dreistellige Vorwahl, den *Area Code*, einige dicht besiedelte Staaten, darunter Florida, mehrere davon. **Bei Gesprächen über den regionalen *Area Code* hinaus muss die »1« vorweggewählt werden.**

Das ist auch der Fall bei den **gebührenfreien 800-/855-/866-/877-/888-Nummern**: ➢ Seite 98.

In Florida gibt es **17 Vorwahlen**:

239	Naples
305+786	Miami, Florida Keys
321+407	Orlando
352	Gainesville, Ocala
386	Daytona Beach
561+772	Palm Beach
727+813	St. Petersburg, Tampa
754+954	Fort Lauderdale
850	Tallahassee und Panhandle
863	Lake Wales
904	Jacksonville, St. Augustine
941	Sarasota

Allgemeine Telefonauskunft: ✆ 1-800-555-1212

International

Über die Vorwahl 01 (mit Vermittlung, teurer!) bzw. 011 (ohne Vermittlung) öffnet man den Zugang zum internationalen Netz.

	Mit

Mit
49 für Deutschland,
41 für die Schweiz,
43 für Österreich
und die um die Null redu-
zierte Ortsvorwahl sind Verbindungen in die Heimat (von
Festnetztelefonen aus) im allgemeinen leicht hergestellt.

Typisches US-Pay Phone

Münztelefone In amerikanischen Münzfern-
sprechern (**Pay-Phones**) ist
direkte Durchwahl, national
wie international, nicht möglich, es sei denn via Telefon-
oder Kreditkarte, ➢ umseitig.

Ferngespräche einschließlich
solcher im Nahbereich lassen
sich bei **Münzeinwurf nur mit
Hilfe eines *Operator***, häufig
einer Computerstimme füh-
ren, die standardisierte Anweisungen gibt.

Telefonieren mit Münzeinwurf Wer keine Telefonkarte zur Hand hat, muss für Ferngespräche in *Pay Phones* **jede Menge Kleingeld** bereithalten (*Quarters*). Bar-
zahlung in Telefonzellen kostet deutlich mehr als Telefonate von
privaten Anschlüssen aus bzw. per *Phone Card*, zumal immer
mindestens 3 min (!) zu bezahlen sind. Für Anrufe nach Europa
benötigt man **rollenweise *Quarters***. Denn die Telefonate nach
Übersee gegen bar kosten ab $5 für die ersten 3 min. Mit dem
Operator gibt es dabei selbst mit guten Englischkenntnissen auch
schon mal Verständigungsprobleme.

Phone oder Calling Cards Am preiswertesten telefoniert man bargeldlos mit den allerorten
(Kaufhäuser, Tankstellen, *Mini Marts*, Automaten in *Truck Stops*
etc.) erhältlichen ***Phone Cards***. Bei den verschiedenen für die USA
angebotenen Karten sind die Minutenpreise in den letzten Jahren
kontinuierlich gesunken, so dass heute mit den günstigsten Karten Gebühren ab $0,01/min für Ferngespräche in den USA und ab
$0,15/min für Gespräche aus den USA nach Europa möglich sind.

Das **Internet** bietet dazu alle aktuellen Informationen und obendrein die Kaufoption für alle *Phone Cards*. Einzelheiten und eine
große Kartenauswahl findet man z.B. im Portal www.cyberscans.
com unter »**Buy Prepaid Phone-Cards online**« oder »***Instant PIN
Calling Cards***«. Übersichtlich ist die Seite www.cheapcard.org.

Funktion Die ***Phone*** oder ***Calling Cards*** funktionieren wie folgt: ***Toll-free-
number*** für die jeweils gewünschte Sprachansage wählen (selten
deutsch) und dann nach Anweisung die Codenummer der Karte
eintasten, die Nummer wählen und fertig. Noch verfügbare Rest-
minuten werden jeweils angesagt.

Vorsicht: Der **Haken von sehr preiswerten Karten** liegt häufig in den Zusatzkosten – etwa fixe Verbindungskosten in Höhe von $0,50 pro Gespräch, oder auch eine wöchentliche *Maintenance Fee* von $0,80. Ein paar vergebliche Anrufe zu Anrufbeantwortern, und schon ist die Karte leer.

Telefonieren mit Kreditkarte

Auch möglich ist ein Anruf bei der Telefongesellschaft **AT&T**: ✆ **1-800-225-5288**, dann die Ziffer »1« für Kreditkartengespräche eingeben, dann die übliche Wahl – für Deutschland z.B. 011 49 – Vorwahl ohne Null und Apparatnummer, dann Kartennummer und Verfallsdatum eintippen. Dort, wo Karten eingeschoben werden können, also z.B. in *Airports* oder *Shopping Malls*, lässt sich direkt ohne die lästige Zahlentipperei per Kreditkarte telefonieren. Die **Gebühren** für einen *Credit Card Call* sind indessen mehrfach **höher als bei Nutzung einer vor Ort gekauften *Phone* bzw. *Calling Card***.

Im Hotel

Aufschläge für Telefonate aus Hotels/Motels sind zwar allgemein niedriger als in Europa, dennoch oft happig genug. Bisweilen werben aber auch Motels mit Netto-Telefongebühren.

Ferngespräche lassen sich im übrigen **vom Hotelzimmer aus** bequemer führen als von einem *Pay Phone* in Wind und Wetter. Das gilt auch für Anrufe zum **Nulltarif** bei einer **800-Nummer**, etwa zur Reservierung eines Mietwagens oder Hotelzimmers für die nächsten Nächte oder in die Heimat per *Calling Card*.

Für **gebührenfreie** und **Kartengespräche** vom Zimmertelefon aus berechnen Hotels und Motels manchmal nichts, meist aber einen Fixbetrag von $0,50-$1 pro Anruf.

1-800, 855, 866, 877 oder 888

Bei den Vorwahlen 1-800/1-855/1-866/1-888/1-877 schaltet sich auch von *Pay Phones* aus kein *Operator* ein; die Kosten gehen zu Lasten des Angerufenen. **800/855/866/877/888-Nummern sind auch vom Ausland aus zu erreichen**, dann zunächst Vorwahl 001 statt 1. Sie kosten dann aber normale Auslands-Gesprächsgebühren.

Sollte eine *toll-free number* nicht mehr erreichbar sein, ruft man – ebenfalls gebührenfrei – die **Information an: ✆ 1-800-555-1212**.

1-900

Das Gegenteil der 800-Nummern sind **900-Nummern**, für die im Minutentakt eine **Honorierung für den Angerufenen** fällig wird.

Mit Handy in den bzw. aus den USA telefonieren mit Cellion SIM-Card

Handy-Besitzer ohne Tri- bzw. Quad Band können in Nordamerika nicht angerufen werden bzw. telefonieren. Das betrifft nur noch relativ wenige alte Handys. Wer aber einfach sein neueres **Tri- oder Quad-Handy** mitnimmt und drauflos telefoniert, wird am Ende mit einer exorbitanten Rechnung erfreut. Handy-Komfort zu moderaten Gebühren (wenn auch nicht ganz so günstig wie manche amerikanische *Telepone Card*) verspricht dagegen die **Cellion Sim Card**, die man für die Dauer der Reise ins eigene Handy einsetzt. Faktisch hat man damit eine nordamerikanische Nummer, unter der man auch zu Minimaltarifen von der Heimat aus erreichbar ist. Das System ist einfach zu handhaben und zuverlässig. Alle Details unter www.cellion.de.

No-contract-Phones Eine andere Möglichkeit sind **Billig-Handys** (***Prepaid Cell Phones*** nur zum Telefonieren ab ca. $30), die man in ***Department Stores*** wie ***WalMart*** oder ***K-Mart*** findet. Mit dem Kauf verbunden sind freie 200-300 min. Für Auslandsgespräche muss man es freischalten lassen, und die Freiminuten reduzieren sich natürlich. Zusätzliche Minuten ab $20. Mehr z.B. unter www.net10wireless.com.

Skype Wer *Laptop*, *Tablet* oder *Smartphone* dabei hat, telefoniert auch unterwegs – wo immer **Wifi** verfügbar ist, ➢ unten – mit *Skype* billig ins heimische Festnetz oder ganz kostenfrei mit anderen Skype-Nutzern; www.skype.de.

Temperaturen

In den USA weigert man sich nicht nur standhaft, das weltweit geltende metrische System einzuführen, auch bei den Temperaturen hält man an den alten britischen Grad **Fahrenheit** fest:

Die Formel für die Umrechnung von Celsius (**C**) in Fahrenheit und umgekehrt lautet:

$°F = 32° + 1{,}8 \text{ x}°C$ bzw. $°C = (°F − 32°) : 1{,}8$

Aber die Näherungsformel tut's bei Normaltemperaturen auch:

$°F = 30° + 2 \text{ x}°C$ bzw. $°C = (°F − 30°) : 2$

Celsius	-15°	-10°	-5°	0°	5°	10°	15°	20°	25°	30°	35°	40°
Fahrenheit	5°	14°	23°	32°	41°	50°	59°	68°	77°	86°	95°	104°

Jedes Starbucks Café ist auch ein Wifi Hot Spot, hier in Miami Beach

Toiletten

Das Wort *Toilet* ist in den USA verpönt – man fragt besser nach dem ***Restroom*** oder auch ***Ladies Room*** bzw. ***Men's Room***. Es gibt in Florida – außer an Stränden und in den *State Parks* – nur relativ selten öffentliche Toiletten. In Restaurants sind die Toiletten natürlich eher für Gäste gedacht, wer höflich fragt, darf sie aber meistens benutzen. ***Fast Food Places*** sind in dieser Hinsicht überwiegend unproblematisch. Auch in Einkaufszentren, großen Supermärkten und in Tankstellen finden sich Toiletten.

Trampen

Selbst wer in Europa trampt, sollte das in den USA, speziell in Florida, lieber lassen. Auf **Autobahnen** ist Trampen ohnehin **verboten**; ansonsten unterscheiden sich die gesetzlichen Regelungen und ihre Anwendung von Bezirk zu Bezirk. Trampen ist in den USA deutlich gefährlicher, und, gerade wer noch nicht lange im Land ist, kann oft nicht einschätzen, wie riskant Situationen sind. Das Mitnehmen von Trampern in Mietwagen wird von allen Vermietern im »Kleingedruckten« untersagt.

Trinkgeld

In der heutigen amerikanischen Dienstleistungsgesellschaft ist das Trinkgeld (***Tip***) fester Bestandteil des Entlohnungssystems nicht nur in der Gastronomie oder im Taxigewerbe. Ein *Tip* wird nicht nur im besseren Hotel oder bei einer Stadtrundfahrt von den diversen dienstbaren Geistern erwartet, sondern auch im Supermarkt, sofern der höfliche junge Mann hinter der Kasse beim Transport der Einkaufstüten zum Wagen behilflich ist. So 100% klare Regeln für die Höhe des *Tip* wie im Restaurant oder Hotel, ➢ Seiten 62 und 77, gibt es sonst nicht, außer dass Münzgeld selten ausreicht. Eine **Dollarnote** muss es selbst bei kleinsten Handreichungen schon sein. Eine komplette Empfehlung liefert die Seite http://money.cnn.com/pf/features/lists/tipping.

Uhrzeit

In den USA steht »**am**« (*ante meridiem*, vormittags) oder »**pm**« (*post meridiem*, nachmittags) hinter einer Zeitangabe:

9 Uhr	9 am
21 Uhr	**9 pm**

Besonders zu beachten ist:

12.00 Uhr	**12:00 pm**	oder *noon*
12.20 Uhr	**12:20 pm**	
24.00 Uhr	12:00 am	oder ***midnight***
0.20 Uhr	12:20 am	

In **Fahr- und Flugplänen** werden »am-Zeiten« häufig in Normalschrift, »**pm-Zeiten**« **in Fettschrift** gekennzeichnet.

Veranstaltungen

In Florida wird viel gefeiert. Zu allen möglichen Anlässen veranstaltet man **Festivals**, **Fiestas** und **Fairs**. Sie reichen von altmodischen Jahrmärkten mit Karussells und Achterbahnen über Rodeos und Autorennen, Angel- und Sandburgen-Wettbewerbe, bis zu hochkarätigen Musikfestivals und Filmfesten.

Hier die wichtigsten nach Monaten geordnet:

Januar

Art Deco Weekend: dieses Straßenfest in **Miami Beach** feiert den *Art Deco*-Baustil und unterstützt die Renovierung und Erhaltung des *Art Deco*-Viertels, ✆ (305) 672-2014; www.mdpl.org

Epiphanie Celebration: griechisches Fest in der von griechischen Schwammtauchern gegründeten Hafenstadt **Tarpon Springs** mit Musik, Tanz, Essen und orthodoxer Morgenandacht in der Kathedrale, ✆ (727) 937-3540; www.epiphanycity.org

South Florida Fair: traditioneller Jahrmarkt mit Riesenrad und Landwirtschaftsausstellung in West Palm Beach, ✆ (561) 793-0333; www.southfloridafair.com

Februar

Artigras: ein landesweit bekanntes Kunst-Festival in **Jupiter**, ✆ (561) 748-3946; www.artigras.org

Coconut Grove Arts Festival: große Ausstellung preisgekrönter Kunst aus den gesamten USA, ✆ (305) 447-0401; www.cgaf.com

Daytona 500: das berühmteste NASCAR-Rennen der Welt auf dem *Daytona International Speedway*, ✆ (386) 254-2700; www.daytonainternationalspeedway.com

Edison Festival of Light: der Geburtstag des Erfinders *Thomas Edison* wird in seinem Wohnort **Fort Myers** u.a. mit einer Lichterparade gefeiert, ✆ (239) 334-2999; www.edisonfestival.org

Everglades Seafood Festival: fangfrischer Fisch und indianische Kunst in **Everglades City**, ✆ (239) 695-2277; www.evergladesseafoodfestival.com

Fiesta Day: Straßenfest zur Feier der kubanischen Traditionen von **Ybor City**, einem Stadtteil von Tampa, ✆ (813) 241-8838; www.ybor.org/node/1514

Mardi Gras: in **Pensacola** wird der Karneval ähnlich wie in New Orleans gefeiert, aber in kleinerem Maßstab, ✆ (850) 436-7638; www.pensacolamardigras.com

Miami International Boat Show: eine der größten Bootsausstellungen der Welt in **Miami Beach**, ✆ (954) 441-3220; www.miamiboatshow.com

Olustee Battle Reenactment: dort wird die wichtigste Schlacht des Bürgerkrieges, die in Florida stattfand, nachgestellt, ✆ (386) 758-1312; www.olusteefestival.com

Silver Spurs Rodeo: dieses Rodeo in **Kissimmee** ist das größte Rodeo östlich des Mississippi; www.silverspursrodeo.com

März	*Amelia Island Concours D'elegance:* Oldtimer-Show auf **Amelia Island**, ✆ (904) 636-0027; www.ameliaconcours.org
	Bike Week: Hunderttausende von Motorrad-Fans treffen sich in **Daytona Beach**, ✆ (386) 255-0981; www.officialbikeweek.com
	Carnaval Miami/Calle Ocho: das größte kubanische Straßenfest der USA in **Little Havana** in **Miami**; www.carnavalmiami.com
	Fort Myers Beach Shrimp Festival: bei diesem Fest werden Garnelen in allen erdenklichen Zubereitungen verkauft, dazu gibt es Umzüge, ✆ (239) 454-0043, www.fortmyersbeachshrimpfestival.com
	Grand Prix Illuminated Night Parade, abendlicher Straßenumzug vor dem Autorennen in **St. Petersburg**, ✆ (727) 821-9888; www.suncoasters-stpete.com
	Sanibel Shell Show: Jahr- und Künstlermarkt auf **Sanibel Island**; www.sanibelcaptivashellclub.com
	Sarasota Jazz Festival: Auftritte bekannter Jazzmusiker in **Sarasota**, ✆ (941) 366-1552; www.jazzclubsarasota.com
	Tico Warbird Airshow: in **Titusville** werden historische Flugzeuge ausgestellt, ✆ (321) 268-1941; www.vacwarbirds.org
April	*Apalachicola Antique & Classic Boat Show:* Nostalgische Schiffe aller Art im historischen Hafen; www.antiqueboatshow.org
	Lauderdale Air Show, diese große Luftfahrtschau findet in **Fort Lauderdale** statt, ✆ 1-877-377-8499; www.lauderdaleairshow.com
	Seven Mile Bridge Run: 1500 Läufer aus aller Welt nehmen an diesem Rennen über eine der längsten Brücken der Welt teil, in **Marathon** auf den Florida Keys; www.7mbrun.com
	Spring Arts Festival: Kunstmarkt, Kulinarisches und Unterhaltungsprogramm in **Gainesville**; www.springartsfestival.com
	Springing the Blues Festival: bekannte Blues Bands spielen in **Jacksonville Beach**, ✆ (904) 465-2426, www.springingtheblues.com
	Venice Shark's Tooth Festival: Fest in **Venice** an der Golfküste, das für die an seine Strände gespülten Haifischzähne bekannt ist, auch Kunsthandwerk und Kochkunst; www.sharkstoothfest.com
Mai	*Gamble Rogers Folk Festival:* Folk-Musik und Markt mit Kunsthandwerk in **St. Augustine**; www.gamblerogersfest.org
	Isle of Eight Flags Shrimp Festival: Kulinarisches und Kunsthandwerk in **Fernandina Beach**, einem der wichtigsten Garnelen-Häfen auf Amelia Island, ✆ (904) 261-5841; www.shrimpfestival.com
	Jacksonville Jazz Festival: eines der landesweit größten Jazz-Ereignisse überhaupt, ✆ (904) 630-3690; www.jaxjazzfest.com
	Sunfest: Musik- und Kunstfestival mit Konzerten und Feuerwerk in **West Palm Beach**, ✆ (561) 659-5980; www.sunfest.com
Juni	*Billy Bowlegs Pirate Festival:* bei diesem Fest in **Fort Walton Beach** »erobern« Piraten den Ort; www.billybowlegsfestival.com

Florida A-Z

Juli
Annual Hemingway Days: in **Key West** wird der bekannte Autor gefeiert, der hier lange lebte, besonders amüsant ist der Hemingway-Ähnlichkeits-Wettbewerb; www.hemingwaydays.net

Coke Zero 400: weiteres NASCAR-Rennen in **Daytona Beach**, ✆ (904) 254-2700; www.daytonainternationalspeedway.com

Fourth of July: der amerikanische Nationalfeiertag wird natürlich überall mit Feuerwerken gefeiert.

Suncoast Super Boat Grand Prix Festival: Bootsausstellung, Bootsrennen und Straßenumzug in **Sarasota**; www.suncoastoffshore.org

August
keine größeren Veranstaltungen

September
NKF Rich Salick Surf Festival: populäres Wettsurfen in **Cocoa Beach** mit attraktivem Rahmenprogramm; www.nkfsurf.com

Oktober
Alligator Warrior Festival: im **O'Leno State Park**, nördlich von Gainesville, wird die Kultur der Indianer Nordfloridas gewürdigt, ✆ (386) 752-8511; www.alligatorfest.org

Clearwater Jazz Holiday: Jazz-Musik vom Feinsten in **Clearwater**, ✆ (727) 461-5200; www.clearwaterjazz.com

Fantasyfest in **Key West**: Zehn Tage lang wird mit phantasievollen Kostümparaden und kreativen Parties auf den Straßen, Plätzen und in den Lokalen gefeiert; www.fantasyfest.net

Guavaween: lateinamerikanische Variante des *Halloween* in **Ybor City** in Tampa, u.a. mit Umzug; www.ybor.org/node/1500

The Fort Lauderdale International Film Festival: bedeutendes Film-Festival, ✆ (954) 760-9898; www.fliff.com

Hard Rock Cafe der Universal Studios bei Orlando: **täglich Fiesta**

104 Florida A-Z

November   *Great Gulfcoast Arts Festival*: Markt mit Kunst und Kunsthandwerk in **Pensacola**, ✆ 850-432-9906; www.ggaf.org
St. Augustine Art & Craft Festival: großer Kunstmarkt mit langer Tradition, ✆ (904) 824-2310; www.staugustineartfestival.com
The Florida Seafood Festival: Meeresspezialitäten und Jahrmarkt im Hafenort **Apalachicola**; www.floridaseafoodfestival.com

Dezember   *British Night Watch*: mit Umzügen im Kerzenschein und historischen Präsentationen gedenkt **St. Augustine** der britischen Kolonialzeit, ✆ (904) 829-5318; www.britishnightwatch.org
Holiday Home Tour: historische Häuser auf **Amelia Island** öffnen ihre Türen, ✆ (904) 261-7378; www.ameliahometours.com

W(ireless)LAN bzw. Wifi

Internet-zugang   Der Zugang zum Internet ist den USA, besonders in dichter besiedelten Gebieten wie Florida großräumig möglich. Die meisten Motels und eine große Zahl kommerzieller Campingplätze, sogar *viele State Parks* werben mit *free Wifi* (*Wireless fidelity*=WLAN). Kostenlosen Zugang gewähren ebenfalls Cafés und Restaurants, darunter alle **Starbucks Cafés** und seit 2012 auch die Filialen von **McDonalds** u.a.m. Nur und ausgerechnet in Hotels der gehobenen Kategorien kostet der Zugang oft noch extra. Listen mit *free Hotspots* findet man u.a. unter www.wififreespot.com; dort auf den Staat klicken, dann gewünschten Ort.

Beim Nachmittagskaffee mal eben die Emails sichten und beantworten, ist selten ein Problem. Irgendwo findet sich immer ein Gratis-Wifi, hier in einem Straßencafé in Seaside an der Emerald Coast im nordwestlichen Panhandle

Florida A-Z

Zugang ohne eigenen Rechner	Im Internet surfen, Emails abrufen und schreiben kann man unterwegs auch in (weniger werdenden) **Internet-Cafés** (Adressen über **die Suchmaschinen** www.world66.com/net cafeguide oder www. netcafes.com. Am besten schreibt man sich die vor der Reise für die geplante Route in den Rechner), in allen großstädtischen *Hostels*, in *Copy Centers* wie **Kinko's**, auf den Campussen von *Colleges* und *Universities* und im Allgemeinen ebenfalls gratis in vielen öffentlichen **Bibliotheken**.
Foto Upload	Normalerweise haben die Rechner USB-Schnittstellen, über die man seine Digitalkamera »entladen« und die Bilder an die eigene Mailbox, das Web-Fotoalbum zum Archivieren oder auch gleich an Freunde und Bekannte schicken kann.
Hinweis	**Vorsicht mit Passwörtern**! Auf jeden Fall niemals an öffentlichen Zugängen Passwörter für bestimmte Seiten speichern; auch sollte man dort die Liste der besuchten Internetseiten und genutzte Speicher löschen.

Waschen unterwegs

In allen größeren Orten gibt es **Münz-Waschsalons** (*Coin Laundries* oder *Laundromats*). Auch viele **Motels** haben mit Waschmaschinen und Trocknern ausgestattete Räume (*Guest Laundry*). In den üblicherweise installierten Maschinen bewegt sich statt der Trommel eine Art Propeller hin und her und quirlt die Wäsche durcheinander. Die Einstellung »hot« heißt nicht etwa Kochwäsche, sondern entspricht der Temperatur des zulaufenden Heißwassers (keine Nachheizung in der Maschine).

Nach ganzen ca. 20 Minuten ist der meist schon Vorgang beendet und das Ergebnis entsprechend, nämlich unbefriedigend.

Bei höheren Ansprüchen an den Grad Sauberkeit fügt man dem Waschmittel (*Detergent*) die bei uns kaum noch bekannte Bleiche (*Bleach*) hinzu. Ein Waschgang kostet mindestens $2, der Trockner mindestens $1, wofür man immer jede Menge 25-Cent-Stücke (*Quarters*) oder $1-Scheine benötigt.

Zahlen

Schreibweisen	In den USA werden **Komma** und **Punkt** anders herum benutzt als bei uns. Ein Dollar und fünfzig Cent wird $1.50 geschrieben, und bei mehr als dreistelligen Zahlen wird ein Komma zum Unterteilen benutzt (z.B. 1,000,000).
Datum	Bei **Daten** fängt man immer mit dem Monat an: **7/11/2013** meint also den 11. Juli (und nicht etwa den 7. November.
Stockwerke	Auch **Stockwerke** werden anders gezählt, da das **Erdgeschoss** immer als *First Floor* bezeichnet wird. Wenn man im Motel also ein Zimmer im *Second Floor* zugewiesen bekommt, dann ist damit der erste Stock gemeint.

Zeitungen und Zeitschriften

Zeitungen/Nachrichten

Die **USA Today** (meist in Automaten für $1; www.usatoday.com) ist die meistgelesene und – neben dem nur in ausgewählten Shops zu findendem Wirtschaftsblatt **Wall Street Journal** – einzige landesweit verbreitete Tageszeitung in den USA. Sie besitzt ein akzeptables Niveau, ist aber auf nationale Neuigkeiten fixiert. **Internationale Nachrichten** findet man darin nur, soweit sie die Politik der USA betreffen und/oder Sensationswert besitzen.

Lokale Zeitungen beschränken sich auf Neuigkeiten der Region und sind darüberhinaus reine Werbeträger. Die größte **Tageszeitung** in Florida heißt **Miami Herald** (www.miamiherald.com). Sie informiert auf gutem Niveau und durchaus schon mal kritisch nicht nur über lokale Ereignisse, sondern über die gesamten USA und ggf. sogar wichtige Ereignisse im Ausland. Sie erscheint auch auf Spanisch als **El Nuevo Herald** (www.elnuevoherald.com).

Zeitschriften

Bei den **Zeitschriften** existiert ein breites Sortiment für alle denkbaren Spezialinteressen und massenhaft Blätter der seichten Unterhaltung und für Promiklatsch. Anspruchsvoller sind nur sehr wenige Politmagazine wie **Time** (www.time.com) und eine Handvoll Wirtschaftsblätter. Insgesamt ist das Zeitungs- wie Zeitschriftenangebot mit europäischer Vielfalt und vor allem dem bei uns gewohnten Niveau nicht vergleichbar.

Internationale Presse

Internationale Publikationen – i.e. englischsprachig aus Großbritannien und allerhand Gazetten und Magazine auf Spanisch für die Latino-Leserschaft – gibt es nur in **News Shops**. Nach deutschsprachigen Zeitungen/Magazinen braucht man gar nicht erst zu suchen. Sie sind in den USA so gut wie nirgendwo mehr zu finden.

Zeitungen im Internet

Wer sein **Laptop**, **Tablet** oder ein internetfähiges **Handy** dabei hat, benötigt unterwegs aber kaum mehr gedruckte Nachrichten aus der Heimat. Da dürfte den meisten ausreichen, was auf gebührenfreien Verlagsportalen geboten wird.

Zeitungen werden überwiegend aus simplen Klapptür-Automaten verkauft.

Florida A-Z

Zeitzonen

Zeitzonen - Sommer-/Winterzeit

Florida liegt in **zwei Zeitzonen**. Der überwiegende Teil des Staates und ebenso Georgia gehören zur **Eastern Time Zone** (= mitteleuropäische Zeit minus sechs Stunden). Nur der westliche Zipfel des Staates – der *Panhandle* zwischen dem Apalachicola River und der Grenze zu Alabama – gehört zur **Central Time Zone** (= mitteleuropäische Zeit minus sieben Stunden). Die gilt auch noch in New Orleans bis einschließlich Texas.

Wie in Europa werden die Uhren in Frühling und Herbst um eine Stunde umgestellt, wenn auch zu etwas anderen Terminen: Die **Sommerzeit** (*Daylight Saving Time*) läuft vom zweiten Sonntag im März bis zum ersten Sonntag im November.

Zoll bei Rückkehr aus den USA

Zum Zoll bei der **Einreise in die USA** ➢ Seite 32.

Wer aus Nordamerika **nach Deutschland** zurückkehrt, zahlt bis zu folgenden Werten weder Zoll noch Umsatzsteuern:

Mitbringsel €430/Person (Kaufbelege aufbewahren!), unabhängig davon **200 Zigaretten**, **1 l Spirituosen**, **4 l Wein** und **16 l Bier**.

Man zahlt **bei Warenwerten bis €700/Person** eine **Pauschalabgabe** von 17,5% (USA und Kanada). Erst darüber kommen die vollen Sätze Zoll (überwiegend gering) zum Tragen, die mit der Warenart etwas variieren.

Immer aber sind dann **19% Einfuhrumsatzsteuern auf Warenwert plus Zoll** fällig, www.zoll.de.

Routen und Reiseziele in Florida

Zum Aufbau des Reiseteils

Der Reiseteil dieses Buches kombiniert Ortsbeschreibungen und Routen weitgehend so, dass sich unterschiedlich lange sinnvolle Rundstrecken durch Florida zusammenstellen lassen, ohne dass zu sehr hin- und hergeblättert werden muss.

Ausgehend von **Miami** folgt – mit Ausnahme von ausführlich beschriebenen Abstechern in und rund um den *Everglades National Park* und auf die **Florida Keys** – die Fahrt durch Florida einer Richtung (nämlich gegen den »Uhrzeiger«):

- Zunächst geht es **über Cape Canaveral** an der Atlantikküste entlang bis **Jacksonville** (von dort ggf. Abstecher nach **Savannah/Georgia** und **Charleston/South Carolina**).
- Sozusagen auf halbem Wege liegt nur 50 km landeinwärts das touristisch wichtigste Reiseziel Floridas, **Orlando,** die **Hochburg der Vergnügungsparks**, der ein besonders detailliertes Kapitel gewidmet ist.
- Wer von dort aus nicht mehr weiter nach Norden möchte, überspringt die folgenden Kapitel und kann z.B. via **Homosassa Springs** oder **Tampa/St. Petersburg** in südliche Richtung weiterlesen. Ebenso, wenn es **von Orlando** auf schnellstem Wege **nach Miami** gehen soll. Nur bei einer Fahrt von Orlando nach Miami via Atlantikküste muss man sich – ausnahmsweise – in Gegenrichtung der Beschreibungen orientieren.
- Auf der Route von Jacksonville durch Floridas Norden zur Hauptstadt **Tallahassee** und weiter zur westlichsten Stadt des Staates, **Pensacola**, sind abkürzende »**Umkehrstrecken**« nach **Süden** leicht möglich: einmal explizit über **Lake City** und **Gainesville** nach Orlando und des Weiteren zwischen Tallahassee und Pensacola dank der Nähe der »Rückroute« in Richtung Tampa/St. Petersburg mehrfach über eine der vielen Querverbindungen zwischen der Interstate #10 und der Küstenstraße #98.
- Über Florida hinaus nach Westen führt ein 200-250 mi Abstecher an der Alabama-/Mississippiküste entlang nach **New Orleans**.
- Weiter gegen den »Uhrzeiger« läuft auch die Beschreibung **ab Pensacola** entlang der **Golfküste** vom *Panhandle* mit seinen **Traumstränden** über die **Apalachee Bay** und weiter landeinwärts (wegen der im Nordwesten versumpften Küste) zunächst bis zur »*Tri City*« **Tampa/St. Petersburg/Clearwater**.
- Nach Miami, Orlando und New Orleans ist auch der Ballungsraum **Tampa/St. Petersburg/Clearwater** Inhalt eines eigenen umfangreichen **Kapitels**.
- Auf den abschließenden Seiten des Florida-Reiseteils geht es an der südlichen **Golfküste** über **Saratoga**, **Venice**, **Fort Myers** und **Naples** (zurück) nach Miami.
- Ein **neues Sonderkapitel** im Anschluss an den Florida-Reiseteil bezieht sich auf **Anfahrten von Atlanta nach Florida** auf vier unterschiedlichen Routen.

Für sämtliche Routen und Ziele gibt es zahlreiche **Unterkunfts-, Camping-** und **Restaurantempfehlungen**, meistens kompakt zusammengefasst in Verbindung mit Ortsbeschreibungen, bisweilen aber auch auf »freier Strecke« in den Text eingestreut. Folgende Piktos machen besonders darauf aufmerksam:

 Campingempfehlung: Campmobile und Zelte
(wenn – selten – nur für Campmobile oder Zelte, steht's im Text)

 Unterkunftsempfehlung: alle Kategorien
(Motel, Hotel, Hostel, B&B); Details jeweils im Text

 Restaurant-, Café- und Kneipenempfehlung: alle Kategorien

Karte Seite 114 **Miami und Umgebung**

1. MIAMI UND UMGEBUNG

1.1 Miami

An Miami führt in Florida kein Weg vorbei. Als **größte Stadt des Staates** dominiert es seine Wirtschaft, sein Kulturleben und sein Image. Das moderne Zentrum, bunte Einwandererviertel, ausgedehnte Villenvororte der Wohlhabenden bis Superreichen und das insular vorgelagerte Miami Beach machen es zu einem besonders interessanten und abwechslungsreichen Reiseziel.

1.1.1 Geschichte

Gründung

Selbst für amerikanische Verhältnisse ist Miami eine ziemlich **junge Stadt**: ihre Anfänge reichen gerade hundert Jahre zurück. Wo heute rund 2,6 Mio. Menschen leben, befand sich um die Wende vom 19. zum 20. Jahrhundert noch ein kleines Dorf. Die Spanier hatten zwar schon im 16. Jahrhundert am Miami River eine **Missionsstation** gegründet, und die ersten amerikanischen Siedler waren Mitte des 18. Jahrhunderts in die Gegend gekommen, aber es handelte sich dabei nur um kleine Gruppen. Das subtropische Klima Südfloridas zog ab Ende des 19. Jahrhunderts erstmals auch Erholung suchende Reisende aus den winterkalten Nordstaaten an. Die exzentrische *Julia Tuttle* etwa, an die der *Julia Tuttle Causeway* erinnert, der Miami mit Miami Beach verbindet, kam deshalb mit ihrem an Tuberkulose erkrankten Mann nach Florida. Sie engagierte sich für eine stärkere Besiedelung der Gegend um Miami und war es auch, die den Eisenbahnmagnaten *Henry Morrison Flagler* dazu überredete, die Strecke der **Florida East Coast Railroad bis Miami** auszubauen (➤ Seite 474). Erst als diese Linie 1896 den Verkehr aufnahm, begann Miamis eigentliche Geschichte. Tatsächlich fielen Ankunft der ersten Eisenbahn und offizielles Gründungsdatum der Stadt zusammen. Miami war dadurch mit dem Rest der USA verbunden. Neubürger strömten erst von da ab in Scharen auch nach Südflorida.

Das Ancient Spanish Monastery sieht aus wie die mögliche Keimzelle des heutigen Miami. Aber in Wahrheit wurde nur ein spanisches Original hierher versetzt, ➤ Seite 124

112 Miami und Umgebung — Karte Seite 114

Erste Boomjahre

Während des 1. Weltkriegs erlebte Miami seinen ersten »Boom«. Da die amerikanische Luftwaffe in Südflorida Ausbildungslager angelegt hatte, zogen Tausende von Militärangehörigen mit ihren Familien in die Stadt. Bereits in den 1920er-Jahren gründete man die **University of Miami** im Vorort **Coral Gables** und legte den ersten Flughafen an, Vorläufer des heutigen *Miami Int`l Airport*.

Miami Beach wurde zum Urlaubsort. Sand, Sonne und Meer waren die Hauptattraktionen, aber hinzu kam in jener Zeit noch ein weiterer Aspekt: die **Prohibition**. Das eigentlich für die gesamten USA geltende Verbot, Alkoholika zu produzieren, zu verkaufen oder auszuschenken, wurde in Miami weitgehend ignoriert.

Viele der Hotels, die in den Jahren zwischen den Weltkriegen im *Art-Deco*-Stil entstanden waren, wurden während des 2. Weltkriegs in Soldatenquartiere umfunktioniert; die Militärs machten die Region Miami zu einem der wichtigsten Trainingszentren der USA.

Kubaner

In den 1950er- und 60er-Jahren wurde die Entwicklung Miamis von Ereignissen geprägt, die sich im benachbarten Kuba abspielten. Die Verbindungen zwischen Florida und Kuba (➤ Seite 476) waren vorher schon eng gewesen. Massen von Amerikanern flogen regelmäßig nach Havanna, um sich dort zu amüsieren, und reiche Kubaner kamen zum Shopping nach Miami. *Fidel Castros* Machtübernahme verursachte eine **Auswanderungswelle** in die USA. Allein im Jahr 1959 flüchteten fast 1 Mio Kubaner aus ihrer Heimat. Sie ließen sich mehrheitlich in Miami nieder, wo sie seitdem Gesicht und Atmosphäre der Stadt prägen. Für Besucher wird dies vor allem in der **Calle Ocho**, Hauptstraße des Viertels **Little Havana**, deutlich. Heute haben 35% der Einwohner Miamis kubanische Wurzeln (das sind über 50% der Einwohner mit Latino-Hintergrund, ➤ rechts).

»Mahnmal« Cuba in Little Havana. Viele Exil-Kubaner hoffen, dass sie bei den sich verbessernden Beziehungen zwischen den USA und Kuba bald wieder in ihre Heimat zurückkehren dürfen

Rassenkonflikte

Die Flüchtlinge aus der Karibik kamen in eine Stadt, in der die Beziehungen zwischen den Rassen alles andere als harmonisch abliefen. Wie auch in anderen amerikanischen Städten waren Angloamerikaner nach und nach aus dem Zentrum Miamis in gepflegte Vororte gezogen, und in der Innenstadt schwarze **Ghettos** entstanden. Während sich die Spannungen der 1960er-Jahre in erster Linie zwischen Afro- und Angloamerikanern abspielten, kam es

Geschichte

in den folgenden Jahrzehnten immer wieder zu Konflikten zwischen Schwarzen und Kubanern.

In den 1980er-Jahren erwarb sich Miami auch in anderer Hinsicht einen miserablen Ruf. Es galt als Drehscheibe des Drogenhandels, und die Mordrate war die höchste unter den Großstädten der USA – was etwas heißen will. Dieses Image wurde auch noch durch die Fernsehserie *Miami Vice* weltweit erfolgreich verbreitet.

Gemälde im Museum »History Miami«

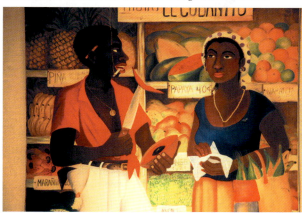

Miami heute

Die 1990er-Jahre nahmen zunächst keinen vielversprechenden Anfang: Zunächst richtete der *Hurricane Andrew* 1992 verheerende Schäden an, und dann folgten 1993 mehrere aufsehenerregende Morde an (auch deutschen) Touristen, die für einen vorübergehend dramatischen Rückgang der Urlauberzahlen sorgten. Doch beide Krisen wurden erstaunlich schnell überwunden. Im Nordwesten der Stadt gibt es zwar immer noch Armenviertel, die als gefährlich gelten und von Besuchern gemieden werden (sollten), aber das zentrale Miami und das früher ebenfalls problematische Miami Beach sind saniert worden. Die Stadt scheint die Kriminalität nun einigermaßen im Griff zu haben.

Miami erlebte wohl nicht zuletzt deshalb in den letzten Jahren eine erstaunliche Entwicklung. Ein Großteil der Bevölkerung lebt heute vom **Tourismus**, dem wichtigsten Wirtschaftszweig nicht nur Floridas insgesamt, sondern auch des Großraums Miami. Jedes Jahr kommen über 10 Mio Besucher in die Stadt. Vielen gefällt es dort offenbar so gut, dass sie gleich für immer bleiben. Miami ist daher eine der am schnellsten wachsenden Metropolen der USA. Der Mix der Bevölkerung ist noch farbenfroher als anderswo und trägt eine deutlich karibische Note. Unter den zugezogenen Gruppen bilden Kubaner die größte. An zweiter Stelle folgen Kanadier, an dritter Haitianer, an vierter – dies überrascht vielleicht – Deutsche dicht gefolgt von Jamaikanern.

114 Miami und Umgebung

1.1.2   Praktisches

Orientierung, Information und öffentlicher Transport

Orientierung

Die Orientierung in Miami fällt relativ leicht. Die Hauptverkehrs-achsen, ob nun *Interstate* oder nicht, sind als Autobahnen ausgebaut und gut ausgeschildert. Die beiden **Ringautobahnen** #826 und #821 (die gebührenpflichtige *Florida's Turnpike*) umgehen Miami weiträumig westlich. Das zentrale Straßensystem ist weitgehend schachbrettartig angelegt.

Information

Das *Greater Miami & Beaches Convention & Visitors Bureau* residiert drei Blocks südlich des Miami River in der 701 Brickell Avenue, ✆ (305) 539-3000; www.miamiandbeaches.com. **Info-Stellen** befinden sich im *Airport,* in Coral Gables und im Stadtteil Coconut Grove:

Coral Gables Chamber of Commerce, 224 Catalonia Avenue, ✆ (305) 446-1657, www.coralgableschamber.org

Coconut Grove Chamber of Commerce, 2820 McFarlane Road, ✆ (305) 444-7270, www.coconutgrovechamber.com

Öffentlicher Transport

Die **öffentlichen Verkehrsverbindungen** sind in Miami und der näheren Umgebung relativ gut. **Die *Metro-Dade Transit Agency*** betreibt mit *Metrorail*, *Metromover* und *Metrobus* (Ticket $2,00, Express Busse $2,35, Tagespass $5, *Metromover* frei) ein dichtes Netz. Infos: ✆ 305-891-3131, www.miamidade.gov/transit.

Hauptverkehrsmittel sind **Busse**. Sie fahren tagsüber alle 20-30 min. Die Verbindungen sind speziell zwischen Miami Beach und *Downtown* ausgezeichnet (Schnellbus: Linie #120, *Beach Max*). Auch nach Einbruch der Dunkelheit kann man in den belebten Vierteln von South Beach oder in Coral Gables ohne Bedenken an den Haltestellen auf den Bus warten. Anderswo ist aber Vorsicht geboten, so etwa im Stadtteil Liberty City.

Metromover

Der *Metromover* ist eine kostenlose Hochbahn in *Downtown.* Sie verbindet *Financial District, Bayfront* und *Government Center,* ➢ Foto und Text Seite 118.

Metrorail

Die *Metrorail* ist eine S-Bahn, die von **Palmetto** (*Green Line*) im Stadtteil Hialeah (nordwestlich von *Downtown*) bzw. ab **Airport** (*Orange Line*) durch *Downtown* und Coconut Grove nach South Miami führt. Info ➢ Website oben.

Flughafen

Der *Miami International Airport* (MIA), mit jährlich fast 40 Mio Passagieren einer der größten US-Flughäfen, liegt weniger als 10 mi nordwestlich von *Downtown* zwischen den *Airport* und *Dolphin Expressways;* www.miami-airport.com.

An-/Abfahrt nach/von Miami Beach ist am günstigsten mit dem Expressbus *Airport Flyer* – #150, Miami Beach ($2,35; ca. alle 30 min).

Außerdem gibt es noch den *Airport Shuttle*, der seine Passagiere zu beliebigen Adressen bringt bzw. dort abholt ($17/Person bis/ab Bereich *Downtown*; www.supershuttle.com). Gäste der Hotels im Flughafenbereich werden gratis vom **Hotelbus** transportiert.

Mietwagen und Orientierung

Wer einen Mietwagen ab *Airport* gebucht hat, wird zunächst zur – in einigen Fällen ein paar Meilen entfernten – Station in der Umgebung gebracht. Vor Fahrtantritt macht es Sinn, sich anhand eines Stadtplans zu orientieren. Denn das System der *Greater Miami Freeways* ist für Ortsfremde unterwegs vom Fahrersitz aus kaum zu durchschauen. Ein mitgebrachtes oder mitgemietetes Navigerät ist dabei hilfreich, ➤ Seite 36.

Unterkunft, Camping und Essengehen

Unterkunft Downtown

Für die meisten Besucher ist **Miami Beach** der beste Standort für einen Aufenthalt in Miami. Von dort aus kann man gut Ausflüge in das Stadtzentrum unternehmen. Sehr viele Hotels und Motels aller Preisklassen gibt es in **Airport-Nähe**.

Im Citybereich bieten ein gutes Preis-/Leistungsverhältnis:
- in der oberen Mittelklasse das **Miami Marriott Biscayne Bay**, 1633 North Bayshore Drive, ✆ (305) 374-3900, ab $140
- in der gehobenen Kategorie das **Hyatt Regency Hotel**, 400 SE 2nd Ave, ✆ (305) 358-1234, ab $110; www.miamiregency.hyatt.com
- im preisgünstigeren Bereich das **Hotel Leamington**, 307 NE 1st Street, ✆ (305) 373-7783, ab $55; www.leamingtonhotel.com

Das Biltmore Hotel in Coral Gables

Coral Gables

- Das **Biltmore Hotel**, 1200 Anastasia Avenue, ✆ 1-855-311-6903, Sommermonate ab $195, meist aber nicht unter $280, ist eine der edelsten Unterkünfte der Stadt; www.biltmorehotel.com
- Preiswerter übernachtet man z.B. im ordentlichen **Riviera Court Motel**, 5100 Riviera Drive, ✆ (305) 665-3528, ab $75.

Coconut Grove

- Im teuren Coconut Grove bietet das durchschnittliche **Hampton Inn**, 2800 SW 28th Terrace an der Kreuzung Hwy #1/SW 27th Avenue, eine der wenigen Möglichkeiten, auch im Winter unter $150/DZ unterzukommen; www.hamptoninncoconutgrove.com

Praktisches: Unterkommen und Restaurants 117

Camping

Im Bereich Metro Miami gibt es nur einen – auch von der Lage her – wirklich uneingeschränkt empfehlenswerten *Campground*

- **Larry and Penny Thompson** grenzt an das Zoogelände, ohne mit ihm verbunden zu sein: 12451 SW 184th Street, Zufahrt über demn Hwy #1. Über 240 großzügige, komfortable Stellplätze warten zu relativ günstigen Tarifen ab $35 für RVs mit Hookup, Zelte $17. Der an das Gelände grenzende **Badesee** wurde mit Strand und Rutschen aufgewertet: Eintritt $3, bis 17 Jahre $2; wer auch rutschen will zahlt $6/$4, ✆ (305) 232-1049; www.miamidade.gov/Parks/Parks/Larry_Penny.asp

Südlich von Miami kommen als Quartiere in Frage:

- **Miami Everglades Resort**, 20675 SW 162nd Ave, Komfortplatz südwestlich des Zoos, $31-$65; www.miamicamp.com
- **Southern Comfort RV Resort**, 345 East Palm Drive in Florida City, $38, ✆ 1-888-477-6909, www.socorv.com

Restaurants Downtown

- Guten Fisch serviert **The River Seafood & Oyster Bar**, 650 South Miami Avenue, ✆ (305) 530-1915; www.therivermiami.com
- Als bestes Steakhaus der Stadt gilt der **Capital Grille**, 444 Brickell Avenue, ✆ (305) 374-4500; www.thecapitalgrille.com•

Little Havana

- Das bekannteste Restaurant in *Little Havana* heißt seltsamerweise **Versailles**, 3555 SW 8th Street. Traditionelle kubanische Gerichte zu moderaten Preisen; lebhafte Atmosphäre, ✆ (305) 444-0240; www.versaillesrestaurant.com

- Empfehlenswert ist auch das **La Carreta**, 3632 SW 8th St, einfache, aber authentische kubanische Küche, ✆ (305) 444-7501; www.lacareta.com

Coral Gables

Der mediterranen Atmosphäre von Coral Gables entsprechend gibt es dort viele italienische und spanische Restaurants:

- **Diego's Andalucia Tapas**, 4825 Southwest 8th Street, ✆ (305) 456-8130, www.diegosandaluciatapas.com
- Spanisch isst man auch in der **Bulla Gastrobar**, 2500 Ponce de Leon Blvd, ✆ (305) 441-0107; www.bullamiami.com
- Die **Casa Juancho**, 2436 SW 8th Street, steht für *Paella, Tapas* und spanischen Wein, ✆ (305) 642-2452; www.casajuancho.com
- Italienisch geht's zu im **Villagio Ristorante** (360 San Lorenzo Avenue im Shopping-Center *Village of Merrick Park*, ✆ (305) 447-8144; www.villa giorestaurants.com

Metromover, das ideale Verkehrsmittel in Downtown Miami

1.1.3 Stadtbesichtigung

Downtown Miami

Kennzeichnung

Das **Geschäftszentrum** von Miami ist kaum zu übersehen, denn dort – zwischen der Biscayne Bay und der Autobahn I-95 – ragen reihenweise **moderne** und **postmoderne Wolkenkratzer** in den Himmel. Sie bilden die – vor allem – vom Fernsehen bekannte **Skyline** der Stadt und wirken besonders nachts eindrucksvoll, wenn sie neonfarben erleuchtet sind. Dieser nur tagsüber stark belebte Bereich ist zwar als solcher insgesamt nicht übermäßig attraktiv, aber Geschäfte, Museen und das im folgenden beschriebene Umfeld machen *Downtown* besuchenswert. Nach Geschäftsschluss ist im zentralen Miami nicht mehr viel los, da sich das Nachtleben anderswo, speziell in Miami Beach abspielt.

Metromover

Man kann *Downtown* Miami ohne weiteres zu Fuß erkunden. Bequemer ist indessen die Benutzung des sog. **Metromover**, einer Hochbahn mit vielen Stopps, die das gesamte Zentrum umrundet. Besonders in den tropisch heißen Sommermonaten ist die Fahrt in der vollklimatisierten und -automatischen Bahn das einzig Wahre. Die Fahrt ist kostenfrei.

Kulturzentrum/ Geschichtsmuseum

Ein guter erster Anlaufpunkt in der Innenstadt ist das **Miami Dade Cultural Center** (*Metro Mover* »Government Center«) in der **101 W Flagler Street**, ein von *Philip Johnson* entworfener Komplex, der einer spanischen Fortanlage nachempfunden wurde.

Er beherbergt u.a. das neuerdings um die Räumlichkeiten des früheren *Miami Art Museum* erweiterten Geschichtsmuseums **HistoryMiami**, das sehr detailliert über die Entwicklung Floridas informiert. Eine große Abteilung beschäftigt sich dort auch mit den Seminolen, dem bis heute in Südflorida ansässigen Indianerstamm (➤ Seiten 369f und 473). Fundstücke aus präkolumbischer Zeit sowie Möbel und Gebrauchsgegenstände aus dem frühen 20. Jahrhundert bilden weitere Schwerpunkte der Ausstellungen. Geöffnet Di-Fr 10-17 Uhr, Sa-So 12-17 Uhr, $8, unter 12 Jahren $5, ✆ (305) 375-1492; www.historymiami.org.

Downtown Miami   119

Flagler Street Die nach dem Eisenbahnkönig *Henry Morrison Flagler* benannte **Flagler Street** ist die zentrale Ost-West-Straße der Stadt. Sie **teilt Miami** in eine **nördliche** und eine **südliche Hälfte**. Die nördlich der Flagler Street verlaufenden nummerierten Straßen tragen den Zusatz *North West* (oder kurz NW) bzw. *North East* (NE), heißen also North East 1st Street, North East 2nd Street usw. Die südlichen Straßen werden dementsprechend mit dem Zusatz *South West* (SW) bzw. *South East* (SE) versehen. Während alle parallel zur Flagler Street verlaufenden Straßen **Streets** heißen, werden die Straßen, die sie kreuzen, als **Avenues** bezeichnet. Auch sie sind durchgehend nummeriert.

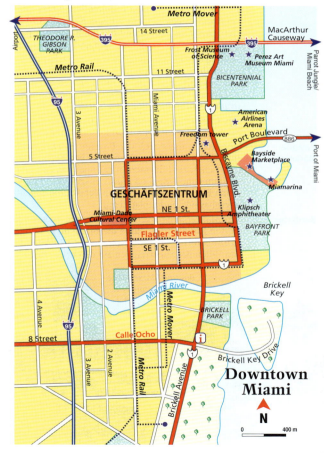

So wie die Flagler Street Miami in Norden und Süden aufteilt, markiert die **Miami Ave** die Grenze zwischen **Westen** und **Osten**. Die östlich gelegenen *Avenues* heißen daher nördlich der Flagler Street North East 1st Ave, North East 2nd Ave usw., südlich der Flagler Street South East 1st Ave, South East 2nd Ave usw. Alles klar? Was sich zunächst verwirrend anhört, ist auf den zweiten Blick ein logisches System, das die Orientierung erleichtert.

Bayfront Park

Die Flagler Street stößt an ihrem östlichen Ende auf einen weiteren Fixpunkt des Zentrums, den von einem ehemaligen Frachthafen zur Grünanlage umgewandelten **Bayfront Park** am Ufer der Biscayne Bay. In dieser weitläufigen Grünanlage finden jedes Jahr die Feierlichkeiten zum *Independence Day* am 4. Juli statt, mit Veranstaltungen u.a. im großen **Klipsch Amphitheater** und im kleineren **Tina Hills Pavilion**; www.bayfrontparkmiami.com

Außerdem steht im *Bayfront Park* eine Reihe bemerkenswerter Statuen und Denkmäler. Da wäre zunächst die bekannte **Torch of Friendship**, eine Gedenkstätte in Form einer Fackel, die die Freundschaft zwischen Miami und seinen lateinamerikanischen »Nachbarn« symbolisieren soll. Weitere Monumente ehren **Christopher Columbus** und **Julia Tuttle** (➤ Seite 111).

Das **Challenger Memorial** erinnert an die Astronauten, die 1986 bei der Explosion der *Challenger*-Raumfähre starben.

Bayside Marketplace

Nördlich schließt sich der **Bayside Marketplace** an den Park an, eine *Shopping Mall*, deren Angebot besonders auf touristische Kundschaft zielt. Immerhin hat man von den Terrassen einiger Restaurants und *Fast Food Places* (insgesamt 12 plus *Foodcourt*) einen prima Blick auf die Yachten in der *Miamarina*, 401 Biscayne Blvd; www.baysidemarketplace.com.

Boottrips

Am *Marketplace* legen Ausflugsboote zu unbedingt empfehlenswerten **Rundfahrten durch die Biscayne Bay** ab (*Millionaires Row Cruise*). Vorm Panorama von *Downtown Miami* geht es vorbei an den Villen der Superreichen auf den in der Bucht liegenden Inseln.

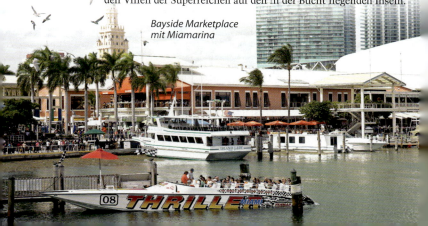

Bayside Marketplace mit Miamarina

Krimis in Pink: Miami Vice

Am 16. September 1984 begann eine neue Epoche in der Geschichte der Fernsehunterhaltung: an diesem Tag wurde die erste Folge von *Miami Vice* ausgestrahlt. Die Serie war in den USA sofort ein Riesenerfolg und machte aus ihren Darstellern über Nacht Superstars. Sie wurde in Dutzende von Sprachen synchronisiert und in 72 Ländern ausgestrahlt. In Deutschland lief sie im 1986 an und erzielte sofort sensationelle Einschaltquoten.

Der phänomenale Erfolg der Serie hatte viele Gründe. Die in Miami und Miami Beach handelnden Krimis waren handwerklich perfekt gemacht und aufwendig produziert. Zwischen $1,2 Mio. und $1,5 Mio. ließ sich der Sender NBC die einzelnen Folgen kosten, was sie zu einer der **teuersten Serien ihrer Zeit** machte. Doch das viele Geld war gut investiert, denn *Miami Vice* revolutionierte nicht nur Form und Inhalt des Fernsehkrimis, die Filme prägten zudem die Mode und Musik der Zeit.

Auch der *Soundtrack* war einer der Gründe für den Erfolg der Serie. Der Titelsong von *Jan Hammer* schaffte es auf den ersten Platz der amerikanischen Charts. Es gelang den Produzenten sogar, Stars aus der Musikszene der 1980er-Jahre wie *Leonard Cohen, Frank Zappa* und *Sheena Easton* in einigen Folgen zu Gastauftritten zu bewegen.

Die Filme waren zudem optisch perfekt auf den Zeitgeist abgestimmt. Im Hintergrund sah man schicke Hochhäuser, Palmen, Strände, Glasbausteine und besonders viel *Art Deco*. Im damals ziemlich heruntergekommenen Miami Beach wurden extra für die Serie Fassaden neu gestrichen und Gebäude renoviert. Die beiden Hauptdarsteller, **Don Johnson** und **Philip Michael Thomas**, wurden von *Gianni Versace, Nino Cerruti* und *Hugo Boss* ausgestattet, trugen *Rolex*-Uhren und fuhren in *Ferraris* und *Cadillacs* durch Miami. Besonders der von *Don Johnson* gespielte Detektiv *Sonny Crockett*, der mit einem Alligator als Haustier auf einer Yacht im Hafen von Miami lebte, wurde in Sachen Mode ein echter Trendsetter. Plötzlich war es gesellschaftsfähig, unter einem Sakko nur ein T-Shirt zu tragen, und jeder modeorientierte Mann pflegte – wie *Sonny* – seinen 3-Tage-Bart.

Außer schönen Bildern und fetziger Musik hatte die Serie aber durchaus auch **spannende Plots** zu bieten. In ihnen wurde deutlich, dass es Schwerkriminalität wie Waffenschieberei und Drogenhandel solange geben wird, wie damit viel Geld zu verdienen ist.

Irgendwann erkannten *Crockett* und *Tubbs*, dass sie im Kampf gegen das organisierte Verbrechen letztlich chancenlos sind. Die Serie endet denn auch nach 111 Folgen damit, dass beide ihren Job an den Nagel hängen.

Beste Zeit für einen solchen 90-min-Trip ist der frühe Vormittag, wenn das Sonnenlicht von Osten auf die Wolkenkratzer, den Hafen (oft mit Riesen-Kreuzfahrtschiffen), Fisher Island, Miami Beach and die sog. *Millionaire's Row* fällt. Während der Tour unterhält man die Passagiere mit pointenreichem Tratsch über die Villenbesitzer, ✆ (305) 379-5119, tägl. 10 Abfahrten von 10.30-19 Uhr, $27, bis 12 Jahre $19 (online Rabatt); www.islandqueencruises.com

Freedom Tower Sehenswert ist in dieser Ecke der Innenstadt auch der **Freedom Tower** (600 Biscayne Blvd, ➢ Foto links im Hintergrund) schräg gegenüber dem *Marketplace*. Man kann den markanten gelben Turm zwar nicht besteigen, ein Foto ist er aber allemal wert. Er wurde in den 1920er-Jahren dem Glockenturm der Kathedrale von Sevilla nachempfunden. Die Bezeichnung *Freedom Tower* und auch der Spitzname des Gebäudes *Ellis Island of the South* erinnern daran, dass dort von 1962 bis 1974 die **Einwanderung der kubanischen Flüchtlinge** abgewickelt wurde. 2005 wechselte der *Freedom Tower* den Eigentümer und sollte gesprengt werden, um Platz für ein Apartment-Hochhaus zu schaffen. Öffentliche Proteste sorgten aber für den Verzicht auf den Abriss.

Museum Park Die **nördliche Downtown** zwischen Biscayne Blvd und der Brücke nach Miami Beach (*MacArthur Causeway*) wird zur Zeit umgestaltet. U.a. erhält der 12 ha große *Bicentennial Park* mit zwei enormen Neubauten (**Perez Art Museum**/Fertigstellung Ende 2013 und **Miami Science Museum**/Eröffnung Anfang 2015) ein neues Gesicht und wurde daher bereits in **Museum Park** umbenannt.

Bunte Papageien (»Parrots«) im Jungle Island Park

Jungle Island Auf **Watson Island** eingangs des *Mac Arthur Causeway* (hinüber nach Miami Beach) liegen die exotischen Gärten des *Jungle Island Park*. Hier kann man neben zahlreichen bunten Pflanzen Papageien (mehrfach täglich **Parrot Show**) und andere tropische Vögel – obendrein ein paar Reptilien – bestaunen; 1111 Parrot Jungle Trail, Mo-Fr 10-17 Uhr, Sa-So 10-18 Uhr, $ 33, bis 10 Jahre $ 27; Parkplatz $7, ✆ (305) 400-7000; www.jungleisland.com.

Little Havana

Calle Ocho Zwischen Downtown im Osten und Coral Gables im Westen liegt eines der buntesten und bekanntesten Viertel der Stadt: **Little Havana**, das **Herz des kubanischen Miami**. Die Hauptstraße SW 8th Street wird hier nur **Calle Ocho** (deutsch: 8. Straße) genannt. Spektakuläre Sehenswürdigkeiten warten nicht in *Little Havana* – das Viertel ist arm und ungepflegt –, hat dafür aber Atmosphäre und Lokalkolorit. An der *Calle Ocho* sind in

Little Havana

Anlehnung an Hollywoods *Walk of Fame* Sterne in den Bürgersteig eingelassen, die an bekannte Persönlichkeiten mit kubanischer Abstammung erinnern. Aus den Musikläden tönen Salsa und andere lateinamerikanische Rhythmen. In vielen Läden werden Zigarren, Heiligenfiguren und kubanische Spezialitäten verkauft. **Botánicas** sind Läden, die Kerzen, Talismane und religiöskultische Gegenstände führen.

Bunte Wandmalereien, mit Blumen geschmückte Altäre und rein spanischsprachige Buchhandlungen unterscheiden *Little Havana* von benachbarten Vierteln. Überall wird sehr viel mehr Spanisch als Englisch gesprochen. Die meisten hier lebenden Kubaner sind aber zweisprachig, so dass sich auch Besucher ohne Spanischkenntnisse leicht verständigen können.

Domino Park An der Kreuzung *Calle Ocho*/SW 15th Avenue stößt man auf den *belebten* **Máximo Gómez Park** (geöffnet Sonnenauf- bis -untergang). Dieser Park ist eines der Zentren des sozialen Lebens der Gegend. Kubanische Rentner treffen sich dort zum Schwätzchen oder zu ein paar Runden Domino – von den Einheimischen daher auch **Domino Park** genannt.

Patriotismus Sehenswert ist auch der **Cuban Memorial Boulevard** am östlichen Ende des *Calle Ocho*. Hier steht die **Eternal Flame in Honor of the 2506th Brigade**, ein ewiges Feuer, das an einen der wichtigsten Bezugspunkte in der Geschichte der Exilkubaner erinnert: 1961 versuchte eine Gruppe von Castro-Gegnern die Heimatinsel zurückzuerobern, was jedoch in der seither bekannten **Schweinebucht** kläglich scheiterte. Weitere Monumente und Stätten des *Memorial Boulevard* sind u.a. eine Bronze-Landkarte von Kuba und das **Memorial** für *José Martí*, im 19. Jahrhundert Kopf des Kampfes gegen die spanischen Kolonialherren.

Typisches Bild in der Calle Ocho, auch was die vergitterten Fenster betrifft

124 Miami und Umgebung

auch Karte Seite 114

Cafés	In einem der vielen Restaurants oder Cafés kann man beim Zuckerrohrsaft *Guarapo* oder bei *Café con Leche* entspannen. Dazu passt das süße Gebäck *Churro*, eine Spezialität, die es u.a. in der *Karla Bakery* gibt, 7004 4th Street; www.karlabakery.com.
Kubanische Zigarren	Bei Touristen sehr beliebt ist die Zigarrenfabrik **El Crédito Cigars**, wo man beim Zigarrenrollen zusehen und handgerollte Exemplare kaufen kann, 1100 SW 8th St, © (305) 858-4162, Mo-Fr 8.30-17 Uhr.

North Miami

Kloster	Sehenswert ist **The Ancient Spanish Monastery**, 16711 W Dixie Hwy, vom US-Highway #1 westlich auf die 163th Street (#826). Ähnlich wie im Fall des *Cloister* in New York City oder des *Hearst Castle* in Kalifornien wurde hier aus original europäischen Bausteinen eine scheinbar Jahrhunderte alte Attraktion geschaffen. Die spanische **St. Bernard de Clairvaux Episcopal Church** (heutiger Name der Kirche) aus dem 12. Jahrhundert war in den 1920er-Jahren vom Zeitungsverleger *William Randolph Hearst* gekauft und – in Einzelteile zerlegt – in die USA verschifft worden.
	Mehrere Jahrzehnte blieb der Bau in New York zwischengelagert, bevor man ihn in den 1950er-Jahren Stein für Stein hier wieder aufbaute und an eine episkopale Gemeinde verkaufte; täglich 10-16.30 Uhr, $8, bis 18 Jahre $4; www.spanishmonastery.com.

Südliche Stadtteile

Coral Gables	Coral Gables, einige Meilen südwestlich des Zentrums, ist zwar lange mit Miami zusammengewachsen, wurde in den 1920er-Jahren aber als **separate Stadt** konzipiert und hat immer noch ihr eigenes Flair. Ein *George Edgar Merrick* plante seinerzeit Coral Gables und war auch für den Bau der wichtigsten Gebäude verantwortlich. Seine Vision war eine mediterrane Stadt mit schattigen Straßen, vielen Grünflächen und besonderer Architektur. Der Ort sollte in erster Linie spanischen Charakter besitzen, was sich in den Straßennamen niederschlug: Malaga, Andalusia, Valencia und Aragon Avenue sind nur einige Namen. Aber auch noch andere architektonische Traditionen spielten eine Rolle, so dass man in manchen Ecken von Coral Gables auch Häuser wie in der Normandie oder im kolonialen Baustil Südafrikas findet. Zwischen San Sovino Ave, Castania Ave, Maggiore Street und Riviera Drive imitieren einige Häuser sogar chinesische Baustile.
Stadttore	*Merrick* hatte für Coral Gables auch eigene **Stadttore** vorgesehen, von denen indessen nur wenige wirklich gebaut wurden, da die Weltwirtschaftskrise 1929 seine ehrgeizigen Pläne vor der endgültigen Fertigstellung stoppte. Zu den erhaltenen Toren zählen der **Douglas Entrance** an der Kreuzung Calle Ocho/Douglas Road und **Granada Entrance** an der Calle Ocho/Granada Boulevard.
Coral Gables House	Für sich selbst und seine Familie baute *Merrick* ein Haus in einem üppigen tropischen Garten am Coral Way (907, Besichtigung nur Mi und So 13, 14 und 15 Uhr; Erwachsene $5, bis 12 Jahre $1).

Little Haiti, North Miami und südliche Stadtteile

Die Giebel des aus Korallen konstruierten Baus erklären den Namen der Stadt: **Coral Gables** heißt nichts anderes als **Korallengiebel**; www.coralgables.com/index.aspx?page=138.

Wer von dort dem Coral Way nach Osten folgt, erreicht rasch die teure Einkaufsgegend **Miracle Mile**, in der das Feinste vom Feinsten dominiert, www.shopcoralgables.com. An der Kreuzung von Coral und Biltmore Way steht die **City Hall**, das Rathaus von Coral Gables im Stil italienischer Paläste. Info ➢ Seite 115.

Zentrales Miami

Venetian Pool in Coral Gables

Biltmore Hotel

Absolut sehenswert ist der bombastische Bau (⇨ Foto Seite 116) des traditionsreichen **Biltmore Hotel**. Das Hotel wurde 1926 eröffnet und gilt immer noch als eine der edelsten Adressen der Stadt. Neben Restaurants, Cafés, Tennisplätzen und anderen Sportanlagen gehört sogar ein Theater zum Hotelkomplex. Sein tolles Schwimmbad ist der **größte Hotelpool** in den gesamten USA; 1200 Anastasia Avenue, am Rand des gleichnamigen Golfplatzes; ab $195, ✆ 1-855-311-6903; www.biltmorehotel.com.

Venetian Pool

Der *Biltmore Pool* wird noch übertroffen vom wunderschönen **Venetian Pool**, einem zum *National Landmark* erhobenen Baudenkmal ein wenig weiter nordöstlich (2701 DeSoto Drive, saisonabhängige Öffnungszeiten: Feb-Nov Di-So 10-16.30 Uhr, sonst Di-Fr 11-17.30 Uhr, Sa-So 10-16.30 Uhr, ✆ (305) 460-5306; Eintritt $12, bis 12 Jahre $7, Kinder unter 3 dürfen nicht hinein; www.coralgablesvenetianpool.com.

Früher befand sich an dieser Stelle ein Steinbruch, aus dem man Korallengestein für viele Gebäude von Coral Gables gewonnen hatte. Nach Ende der Bautätigkeit kam man auf die Idee, den früheren Steinbruch, der zudem über eine Quelle verfügte, mit Wasser vollaufen zu lassen, die Ränder zu bepflanzen und daraus ein **öffentliches Schwimmbad** zu machen, das nun in seinem glasklaren Pool Abkühlung von der Hitze Südfloridas bietet.

Kunstmuseum

Coral Gables besitzt ein exzellentes Kunstmuseum. Das **Lowe Art Museum** befindet sich auf dem Campus der *University of Miami* im Süden des Vororts am 1301 Stanford Drive. Das nach den Mäzenen *Joe & Emily Lowe* benannte Haus besitzt eine beachtliche Kunstsammlung, die von europäischen Gemälden des Barock und der Renaissance bis zu Werken zeitgenössischer amerikanischer Künstler wie *Frank Stella, David Park* und *Joan Brown* und zu indianischer Keramik aus präkolumbischer Zeit reicht. Wegen des Umfangs der Sammlung dieses Museums bekommen Besucher immer nur eine begrenzte Auswahl zu sehen. Geöffnet Di-Sa 10-16 Uhr, So 12-16 Uhr, $10; Schüler/Studenten $5, bis 12 Jahre frei; www.miami.edu/lowe.

Coral Gables, Villa Vizcaya und Key Biscayne 127

Key Biscayne Strände

Folgt man der Brickell Ave nach Süden, erreicht man am *Wainwright Park* den **Rickenbacker Causeway**, die Brücke hinüber zur **Key Biscayne** mit den schönsten von Palmen gesäumten Stränden Miamis im **Crandon County Park** (6747 Crandon Blvd) und **Cape Florida State Park** (1200 S Crandon Blvd). Sie sind attraktiver als die Strände in Miami Beach. **Dr. Beach** wählte den Strand dieses *State Park* sogar mehrfach unter die zehn besten Strände der USA; www.drbeach.org, ➤ Seite 341. Do-Mo (10/13 Uhr) kann man dort das **Cape Florida Lighthouse** besichtigen; www.floridastateparks.org/capeflorida und www.miamidade.gov/parks.

Auf der kleinen Insel **Virginia Key** zwischen Festland und Key Biscayne befindet sich am Weg zu den Stränden das **Miami Seaquarium** am 4400 Rickenbacker Causeway. Dort kann man Wale, Haie, Seelöwen und Seekühe, Delfine und andere Meeresbewohner bestaunen, Fütterungen und diverse Shows ansehen. Wer auf seiner Floridareise noch nach Orlando kommt, kann sich das *Miami Seaquarium* aber ggf. sparen, denn das weit größere *SeaWorld* bietet mehr. Geöffnet täglich 9.30-18 Uhr, $40, bis 9 Jahre $30, Parken $8, ✆ (305) 361-5705; www.miamiseaquarium.com.

Villa Vizcaya

Eines der prächtigsten Gebäude von Miami liegt unmittelbar südlich der Key Biscayne Brückentrasse an der South Miami Avenue #3251. Die *Villa Vizcaya*, ein im Stil der **italienischen Renaissance erbauter Palast** ist als *Vizcaya Museum & Gardens* eine Besucherattraktion ersten Ranges. Auf der Anfahrt durch Mangroven, zwischen Palmen und Statuen scheint man sich meilenweit von der Hektik Miamis zu entfernen. Täglich 9.30-16.30 Uhr, $15, bis 12 Jahre $6, ✆ (305) 250-9133; www.vizcayamuseum.org).

Die Villa wurde zu Beginn des 20. Jahrhunderts vom Multimillionär **James Deering** erbaut. Der aus grauem Kalkstein bestehende Komplex ist von Gartenanlagen umgeben und beherbergt eine **Sammlung von Kunstwerken und Antiquitäten** aus aller Herren Länder. Schon *James Deering* lud zu Lebzeiten gerne Prominente und Hollywood-Stars ein. Nachdem die Villa in den 1950er-Jahren in die öffentliche Hand übergegangen war, nutzten sie viele Politiker für Tagungen und Feste. U.a. empfingen dort *Ronald Reagan* und *Bill Clinton* internationale Gäste .

Picknickplatz unter Palmen am Strand von Key Biscayne

Villa Vizcaya

Das Coral Castle bei Homestead   www.coralcastle.com

Wer von Miami in Richtung Everglades/Florida Keys fährt, sollte sich den kleinen Abstecher zum originellen *Coral Castle Museum* gönnen. Es steht an der Straße #1 (28655 South Dixie Hwy) etwa 3 mi nördlich von **Homestead**. Diese »Burg« aus Korallengestein, darunter riesige, tonnenschwere Quader, wurde von *Edward Leedskalnin* in 28 Jahren angeblich weitgehend eigenhändig und ohne maschinelle Hilfsmittel errichtet (von 1923-1951). Wie er das bei nur 1,50 m Größe und 45 kg Gewicht zuwege brachte und zwischenzeitlich in drei Jahren ab 1936 den bis dahin fertigen Teil des Baus noch um ein paar Meilen auf seinen endgültigen Platz versetzte, ist weitgehend rätselhaft.

Dokumentationen oder Fotos aus der Bauphase existieren nicht. Lediglich das Motiv der ungewöhnlichen Bautätigkeit scheint klar zu sein: Liebeskummer. Er begann seinen Bau mit 36 Jahren und starb als 64-jähriger Junggeselle.

Besichtigung täglich 8-18 Uhr, Fr+Sa bis 20 Uhr; Eintritt $15, bis 12 Jahre $7.

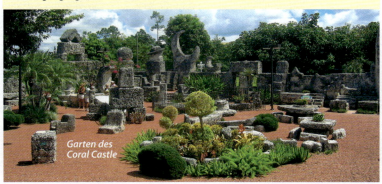
Garten des Coral Castle

Coconut Grove, Fairchild Gardens und Zoo 129

Coconut Grove

Folgt man **ab der Villa Vizcaya** dem Bayshore Drive nach Süden, erreicht man nach 2 mi den zentralen Bereich (Main Hwy/Virginia Street) des Nobelvororts **Coconut Grove**. Die zentralen Achsen heißen **Grand Avenue** und **Main Highway**. An ihnen finden sich kleine Boutiquen, Cafés, Restaurants und das Edel-Einkaufszentrum **Mayfair in the Grove** (3390 Mary Street), mit maurischen Stilelementen und üppigem Grün; www.mayfairinthegrove.net.

Nur einen Block weiter ist es zum *Open-air-Shopping-* und *Entertainment Center* **Cocowalk** an der Ecke Grand Avenue/Virginia. Coconut Grove kann mit den ersten Adressen in New York und Los Angeles ohne weiteres mithalten – auch was die Preise betrifft, 3015 Grand Avenue; www.cocowalk.net.

Der Name der Gegend erinnert daran, dass sich hier einmal nichts als ein Hain (*grove*) von Kokospalmen befand. *The Grove*, wie Einheimische die Gegend meist knapp nennen, ist aber auch historischer Boden, denn hier stand einst die erste weiße Niederlassung im Bereich des heutigen Miami.

Künstlerkolonie

In den 1960er-Jahren kamen viele Künstler nach Coconut Grove. Die Gegend war Anziehungspunkt für Exzentriker und Aussteiger. Wer sich heute dort niederlässt, muss extrem betucht sein.

Barnacle

Das 1891 in Coconut Grove erbaute **Barnacle** ist das älteste sich noch an Originalstelle befindliche Wohnhaus im Großraum Miami: **Barnacle Historic State Park**, 3485 Main Hwy, Fr-Mo 9-17 Uhr, Führungen um 10, 11.30, 13 und 14.30 Uhr, $2, Führung $3, ✆ (305) 442-6866; www.floridastateparks.org/thebarnacle.

1.1.4 Tropische Gärten und Metrozoo

Tipp: Matheson Hammock Park

Gute 4 mi südlich von Coconut Grove liegt der **Matheson Hammock County Park**. Der Clou dieser Parkanlage ist eine riesige palmengesäumte künstliche Badelagune. Von ihren breiten Stränden fällt der Blick auf die *Skyline* von Miami – ein tolles Fotomotiv, 9610 Old Cutler Road, $ 5; www.miamidade.gov/parks.

Fairchild Garden

An das Gelände grenzt der **Fairchild Tropical Botanic Garden** (Zufahrt etwas weiter südlich ebenfalls über die Old Cutler Road). Dieser hügelige und von raffiniert angelegten Teichen durchzogene Park ist ein subtropisches, überaus eindrucksvolles **Arboretum** mit Regenwald. Der Eintritt schließt eine 45 min Tramtour mit Erklärungen ein. Aber ein individueller Spaziergang bringt trotz fehlender Führung mehr. **Sehr empfehlenswert**! Täglich 7.30-16.30 Uhr, $25, bis 17 Jahre $12; ✆ (305) 667-1651; www.ftg.org.

Zoo

Der **Zoo Miami**, weit außerhalb der City etwas westlich der *Florida Turnpike* am Coral Reef Drive, ist der flächenmäßig größte Zoo der USA. Der Zoo beherbergt über 200 Arten ganz ohne Käfige und Gehege. Von einer hochliegenden **Monorail** aus kann man sich das ausgedehnte Zoogelände zunächst von oben ansehen.

12400 SW 152nd Street, täglich 9.30-17.30 Uhr, Eintritt $16, bis 12 Jahre $12, ✆ (305) 251-0400; www.miamimetrozoo.com).

1.2 Miami Beach

1.2.1 Kennzeichnung und Entwicklung

Kennzeichnung

Viele, die Miami hören, denken dabei vor allem an Miami Beach, die **kleinere, lebendigere und um einiges verrücktere Nachbarstadt** der Metropole. Tatsächlich handelt es sich um zwei separat verwaltete Städte, wiewohl sie eigentlich eine Einheit bilden und der Eindruck vorherrscht, Miami Beach sei eine Art Vorort oder eben der Stadtstrand von Miami.

Miami Beach liegt nur etwa 4 mi östlich des Zentrums auf einer der Küste vorgelagerten langen schmalen Insel. Der Bereich ist nicht nur viel überschaubarer als Miami, er ist außerdem ganz und gar für die Bedürfnisse von Urlaubern eingerichtet. Es bietet sich daher für Miami-Besucher an, Miami Beach als Standquartier zu wählen und von dort aus Abstecher aufs Festland und in die Umgebung zu unternehmen.

Entwicklung

Die Entwicklung zum Urlaubsziel begann in Miami Beach bereits in den 1920er-Jahren. Manche der bunten *Art-Deco*-Gebäude im südlichsten Stadtteil **South Beach** stammen noch aus dieser Zeit. Wenn man an den gepflegten Hotels, teuren Geschäften und Restaurants des **Ocean Drive** vorbeiläuft, kann man sich kaum vorstellen, dass noch Mitte der 1980er-Jahre Überlegungen angestellt wurden, den Großteil des Viertels abzureißen.

Damals waren viele Gebäude dem Verfall ausgesetzt, die Fenster mit Brettern vernagelt. Und wer konnte, war längst weggezogen. Manche Straßen waren wie ausgestorben, in anderen lebten verarmte Rentner und kubanische Flüchtlinge. Eine weitsichtige Bürgerinitiative, die *Miami Design Preservation League*, führte dann die Wende herbei.

Man begann mit Renovierungen – und Ende der 1980er-Jahre eröffneten die ersten neuen Cafés und Läden. Hotels, die nach ihrer Blütezeit in den 1930er- und 1940er-Jahren geschlossen worden waren, wurden mit viel Liebe zum Detail wieder hergerichtet und gehören mittlerweile zu den Besucherattraktionen. Knapp 1000 Gebäude stehen heute im *Art-Deco*-District (offizielle Bezeichnung: *Miami Beach Architectural District*) unter Denkmalschutz.

1.2.2 Praktisches

Orientierung, Information und öffentlicher Transport

Ein grandioses *Visitor Center*
der *Miami Beach Chamber of Commerce*
(www.miamibeachguest.com, ℂ 305-673-7400)
befindet sich im *Convention Center*, 1901 Convention Center Dr.

Das Internetportal bietet Infos zu Hotels, Restaurants, Museen und zahlreiche Links.

Kennzeichnung und Entwicklung 131

Telefon-vorwahl	Da Miami **zwei verschiedene Vorwahlen** hat (305 oder 786) muss man bei vielen Gesprächen, auch wenn man nur auf der anderen Straßenseite anruft, die Vorwahl mitwählen.
Transport	Im südlichen Miami Beach fährt der Elektrobus **#123** *South Beach Local* u.a. die Washington Avenue in ganzer Länge ab (täglich 8-1 Uhr morgens, So erst ab 10 Uhr). Die bunten Busse und Halte-stellen sind nicht zu übersehen. Die Fahrt kostet nur $0,25.
	Eine Streckenübersicht findet man unter www.southbeach-usa.com/maps/south-beach-local-map.htm.
Parken	Man muss schon Glück haben, um in Miami Beach einen kosten-losen Parkplatz zu finden. Es gibt aber ausreichend **kostenpflich-tige** (gut ausgeschilderte) **Parkplätze** und **Tiefgaragen** (z.B. an der Lincoln Road). Die meisten Hotels nehmen ihren Gästen für die eigene Parkgarage oder den Parkplatz täglich $10-$20 extra ab.

Unterkunft, Camping und Essengehen

Unterkunft/ Preisniveau	Miami Beach ist kein billiges Pflaster, und die Übernachtungs-kosten schwanken je nach Saison stark. Zwischen Dezember und Ostern sind sie am höchsten. Am stilvollsten übernachtet man zwar in einem der alten *Art-Deco*-Hotels im südlichen Teil der Stadt, man muss aber wissen, dass diese schönen Häuser aus einer Zeit stammen, in der Hotelzimmer im allgemeinen enger und einfacher waren. D.h., selbst in luxuriös renovierten Häusern sind Zimmer und Bäder kleiner als in den USA sonst üblich.
Hotels	• Noch zu den halbwegs günstigeren Hotels in Strandlage zählt das *Holiday Inn Oceanfront*, 4333 Collins Avenue, ab $119, ✆ (305) 532-3311; ✆ 1-800-181-6068, www.holidayinn.com.
	• Das in einem Häuserkomplex aus den 1920ern untergebrachte *Clay Hotel* ist eines der schönsten seiner Art in den gesamten USA. Das rosafarbene Gebäude wurde mehrfach als Drehort für *Miami Vice* benutzt; 1438 Washington Avenue, ✆ (305) 534-2988, ab $79; www.clayhotel.com; ➢ Foto Seite 65.
	• Unter den *Art-Deco*-Hotels der Mittelklasse in Strandnähe empfehlen sich u.a. das *Avalon Hotel* (700 Ocean Drive, ✆ 305-538-0133, ab $135, Winter ab $175; www.avalonhotel.com), das *Cavalier* (1320 Ocean Drive, ✆ 305-531-3555, ab $70, Winter ab $130; www.cavaliermiami.com) und das 1937 erbaute *Beach-comber Hotel* (1340 Collins Avenue, ✆ 305-531-3755, ab $100, Winter ab $130; www.beachcombermiami.com).
	• Das *Essex House* wurde für seine gelungene Renovierung mehr-fach ausgezeichnet; 1001 Collins Avenue, ab $99, im Winter ab $109, ✆ (305) 534-2700; www.essexhotel.com.
	Zu den **Top-Hotels** in Miami Beach gehören
	• das edle *Delano South Beach* in idealer Lage am Rand des *Art-Deco-District* nahe der Lincoln Road; 1685 Collins Ave, ✆ 305-672-2000, ab $345, im Winter ab $420; www.delano-hotel.com

- ebenso gleich nebenan das **National Hotel** (1677 Collins Ave, ✆ 305-532-2311, ab $260; www.nationalhotel.com) und das
- und das **Art-Deco-**Meisterwerk **The Tides** (1220 Ocean Drive, ✆ 305-604-5070, ab $356, Winter $536!; www.tidessouthbeach.com).

Hostels

Trotz des insgesamt hohen Hotelpreisniveaus gibt es in Miami Beach auch **relativ preiswerte Hostels** (Hochsaison teurer):

- Im *Art Deco District* liegt das **Hostel Jazz on South Beach**, prima Preis-Leistungsverhältnis; 321 Collins Ave, Bett ab $17; auch DZ ab $80, ✆ (305) 672-2137; www.jazzhostels.com.
- Das **South Beach Hostel** wird viel gelobt: *Free Breakfast*, Gratis-Transport zum Airport u.a.m.; 235 Washington Ave, ab $20, ✆ (305) 534-6669; www.southbeachhostel.com.
- Das **Miami Beach Hostel** wurde renoviert und kürzlich vom Portal *Hostelworld.com* sogar zum **#1-Hostel der USA** gekürt. Die Lage – nur zwei Blocks vom Strand entfernt – ist obendrein prima; 236 9th Street, $27/Bett, EZ $35, ✆ (305) 534-0268; www.hostelmiamibeach.com.
- Das **Tropics Hotel & Hostel** liegt auch nur einen Block vom Strand entfernt und hat einen großen Pool; 1550 Collins Ave, ab $21, auch DZ ab $89, ✆ (305) 531-0361, www.tropicshotel.com.

Preiswertere Lagen

Wer mit knapper Kasse reist und kein Hostel-Fan ist bzw. mangels Reservierung nicht mehr unterkommt, könnte sich in einem der Orte zwischen Miami Beach und Fort Lauderdale eine preisgünstige Unterkunft suchen, den Strand vor Ort genießen und von dort aus Tagesausflüge im Großraum Miami unternehmen.

- Relativ erschwinglich und sauber ist z.B. das **Motel 6** in **Dania Beach** südlich von Fort Lauderdale, 825 East Dania Beach Blvd. Zum Strand ist es von dort ca. 1 km. Der *John Lloyd Beach State Park* ist nur eine gute Meile entfernt; ab $40, ✆ (954) 921-5505.

Avalon Majestic Art Deco Hotel am Ocean Drive

Camping

Direkt in Miami Beach oder in akzeptabler Nähe gibt es keine Möglichkeit zum Campen.

Restaurants

Die Anzahl an *Eateries* mit *Fast Food* und »richtigen« Restaurants ist heute in Miami Beach riesig:

- Eine echte **Institution** (seit Ende der 1980er-Jahre) ist in South Beach das **News Café** am 800 Ocean Drive, das mitsamt seinem kleinen Zeitungs- und Buchladen täglich rund um die Uhr geöffnet ist; ✆ (305) 538-6397; www.newscafe.com.
- Im **Purple Penguin** im *Penguin Hotel* gibt es ein prima Frühstück; 1418 Ocean Drive, ✆ 1-888-277-0047; www.penguinhotel.com.
- Frische *Paninis & Sandwiches* hat **Jimmy'z Kitchen** in der 1542 Alton Road, ✆ (305) 534-8216; www.jimmyzkitchen.com.
- Das **Tantra** ist eine ungewöhnliche Kombination aus *Lounge*, *Bar* und Restaurant und zur Zeit ein Szenetreff; 1445 Pennsylvania Ave, ✆ (305) 672-4765; www.tantra-restaurant.com.
- Fisch isst man gut im **Grillfish** (1444 Collins Ave, ✆ 305-538-9908; www.grillfish.com), italienisch im Bio-Restaurant **Escopazzo** (1311 Washington Avenue, ✆ 305-674-9450; www.escopazzo.com) und kubanisch im **David's Café** (1058 Collins Ave, ✆ 305-534-8736; www.davidscafe.com).
- Es gibt auch mehrere gute und preisgünstige **Sushi-Bars**, zum Beispiel **Sushi Doraku** (1104 Lincoln Road, ✆ 305-695-8383; www.m.dorakusushi.com) oder **Maiko** (1255 Washington Ave, ✆ 305-531-6369; www.maikosushi.com).

Seafood Auswahl in Miami Beach

Nachtleben Das Nachtleben ist heute eine der Hauptattraktionen von Miami Beach und die Auswahl an Clubs und Bars entsprechend groß: www.miami.nightguide.com.

- Im **Van Dyke Café** hört man seit zwanzig Jahren im 1. Stock feinsten Live-Jazz, Soul und R&B; 846 Lincoln Road, ✆ (305) 534-3600; www.thevandykecafe.com.
- **Mansion**, populärer Nightclub über zwei Stockwerke; 1235 Washington Ave, ✆ (305) 531-5535; www.mansionmiami.com.
- **Set Miami**, nicht weniger populär und auch über zwei Stockwerke; 320 Lincoln Road, ✆ (305) 531-2800; www.setmiami.com.

Art Deco modernistisch verändert

1.2.1 Stadtbesichtigung

Art Deco District Die *Miami Design Preservation League* unterhält das **Art Deco Welcome Center** (1001 Ocean Dr, ✆ 305-672-2014; www.mdpl.com), wo man Informationen über die Geschichte der Stadt und den *Art-Deco*-Baustil findet. Zudem kann man dort feine Postkarten und Bildbände mit *Art-Deco*-Motiven kaufen, sowie an informativen geführten **Rundgängen** teilnehmen (**Walking Tours**: Fr-Mi 10.30 Uhr, Do um 18.30 Uhr, ca. 90 min, $20).

Wer sich lieber auf eigene Faust umsehen möchte, kann sich auf den Ocean Drive und die parallel verlaufende Collins Ave konzentrieren, denn hier stolpert man geradezu über sehenswerte Gebäude. Da wären zum Beispiel das hellblaue

- **Park Central Hotel** (#640; www.theparkcentral.com),
- das blaugelbe **Breakwater** mit seinem markanten Namenszug (#940; www.breakwatersouthbeach.com),
- das zartgrüne **Clevelander** (#1020; www.clevelander.com) und
- das 1939 erbaute, schlicht weiße, aber edle **Cardozo** (#1300; www.cardozohotel.com), das der Sängerin *Gloria Estefan* gehört, und gleich nebenan
- das weiß-bläuliche kleine **Cavalier** (#1320) und viele mehr.

Man kann in diese (und in andere) Hotels ruhig hineingehen, sich umsehen und die Lobbies besichtigen, denn, was anderswo Kirchen oder Burgen sind, das sind in Miami Beach eben die Hotels.

Versaces Casa Casuarina

Ein Haus zwischen der 11. und 12. Straße am Ocean Drive (#1116) fällt besonders auf: Es erinnert an einen sehr alten italienischen Palast – stammt aber aus den 1930er-Jahren. Ein Kennzeichen ist seine schwere hölzerne Eingangstür. Das unter der Bezeichnung *Casa Casuarina* bekannte Gebäude befand sich mehrere Jahre in Besitz des Modemachers **Gianni Versace**, der 1997 auf den Stufen vor seiner Haustür erschossen wurde.

Danach wurde es zu einem Privatclub Superreicher, und später für ein paar Jahre umfunktioniert in ein nahezu unbezahlbares Luxushotel der Extraklasse. Anfang 2013 stand der Palast für nur läppische $125 Mio zum Verkauf.

Art Deco in Florida

1925 wurde in Paris die Ausstellung *Exposition Internationale des Arts Décoratifs et Industriels Modernes* (Weltausstellung für Kunstgewerbe und Industriedesign) gezeigt, auf der Designer die neuesten Trends vorstellten: Möbel, Textilien, Keramik, Glas und Kunsthandwerk, alles in einem damals hochmodernen, farbenfrohen Stil, der verspielte Formen mit exotischen Motiven kombinierte. Diese bald erfolgreiche Mode wurde – nach dem abgekürzten Ausstellungstitel – unter der Bezeichnung *Art Deco* bekannt.

Weniger schnörkelig-üppig als der Jugendstil, leichter und lebensfroher in Farben und Formen, eroberte das Design von Paris aus halb Europa und inspirierte auch manchen amerikanischen Innenausstatter. Wer mit der Zeit ging, dekorierte damals sein Haus mit farbenfrohen Lampen und Stoffen, die mit aztekischen oder ägyptischen Mustern oder Abbildungen fremdartiger Tiere geschmückt waren. Was als Einrichtungstrend begann, wurde bald ein Baustil. In den Großstädten im Norden der USA – besonders in New York – errichtete man neuartige Gebäude mit geschwungener, stromlinienförmiger Architektur. Die berühmtesten dieser *Art-Deco*-Bauten sind das *Chrysler* und das *Empire State Building* in New York, die mit ihrer kühnen Höhe und mit edelstahlverzierten Fassadenelementen den Fortschrittsglauben ihrer Zeit verkörpern.

Als in den 1930er-Jahren in Südflorida ein Bauboom begann und reihenweise neue Hotels errichtet werden sollten, griffen einige Architekten die klaren und zugleich schwungvollen Konturen und Stromlinienformen dieser Mode auf. Sie entwarfen Gebäude, deren experimentierfreudige, geometrische Formen den Einfluss des nördlichen *Art Deco* erkennen ließen. Zugleich gaben sie dem Stil aber auch eine ganz eigene karibische Note. Sie trauten sich, kräftigere Farben zu benutzen als ihre Kollegen im grauen Norden. In die Dekoration der Fassaden integrierten sie ortstypische Motive wie Palmen und Flamingos. Dieser Baustil, der noch eine Spur bunter und lebensfroher ist als seine europäischen und nordstaatlichen Verwandten, wird auch als *Tropical Deco* bezeichnet. Man kann ihn nirgendwo besser bewundern als im südlichen Teil von Miami Beach.

Architekten wie *Albert Anis, L. Murray Dixon, Roy F. France* und *Henry Hohauser* zeichneten hier in den Jahren vor dem zweiten Weltkrieg verantwortlich für fast tausend Gebäude im Stil des tropischen *Art Deco*, von denen ein Großteil erhalten geblieben ist.

Art Deco

Wenn man im südlichen Miami Beach herumspaziert, fallen einem als erstes die **markanten Fassaden** dieser Häuser auf. Sie sind fast immer symmetrisch gestaltet und die **Grundfarbe** ist meistens **weiß**, das mit verschiedenen Farben kombiniert wurde. Sie können pastellig oder auch kräftiger in den Farben sein. So sieht man viel sonniges Gelb, Palmengrün, Flamingorosa und Ton in Ton gehaltene Türkis- und Blautöne, die die Farbe des Meeres widerspiegeln. Manche Details sind funktional, so etwa die kleinen Vorsprünge über den Fenstern, die man *eyebrows* (= Augenbrauen) nennt. In den Tagen vor der Erfindung der Klimaanlage sollten sie die Fenster vor direkter Sonneneinstrahlung schützen, um so die Temperaturen in den Hotelzimmern erträglich zu halten. Andere Teile der Fassaden sind reine Zier. Friese und Reliefs über den Eingängen etwa sollten einfach den Urlaubern gefallen. Manche dieser Dekorationen bestehen aus geometrischen Mustern, in anderen kann man Pflanzen und Tiere erkennen.

Viele Hotels versuchen auch, durch die Einrichtung der Zimmer und die Gestaltung der Lobbies die Atmosphäre der 1930er-Jahre lebendig werden zu lassen. Viele der Hotels wurden zudem in den letzten Jahren liebevoll restauriert, so z.B. das **Winterhaven** (1400 Ocean Drive; www.winterhavenhotelsobe.com, ✆ 305-531-5571), das **Tides** (1220 Ocean Drive) oder das **Essex House** (1001 Collins Avenue)

Wer sich alleine nicht hineintraut oder einfach nur mehr über *Art Deco* in Miami Beach erfahren möchte, sollte die informativen Führungen buchen, welche die *Miami Design Preservation League* veranstaltet. Sie starten im **Art Deco Welcome Center** (1001 Ocean Drive), ➢ weitere Details dazu auf Seite 135.

Art-Deco-Fassaden an der Collins Avenue

Pool mit Wasserfällen im Park des Fontainbleau unmittelbar hinter dem Strand

Film-
schauplätze

Während die Gebäude am Ocean Drive größtenteils aus den 1930er- und den frühen 1940er-Jahren stammen, findet man an der sehr viel längeren **Collins Avenue** auch neuere Häuser. Und sie werden immer neuer, wenn man weiter nach Norden kommt. Eine Fahrt entlang der Collins Avenue ist gewissermaßen eine **Zeitreise** durch die **amerikanische Architektur des 20. Jahrhunderts** – von den pastelligen 1930ern über die sachlichen 1950er bis in die postmodernen 1990er-Jahre.

Sehenswert sind an der Collins Avenue u.a. das bereits erwähnte schneeweiße **Delano Hotel** (#1685, ➢ Seite 132), in dem Madonna einmal eine ihrer legendären Geburtstagsparties ausrichten ließ, oder das **Fontainebleau** (#4441; www.fontainebleau.com) knapp 3 mi nördlich des *Art-Deco-District*.

Den Pool des Luxushotels kennt man aus dem *James-Bond*-Film **Goldfinger** von 1964, in dem *Sean Connery* mit seinem Gegenspieler *Gerd Fröbe* zusammentrifft. Das Hotel war auch danach immer wieder Drehort für Filme und TV-Serien.

Zu den zahllosen weiteren Filmschauplätzen in Miami Beach zählen das 1939 erbaute **Carlyle** (1250 Ocean Drive; www.thecarlyleoceandrive.com), wo *Birdcage* (1995) gedreht wurde, und das **Cardozo,** ➢ Seite 135, direkt nebenan, in dem einige Schlüsselszenen des Films *Verrückt nach Mary* (1998) spielen.

Strände

Es gibt in Florida zwar eine ganze Reihe von Stränden, die weißer und sauberer sind als in Miami Beach, für einen Stadtstrand ist Miami Beach aber erstaunlich attraktiv: Das Wasser ist klar, der Sand wird regelmäßig gereinigt und der Strand ist so lang und breit, dass selbst in der Hochsaison meist viel Platz ist.

Lummus
Park

Wenn es an den Wochenenden am **Lummus Park** zwischen 5th und 15th Street doch einmal voll werden sollte, kann man leicht nach Norden ausweichen. Beachten sollte man die kleinen erhöhten **Holzhäuschen**, von denen aus die Rettungsschwimmer

Stadtbesichtigung 139

Strand und Wasser beobachten. Sie wurden im Bereich des Ocean Drive den Farben und Formen des *Art Deco* nachempfunden.

Kunstmuseen Neben Hotels und Filmschauplätzen gibt es in Miami Beach auch einige Museen, darunter zwei Kunstmuseen:
- Das **Bass Museum of Art** zeigt klassische europäische Kunst, größere Sammlungen widmen sich dem Barock und der Renaissance; 2100 Collins Avenue, Mi-So 12-17 Uhr, $8, bis 18 Jahre $6, ✆ (305) 673-7530; www.bassmuseum.org.
- ***The Wolfsonian*** der ***Florida International University*** in einem spanisch-arabisch aussehenden weißen Stuckgebäude erwartet die Besucher mit Kunst im Design von Gebrauchsgegenständen, mal mehr Kunst, mal mehr Gebrauchsgegenstand, mal europäisch, mal amerikanisch, aber alles überwiegend aus dem 20. Jahrhundert; 1001 Washington Avenue; Mo-Di, Sa-So 12-18, Do-Fr 12-21 Uhr, $7, ermäßigt $5; www.wolfsonian.org.

Jüdisches Museum Wem dies alles zu wenig mit Miami und mit Florida zu tun hat, dem sei das dritte Museum in South Beach ans Herz gelegt. Das ***Jewish Museum*** kann zwar keine hochkarätige Kunstsammlung bieten, dafür hat es mit der **Geschichte und Kultur der in Florida lebenden Juden** einen ausgeprägten regionalen Bezug. Besonders in Miami Beach hatten sich mit Beginn der 1920er-Jahre viele jüdische Amerikaner niedergelassen, daher auch die koscheren Restaurants und über 30 (!) Synagogen. Noch Anfang der 1980er-Jahre lag der jüdische Bevölkerungsanteil in South Beach bei 60%. Auch das Museumsgebäude, auf dessen Fassade sich Art-Deco-Muster mit Davidsternen verbinden und dessen bunte Glasfenster besonders auffallen, diente mal der ältesten orthodoxen Gemeinde der Stadt als Gotteshaus; 301 Washington Ave, Di-So 10-17 Uhr, $6, ermäßigt $5, bis 6 Jahre frei; www.jewishmuseum.com.

Manche der Rettungsschwimmer-Stationen am Strand von Miami Beach wurden in Stil und Farben Art Deco nachempfunden

Holocaust Memorial mit Namenswand

Holocaust Memorial
Neben dem *Convention Center* steht ein **Holocaust Memorial**, dessen Entstehung einer Initiative von Überlebenden der Nazi-Konzentrationslager zu danken ist. Das bewegende **Mahnmal** besteht aus mehreren Teilen, darunter **Skulpturen**, ein ewiges Licht und Wände, auf denen Bilder aus den KZs zu sehen sind und ein Gang, in dem man die Namen sämtlicher Lager dieser Art lesen kann. Überaus beeindruckend ist der riesige grüne Bronzearm im Zentrum des Mahnmals, der aus dem Boden ragt. 1945 Meridian Ave, täglich von 9-19 Uhr, Eintritt frei; www.holocaustmmb.org.

Lincoln Road
Außer in den Museen schlägt das kulturelle Herz von Miami Beach in der Lincoln Road. Dort findet man neben einer Vielzahl kleiner Galerien und Geschäfte auch das **New World Center** (#500 unweit in der 17th Street; www.nws.edu), in dem die *New World Symphony* zu Hause ist.

Zwischen Washington und Lenox Avenue wurde die Lincoln Road zur Fußgängerzone umgewandelt. Sonntags findet dort – indessen nur in den Wintermonaten – ein Wochenmarkt statt; www.lincolnroadmall.info. Wer an regionaler Literatur, Reiseführern, Büchern und Bildbänden über Miami und Florida interessiert ist, sollte mal in der Buchhandlung **Books & Books** vorbeischauen (927 Lincoln Road; www.booksandbooks.com).

Star & Fisher Islands
Die Geld- und Showprominenz wohnt in Miami Beach nicht auf der Hauptinsel, sondern auf einer der kleinen Nachbarinseln, die man nur per Boot oder Flugzeug erreichen kann.

Manches bekannte Gesicht könnte einem außerdem auf **Fisher Island** südlich von Miami Beach über den Weg laufen – wenn die Insel der Öffentlichkeit zugänglich wäre. Doch in dieser Enklave der Superreichen bleibt man lieber unter sich. Für die Gäste der Prominenz gibt es ein Luxushotel; www.fisherislandclub.com.

1.3 Everglades National Park

Lage und Ausdehnung
Mit einer Fläche von über 6.104 km² ist der **Everglades National Park** der größte Nationalpark im Osten der USA. Sieht man ab von einem ca. 20 mi breiten besiedelten und agrarisch genutzten Streifen, der sich entlang der Küste von Süd-Miami bis etwa Key Largo zieht, bedeckt der Park den gesamten Südzipfel Floridas. Im Norden reicht er bis an den *Tamiami Trail*, die südlichste Verbindungsroute zwischen Ost- und Westküste, ➤ Seite 393.

Anfahrt
Von Miami erreicht man den **Everglades National Park** auf der Straße #1, die mitten durch Miami (Brickell Avenue) und über die Inseln der Florida Keys bis Key West läuft, oder über die (mautpflichtige) Autobahn **Florida's Turnpike** (*Homestead Extension*). Ab Florida City geht es dann auf der Stichstraße #9336 in die *Everglades*. Sie läuft durch den Nationalpark bis zum Endpunkt Flamingo an der Florida Bay, der inselübersäten Bucht zwischen Festland und den Keys (ca. 50 mi).

Information
Etwa 10 mi westlich von Florida City liegt unmittelbar hinter der Parkgrenze (Eintritt $10/Wagenladung oder Jahrespass ➤ Seite 20) das **Ernest Coe Visitor Center**. Dort gibt es ausführliche Informationen einschließlich eines Films und die typische Nationalpark-Faltkarte mit anschaulichen Darstellungen seiner Flora und Fauna. **Park Ranger** stehen dort wie in allen Nationalparks Rede und Antwort und geben hilfreiche Tipps, ✆ (305) 242-7700; www.nps.gov/ever.

Parkstraße
Entlang der Parkstraße gibt es zahlreiche Haltepunkte und Abzweigungen, an denen Spazierwege und Lehrpfade beginnen.

Nur etwa 2 mi westlich der Parkeinfahrt zweigt die Zufahrt zur **Royal Palm Area** ab (weitere 2 mi), die nach einer bescheidenen Gruppe von hier wachsenden hohen Palmen benannt wurde. Am kleinen *Visitor Center* beginnen dort zwei der besten – je knapp 1 km langen – Lehrpfade des Parks (Zeitbedarf je ca. 30 min):

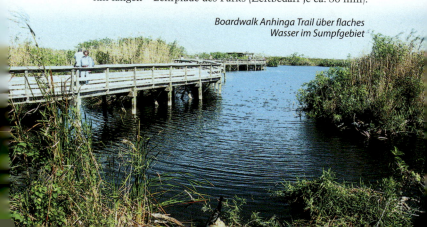

Boardwalk Anhinga Trail über flaches Wasser im Sumpfgebiet

142   Everglades National Park

Lehrpfade
- Der **Gumbo Limbo Trail** ist nach einer Gummibaumsorte benannt und führt durch ein dschungelähnliches Dickicht. Am Weg stehen die lokale Vegetation erläuternde Tafeln.
- Der zweite Lehrpfad **Anhinga Trail** wurde nach einem hier häufigen Wasservogel benannt. Er läuft überwiegend auf breiten Holzstegen über einen Sumpf. Fast immer suhlen sich dort unweit der Stege Alligatoren im flachen Wasser. Im Winter liegen sie gelegentlich auch stundenlang auf dem warmen Asphalt der Zugangswege und bilden ein beliebtes Fotomotiv.

Für weitere Stopps empfehlen sich der **Pa-hay-okee-Overlook** und **Mahagony Hammock** (ein *hammock* ist eine Art Bauminsel) jeweils am Ende kurzer Stichstraßen, wo man einen Eindruck von der – hier aber eher unspektakulären – *Everglades*-Landschaft erhält. Auch am **Nine Mile Pond** und am **West Lake** sind mit etwas Glück Alligatoren und Wasserschildkröten zu beobachten.

Hinweis:
Ein **Fernglas** ist oft hilfreich, denn Alligatoren, Schildkröten und Vögel sind nicht immer straßen- und wegnah zu sehen.

Flamingo

Den Endpunkt der Strecke bildet **Flamingo**. Der Ort ist die touristische Zentrale der Everglades, wenngleich genaugenommen nichts weiter als **Visitor Center**, Campingplatz, Bootsverleih und Ausgangspunkt für organisierte Bootstouren. Das Sortiment des kleinen Shops ist zudem begrenzt und hochpreisig – Camper und Picknicker tun also gut daran, sich vor dem Parkbesuch in Homestead oder Florida City zu versorgen.

Achtung: Moskitos

Für alle Unternehmungen in den *Everglades* sollte man genügend **Mückenspray** oder -**lotion** dabei haben. Bis auf kurze Perioden und Wind- und Regenwetter sind die Moskitos dort ein »Kreuz«. Ohne wirksamen Schutz mag man an manchen Tagen das Auto kaum verlassen. Auch Campen in den *Everglades* sollte man ohne chemische Keulen im Gepäck nicht ins Auge fassen. Im Zweifel in dieser Frage ruhig die *Ranger* fragen, sie kennen die jeweils aktuelle Intensität des Moskitoproblems.

Tipp: *Moskito Repellent/Spray* nicht erst in Flamingo kaufen; dort ist das Zeug glatt doppelt so teuer wie im Supermarkt in Florida City!

Bootsmiete

In Flamingo kann man Kanus, Kajaks und Motorboote mieten und auf eigene Faust die Sümpfe erkunden. Kanus kosten $22/4 Std und $32/Tag, Kajaks $35/4 Std und $45/Tag – Motorboote sind extrem teuer; Auskunft und Reservierung unter ℰ (239) 695-3101. Gut gekennzeichnete *Trails* und meist sehr ruhiges Wasser ermöglichen auch Anfängern am Paddel das individuelle *Everglades*-Abenteuer; www.evergladesnationalparkboattoursflamingo.com.

Geführte Touren

Außerdem gibt's 2-stündige **Backcountry Tours** mit Ranger-Erläuterungen zu Flora und Fauna auf größeren Ausflugsbooten; $33, bis 12 Jahre $17 (Abfahren stündlich). Die bekannten Sumpfboote (*Airboats*) dürfen nur außerhalb der Parkgrenzen die Sümpfe lärmverseuchen. **Airboat Tours** werden vor allem am *Tamiami Trail* (Straße #41) von Miami nach Naples und in Everglades City auf der Nordostseite des Parks angeboten, ➢ Seite 394.

Wilderness Waterway

Flamingo ist Ausgangs-/Endpunkt des **Wilderness Waterway**, einer 160 km langen Wasserstrecke durch sumpfige Wildnis bis Everglades City am Nordwestende des Parks. Hartgesottene und 100%ig moskitosicher verpackte Naturliebhaber folgen dieser Route per Kanu und schlagen abends auf einem der vielen kleinen Primitiv-*Campgrounds* oder auf sog. **Chickees** (Übernachtungs-plattformen auf dem Wasser) weitab der Zivilisation ihre Zelte auf. Für eine solche Tour muss man mindestens 4-5 Tage einplanen (mit starkem Motor geht`s an einem Tag) und sich perfekt ausrüsten, denn es gibt unterwegs nicht einmal Trinkwasser. Sowohl für die Befahrung des *Waterway* als auch für die Nutzung der *Chickees* unterwegs benötigt man **Permits**, die im **Visitor Center** an der Einfahrt in den Park erhältlich sind.

Unterkunft

Unterkunft im Bereich der Ostseite der *Everglades* findet man am besten und preiswertesten in einem der zahlreichen **Motels in Homestead** und **Florida City**, z.B. (alle 3 in Florida City):

- *Fairway Inn*, 100 Hwy #1, neben dem *Visitor Center*, ab $59, ✆ 1-888-340-4734; www.fairwayinnfl.com.
- *Travelodge Florida City*, 409 SE First Avenue, ab $66, ✆ 1-800-758-0618; www.tlflcity.com.
- *Everglades Hostel*, 20 SW 2nd Ave, $28/Bett, $61/DZ, ✆ 1-800-372-3874; www.evergladeshostel.com.

Weitere Quartier-Informationen: www.tropicaleverglades.com

Camping

Per Auto erreichbar sind im Ostteil des Parks

- der schattige **Long Pine Key Campground** (108 Stellplätze, $16) unweit der Einfahrt. Er hat weniger Mücken (➤ Seite 143), ist aber nicht sonderlich attraktiv, keine Duschen oder *Hook-ups*; keine Reservierung, *first-come-first-served*.
- der oft moskitoverseuchte **Flamingo Campground** (235 Stellplätze, $16, mit Stromanschluss $30) in bester Lage an der Florida Bay; er besitzt immerhin Duschen. Reservierung ➤ Seite 69.

Picknick- und Campingplatz an der Florida Bay in Flamingo. Die gähnende Leere am Tag des Fotos ist dem unsichtbaren Feind »Moskito« zu danken.

1.4 Biscayne National Park

Östlich von **Homestead** vor der Küste liegt der ***Biscayne National Park***, Zufahrt über die SW 328th Street. Der Park umfasst die Biscayne Bay und die nördlichsten Inseln der Florida Keys. Im kleinen *Visitor Center* (täglich 9-17 Uhr) auf dem Festland informieren Ausstellungen und Filme über Flora und Fauna des Gebiets. Auf einigen der Keys darf man zelten (ab $15); www.nps.gov/bisc.

Mit seinen **Korallenriffen** ist der Park vor allem für Taucher und Schnorchler ein Paradies. Kajaktouren und Fahrten mit Glasbodenbooten sind dort auch buchbar; www.biscayneunderwater.com.

In der Nachbarschaft des Besucherzentrums befindet sich der **Homestead Bayfront County Park** (9698 N Canal Drive) mit Yachthafen, schönem Picknickplatz, Spielplatz und **Badestrand**.

Das Phänomen Everglades

Der **Everglades** bilden den **drittgrößten Nationalpark der USA** außerhalb von Alaska (nach *Death Valley* und *Yellowstone National Parks*). Dennoch umfasst das Gebiet nur den kümmerlichen Rest eines früher **riesigen subtropischen Sumpfgebietes**, das vor Ankunft der weißen Siedler fast die gesamte Südhälfte der Halbinsel *Florida* bedeckte. Der Lake Okeechobee war damals das eigentliche Herz dieser Sümpfe, heute liegt er weit entfernt. Das langsam aber stetig in die *Everglades* nachdrückende Wasser stammt indessen immer noch aus diesem See, der seinerseits durch Flüsse gespeist wird, die südlich von Orlando entspringen.

Dieses Süßwasser aus dem Landesinneren trifft in den Everglades auf Salzwasser des Golfs von Mexiko, das von der West- und Südküste aus in die flachen Sumpfgebiete eindringt. Die dadurch entstehende seltene **Mischung von Süß- und Salzwasser** ist einer der Gründe für die ungewöhnliche Vielfalt von Flora und Fauna der *Everglades*. Sein Ökosystem ist das einzige weltweit, wo **Alligatoren** (Süßwasser) und **Krokodile** (Salzwasser) gleichzeitig leben. Auch die Pflanzenwelt lässt an Vielfalt nichts zu wünschen übrig: Palmen, Mangroven und Zypressen wachsen neben Kiefern, Eichen, Farn und allen nur erdenklichen Grasarten.

Obwohl das sumpfige Terrain, die vielen Insekten und das schwüle Klima die *Everglades* nicht gerade einladend machen, lebten schon seit zwei Jahrtausenden Menschen in der Region von Jagd und Fischfang, bevor gegen Ende des 19. Jahrhunderts die ersten **Weißen** kamen. Sie wollten Landwirtschaft betreiben und legten deshalb Sumpfgebiete trocken. Zuckerrohrplantagen und Gemüsefarmen entstanden; entsprechend schrumpften die *Everglades*. Die Regierung versuchte außerdem, die den Siedlern zusetzenden regelmäßigen Überschwemmungen in den Griff zu bekommen.

Bereits 1912 wurde der **Miami Canal** zwischen dem Lake Okeechobee und Miami gebaut, der Trinkwasser in die Stadt transportierte und gleichzeitig den Wasserstand des Sees verminderte. Nach Überschwemmungen deichte man 1938 den See zusätzlich ein und beendete damit endgültig die periodischen Überflutungen seiner Umgebung. Diese Maßnahmen machten den Siedlern das Leben zwar leichter, doch sie trugen ebenfalls zur Zerstörung des sensiblen Ökosystems der Sümpfe bei.

146 Everglades National Park

Schon früh begannen daher einige Umweltorganisationen, für die Erhaltung der Sümpfe zu kämpfen. Ihr Engagement war letztlich von Erfolg gekrönt: das südliche Kerngebiet der *Everglades* wurde zunächst zum Naturschutzgebiet und 1947 zum Nationalpark erklärt. Später kamen noch die nördlich angrenzenden Sümpfe der **Big Cypress National Preserve** als Übergangszone zwischen naturgeschützten und Gebieten wirtschaftlicher Nutzung hinzu.

Die ökologische Gefährdung der Region war und ist damit aber noch lange nicht beendet. Dünger und Pflanzenschutzmittel werden von außerhalb der Parkgrenzen nach wie vor in den Park gespült. Ebenso wird zu viel Wasser aus den Sümpfen abgeleitet, um die schnell wachsenden Städte Südfloridas zu versorgen. Die dadurch verursachte Verminderung des Süßwasserdrucks hat zur Folge, dass Salzwasser tiefer ins Land drängt und – ähnlich wie angeschwemmter Dünger – das ökologische Gleichgewicht beschädigt. Einige der Pflanzen- und Tierarten der *Everglades* sind mittlerweile vom Aussterben bedroht.

Floridas Regierung geriet nach Ernennung der *Everglades* 1979 zum **World Heritage Site** zunehmend und sogar international unter Druck, mehr für die Rettung der *Everglades* zu unternehmen. Aber erst im Jahr 2000 kam es schließlich zum sogenannten **Water Resources Development Act**. Dieses Gesetz regelt seither die Wasserwirtschaft des Parks und die Bereitstellung der dafür notwendigen Mittel; www.evergladesplan.org.

Top Ten in Miami und Umgebung

1. An einer Führung durch den *Art Deco* **Bezirk in Miami Beach** teilnehmen
2. Einen Tag am **Strand von Miami Beach** oder **Key Biscayne** verbringen
3. Den *Fairchild Botanical Garden* besuchen
4. Die *Everglades* auf dem *Anhinga Trail* kennen lernen
5. Einen Cocktail in der Bar des *Delano Hotel* in Miami Beach trinken
6. Die *Villa Vizcaya* in Miami besichtigen
7. Das *Biltmore Hotel* in Coral Gables ansehen und/oder im *Venetian Pool* baden
8. In *Little Havana* kubanisch essen gehen
9. Mit dem *Metro Mover* über die Innenstadt von Miami schweben
10. Durch **Coconut Grove** bummeln

Karte Seite 148 **Florida Keys**

2. »INSELHÜPFEN« AUF DEN FLORIDA KEYS
2.1 Geographie und Geschichte

Kennzeichnung

Die Florida Keys sind etwas Besonderes. Zahlreiche Inseln reihen sich in einer geschwungenen Linie von Miami aus zunächst parallel und nahe zum Festland, dann aber in zunehmendem Abstand in Richtung Südwesten hintereinander und verlieren sich irgendwann im Golf von Mexiko. Sie bilden den **südlichsten Zipfel der kontinentalen USA** und weisen gewissermaßen den Weg in die Karibik. Kuba liegt viel näher als etwa Floridas Hauptstadt Tallahassee – vom Rest der Vereinigen Staaten ganz zu schweigen. Die Sonne scheint noch intensiver als anderswo, die Farben sind bunter. Das Meer ist mal türkis, mal eher grün, in der Ferne dann tiefblau, genau wie man es von kitschigen Postkarten und aus Reisekatalogen kennt.

key = cayo

Als erste Europäer erkundeten im frühen 16. Jahrhundert Spanier die Inselwelt Südfloridas. Auf sie geht auch die – eigenartig erscheinende Bezeichnung – »*Key*« zurück. Sie hat nichts mit der englischen Vokabel für *Schlüssel* zu tun, sondern leitet sich vom Wort *cayo* ab, das im amerikanischen Spanisch eine kleine, flache Insel bezeichnet. Die englischsprachigen Siedler, die sich ab dem 19. Jahrhundert auf den *cayos* niederließen, machten daraus *key*.

Erschließung

Lange war die Inselgruppe nur per Schiff zu erreichen, und für viele der kleineren Inseln ist dies immer noch so. Die wichtigsten Keys sind heute über die Straße #1 verbunden. Schon **1905** war mit dem **Bau der ersten Brücken** begonnen worden, damals noch nicht für den Straßenverkehr, sondern für eine **Eisenbahnlinie**. *Henry Flagler* wollte die *Florida East Coast Railway* (➤ Seite 473f) nicht auf dem Festland enden lassen, sondern sie bis Key West weiterführen. Dadurch wurde nebenbei die Erreichbarkeit

Riesenhummer als Blickfang vor einem Seafood Restaurant auf den Florida Keys

der Inseln wesentlich verbessert, aber der eigentliche Zweck dieser Bahnroute war es, Reisen und Transporte in die Karibik – besonders nach Kuba – zu erleichtern. Key West wurde in den Jahren nach Fertigstellung des Schienenstranges denn auch tatsächlich zu einem wichtigen Umschlagplatz für Agrarprodukte aus den karibischen Inseln und aus Mittel- und Südamerika.

Als die Bahntrasse samt einiger Brücken 1935 durch einen Orkan schwer beschädigt wurde, verzichtete man auf die teure Wiederherstellung zugunsten einer durchgehenden **Autostraße** bis Key West. Einige der zahlreichen Brücken auf dieser Route gehen auf die ehemalige Bahnlinie zurück, die meisten sind neu. Hier und dort stehen die alten Konstruktionen noch.

Situation der Keys heute

Man darf sich unter den Florida Keys kein unberührtes, einsames Inselparadies vorstellen. Vielmehr sind welche von ihnen dicht besiedelt, verfügen über eine typisch amerikanische »Ausfallstraßen-Infrastruktur« und sind außerdem komplett touristisch erschlossen. Ihren speziellen Reiz lässt man sich bis gut bezahlen. Das Preisniveau auf den Keys liegt – bis auf Supermärkte und *Fast Food Places* – deutlich über dem des Festlands und wird immer höher, je weiter südlich man kommt. Insbesondere gilt das für die Tarife sämtlicher Unterkünfte einschließlich der Campingplätze.

Zeitbedarf für den Abstecher

Man sollte sich aber dadurch nicht von einem Besuch bzw. Abstecher abschrecken lassen, vielmehr sich darauf einstellen und ggf. den Trip kurz anlegen. Zwei volle Tage sind aber das Minimum; an einem Tag ist ein Trip Miami-Key West retour vernünftigerweise nicht zu bewältigen, auch wenn die Entfernung von 320 mi (hin und zurück) durchaus machbar erscheint. Starker, häufig 2-spuriger Verkehr, Ortsdurchfahrten und Ampeln erlauben aber nur eine geringe Durchschnittsgeschwindigkeit.

Unabhängig von Zeit und Kosten: die Fahrt über die Keys nach Key West gehört zum Besten, was Südflorida zu bieten hat.

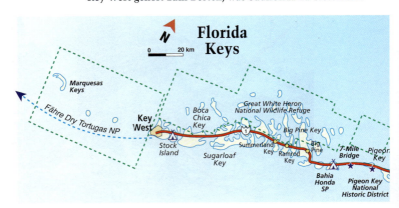

Florida Keys

MM für Mile Marker

Da alle Orte und Sehenswürdigkeiten auf den Keys zwangsläufig an oder in der Nähe dieser Straße liegen, gilt ein *besonderes System der Adressen- und Wegbeschreibung*. Es gibt – außer in Marathon und Key West – kaum »normale« Adressen mit Straßennamen und Hausnummern; stattdessen wird die Lage eines bestimmten Hotels, Restaurants oder auch eines Strandes meistens nur mit *MM* angegeben, gefolgt von einer Zahl und ggf. einem »O« (= *oceanside*, ungerade Nummer, i. e. südliche Seite der Keys) oder »B« (= *bayside*, gerade Nummer, i.e. nördliche Seite der Keys an der Florida Bay). *MM* steht für *Mile Marker* und bezeichnet die grünen Schilder am Straßenrand. Sie zählen die *Entfernung zum Meilenstein 0 in Key West*. Die Zählung endet südlich von Florida City auf dem Festland mit *MM 127,5*. Komplette Übersicht unter: www.florida rambler.com/florida-best-beaches/florida-keys-roadtrip-mile-marker-guide/

2.2 Die oberen Keys

Anfahrt zu den Keys
Es gibt zwei Möglichkeiten, die Keys mit dem Auto zu erreichen. Die »unüblichere« Route führt über die gebührenpflichtige **Card Sound Bridge** zur nördlichen Hälfte von Key Largo. Die Hauptroute entspricht durchgehend dem Verlauf der Straße #1 von Miami bis Key West und ist nach Passieren der weniger inspirierenden Ortschaften auf Key Largo ein echtes Fahrerlebnis.

Florida Reef
Vor Florida liegt das einzig lebende **Korallenriff** der USA. Die Strukturen des mit 270 km Länge und 6 km Breite weltweit drittgrößten Barriereriffs ziehen Taucher, Schnorchler und Wasserratten aus aller Welt an. Der nördliche Rand des *Florida Reef* liegt bei der Insel **Soldier Key** im **Biscayne National Park**, ➢ Seite 144. Von dort folgt das Riff in einem sanften Bogen den Florida Keys mit wechselnder Breite bis zur Inselgruppe der **Dry Tortugas** rund 110 km westlich von Key West, ➢ Seite 176f.

John Pennekamp Coral Reef State Park	Die erste Attraktion am Wege ist der **John Pennekamp Coral Reef State Park**. Der **älteste Unterwasserpark** der USA wurde bereits 1963 eingeweiht. Er trägt den Namen eines Redakteurs der Zeitung *Miami Herald*, der sich für die Einrichtung des Parks stark gemacht hatte. Der *State Park* umfasst ein Gebiet von 210 km² und schützt einen Teil des *Florida Reef*.

Einfahrt bei *Mile Marker* 102, täglich 8 Uhr bis Sonnenuntergang, $8/Auto bzw. $2/Person; www.floridastateparks.org/pennekamp. |
| Parkgelände an Land | Die Basis des *State Park* befindet sich auf Key Largo direkt neben der Hauptstraße und besteht aus **Visitor Center**, **Campground** und **Marina**. Der Campingplatz ($36) weist zwar eine originelle Lage zwischen Mangroven auf, ist jedoch relativ eng und ebenso teuer wie die besseren Plätze weiter westlich, ➤ unten).

Das *Visitor Center* (täglich 8-17 Uhr) mit großem **Aquarium** vermittelt einen Eindruck von der farbenfrohen Unterwasserwelt vor den Keys und vom Ökosystem der Korallenriffe. Auf dem Gelände hinter dem Strand gibt es Spazierwege durch pittoreske dichte Mangrovenhaine. |
| Boote und Tauchen | Zum vorgelagerten Riff gelangt man am preiswertesten mit **Glasbodenbooten** wie der *Spirit of Pennekamp* (täglich 9.15, 12.15 und 15.15 Uhr, 2,5-Stunden-Tour $24/$17; www.pennekamppark.com, ✆ 305-451-6300). Wer die Korallen nicht nur durch dicke Glasscheiben von oben sehen möchte, schließt sich an besten **Schnorchelausflügen** ($30, bis 18 Jahre $25) und **Tauchtrips** an, die in allen möglichen Varianten und Längen angeboten werden (nur mit Tauchschein). Dort wie außerhalb des Parks lassen sich auch Kanus ($20/Std) und Kajaks ($12/ Std) mieten.

Vielbesuchte Unterwasser-Sehenswürdigkeiten sind neben den Korallen auch das Wrack des Frachters *Benwood* im **French Reef**, die Statue *Christ of the Abyss*, die der Christus-Statue vor der Küste Genuas nachempfunden wurde, und die eigens versenkte *Spiegel Grove*. Tauchenthusiasten können diese meist leicht erreichbaren Ziele problemlos selbständig erkunden. Key Largo ist dafür ein idealer Ausgangspunkt. |

Strand mit alten Kanonenrohren im John Pennekamp State Park

Die oberen Keys 151

Die Korallenriffe erfordern nur eine geringe Tauchtiefe, die Wracks liegen tiefer (➤ Kasten Seite 153). Wegen der ohnehin erforderlichen Boots- und Ausrüstungsmiete wählen viele Taucher gleich ein Komplettpaket. Auf den Keys gibt es dafür in jedem Ort Anbieter. Bei **Horizon Divers** kostet z.B. ein Tauchgang zu den Wracks $90 (inklusive Tank, Bleigurte etc.); Key Largo, 100 Ocean Drive, ✆ 1-800-984-3483; www.horizondivers.com.

Korallen

Es ist streng verboten (und wird auch kontrolliert), Korallen abzubrechen und mitzunehmen. Die zahllosen Korallensouvenirs, wie sie in *Shops* wie *Shell World* (MM 106, www.shellworldflkeys.com) auf Key Largo angeboten werden, sind nicht aus einheimischen, sondern aus importierten Korallen gefertigt.

Das nötige Gerät für alle möglichen Wassersportarten lässt sich auf den Keys überall mieten. Aber die Tarife dafür sind meist happig

Key Largo

Der **Filmklassiker »Key Largo«** mit **Humphrey Bogart** und *Lauren Bacall* wurde nicht nach diesem Ort benannt. Es verhält sich umgekehrt: Zunächst wurden einige wenige Szenen auf den nördlichen Keys in einem Kaff gedreht, das damals noch *Rock Harbor* hieß. Dann kam der Film mit Starbesetzung in die Kinos (1948) und wurde ein Erfolg. Das brachte die Einwohner von Rock Harbor auf die Idee, ihr Dorf umzubenennen, um davon zu profitieren.

Bogart hat die Insel für die Dreharbeiten aber nie betreten, produziert wurde größtenteils in den Hollywood-Studios. Genau genommen hat Key Largo eigentlich nur die mittlerweile abgebrannte Fassade des *Caribbean Club* (www.caribbeanclubkl.com) zum Film beigetragen.

Wohl zum Trost für Filmfans liegt vor dem lokalen *Holiday Inn* (**Holiday Inn Key Largo**, MM 100; www.holidayinnkeylargo.com, ✆ 305-451-2121) aber die »echte« **African Queen** vor Anker, das kleine Dampfschiff aus dem gleichnamigen Film mit *Humphrey Bogart* und *Katharine Hepburn* (1951); www.africanqueenflkeys.com. Wem das nicht genügt, kann in **Bogie's Café** (im *Holiday Inn*) des Kultstars gedenken oder in **Bogie's Tiki Bar** stilecht auf ihn anstoßen.

152 Florida Keys

Schwimmen mit Delfinen

Dolphins Plus (31 Corrine Place, Key Largo, ✆ 1-866-860-7946; www.dolphinsplus.com) etwas weiter südlich ist eine von drei Einrichtungen auf den Keys, die das Schwimmen mit Delfinen möglich macht: täglich 8.30 und 14 Uhr, 30 min ab $150. Das Angebot wird von manchen Tierschützern aber kritisiert. Wer es ausprobieren möchte, sollte besser bis zum ***Dolphin Research Center*** auf Grassy Key weiterfahren (➢ Seite 158).

Information

Key Largo Chamber of Commerce, 106000 Overseas Hwy, ✆ 1-800-822-1088; www.keylargochamber.org.

Informative *Website*: www.fla-keys.com; auch mit mehrsprachiger Telefon-Hotline: ✆ 1-800-771-5397.

Unterkunft

- An der Hauptstraße findet man die Häuser der großen Ketten, so etwa das ***Courtyard by Marriott*** mit eigener Marina, 99751 Overseas Highway, ✆ (305) 451-3939.

- Billiger kommt man in kleinen, unabhängigen Motels unter, z.B. ***Bay Harbor Lodge***, 97702 Overseas Hwy, ab $95, ✆ 1-800-385-0986; www.bayharborkeylargo.com.

- Ein echtes Kuriosum ist in Key Largo die ***Jules Undersea Lodge***, ein Unterwasserhotel in 9 m Tiefe mit ganzen zwei Doppelzimmern. Wer möchte, kann sich dort auch »*Underwater*« trauen lassen, ➢ Kasten rechts; 51 Shoreland Drive, ab $800/DZ mit Dinner und Frühstück, ✆ (305) 451-2353, www.jul.com.

Camping

Der beliebte Platz des ***John Pennekamp Coral Reef State Park*** (➢ Seite 150) ist häufig voll besetzt. Alternativen sind:

- ***Key Largo Campground & Marina***, 101551 Overseas Hwy, von der Hauptstraße in die Samson Road abbiegen (400m), $35-$75, ✆ 1-800-526-7688, www.keylargokampground.com.

- ***Calusa Campground & Marina***, 325 Calusa, Key Largo, $65-$105, ✆ (305) 451-0232; www.calusacampground.com.

- ***King's Kamp***, 103620 Overseas Hwy, Key Largo, $40-$60, ✆ (305) 451-0010; www.kingskamp.com.

Restaurants

- ***Fish House***, lockere Atmosphäre, 102401 Overseas Hwy, ✆ (305) 451-4665; www.fishhouse.com.

- ***Senor Frijoles***, dieser Mexikaner ist eine gute Alternative für alle, die keinen Fisch mögen, 103900 Overseas Hwy, ✆ (305) 451-1592; www.senorfrijolesrestaurant.com.

Tavernier

Noch auf Key Largo liegt weiter südlich **Tavernier**. Den eher unscheinbaren Ort beachten die meisten Urlauber kaum. Es gibt dort aber ein paar historische Gebäude, so etwa das rosa-weiß gestrichene ***Historic Tavernier Inn***, eines der wenigen Hotels aus den 1920er-Jahren (91865 Overseas Highway, ✆ 305-853-5015; www.keyscaribbean.com).

Das Gebäude diente 1935 nach einem Hurrikan als Ersthelfer-Basis. Später entstanden dort die 29 sog. ***Red Cross Houses***. Um sie vor Zerstörung durch zukünftige Stürme zu schützen, wurden sie **aus Beton** gegossen.

Plantation Key

Jenseits des Tavernier Creek (MM 90) erreicht man **Plantation Key**. Der Name der Insel erinnert daran, dass sich im frühen 20. Jahrhundert auf den oberen Keys viele Plantagen befanden, auf denen u.a. Zitrusfrüchte, Tomaten und Ananas angebaut wurden. Planation Key war aber nie dauerhaft besiedelt wie etwa die Orte Tavernier und Marathon auf den Nachbarinseln.

Das *Ragged Edge Resort* ist einfach, aber sauber und liegt am Wasser; 243 Treasure Harbor Road, $69-$99, ✆ 1-800-436-2023; www.ragged-edge.com.

Tauchen zu Kriegsschiffen, Haien und Hochzeiten

Ein Beitrag vom Alfred Vollmer/Neubiberg

Rein tauchtechnisch sind die Küstengewässer um die Florida Keys ein ideales Revier. Denn das Meer ist dort meist nur bis 10 m, maximal 15 m tief, so dass man auch mit normaler Atemluft (also ohne Spezialgemisch wie Nitrox) sehr lange tauchen kann.

Die Unterwasserwelt der Keys ist von ihrer biologischen Vielfalt her zwar nicht so vielfältig wie das Rote Meer, die Südsee oder das Great Barrier Reef, aber die auffallend großen und zum Teil zahlreichen Hirnkorallen sind durchaus imposant. Um das Revier noch attraktiver zu machen, wurde schon in den 1980er-Jahren eine Christusstatue – *Christ of the Abyss* – in der Tiefe verankert. Der Unterwasser-Christus zog zwar über die Jahre viele Taucher an, aber künstliche Attraktionen nutzen sich irgendwann ab.

Am 17. Mai 2002 versenkte man daher – mit erheblichem Aufwand – 6 mi vor der Küste von Key Largo den 1989 außer Dienst gestellten Landungsboot-Träger **Spiegel Grove** als künstliches Riff. Das einstige Kriegsschiff wurde dafür zunächst in einen umweltfreundlichen Zustand gebracht. Nicht nur ließ man alles Restöl ab und reinigte Schiff und Tanks gründlich, sondern entfernte auch sämtliche Kabel. Etwa 80% dieses immerhin 150 m langen Kolosses lassen sich seither in einer Tiefe von knapp unter 15 m betauchen. Wer auf 26 m abtaucht, kann das gesamte Wrack erkunden.

Tauchen zwischen weißen Ammenhaien

154 Florida Keys - Tauchen

Captain Slate, Inhaber des *Atlantis Dive Center* in Key Largo, schätzt, dass die *Spiegel Grove* 60.000 bis 70.000 Taucher pro Jahr auf die Keys lockt, was einen Umsatz von mindestens $10 Mio allein auf Key Largo produziert.

Ich hatte mir für den Tauchgang hinunter zur *Spiegel Grove* einen Tag Zeit genommen, einen Freitag. Damit wurde es aber nichts, denn Freitag ist der Tag des **Creature Feature**, was der Betreiber des Tauchzentrums so bewirbt: »*Captain Slate*, der für die Zähmung von Barrakudas und Muränen weltbekannt ist, lädt Sie ein zum allwöchentlichen *Creature Feature*, auf dem seine »Haustiere« zu treffen sind. Diese seit über 25 Jahren gezähmten und gehegten schwimmenden *Pets* waren bereits auf dem *Discovery Channel*, bei *SEATV*, *Animal Planet* und in vielen weiteren TV-Beiträgen zu sehen «.

Obwohl derartige Veranstaltungen nicht so ganz nach meinem Geschmack sind, machte mich diese Unterwassershow neugierig. Und wirklich: die frei lebenden Tiere wurden behandelt wie *Pets* (Haustiere) – auch die *Nurse Sharks* (Ammenhaie). Der große, zuvor besprochene Höhepunkt war das Streicheln der – auch in anderen Regionen – nicht aggressiven Ammenhaie.

Jeder Taucher durfte die Tiere berühren und wurde dabei auf Video gebannt. Tatsächlich war der Tauchgang für den Videofilm inszeniert und das Bildmaterial gleich danach verfügbar. Neben dem Streicheln der Haie durch die Gasttaucher war das Füttern einer Muräne ebenso festgehalten wie die Szene, bei der sich *Captain Slate* einen im eigenen Mund gehaltenen Fisch von einem Barrakuda wegschnappen ließ. Das Video kostete indessen fast noch 'mal genau so viel wie zwei Tauchgänge samt Ausrüstungsmiete.

Nach einer Stunde Oberflächenpause stand der zweite Tauchgang an – hinab zum *Christ of the Abyss*. Dort wurde ich Zeuge einer **Unterwasserhochzeit**, bei der die beiden Hauptakteure ihr Ja-Wort nicht sprechen, sondern per Schild anzeigen und in die Unterwasser-Kameras lächeln. Das Glas Sekt zum Anstoßen auf das Brautpaar gibt es erst nach dem Tauchgang, dann zusammen mit den nicht tauchenden Hochzeitsgästen, die der Zeremonie dank Glasbodenboot von oben zugeschaut hatten.

Captain Slate erzählt stolz, dass er der Erfinder der Unterwasserhochzeit und damit im *Guinness Book of Records* eingetragen sei, und im übrigen bereits seit den 1980er-Jahren im Fernsehen darüber berichtet würde.

Captain Slate's Atlantis Dive Center, 106240 Overseas Hwy, Key Largo,
✆ 1-800-331-3483; www.captainslate.com.

Statue des Christ of the Abyss

Tauchen auf den Florida Keys 155

| 156 | Florida Keys | Karte Seite 148 |

2.3 Die mittleren Keys

Windley Key & Upper Matecumbe Key

Winley Key Quarry SP

Als nächstes erreicht man die kleine **Windley Key**, die aus den beiden winzigen Umbrella Keys entstand. Sie wurden durch den Schutt miteinander verbunden, der Anfang des 20. Jahrhunderts beim Abbau von uraltem Korallengestein für die Zwecke des Eisenbahnbaus anfiel. Die einstigen Steinbrüche sind heute ein *Fossil Reef Geological State Park*. Man kann dort die Reste der Korallenformationen bestaunen, die vor rund 125.000 Jahren für die Entstehung der Florida Keys ursächlich waren.

MM 84,9, Do-Mo 9-17 Uhr, *Education Center* nur Fr-So, Eintritt $3, © (305) 664-2540; www.floridastateparks.org/windleykey.

Auch die **Hauptsehenswürdigkeit** der Key geht – indirekt – auf den Bau der Eisenbahn zurück. Ein durch einen Steinbruch aufgerissenes riesiges Loch in der Landschaft ließ man nach Fertigstellung der Strecke mit Meerwasser vollaufen und setzte in diesem künstlichen See Fische aus.

Theater of the Sea

Schon in den 1940er-Jahren begann man, den See unter der Bezeichnung *Theater of the Sea* als Touristenattraktion zu vermarkten. Es gibt dort **Delfin- und Seelöwenshows** zu bewundern und die **Möglichkeit, mit Seehunden, Delfinen und Rochen zu schwimmen** ($145/$185/$65). Die Shows können indessen nicht mit ähnlichen Veranstaltungen in Miami oder Orlando mithalten.

MM 84,5, täglich 9.30-17 Uhr, Eintritt $30, bis 10 Jahre $21; © (305) 664-2431; www.theaterofthesea.com).

Upper Matecumbe Key

Am 2. September 1935 wurden alle Keys von einem Hurrikan verwüstet, aber keine der Inseln wurde härter getroffen als **Upper Matecumbe Key**. Hier blieb im wahrsten Sinn des Wortes kein Stein auf dem anderen. Daran erinnert dort ein Denkmal – das *Florida Keys Hurricane Memorial*. Es markiert in Höhe des *Fire Department* (MM 81,5) ein Massengrab der Einwohner und Eisenbahnarbeiter, die damals ums Leben kamen.

Islamorada

Der einzige größere Ort in diesem Bereich ist **Islamorada**. Wer kein Boot hat und sich nicht fürs Angeln interessiert, wird sich dort eher langweilen. Sportfischer und Hochseeanglern dagegen bekommen leuchtende Augen, wenn sie den Ortsnamen hören.

Sonnen-untergang bei Islamorada

Die mittleren Keys

Einige der bekanntesten Angelwettbewerbe der USA finden in Islamorada statt.

Information/ Boote

Islamorada Chamber of Commerce, 83224 Overseas Hwy, ✆ 1-800-322-5397; www.islamoradachamber.com.

Boote chartern kann man u.a. bei **Bud n' Mary's** am Westzipfel von Upper Matecumbe Key, 79851 Overseas Hwy, ✆ 1-800-742-7945; www.budnmarys.com.

Restaurants

- Ein beliebtes Restaurant in Islamorada ist das **Lorelei (!) Restaurant & Cabana Bar**, 81924 Overseas Highway, ✆ (305) 664-2692; www.loreleicabanabar.com.
- Edler & etwas teurer ist **Uncle's Restaurant**, bekannt für seine *Seafood*; Upper Matecumbe Key, 80939 Overseas Hwy, ✆ (305) 664-4402; www.unclesrestaurant.com.

Lignumvitae, Long, Grassy, Vaca und Pigeon Key

Lignumvitae Key State Park

Zwischen Upper und Lower Matecumbe Key liegen bei MM 78,5 zwei unbewohnte Inseln, die beide **nur mit dem Boot** zu erreichen sind: ozeanseitig die knapp 1 mi entfernte winzige Indian Key und buchtseitig in ähnlicher Entfernung die viel größere **Lignumvitae Key** ($3 Eintritt). Letztere wurde 1971 vom Staat Florida gekauft und steht seitdem unter Naturschutz. Bis 1953 gehörte sie einer Familie *Matheson*, deren früheres Wohnhaus (mit Zisterne und Windmühle) sich besichtigen lässt. Auf der Insel findet man außerdem ein intaktes Stück **tropischen Waldes**. Fr-So gibt es jeweils um 10 und 14 Uhr interessante Führungen. Boote nach Lignumvitae Key legen von **Robbie's Marina** (77522 Overseas Hwy, ✆ 1-877-664-8498; www.robbies.com) jeweils 30 min vor den Führungen ab; www.floridastateparks.org/lignumvitaekey.

Indian Key State Park

Die Besichtigung von **Indian Key** funktioniert ganz ähnlich – Boote auch ab *Robbie's Marina*. Indian Key ist kein tropisches Juwel wie die wild bewachsene Lignumvitae Key, dafür geschichtsträchtig: Anfänglich befand sich dort eine Handelsniederlassung mit Hotel und kleiner Werft, die 1840 von Indianern überfallen und komplett zerstört wurde. Im **Indian Key State Historic Site** sind die Reste der Siedlung zu besichtigen; www.floridastateparks.org/indiankey.

Long Key State Park

Über Lower Matecumbe Key, Craig Key und Fiesta Key erreicht man Long Key mit dem gleichnamigen **State Park** ($5, MM 67,5; www.floridastateparks.org/longkey). Sie besetzt einen langen Streifen zwischen Straße und schmalem Strand, der vor allem aus einem **Campingplatz** besteht, auf dem man direkt am Wasser sein Zelt aufschlagen oder den Camper hinstellen kann (kein Strom, Kanuverleih; $36, ✆ 305-664-4815), leider auf den meisten Stellplätzen wegen der nahen Straße recht laut.

Viadukt

Long Key wurde beim Eisenbahnbau im frühen 20. Jahrhundert über das *Long Key Viaduct* mit Grassy Key verbunden.

Delfin-Forschungszentrum auf Grassy Key

Dolphin-Research

Auf **Grassy Key** befand sich im heutigen *Dolphin Research Center* früher die Delfin-Schule, in der auch der Star der ab 1963 ausgestrahlten Fernsehserie *Flipper* ausgebildet wurde. Vor dem Gebäude steht die Skulptur einer Delfinmutter mit Nachwuchs – sie ist *Flipper* gewidmet.

Im *Dolphin Research Center* erfährt man alles über Delfine und Seelöwen, kann sie beim Vorführen von Kunststücken bewundern und im **Encounter Program** auch selbst mit Delfinen im Wasser spielen ($119-$199). Bei **Play with Dolphins** bleibt man am Beckenrand stehen ($60). Was diese Programme von anderen ähnlicher Art unterscheidet, ist der Umstand, dass es hier nicht um Profit geht, sondern um – auf die Delfine gerichtete – Verhaltensforschung. Wer mit den Delfinen ins Wasser hüpfen will, sollte sich frühzeitig dafür anmelden – aber schon der einfache Besuch des *Dolphin Research Center* vermittelt bleibende Eindrücke; MM 59, täglich 9-16.30 Uhr, Eintritt $20, © (305) 289-1121, www.dolphins.org.

Vaca Key

Grassy Key geht fast nahtlos in die Vaca Key über, die heute fast komplett vom Ort **Marathon** beherrscht wird. Diese Kleinstadt ist mit ihren Fast-Food-Restaurants, unansehnlichen Shops und Tankstellen sicher der unattraktivste Ort auf den gesamten Keys. Dennoch könnte man eine Pause einlegen, und zwar am **Crane Point**, einem tropischen Park. Ein Spazierweg führt buchtseitig zum *Adderley House* von 1905; MM 50,5 B, Mo-Sa 9-17, So 12-17 Uhr, $13, bis 13 Jahre $9; www.cranepoint.net.

Die mittleren Keys

Marathon/Geschichte

Die eigentliche Geschichte des Ortes begann erst mit der Ankunft der Eisenbahnlinie nach Key West: Als den Arbeitern während der Konstruktion der *7-Mile-Bridge* (1908-1912) klar wurde, was für eine schwierige und langwierige Aufgabe dieser Brückenbau sein würde, sollen sie diese Herausforderung mit einem Marathonlauf verglichen haben. So entstand dann neben Quartieren, Geschäften, Werkstätten und Kneipen auch gleich der eigenartige Name der Stadt.

Seven Mile Bridge

Unter den 42 Brücken über die Keys ist die **7-Mile-Bridge**, die westlich von Marathon beginnt, sicher die bekannteste. Man kennt sie u.a. aus dem **James-Bond-Film *Licence to Kill*** (1989), der auch in Key West spielt, oder aus ***True Lies*** (1994) mit *Arnold Schwarzenegger*, in dem ein Teil der alten Brücke zerstört wird. Bei der *7-Mile-Bridge* laufen zwei Trassen parallel. Die einstige Eisenbahnbrücke wurde nach dem Hurrikan von 1935 in eine Autostraße umgewandelt, genügte aber der zunehmenden Verkehrsbelastung irgendwann nicht mehr. Die neue Brücke (auf der Ozeanseite) stammt aus dem Jahre 1982. Seither können die gut zwei Meilen der alten Brücke bis Pigeon Key nur per pedes oder Bike genutzt werden. Pigeon Key kostet $12 Eintritt, gleich ob man hinmarschiert oder per Boot kommt (➢ unten). Ein **Visitor Center** befindet sich in einem alten Eisenbahnwaggon am Ostende der Brücke auf Knights Key. Westlich von Pigeon Key geht's nicht weiter, weil ein Teilstück der alten Brücke fehlt.

Pigeon Key

Für alle, die sich für die **Geschichte der Brücke und des Eisenbahnbaus** interessieren, lohnt sich ein Stopp für Pigeon Key. Auf ihr befanden sich während des Brückenbaus Werkstätten und ein Lager für Arbeiter. Später lebte dort Personal, das Reparaturen und Wartungsarbeiten durchführte. Heute befindet sich an gleicher Stelle das ***Pigeon Key Museum***, MM 47 O.

Geführte Touren über die Museumsinsel starten im Boot auf Knights Key um 10, 12 und 14 Uhr ($12, bis 13 Jahre $9); man kann telefonisch reservieren: ✆ (305) 743-5999. Das Museum hat täglich 9.30-16 Uhr geöffnet – wer zu Fuß »übersetzt«, zahlt ebenfalls $12 »Eintritt«. Den besten Blick auf beide Brücken hat man eher von Pigeon als von Knights Key; www.pigeonkey.net.

Neue (links) und alte 7-Meilen-Brücke

Leuchtturm 5 mi südlich von Knights Key steht einer der ungewöhnlichsten Leuchttürme der Keys: Das achteckige **Sombrero Lighthouse**, ein gerüstartiger Ganzmetallbau, wurde 1858 fertiggestellt. Er ist der höchste in einer Kette von sechs Leuchttürmen, die hier vor den gefährlichen Korallenriffen warnen.

2.4 Die südlichen Keys

Bahia Honda Am Ende der *7-Mile-Bridge* fährt man zunächst noch über eine kleine Gruppe winziger Inseln, darunter Little Duck und Ohio Key, bevor man **Bahia Honda Key** erreicht. Schon den spanischen Entdeckern war aufgefallen, dass die Bucht (*bahía*) vor dieser Insel sehr tief (*hondo*) ist. Den Brückenbauern bereitete das erhebliche Probleme. Der Bau der *Bahia Honda Bridge* war aufwendiger als der der längeren *7-Mile-Bridge*.

Bahia Honda Key ist auch aus geologischer Perspektive interessant, denn sie bildet eine Art Übergangszone zwischen den nordöstlichen Keys, die sich aus Korallen bildeten, und den südwestlichen Inseln aus Kalkstein.

State Park Auf dieser Key lohnt sich ein Stopp im **Bahia Honda State Park** (MM 37 O, ✆ 305-872-2353, www.floridastateparks.org/bahiahonda), egal, ob man nur für ein paar Stunden schwimmen und schnorcheln oder gleich für mehrere Tage direkt **am Meer campen** möchte. Die subtropische Vegetation und der von Palmen gesäumte blendend weiße Sandstrand vor allem der *Sandspur Beach* erinnern hier mehr als anderswo an die Karibik.

Von den beiden **Campingplätzen** des Parks liegt aber nur »**Sandspur**« direkt am Strand. Der größere, eher für RVs gut geeignete Platz unweit der Brücke ist auch nicht schlecht, aber recht laut. In beiden Fällen ist langfristige Reservierung im Internet angezeigt (➤ *State Park*-Portal oben; Einheitspreis/Nacht $36).

Der Park verfügt über eine kleine **kommerzielle Infrastruktur** mit Snackbar, Kayak- und Ausrüstungsverleih. Auch geführte **Schnorcheltouren** können dort gebucht werden (90 min $30); mehr unter www.bahiahondapark.com.

Am Strand des Bahia Honda State Park

Die südlichen Keys

Big Pine Key   Auf Big Pine Key befindet sich das **National Key Deer Refuge**, ein Naturschutzgebiet für die vom Aussterben bedrohte Art **Key Deer**. Diese Tiere sehen aus wie Rehe, werden aber nur 80 cm hoch. Der beliebteste Anlaufpunkt für Besucher ist hier der See **Blue Hole** in einem alten Steinbruch (vom Hwy #1 dem Key Deer Blvd 3 mi nördlich folgen). Dort leben Schildkröten und Alligatoren, die sich von einer Aussichtsplattform beobachten lassen. Nur wenige hundert Meter weiter beginnt **Watsons Nature Trail**, ein Lehrpfad (1 km) durch den Lebensraum des *Key Deer*.

Information   *Lower Keys Chamber of Commerce*, MM 31, Big Pine Key, © (305) 872-2411; www.lowerkeyschamber.com.

Restaurants

- Im **Big Pine Restaurant**, MM 30 neben der Post, gibt es Sandwiches, Burger u.ä.
- **Mangrove Mama's**, MM 20 auf Sugarloaf Key, hat gute *Seafood*, © (305) 745-3030; www.mangrovemamasrestaurant.com.

Unterkunft

Die **Big Pine Key Fishing Lodge** (MM 33, © 305-872-2351) hat **Motel** (ab $75) und **Campground** (ab $30) mit Strand und Pool.

Südlich Big Pine Key hält die meisten Key-Touristen nichts mehr auf, sie fahren schnurstracks durch bis Key West. Zwar gibt es auf den südlichen Keys tatsächlich nicht mehr ganz viel zu sehen, aber einige Hinweise dürfen nicht fehlen:

Torch Keys   Da wären zunächst die drei Torch Keys, die nach dem **Torchwood Tree** benannt sind. Sie gehören zu den wenigen Inseln, auf denen noch **wilde Limonen** wachsen, eine für die in Südflorida beliebte Limonentorte **Key Lime Pie** (▶ Seite 167 unten) unverzichtbare Frucht. Die Torch Keys sind bewohnt, aber vom Wohlstand anderer Inseln ist dort nicht viel zu spüren.

Little Palm Island

Den totalen Kontrast zu den ärmlichen Torch Keys liefert **Little Palm Island** weiter westlich, das man nur per Boot oder Flugzeug erreichen kann (MM 28,5). Auf dieser kleinen Insel erholen sich Millionäre in einem der exklusivsten Resorts weltweit. Zimmer kosten dort ab $900/Nacht (ohne Verpflegung). Mal die Website ansehen: www.littlepalmisland.com.

Tauchparadies Ramrod Key

An die Torch Keys schließt sich **Ramrod Key** an, die für das schönste Stück Riff der Korallenkette vor den Keys bekannt ist. Es wird geschützt durch das ***Looe Key Sanctuary Preservation Area***. Dort können Taucher das Wrack der *Adolphus Busch* erkunden. Das Schiff wurde absichtlich versenkt, um ein **künstliches Riff** zu schaffen und das Tauchen noch interessanter zu machen. **Halbtägige Tauchausflüge** (ab $69 Tauchen, $39 Schnorcheln) werden z.B. vom ***Looe Key Reef Resort*** angeboten; MM 27,5, DZ ab $89, ✆ 1-877-816-3483; www.diveflakeys.com.

Sugarloaf Key

Über Summerland und **Cudjoe Key** geht es weiter zum **Sugarloaf Key**. Dort steht der ***Bat Tower***, der in den 1920er-Jahren helfen sollte, Fledermäuse auf die Keys zu locken. Man versprach sich davon Unterstützung bei der Eindämmung der Mosquitoplage. Der Plan schlug fehl – was blieb, ist der seltsame Holzturm. Abzweigung buchtseitig zum kleinen Airport (MM 17); www.battower.com.

Ankunft auf Key West

Auf den letzten Meilen wird die #1 zur breiten Schnellstraße. Über die vorgelagerte Stock Island stößt sie auf den das nördliche Key West umrundenden **Roosevelt Boulevard**. Wer nicht gerade eine Adresse auf der Südseite der Insel direkt ansteuern will, hält sich für die Fahrt ins Zentrum am besten buchtseitig und folgt dem Straßenzug North Roosevelt Blvd/Truman Ave bis Duval Street.

Key West Mallory Square,
➢ *Seite 168*

2.5 Key West

2.5.1 Geschichte

Ursprung des Namens — Nachdem man stundenlang über Inseln mit komplizierten Namen fuhr, scheint es mit der Endstation der Fahrt über die Keys einfacher auszusehen. Schließlich ist man auf der westlichsten Insel der Kette angelangt, und warum sollten die ersten Siedler ihren Wohnort nicht entsprechend benannt haben? Tatsächlich beruht der Name Key West auf einem Missverständnis, das in ähnlicher Form bereits die Bezeichnung *keys* für *cayos* hervorbrachte. Die ersten englischsprechenden Bewohner der Insel verstanden die spanischen Bezeichnung **Cayo Hueso** (= Knocheninsel) nicht und so, da für sie *Hueso* wie *West* klang, wurde daraus **Key West**.

Der Hintergrund für diesen seltsamen Namen ist Legende. Die ersten spanischen Seeleute, die Key West im frühen 16. Jahrhundert betraten, sollen dort bergeweise Menschenknochen gefunden haben. Sie hielten die indianischen Einwohner der südlichen Keys deshalb für Menschenfresser. Und so galt Key West lange als unheimlich und gefährlich. Als sich dort im 18. und frühen 19. Jahrhundert nichtsdestoweniger Piraten niederließen, um von dieser Basis aus Raubfahrten in die Karibik zu unternehmen, passte das gut zum Image der Insel.

Erste Jahre — Key West ist der **älteste Ort auf den Keys**. 1821, als die USA den Spaniern Florida abkauften, wechselte auch Key West den Besitzer. Der Geschäftsmann *John Simonton* aus Alabama zahlte dem Spanier *Juan Salas* dafür damals $2.000. Nur wenig später traf amerikanisches Militär ein, am Hafen wurde zum ersten Mal die US-Flagge gehisst und Key West zu einem Marinestützpunkt. In den ersten Jahren der amerikanischen Präsenz führte man zunächst Kleinkrieg gegen die Piraten auf den umliegenden Inseln.

Erst nach dem erfolgreichen Abschluss dieses Krieges kamen Siedler in nennenswerter Zahl. 1850 zählte man immerhin schon an die 3.000 Einwohner, die vorwiegend aus Neu-England und von den Bahamas zugewandert waren.

Wrecking Die wirtschaftliche Grundlage des Lebens auf Key West bestand damals fast ausschließlich aus dem sogenannten **Wrecking**, d.h. dem Ausplündern von auf Riffe geratenen und gesunkenen Schiffen. Dies war nicht etwa eine Fortsetzung des Piratendaseins mit anderen Mitteln, sondern eine durchaus legale Beschäftigung. Wegen der vielen Riffe rund um die Keys gerieten dort ständig Schiffe in Seenot. Wer in solchen Fällen als erstes bei dem sinkenden Schiff eintraf und die Besatzung rettete, hatte einen rechtlich verbrieften Anspruch auf die Ladung und alles andere, was sich sonst noch an Bord befand.

Seafood Restaurant in Key West. Man achte auf die Fahrräder – nirgendwo sonst in den USA ist das Fahrrad ein so selbstverständlich genutztes Transportmittel

Wirtschaftsentwicklung Als nach 1850 Leuchttürme für einen Rückgang der Schiffsunfälle sorgten, war man darüber in Key West sicher nicht erfreut. Man musste sich wohl oder übel auf andere Geschäftszweige umstellen. Zur ohnehin schon betriebenen **Fischerei** kam der Handel mit **Schwämmen**, die es in den flachen Gewässern rund um die Keys in Hülle und Fülle gab. Außerdem zog es immer mehr kubanische Einwanderer nach Key West, die aus ihrer Heimat die Kunst der **Zigarrenherstellung** mit auf die Keys brachten. In den Blütezeiten dieser Industrie wurden auf Key West jährlich hundert Mio. Zigarren gewickelt – mit der schönen Folge, dass Key West in den 1880ern nicht nur zur größten Stadt Floridas aufstieg, sondern auch das höchste Pro-Kopf-Einkommen im gesamten Staat erwirtschaftete.

Krisen Doch damit war es bald vorbei. Zunächst wurden die Schwammbänke von einer Krankheit befallen. Dann kam es zu einem Konflikt zwischen Eignern und Arbeitern der Zigarrenindustrie, der

Geschichte & Praktisches   **165**

damit endete, dass die großen Fabriken nach Ybor City in Tampa umzogen (➤ Seite 362). Nach dem 1. Weltkrieg begann auch noch die US-Navy, sich langsam zurückzuziehen, was den Verlust weiterer Arbeitsplätze zur Folge hatte. Den Tiefpunkt seiner Entwicklung erlebte Key West in den 1930er-Jahren während der **Weltwirtschaftskrise**. Als 1935 auch noch die Bahnverbindung vom Orkan zerstört wurde , was die Insel vom Rest der Welt abschnitt, wäre die Bevölkerung fast komplett evakuiert und der Ort Key West dem Verfall überlassen worden.

Tourismus und Prominenz

Dass es am Ende so weit nicht kam, verdankt die Insel ihrem warmen Winterklima und ihrer exotischen Lage am Rand der Karibik. Das Potential dieser Kombination erkannte man zuerst Ende der 1930er-Jahre, als Key West – zunächst langsam – vom **Tourismus** entdeckt wurde. Nach dem 2. Weltkrieg machte sogar der damalige Präsident *Truman* Urlaub auf Key West. Außerdem etablierte sich in der kleinen Stadt eine lebenslustige **Künstlerkolonie**. Die Dichterin *Elizabeth Bishop* und der Dramatiker **Tennessee Williams** waren die ersten bekannten Größen, die in Key West blieben. Es folgten viele andere, darunter **Ernest Hemingway**, dessen früheres Wohnhaus zur bekanntesten Sehenswürdigkeit des Ortes aufstieg. Spätestens mit *Hemingway* wurde die Insel weltberühmt. Von seinem Mythos zehrt man immer noch.

Feste

Heute lebt Key West überwiegend vom Tourismus. Einschließlich vieler Kreuzfahrt-Touristen kommen jährlich fast 3 Mio. Besucher in den südlichsten Ort der kontinentalen USA, um die fast karibische Atmosphäre zu genießen. Highlights sind in Key West das *Fantasy Fest* mit Kostümparaden über 10 Tage Mitte Oktober, während der ununterbrochen gefeiert und getanzt wird; www.fantasyfest.com. Auch ein Fest zu Ehren von *Hemingways* darf natürlich nicht fehlen. Zu seinem Geburtstag laufen um den 21. Juli herum eine Woche lang die **Hemingway Days** mit *Hemingway*-Ähnlichkeitswettbewerb; www.hemingwaylookalikes.com.

2.5.2   Praktisches

Parken

Im zentralen Key West einen Parkplatz zu finden, ist **schwierig**. Weiträumige Parkverbote, zugeparkte Straßen dort, wo es erlaubt ist, und vollbesetzte, dazu teure Parkplätze sind normal. Am besten lässt man sein Auto bei der Unterkunft, so vorhanden, geht zu Fuß oder leiht ein Fahrrad oder Moped. Chancen auf einen Parkplatz hat man am ehesten im Bereich der *Smathers Beach*.

Information

Key West Chamber of Commerce, 510 Greene Street, ✆ (305) 294-2587; www.keywestchamber.org.

Alternative Stadtführung

Bis heute ranken sich viele gruselige Anekdoten um Key West. Es gibt sogar eine Stadtführung, die den Spuren von Verbrechern und Geistern folgt. Bei Dunkelheit geht's mit einer Laterne durch die Gassen der Altstadt, zum Friedhof, in Gebäude, die einen Hausgeist beherbergen, und zu einem alten Baum, der früher einmal als Galgen diente. Dazu erzählt werden blutrünstige Geschichten.

Zur Schwulen- und Lesbenszene in Key West

Bei einer Onlinebefragung nach dem besten Reiseziel in der Kategorie »Schönwetter-Destinationen« stimmten 37% der schwulen bzw. lesbischen Teilnehmer für Key West, das sich damit weit vor anderen Zielen auf Platz 1 behauptete. Über 500.000 Besucher sollen es pro Jahr sein, die in der lockeren Atmosphäre von Key West ihresgleichen suchen und finden. Vor allem die Duval Street bietet Schwulen und Lesben unübersehbar eine große Zahl einschlägig orientierter Bars, Bistros und Boutiquen, u.a.
- *La Te Da*, 1125 Duval Street, www.lateda.com, ist ein Komplex mit mehreren Bars und Hotels, Transvestitenshows und Themenabenden
- *Bourbon Street Pub*, 724 Duval Street, www.bourbonstpub.com, mit Gartenbar/-pool
- *Pearl's Patio Bar for Women*, 525 United Street/ Duval, www.pearlspatio.com, ebenfalls Pool im Patio und durchaus nicht nur für Frauen

Diese **Ghost Tours of Key West** beginnen 20 & 21 Uhr; 227 Duval, ✆ (305) 294-9255, $15, bis 12 Jahre $10; www.hauntedtours.com.

Unterkunft

- Die mit Abstand preisgünstigste Übernachtungsmöglichkeit bietet das **Key West Hostel** mit **Seashell Motel**; 718 South Street, ab $44/Bett, ✆ (305) 296-5719; www.keywesthostel.com.
- **Vermittler** für Motel- oder Hotelzimmer sind **Vacation Key West** (eher für Motels, ✆ 1-800-595-5397; www.vacationkw.com) und die **Key West Innkeepers Association** (eher für Hotels und B&Bs, ✆ 1-800-492-1911; www.keywestinns.com).

- **Auf eigene Faust** sieht man sich am besten am **North Roosevelt Boulevard** um. Dort sind bekannte Hotelketten gut vertreten, u.a. **Quality Inn** (#3824, ✆ 305-294-3773), **Fairfield Inn by Marriott** (#2400, ✆ 305-296-5700, www.fairfieldinnkeywest.com), oder **Marriot Courtyard** (#3031, ✆ 305-296-6595). *Toll free ✆ der Hotelketten ➢ Seite 61.*

Die Preise der Hotels schwanken je nach Saison extrem, in der Zeit zwischen Weihnachten und Ostern findet man kaum ein Zimmer unter $100, nach oben gibt es kaum Grenzen.

- Als eine der besten Adressen gilt das **Westin Key West Resort & Marina**, 245 Front Street, selten unter $220, ✆ (305) 294-4000; www.westinkeywestresort.com.

- Im historischen **Ortskern** gibt es eine Reihe **hübscher kleiner Hotels und B&Bs**, u.a. **La Pensione** (809 Truman Ave, ab $168, ✆ 305-292-9923; www.lapensione.com), das **Southernmost Point Guest House** (1327 Duval Street, ab $110, ✆ 305-294-0715; www.southernmostpoint.com), **Chelsea House** (709 Truman Ave, ab $119, ✆ 305-296-2211; www.historickeywestinns.com); **Casa Marina Waldorf Astoria Resort** (1500 Reynolds Street am Ozean, nicht ganz billig: ab $279, ✆ 1-888-303-5717; www.casamarinaresort.com).

Camping

- Wer nicht unbedingt direkt auf Key West seinen Camper parken oder sein Zelt aufschlagen möchte, sollte den gut ausgestatteten **Sugarloaf Key/Key West KOA** *Campground* (mit Strand und

Praktisches & Besichtigung 167

Bootsanleger) in Erwägung ziehen; MM 20, $50-$110, ✆ (305) 745-3549; www.koa.com/campgrounds/sugarloaf-key.

- Näher an Ort und Insel Key West liegt **Boyd's Key West Campground** auf der vorgelagerten Stock Island mit einigen Stellplätzen direkt am Wasser, andere Plätze zumindest akzeptabel; sanitär sehr gut, Pool; 6401 Maloney Avenue, am östlichen Ortsrand südlich in die 3rd Street abbiegen, $55-$120, ✆ (305) 294-1465; www.boydscampground.com.
- **Leo's Campground**, 5236 Suncrest Road, Stock Island, $39-$69, ✆ (305) 296-5260; www.leoscampground.com.

- **Turtle Kraals**, 231 Margaret Street, *Seafood* in lockerer Atmosphäre am Hafen im *Land's End Village*; ✆ (305) 294-2640; www.turtlekraals.com.
- Fisch und Steaks gibt's im **Commodore Waterfront Steakhouse**, 700 Front St, ✆ (305) 294-9191; www.commodorekeywest.com.

- Das **A & B Lobster House** ist für gutes *Seafood* bekannt, 700 Front Street, ✆ (305) 294-5880, www.aandblobsterhouse.com.
- *El Meson de Pepe* gilt als bestes kubanisches Restaurant in Key West. Wo heute auch Zigarrenroller ihre Kunst demonstrieren, kamen **im 19. Jahrhundert die kubanischen Flüchtlinge an,** 410 Wall Street, beim Mallory Square im *Cayo Hueso y Habana*, ✆ (305) 295-2620; www.elmesondepepe.com.
- Moderne amerikanische Küche offeriert das **Pisces**, 1007 Simonton Street, ✆ (305) 294-7100; www.pisceskeywest.com.
- **Mangia Mangia** serviert italienisches Essen (recht preiswert), 900 Southard St, ✆ (305) 294-2469; www.mangia-mangia.com.
- **Kubanische Speisen** sind preiswert im einfachen **El Siboney Restaurant** in der 900 Catherine Street, ✆ (305) 296-4184, www.elsiboneyrestaurant.com.
- Wer die berühmte **Key Lime Pie**, eine Baiser-Limonen-Torte, probieren möchte, sollte über die Greene Street zur Elizabeth Street gehen (3 Blocks von der Duval Street entfernt). Auf der Ecke steht dort **Kermits Key West Key Lime Shoppe** mit der angeblich besten *Lime Pie* der Insel; www.keylimeshop.com.

Per Conch Train die große Key West Tour zu machen, ist ein ziemlich teurer Spaß (> Seite 169). Besser mietet man ein Fahrrad.

2.5.3 Besichtigung

Mallory Square und Pier

Zentraler Anlaufpunkt und zugleich die touristischste Ecke im ohnehin sehr touristischen Key West ist der **Mallory Square** am nordwestlichen Ende der Altstadt direkt am Wasser. Dort legen auch die großen **Kreuzfahrtschiffe** an, die über die niedrigen Gebäude von Key West hinausragen und sie wie Spielzeughäuser erscheinen lassen. Die Kreuzfahrtpassagiere bleiben immer nur ein paar Stunden, kaufen schnell ein T-Shirt, trinken bei *Sloppy Joe's* einen Cocktail und eilen dann schon wieder zum Schiff zurück, um am nächsten Tag auf den Bahamas einen ähnlichen Landausflug zu wiederholen. Die Schiffe müssen aber nicht nur deswegen schon vor Sonnenuntergang wieder ablegen. Abends versammelt sich nämlich die halbe Stadt auf der **Mallory Pier**, um der im Meer versinkenden Sonne zu applaudieren. Die Ankerzeiten der Kreuzfahrtschiffe findet man hier: www.keywestcity.com/department/calendar.php.

Sonnenuntergangsparty

Diese **tagtägliche Party** ist schon seit den 1960er-Jahren eine Key West-Tradition, als sich Hippies regelmäßig abends am Wasser versammelten, musizierten, ein paar Joints rauchten, der Sonne beim Untergang zusahen und ihr Beifall zollten. Mittlerweile ist das allabendliche Spektakel ziemlich kommerzialisiert. Zu den Akrobaten, Wahrsagern und Feuerschluckern haben sich viele Händler gesellt, die Souvenirs und Getränke verkaufen. Es gibt aber immer noch exzentrische Gestalten, wie man sie sonst kaum zu Gesicht bekommt. Und im Moment, wenn die letzten Sonnenstrahlen verschwinden, brandet der Applaus auf wie eh und je; www.sunsetcelebration.org.

Rundfahrten

Der Mallory Square (⇨ Foto Seite 162) ist auch ein guter Ausgangspunkt für die Erkundung von Key West, da von dort aus die Orientierung leicht fällt. Die **Stadtrundfahrten** beginnen ebenfalls am Square. Es gibt zwei verschiedene, beide sind auf fast identischer Route unterwegs und umrunden dabei die Insel:

Feuerspeier auf der Sonnenuntergangsparty am Mallory Square

Besichtigung

Mel Fishers maritimes Museum stellt stark auf einst versunkene und wieder geborgene Schätze ab.

- Der **Conch Train** ist eine Art offener Zug, der an Vergnügungsparks á la *Disney* erinnert und von einem als Lokomotive verkleideten Jeep gezogen wird; www.conchtourtrain.com.
- Die Wagen des **Old Town Trolley** sehen aus wie die *Cable Cars* aus San Francisco, haben aber den Vorteil, dass man sie an 12 Haltestellen nach Belieben verlassen und wieder zusteigen darf: **Hop-on-hop-off**; www.trolleytours.com/key-west.

Kosten der Trolley Tours/ Rundgang

Die $30 pro Person (bis 12 Jahre frei) für diese Fahrten kann man sich aber sparen, denn Key West ist so **überschaubar**, dass man die interessanten Punkte **ganz gut zu Fuß** erreicht. So könnte man etwa vom Mallory Square die Whitehead Street bis zu ihrem Ende am *Southernmost Point* hinunterlaufen und dann die Duval Street wieder zurückspazieren. Dabei passiert man die meisten der spezifischen Sehenswürdigkeiten (inklusive *Hemingway House*), Cafés und Bars (*Sloppy Joe's*) und hat nebenbei viel von Old-Key West gesehen. Strukturierter folgt man bei ausgeprägtem lokalen Interesse der ausgeschilderten **Key West Historic Marker Tour**, die 50 historisch bedeutsame Gebäude und Plätze verbindet (überwiegend in der Altstadt). Details unter www.keywesthistoricmarkertour.org.

Aquarium

An der Ecke Mallory Square in der #1 Whitehead Street befindet such die älteste Touristenattraktion der Stadt, das **Key West Aquarium**. Es entspricht nicht mehr modernen Standards, ist aber eine der wenigen Attraktionen in Key West, die auch für Kinder interessant ist, zumal man dort Fische anfassen und füttern darf; täglich 10-18 Uhr, Eintritt $16, bis 12 Jahre $8, ✆ 1-888-544-5927; www.keywestaquarium.com.

Schiffswracks & Schätze

Es gibt gleich drei Museen, die sich den Schiffen, die vor den Keys sanken, Piraten und Schätzen widmen:

- Im **Key West Shipwreck Museum** in einem Holzhaus mit Personal in historischen Kostümen von 1856 stehen Multimediales und ein Panoramablick vom knapp 20 m hohen Aussichtsturm

170   **Key West**

im Vordergrund; 1 Whitehead Street, täglich 9.40-17 Uhr, Eintritt $15, Kinder $8, ✆ (305) 292-8990, www.keywestshipwreck.com.

- Im **Mel Fisher Maritime Museum** schräg gegenüber sind **echte Funde** ausgestellt. *Mel Fisher* war einer der bekanntesten Schatzsucher Floridas. Er entdeckte u.a. die *Nuestra Señora de Atocha* und die *Santa Margarita*, die beide 1622 einem Hurrikan zum Opfer fielen. Teile seiner Funde kann man hier zu bewundern; 200 Greene Street, Mo-Fr 8.30-17, Sa-So ab 9.30 Uhr, Eintritt $13/$7, ✆ (305) 294-2633; www.melfisher.org.

- Das dritte Museum, das gleich um die Ecke liegt, nähert sich dem Thema aus anderer Perspektive. Im **Oldest House Museum** kann man sehen, wie Key West vom Plündern der gesunkenen Schiffe profitierte. In diesem ältesten Haus der Insel von 1829 erfährt man zwar nicht ganz viel über die Beute, erhält aber einen Einblick in die Wohnkultur des frühen Key West; 322 Duval Street; Mo, Di, Do, Fr, Sa 10-16 Uhr, Eintritt frei; www.oirf.org.

Audubon House

Gegenüber *Mel Fishers Museum* steht das wunderschöne **Audubon House**, das an den Naturliebhaber und Maler **John James Audubon** erinnert. Er besuchte 1832 Key West und zeichnete dort typische Pflanzen und Tiere der Insel. Das nach ihm benannte Haus war genaugenommen noch gar nicht fertig, als sich *Audubon* dort aufhielt und einige Zeit in dessen Garten verbrachte. Wem es genügt, in Key West nur eine der alten Villen zu besichtigen, kommt im *Audubon House* eher auf seine Kosten als im oft vollen *Heming-*

Besichtigung 171

way House; 205 Whitehead Street, täglich 9.30-17 Uhr, Eintritt $12, bis 12 Jahre $5, ✆ 1-877-294-2470, www.audubonhouse.com.

Little White House

Wenn man der Front Street ein Stück weiter folgt, steht man bald vorm Eingang zum sog. *Little White House*, in dem **Präsident Harry S. Truman** des öfteren seine Ferien verbrachte. Das Haus ist zwar weiß, sieht aber dem Washingtoner »Weißen Haus« nicht eben ähnlich. Immerhin regierte *Truman* von dort aus zeitweilig die USA; 111 Front Street, täglich 9-17 Uhr, Eintritt $17, bis 12 Jahre $6, ✆ (305) 294-9911; www.trumanlittlewhitehouse.com.

Man kann das Gebäude nur im Rahmen von **Führungen** besichtigen. Dabei sind weniger die Einrichtungsgegenstände interessant, als vielmehr die mit Anekdoten gefüllten Erläuterungen zu *Truman* und seinen Aufenthalten in Key West. Es wird außerdem ein kurzer Film über diesen Präsidenten gezeigt. Auch sein Nachfolger *Eisenhower* machte später Urlaub in Key West, verzichtete aber darauf, im *Little White House* zu wohnen. Als Republikaner wollte er auf keinen Fall in einem Bett übernachten, in dem sein ihm verhasster demokratischer Vorgänger geschlafen hatte.

Hemingway Home & Museum

Zurück auf der Whitehead Street sind es noch sieben Blocks bis zum **Hemingway Home & Museum**, dessen Besichtigung vor allem für *Hemingway*-Fans lohnt. Wer den James-Bond-Film **License to Kill** gesehen hat, wird z.B. den Schauplatz der Schlüsselszene wiedererkennen, in der *Timothy Dalton* diese »Lizenz« entzogen wird – sie wurde auf dem Balkon des Hauses gedreht; 907 Whitehead Street, täglich 9-17 Uhr, Eintritt $13/$6; www.hemingwayhome.com.

Das zweistöckige Kalksteinhaus wurde 1851 im **spanisch-kolonialen Stil** erbaut, geschmackvoll eingerichtet und von einem tropischen Garten umgeben. Dort leben zahlreiche Katzen, die angeblich alle von den Haustieren des Schriftstellers abstammen. In einem Nebengebäude darf man einen Blick in das Arbeitszimmer des Autors werfen, in dem außer Schreibtisch und Büchern auch ein paar seiner Jagdtrophäen zu sehen sind. *Ernest Hemingway* lebte von 1931 bis 1940 in diesem Haus, bevor es ihn nach Kuba zog. In diesen Jahren in Key West arbeitete er an einigen wichtigen Werken, so an seinem Roman über den spanischen Bürgerkrieg *For Whom the Bell Tolls* (»Wem die Stunde schlägt«) und dem nicht ganz so bekannten Titel *To Have and Have Not* (»Haben und nicht haben«), dem einzigen, dessen Handlung in Key West spielt.

Südlichster Punkt der USA

Vom *Hemingway Home & Museum* sind es noch etwa 500 m die Whitehead Street hinunter bis zur Atlantikküste. Dort steht ein tonnenförmiges Monument, das schwarz-rot-gelb bemalt ist und die Aufschrift **Southernmost Point Continental USA** trägt. Denn hier steht man zwar am südlichsten Punkt, aber eben nur der kontinentalen Vereinigten Staaten. Hawaii liegt noch weiter südlich als Florida. Früher befand sich hier nur eine Tafel, doch sie wurde regelmäßig gestohlen, daher entschloss man sich irgendwann zu diesem schweren Betonmonstrum in Form einer Boje.

Ein Muss auf Key West: Erinnerungsfoto am südlichsten Punkt der kontinentalen USA

Unter der *Website* www.southernmostpoint.com findet sich ein hübsches **Guest House** mit – für Key West – moderaten Tarifen, ab $100, 1327 Duval Street, ℂ (305) 294-0715.

»Conch«

Über den Worten *Southernmost Point* sieht man auf der Boje ein **Dreieck**, auf dem eine **Muschel** abgebildet ist. Es handelt sich dabei um die einheimische, rosafarbene Muschelsorte **Conch** (Aussprache: Konk, deutsch: Tritonshorn-Muschel). Sie ist eine Art **Symbol für Key West** – alteingesessene Bürger bezeichnen sich ebenfalls als *Conchs*, Stadtrundfahrten werden mit dem *Conch Train* veranstaltet, und die typischen alten Holz-Wohnhäuser im viktorianisch-karibischen Stil mit Veranda nennt man *Conch Houses*.

Conch Republic

Die Muschel auf dem Denkmal trägt außerdem den Schriftzug **The Conch Republic**. Er erinnert an eine abenteuerliche Episode, die sich 1982, kurz vor Errichtung dieses Monuments, ereignete. Damals wie heute hatten die Behörden in Südflorida Mühe mit der Bekämpfung von Schmuggel und Drogenhandel. Da es unmöglich ist, die endlosen Küsten der Keys zu kontrollieren, beschlossen die Grenzschützer, bereits am Nordende des Hwy #1 bei Florida City Kontrollpunkte zu installieren und dort alle Autos zu überprüfen. In Key West war man über diese Maßnahme so erbost, dass eine kleine Revolution ausbrach. Wenn die Behörden Key West wie feindliches Ausland behandeln wollten und vor dem Festland quasi Grenzkontrollen errichteten, dann könne man ja gleich aus den USA austreten, meinten damals viele.

So erklärte sich **Key West am 23. April 1982 für unabhängig** und gab sich den Namen **Conch Republic**. Dies war zwar nicht wirklich ernst gemeint, aber medienwirksam. Immerhin entwarf man eine **eigene Flagge** und druckte **eigene Pässe**. Das Internet hat diese Verrücktheit wieder neu entfacht: die »einzige erfolgreich von den USA abgespaltene« Republik lebt! Wer mitmachen möchte: ein einfacher Pass kostet $100, Honorarkonsul-Ehren samt Urkunde $1.250 und ein Botschafter-Posten $10.000: www.conchrepublic.com.

Besichtigung

Beaches

Östlich vom *Southernmost Point* beginnt die **South Beach**. Am südlichen Ende der Reynolds Street stößt man auf die **Higgs Beach** mit Picknicktischen und Grillrosten. Der längste Strand ist die **Smathers Beach** (S Roosevelt Blvd). Alle anderen Strände sind **schmal**, oft ziemlich **voll** und nicht umwerfend.

Den schönsten Strand mit klarem tiefen Wasser hat die **Fort Zachary Taylor Beach** im gleichnamigen *State Park* in der Südwestecke der Insel. Zufahrt über Front und Southard Street, dann übers US-Navy Gelände; 601 Howard England Way, $6/Auto, $2/Fußgänger, ab 8 Uhr; www.floridastateparks.org/forttaylor.

Fort Zachary Taylor

Im Eintritt für den *State Park* eingeschlossen ist auch die Besichtigung der alten Gemäuer und vielen Kanonen des blendend erhaltenen mächtigen Forts, das einst den äußersten Zipfel der USA gegen die Konföderierten, Ende des 19. Jahrhunderts gegen die Spanier und sogar im 2. Weltkrieg gegen deutsche Angriffe verteidigen sollte, die nie kamen. Selbst im Bürgerkrieg sah es – wohl wegen der Aussichtslosigkeit eines Angriffs von See her – keine nennenswerten Kampfhandlungen. Die ab 1845 gebaute Festung wurde 1947 endgültig außer Dienst gestellt, später restauriert und erst 1985 zur Besichtigung freigegeben. Der Besuch von Strand und Fort lohnt sich unbedingt. Er bildet eine Art Kontrastprogramm zu den üblichen Attraktionen in Key West. Das **Cayo Hueso Café** lädt mit Strand-Terrasse zum Verweilen ein.

Schöne Bilder liefert die Website www.fortzacharytaylor.com.

Duval Street

Von der South Beach läuft die **Duval Street**, die beliebteste und belebteste Straße von Key West, schnurgerade hinauf bis zum rund 2 km entfernten Mallory Square. Sie bietet ziemlich gemischte Eindrücke. Die **Souvenirgeschäfte**, in denen man die üblichen T-Shirts, Postkarten, Muscheln und kitschigen Andenken erstehen kann, scheinen kein Ende zu nehmen, und auch manche der Restaurants und Bars sehen so aus, als ob sich schon lange kein Einheimischer mehr dorthin verirrt hat.

Der verlängerte Anleger für Kreuzfahrtschiffe befindet sich in Sichtweite des sehenswerten Fort Zachary Taylor samt Beach

Die beiden bekanntesten Bars in der Duval Street sind indessen echte Institutionen: **Margaritaville** (#500; www.margaritavillekeywest.com, ✆ 305-292-1435) und **Sloppy Joe's** (#201; www.sloppyjoes.com, ✆ 305-294-5717), angeblich *Ernest Hemingways* Lieblingskneipe. An den Autor erinnert u.a. der Cocktail »**Papa Dobles**« (Bacardi, Limonen-, Grenadinen- und Grapefruitsaft).

*»Pappa«
Hemingways
Stammkneipe,
www.sloppy
joes.com*

Tanzen geht man im **Rick's Upstairs**, #202; www.ricksbarkey west.com. Das *La Te Da* (#1125) ist mit seinen Bars einer der bekannteren Schwulen-Treffpunkte und veranstaltet regelmäßig **Drag Shows**, ➤ Seite 166.

Shopping   Unter den vielen *Shops* lohnen sich u.a. die älteste Kunstgalerie auf der Insel **Gingerbread Square Gallery** (#1207; www.gingerbreads quaregallery.com, ✆ 305-296-8900) oder auch die **Key West-Havana Cigar Company** (#1121; www.keywestcigar.com, ✆ 305-509-7717) mit Tabakwaren, die trotz des Namens nicht aus Kuba stammen. Denn der Handel mit der Nachbarinsel ist auch unter Präsident Obama immer noch verboten. Man kann dort nicht nur handgerollte Zigarren kaufen (u.a. die Marken *El Presidente* und *El Hemingway*), sondern auch bei der Herstellung zusehen.

Kulturelle Kontrapunkte   Wie überall in Key West vermischen sich auch entlang der **Duval Street** Kommerz und Kultur. Zwischen lauten Bars und kitschigen Läden verbergen sich ein paar echte »Perlen«. Das **Instituto San Carlos** z.B. ist nicht nur ein interessantes, im kubanischen Barockstil erbautes Gebäude, es fungiert auch als eine Art **kubanisches Kulturzentrum** mit Konzerten und Ausstellungen; #516; www.institutosancarlos.org.

Im Haus #108 befindet sich das Kuriositäten-Kabinett **Ripley's Believe It or Not** (täglich 9-23 Uhr, Eintritt $15, bis 12 Jahre $10; www.ripleys.com/keywest; zu *Ripley's* generell ➤ Seite 275).

Das kleine **Red Barn Theatre** bietet ein abwechslungsreiches Programm; #319, drei Blocks weiter in Richtung Mallory Square; ✆ 1-866-870-9911; www.redbarntheatre.com.

Friedhof   Außer einem Bummel über die Duval Street sollte man sich auch noch einen Spaziergang durch ruhigere Wohngegenden gönnen. Dafür kommen fast alle Quer- und Parallelstraßen der Duval Street in Frage. Als Ziel kann man sich dabei z.B. den nicht weit entfernten und sehr interessanten **Friedhof** zwischen der Olivia und der Angela Street nehmen. Da die Insel nur knapp über dem Meeresspiegel liegt, sind in Key West die Toten nicht tief begraben, viele Gräber sogar überirdisch angelegt. So entstand eine Friedhofsarchitektur mit **Grabmälern** und Wänden, die an die **Totenstädte in New Orleans** erinnert.

Eine schwierige Nachbarschaft: Key West und Kuba

Der Blick auf die Landkarte zeigt es klar und deutlich: von Key West ist es nach Kuba näher als nach Miami – vom Rest des Staates und der USA ganz zu schweigen. Und ständig stolpert man in Key West über Kubanisches. Ein Teil der Bevölkerung stammt von Einwanderern ab, die schon im 19. Jahrhundert aus Kuba hierher kamen. Sie brachten neben ihrer Sprache und der kubanischen Küche die **Zigarrenproduktion** auf die Insel, von der viele Bewohner lange Jahre lebten. Der Tabak für die »kubanischen« Zigarren, die man überall erstehen kann, kommt allerdings nicht aus Kuba, sondern wegen des strengen Einfuhrverbots für kubanische Produkte meist aus anderen Ländern.

Vor der Revolution in Kuba war Key West auch verkehrstechnisch aufs engste mit der großen Nachbarinsel verbunden. Wo heute nördlich des Mallory Square das *Pier House* steht, befanden sich bis in die 1950er-Jahre die sogenannten *Havana Docks*, Anleger der Autofähre nach Kuba. **Die ersten Flüge** ab den USA nach Kuba, zugleich die ersten Flugverbindung aus den USA ins Ausland überhaupt, starteten ebenfalls in Key West (Oktober 1927).

Die **Künstlerkolonie** von Key West war schon immer von Kuba und dessen Kultur fasziniert. *Ernest Hemingway* zog sogar von Key West ganz nach Kuba, und *Tennessee Williams* stattete, während er in Key West lebte, *Fidel Castro* einen Besuch ab.

Obwohl in den 1960er-Jahren alle offiziellen Verbindungen mit Kuba unterbrochen wurden, ist man sich in Key West der Nähe zu Kuba nur zu bewusst. Als in den 1980ern die Präsenz der US-Navy in Key West massiv reduziert werden sollte, startete der Bürgermeister aus Sorge um Arbeitsplätze eine bemerkenswerte Protestaktion, wie es sie wohl nur auf Key West geben kann: er surfte nach Kuba (kürzeste Entfernung 169 km), um die US-Regierung daran zu erinnern, wie nahe Key West dem kommunistischen »Feind« Kuba ist.

Aber um den Kommunismus ist es bekanntlich nicht mehr gut bestellt. Auch *Fidel Castro* hat mittlerweile abgedankt und alle Regierungsämter an seinen Bruder *Raúl* abgetreten. Das Feindbild verblasst mehr und mehr. Auf beiden Seiten wird zurzeit diskutiert, wie man sich annähern kann. Die Aufhebung des seit 1962 bestehenden Handels-Embargos wird zur Zeit (Juni 2013) geprüft. Es war politisch ohnehin wirkungslos und schadete nur der Bevölkerung. Auch Flüge USA-Kuba könnten bald wieder möglich werden.

Die USA freuen sich schon auf einen neuen Markt mit über 11 Mio Kubanern, und die Kubaner könnten vom Tourismus ungemein profitieren. Die Reisebeschränkungen für die eigenen Bürger wurden bereits etwas gelockert, für einreisende Touristen aus den USA wird dies demnächst erwartet. Und so stehen Investoren wie *Cuba Ferry International* schon in den Startlöchern, um die Wiederbelebung der Fährverbindung Key West–Havana zu realisieren: www.havanaferrypartners.com.

2.6 Abstecher auf die Dry Tortugas

»Fortsetzung« der Keys

Das Straßennetz der USA endet zwar in Key West, aber das heißt nicht, dass es keine weiteren Inseln mehr gibt. Westlich von Key West liegt in nur 30 km Entfernung zunächst die Inselgruppe der **Marquesas Keys**. Noch weiter westlich, gut 100 km von Key West entfernt, stößt man auf eine weitere Gruppe von sieben kleinen Inseln, die schon 1513 von *Ponce de León* entdeckt wurde. Er nannte die Inseln nach den dort auffallend vielen Schildkröten *Las Tortugas*. Als sie später in amerikanischen Besitz übergingen, fügte man noch das Adjektiv ***dry*** hinzu, da es auf der ganzen Inselgruppe kein Frischwasser gibt.

Nutzung

Die Trockenheit verhinderte für lange Zeit eine Besiedelung. Erst 1825 wurde auf der **Garden Key** ein erstes Gebäude errichtet, ein Leuchtturm, der Schiffe vor den gefährlichen Riffen der umliegenden Gewässer warnen sollte. Gleichzeitig entwarf man weitreichende Pläne für die Inseln. Man wollte ihre exponierte Lage militärisch nutzen, um den Golf von Mexiko besser kontrollieren zu können. Der Plan für eine Befestigungsanlage auf den Dry Tortugas ging bereits auf Präsident *Thomas Jefferson* zurück (1801-1809). Aber erst 1846 begann man mit dem Bau des nach ihm benannten größten US-Küstenforts mit 2 m dicken Mauern, ausgelegt für 450 Kanonen und eine Besatzung von 1.500 Soldaten.

Fort Jefferson

Genau wie im Fall von *Fort Zachary Taylor* auf Key West wurden die Bauarbeiten am **Fort Jefferson** zumindest in der ersten Phase von Sklaven ausgeführt. Nach Abschaffung der Sklaverei brachte man verurteilte Straftäter und Kriegsgefangene aus dem Bürgerkrieg auf die Insel. Das Ganze stand allerdings von Anfang an unter keinem guten Stern. Die Bauarbeiten kamen nur schleppend voran. Die ersten Mauern begannen bereits kurz nach Fertigstellung im weichen Sanduntergrund abzusacken. So zog man schon 1874 die wenigen dort effektiv stationierten Soldaten ab und überließ *Fort Jefferson* dem Zahn der Zeit.

Das bombastische Fort Jefferson besetzt bis auf einen Sandstreifen und eine kleine Landzunge die Insel Garden Key komplett

Dry Tortugas National Park 177

Das Wasser-flugzeug landet nach nur 40 min am Strand von Garden Key, ist dafür aber auch erheblich teurer als der Bootsausflug

Nichtsdestoweniger blieben die Außenmauern der riesigen, sechseckigen Anlage einigermaßen erhalten. Das rote Fort, umgeben von Palmen und kleinen weißen Strandstücken mitten im türkis-blauen Meer, ist eine der eindrucksvollsten Sehenswürdigkeiten in Reichweite der Keys.

Dry Tortugas National Park

Seit 1992 bilden die 7 Inseln der **Dry Tortugas** einen **Nationalpark**, den am wenigsten besuchten der USA. Das liegt natürlich in erster Linie daran, dass er nur via Key West per Flugzeug oder Ausflugsboot zu erreichen, und der Transport dorthin recht kostspielig ist. Der Zutritt kostet **$5/Person**; www.nps.gov/drto.

Für Bootstrips ab Key West gibt es zwei Veranstalter (Adressen unten). Die Preise dafür sind nicht so überzogen, wie es auf den ersten Blick scheinen mag, denn außer dem reinen Transport sind Frühstück und Mittagsbuffet an Bord, unbegrenzte (nicht-alkoholische) Getränke, die Führung durchs Fort und die Ausleihe von Flossen, Taucherbrille und Schnorchel inbegriffen. Nach der gut zweistündigen Anfahrt und einer Führung durchs Fort hat man noch weitere 4 Stunden Zeit, um sich in aller Ruhe auf der Insel umzusehen, zu schwimmen und zu schnorcheln, bevor es wieder zurück nach Key West geht.

Transport im Detail

Der Katamaran **Yankee Freedom III** fährt ab *Key West Ferry Terminal* am Ende der Grinnell Street zur Garden Key ($165 inkl. NP-Eintritt, bis 16 Jahre $120). Die Fahrtzeit beträgt 2 Std. 15 min. Das Boot legt täglich um 8 Uhr ab und ist abends um 17.30 Uhr wieder zurück, ✆ 1-800-634-0939; www.yankeefreedom.com.

Mit **Key West Seaplane Adventures** geht's schneller, aber ohne Verpflegung unterwegs und nur ca. 2,5 Std. Aufenthalt; $280, Kinder $224, ✆ (305) 293-9300; http://keywestseaplanecharters.com.

Camping

Unterkünfte und Restaurants gibt es auf den Dry Tortugas nicht. Aber neben dem *Fort Jefferson* befindet sich ein traumhaft gelegener, wiewohl sanitär einfachster **Zeltplatz**: dort kann man unter Palmen direkt am Strand in himmlischer Ruhe campen. Wegen fehlender stehender Gewässer gibt es dort keine Moskitos! Auskunft unter ✆ (305) 242-7700, $3/Person, 10 Plätze.

Man muss allerdings gut ausgerüstet sein und – einschließlich Trinkwasser – alles selbst mitbringen und auch Abfall wieder abtransportieren. Reservierungen sind nicht möglich, sondern die Plätze werden nach *first-come-first-served* vergeben. Aber wegen der exponierten Lage stehen selbst in der Saison die Chancen gut, dort Platz zu finden. Die *Yankee Freedom* transportiert gegen Aufpreis ($15) die Camping-Utensilien und gestattet die Rückfahrt an einem beliebigen späteren Tag.

Aktivitäten Außer der Besichtigung des Forts, Campen und Schwimmen können für die Dry Tortugas auch *Fishing-*, Tauch- und Schnorcheltrips gebucht werden, mehr unter www.nps.gov/drto/planyourvisit/upload/DRTO-_CUA-2012-2013.pdf.

Traumhaftes Camping auf Garden Key in enger Nachbarschaft zum Fort Jefferson

Top Ten auf den Keys

1. Ausflug auf die **Dry Tortugas** machen
2. **Fort Zachary Taylor** besichtigen und den vorgelagerten Strand genießen
3. Sich ins nächtliche **Kneipenleben von Key West** stürzen
4. Das *Dolphin Research Center* auf Grassy Key besuchen
5. **Glasbodenbootstour** im *John Pennekamp Coral Reef State Park* buchen
6. An der **Sonnenuntergangsparty** auf dem Mallory Square teilnehmen
7. Das *Hemingway* und/oder *Audubon House* in Key West besichtigen
8. An der *Sandspur Beach* von Bahia Honda Island baden und ggf. campen
9. Per Leihfahrrad oder -moped **Key West umrunden**
10. Das *Pigeon Key Museum* an der **Seven Mile Bridge** besuchen

3. KÜSTE DER KONTRASTE Von Miami nach Jacksonville

3.1 Zur Route

Von Miami Beach nach Fort Lauderdale

Wer von Miami in Richtung Norden fährt, kommt durch dicht besiedeltes Gebiet und kann wählen zwischen *Florida's Turnpike*, I-95 und den Straßen #1 oder #A1A. Die Autobahnen eignen sich nur fürs schnelle Vorankommen und die verkehrs- und ampelbelastete #1 ist keine sinnvolle Alternative. Mit ausreichend Zeit (wegen des ebenfalls langsamen Vorankommens) sollte die A1A entlang der Küste in Betracht gezogen werden. Zwar gibt es an ihr auch unansehnliche Abschnitte, aber zwischen zahllosen Hotels, Motels und Apartmenthochhäusern sieht man auf ihr zumindest dann und wann das Meer und passiert **Strandzugänge**.

Miami Beach geht praktisch nahtlos in North Miami Beach über. Es folgt **Hollywood**, eigentlich ein Bereich, der wenig erwähnenswert wäre, gäbe es dort nicht – wiewohl 12 mi abseits der Küste – das ***Seminole Hard Rock Hotel & Casino*** (Seminole Way zwischen Straße #441 und *Florida's Turnpike*). Mehr auf Seite 396.

Von Fort Lauderdale nach Jacksonville

Knapp 330 mi sind es über die gebührenfreie Autobahn I-95 von Fort Lauderdale bis Jacksonville im Norden Floridas. En route entlang der Atlantikküste liegen mehrere Orte mit bekannten Namen:

- das reiche **Palm Beach** als Highlight der südlichen Küste
- etwa auf halber Strecke Cape Canaveral mit dem ***Kennedy Space Center***

Ergänzend zur Karte links sei auf die Karten auf Seiten 188, 197 und 263 für die nördlicheren Küstenabschnitte bis hinauf nach Jacksonville hingewiesen.

180 Von Fort Lauderdale nach Jacksonville

- nur 50 mi weiter das Motorsportzentrum **Daytona Beach**
- und 40 mi unterhalb Jacksonville das historische **St. Augustine**

Außerdem sind es auf der Höhe von **Cape Canaveral** nur rund 40 mi landeinwärts bis zur »Welthauptstadt« des konzertierten Amusements, **Orlando**, der – ihrer touristischen Bedeutung entsprechend – ein großes Sonderkapitel gewidmet ist (➢ Seite 207).

Straßen-alternativen

Auch oberhalb von Palm Beach bleibt es beim Verlauf mehrerer Straßen parallel zur Küste und unmittelbar an ihr entlang nach Norden. Bis Fort Pierce kommt man am schnellsten auf der gebührenpflichtigen und daher verkehrsärmeren **Florida's Turnpike** voran. Ab Fort Pierce ist dann die gebührenfreie I-95 die einzige Alternative für Meilenfresser. Küstennäher, teilweise sogar unmittelbar am *Intracoastal Waterway* zwischen den vorgelagerten Inseln und dem Festland verläuft die **Straße #1**, auf den **Barrier Islands** über große Strecken zusätzlich die **A1A**, ➢ Foto unten. Auf diesen Straßen kann sich die Fahrt wegen hoher Verkehrsbelastung, Ortsdurchfahrten und Ampeln auch noch nördlich der Ballungsstreifens in die Länge ziehen. Man handelt sich für die Mühe der Fahrt auf den Straßen #1 und zunächst auch A1A nicht einmal überwiegend schöne Strecken ein, denn Küste und Hinterland sind flach und landschaftlich unspektakulär.

Straße A1A

Anders ist es auf nördlicheren **Teilstrecken der A1A**, auf der man Dünengebiete, viele schöne Strände, Naturschutzreservate, Sommerwillen-Siedlungen und *State Parks* mit wunderbaren Picknick- und Campingplätzen passiert. Der Zeitbedarf dafür ist indessen ziemlich groß. Wer sich überwiegend an die A1A hält, benötigt z.B. für die Strecke von Fort Lauderdale bis Cape Canaveral selbst bei vielen Stunden am Steuer locker 2 Tage, auf der I-95 dagegen nur 3 bis 4 Stunden. Je nach individueller Schwerpunkt- und Zielsetzung macht es daher Sinn, für Teilabschnitte die nie weit entfernt voneinander verlaufenden Straßen zu wechseln.

*Der **Intracoastal Waterway** zwischen vorgelagerten Sandinseln und Festland besteht in Südflorida aus breiten Kanälen und – im Wechsel – seeartigen Erweiterungen. An ihm entlang läuft die Straße A1A*

3.2 Städte im urbanen Streifen nördlich von Miami

3.2.1 Fort Lauderdale

Kennzeichnung

Geschichte

Knapp 30 mi nördlich von Miami Beach stößt man auf einen weiteren bekannten Badeort. Sein militärisch klingender Name geht auf ein Fort zurück, das ein *William Lauderdale* 1838 während der Seminolenkriege (➤ Seite 473) dort errichtete. Weiße Siedler kamen erst Jahrzehnte später in größerer Zahl. Den eigentlichen Durchbruch für die Stadtentwicklung brachte erst der Bau der Eisenbahn Ende des 19. Jahrhunderts.

Venice of America

Da die Stadt in einer ziemlich sumpfigen Ecke entstand, was den Hausbau erschwerte, kam man auf die Idee, reihenweise parallel verlaufende Entwässerungskanäle anzulegen und den Erdaushub zu länglichen Halbinseln aufzuschütten. Dadurch entstanden etwa 300 km Wasserwege mit Tausenden von Grundstücken mit privatem Bootsanleger vor der Tür. Sie trugen Fort Lauderdale die Bezeichnung *Venice of America* ein.

Die 185.000-Einwohner-Stadt ist außerdem für ihre Häfen bekannt, sowohl den edlen Yachthafen in der Innenstadt als auch den großen **Port Everglades** südlich des Zentrums, in dem viele Kreuzfahrtschiffe vor und nach dem Karibiktörn an- und ablegen.

Touristenstadt/ Einstige Spring Break Hochburg

Neben Schifffahrt und -bau ist **Tourismus** der wichtigste Wirtschaftszweig von Fort Lauderdale. Besonders gutbetuchte Amerikaner verbringen ihren Strandurlaub dort lieber als im stellenweise schillernden Miami Beach. Dabei galt Fort Lauderdale früher als eine Art »Ballermann« Floridas und war besonders bei Studenten beliebt, bis die Stadtväter beschlossen, weniger zahlungskräftige Besucher abzuschrecken. Konsum alkoholischer Getränke im Freien und Frisbee- und Ballspielen am Strand wurden verboten. Und so verlor Fort Lauderdale bald den Rang als Hochburg vor allem des sog. *Spring Break*. Zu diesem Sauf- und Sexereignis reisen 'zigtausend Studenten in den Frühjahrsferien gerne nach Florida, ➤ Seiten 262 & 345

Praktisches

Information

Greater Fort Lauderdale Convention & Visitors Bureau, 100 East Broward Blvd, ✆ 1-800-227-8669; www.sunny.org.

Flughafen

Der *Fort Lauderdale – Hollywood International Airport* (FLL) (✆ 1-866-435-9355; www.broward.org/airport) liegt 5 mi südlich von *Downtown*. Verkehrsanbindung über **Broward County Transit**, Ticket $1,75, Tagespass $4, www.broward.org/bct.

Restaurants

• Für Salate und Lunch ist das *Floridian* eine gute Wahl; 1410 E Las Olas Blvd, I-95 *Exit* 27, 24 Stunden geöffnet, ✆ (954) 463-4041.

• *Italian Food* am Wasser gibt's im **Serafina**; 926 NE 20th Ave, I-95 *Exit* 27, ✆ (954) 463-2566; www.serabythewater.com.

• Fischgerichte und einen schönen Ausblick genießt man im **Sea**

Nördlich von Miami

Watch; 6002 N Ocean Boulevard, I-95 *Exit* 32, 6 mi nördlich der *Main Beach*, ℂ (954) 781-2200; www.seawatchontheocean.com.

- Eines der besten Restaurants der Stadt ist das **High Life Café** mit moderner amerikanischer Küche; 3000 North Federal Hwy, I-95 *Exit* 27, ℂ (954) 563-1395; www.hilifecafe.com.

Unterkunft
- **The Chocolate Hostel**; 506 SE 16th St, I-95 *Exit* 27, $25/Bett, $53/EZ, ℂ (954) 522-6350; www.bridge-hostel-fort-lauderdale.com.

- Von *Hostels* abgesehen muss man für preiswertere Unterkünfte ins Umfeld, etwa nach Pompano Beach (z.B. **Ronny Dee Resort Motel**, 717 S Ocean Blvd, zwei Blocks vom Meer, I-95 *Exit* 36, ab $69, ℂ 954-943-3020, www.ronnydeeresort.com) oder nach Hollywood (z.B. **Sea Downs Oceanfront Inn**, 2900 N Surf Rd, am Meer, I-95 *Exit* 21, ab $96, ℂ 954-923-4968; www.seadowns.com).

- Ein hübsches **B&B** in Fort Lauderdale ist das stilvolle **Granada Bed and Breakfast Inn**, nur einen halben Block vom Strand entfernt; 3011 Granada Street, I-95 *Exit* 29, $99-$149, ℂ 1-877-800-5552; www.thegranadainn.com.

- Noch erschwinglich ist das **Avalon Waterfront Inn** unmittelbar am Strand und mit Küche; 521 N Fort Lauderdale Beach Blvd, I-95 *Exit* 29, ab $110, ℂ (954) 396-4620; www.waterfrontinns.com.

- Auch am Strand liegt das **A Little Inn By The Sea** mit großen schön eingerichteten Zimmern und teilweise mit Küche; im ruhigen nördlichen Vorort Lauderdale by the Sea, 4546 El Mar Dr, I-95 *Exit* 32, ab $119, ℂ 1-800-492-0311; www.alittleinnhotel.com.

- Im Zentrum liegt das **Riverside Hotel**; 620 E Las Olas Blvd, I-95 *Exit* 32, ab $139, ℂ 1-800-325-3280; www.riversidehotel.com.

- **La Quinta Inn Sunrise Sawgrass Mills** (➢ *Sawgrass Mills Outlet Center*, Seite 186), 13651 NW 2nd Street, I-595 *Exit* 1, ab $89, ℂ (954) 846-1200.

Camping
- Der **Kozy Kampers RV Park** liegt 7 mi vom Strand entfernt; 3631 W Commercial Blvd, I-95 *Exit* 32, ab $49, ℂ (954) 731-8570; www.kozykampers.com.

- Im Bereich Fort Lauderdale ist auch der **Markham Park** mit Pool und See eine gute Wahl; 16001 Hwy 84 in Sunrise, I-595 *Exit* 1A, ℂ (954) 357-8868; www.broward.org/parks/markhampark.

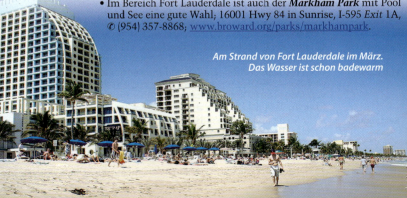

*Am Strand von Fort Lauderdale im März.
Das Wasser ist schon badewarm*

In Fort Lauderdale stehen nicht nur Mercedes und Porsche vor der Villa. Kanalseitig liegt die Yacht am Privatsteg

- Näher am Meer liegt der **Quiet Waters Park** nördlich Fort Lauderdale in Deerfield Beach mit großer Rutsche, Wasserski etc.; 401 S Powerline Rd, I-95 *Exit* 42B, Zeltplatz $40, ✆ (954) 357-5100; www.broward.org/parks/quietwaterspark.
- In Pembroke Pines befindet sich der **C.B. Smith Park** an einem See; 900 N Flamingo Road, I-75 *Exit* 9, $40, ✆ (954) 357-5170; www.broward.org/parks/cbsmithpark.

Stadtbesichtigung

Fort Lauderdale Beach

Über 10 km **heller Sandstrand** sind die Hauptattraktion der Stadt. Wer über die Straße A1A anfährt, gelangt direkt dorthin (Beach Boulevard/Ocean Drive). Die Strandpromenade entlang der A1A ist zugleich Flanierstrecke für Bikinischönheiten, Skating- und Bikeroute. Viele Bars und Restaurants säumen den Strand auf der gegenüberliegenden Straßenseite. Ab dem frühen Abend tobt dort das Leben. Außer fürs **High Life**, zum Schwimmen und Sonnenbaden kommen Urlauber zum **Tauchen** und zum **Wasserski**; auch *Jet Skis* sind in Fort Lauderdale beliebt.

In Strandnähe befinden sich zwei museale Sehenswürdigkeiten:

Schwimmtempel

- An der A1A etwa auf der Höhe der SE 5th Ave findet man die etwas in die Jahre gekommene **International Swimming Hall of Fame** in der man Fotos bekannter Schwimmer, Medaillen und sonstige Trophäen bewundern kann. Viel Raum ist dem legendären Schwimmer **Johnny Weissmuller**, der als Tarzan-Darsteller berühmt wurde und in Fort Lauderdale lebte, und **Mark Spitz** gewidmet, der 7 Goldmedaillen bei den Olympischen Spielen in München 1972 gewann; 1 Hall of Fame Drive, Mo-Fr 9-17, Sa-So 9-14 Uhr, $8, Kinder $4; www.ishof.org.

184 Nördlich von Miami

Bonnet House	Gut zwei Meilen weiter nördlich steht das **Bonnet House** – ein palastartiges Wohnhaus. Hier schuf sich das Künstlerehepaar *Frederic* und *Helen Bartlett* 1920 ein Refugium. Nach *Helens* frühem Tod heiratete *Frederic* einige Jahre später die Malerin *Evelyn Lilly*. In den um einen Innenhof gelegenen Räumen sind heute vor allem Portraits und Stillleben von *Evelyn Bartlett* zu sehen; 900 N Birch Road, Di-So 9-16 Uhr, Eintritt $20 (ohne Haustour $10), bis 12 Jahre $16; www.bonnethouse.org.
Mangroven & Lagunen	Nur wenig weiter nördlich beginnt der **Hugh Taylor Birch State Park**. In diesem Park kann man sehr schön zwischen Mangroven und Lagunen spazieren gehen oder auch ein Kanu leihen und herumpaddeln; 3109 E Sunrise Boulevard, täglich von 8 Uhr bis Sonnenuntergang; www.floridastateparks.org/hughtaylorbirch; Boot- und Fahrradverleih: www.mcruzrentals.com.
Downtown Fort Lauderdale/ Las Olas Boulevard	Neben seinem Strandbereich besitzt Fort Lauderdale auch ein kleines Zentrum mit vielen Shops, Cafés und Restaurants, ein paar »alten« Häusern und diversen Museen. Vom Strand führt der **Las Olas Boulevard** (www.lasolasboulevard.com) in die *Downtown* hinein. Zwischen Federal Hwy (Straße #1) und dem Esplanade Park/Ave of the Arts (Nordseite) bzw. S Andrews Ave (Südseite) folgen dort Uferpromenaden (**Riverwalks**) dem Flusslauf.

Fort Lauderdale

Stranahan House	Auf der Nordseite des Flusses liegt beim Federal Hwy das **Stranahan House**, ältester Bau der Stadt (1901); 335 SE 6th Ave, Touren täglich 13, 14, 15 Uhr, Eintritt $12/$7; www.stranahanhouse.org.
Kunstmuseum	Direkt am Las Olas Blvd/Ecke Andrews Ave liegt das **Museum of Art** – eines der hochkarätigeren Kunstmuseen in Florida. Zur Sammlung gehören u.a. Werke des US-Malers *William Glackens*, der avantgardistischen Künstlergruppe COBRA (1948-51) und kubanische Kunst. Sogar *Andy Warhol* und *Picasso* sind mit Werken vertreten; 1 East Las Olas Blvd, täglich 11-17, Do bis 19, So ab 12 Uhr, Eintritt $16, bis 17 Jahre $7; www.moafl.org.
Geschichtsmuseum	Das **Fort Lauderdale History Center** im ungewöhnlichen Bau des einstigen *New River Inn* von 1905 informiert über die Geschichte der Stadt; 219 SW 2nd Avenue, Di-So 12-16 Uhr, Eintritt $10, Kinder $5; www.oldfortlauderdale.org.
	Die Ausstellung mit kleinen Abteilungen zu den Seminolen und zum Baseball in Fort Lauderdale muss man nicht unbedingt gesehen haben. Was den Besuch aber lohnend macht, ist der mehrfach täglich gezeigt kurze Dokumentarfilm über **Movies, made in Fort Lauderdale**. In der Stummfilmzeit, bevor die Filmindustrie nach Hollywood übersiedelte, war Fort Lauderdale ein wichtiges Filmzentrum und auch später entstanden hier noch bekannte Streifen. So etwa *Cape Fear* (1991) oder *Striptease* (1996) mit *Demi Moore* und dem aus Florida stammenden *Burt Reynolds*.
MODS	Im **Museum of Discovery & Science** (mit **IMAX-3D-Kino**) geht es mit interaktiven Ausstellungen und Experimenten in erster Linie um die regionale Flora und Fauna und Umwelt. Eher für Kinder; 401 SW 2nd St, Mo-Sa 10-17 Uhr, So 12-18 Uhr, Eintritt $14, bis 12 Jahre $12, IMAX allein $9/$7, Kombi $19; www.mods.org.

»Tourboot« Wassertaxi

Fort Lauderdale ist das Venedig Amerikas. Wer die Villen und Paläste entlang der zahllosen Kanäle, am New River und am *Intracoastal Waterway* auf kurze Distanz in Augenschein nehmen möchte, macht am besten eine Tour mit dem **Water Taxi**. Insgesamt gibt es 11 reguläre Haltestellen sowie Anleger bei Hotels und Restaurants, wo man jederzeit spontan einsteigen kann. Das Abfahren aller Haltestellen dauert 95 min, die verkürzte Route im Zentralbereich ca. 60 min. Die gelben Boote verkehren alle 15-30 min täglich 10-24 Uhr, Tagespass $20, bis 11 Jahre $13, ab 17 Uhr $13. Fahrpläne an jedem Anleger und im Internet: www.watertaxi.com.

Broward Center

Das *Broward Center for the Performing Arts* westlich des Esplanade Park ist ein Fixpunkt im kulturellen Leben der Stadt. Dort kommen Theaterstücke, Musicals wie Opern zur Aufführung, ebenso Ballett und Konzerte von Jazz bis Klassik; 201 SW 5th Ave; www.browardcenter.org.

Riverfront/ Bootstouren

Direkt am Fluss ist der große **Komplex *Las Olas Riverfront*** mit zahlreichen Restaurants und Cafés nicht zu verfehlen. Am Dock starten dort **Bootstouren** durch die Kanäle an Millionärsvillen vorbei zum Hafen *Port Everglades*. Vom Wasser aus hat man Einblick in Wohlstand und Wohnkultur der (finanziellen) Oberschicht. Viele Anwesen verfügen hier über parkartige Gärten mit Luxusyachten am eigenen Steg, ➢ Foto Seite 183. Die originelle Alternative bietet ***Ducktours*** per Amphibienfahrzeug auf Straßen und durch Kanäle; 17 S Fort Lauderdale Blvd, $32/$18 für 90 min; www.fortlauderdaleducktours.com. ➢ Foto Seite 15.

Mitten in der Sawgrass Mills Outlet Mall gibt's auch ein zunächst fürs Animal Kingdom (➢ Seite 241) in Disney World »erfundenes« **Rain Forest Café** *samt Sovenirshop*

Sawgrass Mills Outlet Mall

Vom Besucheraufkommen her (26 Mio/Jahr) ist *Sawgrass Mills* die größte **Outlet Mall** *der USA und* eine der größten Attraktionen Floridas außerhalb von Orlando; www.sawgrassmillsmall.com. Sie befindet sich in Sunrise am West Sunrise Blvd (Straße #838) 12 mi westlich von Sunrise am Ft. Lauderdale. Anfahrt über I-595 *Exit* 1B, dann Flamingo Road nach Norden, Mo-Sa 10-21.30, So 11-20 Uhr.

In dieser überdimensionalen ***Indoor-Mall*** mit über **350 *Factory Stores*** gibt es fast alles, was das Konsumentenherz begehrt im preiswerten Direktverkauf, d.h., jede Menge bekannter Marken vor allem bei Textilien, Schuhen und Sportausstattung. Fürs leibliche Wohl sorgen zahlreiche Restaurants und *Fast Food Places*, geballt im großen *Food Court*.

Rund 400 Movie Locations aus über 300 ausgewählten Filmen
mit allen wichtigen Details und Angaben zu Lage, Kontakt und ggf. Öffnungszeiten

- 15 Stadtpläne mit exakten Einträgen aller genannten Drehorte
- Über 650 Fotos und Abb.
- Umfangreiches Register der Filmtitel von A–Z mit Originaltitel und Hauptdarsteller
- Griffmarken, Seiten- und Kartenverweise zur einfachen Handhabung
- Jede Menge Anschriften und Internetadressen für zusätzliche Informationen
- Strapazierfähige PUR-Bindung

Hendrik Sachs
New York im Film

Kaum etwas weckt die Neugier auf New York mehr als die unzähligen Filme, die ganz oder teilweise dort gedreht wurden. Die meisten Drehorte, neben bekannten Sehenswürdigkeiten zahlreiche Hotels, Bars, Cafés und Restaurants, Shops, Parks, Kirchen, Theater und manche überraschende Kulisse, können von jedermann besucht, besichtigt und fotografiert werden. Nur, welches und wo sind diese Plätze? Dieses Buch zeigt sie Ihnen …

 Entdecken Sie fast 400 Drehorte aus rund 350 Spielfilmen der letzten 60 Jahre Filmgeschichte in den Häuserschluchten Manhattans.

 Mit Hilfe dieses Buches kann man über Filmtitel Drehorte systematisch ausfindig machen und ansteuern oder an vielen Orten herausfinden, welche Filme dort oder in der Nähe gedreht wurden.

 Thematische Querschnitte führen Sie gezielt zu Hotels, Discos, Restaurants und Shops, in Theater und Museen, die Sie aus Filmen kennen.

 Außerdem geht es auf drei Routen auf den Spuren von Stars und Sternchen durch den Central Park, den Broadway entlang und zum Shopping.

2. aktualisierte Auflage 2013
ISBN 978-3-89662-267-9
372 Seiten | € 19,90 [D]

3.2.2 Boca Raton, Delray Beach und Lake Worth

Boca Raton

Gut 15 mi nördlich von Fort Lauderdale passiert man Boca Raton, eine wohlhabende 85.000-Einwohner-Stadt. Sie ist besonders für ihre vielen Golfplätze bekannt. Das schönste Viertel heißt **Old Floresta Historic District** und befindet sich nördlich der W Palmetto Park Road westlich von Downtown. Dieses Viertel zwischen Paloma und Cardinal Avenue mit schönen alten Häusern und traumhaften Gärten lädt zum Spaziergang ein. Besonders schön ist dort die **Hibiscus Street**.

Der Wohlstand der Stadt schlägt sich auch nieder im **Mizner Park Shopping Center** am Federal Highway. Dort dominieren teure Boutiquen, Kunstgalerien, Juweliershops und Restaurants. Zum Komplex gehört auch **Centre for the Arts at Mizner Park**, ein Kunst- und Veranstaltungszentrum mit Amphitheater; 327 Plaza Real nördlich W Palmetto Park Road. Zufahrt über NE Mizner Blvd oder Federal Hwx #1 und NE 5th Street; www.miznerpark.com.

Tropischer Garten

Lohnenswert ist ein Besuch des **Gumbo Limbo Nature Center**. Neben üppigen tropischen Pflanzen gibt es dort auch Wasserschildkröten zu sehen – für die der Küstenabschnitt zwischen Palm Beach und Cape Canaveral bekannt ist; ➢ *Hobe Sound National Wildlife Refuge* auf Seite 197. Ein kurzer **Nature Trail** führt zu einem Aussichtsturm mit Panoramablick über den nahen Lake Wyman und den Atlantik; 1801 N Ocean Blvd, Mo-Sa 9-16, So 12-16 Uhr; www.gumbolimbo.org.

Information

Boca Raton Chamber of Commerce, 1800 N Dixie Hwy; ✆ (561) 395-4433, www.bocaratonchamber.com.

Boca Raton, Delray Beach, Lake Worth und Palm Beach

Delray Beach *Greater Delray Beach Chamber of Commerce*: 64 SE 5th Ave, ✆ 561-278-0424, www.delraybeach.com.

Morikami Museum 10 mi nördlich von Boca Raton in Delray Beach sind das **Morikami Park Museum** und die **Japanese Gardens** ebenfalls einen Besuch wert; 4000 Morikami Park Road, I-95 *Exit* 51; Di-So 10-17 Uhr, Eintritt $13, bis 17 Jahre $8; www.morikami.org.

Die Anlage erinnert daran, dass hier im frühen 20. Jahrhundert zahlreiche Japaner lebten und in Ananasplantagen arbeiteten.

Zu den *Morikami Gardens* gehört neben den Resten der alten japanischen Siedlung u.a. ein Museum mit einem Teehaus. Außerdem gibt es wechselnde Ausstellungen über japanische Kunst und Kultur, einen Park mit der sehenswerten **Morikami Bonsai Collection**, Seen, schöne Spazierwege und das Cornell Café mit japanischen Spezialitäten.

Lake Worth Die Lagune zwischen dem Festland und der nördlich von Boynton Beach neuerlich beginnenden Inselkette vor der Küste, Teil des *Intracoastal Waterway*, heißt an diesem Küstenabschnitt Lake Worth. So nennt sich auch der einzige größere Ort zwischen Delray und Palm Beach. Zentrale Anlaufstelle in Lake Worth ist die **Central Palm Beach Chamber of Commerce**, 501 Lake Avenue; www.cpbchamber.com.

Lake Worth war einmal ein beliebter Badeort mit einem altehrwürdigen Kasino. Heute ist es eine eher verschlafene Kleinstadt mit einem hübschen Strand am Atlantik.

Der Kasino-Complex wurde aber jüngst wieder instandgesetzt, und das erste Restaurant ist auch schon eingezogen: **Mulligan's Beach House**; www.mulligansrestaurant.net.

Wer in dieser Region übernachten möchte und auf das teure Palm Beach verzichten mag, findet in Lake Worth eine gute Auswahl an preiswerteren Unterkünften:

• Günstig sind z.B. das

Motel 6, 1310 West Latana Road, I-95 *Exit* 61, ab $55, ✆ (561) 585-5833 oder das

Lago Motor Inn, 714 South Dixie Hwy, I-95 *Exit* 63, ab $60, ✆ (561) 585-5246; www.lagomotorinn.com.

• Schattige Stellplätze hat der **County Campground** im **John Prince Park** westlich Lake Worth; 4759 South Congress Avenue, I-95 *Exit* 63, neben dem *Lantana Aiport*; www.pbcgov.com/parks/camping.

Mizner Park Tower und Amphitheater in Boca Raton, ➢ *linke Seite*

Flagler Museum

3.2.3 Palm Beach

Kennzeichnung

Luxuriöse Villensiedlungen gibt es in Florida wie Sand am Meer, doch Palm Beach ist selbst für Florida-Verhältnisse ungewöhnlich wohlhabend und mondän. Laut Wirtschaftsmagazin *Forbes* lebt ein Drittel der reichsten Bewohner Floridas in Palm Beach; und man demonstriert diesen Wohlstand: Wo andernorts Eigentümer ihre Luxusvillen mit hohem Zäunen und Mauern sichern, kommt man in Palm Beach ohnedem aus.

Auch bei gut situierten Touristen ist Palm Beach beliebt: den rund 10.000 Einwohnern leisten in der Hauptsaison über 20.000 Urlauber Gesellschaft. Benannt ist der Ort nach den zahlreichen **Palmen**, die dort die Straßen säumen.

Luxus und Prominenz

Palm Beach liegt auf einer schmalen Insel vor der Küste und ist durch mehrere Brücken mit dem Festland verbunden. Die nobelsten Geschäfte mit teuren Markennamen wie *Cartier, Gucci, Armani, Chanel* und anderen findet man entlang der **Einkaufsstraße Worth Avenue**. Wer sich eher für die gehobene Wohnkultur der Residenten interessiert, sollte sich vor allem den **Ocean Blvd** (Straße A1A) ansehen, der an der Atlantikküste entlangführt. Dort lebt jede Menge Prominenz.

Nicht zu übersehen ist das größte Anwesen der Insel am Südende des Ocean Blvd vor der Southern Boulevard Bridge. Dieser arabisch anmutende Palast heißt **Mar-a-Lago** und gehört **Donald Trump**; www.maralagoclub.com.

Flagler Museum

Wer sich für die Geschichte der Insel interessiert, sollte das sehenswerte **Flagler Museum** am Whiteshell Way besuchen. Den Palast ließ der Eisenbahnkönig *Henry Morrison Flagler* 1901 als Hochzeitsgeschenk für seine dritte Ehefrau errichten.

Außer einer Sektion über *Flagler* und die Geschichte des Hauses, das zeitweise auch als Hotel diente, gibt es einige Zimmer, die

Palm Beach 191

zeigen, wie nobel man schon vor 100 Jahren leben konnte. Neben dem Gebäude ist *Flaglers* privates Zugabteil zu besichtigen. #1 Whiteshell Way auf der Festlandseite der Insel, Di-Sa 10-17, So 12-17 Uhr, Eintritt $18, bis 12 Jahre $3; www.flaglermuseum.us.

The Breakers

Ein weiterer Fixpunkt in Palm Beach ist das Hotel **The Breakers** (1 South County Road), das – vom *Flagler Museum* aus gesehen – an der gegenüberliegenden Inselseite am Atlantik steht. Es wurde 1926 in einem Stil errichtet, der die *Villa Medici* in Rom nachempfindet, und gilt bis heute als eine der besten Hoteladressen in den USA. Die große Lobby mit ihrem eindrucksvollen Gewölbe sollte man sich auf jeden Fall ansehen. Jeweils mittwochs kann man um 15 Uhr an einer einstündigen kostenlosen Führung teilnehmen; www.thebreakers.com.

Information *Palm Beach Chamber of Commerce*, 400 Royal Palm Way, ✆ (561) 655-3282; www.palmbeachchamber.com.

Parken Ganz offen versuchen die Bürger von Palm Beach, sich neugierige Touristen vom Leib zu halten, indem sie nur begrenzte Parkmöglichkeiten einräumen. Am Ocean Boulevard ist es so gut wie unmöglich anzuhalten oder das Auto zu parken; vor dem Hotel **The Breakers** gibt es an der Zufahrt immerhin ein paar Abstellplätze. Nur vor dem **Flagler Museum** ist ausreichend, sogar gebührenfreier Parkraum vorhanden.

Restaurants

- Das *Café L'Europe* gilt als Treffpunkt der Schönen und Reichen; 331 South County Rd, ✆ (561) 655-4020; www.cafeleurope.com.
- *Top of the Point* ist ein Edelrestaurant im obersten Stockwerk des Edel-Hotels *The Breakers*.

Unterkunft

Palm Beach ist ein ausgesprochen teures Pflaster. Selbst in der Nebensaison im Hochsommer findet man kaum Zimmer unter $100, in der Hauptsaison schießen die Preise extrem in die Höhe.

- Wer sich den Kick des Besonderen gönnen will, findet im *The Breakers* Zimmer ab ca. $270, Winter ab $450, ✆ 1-888-273-2537.
- Nicht ganz so teuer ist es im ebenfalls pompösen, aber kleinen *The Chesterfield* – britisch angehauchter Luxus; 363 Cocoanut Row, ab ca. $180, ✆ (561) 659-5800; www.chesterfieldpb.com.
- Ein ordentliches *B&B* ist das *Palm Beach Historic Inn*; 365 South County Road, ab $99, im Winter ab $245, ✆ (561) 832-4009; www.palmbeachhistoricinn.com.

Billiger kommt man in West Palm Beach oder Lake Worth unter.

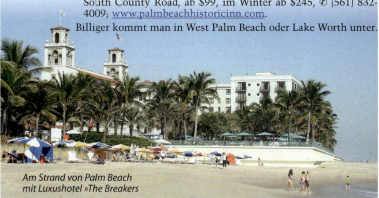

Am Strand von Palm Beach mit Luxushotel »The Breakers

3.2.4 West Palm Beach

Charakter

Mit Palm Beach und seiner Nachbarstadt West Palm Beach verhält es sich ungefähr so wie mit Miami Beach und Miami. Der kleinere Strandort ist auf den ersten Blick schöner und schicker, dafür aber ein **reines Kunstprodukt**, während die **Stadt auf dem Festland** viel **größer und gegensätzlicher** ist – eine echte Stadt mit ansehnlichen und weniger erfreulichen Vierteln und einer bunt gemischten Bevölkerung. Während gegen Ende des 19. Jahrhunderts in Palm Beach die ersten grandiosen Villen bezogen wurden, entstand West Palm Beach als Siedlung für die dort angestellten Dienstmädchen, Köche und Gärtner.

Kunstmuseum

Trotz seiner ärmlichen Anfänge verfügt West Palm Beach heute über eine hochkarätige Sehenswürdigkeit; das **Norton Museum of Art** gilt als eines der **besten Kunstmuseen** in den südöstlichen USA. 1941 vom Stahlmagnaten *Ralph Norton* gegründet, beherbergt es eine Sammlung mit den Schwerpunkten französische

Kunst und Post-Impressionismus, chinesische wie amerikanische Werke des 20. Jahrhunderts. U.a. hat man dort Gemälde *von Gauguin, Picasso* und *Pollock*. 1451 South Olive Ave, Di-Sa 10-17, So 13-17 Uhr, Eintritt $12, bis 12 Jahre frei; www.norton.org.

Safari Park

In der Umgebung von West Palm Beach ist der **Lion Country Safari Park** in Loxahatchee ein beliebtes Ausflugsziel. Hier kann man die **Tierwelt Afrikas** – wie auf einer Safari – vom eigenen Auto aus und häufig aus nächster Nähe bewundern. Als der Park in den 1960er-Jahren angelegt wurde, galt er als revolutionär: In ihm konnte man die Tiere in ihrer – nachgebildeten – natürlichen Umgebung sehen und nicht in Käfigen oder winzigen Gehegen wie anderswo bis dato üblich; 2003 Lion Country Safari Road, I-95 *Exit* 68, dann westlich 16 mi auf dem Southern Blvd, täglich 9.30-17.30 Uhr, $29, bis 9 Jahre $21; www.lioncountrysafari.com.

Information

Palm Beach County and Visitors Bureau, 1555 Palm Beach Lakes Blvd, West Palm Beach, ℂ 1-800-554-7256, Info für den gesamten Landkreis (*County*); www.palmbeachfl.com.

Unterkunft

- Am Hwy 1, der hier *Dixie Highway* heißt, findet man diverse, auch preisgünstige, meist ältere Motels:
- Abseits der Hauptstraße und Strände liegt unweit des Clear Lake das **Studio 6**, 1535 Centrepark Drive, I-95 *Exit* 69A, dann Belvedere Rd, ab $59, ℂ (561) 640-3335; www.staystudio6.com.
- Ein nettes, einfaches ***B&B*** ist das **Hibiscus House**, 501 30th Street, ab $89, ℂ 1-800-203-4927; www.hibiscushouse.com.
- Entlang der **I-95** (*Exits* 68-74) sind die Häuser der **Motelketten** unverfehlbar wie z.B. das **Red Roof Inn West Palm Beach** (2421 Metrocentre Blvd East, I-95 *Exit* 74, dann 45 Street, ab $49, ℂ 561-697-7710) und gute Häuser der Mittelklasse an der **Belvedere Road** (*Exit* 69) in Airportnähe, z.B. das **Holiday Inn Palm Beach Airport** (1301 Belvedere Road, I-95 *Exit* 69A, ab $79, ℂ 561-659-3880; www.hiwestpalmbeach.com) oder das **Hampton Inn West Palm Beach Central Airport** (1601 Worthington Road, I-95 *Exit* 69A, dann 1 mi auf Belvedere Road, ℂ 561-472-7333).

Camping

- Campen kann man unweit des *Lion Country Safari Park* in Loxahatchee bei **Lion Country Safari KOA**, 2000 Lion Country Safari Rd, I-95 *Exit* 68, dann 16 mi auf Southern Blvd, ab $38, ℂ 1-800-562-9115; www.koa.com/campgrounds/west-palm-beach.

Restaurants

Die lebendigste Ecke von West Palm Beach ist die **Clematis Street** östlich des Stadtzentrums mit vielen Cafés und Restaurants:

- ***Cabana Restaurant***, kubanische Küche; 533 Clematis Street, ℂ (561) 833-4773; www.cabana restaurant.com.
- im ***Roxy's Pub*** gibt's *Burger* und *Seafood*; 309 Clematis Street, ℂ (561) 296-7699; http://roxyspub.com.
- Im ***E.R. Bradley's Saloon*** hat man einen tollen Blick aufs Wasser; 104 S Clematis St; www.erbradleys.com.
- Eine der beliebtesten Kneipen ist ***O'Shea's Pub***, 531 Clematis Street; www.osheaspub.com.

Auf dem Kentucky Bourbon Trail.
Unsere Rundreise durch Kentucky-Tennessee. Jetzt informieren!

> www.reisewelt-50plus.de

Unsere TOP-Reise

> **Schnell den neuen Katalog Geführte Reisen 2013/2014 anfordern.**

Mehr Informationen erhalten Sie im Internet unter www.reisewelt-50plus.de oder unter Telefon 089. 8922 4068
E-Mail: straube@reisewelt-50plus.de

West Palm Beach: Präsidentschaftswahlen 2000 und 2004 **195**

Exkurs	**Abstecher zum Lake Okeechobee** (Karte Seite 391)
Anfahrt	Der **größte See Floridas** ist der **Lake Okeechobee**. Sein Name bedeutet in der Sprache der Seminolen-Indianer »Großes Wasser«. Sein südlichster Punkt, die South Bay, liegt nur 50 mi von West Palm Beach entfernt.
Seecharakter	Die Region um den See herum ist **landwirtschaftlich** geprägt: Es werden Zitrusfrüchte, Gemüse und Zuckerrohr angebaut, manche Einwohner leben auch von der Viehzucht. Der Lebensstil dort hat mit dem der Küste nichts gemein. Man hört *Country Music*, geht auf Rodeos und fährt im *Pick-up* durch die Gegend. Da das Land um den See herum **äußerst flach** ist, gibt es keine spektakulären Blicke über den See. Im Gegenteil: da er komplett von einem **Deich** umgeben ist (➤ dazu auch den Themenkasten »Phänomen *Everglades*« Seite 145), kann man den See nur dort sehen, wo die Uferstraße auf der Deichkrone verläuft.
Scenic Trail	Auf diesem sog. **Herbert Hoover Dike** umrundet der **Lake Okeechobee Scenic Trail** den See. Dieser rund 110 mi lange teils Asphalt-, teils Schotterweg wird gerne von Wanderern und Mountainbikern genutzt. An vielen Stellen kann man Wasservögel und Alligatoren beobachten.
Camping	Entlang des *Scenic Trail* gibt es mehrere **Campingplätze** am Wasser. Manche der schönsten Plätze, etwa am Kissimmee River oder bei Lake Harbor, sind nur zu Fuß zugänglich. Per Auto ansteuern lässt sich aber der **Clewiston / Lake Okeechobee KOA**, er liegt 3 mi abseits des Deichs, 194 Hwy 720, in Clewiston, ab $30, ✆ 1-800-562-2174; www.clewistonkoa.com.
Information	Weitere Infos über den *Lake Okeechobee Scenic Trail* und *Camp grounds* gibt's bei den – für den Unterhalt der Deiche und Seeuferanlagen verantwortlichen – Pionieren der **US Army: Corps of Engineers**, 525 Ridgelawn Road, Clewiston, ✆ (863) 983-8101; www.saj.usace.army.mil/contacts.htm.
Unterkunft	Das mit Antiquitäten eingerichtete **Seminole Cypress Inn** in Indiantown an der Nordostseite des Sees ist einen Umweg wert; 15885 SW Warfield Blvd, ab $80; www.seminoleinn.com.

3.3   Von Palm Beach nach Cape Canaveral

Zur Strecke	Nördlich von Palm Beach vermindert sich langsam die dichte Bebauung der Atlantikküste. Auch die Strände und Parks sind dort deutlich weniger besucht als weiter südlich. Besonders zwischen Palm Beach und Stuart gibt es mehrere **schöne State Parks** und **Beaches**, die zu Stopps oder ggf. längeren Aufenthalten einladen.
Straßen #1 und A1A	Bei wenig Zeit macht es Sinn, die Straßen #1 oder A1A, auf denen es nur recht langsam vorangeht, zu meiden, stattdessen die **Autobahn I-95** vorzuziehen und von ihr ggf. gezielte Abstecher an die Küste zu unternehmen. Während die **Straße #1** durch eine weitgehend ebene Landschaft ohne besonderen Reiz führt, verläuft die **#A1A** ab Jupiter Island auf der Küste vorgelagerten Inseln

Nördlich von Miami/Lake Okeechobee

und Halbinseln. Leider führt die Straße selten am Wasser und den endlosen Stränden entlang. Der Atlantik verbirgt sich hinter Dünen und Privatimmobilien. **Öffentliche Strandzugänge** und Parkplätze sind aber immer wieder vorhanden.

Mc Arthur Beach

Der **John D. McArthur Beach State Park** liegt auf einer Halbinsel östlich von North Palm Beach. Zum Park gehören ein interessantes **Nature Center** (täglich 9-17 Uhr), das über die Ökosysteme des Bereichs informiert, lange **Strände** und kurze *Trails*, darunter ein besonders schöner Weg durch die Dünen. Die **Hauptattraktionen** des Parks befinden sich indessen **im und unter Wasser**. Dort leben Schildkröten und Meereskühe und eine unglaubliche Menge tropischer Fische, Korallen und Schwämme. Am besten lernt diesen Park kennen, wer sich von Rangern geführten Spaziergängen und Kajak-Touren anschließt; 10900 Jack Nicklaus Drive in North Palm Beach, Zutritt $5, ✆ (561) 624-6950; www.floridastateparks.org/macarthurbeach.

Jupiter

Nördlich des *McArthur Beach Park* erreicht die Küstenstraße die Kleinstadt Jupiter. In dessen Zentrum (56.000 Einwohner) steht unübersehbar ein roter **Leuchtturm: Jupiter Inlet Lighthouse**, 500 Captain Armour's Way, $9, bis 18 Jahre $5, täglich 10-17 Uhr, Mai-Dez nur Di-So, ✆ (561) 747-8380; www.jupiterlighthouse.org.

Nur wenige Meilen nördlich von Jupiter passiert man auf dem Hwy 1 einen weiteren attraktiven Park mit einem ganz anderen Charakter. Das weitläufige Areal des **Jonathan Dickinson State Park** liegt zwischen der Hauptstraße und dem romantischen **Loxahatchee River**. Fahrrad, Reit- und Wanderwege führen durch Sumpfgelände und Mangroven. Es gibt dort eine **Canoe Rental Station** ($16/2 Std); mit den Booten sind wunderbare Paddeltouren möglich. Auch **Ausflugsboote** (Abfahrten um 9, 11, 13 und 15 Uhr, $19, bis 12 Jahre $12) befahren den verzweigten Fluss auf Rundkursen. Sie legen mitten im Park von einem eigenen Dock ab; 16450 Hwy #1 in Hobe Sound, $6; www.floridastateparks.org/jonathandickinson; www.floridaparktours.com.

Jupiter Lighthouse

Von Palm Beach nach Cape Canaveral

Jonathan Dickinson ist der einzige *State Park* in diesem Bereich, in dem man (zwei Plätze, je $26) campen kann: der **River Campground** in Flussnähe fern der Straße verfügt über schön angelegte Stellplätze (dort vorzugsweise Zeltcamper); der straßennahe **Pine Grove Campground** ist dagegen relativ eng und Verkehrslärm ausgesetzt.

Ein paar Meilen weiter nördlich liegt der Ort Hobe Sound. Das Naturschutzgebiet *Hobe Sound National Wildlife Refuge* besitzt zwei separate Areale:

Das **Hobe Sound Nature Center FWS** liegt nördlich der Parkeinfahrt auf dem Festland unweit des *Jonathan Dickinson Park*, der größere Teil jedoch auf der vorgelagerten Jupiter Island (von Hobe Sound über North Beach Road). Sein Gebiet umfasst Dünen, Salzwassermarschen und Mangrovenwälder; es ist bekannt als Brutgebiet für **Meeresschildkröten**, ➢ Foto, Seite 200. Ende Mai-Anfang Juli finden Di, Do, Fr geführte Wanderungen statt, auf denen man alles zum Leben der *Sea Turtles* erfährt; www.fws.gov/hobesound.

Sehenswert ist die **Blowing Rocks Preserve** aus porösem Korallengestein. Wenn die Wellen dort mit Wucht auf die felsige Küste treffen und das Wasser mit großem Druck durch viele kleine Öffnungen im Fels drückt, schießen Fontänen in die Höhe.

Die gesamte Nordspitze von Jupiter Island steht unter Naturschutz. Der **St. Lucie Inlet Preserve State Park**, © 772-219-1880, www.floridastateparks.org/stlucieinlet, ist durch den *Intracoastal Waterway* vom Festland getrennt. Am Ende der Cove Road (ab #A1A bei Port Salerno) gibt es eine *Boat Ramp*, ab der Besucher den Park erreichen (nur mit eigenem bzw. mitgebrachtem gemieteten Boot. Kayak genügt. *Boat Rentals* u.a. in Jupiter und Stuart). Kilometerlange Beach, Tierbeobachtung, Mangroven. Bei genügend Zeit lohnenswert.

Stuart	Das Hafenstädtchen **Stuart** am St. Lucie River eignet sich gut als Ausgangsbasis für Ausflüge zu den Parks der Umgebung und/oder eine Übernachtung auf einer Tour entlang der Küste. Der Innenstadtbereich um *Visitor Center*, *Lyric Theatre* und *Heritage Museum* kann sich sehen lassen. Im Hafen liegen zahlreiche Jachten und Sportfischerboote.
Info	***Martin County Convention & Visitors Bureau***, 101 SW Flagler Ave, ✆ (772) 288-5451, www.discovermartin.com.
Restaurant	• Im **Black Marlin** gibt es *Seafood*; 53 W Osceola Street, ✆ (772) 286-3126; www.prawnbroker.com.
Unterkunft	• Das **Shepard's Park** ist ein **B&B** im historischen Zentrum; 601 SW Ocean Blvd, ab $85, ✆ (772) 781-4244; www.innshepard.com. • Im **Southwind Motel** kommt man ab ca. $50 unter; 603 SW Federal Hwy, ✆ (772) 287-0773; www.thesouthwindmotel.com. • Campen im nahen **Jonathan Dickinson State Park**, ➢ Seite 196

Das **Heritage Museum** (eine Art Heimatmuseum in der 161 SW Flagler Ave, tägl 10-15 Uhr, frei; www.stuartheritagemuseum.com) muss man nicht gesehen haben. Wer aber einen Abend in Stuart verbringt, sollte der Besuch einer Vorstellung im **Lyric Theatre** in Erwägung ziehen (59 SW Flagler Ave; www.lyrictheatre.com).

Apotheke der Zeit um 1900 im Elliott Museum

South Hutchinson Island	Von Stuart aus erreicht man über zwei Brücken **South Hutchinson Island**. Bei Stuart Beach liegt dort kurz vor dem Atlantikstrand das markante **Elliott Museum**, dessen rosafarbenes Gebäude in exponierter Position unverkennbar ist. Es widmet sich dem Erfinder und Tüftler *Sterling Elliott* und der regionalen Geschichte; 825 NE Ocean Blvd, täglich 10-17 Uhr, Eintritt $12, bis 12 Jahre $6; ✆ (772) 225-1961; www.elliottmuseumfl.org. Auf der anderen Straßenseite steht das ***Coastal Science Center*** mit großen Aquarien und einem Lehrpfad zu Strand- und Küstenvegetation; 890 NE Ocean Blvd, Mo-Sa 10-17, So 12-17 Uhr, $10, bis 12 Jahre $; www.floridaoceanographic.org.

Von Palm Beach nach Cape Canaveral 199

Anschließend könnte man der Küstenstraße noch 2 mi weiter nach Süden folgen: Dort steht seit 1875 am felsigen Strand das **House of Refuge**, wo einst Schiffbrüchige Unterschlupf fanden. Es ist damit das älteste Haus im *Martin County*; 301 SE MacArthur Blvd, Mo-Sa 10-16, So 13-16, Eintritt $8, bis 12 Jahre $4; www.houseofrefugefl.org.

Mitten auf der Insel passiert man in Jensen Beach das Atomkraftwerk **St. Lucie Nuclear Plant** von *Florida Power Light*. Dort informiert das Museum **FPL Energy Encounter** über die Atomenergie, die als saubere und sichere Angelegenheit dargestellt wird, klar, denn das kostenlose Museum gehört dem Atomkraftwerk: 6501 South Ocean Drive, Mo-Fr 10-16 Uhr, ✆ (772) 468-4111, www.fpl.com/encounter.

Fort Pierce

Am nördlichen Ende von South Hutchinson Island liegt – auf dem Festland – **Fort Pierce**. Die militärische Bezeichnung erinnert daran, dass sich hier während der Seminolenkriege ein Fort befand. Die Stadt hat heute etwa 42.000 Einwohner und ist wichtiger Umschlagplatz für Zitrusfrüchte und Gemüse. Sie gilt als Hauptstadt der **Treasure Coast**. »Schatzküste« deshalb, weil auf dem Meeresgrund davor noch die Wracks reich beladener spanischer Schiffe vermutet werden.

County Museum

Die belebteste Ecke der Stadt ist die Second Street westlich des Indian River, wo sich Rathaus, Geschäfte, Cafés und Restaurants befinden. Zu besichtigen gibt es das **St. Lucie County Regional History Center**, das über die Geschichte der Gegend informiert; 414 Seaway Drive, Mi-Sa 10-16 Uhr, Eintritt $4, ermäßigt $1,50; www.stlucieco.gov/history.

Eine der seltenen Gelegenheiten, Manatees zu Gesicht zu bekommen, bietet das Manatee Observation Center in Fort Pierce (sonst noch im Homossassa Wildlife Park, ➢ Seite 353)

Manatee-beobachtung

Interessant ist das **Manatee Observation and Education Center**, wo man – zumindest im Winter – die großen, schwerfällig aussehenden Meereskühe beobachten kann; 480 N Indian River Drive, Oktober-Juni Di-Sa 10-17, So 12-16, Juli-September Do-Sa 10-17 Uhr, Eintritt $1; www.manateecenter.com.

Navy Seals Museum

Das **NAVYSEAL Museum** widmet sich der Eliteeinheit *SEALs*, den Unterwasserkampfeinheiten der US-Marine, deren Ausbildung vom 2. Welt- bis zum Vietnamkrieg an der Küste bei Fort Pierce stattfand; 3300 North A1A, 5 mi nordöstlich der Stadt, Di-Sa 10-16, So ab 12 Uhr, Eintritt $8/$4; www.navysealmuseum.com.

Information

St. Lucie County Tourism, 2000 Virginia Avenue, ✆ 1-800-344-8443; www.visitstluciefla.com.

Chuck's Seafood Restaurant mit Terrasse am Wasser gehört zu den besseren Restaurants; 822 Seaway Dr, ✆ (772) 461-9484.

Die Meeresschildkröten, »Sea Turtles«, legen ihre Eier an den Stränden Südostfloridas ab

Vero Beach

Der nächste Ort ist Vero Beach, eine Kleinstadt, die vom Tourismus und der Landwirtschaft lebt. Urlauber kommen vor allem wegen der vielen **Golfplätze** und der von Vero Beach aus leicht zugänglichen schönen **Strände** auf den vorgelagerten Inseln.

Wer sich für Details des Zitrusanbaus interessiert, sollte im **The Heritage Center & Indian River Citrus Museum** vorbei schauen; 2140 14th Ave, Di-Fr 10-16 Uhr; www.veroheritage.org.

Schon allein architektonisch attraktiv ist das **Vero Beach Museum of Art**. Drinnen präsentiert es moderne regionale Kunst; 3001 Riverside Park Dr, Mo-Sa 10-16.30, So ab 13 Uhr, Eintritt $10, bis 17 Jahre frei; www.verobeachmuseum.org.

Information

Indian River County Chamber of Commerce, 1216 21st Street, Vero Beach, ✆ (772) 567-3491; www.indianriverchamber.com.

Sea Turtles

Im **Environmental Learning Center** erfährt man noch mehr über die *Sea Turtles* und die Natur der Region; 255 Live Oak Dr, Di-Fr 10-16, Sa 9-16, So 13-16 Uhr, frei; www.discoverelc.org.

Die **Pelican Island National Wildlife Refuge** zwischen *Sebastian Inlet* und *Wabasso Causeway* schützt u.a. die bedrohten Meeresschildkröten. Sie legen zwischen Mai und August ihre Eier im Sand der Strände ab. *Ranger* führen dort auf **Turtle Watch Tours** Besucher zu Eier-Ablageplätzen und gerade geschlüpften Jungtieren; 4055 Wildlife Way in Vero Beach; www.fws.gov/pelicanisland.

Von Palm Beach nach Cape Canaveral

Sebastian Inlet State Recreation

Etwa auf halber Strecke zwischen Vero Beach und Melbourne liegt direkt an der Straße A1A der **Sebastian Inlet State Park**. Er ist mit jährlich ca. einer halben Mio Besuchern einer der fünf beliebtesten *State Parks* Floridas. Man kommt zum Schwimmen, Angeln, aber besonders zum Surfen und zur *Turtle*-Beobachtung hierher. Der Park verfügt neben Stränden und Bootsanlegern am *Intracoastal Waterway* über einen schönen, indessen oft voll besetzten **Campground** auf der bewaldeten Westseite der Insel (Reservierung ➢ Seite 69, ab $28); www.floridastateparks.org/sebastianinlet.

Wer dort nicht unterkommt, findet einen gleichwertigen Platz im **Long Point County Park**, 2 mi nördlich der Brücke über das *Sebastian Inlet*; 700 Long Point Road, Melbourne Beach, ab $23, ✆ (321) 952-4532; www.campingspacecoast.com.

Zum *State Park* gehören auch zwei kleine Museen: das nicht so ganz spannende **Fishing Museum** (neben der *Camper Registration*; täglich 10-16 Uhr) und das **McLarty Treasure Museum** mit Schätzen aus vor Jahrhunderten gesunkenen spanischen Schiffen am Südende des Parks (täglich 10-16 Uhr, Eintritt $1).

Sebastian

Die Schatzsuche im Atlantik beleuchtet auch das ähnliche **Mel Fisher's Treasure Museum** im Ort Sebastian auf dem Festland, eine Filiale des gleichnamigen Museums auf Key West; 1322 Hwy #1, Mo-Sa 10-17 Uhr, So 12-17 Uhr, $7, bis 12 Jahre $3; www.melfisher.com/Sebastian.asp.

Weiter nach Cape Canaveral

Auf dem Weg nach Cape Canaveral gibt es nördlich des *Sebastian Inlet* keine wesentlichen Highlights mehr, vielmehr wird ab der in den letzten Jahren rasant gewachsene Stadt **Melbourne** die A1A zur vierspurigen stark befahrenen Straße mit vielen Ampelkreuzungen, so dass man dort nur langsam vorankommt. Wer diesen Abschnitt vermeiden möchte, sollte ab Fort Pierce, spätestens ab Vero Beach auf die I-95 wechseln. Von dort erreicht man den *Nasa Causeway* zum *Kennedy Space Center* in ca. 1 Stunde.

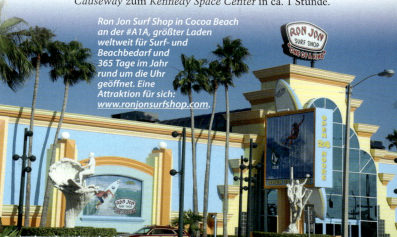

Ron Jon Surf Shop in Cocoa Beach an der #A1A, größter Laden weltweit für Surf- und Beachbedarf und 365 Tage im Jahr rund um die Uhr geöffnet. Eine Attraktion für sich: www.ronjonsurfshop.com.

3.4 Das Kennedy Space Center

Lage und Zufahrt
Das Gelände des **John F. Kennedy Space Center** befindet sich auf **Merritt Island** zwischen Festland und dem Cape Canaveral, unterhalb dessen der gleichnamige Ort und Hafen liegt. Von dort (#A1A), aber ebenso von Westen (Straße #1 oder I-95) führt der **NASA Causeway** quer über die Insel zum Raumfahrtzentrum, von dem aus 1969 die ersten Menschen zum Mond aufbrachen.

Charakterisierung
Das *Kennedy Space Center* ist für alle Florida-Reisenden ein echtes »Muss« und auch für Leute interessant, die sich sonst nicht so sehr für Raumfahrttechnik begeistern lassen. Von hier aus starteten alle bemannten Raumflüge der USA; zuletzt von 1981 bis 2011 die **Space Shuttles**. Wann die nächste bemannte Raketen-Generation abheben wird, ist zurzeit unklar. Pläne hat die NASA aber angeblich bereits in der Schublade. Für den Besuch sollte man mindestens 4-5 Stunden einplanen, kann aber dort auch leicht einen kompletten Tag zubringen.

Zeiten und Eintritt
Die Anlage ist täglich von 9-17 Uhr geöffnet, **Eintritt $50, bis 11 Jahre $40** inkl. Tour zum *Apollo/Saturn-V-Center*, IMAX-Kino, *Astronauts Hall of Fame* (➢ Seite 205), *Shuttle Launch Experience* u.v.m. Zusätzlich kann man u.a. **Lunch** oder **Dinner mit einem Astronauten** buchen: $30, bis 11 Jahre $16.

Kennedy Space Center 203

Saturn V-Rakete. Im Vordergrund eine der ersten Raumkapseln

Weitere Ticketinfos – auch für Zusatzprogramme – und **Öffnungszeiten** an Tagen mit Raketen-Starts (keine *Space Shuttles* mehr) unter ✆ 1-866-737-5235; www.kennedyspacecenter.com.

Visitor Complex

Das *Space Center* besteht für Besucher zunächst einmal aus dem *Visitor Complex*, mehreren miteinander verbundenen Gebäuden und Open-Air-Ausstellungen samt Rocket Garden.

Im *Visitor Complex* erfährt man anhand vieler Dokumente und Ausstellungsstücke alles über Geschichte und Zukunft der (US-amerikanischen) Raumfahrt und kann im »*Raketengarten*« viele Modelle der Geschichte bewundern. Ab Sommer 2013 erwartet die Besucher die neueste Attraktion: Ein ganz neuer Komplex entsteht rund um das **Space Shuttle Atlantis**, das hier nach insgesamt 33 Weltraum-Missionen seinen finalen Platz finden soll.

Der Rocket Garden mit allen wichtigen Raketen der US-Raumfahrt

Nachbau der Discovery Raumfähre, dahinter einer der Zusatztanks für den Startvorgang

IMAX-/ 3D-Kino	Zum Besucherkomplex gehört auch ein **IMAX-Kino**, das technisch perfekte **3D-Filme** zeigt. Aktuell stehen »*Space Station 3D*« und »*Hubble 3D*« auf dem Programm, visuelle Meisterwerke und auf der riesigen Projektionsfläche überaus beeindruckend. Speziell gilt das für die im Weltraum aufgenommenen Bilder der Erde. Zumindest einen dieser 45-minütigen Filme sollte man sich ansehen.
Simulierter Shuttle Start	Eine besondere Attraktion ist das **Shuttle Launch Experience** in einem riesigen Gebäude in der Südwestecke des Geländes neben einer Originalfähre (samt der Startraketen und Zusatztanks, ➢ Foto oben) auf der *Space Shuttle Plaza*. Die Besucher steigen dort in einen *Discovery*-Nachbau und starten zum virtuellen Raumflug. Licht,- Ton- und *Special Effects* sind sagenhaft und vermitteln das Gefühl eines echten Raumflugs.
KSC Tours	Im hohen Eintrittspreis eingeschlossen ist die **KSC-Tour**, die alle 15-30 min startet. Per Bus, der unterwegs die nach wie vor aufgebaute *Space-Shuttle-Launch*-Plattform LC 39A ansteuert, geht es zum **Apollo/Saturn-V-Center**. Dort steht die größte jemals gebaute Rakete. Neben der 111 m hohen und 2.812 Tonnen schweren *Saturn V* wirken Menschen wie Ameisen. Flaggen, Kapseln, Raketenteile, Filme u.v.m. dokumentieren jede US-Weltraummission.
Zusätzliche Touren	Wer sich intensiv für weitere Details der Raumfahrt ab KSC interessiert, kann zusätzlich unterschiedliche **KSC Up-close Tours** und/oder »**Cape Canaveral: Then & Now**« buchen, die indessen auch $25-$40 zusätzlich kosten (für Kinder bis zu 11 Jahren $19).
Information auf Deutsch	Die Erläuterungen in den Bussen erfolgen ausschließlich in schnell gesprochenem Amerikanisch, dem man auch mit passablen Sprachkenntnissen nicht immer folgen kann. Hilfreich ist hier ein **Audio-Führer in deutscher Sprache**, den man im Eingangsgebäude des *Space Center* ausleihen kann.

Astronaut & Police Halls of Fame

Astronaut Hall of Fame: Lage & Zufahrt

Bereits mit dem Ticket zum *Kennedy Space Center* bezahlt ist der Eintritt zur nahen **Astronaut Hall of Fame** (6225 Vectorspace Blvd) in **Titusville** an der Kreuzung der #1 mit dem *NASA Causeway*. Separater Eintritt ohne KSC-Ticket: $27 bzw. $23.

Dort erfährt man noch mehr zur Geschichte der amerikanischen Astronauten und zur Raumfahrt (teilweise überschneidend mit dem *Space Center*). Außerdem gibt's Simulatoren und interaktive Bereiche. Die eigentliche *Hall of Fame* ist tatsächlich eine Art »Ruhmeshalle«, in der Astronauten wie *John H. Glenn*, *Alan B. Shepard* und *Neil Armstrong* gefeiert werden.

American Police Hall of Fame

Direkt neben der *Astronaut Hall of Fame* befindet sich die **American Police Hall of Fame** mit historischen Autos und Mützen, Polizei-Hubschraubern und vielem mehr. Abgerundet wird das ganze durch eine riesige Schießhalle, in der aber nur US-Bürger mitballern dürfen; 6350 Horizon Drive, täglich 10-18 Uhr, Eintritt $13, bis 12 Jahre $8; www.aphf.org.

Unterkunft

- Entlang der I-95, *Exit* 215, findet man Kettenmotels wie das **Kennedy Space Center Ramada** (3500 Cheney Highway, ✆ 321-269-5510), **Days Inn** (3755 Cheney Highway, ✆ 321-269-4480) oder **Best Western** (3455 Cheney Highway, ✆ 321-269-9100).
- Preisgünstige Motels gibt es in Cocoa und Cocoa Beach, nur wenige Meilen weiter südlich, u.a. ein **Motel 6** (in Cocoa Beach, 3701 N Atlantic Ave, ab $39, ✆ 321-783-310) und eine **EconoLodge** (Cocoa, 3220 N Cocoa Blvd, I-95 *Exit* 202, ✆ 321-632-4561).

Camping

- Wer die Nähe zum *Kennedy Space Center* sucht, sollte auf dem **Jetty Park Campground** im Ort Cape Canaveral campen, den man auf der Straße A1A erreicht (400 E Jetty Road, ✆ 321-783-7111, ab $18; www.jettypark.org). Großzügiger, komfortabler Platz (aber kaum Schatten) in unmittelbarer Strandnähe.
- Schattiger ist der Platz im **Manatee Hammock Park** südlich Titusville mit Pool; 7275 S Highway #1, ✆ 321-264-5083, ab $28; www.campingspacecoast.com.

Modell aus den Anfängen der Raumfahrt in der »Astronaut Hall of Fame«

Stimme des schwarzen Florida: Zora Neale Hurston

Zora Neale Hurston kam 1891 in Alabama zur Welt und zog drei Jahre später in einen für die USA ungewöhnlichen Ort: Die Kleinstadt **Eatonville**, *wenige Meilen nördlich von Orlando* (I-4 *Exit* 90), wurde ausnahmslos von Schwarzen bewohnt. Die Gemeinde war 1887 zu eben diesem Zweck gegründet worden und gilt als eine der **ersten rein afroamerikanischen Städte** der USA.

Die Initiatoren wollten ihren Ort ohne weiße Einmischung selbst verwalten. *Zoras* Vater, der Prediger *John Hurston*, der noch als Sklave zur Welt gekommen war, beteiligte sich maßgeblich daran. Er wurde von den Bürgern Eatonvilles wiederholt zum Bürgermeister gewählt.

Zora wuchs daher in einer Umgebung auf, in der sich die afro-amerikanische Kultur freier entfalten konnte als andernorts. Besonders die Tradition des **Geschichtenerzählens** wurde in Eatonville gepflegt. Abends versammelten sich Jung und Alt regelmäßig, um sich von phantasievollen Erzählungen unterhalten zu lassen. Diese Geschichten prägten *Zora Neale Hurston*. Zum einen setzte sie die Tradition selbst fort, indem sie Kurzgeschichten und Romane schrieb, zum anderen widmete sie sich dem Sammeln und Aufschreiben. So verbrachte sie viele Jahre damit, ältere Afroamerikaner erzählen zu lassen und ihre Geschichten für die Nachwelt festzuhalten. Dabei konzentrierte sie sich zunächst auf Florida; später interessierte sie sich auch für andere Südstaaten und die Karibikinseln.

Ihr bekanntestes Werk ist **Their Eyes Were Watching God** (1937), das unter dem Titel »Und ihre Augen schauten Gott« auch auf Deutsch erschien und als erster feministischer Roman einer afro-amerikanischen Autorin gilt. Seine Handlung führt die eigenwillige Heldin von Eatonville tief in die *Everglades* und bleibt dabei fest in der Kultur und Natur Floridas verankert.

Andere schwarze Schriftsteller verrissen ihre Werke, weil sie ihnen zu unpolitisch waren und Themen wie Rassismus und Diskriminierung zu ignorieren schienen. Von ihrer Schriftstellerei konnte sie daher nur kurzfristig leben. Sie arbeitete als Lehrerin, Journalistin und Kellnerin. Nach dem 2. Weltkrieg schwand ihre Popularität weiter. Als sie 1960 in Fort Pierce starb, wurde sie in einem Massengrab für Arme beigesetzt.

Die **Wiederentdeckung** der Schriftstellerin ist vor allem *Alice Walker* zu verdanken, die in Büchern und Interviews immer wieder auf ihre große Bedeutung hinwies. *Walker* sorgte dafür, dass *Their Eyes Were Watching God* neu aufgelegt wurde und gab *Hurstons* autobiografisches Werk *I love myself when I am laughing* heraus (auf Deutsch: »Ich mag mich, wenn ich lache«).

Eatonville, nach wie vor eine Kleinstadt mit 2.100 überwiegend schwarzen Bewohnern, ist heute ein Vorort von Orlando. Das kleine *Zora Neale Hurston National Museum of Fine Art* zeigt Werke afrikanischer Künstler; 227 East Kennedy Blvd, Mo-Fr 9-16, Sa 11-13 Uhr, frei; www.zoraneale-hurstonmuseum.org. Seit 1990 feiert Eatonville seine bekannteste Einwohnerin außerdem am letzten Wochenende im Januar mit dem *ZORA! Festival*; www.zorafestival.com.

Sonderkapitel Orlando

ORLANDO
Welthauptstadt des Kommerztourismus

**Touristen-
ziel #1**

Orlando ist eines der populärsten touristischen Ziele der Welt. Über 55 Mio. amerikanische wie internationale Besucher pilgern jährlich dorthin, um sich in *Disney World* und zahlreichen anderen Themenparks zu amüsieren. Die Freizeitindustrie ist der mit Abstand wichtigste Wirtschaftsfaktor der Region. Die Mehrheit der heute etwas über 2,1 Mio. Einwohner des Großraums Orlando-Kissimmee lebt direkt oder indirekt vom Tourismus.

Geschichte

**Stadt
Orlando**

Bereits 1838 wurde in der Nähe des heutigen Orlando das *Fort Gatlin* errichtet, um die Seminolen in Schach zu halten. Aber die ersten Siedler ließen sich erst gegen Mitte des 19. Jahrhunderts in der Region nieder, nachdem die letzten Indianer vertrieben worden waren. Sie widmeten sich zunächst der Viehzucht und dem Anbau von Baumwolle. Erst nach dem Bürgerkrieg gewannen Zitrusplantagen ihre dominierende Bedeutung. Als im 20. Jahrhundert in Florida – zunächst zaghaft – der Tourismus begann, bezog sich dies nur auf die Küstenregionen. Landeinwärts liegende Gebiete und Städte waren davon so gut wie nicht betroffen.

Theme Parks

Aber 1949 öffnete **Gatorland** als erste nennenswerte Touristenattraktion ihre Pforten bei Orlando. In den folgenden 10 Jahren stieg die Einwohnerzahl Orlandos von 52.000 (1950) auf immerhin schon 88.000. Dann erstand in den 1960er-Jahren der Filmproduzent und Zeichentrickmogul **Walt Disney**, der mit riesigem Erfolg seit 1955 *Disneyland* im kalifornischen Anaheim (bei Los Angeles) betrieben hatte, ein 122 km² großes Sumpfgelände südwestlich von Orlando, um dort ein noch attraktiveres – wie er es damals nannte – »Reich der Fantasie« zu bauen.

Um zu vermeiden, dass sich rundherum – wie in Anaheim geschehen – wieder im Nu eine unerwünschte Infrastruktur billiger

Vergnügungsparkstatistik

Sieben der zehn meistbesuchten Vergnügungsparks Nordamerikas befinden sich in Orlando. Disney's *Magic Kingdom* ist seit Jahren der meistbesuchte Vergnügungspark der Welt (jährlich über 17 Mio Besucher).

Mit Abstand folgen die drei anderen Disneyparks: *Epcot* (ca. 11 Mio), *Hollywood Studios* (ca. 10 Mio), *Animal Kingdom* (ca. 10 Mio). Wiederum mit Abstand stehen die ersten Nicht-Disneyparks auf der Rangliste: *Island of Adventure* (8 Mio), *Universal Studios* (ca. 6 Mio) und *SeaWorld* (über 5 Mio). Ähnlich eindrucksvoll ist die Rangliste der Wasserparks. Vier der sieben weltweit bestbesuchten Wasserparks liegen im Großraum Orlando. Die beiden Disneyparks *Thyphoon Lagoon* (ca. 2 Mio) und *Blizzard Beach* (ca. 1,8 Mio) liegen selbstredend an erster Stelle, aber relativ dicht gefolgt von *Aquatica* bei *SeaWorld* (ca. 1,6 Mio) und *Wet'n Wild* (ca. 1,2 Mio).

Geschichte

Motels und *Fast-Food Eateries* ausbreitete, wurde von vornherein nicht nur ein Vergnügungspark geplant, sondern **Disney World** als komplettes Ferienresort mit Unterkunft, Transport, Verpflegung und Programm konzipiert.

Nachdem die Sümpfe trockengelegt waren und 1971 das **Magic Kingdom**, eine fast 1:1-Kopie des kalifornischen *Disneyland*, den Anfang gemacht hatte, entstanden in der Folge weitere Themenparks nicht nur in *Disney World (*1982 **Epcot**, 1989 **Hollywood Studios**, 1998 **Animal Kingdom** plus weitere Einrichtungen zur Besucherbespaßung), sondern auch im Umfeld außerhalb des *Disney*-Komplexes.

Einer der größten Konkurrenten in Kalifornien, der Vergnügungs-parkriese *SeaWorld* war schon in der 1970er-Jahren ebenfalls auf der Bildfläche erschienen. Und auch die *Universal Studios* ließen sich nicht lumpen und eröffneten eine »Filiale« bei Orlando, kurz nachdem *Disney* mit den (damals zunächst so genannten) *Disney MGM Studios* im Prinzip das Konzept des *Universal*-Originals in Kalifornien abgekupfert hatte.

Daneben eröffneten weitere Attraktionen vom Horrormuseum über Wasserplansch- und Rutschenparks bis hin zu allerhand neuen Themenparks. Im Laufe der Jahre gingen dabei mehrere von ihnen Konkurs und andere entstanden. In Ergänzung expan-dierte eine mittlerweile kaum noch zu überschauende touristi-sche Infrastruktur sowohl innerhalb des Geländes von *Disney World* als auch entlang der Autobahn I-4 zwischen Orlando und Winter Haven und vor allem an der Straße #192 zwischen Kis-simmee und *Disney World*.

Praktisches

Orientierung, Information und öffentlicher Transport

Geografie

Die weitläufige eigentliche **Stadt Orlando** mit heute ca. 240.000 Einwohnern liegt rund 40 mi westlich von Cape Canaveral in fla-cher Landschaft zwischen einst unzugänglichen Sumpfgebieten und riesigen Zitrusplantagen im Süden, Osten und Westen und dem *Ocala National Forest* im Norden, dem größten Waldgebiet Floridas. **Vergnügungsparks** und Tourismusindustrie mit Hunder-ten von Hotels, Motels und Restaurants sowie zahlreichen Shop-pingzonen befinden sich fast alle südlich der Stadt im Bereich der *Interstate* #4 und der – dazu parallel verlaufenden – Businessmei-len des **International Drive** und der **Straße #192** (Kissimmee und westlich davon durch den Südteil des Areals von *Disney World*).

Verkehrs-anbindung

Die schnellste Verbindung von der Küste nach Orlando führt über den gebührenpflichtigen *Beachline Expressway* (#528, ca. eine Stunde Fahrt). Den *Toll* spart, wer stattdessen die **Straße #50** wählt und maximal eine halbe Stunde länger unterwegs ist.

Von/nach **Daytona Beach** am Atlantik sind es 60 mi; und die **Westküste** am Golf von Mexico ist auf kürzestem Weg in guten zwei Stunden zu erreichen (ca. 80 mi bis Weeki Wachee). Nach **Tampa** sind es auf der Hauptroute *Interstate #4* ca. 90 mi, nach **St. Petersburg** 110 mi. Wer ohne Umweg rasch von **Miami nach Orlando** oder umgekehrt fahren möchte, nimmt die gebühren-pflichtige und daher selten verstopfte *Florida`s Turnpike* – oder/und in Verbindung damit die **I-95** – und kann die knapp 240 mi ohne weiteres in vier Stunden am Steuer schaffen.

Eine weitere, gut ausgebaute Route, auf der die Strecke Miami–Orlando aber zur Ganztagesetappe wird, ist die **Straße #27**. Sie ver-läuft weit landeinwärts, passiert den Lake Okeechobee, den südli-chen Teil der Seenplatte und die Zitrusplantagen Zentralfloridas.

Orientierung, Transport und Information

Airport und Transport ab dort

Viele Besucher Floridas fliegen zunächst nach Orlando. Der angenehme und großzügig gestaltete **International Airport** (MCO) liegt 10 mi südlich von Orlandos Innenstadt und 20 mi östlich von *Disney World*; www.orlandoairports.net.

Nur **Hotels im Flughafenumfeld** haben einen kostenlosen *Shuttle Service* von und zum Airport. Zu den **Hotel-Ballungsbereichen** (➢ oben) gelangt man ohne Mietauto **per Taxi** oder mit dem **Shuttle** der Firma **Mears Motors**, das in nachfrageabhängiger Frequenz verkehrt ($19). Geld spart, wer den öffentlichen **Airport-Bus #111** (*Lynx*, ➢ Seite 212) über *Florida Mall* nach *SeaWorld* erwischt.

Information

- **Orlando-Vertretung** ➢ Seite 492
  www.visitorlando.com/de

- ***Orlando/Orange County Official Visitor Center***,
  8723 International Drive, ✆ 1-800-972-3304;
  www.orlandoinfo.com und www.visitorlando.com

  Dort gibt es Info-Material in Hülle und Fülle, darunter **Discount Coupons** für alles mögliche und einen **Ticketverkauf zu reduzierten Preisen** für fast alle Besucherattraktionen außer *Disney World* (!), ➢ Seite 226f. Bei der Suche nach einer Unterkunft ist man dort ebenfalls behilflich. Werbezettel mit Sondertarifen weniger gut gebuchter Motels/Hotels finden sich immer.

Transport generell

Orlando gehört – wie oben bereits angedeutet – zu den Städten, in denen man **schlecht ohne Mietwagen** auskommt, denn viele Attraktionen lassen sich sonst nur mit Taxi oder – meist ebenfalls teuren – *Van Services* erreichen. Dabei ergeben sich rasch höhere Kosten als bei einer Automiete, zumal bei den günstigen Florida-Tarifen, ➢ Seite 34. Ausflüge in die Umgebung, wie z.B. nach *Cape Canaveral* oder den diversen Quellfluss-Parks (➢ Seite 259) sind ohne eigenes Fahrzeug gar nicht oder nur per Ausflugsbus zu meist ziemlich stolzen Preisen möglich.

Überraschung beim Transport durch den Jurassic Park (Island of Adventure)

Öffentliches Bussystem Lynx	Wegen der kundenfreundlichen Tarifstruktur (Einzelticket $2, Tagespass $4,50, Wochenpass $16) sind im Großraum Orlando die Busse von **Lynx** (Info unter ✆ 407-841-2279; www.golynx.com). ggf. eine Alternative. Ihre Nutzung kostet wegen der auf den meisten Routen relativ geringen Frequenz indessen viel Zeit. Das Netz ist ziemlich dünn, schließt aber den *Airport*, *Downtown*, die großen *Shopping Malls* und alle *Amusement Parks* mit ein.	
Trolleys auf dem Int'l Drive	Nostalgische sog. *I-RIDE-Trolley*-Busse verkehren täglich von 8-20.30 Uhr alle 20 bzw. 30 min auf zwei sich überschneidenden Strecken (**Red** und **Green Line**) entlang des International Drive, die einfache Fahrt kostet $1,50; der Tagespass $5. Viele Stopps, daher für Leute mit Geduld; www.iridetrolley.com.	

Unterkunft

Situation	**Ein Quartier in oder um Orlando zu finden, bereitet im allgemeinen keine Probleme**. Denn dem Ansturm der Besucher gegenüber stehen hohe Kapazitäten. Orlando verfügt mit weit über 115.000 Hotelzimmern und ungezählten Wohnungen (*Condos/Suites*) und Häusern (*Vacation Homes*) zur Kurzmiete nach Las Vegas über die größte Ballung an Touristenquartieren in ganz Nordamerika. Nur zum Jahreswechsel, an Winter- und Feiertagswochenenden sowie zu Ostern kann es eng werden. Dann ist eine **Reservierung** ratsam, ebenso, wenn man unbedingt in ganz bestimmten Häusern unterkommen möchte, vor allem in Hotels auf dem *Disney-World*-Gelände.
Lage der Unterkünfte	Dort finden sich die mit Abstand teuersten Unterkünfte im Raum Orlando. Erheblich preiswerter sind die **Hotels** und **Motels** an den Ausfallstraßen rund um die Parks und in der Stadt, besonders an der **Straße #192** (*Irlo Bronson Memorial Highway*, östlich und westlich der I-4 auf einer Länge von ca. 15 mi) und am ebenfalls meilenlangen **International Drive** parallel zur I-4.
Hotels im Airport- bereich	Wer zunächst lieber im **Airportbereich** unterkommen will, etwa wegen später Ankunft, hat neben dem feinen **Hyatt Regency Airport** im Hauptterminal (ab $150; www.orlandoairport.hyatt.com) und der Oberklasse wie z.B. **Hilton Garden Inn Airport** (ab $130) die Wahl unter diversen Mittelklasse-Häusern ab $70: **Hampton Inn Airport**, **Quality Inn Airport**, **Holiday Express Airport**.
Preisniveau	Zu Zeiten geringerer Auslastung werben selbst Hotels der Mittelklasse mit Preisen ab $59 fürs Doppelzimmer; einfache Motels gibt es dann unter $50, teilweise sogar noch darunter. Die Angebote sind vor allem entlang der #192 unübersehbar. Dort ist es oft auch kein Problem, gute Zimmer in einer der attraktiven Resortanlagen ab $80-$100 zu finden (nicht so in *Disney World*).
	Orlando gehört zu den wenigen Orten, in denen man – mit etwas Geschick – bei den Motelpreisen handeln kann, zumindest in der Nebensaison. Wie gesagt, findet man aktuelle **Hoteldiscounts**, individuell und als Listung, bei der **Visitor Information**.

Unterkunft 213

Disney Hotels

Disneyeigene Hotels sind – wie gesagt – hochpreisig. Preiswerter, aber ebenfalls teurer als vergleichbare Häuser außerhalb, sind die Großhotels anderer Betreiber im *Disney-World*-Komplex, wie z.B. die Hotels im **The Downtown Disney Resort** (I-4, *Exit* 68); www.downtowndisneyhotels.com. Vor Ort zahlt man in der Regel für Hotels innerhalb von *Disney World* leicht mehr als bei Buchung im voraus. Das Gros der Gäste dort hat Pauschalreisen gebucht, die Anreise, Tickets etc. enthalten. Auch in Veranstalterkatalogen bei uns findet man solche **Disney-Packages**. Generell wird dabei aber der Vorteil der Nähe und des kostenlosen Transports innerhalb von *Disney World* ohne Notwendigkeit, Auto fahren und immer wieder neu parken zu müssen, im Vergleich zu den nachfolgend aufgeführten Hotels recht teuer erkauft.

Unterkünfte im Einzelnen

Aus dem unüberschaubaren Angebot an Quartieren außerhalb von *Disney World* hier einige Beispiele:

An der Straße #192 (I-4, *Exit* 64) zahlt man oft unter $50, z.B.:

- *EconoLodge*, 4669 W Irlo Bronson, ✆ (407) 396-1890
- *Rodeway Inn*, 4559 W Irlo Bronson Hwy, ✆ (407) 396-1212
- *Budgetel Inn*, 4104 W Irlo Bronson Hwy, ✆ (407) 846-4714

Ostern, Weihnachten oder an manchen Wochenenden können die Preise erheblich höher sein. Generell teurer als im Bereich Kissimmee und entlang der #192 sind die Unterkünfte am International Drive. Aber auch dort sind Tarife ab $50-$60/DZ – oft mit *Shuttle Service* zu den wichtigsten Parks – ohne weiteres »drin«, z.B.:

- *Days Inn*, 5858 Int'l Dr, (I-4 *Exit* 75), ✆ (407) 351-4410
- *Holiday Inn Express*, 7276 Int'l Dr, (I-4 *Exit* 74), ✆ (407) 535-4100
- *La Quinta Inn*, 5825 Int'l Dr, (I-4 *Exit* 75), ✆ (407) 351-4100

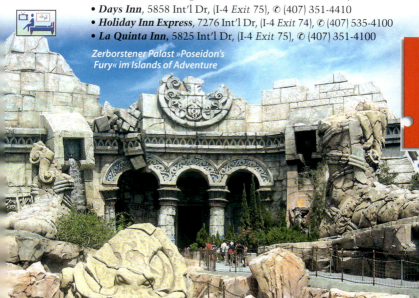

Zerborstener Palast »Poseidon's Fury« im Islands of Adventure

Im Bereich Lake Buena Vista direkt bei *Disney World* ist das
- *Holiday Inn Resort Lake Buena Vista*, 13351 Hwy 535, (I-4 *Exit* 68), ab $80, ✆ (407) 239-4500; www.hiresortlbv.com

erschwinglich und eignet sich gut für **Familien mit Kindern**.

Wer **hochklassiger** logieren möchte, kann das z.B. hier tun:

- *Hapimag Orlando Lake Berkley Resort*, 1010 Park Ridge Circle in Kissimmee, I-4 *Exit* 64. Eine sehr schöne Anlage unter Schweizer Leitung, 100 Ferienwohnungen bzw. Reihenhäuser am Lake Berkley, ab $100, ✆ (407) 390-9083; www.orlando-hapimag.com.
- *The Peabody Orlando*, 9801 International Drive, I-4 *Exit* 72. Das Hotel ist ein Ableger des historischen Luxushotels in Memphis, bekannt für die *Peabody Ducks*, die alltäglich zu ihrem Springbrunnen in der Lobby watscheln, ab $250, ✆ (407) 352-4000; www.peabodyorlando.com.
- *Renaissance Orlando Resort*, 6677 Sea Harbor Drive, I-4 *Exit* 71, in der Nähe von *SeaWorld*, ab $150, ✆ (407) 351-5555.

Camping

Camping Disney World

Von der Qualität wie der Lage her ist **Disney's Fort Wilderness Campground** nicht zu schlagen. Service, Komfort und parkartige Gestaltung sind vorbildlich. *Fort Wilderness* besteht aus Teilarealen, von denen die meisten um einen zentralen Bereich liegen mit großem **Pool**, *Shop*, Bootsverleih und **Open-air-Kino**; dort laufen jeden Abend ab Dunkelheit Disney-Filme. Busse sorgen für kostenlosen Transport zu den *Theme Parks* bzw. zur Anlegestelle des Boots in Richtung *Magic Kingdom*. Zwar kosten die Stellplätze je nach Saison und Komfort **$54-$141 (!)**, bieten dafür aber hohen Gegenwert. Reservierung unabdingbar, ➤ Seite 226.

Eine Kombination aus Komfort-Apartment und Aufenthalt im Grünen bieten die **Cabins** im **Fort Wilderness Resort** (Blockhäuser) neben den Campingarealen. Auch sie sind mit Tarifen ab $320/Tag (!) kostspielig, bieten aber bis zu 6 Personen Platz.

Weitere Campingplätze

Von den preiswerteren *Campgrounds* zu gerade einem Drittel bis zur Hälfte des Disneytarifs liegt der in jeder Beziehung hervorragende und gar nicht so stark frequentierte

- *Bill Frederick Park at Turkey Lake* mit großen Pools, **Abenteuerspielplatz** und viel Platz auch für Zeltcamper nur 10 Autominuten von den *Universal Studios* entfernt: I-4 *Exit* 75, dann nördlich #435, dann links Conroy Windermere und rechts 3401 South Hiawassee Road; www.cityoforlando.net/billfrederick. Die erste **Ankunft ist vor 17 Uhr nötig**, sonst bekommt man keinen Schlüssel mehr für die Parkschranke. Reservierung nur telefonisch unter: ✆ (407) 246-4486; Zelte $10; Campmobile ab $19. Auch einfache **Cabins** können gemietet werden, $45.

- Sehr günstig liegt das ordentliche **Tropical Palms Resort**, 2650 Holiday Trail, I-4 *Exit* 64, dann 2 mi auf Hwy 192, ab $30, ✆ (407) 396-4595; www.tropicalpalms.com.

Camping & Eateries 215

Weitere Plätze liegen etwas näher an *Disney World* an der I-4, sind aber teilweise wegen der Autobahn recht lärmgeplagt.

- Über besonders schöne Campingplätze verfügen auch die **State Parks** der Umgebung: **Wekiwa Springs** (17 mi nördlich Orlando, ➢ Seite 260), der **Blue Springs State Park** (40 mi nördlich, ➢ Seite 259) und der **Lake Louisa State Park** (35 mi westlich).

Essengehen, Abendunterhaltung und Shopping

Park Eateries

In allen Vergnügungsparks können die Besucher in zahlreichen *Snack Bars* und Restaurants zu meist happigen Preisen ihren Hunger stillen. Die in dieser Beziehung beste Auswahl hat **Epcot** in seinen Länderpavillons.

Disney World/ Universal

Auf dem Gelände von *Disney World* und *Universal* bieten sich vor allem fürs Abendessen und den Kneipen-/Disco-Abend **Downtown Disney** und **Universals CityWalk** an (➢ Seiten 246 und 252). Vielfalt und Qualität lassen dort nichts zu wünschen übrig, vorausgesetzt, es kommt auf den Dollar nicht besonders an.

International Drive

Wie bei den Unterkünften gibt es zahllose Restaurants und *Fast Food Eateries* am **Irlo Bronson Hwy** (#192) und entlang des **International Drive** mit Spezialitäten aus aller Herren Ländern, z.B.:

- *Passage to India*, 6129 Westwood Boulevard, Ecke International Drive, I-4 Exit 72; www.passagetoindiarestaurant-orlando.com.
- *Kobe Japanese Steakhouse*, 8148 International Drive, I-4 *Exit* 74; www.kobesteakhouse.com.

Discount Coupons

Und nicht zu vergessen: In Orlando gibt es *Coupons* für alles und jedes, auch **für den Restaurantbesuch**, sei es der zweite Drink frei oder 15% Preisabschlag, ein Blick in die Coupon-Seiten der zahllosen Werbebroschüren lohnt sich bestimmt.

Im Hard Rock Café der Universal Studios (Bereich CityWalk)

216 Orlando Karte Seite 209

Dinner Shows Neben den Abendprogrammen in den Themenparks sind **Dinner Shows** eine der beliebtesten Formen der Abendunterhaltung in Orlando. Sie kombinieren **Dinner** mit **Entertainment** in Form von Theater, Spektakel und Musik. In den letzten Jahren haben die Großen der Branche es geschafft, ihr Publikum mehr und mehr auch noch in den Abendstunden mit eigenen Programmen auf dem Gelände zu halten, ➢ z.B. **Downtown Disney** (Seite 246) und **Universal CityWalk** (Seite 252). Nach und nach schlossen als Folge dieser Entwicklung mehrere unabhängige Dinnertheater

und anderes mehr, darunter auch die als einzige nicht irgendwo außerhalb, sondern mitten in Orlando liegende *Church Street Station*. Es gibt sogar eine **Website**, die im Zeitablauf »verlorene« Attraktionen virtuell weiterleben lässt: www.lostparks.com.

Noch existieren aber u.a. folgende *Dinner Shows* außerhalb der Parks (Kosten um $50-$70, Kinder bis 11 Jahre um $40, aber Reduktionen durch **Discount Coupons**, die man sich teilweise sogar selbst ausdrucken kann):

- **Arabian Nights**, 3081 Arabian Blvd, I-4 *Exit* 64. Ein 90 min Rührstück mit allerhand Stunts und vielen weißen Araberhengsten, $67, Kinder $41, ✆ 1-800-553-6116; www.arabian-nights.com.

- **Capone's Dinner Show**, 4740 W Irlo Bronson Memorial Hwy, I-4 *Exit* 64. Hier stehen Chicagos Gangster der frühen 1930er-Jahre und die Prohibition im Mittelpunkt; 2,5 Std; $60, Kinder $40, ✆ 1-800-220-8428; www.alcapones.com.

- Eine der populärsten Shows heißt **Medieval Times Dinner and Tournament** in einem künstlichen Burggemäuer (4510 W Irlo Bronson Memorial Hwy, I-4 *Exit* 64). In der zweistündigen Show werden eindrucksvolle reiterische Höchstleistungen mittelalterlich kostümierter Ritter und Spielchen unter Beteiligung des Publikums, das derweil die Hähnchen auf den Blechteller mit den Fingern zerteilt und alkoholfreie Getränke aus Plastikbechern trinkt, geboten; *all-inclusive Packages* ab $60; bis 12 Jahre ab $36; ✆ 1-866-543-9637; www.medievaltimes.com.

- **Pirate's Dinner Adventure**, 6400 Carrier Drive, I-4 *Exit* 74, parallel zum Int'l Drive unweit Universal Blvd. Musical mit einer schlichten Story und wüsten Kämpfen rund um ein und auf einem Piratenschiff, 90 min, $62, Kinder $38, ✆ 1-800-866-2469; www.piratesdinneradventure.com.

Essengehen & Shopping

Nostalgischer Drive-in Diner mit Oldtimer in den Universal Studios

Shopping Malls

- **Orlando Premium Outlets** unterhält zwei riesige *Outlet*-Zentren mit jeweils über 150 Läden (u.a. *Nike, Levis, Puma, Gap, Hugo Boss, Tommy Hilfiger, Calvin Klein, Jockey* u.v.m.). Ein Komplex befindet sich am Nordende des International Drive (#4951), Zufahrt unweit der *Universal Studios* über I-4 *Exit* 75A. Ein weiteres Zentrum liegt unweit des südlichen Int'l Dr neben der I-4, von ihr *Exit* 68, dann vom International Drive in die Vineland Ave (#8200) abbiegen; www.premiumoutlets.com.
- Weiter nördlich stößt man unweit *Wet'n Wild* auf die **Prime Outlets Mall**, 175 Shops; I-4 *Exit* 75A, vom Int'l Drive abbiegen in die Oakridge Road: www.primeoutlets.com.
- Die **Florida Mall** ist mit über 250 Geschäften das größte Shopping Center in Orlando, 8001 S Orange Blossom Trail, im Osten der Stadt unweit des Flughafens.
- **Old Town Theme Park**, 5770 W Irlo Bronson Memorial Hwy, ist ein Vergnügungspark alter Art mit Achterbahnen, Riesenrad und dazu zahlreichen Geschäften und Restaurants. Er liegt östlich der Straße # 417; www.myoldtownusa.com.
- **The Mall at Millenia**, 4200 Conroy Road, I-4 *Exit* 78. Über 150 *Shops* in weitläufiger Edelanlage; www.mallatmillenia.com.

Disney's Celebration

Eine neue **Spielart des Erlebniseinkaufs** bietet das disneyeigene Städtchen **Celebration**, I-4 *Exit* 64A, dann #192 East, Mo-Sa 10-21 Uhr, So 12-18 Uhr, ➢ Kasten.

Celebration: Mickeys Musterstadt   www.celebration.fl.com

Bereits *Walt Disney* hatte die Vision von einer »idealen« Stadt der Zukunft und diese ursprünglich mit *Epcot* (➢ Seite 234) verbunden. Die *Disney*-Verantwortlichen waren nach dem Tod des Gründers zwar von diesem Konzept abgewichen und hatten stattdessen einem weiteren Vergnügungspark den Vorzug gegeben, aber die Idee eines möglichst perfekten Ortes ließ sie offenbar nicht mehr los. Und so entschloss sich der Konzern, in Nachbarschaft zur Kunstwelt der *Disney*-Themenparks eine »richtige« Stadt zu gründen.

218 Orlando

Mitte der 1990er-Jahre wurde mit dem Bau der zunächst auf 20.000 Einwohner ausgelegten Ortschaft begonnen, und man gab ihr den Namen **Celebration** (»Feier«). Es gibt dort heute eine Hauptstraße, die Market Street at Celebration, viele Nebenstraßen mit Geschäften, Restaurants und mehrere Wohnviertel mit Häusern und Mietwohnungen. Zur Zeit leben ca. 8.000 Menschen dort.

Die Architektur der meisten Gebäude ist traditionell und altmodisch: Die Läden etwa an der *Market Street* wurden historischen Vorbildern in den Städten Savannah und Charleston nachempfunden. Auch die Wohnhäuser orientieren sich an amerikanischen Baustilen der Vergangenheit – klassisch, viktorianisch oder kolonial. Dadurch wirken die Wohnviertel zwar nicht total uniform, aber doch fast schon auf beklemmende Weise einheitlich, zumal die Materialien für Dächer, Fassaden etc. und der dezente Anstrich immer identisch sind.

Wer nach Celebration zieht, muss sich auch persönlich in das – auf eine gegenseitige Harmonie ausgelegte – Gesamtkonzept einfügen. Undenkbar, dass hier z.B. jemand sein Haus einfach nach Gutdünken neu streichen könnte. Der *Disney*-Konzern hat die totale Kontrolle über das Erscheinungsbild des Ortes. Die Bürger von Celebration dürfen auch ihre Gärten nicht nach eigenen Vorstellungen gestalten. Gartenanlage und die in Frage kommende Bepflanzung sind vorgeschrieben, Wäscheleinen etwa komplett verboten. Und alle Vorhänge, die von der Straße aus sichtbar sind, haben weiß zu sein.

Um eventuellen Problemen mit aufmüpfigen Bürgern vorzubeugen, sicherte sich die *Disney Corporation* in einer von allen Bewohnern zu unterschreibenden über 100 Seiten langen **Community Charter**, umfassende Vollmachten. Die zahlreichen Pflichten der Stadtbürger sind darin detailliert aufgelistet. Dagegen sieht es mit den Rechten der Einwohner eher mau aus. Auch einen gewählten Bürgermeister gibt es in Celebrity nicht. Das Unternehmen entsendet einen Manager. Wer im Laufe der Jahre feststellen sollte, dass ihm die »*Disney*-Diktatur« nicht passt, hat nur eine Wahl, nämlich den Umzug zurück in die reale Welt mit all ihren Unzulänglichkeiten.

Celebration, perfekte Musterstadt mit einer vorgeschriebenen Architektur nach alten Vorbildern

Orlando besteht nicht nur aus Amusement, sondern hat eine normale Downtown; hier der Lake Eola und Park zwischen Central und Robinson Street mitten in der Stadt

Stadt Orlando

Die I-4 läuft in Nord Süd-Richtung mitten durch Orlando und tangiert dabei das – durch eine Handvoll Hochhäuser deutlich identifizierbare – Zentrum östlich der Autobahn. Die Hauptachse der Stadt ist der Colonial Drive/Straße #50 (I-4 *Exit* 84).

***Downtown* Orlando** liegt im wesentlichen südlich davon etwa bis Magnolia Ave mit Schwerpunkt in der Orange Ave.

Downtown/ Church Street

In Orlando gibt es nur wenige ältere und kaum stadtgeschichtlich bedeutsame Gebäude. Lediglich im Bereich der Church Street (I-4 *Exit* 83) kann man sich ansatzweise vorstellen, wie Orlando im ausgehenden 19. Jahrhundert ausgesehen haben mag. Dort stehen noch einige Häuser aus der städtischen Gründerzeit. Nach langer Agonie sind in der Church Street zwar neue Kneipen, Restaurants und Geschäfte eingezogen, richtig pulsieren will das Leben aber dort nicht. Die Konkurrenz durch die *Theme Parks* ist einfach zu stark. Betrieb herrscht in *Downtown* nur, wenn im **Amway Center** die Basketballprofis der **Orlando Magic** spielen, 400 West Church Street; www.amwaycenter.com.

Geschichts- museum

Recht anspruchsvoll und besuchenswert ist das **Orange County Regional History Center** an der Ecke Central Blvd und Magnolia Ave, nur einige Blocks von der I-4/Church St entfernt (65 East Central Blvd, Mo-Sa 10-17, So 12-17 Uhr; Eintritt $9, bis 12 Jahre $6; www.thehistorycenter.org). Es betont die Geschichte Zentral- floridas, u.a. die der Indianer und der Zitrusindustrie. Besonders interessant ist die Ausstellung **The Day We Changed**. Sie bezieht sich auf den Tag, an dem *Walt Disney* sich entschloss, seine *Disney World* bei Orlando zu errichten. Nur dort erfährt man objektive Details zu Planung und Bau seines ersten Vergnügungsparks

Magic Kingdom und ausnahmsweise auch **Kritisches zum Disney Project** und der nachfolgenden Entwicklung: »*I wish the mouse had stayed in California*«, wird etwa ein Politiker zitiert. Durch die *Amusement Parks* im Umfeld entstanden nämlich nicht nur Arbeitsplätze, sondern auch Probleme, so etwa die manchmal chaotischen Verkehrsverhältnisse, Trinkwasserknappheit, Umweltschäden und – für viele weniger erfreulich – extrem gestiegene Immobilienpreise.

Das sehenswerte Orange County Regional History Museum liegt zwei Blocks westlich des Eola Lake Park (➤ Foto Seite 219)

Loch Haven Park; weitere Museen

Die beiden anderen wichtigen Museen der Stadt findet man etwas nördlich von Downtown im *Loch Haven Park*. Man erreicht ihn am besten über die I-4, *Exit 85*:

- Das **Orlando Science Center** befindet sich in einem eindrucksvollen Gebäude; Ausstellungsschwerpunkte sind Naturhistorie und Naturwissenschaften. Es beherbergt auch den riesigen **Cine Dome** für Weltraumshows und ein Kino, in dem die neuen **3D Hollywood-Filme** laufen; 777 E Princeton Street, täglich 10-17 Uhr, Fr-Sa 10-20 Uhr, Eintritt $27, bis 11 Jahre $20; www.osc.org.

- Das **Orlando Museum of Art** steht in der Nähe. Es besitzt u.a. eine ansehnliche Sammlung präkolumbischer Kunstwerke und afrikanischer Textilien; 2416 N Mills Ave, Di-Fr 10-16 Uhr, Sa-So 12-16 Uhr, $8, bis 17 Jahre $5; www.omart.org.

Botanischer Garten

Wenn man schon die Fahrt zum *Loch Haven Park* unternommen hat, lohnt sich auch der Besuch der **Harry P. Leu Gardens** am Südufer des benachbarten *Lake Rowena*. Dieser große botanische Garten ist vor allem für seine vielen Kamelienarten aus allen Erdteilen bekannt; 1920 N Forest Ave, I-4 *Exit 85*, dann Princeton Street, Ausschilderung folgen, täglich 9-17 Uhr, Eintritt $10, bis 12 Jahre $3; www.leugardens.org.

Downtown Orlando/Walt Disney World

Das Contemporary Resort in Walt Disney World am Lake Buena Vista, zugleich »Hauptbahnhof« der Monorail rund um die »Lagune der sieben Meere«, an der sich außer dem Magic Kingdom auch noch die Luxusresorts Grand Floridian und Polynesian befinden. Ein Extrastrang der Monorail verbindet diese Hotels und das Magic Kingdom mit EPCOT. Unten rechts sieht man den Raddampfer, der zusätzlich zur Monorail zwischen Besucherparkplatz und Magic Kingdom pendelt.

WALT DISNEY WORLD

Geografie, Zeiten und Tickets

Trotz aller Konkurrenz ist und bleibt *Disney World* unangefochtenes Zugpferd der Orlando Vergnügungspark-Agglomeration.

Die vier Themenparks

Disney World beherbergt mit dem **Magic Kingdom**, **Epcot**, dem **Animal Kingdom** und den **Hollywood Studios** die vier beliebtesten Themenparks in Florida. Sie liegen allesamt in der nördlichen Hälfte des sehr weitläufigen, üppig grünen und von Seen durchsetzten Disney-Geländes. Mit der Außenwelt (hier I-4 und Straße #192) und untereinander sind sie über ein eigenes autobahnartiges Straßennetz verbunden.

Neben den Themenparks betreibt das Unternehmen außerdem den Shopping- und Restaurantkomplex **Downtown Disney** mit **Disney Quest**, das Sportzentrum **ESPN Wide World of Sports**, mit der **Typhoon Lagoon** und **Blizzard Beach** zwei Plansch- und Wasserrutschenparks, fünf **Golfplätze**, fast **30 Hotel- und Wohnanlagen** und einen, das muss man zugeben, vorbildlich angelegten **Campingplatz** (➢ Seite 214).

Zeiten

Die **Öffnungszeiten** der ganzjährig operierenden Parks hängen ab von Andrang und Jahreszeit. *Magic Kingdom* und *Epcot* sind meistens von 9-21 Uhr geöffnet, **Animal Kingdom** von 8-17/19 Uhr und **Hollywood Studios** von 9.30-20.30 Uhr.

Diese Zeiten sind aber flexibel. An Feiertagen, bei besonderen Veranstaltungen und in der Hochsaison bleiben die Parks ein, zwei und mehr Stunden länger geöffnet. Manchmal werden die Tore auch morgens für Frühaufsteher eine Stunde vor der offiziellen Zeit aufgeschlossen – Infotafeln jeweils an den Eingängen.

Bei den Touristeninformationen und in allen Hotels und Motels liegt die monatlich neue Broschüre **Disney: Times & Information**, in der man die aktuellen Zeiten und weitere Informationen, z.B. zu besonderen Veranstaltungen finden kann.

Tagestickets

Der Eintritt ist für alle vier Themenparks identisch, Wasserparks ➢ Seite 244. Die **Tagestickets** kosten als **One-day-one-park-Pass** $89 für Erwachsene und Kinder ab zehn Jahren, $83 für Kinder von drei bis neun Jahren, Kinder unter 3 Jahren benötigen kein Ticket.

Wer **an einem Tag zwei oder mehr Parks** besuchen möchte, muss für die sog. **Park Hopper Option** $35 zusätzlich zahlen (dieser Betrag ist altersunabhängig).

Alle Tickets kann man an der Kasse des jeweiligen Parks, im Internet und auch in den *Disney*-Hotels kaufen.

Mehrtagespässe

Mit Mehrtagespässen – beliebig für 2-10 Tage erhältlich – spart man gegenüber mehreren Tageskarten bis zu 3 Tagen nur wenig, aber wer länger bleibt, kommt in den Genuss von substanziellen Ermäßigungen pro Tag; für 2 Tage kosten sie $176, bis 9 Jahre $164.

Geografie, Zeiten und Tickets

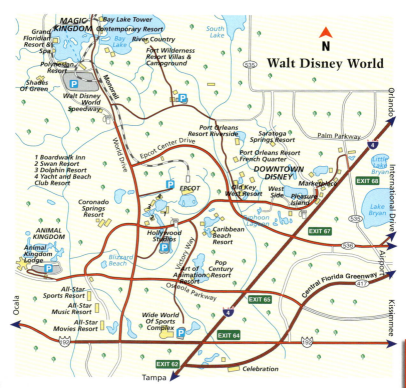

Park Hopper und Water Parks	Auch bei den Mehrtagespässen kann immer nur ein Park pro Tag besucht werden. Wer innerhalb desselben Tages die Parks wechseln möchte, benötigt wiederum noch zusätzlich die **Park Hopper Option**. Man kann stattdessen auch den freien Besuch der beiden Wasserparks während der Pass-Laufzeit mit einschließen: **Water Park Fun & More Option**. Beide kosten jeweils für alle Altersgruppen pauschal einen Zuschlag von **$57** für 2 und mehr Tage. Wer **Park Hopper** plus Abkühlung im **Water Park** möchte, kauft die beiden als Kombi und zahlt **$79**. **Preistabellen** und Details finden sich unter www.disneyworld.disney.go.com/tickets.
Discounts	Im Gegensatz zu anderen *Amusement Parks* gewährt *Disney* (mit Ausnahme für Einwohner Floridas) keine *Discounts*. Mehr zur Thematik *Discount Ticket* für *Disney World* ➢ Seite 227.
Tickets schon hier kaufen?	Es kann **günstiger sein, Mehrtagespässe bereits hier (Reisebüros, direkt beim Veranstalter) vor der Reise zu besorgen**, da es manchmal Aktionen wie »1 Pass zum vollen Preis, 2. Pass 50%« o.ä. gibt.

Parken   Zu den Eintrittspreisen der Themenparks addiert sich eine Parkgebühr von **$14 für Pkw** und **$15 für Wohnmobile**. Das Parkticket gilt den vollen Tag für alle Parkplätze von *Disney World* auch bei Wechsel von einem Parkplatz zum anderen. Gäste der *Disney*-Hotels bezahlen keine Parkgebühren.

Information   Telefonische ***Disney World Ticket Information***: ℂ (407) 939-9679

Anfahrt und Transport zwischen den Parks

Anfahrt   Die Themenparks erreicht man von Süden kommend am besten über die I-4 *Exit* 64, dann folgt man westlich der **Straße #192** (Irlo Bronson Memorial Highway) und weiter der Ausschilderung. Einmal in *Disney World* angekommen, kann nichts mehr schiefgehen. Die Verkehrsleitung zu den Parks ist narrensicher.

Wer auf der **I-4 von Norden** kommt, nimmt besser *Exit* 65.

Bei Anfahrt über den **Central Florida Greeneway** (etwa aus dem Airportbereich) verlässt man ihn über den *Exit* 3 und erreicht auf dem **Osceola Pkwy** die Hauptzufahrt **World Drive** in den Park.

Bei Ziel **Downtown Disney** bieten sich von der I-4 die *Exits* 67 (von Süden) bzw. 68 (von Norden) an.

Transport   In *Disney World* gibt es ein **ausgezeichnetes kostenloses Transportsystem**. *Epcot* ist durch eine Hochbahn mit dem **Transportation & Ticket Center** verbunden, das sich dem *Magic Kingdom* gegenüber am Südufer der *Seven Seas Lagoon* befindet. Von dort geht es entweder wieder per Hochbahn oder mit einer Fähre hinüber zum **Magic Kingdom**. Ein **Boot** verbindet auch den Campingplatz *Fort Wilderness* mit dem *Transportation Center*.

Alle **Theme Parks**, **Downtown Disney**, die **Wasserparks** und die Hotels sind zudem über ein engmaschiges Busroutennetz miteinander verbunden. Die Frequenzen sind der Nachfrage angepasst. Aktuelle Fahrpläne gibt's im *Transportation & Ticket Center*.

Poolanlage des Orlando World Center Marriott Resort in der Nachbarschaft von Disney World; Zimmer ab ca. $170

Luxusresort Grand Floridian auf dem Gelände von Disney World unweit des Magic Kingdom

Unterkommen in Disney World

Situation

Der *Disney*-Konzern betreibt auf dem Gelände der *Disney World* selbst eine ganze Reihe von Hotels. In einem dieser Hotels abzusteigen bietet – von der Nähe zu den Parks ganz abgesehen – eine Reihe von Vorteilen: Der Besucher kann sein Auto auf dem Hotelparkplatz stehen lassen und bequem mit den öffentlichen Verkehrsmitteln (Busse und Hochbahn) in die Parks gelangen. Außerdem erlaubt *Disney* seinen Hotelgästen einen frühzeitigen Einlass in die Parks, bevor sie offiziell für alle Ticketinhaber geöffnet werden. Zu den Unterkünften im einzelnen:

Einfache/ mittlere Kategorie

Die preisgünstigsten Disney-Quartiere ($96-$192) sind jeweils fünf rund 2.000 Zimmer große Komplexe mit relativ einfachen und kleinen thematisch gestalteten Zimmern. Darunter fallen das **Art of Animation Resort**, das **Pop Century Resort** und das **All-Star Movies Resort**. Auch die Außenbereiche der Anlage wurden dem jeweiligen Thema angepasst, so sind etwa im **All-Star Sports Resort** Footballhelme, Baseball- und Tennisschläger bevorzugte Dekoration. Selbst die Pools sind entsprechend geformt, im **All-Star Music Resort** kann man in einer »Gitarre« schwimmen.

Gehobenes Niveau

Der nächsten Preis- und Komfortstufe entsprechen die vier Komplexe **Coronado Springs Resort**, **Port Orleans Resort Riverside**, **Port Orleans French Quarter** und **Caribbean Beach Resort** ($182-$276) mit ebenfalls thematisch angepasster Gestaltung.

Luxus- quartiere

Zu den (noch) teureren Quartieren gehören u.a.:

- die **Villas at Wilderness Lodge** (ab $414) beim *Magic Kingdom*, wobei es sich um eine Luxusversion der rustikalen **Lodges** handelt, die man aus Nationalparks des US-Westens kennt
- das **Beach Club Resort** nahe *Epcot* (ab $393)
- das afrikanisch inspirierte **Kidani Village** (ab $414)

- das **Grand Floridian Resort & Spa** im Stil eines viktorianischen Seebades, die luxuriöseste Unterkunft (ab $540)
- das **Old Key West Resort**, das in seiner Anlage die Florida Keys kopiert (ab $508)

In allen Hotel-Komplexen befinden sich **Shops** und **Restaurants**, die sich in die jeweiligen Themen einfügen.

Reservierung Für Reservierungen bemüht man ein Reisebüro oder erledigt das im Internet: www.disneyworld.disney.go.com/resorts.

Preisniveau Trotz aller Vorzüge, die mit der Übernachtung direkt in *Disney World* verbunden sind: das Preisniveau ist happig, insbesondere, wenn man bedenkt, dass die Tarife entlang der nahen Straße #192 oder am International Drive (➤ Karte Seite 209) in vergleichbaren Kategorien oft kaum halb so hoch liegen. Außerdem ist zu bedenken, dass man in *Disney World* im allgemeinen ohnehin nur wenig Zeit in seinem Zimmer zubringen dürfte.

Camping Der bereits oben (mal abgesehen von den Kosten: $54-$141) gelobte **Fort Wilderness Campground** (➤ Seite 214) hat ca. 800 Stellplätze. Die unterschiedlich hohen Preise ergeben sich aus saisonalen Abgrenzungen, aus der Entfernung des Stellplatzes zu Pool und Kino-Amphitheater und unterschiedlichem Komfort (Zelt/RV).

Praktisch ist die Bootsverbindung zwischen Campingplatz und *Magic Kingdom;* angenehm sind dort die Ruhe abseits der großen Straßen und der Strand mit Kanuverleih.

Tipps und Hinweise

Park Hopper: Wer ein Ticket gekauft hat, mit dem man zwischen den *Disney*-Parks wechseln kann, darf beim Verlassen eines Parks auf keinen Fall vergessen, sich die Hand stempeln zu lassen, denn man kann den nächsten Park nur betreten, wenn man sein Ticket und den (für das bloße Auge unsichtbaren) Stempel vorweisen kann. Grund dafür: Vermeidung einer Weitergabe der Pässe an Dritte.

Fast Pass: Damit sollen Wartezeiten verkürzt werden. Der Besucher kann sich bei ausgewählten Shows und Fahrten für eine bestimmte Uhrzeit einen *Fast Pass* holen. Wenn er dann pünktlich wieder erscheint, muss er/sie nur wenige Minuten warten. *Disney* hat den *Fast Pass* weniger zur Frustrationsminderung der Besucher als vielmehr aus der Erkenntnis eingeführt, dass, wer Schlange steht, in dieser Zeit kein Geld ausgibt. Wer weiß, dass er bis zur nächsten Fahrt eine Stunde Zeit hat, wird sie höchstwahrscheinlich in Geschäften oder *Eateries* zubringen und dort den Umsatz erhöhen, was ganz im Sinn des Erfinders ist. Tipp: Wer Wartezeiten verkürzen möchte, kann sich auch in die Schlange »single riders« stellen.

Planet Hollywood, mit 1000 Filmrequisiten ausstaffiertes Restaurant im Bereich Downtown Disney/West Side bei Disney Quest

Discounttickets: Bei Angeboten für *Disney*-Tickets zu Discountpreisen ist allergrößte Vorsicht geboten. In und um Orlando bieten Läden und inoffizielle Touristeninformationen immer mal wieder Eintrittskarten für *Disney Parks* zu verbilligten Tarifen an. Dabei sollen gelegentlich sogar Fälschungen vorkommen; der Eintritt klappt damit nicht.

Häufiger jedoch handelt es sich um angeblich nicht komplett aufgebrauchte Mehrtagespässe, was plausibel erscheint. Aber auch von ihnen sollte man besser die Finger lassen. Denn abgesehen davon, dass die Weitergabe dieser Tickets illegal ist (sie gelten im Prinzip nur in Verbindung mit einem Ausweis, was aber so gut wie nie kontrolliert wird), kann nur elektronisch überprüft werden, ob die Karten wirklich noch eine Restgültigkeit aufweisen. Man muss also den Angaben des Verkäufers Glauben schenken. Stimmt die Behauptung einer Restlaufzeit nicht, ist das Geld weg.

Discountcoupons: Für kleinere Parks wie *Gatorland* und für die nicht von *Disney* betriebenen Wasserparks, die *Universal Studios* und *SeaWorld* gibt es Discountcoupons bei der Touristeninformation, an Hotelrezeptionen, zum Ausschneiden aus Werbebroschüren oder zum Selbstausdrucken im Internet, mit denen sich ein paar Dollars sparen lassen, ➢ Seite 216. Nur für *Disney Parks* sind grundsätzlich (Ausnahme: Einwohner Floridas) keine Coupons erhältlich – nie! ➢ Seite 223.

Schlechtes Wetter: Regen in Orlando? Kein Problem. Am besten besucht man gerade dann die Themenparks, denn bei Regen sind sie leerer. Fast alle *Rides* und *Shows* finden in Gebäuden statt, die Wartebereiche sind immer überdacht.

Nur ein Park? Wer aus zeitlichen oder finanziellen Gründen nur einen Park besuchen möchte, hat die Qual der Wahl. Bei speziellen Interessen an Filmen oder Tieren fällt die Entscheidung für die *Hollywood Studios* (dort auch das beste Abendabschlussprogramm!) leicht. Ansonsten ist das *Magic Kingdom* – insbesondere mit Kindern – der abwechslungsreichste Park.

Englischkenntnisse: *Disney* bemüht sich sehr um internationale Besucher und hält z.B. die Parkübersichten *(Park Guides)* auch in deutscher und in anderen fremdsprachigen Versionen bereit. Sie sind bei der Orientierung in den Parks und bei der Suche nach Attraktionen unabdingbar (für die aktuellen Showzeiten sollte man aber zusätzlich die englischsprachigen einstecken, ➤ Seite 233). In den einzelnen Shows und während mancher *Rides* sind Sprachkenntnisse von Vorteil: Je besser man Englisch versteht, desto mehr Spaß hat man, wobei die Sprache in den verschiedenen Parks unterschiedlich wichtig ist. Im *Animal* und *Magic Kingdom* kommt man mit wenig Englisch vergleichsweise am besten zurecht, während vieles in den *Hollywood Studios* und besonders in der *Futureworld* im *Epcot* ohne einigermaßen passable Englischkenntnisse nur schwer zu verstehen ist.

Filmkenntnisse: Vorteilhaft ist in allen Parks, bestimmte Filme gesehen zu haben, auf die sich *Shows* oder *Rides* beziehen. Bei filmbezogenen Attraktionen ist natürlich auch ohne Kenntnis von Details der entsprechenden Filme oder der Hauptfiguren z.B. ein *Rollercoaster* durchaus aufregend, aber der eigentliche »Witz« bleibt dann oft verborgen.

Folgende Filme zu kennen, kann nicht schaden:

Magic Kingdom: »Peter Pan«, »König der Löwen«, »Die Schöne und das Biest«

Epcot: »Liebling, ich habe die Kinder geschrumpft«

Animal Kingdom: »König der Löwen« und »Pocahontas«

Hollywood Studios: »Die kleine Meerjungfrau«, »Die Schöne und das Biest«, einen »Indiana Jones-« und einen »Star Wars-«Film.

Disney World Führer: Wer es ganz genau wissen möchte, erfährt im ***The Unofficial Guide to Walt Disney World*** von *Bob Sehlinger* auf fast 900 Seiten jedes Detail und findet auch kritische Anmerkungen. Der jährlich aktualisierte Band kostet in den USA ab $12.

Achterbahn durch den Wilden Westen: Big Thunder Mountain Railroad

Die vier Disney Themenparks

Magic Kingdom

Kenn-zeichnung

Das bereits am 1. Oktober 1971 eröffnete *Magic Kingdom* ist der Klassiker unter den Themenparks, die kaum veränderte, etwas größere Kopie des kalifornischen *Disneyland* und bis heute der populärste der vier Parks. Der Besuch ist nach wie vor ein Erlebnis. Im Schnitt kommen täglich 50.000 Besucher, in der Hochsaison – die man besser meidet – manchmal bis zu 100.000.

Eingang

Vor dem Einlass in das magische Königreich steht die kurze Fahrt vom Parkplatz mit dem *Park Shuttle* zur Ablegestelle der Raddampfer über die **Lagune der sieben Meere oder** zur Station einer *Monorail*-Bahn. Die Besucher können hier wählen, ob sie sich per Schiff oder Monorail zum eigentlichen Eingang befördern lassen.

Bereiche

Sieben Bereiche

Der Park besteht aus **sechs Bereichen**, die sich um sein »Wahrzeichen« *Cinderella Castle* herum gruppieren. Diese fast 60 m hohe Kunststoff-Burg mit Türmchen und Zinnen soll der Königsburg im spanischen Segovia nachempfunden sein; deutsche Besucher werden sich eher an Neuschwanstein erinnert fühlen. Und wie jede europäische Burg, die auf sich hält, hat auch *Cinderella's Castle* ihre eigene Sage und eine Art Hausgeist. Man erzählt sich, dass der schon 1965 kurz nach Erwerb der Ländereien für *Disney World* verstorbene *Walt Disney* unter ihr begraben liegt.

Auf der Freifläche vor dem Schloss finden häufig Musik- und Tanzshows statt, bei denen natürlich auch *Mickey*, *Minnie* und andere *Disney*-Charaktere auftreten. Im Foyer empfängt manchmal *Cinderella* höchstpersönlich die Besucher.

Die ineinander übergehenden Bereiche sind

* *Main Street* & *Disney World Railroad*
* *Tomorrowland*
* *Fantasyland*
* *Liberty Square*
* *Frontierland*
* *Adventureland*

(• *Toontown* wird 2013 ersetzt durch Erweiterung *Fantasyland*)

Main Street

Hinter den Eingangstoren gerät man quasi automatisch auf die in Richtung Burg laufende Main Street. So sieht die idealisierte amerikanische Kleinstadt aus **Disney**-Sicht aus: sauber, nett, pastellfarben – und voller *Shops*, in denen man teure *Disney*-Produkte kaufen kann. Nur der Besuch im **Main Street Cinema** lohnt, im Grunde auch ein Laden, an dessen Rückwand Zeichentrickfilme laufen, darunter *Steamboat Willie,* der erste Film mit *Mickey*.

Eisenbahn

Vom hochgelegenen Bahnhof über der Eingangsplaza fährt die **Walt Disney World Railroad** ab, die – mit den drei Stopps *Main Street,*

Frontierland und *Fantasyland* – in 20 Minuten das Parkgelände umrundet. Die offenen Wagen werden von einer alten Dampflok aus den 1920er-Jahren gezogen. Die Fahrt eignet sich gut – möglichst mit der Karte in der Hand – für einen ersten Überblick.

Vorm Bahnhof weht die amerikanische Flagge, die jeden Abend um 17.00 Uhr mit Musikbegleitung feierlich eingeholt wird (*Flag Retreat Ceremony*).

Tomorrowland Im Bereich *Tomorrowland* rechts der Main Street geht es – mal mehr, mal weniger ernsthaft – um die Technologien der Zukunft. U.a. kann man im **Astro Orbiter** scheinbar selbst ein Raumschiff ein paar Minuten lang ins All steuern. In **Stitch's Great Escape** geht es um intergalaktische Bösewichte, die von den Teilnehmern des *Ride* ihrer Strafe zugeführt werden sollen. Aber die Reise durch den Weltraum ist gefährlich, denn ein Oberbösewicht möchte seine Artgenossen befreien. Am Ende siegt das Gute nach vielen Laser- und Lichteffekten in einer furchteinflößenden Galaxis.

Durch dieselbe jagt auch die Achterbahn **Space Mountain**, in der durch enge Kurvenfahrten in der Dunkelheit des »Weltalls« die Illusion einer enormen Geschwindigkeit erzeugt wird.

Tomorrowland gehört eher zu den etwas »schwächeren« Bereichen, in denen sich Anstehen weniger lohnt.

Tomorrowland, einerseits futuristisch, andererseits nicht so aufregend

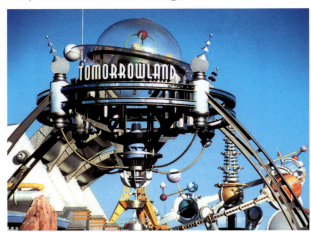

Fantasyland Auch im Bereich **Fantasyland** kann man auf den Spuren bekannter *Disney*-Figuren wandeln. Bei **Peter Pan's Flight** etwa »fliegt« man wie *Peter Pan* über das nächtliche London.

Unbedingt sehenswert ist die 3D-Show **Mickey's PhilharMagic**. Zwar handelt es sich um eine typische Disney'sche Zeichentrickgeschichte für Kinder, aber allein schon wegen der technischen Brillanz lohnt der Besuch auch für Erwachsene.

Magic Kingdom 231

Small World — Der beliebteste *Ride* im *Fantasyland* ist **It's a Small World**: per Boot schaukeln die Besucher durch Erdteilbereiche voller Kinderfiguren in verkitschten Trachten unterschiedlichster Kulturkreise, die in zahlreichen Sprachen endlos den »Ohrwurm« *It's a Small World* singen. Obwohl hier naive Klischeevorstellungen von fremden Ländern noch verstärkt werden, ist nicht zu bestreiten, dass diese Fahrt nicht nur Kinder emotional anspricht. Sie versucht außerdem, zur Völkerverständigung beizutragen.

Auf weiteren, speziell für Kinder bis 10 Jahren gedachten, aber auch von vielen Erwachsenen ganz ohne Kinder genutzten *Rides* trifft man u.a. *Winnie the Pooh*, *Schneewittchen* und *Dumbo*, den fliegenden Elefanten.

Erweiterung Fantasyland — Anfang 2013 wurde der Bereich *Toontown* zur Kleinkindbelustigung zugunsten einer Erweiterung von *Fantasyland* abgerissen. Die ersten Attraktionen, vor allem Umsetzungen bekannter *Disney* Märchen in die reale Welt des *Magic Kingdom*, sollen noch im Laufe des Jahres eröffnet werden.

Liberty Square — Am *Liberty Square* steht die US-Geschichte im Mittelpunkt:

In der **Hall of Presidents** läuft ein Film über die amerikanische Verfassung, und alle 44 Präsidenten haben darin ihren kurzen Auftritt. Dabei richten *Abraham Lincoln* und *Barack Obama* ein paar »persönliche« Worte ans Publikum.

Mississippidampfer — Ganz »nett« ist die gemächliche Runde auf dem **Liberty Square Riverboat** um *Tom Sawyer Island*. Unterwegs kann man auf diesem Nachbau eines Mississippi-Dampfers den Erzählungen von *Mark Twain* zuhören und im Vorbeifahren den *Big Thunder Mountain* samt der über ihn hinwegrasenden Achterbahn fotografieren.

Geisterbahn — Einen Höhepunkt bietet das englische Spukhaus **Haunted Mansion**. Nach dem Überstehen gruseliger Fahrstuhlbewegungen geht es auf kleinen Wagen durch dunkle Räume vorbei an Spinnweben, Geistern, Grabsteinen und unheimlichen Vorkommnissen. **Eine bessere Geisterbahn gibt es nicht**!

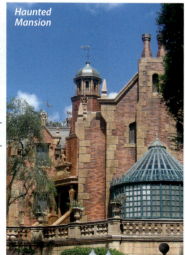

Haunted Mansion

Von außen harmloses altenglisches Gemäuer, aber drinnen herrscht das »nackte Grauen«.

Frontierland

Thema im **Frontierland** ist der **Wilde Westen**, und so läuft dort das Personal in Cowboystiefeln und -hüten herum. Ausgesprochen witzig und unterhaltsam ist das **Country Bear Jamboree**.

Als einer der besten *Rides* des *Magic Kingdom* gilt die Achterbahn **Big Thunder Mountain Railroad**. Sie ist nicht superschnell, aber führt auf einer relativ langen Strecke rund um einen Berg, durch mehrere Tunnel und »echte« Wildwest-Landschaft.

Am ebenfalls populären **Splash Mountain** geht es in einem ausgehöhlten Baumstamm nach einem eher zahmen Anfang durch leichtes Wildwasser zum krönenden Abschluss mit rasanter Geschwindigkeit einen Wasserfall hinunter.

Adventureland/Jungle Cruise

Im »Abenteuerland« ist Exotik angesagt. Die Boote der **Jungle Cruise** schippern durch tropische Vegetation über Amazonas, Nil, Mekong und Kongo gleichzeitig. Lebensechte Krokodile, Elefanten und Affen aus Plastik säumen – von Robotern bewegt – die Ufer und erschrecken hier und dort die Bootspassagiere.

Computeranimierter Plastikelefant »genießt« die Wasserfälle

Baumhaus

Das **Swiss Family Treehouse** bezieht sich auf einen alten *Disney*-Film von 1960, der beschreibt, wie eine Familie aus der Schweiz bei der Atlantiküberquerung Schiffbruch erleidet, auf einer einsamen Insel landet, sich dort ein Baumhaus baut und allerlei Abenteuer erlebt. Der fantasievolle Nachbau dieses Baumhauses in schwindelnder Höhe sprüht förmlich vor Einfällen zur Optimierung des Wohnkomforts allein mit Hilfe natürlicher Ressourcen, die sich auf einer tropischen Insel finden lassen.

Pirates of the Caribbean

Der beste *Ride* im *Adventureland*, vielleicht des ganzen *Kingdom*, ist die Bootstour **Pirates of the Caribbean** in sternenklarer karibischer Nacht, auf der man Zeuge blutiger Seeschlachten und von Piratenüberfällen wird und die Brandschatzung ganzer Städte miterlebt. Alles perfekt und locker inszeniert mit schmissiger Musik, die das grausame Geschehen zu angenehmer Unterhaltung macht.

Magic Kingdom

Enchanted Tiki Room — Obwohl im Grundmuster schon über 40 Jahre alt und zwischenzeitlich abgesetzt, wurde diese Show wohl der großen Nachfrage wegen modernisiert und wiederbelebt – eine alberne Kurzrevue im Hula-Sound mit Hawaii-Ambiente. Muss man nicht sehen.

Programm und Gastronomie

Programm — Außer Fahrten und laufend wiederholten Shows gehören im *Magic Kingdom* auch Umzüge (*Celebrate a Dream come true Parade* von *Frontierland* über *Liberty Square* zur *Main Street*), Tänze, Auftritte von *Mickey* und seinen Freunden sowie das abendliche Feuerwerk **»Wishes Nighttime Spectacular«** zum Programm. Die aktuellen Anfangszeiten aller Veranstaltungen findet man auf Parkübersichten, die es gleich eingangs in der *City Hall* gibt. Tageskartenkäufer erhalten sie automatisch am Ticketschalter.

Tipp: Hier besser die **englischsprachige Übersicht** nehmen; sie wird wöchentlich neu gedruckt und ist daher immer auf dem neuesten Stand. Auf deutschen und anderen fremdsprachigen Papieren fehlen die aktuellen Zeiten für Shows und Vorführungen.

Restaurants — Restaurants, *Fast Food* wie *Full Service*, gibt es jede Menge – zu Preisen, die sich gewaschen haben. Erschwinglich sind im Prinzip nur kleinere Snacks wie *Hot Dogs* und *Pretzels* an den zahlreichen *Food Stands*. Im Rahmen des *Disney*-Angebots sind folgende *Eateries* nicht schlecht:

- **Cinderella's Royal Table** (im *Fantasyland*) lädt zum Frühstücksbuffet mit *Disney*-Charakteren ein (mit Kindern prima).
- Im **Pecos Bill Tall Tale Inn and Café** (im *Frontierland*) gibt es ordentliche *Sandwiches* und große Burger.
- **The Plaza Restaurant** (an der Main Street) eignet sich gut zum Mittagessen wie auch für eine Kaffeepause zwischendurch.

Die tägliche Nachmittagsparade durch die Main Street

Epcot

Kennzeichnung und Bereiche

»Stadt der Zukunft«

Die Bezeichnung dieses zweiten, schon 1982 eröffneten Themenparks steht für *Experimental prototype community of tomorrow*, »Experimenteller Prototyp eines Gemeinwesens der Zukunft«. So zumindest war *Epcot* geplant. Aber *Walt Disneys* Konzept, hier eine menschen- und umweltfreundliche Stadt zu errichten und zukunftsweisende Lebens- und Arbeitsmodelle unterhaltsam und verständlich zu präsentieren, wurde nicht umgesetzt. Stattdessen entstand ein zusätzlicher Vergnügungspark, der – vielfach ziemlich unkritisch – Fortschrittsglauben propagiert und einheimische Klischeevorstellungen vom Leben anderer Völker manifestiert.

Im Gegensatz zum rein spielerischen *Magic Kingdom* hat *Epcot* aber durchaus auch einen bildenden Anspruch. Besucher können, wenn sie *Epcot* aufmerksam – und mit den entsprechenden Englischkenntnissen – besichtigen, tatsächlich vom Besuch dieses Parks profitieren. Dafür fehlt der »magische« Charme.

Bereiche

Epcot besteht aus den beiden Parkbereichen **Future World** und **World Showcase**. In der **Future World** geht es im vorderen Teil des Parks um Technologie und Fortschritt. Dahinter erstreckt sich rund um einen See der **World Showcase**, wo verschiedene Länder und Kulturen vorgestellt werden. Diese Mischung aus technologischen Pavillons und länderspezifischen Bereichen mit Volkstanz und kulinarischen Spezialitäten kommt demjenigen bekannt vor, der schon einmal eine Weltausstellung besucht hat.

Future World

Die *Future World* präsentiert belehrend unterhaltende Ausstellungen und Zeitrafferfahrten durch die Entwicklungsgeschichte der Energie, des Transports, der Kommunikation und Raumfahrt, der agrarischen Nutzung der Erde etc. Die *Rides* sind meist gut gemacht, ganz interessant und manchmal sogar spannend. Zu den Angeboten im einzelnen:

Spaceship Earth

Ein heller runder Komplex in Form eines überdimensionalen Golfballs dominiert den Eingangsbereich. Im Inneren gibt's die 15-minütige Show **Spaceship Earth**, in der die Erd- und Menschheitsgeschichte interaktiv und mit vielen gelungenen Spezialeffekten präsentiert wird.

Energy Adventure

In **Ellen's Energy Adventure** geht's um die Energiegewinnung gestern, heute und morgen – eine 45-minütige Zeitreise durch die Erdgeschichte mit einigen Längen.

Mission: Space

Ein **futuristischer Pavillon** ist der Raumfahrt gewidmet. Höhepunkt ist der *Ride* **Rocket to the Red Planet**, ein simulierter Raketenstart mit Flug in die Schwerelosigkeit. Währenddessen müssen die mitfliegenden Astronauten bzw. Besucher allerhand Aufgaben lösen. Sehr gut gemacht.

Epcot 235

Test Track Im benachbarten Pavillon **Test Track** absolviert man im *Chevrolet* eine Teststrecke, auf der es Hindernisse, scharfe Kurven und wechselnde Witterungsverhältnisse zu bewältigen gilt.

eWorld Der Bereich **Innoventions** (eine Wortschöpfung aus *innovations* – und *inventions*) besteht aus zwei Pavillons und zählt nicht zu den Highlights von *Epcot*. U.a. findet man hier interaktive und naturwissenschaftliche Ausstellungen und Experimente.

Aquarium In **The Seas with Nemo & Friends** gelangen die Besucher per Fahrstuhl in einem der weltgrößten Salzwasser-Aquarien mit über 20.000 Kubikmetern Volumen auf den »Meeresboden«. Ganz nach dem Vorbild des Films »Findet Nemo« geht es dort auf die Suche nach dem entschwundenen »Clownfisch« und per Muschelwagen weiter hinunter in die unendlichen Tiefen des Ozeans. Die Fahrt vorbei an verschiedenen riesigen Aquarien erzeugt die Illusion einer echten Unterwasserreise.

The Land Der Pavillon *The Land* widmet sich u.a. Ernährungsfragen. Am lohnendsten ist dort die Bootsfahrt **Living with the Land** durch verschiedene Klimazonen und anschließend durch mehrere Gewächshäuser, in denen *Disney* mit neuartigen Anbaumethoden experimentiert.

Soarin' Das Verb »to soar« bedeutet »hoch-/aufsteigen«, hier im Sinne von fliegen. Im *Ride* **Soarin'** – ebenfalls im Pavillon *The Land* – »fliegt« man auf einer Art Hollywood-Schaukel in rasendem Tempo über Naturwunder und bekannte Sehenswürdigkeiten Kaliforniens, sozusagen die weiterentwickelte Form der *Circle Vision* (Rundum-Kino) und teilnehmenswert.

Pavillon der »Mission Space«

Pavillon der Show Universe of Energy

World Showcase

Länder-pavillons
Die elf Länderpavillons (Mexiko, Norwegen, China, Deutschland, Italien, die USA, Japan, Marokko, Frankreich, England und Kanada) des »Schaufensters der Welt« sind um einen künstlichen See herum angeordnet. In ihnen gibt es Replika bekannter Sehenswürdigkeiten, *Shops* für landestypische Produkte und Restaurants mit Spezialitäten. Das Personal stammt immer wirklich aus den jeweils dargestellten Ländern und ist in Landestracht gekleidet. Das Ganze wirkt zwar stereotyp – Franzosen tragen Baskenmützen, Deutsche Lederhosen etc., ist aber gut gemacht.

Germany
Der deutsche Pavillon sollte passender einfach »Bayern« heißen – trotz Beck's Bier. Hinter mittelalterlichen Fassaden nach dem Vorbild Rothenburg befinden sich Souvenirläden mit Bezeichnungen wie »Volkskunst«, »Süßigkeiten« oder »Das Kaufhaus«. Zum Programm gehören Volkstanz und Alphornblasen. Wen hier das Heimweh packt, darf im Biergarten bei Sauerkraut und Weißwurst vergessen, dass die Heimat fast 8000 km entfernt ist.

Empfehlungen
Sehenswert sind die **Filme** *Reflections of China* im chinesischen, *O Canada!* im kanadischen und *Impressions de France* im französischen Pavillon. Nicht nur für Patrioten attraktiv ist der A-Capella-Chor *Voices of Liberty* im USA-Bereich. Beachtliche **Architektur** sieht man in Japan und Marokko.

Rides
Zwei kurzweilige *Rides* ergänzen das »kulturelle« und gastronomische Angebot im *World Showcase*: Zunächst ist da die **Gran Fiesta Tour** im Mexiko-Pavillon, auf dem der Besucher u.a. per Boot eine Reise durch Mexiko unternimmt.

Disney MGM-Studios

Und in Norwegen geht's per Wikingerboot mit 16 Besatzungsmitgliedern im **Maelstrom** durch die Welt der Fjorde und Trolle.

Geschichte mit Glorie
Gesehen haben muss man das **American Adventure**, eine bombastische von *Benjamin Franklin* und *Mark Twain* »persönlich« kommentierte Multi-Media-Show, in der die Geschichte der USA im Schnelldurchgang glorifizierend dargestellt wird.

Feuerwerk
Nach Einbruch der Dunkelheit finden allabendlich um 21 Uhr über dem See, der *World Showcase Lagoon*, zu Klassikklängen **IllumiNations: Reflections of Earth** statt, eine 30 min *Sound & Light Show* mit Lasereffekten und einem tollen Feuerwerk.

Gastronomie

Im *Epcot* gelten die Restaurants mit landestypischen Gerichten als besondere Attraktion. Besucher aus den jeweiligen Weltregionen werden aber deren »Amerikanisierung« registrieren. In den verschiedenen Ländersektionen zu empfehlen sind:

- **San Angel Inn Restaurante** in Mexiko, gute Tortillas.
- **Akershus Royal Banquet Hall** in Norwegen, das wie ein mittelalterliches Fort aussieht. Gut ist dort das üppige Fischbuffet.
- **Nine Dragons Restaurant** in China, mit guter regionaler Küche
- **Tokyo Dining** in Japan, Sushi und andere Spezialitäten

Auch hier – wie bereits für's *Magic Kingdom* festgestellt – gilt ein ziemlich hohes Preisniveau für alle Speisen. Auch für Bier und Wein ist tief in die Tasche zu greifen.

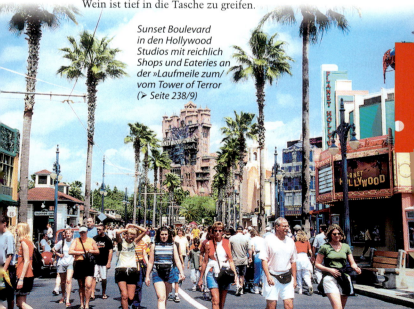

Sunset Boulevard in den Hollywood Studios mit reichlich Shops und Eateries an der »Laufmeile zum/vom Tower of Terror (> Seite 238/9)

238   **Walt Disney World**   Karte Seite 223

Disney's Hollywood Studios

**Kenn-
zeichnung**

Der dritte Themenpark ist der Welt des Films gewidmet und war 1989 eine Kampfansage an den Konkurrenten *Universal*, der seit langem in Los Angeles die Vermarktung des Themas »Hinter den Kulissen der Filmproduktion« betreibt und 1991 nur wenige Meilen nördlich von *Disney World* die Florida-Variante der *Universal Studios* eröffnete (➢ Seite 247). Beide sind eine Kombination aus Vergnügungspark und echten Filmstudios.

Bereiche

Bereiche

Die *Hollywood Studios* umfassen sechs Bereiche:

• *Hollywood Boulevard*
• *Sunset Boulevard*
• *Animation Courtyard*
• *Streets of America*
• *Echo Lake*
• *Pixar Place*

**Hollywood
Boulevard**

Der palmengesäumte *Hollywood Boulevard* entspricht der Main Street im *Magic Kingdom*. Es reihen sich Geschäfte und *Fast Food Places* und Restaurants aneinander; dort geht's ums Shoppen und leibliche Wohl.

**Sunset
Boulevard**

Auf dem *Sunset Boulevard*, vom *Hollywood Boulevard* rechts, geht es zunächst mit Souvenirgeschäften weiter. Kenner werden manche Fassade aus alten Filmen wiedererkennen. Mehrmals am Tag wird dort eine Kurzfassung des Broadway Musicals **Beauty and the Beast** aufgeführt.

**Turm des
Schreckens**

Als Hauptattraktion gilt hier **Twilight Zone Tower of Terror**. Ein scheinbar heruntergekommenes rotes Hochhaus mit der Aufschrift **The Hollywood Tower Hotel** lehrt Besucher das Fürchten. Insider kennen das Gebäude aus der TV-Gruselserie *Twilight Zone*. Im noblen 1930er-Jahre Haus geht es durch eine stilvolle Lobby in den Keller und dann in einen Fahrstuhl. Schon während der Auffahrt geschehen merkwürdige Dinge, bis plötzlich die Technik versagt und der Fahrstuhl acht Stockwerke nach unten rauscht, sofort wieder nach oben rast, um abschließend dann noch einmal in scheinbar freiem Fall nach unten zu stürzen: Absolut nichts für schwache Nerven und Mägen und vielleicht der unheimlichste *Ride* in ganz *Disney World*.

**Show und
Achterbahn**

Auf der anderen Seite des *Tower of Terror* steht die Achterbahn **Rock'n'Roller Coaster Starring Aerosmith**. Für echte Achterbahn-Freunde ist sie vielleicht ein wenig zahm, aber bei *Disney* geht es eben nicht so sehr um eine besonders schnelle und wilde Fahrt, sondern um die phantasievolle Abrundung des Ganzen. Mit dem *Rock'n'Roller Coaster* rast man (*indoor*) durch die kalifornische Nacht, während einem dabei *Arrowsmith*-Klänge um die Ohren wehen.

MGM-Studios

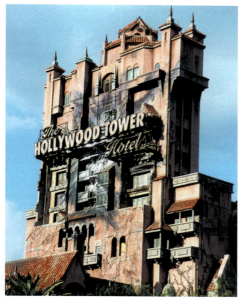

Animation Courtyard

Im sich anschließenden Bereich wird in **The Voyage of the Little Mermaid** die Geschichte der kleinen Meerjungfrau erzählt, und auf der aufschlussreichen Tour **Magic of Disney Animation** die Zeichentrick-Produktion erläutert. Hier arbeiten echte Trickzeichner, denen man bei der Arbeit zusehen kann.

Filmfans sollten **The Great Movie Ride** in einem dem *Chinese Theater* in Hollywood nachempfundenen Bau am Kopfende des Boulevards nicht auslassen. Hier wird an zahlreiche klassische Filme erinnert, soweit von MGM produziert: Man trifft *Tarzan*, *Mary Poppins* oder *Indiana Jones* und erlebt Szenen aus bekannten Filmen wie *Alien* oder *Casablanca*.

Streets of America	In den *Streets of America* zeigt das **American Film Institute Showcase** Requisiten aus Filmen wie *Dick Tracy* oder *My Fair Lady* und die dazu passenden Filmausschnitte.
Backlot Tour	Auf der 35-minütigen **Studio Backlot Tour** geht es zunächst um Aufnahmetechniken und dabei angewandte Tricks; danach fahren die Teilnehmer über das Studiogelände voller Filmen bekannter Gebäude, Fassaden und Requisiten. Höhepunkt der Tour ist eine Explosion mit desaströsen Folgen im **Catastrophe Canyon** unmittelbar neben den Wagen der Besucher.

Die Attraktion im Bereich *Streets of America* ist die beachtliche **Lights, Motors, Action Extreme Stunt Show**. Dort sieht man live wie die aus Filmen bekannten Irrsinnsverfolgungsjagden im Auto realisiert werden und einiges mehr am Verrücktheiten.

Insbesondere für Kinder sind *Highlights*:

- **Muppet*Vision 3D**
- **Honey I Shrunk the Kids Movie Set Adventure**;
  darin erscheint die Welt um die Zuschauer herum riesengroß.

Echo Lake – Indiana Jones	Im **Indiana Jones Epic Stunt Spectacular** sind auf und vor einer riesigen Showbühne voller Requisiten aus »Jäger des verlorenen Schatzes« *Stunts* und besonders spektakuläre Szenen aus *Indiana Jones*-Filmen zu sehen. Bei jeder Show dürfen Zuschauer in Minirollen und als Statisten mitwirken.

Star Tours Bei *Star Tours, the Adventures Continue* handelt es sich um die Simulation eines intergalaktisches Fluges. Man »jagt« in einem raumschiffähnlichen Fahrzeug scheinbar durchs All. Die Illusion der Weltraumfahrt entsteht – wie auch in ähnlichen *Rides* anderswo – mit Hilfe von Ton- und Rütteleffekten und eines vor den Augen der »Astronauten« abgespulten Films.

Pixar Place Der neueste Bereich der *Hollywood Studios* ist **Pixar Place**. Hier stellen sich die *Pixar Studios* dar, die mit ihren Animationsfilmen zurzeit einen Welterfolg nach dem anderen abliefern. Zur Zeit dort einzige Attraktion ist die **Toy Story Midway Mania**, ein interaktives 3D-Abenteuer.

Programm und Gastronomie

Fantasmic Zum Abschluss bieten die *Hollywood Studios* jeden Abend mit **Fantasmic** eine außerordentliche Veranstaltung. Diese halbstündige multimediale Show mit Feuerwerk, Laser- und Spezialeffekten ist ein absoluter Höhepunkt und mit Abstand beeindruckender als die Feuerwerke im *Magic Kingdom* oder *Epcot*.

Das halbrunde *Fantasmic*-Stadion für bis zu 10.000 Besucher liegt hinter dem *Tower of Terror* und füllt sich oft sehr früh. Wer mit guter Sicht auf die – aus einem See mit Insel bestehende – »Bühne« im zentralen Bereich des Open-Air-Runds sitzen möchte, sollte schon 60 min und mehr vor Beginn dort sein – je nach Andrang des Tages. Die Anfangszeiten variieren mit der Jahreszeit.

Restaurants Die Auswahl an *Eateries* ist groß. Empfehlenswert sind z.B.

- **Hollywood Brown Derby**, einst eine legendäre Kette in Los Angeles, die dort aber nicht mehr existiert; gute Steaks!
- **50s Prime Time Café**, wo man bei *Burgers* und *French Fries* von alten Filmen unterhalten wird.
- **Sci-Fi Dine-In Theater Restaurant**, wo »aufgeschnittene« Nostalgieautos mit Rücksitzsofa und Tisch in Richtung Leinwand aufgestellt sind und das typische Autokino der 1950er- und 1960er-Jahre simulieren. Folglich läuft beim Verzehr der – was sonst? – *American Items* ein Filmprogramm.

Animal Kingdom 241

Disney's Animal Kingdom

Kenn-zeichnung

Das *Animal Kingdom* ist eine **Kombination aus Zoo und Vergnügungspark**. Dabei stehen Show und Unterhaltung eindeutig im Vordergrund. Wer hier besonders viele und/oder exotische Tiere erwartet, könnte leicht enttäuscht sein, denn in jedem mittelgroßen Zoo bekommt man mehr davon zu sehen.

Eingang zum Themenpark Nummer 4

Das *Königreich der Tiere* ist mit über 200 Hektar zwar der flächenmäßig größte Park in *Disney World*, bleibt aber leicht überschaubar. Das Angebot an Fahrten und *Shows* ist begrenzter als in anderen Parks. Man kann – sofern er nicht überfüllt ist und man nicht zuviel Zeit in Warteschlangen verliert – durchaus an einem langen Vor- oder Nachmittag fast alles sehen bzw. mitmachen. *Animal Kingdom* schließt daher abends relativ früh (18 Uhr) – auch auf ein abschließendes Feuerwerk wird dort verzichtet.

Echt oder künstlich

Was die Tierwelt betrifft, geht es im *Animal Kingdom* in erster Linie um Afrika und Asien, wobei die Grenzen zwischen sorgfältig gestaltetem natürlichen Lebensraum und verblüffend real aussehenden künstlichen Kreationen verwischen. Oft ist kaum zu erkennen, ob ein Tier lebendig oder animiert, ob ein Fels aus Plastik oder echt ist. Neben existierenden Tieren gibt es Dinosaurier und *Disney*-Figuren wie *Mickey* oder *Minnie,* die im Safari-Outfit herumlaufen.

Discovery Island

Oasis und Baum des Lebens

Gleich hinter dem Eingang passiert man zunächst die **Oasis**, einen grünen tropischen Garten voller exotischer Pflanzen und Tiere. Von dort geht es geradeaus weiter in Richtung *Discovery Island*, eine große Insel inmitten eines künstlichen Sees. Sie dient als zentraler »Verteiler« für die verschiedenen Bereiche des Parks. Optisches Zentrum und mit 50 m Höhe das alles überragende Wahrzeichen des *Animal Kingdom* ist der **Tree of Life**. Erst bei genauem Hinsehen erkennt man, dass seine Blätter aus Plastik und der Stamm und die Äste ebenfalls künstlich sind. In seinen

Wurzeln und rund um Stamm und Äste verbergen sich Hunderte von – wie geschnitzt wirkende – Tierskulpturen, die bei weniger intensiver Betrachtung und aus der Distanz insgesamt wie runzlige Baumrinde aussehen. Dass ausgerechnet ein »Lebensbaum« aus Plastik und Zement besteht, scheint niemanden zu stören.

Unter dem Wurzelwerk des großen Baums verbirgt sich ein Auditorium, in dem der hervorragende 3D-Film **It's Tough to Be a Bug** vorgeführt wird, ein kurzer Streifen mit tollen Spezialeffekten.

Der phänomenale »Tree of Life«, in dessen Stamm, Äste und Wurzeln Hunderte von Tieren eingearbeitet wurden – scheinbar wie geschnitzt

Die Bereiche

Um *Discovery Island* gruppieren sich jenseits des Sees folgende Bereiche:
- *Africa*
- *Asia*
- *Dinoland USA*
- *Camp Minnie-Mickey*
- *Rafiki's Planet Watch*

Die **oberen vier Bereiche** sind von *Discovery Island* über Brücken zu erreichen, wobei *Africa*, *Asia* und *Dinoland* auch untereinander verbunden sind. *Rafiki's Planet Watch* kann man nicht zu Fuß, sondern ausschließlich per Parkbahn ab *Africa* erreichen.

Camp Minnie-Mickey
Der Bereich *Camp Minnie-Mickey* ist auf Kinder zugeschnitten. Man trifft dort jede Menge *Disney*-Kreationen, aber keine echten Tiere. Die Figuren schütteln Hände, nehmen Kinder in den Arm, posieren für Fotos und geben auch Autogramme.

König der Löwen
Auf einer riesigen Showbühne läuft mehrfach täglich das **Festival of the Lion King** mit Charakteren aus dem gleichnamigen Zeichentrickfilm. Die abwechslungsreiche, von vielen als sehenswert eingestufte Aufführung kombiniert Gesang, Tanz und Akrobatik.

**Africa
Safari**

Bei der populären **Kilimanjaro Safari** in *Africa* durchquert man wie auf einer echten Safari im offenen Jeep die 45 Hektar große *Harambe Wildlife Reserve*. In dieser erstaunlich echt nachgebildeten Savanne begegnet man Löwen, Zebras, Giraffen, Nilpferden und weiterer afrikanischer Fauna. Ganz ohne Show, und sei sie noch so simpel, wäre die Safari aber keine *Disney*-Attraktion: Also werden die Jeep-Insassen zunächst Zeuge von Wildfrevel an Elefanten und erleben anschließend hautnah die Verfolgung der Bösewichter. Am Ende steht die Verhaftung der Wilderer.

Die Safari ist eine der wenigen Fahrten in *Disney World*, die jedes Mal etwas anders läuft, weil man die Tiere an immer wieder anderen Stellen sieht. *Disney* versucht zwar mit allerlei Tricks, z.B. mit beheizten Felsen, die Tiere an bestimmte Plätze entlang der Jeeproute zu locken, aber das klappt nur bedingt.

Lehrpfad

Der benachbarte **Pangani Forest Exploration Trail** muss zu Fuß erkundet werden, und das lohnt sich auch. Dort sind neben üppiger Vegetation Nilpferde und Gorillas die Hauptattraktion.

In **Harambe** erholt man sich schließlich von der Besichtigung Afrikas, probiert afrikanische Speisen und Getränke und findet die passenden Souvenirs.

**Rafiki's
Planet Watch**

Rafiki's Planet Watch erreicht man vom Bahnhof in *Harambe:* Dort fährt der *Wildlife Express*, ein »britischer« Zug aus der Kolonialzeit Indiens. Während der Fahrt erfährt man Details über die Logistik des Parks, darüber, wo die Tiere nachts bleiben etc. In der *Conservation Station* geht's um Artenschutz und Pflege kranker Tiere. Ein Streichelzoo heißt hier **Affection Section**. Ansonsten gibt es eher wenig Aufregendes zu entdecken.

Asien

Auch im »asiatischen« Bereich, der sich im wesentlichen auf Indien beschränkt, sind Landschaft, Bauten, Vegetation und Tiere perfekt aufeinander abgestimmt. Im Zentrum befindet sich die Ortschaft **Anandapur** mit der üblichen Infrastruktur.

Am Ortseingang erfährt man in der Flugshow **Flights of Wonder** (25 min) viele Details über das Verhalten von Raubvögeln. Während der Show kreisen einige der Flugkünstler über den Köpfen der Zuschauer – und rauschen dann unvermittelt haarscharf über die Köpfe hinweg zu ihren Trainern. Eigentlich könnten die Vögel bei dieser Gelegenheit leicht in die Freiheit entschwinden – aber auf das mühsame Geschäft der alltäglichen Futtersuche wollen sie sich wohl nicht mehr einlassen.

Auf einem Spaziergang durch den **Maharajah Jungle** sieht man exotische Vögel, Affen und Tiger. Das **Tigergehege** ist eindrucksvoll: dicht bepflanzt und in die malerischen Ruinen eines Maharadscha-Palastes integriert.

Beim Wildwasser-Trip **Kali River Rapids** pflügen die Rundflöße mit hoher Geschwindigkeit an Bambuswäldern und Tempeln vorbei den reißenden Kali River hinunter – die Passagiere werden dabei oft bis auf die Haut nass.

Expedition Everest	Mit rund 60 m Höhe etwas niedriger als das Original, aber dennoch weithin sichtbar ist der **Mount Everest**. In **Expedition Everest – Legend of the Forbidden Mountain** dient er als Kulisse und Gipfelpunkt eines **Rollercoaster**. Die Achterbahn läuft durch Bambusdschungel in der Ebene, durch Eishöhlen und über Gletscher auf das Himalaja-Massiv.
Dinoland USA	Der letzte Bereich bezieht sich auf die Welt der Dinosaurier. Im **Boneyard** können die Besucher im Sand nach *Disney*-Dinosaurierknochen graben. Der **Cretaceous Trail** ist eine Art Lehrpfad, der sich auf Tiere wie Krokodile und Schildkröten bezieht, deren Vorfahren noch aus der Dinosaurierzeit stammen.
Achterbahn	Der erste *Rollercoaster im Animal Kingdom* war **Primeval Whirl**, eine eher gemütliche »Primaten-Achterbahn«, deren Wagen sich zum Ausgleich für den fehlenden Tempokick während der Auf- und Ab-Fahrt um sich selbst drehen.
Dinosaur	**Highlight** des *Dinoland USA* ist indessen der *Ride* **Dinosaur**, ein wilder, furchterregender Trip in die Welt der Dinos.

Gastronomie

Gastronomie	Im *Animal Kingdom* sind attraktive *Eateries* • **Flame Tree Barbecue** im *Discovery Island* und das
	• **Rainforest Café** am Eingang (auch von außerhalb des Parks zugänglich), wo man in einem schummrig grünbunten Plastikdschungel voller exotischer Früchte und Vögel sitzt und im Shop die dazu passenden Souvenirs kaufen kann. Mittlerweile gibt's (in Florida) Ableger in *Downtown Disney* und im *Sawgrass Mills Outlet Center* bei Fort Lauderdale, ➢ Seite 186.

Wasserparks

Welt des Wassers	Etwas seltsam ist es ja schon, nur 1-2 Autostunden von traumhaften Sandstränden und vom Meer entfernt, exorbitante Eintrittspreise zu bezahlen, um sich in einem Wasserpark in die Brandung zu werfen oder sich gar an einem künstlichen Strand in die Sonne zu legen. Wer indessen nach Orlando kommt, wenn die Temperaturen – wie häufig – über 30°C liegen, wird der Versuchung aber oft nicht widerstehen können, zwischen Besuchen in den großen Themenparks einfach mal ein paar Stunden zu relaxen und sich abzukühlen. *Disney World* verfügt über gleich zwei Wasserparks.
Typhoon Lagoon	Die parkartig angelegte **Typhoon Lagoon** betritt man durch einen tropischen Regenwald und überquert erst einmal den Kanal fürs **Inner Tubing**, wo man sich auf einem Plastikreifen rund um die ganze Anlage treiben lassen kann. Bei der Eröffnung vor nun schon über 20 Jahren übertrafen seine Rutschen zwar durchaus nicht die in der damaligen Paradeanlage *Wet'n Wild* (➢ Seite 257), waren aber von Anfang an fantasievoller angelegt.
	Dasselbe gilt fürs riesige Wellenbad. Es ist größer als vergleichbare Becken in anderen Parks, und seine gleichmäßig 2 m hohen Wellen laufen zum flachen Ende hin kleiner und harmloser aus.

Wasserparks

Künstliche Brandung in der Typhoon Lagoon

Etwas ganz Besonderes ist das **Shark Reef**, ein Salzwasserpool mit echten Fischen, in dem die Besucher mit Taucherbrille, Schnorchel und Schwimmflossen (wird gestellt) herumpaddeln können.

Blizzard Beach
Der zweite Wasserpark heißt **Blizzard Beach**. Für ihn hat man sich eine phantasievolle Entstehungsgeschichte ausgedacht. In einem ungewöhnlich kalten Winter, so heißt es, kam ein cleverer Unternehmer auf die Idee, in Florida einen Skiferienort zu bauen mit rustikalem Hotel im Stil der Alpen, mit Skiliften und allem, was sonst noch so dazugehört. Mit dem nächsten Frühling aber schmolz der Schnee, die Palmen wuchsen nach, und das Skiresort wurde zum Wasserpark umgebaut. Die winterlichen Details blieben bestehen. Man sieht immer noch einige Schneereste und Eiszapfen. Auch die Skilifte sind noch da. Die Bobrennbahn wurde in eine riesige Wasserrutsche umgewandelt. Die Rutschen sind hier länger und wilder als anderswo, und es gibt davon immerhin siebzehn. Wellenbecken und Rundkurs fürs *Inner Tubing* fehlen auch nicht.

Eintritt und Zeiten
Einzeltickets kosten für **Blizzard Beach** oder **Typhoon Lagoon** für Erwachsene je **$52**, für **Kinder $44**, viel Geld für den nassen Spaß. Dazu kommen noch Schließfachkosten ($7). Wer den Badespaß häufiger genießen möchte, kauft sich zum Basisticket die **Water Park Fun & More Option** für $57/Person, ➢ Seite 223.

Die Planschparks sind von **9/10-18/19 Uhr geöffnet**, denn die Leute sollen ja abends zurück in die Themenparks oder nach *Downtown Disney* (➢ nächster Abschnitt) und dort (weiter) konsumieren.

Wie auch in den Themenparks sind lange **Wartezeiten** vor den Attraktionen, hier: Rutschen, oft ein Problem. Es macht Sinn, sich für den aktiven Besuch Randstunden am Morgen oder vor Schluss auszusuchen, wenn der Andrang abebbt, sonst wartet man mehr als man rutscht.

Downtown Disney

Wer nach Besuch der Themen- und Wasserparks noch Energien besitzt, wird in *Disney World* nicht allein gelassen: **Downtown Disney** sorgt – schick und attraktiv – für ein volles Programm mit *Shops, Restaurants, Showplaces* und *Discos*.

Marketplace

- Der Bereich **Marketplace** am Village Lake am östlichen Ende von *Downtown Disney* ist vor allem mit *Shops* und *Eateries* gesegnet, u.a. mit dem **weltgrößten Disney Store**, wo man Spielzeug, Kleidung und jede Menge Souvenirs findet, sowie mit dem tollen **Lego Imagination Center**.

Von den Restaurants in diesem Bereich sind das **Fulton's Crab House** in einem Mississippi-Dampfer, in dem es vor allem *Sea Food* gibt, ein weiteres **Rainforest Café** (➤ Seite 244) und das **T-Rex Café** zu empfehlen. Für den Cocktail am See kommt **Captain Jack's Margarita Bar** in Frage.

Pleasure Island

- Im anschließenden Bereich, der früheren Disco- und Nightlife-Zone **Pleasure Island**, wurden die Nachtclubs und Diskotheken geschlossen. Es verblieben ein paar Restaurants mit *Live Music* am Abend, so das **Raglan Road Irish Pub & Restaurant** und das lateinamerikanisch orientierte **Paradiso**.

Westside

- Der dritte Bereich von *Downtown Disney* nennt sich **West Side**. Neben den **AMC Theatres** mit 24 Leinwänden und **Disney Quest**, einem elektronischen, interaktiven **Entertainment Center** (Eintritt ab $35), findet man dort u.a. das **House of Blues** mit Live-Musik, ein enormes **Planet Hollywood**-Restaurant (➤ Foto Seite 227) und einen **Harley Davidson Store**.

- Im großen zeltähnlichen Komplex ganz im Westen zieht – außer dienstags und mittwochs – täglich zweimal (18 und 21 Uhr) der **Cirque du Soleil** seine Show »*La Nouba*« ab. Der Besuch dieses akrobatischsten aller Show-Zirkusse kostet $64-$154; Reservierung unter © (407) 939-1929; www.cirquedusoleil.com.

Seafood Restaurant auf einem Mississippi Riverboat am Ufer des Lake Buena Vista

Eingang zu den Universal Studios

Die Universal Parks

Universal Studios

Seit 1990 macht der Film-Themenpark *Universal Studios* den *Disney*-Parks, speziell den *Hollywood Studios* Konkurrenz. Der erweiterte und modifizierte Nachbau der *Universal City Studios* von Los Angeles bietet gegenüber dem »Original« durchaus auch Anderes, die anfangs starke Ähnlichkeiten der *Shows* und *Rides* an beiden Orten nahmen über die Jahre ab.

Anfahrt, Eintritt & Information

Anfahrt — Die *Universal Studios*. befinden sich westlich der Kreuzung der **Florida Turnpike** mit der Autobahn **I-4** und damit bereits im Bereich der südwestlichen Vororte von Orlando. Bestgeeignete Abfahrt ist der **Exit 75A** von der I-4, dann Universal Blvd, möglich auch **Exit 74A**, dann Sandlake Road zum »Hintereingang«.

Parken — Wer mit dem Auto kommt, taucht schon beim Parken (Pkw $15, ab 18 Uhr $5, danach frei) ein in die glanzvolle Welt des Films. Die verschiedenen Teile des riesigen Parkhauses sind nach erfolgreichen Streifen wie *Jaws* (»Der weiße Hai«), *King Kong* oder *Jurassic Park* benannt. Für Campmobile/hohe Fahrzeuge gibt es eine Freifläche ($20).

Doppelpark — Vom Parkplatz/Parkhaus geht es zunächst durch einen *Downtown Disney* entsprechenden eintrittsfreien Restaurant- und Discobereich **CityWalk** (➢ Seite 252). Danach trennen sich die Wege für **Islands of Adventure** (➢ Seite 251) und die **Universal Studios**: www.universalorlando.com; ✆ (407) 363-8000.

Tickets — Ein **Tagesticket** (für einen Park) kostet **an der Tageskasse $88**, für Kinder bis 9 Jahre $82. Ein Tagesticket zum Besuch beider Parks (*Park to Park Admission*) kostet $123 bzw $117. Für **$140** ist man **2 Tage in beiden Parks** dabei, **Kinder $130**. Weitere Nachlässe/Tag gibt es für »**Park to Park**« bei 3- und 4-Tage-Tickets.

Tickets mit »Vorfahrt« — Mit Mehrtagestickets kommt man also besser weg als bei *Disney*. Eine Spezialität (man könnte angesichts der nicht eben niedrigen Normal-Ticketpreise auch sagen »Unverforenheit«) sind hier sog.

Express Plus Passes, die zusätzlich zum jeweiligen Eintritt erworben werden können. Mit ihnen umgeht man die normale Warteschlange und wartet an keinem *Ride* länger als maximal 15 min. Je nach Saison, Wochentag und 1 oder 2 Parks kosten diese Pässe $20-$55 pro Tag extra und erlauben für jeden *Ride* jeweils einmal die Nutzung der »Schnellschiene«. **Gäste** des **Hard Rock Hotel** und der beiden **Loews Hotels** auf dem *Universal*-Gelände zahlen dafür nichts, sondern **haben immer »Vorfahrt«**.

Geöffnet täglich ab 9 Uhr bis mindestens 18 Uhr, Fr-Sa bis 21 Uhr, ansonsten saisonal variierende Schlusszeiten.

Flextickets

Weitere *Discounts* gibt es für Intensivbesucher von Vergnügungsparks in Form von *Flextickets*, die 14 Tage gelten und für 5 bzw. 6 Parks gekauft werden können (*Universal Studios, Islands of Adventure, SeaWorld, Wet'n Wild* und *Aquatica* plus ggf. die *Busch Gardens* in Tampa als Nummer 6): $232 bzw. $265; für Kinder bis 9 Jahre $216 bzw. $249. Mehr Details unter www.orlandoflexticket.ie.

Die Bereiche

Die *Universal Studios* sind ähnlich wie in den *Disney Parks*, aber räumlich enger, in ineinander übergehende Bereiche unterteilt:
- ***Production Central***
- ***New York***
- ***San Francisco***
- ***World Expo***
- ***Woody Woodpecker's Kid Zone***
- ***Hollywood***

Hinweis Showzeiten

Aktuelle Startzeiten für die diversen Shows finden sich nur in englischsprachigen Parkführern.

Die Bereiche gruppieren sich um einen zentralen See.

Production Central
Im Bereich **Production Central** erreicht man als erstes die Bewegungssimulator-Fahrt ***Despicable Me Minion Mayhem***. Dabei begeben sich *Gru*, seine Töchter und die *Minions* auf eine wilde **3D-Reise**. Die Handlung basiert auf dem erfolgreichen Computer-Animationsfilm »Ich – Einfach Unverbesserlich« (Originaltitel: *Despicable Me*), in dem kleine, jederzeit zu Unsinn aufgelegte Wesen, sog. *Minions*, die Hauptdarsteller sind.

Rip Ride Rockit
Gegenüber steht der ***Rollercoaster Hollywood Rip Ride Rockit*** mit 90° Aufstieg und nahezu freiem Fall aus fast 50 m Höhe und darauffolgender wilder Jagd in wahnwitziger Streckenführung einschließlich Loopings. Das ist nur etwas für komplett Unerschrockene. Für jeden Mitfahrer gibt's am Ende eine individuelles DVD mit von ihm selbst vor der Tour bestimmter Musik; das kostet natürlich extra.

Shrek

Eine weitere Attraktion ist dem Kassenhit »*Shrek*« gewidmet. Diesen überaus erfolgreichen komplett computeranimierten 3D-Film hat man um eine »vierte«, die *Special effects-Dimension*, erweitert und bewirkt damit tatsächlich Unglaubliches. *4D-Shrek* muss man gesehen haben, auch wenn Charaktere und Handlung alles andere als anspruchsvoll sind.

New York/ Tornado

Der nächste Bereich wurde trickreich den Straßen New Yorks nachempfunden. In *Twister ... ride it out* entgeht das Publikum knapp den verheerenden Wirkungen eines vorbeiziehenden Tornados, der Überschwemmungen verursacht, Kühe fliegen lässt, Strommasten umreißt und eine Tankstelle in Brand setzt.

Achterbahn und Mumien

Und wo über Jahre *King Kong* sein Unwesen trieb, versetzt nun der schnellste **Indoor-Rollercoaster** der Welt in *Revenge of the Mummy* während seiner Fahrt durch Dunkelheit und Feuer mit furchteinflößenden wieder auferstandenen Mumien und – keine Frage – tollen Lasereffekten die Fahrgäste in Angst und Schrecken.

Graveyard Revue

Der nächste Stadtbereich erinnert an **San Francisco**. Dort läuft die *Beetlejuice's Graveyard Revue*, ein 20-minütiges »*Spooktecular Musical*« mit tanzenden Monstern und Pyrotechnik.

Erdbeben

Bei *Disaster* besteigen die Besucher eine U-Bahn, die auf ihrer Fahrt durch San Francisco von einem Erdbeben der Stärke 8,3 auf der Richterskala überrascht wird und ins Chaos stürzt.

World Expo(sition)

Der vierte Bereich heißt zwar »Weltausstellung«, aber außer dem *International Food und Film Festival* ist es nix mit *World Expo*. Zwei *Rides* warten dort:

- *The Simpsons' Ride* läuft durch das imaginäre **Krustyland**.
- *Men in Black – Alien Attack* wurde dem gleichnamigen Film nachempfunden. Hier darf man während einer interaktiven Tour auf Außerirdische schießen. Die Treffer werden gezählt und am Ende hat eine der beiden gegeneinander aufgestellten Besuchergruppen gewonnen. Populär, daher Wartezeiten.

Wartezeit verkürzen

Wer bereit ist, sich für die Fahrt von seinen Begleitern zu trennen und sich neben Fremde zu setzen, stellt sich bei *single riders* an. Da hier immer drei Personen in einer Reihe sitzen, die meisten Besucher aber zu zweit sind und sich ungern trennen, wurde die »Sonderschlange zur Auffüllung des 3. Platzes« eingeführt. In der ist man rasch dran; nebenan warten Hunderte 30-60 min.

Die Universal Parks

KidZone — Die *KidZone* wurde speziell für **Kleinkinder** geplant. In **A Day in the Park with Barney** können sie mit *Cartoon*-Figuren singen und klatschen. Der ausgezeichnete Spielplatz **Fievel's Playland** erinnert an den Zeichentrickfilm »Fievel, der Mauswanderer«. Im harmlosen **Woody Woodpecker's Nuthouse Coaster** geht's durch eine Nussfabrik, bei **E.T. Adventure** per Fahrrad in Richtung Himmel zur Rettung des kleinen Außerirdischen.

Hollywood — Im letzten Teil der *Studios* lehnt sich die **3D Show** bei **Terminator 2** an den gleichnamigen Film an.

Eine interessante Attraktion ist die **Universal Horror Make-Up Show**, bei der es um Maskentricks geht. Kurze Filmbeispiele von *Psycho* über *American Werwolf* bis zu *The Mummy* zeigen besonders »gelungene« unheimliche Masken.

Blue Man Group — Auch die weltweit bekannte **Blue Man Group** tritt im *Universal Orlando Resort* dauerhaft auf. Die 100-min-Show läuft (teilweise 2x) täglich; Eintritt $84; Kinder bis 9 Jahre $44. Bei Buchung im Internet gibt's Rabatte. Um diese Show zu besuchen, benötigt man kein Ticket für die *Universal Parks*. Details unter www.universalorlando.com/Shows/Blue-Man-Group.aspx.

Gastronomie

An Angeboten fürs leibliche Wohl herrscht natürlich in keiner Ecke der Studios Mangel, aber die Kosten sind nicht niedrig.

Es gibt nur zwei Service-Restaurants innerhalb des Geländes:

Restaurants
- **Finnegan's Bar & Grill** in New York
- **Lombard's Seafood Grille** in San Francisco.

Außerdem das **Hard Rock Café**, das mit dem **City Walk** verbunden und von beiden Seiten zugänglich ist, ➢ Foto Seite 103. Im **Mel's Drive-in** in Hollywood kann man in einem wunderbaren 1950er-Jahre-Ambiente *Milk Shakes* trinken, ➢ Foto Seite 217.

Wahnsinns-Rollercoaster »Incredible Hulk« in den »Islands of Adventure«

Islands of Adventure

Eintritt

Der zweite Vergnügungspark von *Universal* befindet sich direkt neben den *Universal Studios*. Auch die Eintrittspreise und Öffnungszeiten sind identisch, ➤ Seite 247 . Durch Parkerweiterungen konnte *Islands of Adventure* in den letzten Jahren seine Besucherzahlen erheblich steigern. *Islands of Adventure* ist heute der populärste *Nicht-Disney*-Park in ganz Florida.

Bereiche

Der Park besitzt sechs thematische Bereiche, die sich um einen See herum gruppieren:

- **Marvel Super Hero Island**
- **Toon Lagoon**
- **Jurassic Park**
- **The Wizarding World of Harry Potter**
- **Lost Continent**
- **Seuss Landing**

Charakteristik

Im Gegensatz zu den *Disney*-Parks geht es hier weniger um die phantasievolle Gestaltung und Geschichten, sondern fast immer um Extremsituationen. *Thrill Rides* sind die Spezialität: Fünf **Rollercoaster** versetzen die Fahrgäste durch hohe Tempi, extreme Höhenwechsel, plötzliche Dunkelheit, durch spät abgefangene oder simulierte Stürze oder Kollisionen in »Angst und Schrecken« wie nirgends.

Thrill Rides

Ein Teil der *Rides* wurde von Filmen und *Comics* inspiriert, so etwa die sagenhafte Achterbahn **The Incredible Hulk Coaster** (➤ Foto links), die simulierten **Amazing Adventures of Spider-Man in 3-D**, der irre und feuchte Floßtrip **Popeye & Bluto's Bilge-Rat Barges**, die Fahrt im **Jurassic Park River Adventure** vorbei an »lebenden« Dinosauriern oder **Dudley Do-Right's Ripsaw Falls**, ein Wildwasser-/Rutschabenteuer im Baumstamm.

Harry Potter

Die neue **Wizarding World of Harry Potter** mit dem imposanten **Hogwarts Castle** bietet zwei **Rides**: **Harry Potter and the Forbidden Journey**, eine abenteuerliche Tour durch *Hogwarts*, und **Dragon Challenge**, eine irre Verfolgungsjagd zweier Achterbahnen.

Shows

Sehenswert sind die *Action Shows* **The Eighth Voyage of Sindbad Stunt Show** und **Poseidon's Fury** im **Lost Continent**.

CityWalk

Der Bereich *CityWalk* am Eingang zu den beiden Themenparks ist *Universals* Antwort auf *Downtown Disney*. Hier gibt`s ebenfalls ein großes Kino und eine ganz ähnliche Mischung aus *Shops*, Restaurants und Clubs, u.a. Jazz und einen Reggae Club, ein **Hard Rock Café**, die Tanzclubs **Red Coconut Club** und **The Groove**, die Kneipen **Jimmy Buffett's Margaritaville**, **Pat O'Brien's** u.a.m.

Man muss hier keinen Eintritt bezahlen, kann das aber. Der **Party Pa**ss für $11 gewährt unbegrenzten Einlass zu allen Clubs, für $15 ist sogar ein Kinoticket im *AMC Universal Cineplex 20 & IMAX* enthalten. In den Clubs ist ohne den Pass jeweils eine **cover charge** von $7 bei Einzelzutritt fällig; www.citywalk.com.

Weitere Themenparks
SeaWorld Adventure Park

Neben den *Universal Parks* ist *SeaWorld* die Hauptkonkurrenz oder Ergänzung zu den *Disney Parks*, wie man's nimmt.

Kenn-zeichnung

Der *SeaWorld Adventure Park* begann in den 1970er-Jahren mit ein paar Aquarien, Meerestieren in Pools und den damals schon beliebten Killerwal- und Delfinvorführungen. Im Laufe der Jahre wurde *SeaWorld* zu einem ausgewachsenen Vergnügungspark weiterentwickelt. Übergeordnetes Thema ist nach wie vor der »Lebensraum Meer«.

Schon im Jahr 2000 eröffnete der exklusive Delfin-Erlebnispark **Discovery Cove** gleich nebenan und 2008 der Wasserrutschen-park **Aquatica** im Umfeld.

Lage

Der **SeaWorld-Komplex** liegt auf etwa halbem Weg zwischen *Universal* und *Disney World* am 7007 SeaWorld Drive nördlich des *Beeline Expressway* zwischen I-4 und International Drive. Bestgeeignete Abfahrt von der I-4 ist der **Exit #71** (*Central Florida Parkway*), möglich ist auch **Exit #72** (*Beachline Expressway*).

Parken

Parken Pkw $15, Wohnmobile $20. Ein *Shuttle Service* sorgt für den Transport zwischen Parkplatz und Eingangsplaza.

Eintritt/ Discounts

SeaWorld ist der dritte Park im Bunde der höchsten Basispreise; **Tagesticket für Erwachsene $89, für Kinder bis 9 Jahre $81**. Bei Kauf im Internet gibt's $10 Rabatt. In Verbindung mit dem Wasserpark **Aquatica** kostet das immer **14 Tage gültige Ticket $129 bzw. $121**, ein **14-Tage-Pass** für *SeaWorld* und **Busch Gardens in Tampa** (inkl. freiem Bustransport) kostet **$139 bzw. $131**. Ein **14-Tage-Pass** für **3 Parks** kostet **$159 bzw. $151**. Zusätzlich findet man für *SeaWorld* vor Ort *Discount Coupons* und **Flex Tickets** (▶ Seite 248) für den Besuch von insgesamt 5 oder 6 Parks.

Information

Tickets und Infos unter www.seaworld.com; ✆ 1-888-800-5447.

Öffnungszeiten: täglich ab 9 bis mindestens 18 Uhr oder 19 Uhr, im Frühjahr und in Ferienwochen länger, dann Fr-Sa bis 22 Uhr.

Seaworld 253

Rides

In *SeaWorld* gibt es vier *Rides*:
- **Journey to Atlantis** ist ein wilder Trip durch das versunkene Atlantis auf Wildwasserkanälen mit einer finalen steilen Abfahrt. Die Bootsinsassen nehmen dabei regelmäßig ein Duschbad.
- **Kraken** ist ein Riesen-**Rollercoaster**, der bei weitem schneller und wilder ist als die meisten anderen Achterbahnen in *Orlando*.
- **Manta** ist ein weiterer Irrsinns-**Rollercoaster**, bei dem man in Liegeposition immer mit dem Kopf zuerst und hängend über schwindelerregende Höhen und mitten durchs Aquarium rast.
- Auf der simulierten Reise **Wild Arctic Ride** geht es per Helikopter zu einer Forschungsstation im ewigen Eis, wo Eisbären, Wale und Walrosse und allerhand Gefahren warten.

Journey to Atlantis: Abschließende Schussfahrt hinunter in den Teich ...

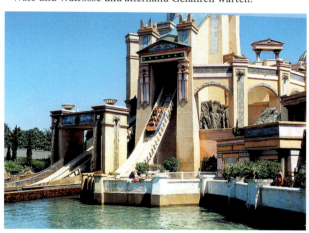

Shows/ Killerwale

In **One Ocean** vollbringen schwarzweiße Killerwale erstaunliche Kunststücke. Die Zusammenarbeit zwischen Walen und Trainern ist dabei kaum zu glauben: Die Betreuer reiten im *Shamu Stadium* auf den Walen, oder die Wale schieben sie im Wasser bei hohen Geschwindigkeiten vor sich her und werfen sie in die Luft.

Seelöwen

Ganz amüsant ist die Show im **Sea Lion & Otter Theater**. Die Auftritte von zwei Seelöwen und mehreren Ottern werden in ein kurzes Theaterstück (*Clyde & Seamore's Countdown to Christmas*) eingebaut. Die flachen Witzchen dabei sind sicher nicht jedermanns Sache, aber die Leistungen der Tiere außerordentlich.

Wale & Delfine & Zirkus

In **Blue Horizons** im *Dolphin Theater* werden die Schwimmkünste von Walen und Delfinen mit menschlichen *Stunts* kombiniert. Und im *Nautilus Theater* geht es in der Show **A'Lure, the Call of the Ocean** endgültig nicht mehr um tierische Meeresbewohner, sondern um Akrobatik und zirkusartige Vorführungen unter und über Wasser.

Nur durch Füttern bleiben die Delfine einen Moment lang ruhig und lassen sich streicheln (Show Blue Horizons)

Antarctica/ Pinguine	Der früher **Penguin Encounter** genannte eisgekühlte Bereich mit zahlreichen der drolligen Tiere wurde zu **Antarctica: Empire of the Penguin** weiterentwickelt und eröffnete Ende Mai 2013. In speziellen neuen Fahrzeugen gleiten die Besucher übers Eis in die Antarktis. Komplett verrückt zwar im heißen Florida, aber eine tolle Angelegenheit, für die man sich zur Einstimmung schon mal den Song »*Antarctica*« downloaden kann: http://seaworldparks.com/seaworld-orlando/Antarctica/Explore/One-World-One-Family.
Haie	Eine tolle Sache ist auch der transparente Tunnel durch das Haifischbecken des Aquariums.
Für Kinder	In der **Dolphin Cove** lassen sich Delfine ganz aus der Nähe betrachten, sogar streicheln. In einem Teich dürfen Besucher selbst Seelöwen mit Fischen füttern. Fische zum Flipper-Füttern gibt's mehrmals täglich in der *Dolphin Feeding Area*. Und der tolle **Spielplatz** für die Kleinen heißt hier **Shamu's Happy Harbor**.

Discovery Cove

Exklusiver Marinepark	In Nachbarschaft zu *SeaWorld* liegt **Discovery Cove** (6000 Discovery Cove Way), ein exklusiver Marinepark, in dem die Besucher einen Tag auf einer künstlichen Südseeinsel verbringen und – von Haien nur durch Plexiglas getrennt – unter Wasser mit Meeresbewohnern auf Tuchfühlung gehen. Gegen Aufpreis darf man sogar mit Delfinen schwimmen. Ein Korallenriff voller tropischer Fische vermittelt Schnorchlern die Illusion des Roten Meers.

Discovery Cove & Das Heilige Land 255

Tickets & Infos	Obwohl diese Vergnügen einen extrem hohen Eintritt kosten (saisonabhängig **$229-$399** mit, $169-$199 als Begleitperson ohne Delfinschwimmen; keine Kinderermäßigung), sind die maximal 1.300 Tickets pro Tag oft schon lange im voraus vergeben. Wer noch ein bisschen mehr ausgeben möchte/kann, darf den ***Trainer for a day*** spielen, eine Art Lehrling beim Delfintraining (täglich 8.30-17.30 Uhr; $488-$598). Information und Reservierung unter ✆ 1-877-557-7404; www.discoverycove.com.

Aquatica

Kennzeichnung	Der Wasserpark ***Aquatica*** am International Drive gegenüber vom *SeaWorld*-Komplex übertrifft fast noch die Vorbilder von *Disney World*. Die Strandlagune mit Seegang wird ergänzt durch diverse tolle Wasserrutschen und einen Kanal mit (harmlosen) Stromschnellen fürs *Inner Tubing*. Der Clou der Rutschen ist **Dolphin Plunge**, ein Riesenrohr, das am Ende transparent durch einen See voller Großfische läuft.
Eintritt und Zeiten	Erwachsene und Kinder ab 10 Jahren bezahlen $55, Kinder 3-9 Jahre $50; Kombination mit *SeaWorld* $129/$121. Parken Pkw $12, RV $16; Schließfach ab $15. Der Park ist ganzjährig geöffnet 9-18/20/21 Uhr je nach Saison; www.aquaticabyseaworld.com.

The Holy Land Experience

Kennzeichnung	***The Holy Land Experience*** ist ein biblischer Themenpark. Er besteht aus Nachbildungen von Bauwerken des Heiligen Landes und unterhält seine Besucher mit einem – für Europäer eher befremdlich wirkenden – Programm aus Gesang, Theater und Film.
Anfahrt	Der »Bibelpark« liegt neben der I-4 kein Meile entfernt von der **Mall of Millenia**, 4655 Vineland Road; I-4 *Exit* 78 (Conroy Road).
Eintritt und Zeiten	Eintritt $40, bis 12 Jahre $25, Online-Tickets billiger. Der Park ist Di-Sa 10-18 Uhr geöffnet; www.holylandexperience.com.

In den vorchristlichen Straßen Jerusalems

Bekannte biblische Szenen werden auf der Temple Plaza vorm Theater of Life mehrfach täglich nachgespielt

Gegebenheiten

Man betritt das *Heilige Land* durch die nach alten Plänen erstellten Stadtmauern Jerusalems. Eine blendend weiße **Tempelanlage** ist optisches Zentrum des Parks. Auf seinen Stufen werden biblische Szenen nachgespielt (➢ oben). Drinnen laufen erbauliche Filme mit biblischem Bezug.

Ein detailliertes Modell von Jerusalem zeigt die Stadt so, wie sie im Jahr 66 nach Christus ausgesehen haben soll. Das **Scriptorium**, ein bibelbezogenes Museum, beherbergt alte Schriften und religiös bedeutsame Gegenstände.

Atmosphäre

Das Gelände und die Vegetation des Parks sind der Landschaft im Nahen Osten nachempfunden. Aus Lautsprechern dudelt besinnliche Musik, das Parkpersonal trägt Sandalen und wallende Gewänder und begrüßt die Besucher mit »Shalom«.

TBN

Die übermittelten Botschaften sind allgemein christlicher Natur und an keine bestimmte Konfession gebunden. *Holy Land Experience* gehört der christlichen Sendergruppe **Trinity Broadcasting Network**; www.tbn.org.

Gatorland

Kennzeichnung

Etwas ganz anderes erwartet die Besucher im *Gatorland*, einer Farm mit über 5000 Alligatoren und Krokodilen, um die herum ein Zoo mit tropischer Tierbesetzung eingerichtet wurde, neuerdings erweitert um eine Hochseilanlage. In der ansonsten etwas in die Jahre gekommenen Anlage gibt es keine Filme, keine Fahrten und keine moderne Technologie.

Anfahrt

Gatorland befindet sich 4 mi nördlich von Kissimmee (Straße #17/#92/#441) am 14501 South Orange Blossom Trail.

Eintritt, Zeiten & Info

Tickets kosten $25, Kinder $17, bei Online-Kauf $3 Rabatt. Täglich von 9-18 Uhr; www.gatorland.com.

Gatorland

Alligator Shows Alligatoren und Krokodile kann man dort aus nächster Nähe bestaunen, füttern und für Fotos sogar mit ihnen posieren. Zu den mehrfach täglichen Vorführungen gehört die hier so genannte **Gator Wrestling Show**, bei der einer der Wärter den einen oder anderen Alligator einfängt, ihn auf den Rücken wirft und ihm dann den Rachen öffnet. Solche gestellten »Alligatoren-Ringkämpfe« konnte man früher fast überall in Florida sehen. Heute sind sie durch Tierschützer-Proteste selten geworden. Die im *Gatorland* vorgeführte Form des *Wrestling* erscheint harmlos.

Bei der **Gator Jumparoo Show** springen Alligatoren aus dem Wasser, um Futter zu ergattern.

Schlangen-infos Beim **Up-Close Encounter** erfährt man Wissenswertes über Schlangen und andere Reptilien (anfassen erlaubt) und Verhaltenstipps für den Fall unerwarteter Begegnungen.

Zip Line Mit der **Screamin' Gator Zip Line** saust man am Seil 400 m in schwindelnder Höhe übers Gelände ($70 inkl. Parkeintritt).

Restaurant Stärken kann man sich in **Pearl's Smokehouse** mit *Gator Nuggets*.

Junge Alligatoren en masse im Gatorland

Wet'n Wild

Von den Wasserparks in *Disney World* und bei *SeaWorld* und ihrer Charakteristik war bereits ausführlich die Rede (▶ Seite 244). Noch ein weiterer Park bietet unweit von den *Universal Studios* an heißen Tagen Abkühlung und Rutschenspaß:

Der erste und einst größte Wasserpark der USA ist **Wet 'n' Wild** am Nordende des International Drive (von der I-4 *Exit* 75A). Er verfügt über viele besonders lange, aufregende Rutschen. Auch ein großes Wellenbad (ohne Strand) und ein nasser Spielplatz mit Wasserkanonen und Wasserspaß für die Kleinen sind vorhanden. Die Gestaltung der Anlage ist jedoch nicht so fantasievoll wie in den *Disney Parks* oder in *Aquatica*.

Erwachsene $55, Kinder $50, geöffnet täglich, variable Zeiten, im Hochsommer 9.30-21 Uhr, im Winter 10-17 Uhr, Sommermonate bis 21 Uhr. **Info** unter www.wetnwild.com, ✆ 1-800-992-9453.

Fortsetzung einer Rundreise durch Florida ab Orlando

Nach Daytona Beach und weiter
Nach dem Sonderkapitel »Orlando« geht es in diesem Buch (Seite 262) weiter via Daytona Beach an der Atlantikküste entlang in Richtung Norden. Nach Daytona Beach sind es auf der *Interstate #4* nur rund 60 mi, es sei denn, man legt einen – empfehlenswerten – Abstecher zu einem der Quellfluss-Parks ein. Nur wenig abseits der I-4 liegt der *Blue Spring State Park*, ➢ rechts im Kasten, dessen Besuch man auf dieser Route nicht auslassen sollte.

Seengebiet Winter Park
Am Wege passiert man aber zunächst nördlich von Orlando und ca. 5 mi östlich der I-4 (am besten *Exit* 87) das Städtchen **Winter Park**. Es ist bekannt für seine *Scenic Boat Tours*. Auf 18-Personen-Booten geht es auf eine idyllische Fahrt durch schmale Kanäle und über einige Seen der Region. Der Anleger am Ufer des Lake Osceola liegt am Ende des East Morse Blvd; Abfahrten jeweils zur vollen Stunde 10-16 Uhr, $12/$6; www.scenicboattours.com.

Tiffany in Winter Park
Für Kunstinteressierte lohnt sich der kleine Abstecher auch wegen des *Charles Hosmer Morse Museum of American Art*. Es beherbergt die größte Sammlung von Werken des Malers und Glaskünstlers *Louis Comfort Tiffany* (1848-1933). Darüberhinaus sind weitere Gemälde und Objekte amerikanischer Kunst zu sehen. Das Museum befindet sich nur eine halbe Meile entfernt vom Bootsanleger in der 445 North Park Ave, Eintritt $5, bis 12 Jahre frei, Di-Sa 9.30-16, So 13-16 Uhr; www.morsemuseum.org.

Orlando/ Ocala
Wer von Orlando direkt nach Norden bzw in Richtung Nordwesten (Tallahassee/New Orleans) fahren möchte, erkennt leicht *Florida`s Turnpike* und die I-75 als schnellste Verbindung. Auf dieser zunächst mautpflichtigen Route sind es ca. 80 mi bis Ocala. Wer es nicht ganz so eilig hat, sollte hier erwägen, die I-75 bei Ocala über den *Ocala National Forest* anzusteuern. Mittendrin liegen die ebenfalls im Kasten beschriebenen Parks *Alexander* und *Juniper Springs*. Beide lassen sich gut via Straßen #19 und #445, dann #40 in Richtung Ocala/*Silver Spring*s verbinden. Den Einstieg in diesen 30 mi-Umweg findet man mit *Exit* 87 vom *Florida's Turnpike*.

Ocala
Ocala hat 57.000 Einwohner und ist kein vorrangiges Besuchsziel außer für Pferdeliebhaber. In seiner Umgebung werden edelste Pferderassen gezüchtet. Einige **Gestüte** kann man besichtigen, so etwa die *Ocala Stud Farm*; 4200 SW 27th Ave (Straße #475A), Anfahrt über Straße #200, I-75 *Exit* 350; www.ocalastud.com.

Info Ocala
Ocala/Marion County Visitors Center, 122 North Magnolia Ave, ✆ 1-888-356-2252; www.ocalamarion.com.

Silver Springs
Nur 6 mi Meilen östlich von Ocala (an der Straße #40) befinden sich die *Silver Springs*. Aus zahlreichen Quellen sprudeln dort täglich über 2 Mio m³ kristallklaren Wassers an die Oberfläche und bilden den **Silver River**. Bereits seit 1878 können Besucher ihm dank der – angeblich dort erfundenen – Glasbodenboote bis

auf den Grund blicken. Der Fluss und die üppige Vegetation an seinen Ufern bilden die Basis für einen großen Themenpark mit exotischer Flora, Zoo, Unterhaltung, Shops und Restaurants, ➢ Kasten. Geöffnet täglich 10-17 Uhr, Eintritt $20; www.silver springs.com. Nebenan liegt der **Wild Waters-Wasserpark**, $14; www.wildwaterspark.com.

Discount Coupons (im Internet auch zum selbst ausdrucken) können hier den Eintritt erheblich reduzieren.

Floridas Quellflüsse und Spring Parks

Eine spezifische Attraktion Floridas sind seine Quellflüsse, die insbesondere **nördlich und westlich von Orlando** von ergiebigen *Springs* gespeist werden. Wassermengen zwischen »nur« 35.000 m³ (*Wekiwa Springs*) und über 2 Mio. m³ (*Silver Springs*) treten dort Tag für Tag an die Oberfläche. Die rund um die Quellen und um die ersten Kilometer ihrer Abflüsse herum entstandene Vegetation und die unerhörte Wassertransparenz bei sommers wie winters gleichen Temperaturen (20°C bis 23°C) sorgten früh für die Anlage von Parks.

Nur noch wenige dieser Quellen (in erster Linie *Silver Springs*) sind in **Privathand** und machen ein gutes Geschäft mit Touristen, die für Shows, Bootsfahrten (am besten ist die *Glas Bottom Tour*) durch »Dschungel« mit wilden Tieren etc. zur Kasse gebeten werden. Die Mehrheit befindet sich in Staatshand. Herrlich angelegte *State* und *National Forest Parks* laden zum Baden, Campen und Paddeln per Kanu oder Kajak ein.

Von den staatlich betreuten *Springs Parks,* die von Orlando und hier beschriebenen Routen leicht erreichbar sind, seien besonders hervorgehoben:

- *Blue Spring State Park*, 2100 West French Ave in Orange City, I-4 *Exit* 114, dann Straße #472, 6 mi bis zum Park. Tiefer Quellfluss für Schwimmer und Gerätetaucher; im Winter gesperrt, dann Heimstatt von *Manatees*; www.floridastateparks.org/bluespring; **Kanuverleih**; www.sjrivercruises.com; **Campingplatz** ($24) relativ weitab vom Wasser.
- *Alexander Springs* im *Ocala National Forest* (Straße #445, Abzweig von der #19 ca. 2 mi nördlich Lake Dorr) ist eine schöne Anlage mit flachem Badestrand und sehr großer

Das Quellwasser-Schwimmbecken von Juniper Springs

Campingkapazität, daher beliebt bei Familien mit Kindern, aber von vielen Stellplätzen weite Wege vom *Campground* ($21) zum Wasser; www.fs.usda.gov/ocala.

- *Juniper Springs* im *Ocala National Forest* mit einer gemauerten Badestelle rund um den Quellbereich hat keinen Strand, ist aber auch kleinkindgeeignet. Der Clou sind **Kanu - touren** über 11 km den Juniper Creek hinunter, mit Rücktransport $33; am besten am Vortag reservieren: ✆ (352) 625-2808 (+$2); sehr schön angelegter *Campground* ($21); www.fs.usda.gov/ocala.

- *Wekiwa Springs State Park*, 1800 Wekiwa Circle in Apopka, ist der Orlando am nächsten gelegene *State Park* mit einer gepflegten Anlage, großem Badesee und Kanuverleih (unbedingt den wunderbaren Wekiwa River bis *Katie's Landing* paddeln: $17 für 2 Stunden, jede weitere $3; www.canoewekiva.com). Der eher schlichte **Campingplatz** liegt weit weg vom Wasser ($24); www.floridastateparks.org/wekiwasprings.

- *Homosassa Springs Wildlife State Park,* ➤ Seite 352f.

- *Manatee* und *Wakulla Springs State Parks*, ➤ Seiten 349 und 295.

An Wochenenden, Feiertagen und während der Schulferien werden die Parks stark frequentiert. Auf den *Campgrounds* kommt man dann oft nur schwer unter.

Von Orlando nach Tampa	Wer **von Orlando nicht mehr weiter nach Norden** fahren möchte, wird in vielen Fällen seine Rundreise über die Westküste nach Süden fortsetzen wollen. Auf direkter Strecke (I-4) erreicht man nach rund 85 mi Tampa bzw. 110 mi Clearwater Beach bei häufig sehr dichtem Verkehr. Die Beschreibung des **Ballungszentrums Tampa/St. Petersburg findet sich ab Seite 355**.
Umweg über Homosassa Springs und Weeki Wachee	Bei ebensolchen Reiseplänen (nach Süden via Westküste) könnte man noch einen Umweg über die ***Homosassa Springs*** einbauen, ➤ Seite 352f. Über *Florida's Turnpike* bis zur I-75, dann Straßen #44 und den Homosassa Trail ist es von Orlando dorthin ebenso weit wie nach Tampa. Dorthin geht es von Homosassa über den gebührenpflichtigen ***Suncoast Parkway*** oder die Bundesstraße #19. Am Wege liegen noch ***Weekie Wachee Springs*** und die Schwammtaucherstadt **Tarpon Springs**, ➤ Seiten 353+374.
Von Orlando nach Miami	Wer **von Orlando auf schnellstem Weg nach Miami** (und ggf. zurück) möchte, benötigt auf *Florida's Turnpike* (mautpflichtig) ca. 4 Stunden oder weniger (ca. 240 mi). Rund 5 Stunden (ca. 250 mi) dauert eine Fahrt ohne Mautkosten auf den Straßen #50 und #520 und dann weiter nach Süden auf der gebührenfreien I-95.

Schöner sind natürlich die Routen entlang der Atlantikküste (➤ Seiten 179-205) oder der Golfküste (➤ Seiten 355ff), für die man aber selbst bei nur kleinen Unterbrechungen mindestens drei Tage einplanen sollte. Wer schon beide Strecken kennt oder Zeit/Lust auf eine alternative Route hat, die mindestens einen langen Tag dauert, könnte auch die **Straße #27** durchs Landesinnere **via Lake Okeechobee** nehmen. Die Strecke ist weitgehend unspektakulär, aber am Weg liegen durchaus einige Ziele für kurze oder auch längere Zwischenstopps.

Auf diese Route gelangt man verkehrstechnisch am besten zunächst über die **I-4** in Richtung Tampa, dann ***Exit* 55**.

Bok Tower

Nördlich Lake Wales bieten die **Bok Tower Gardens** ein Kontrastprogramm zur aktionsgeladenen Unterhaltung des Orlando-Umfelds: 1151 Tower Blvd, Lake Wales. **Anfahrt** von der #27 noch nördlich Lake Wales zur parallelen #17 wechseln und dieser nach Süden und dem Abzweig nach Osten folgen; www.boktower.org.

Es handelt sich um einen schon im frühen 20. Jahrhundert angelegten dichtbewachsenen Park (Palmen, Magnolien, Azaleen) auf einer der höchsten Erhebungen Floridas. Auf dem Gipfel steht der Glockenturm **Bok Tower**. 2x täglich – 13/15 Uhr – gibt's ein Glockenkonzert; **geöffnet** täglich 8-18 Uhr, **Eintritt** $13, Kinder $3.

Über Lake Wales gelangt man auch zum entlegenen *Lake Kissimmee State Park*, 20 mi ab Lake Wales, 14248 Camp Mack Road, Lake Wales. Die Übernachtung auf dem Campingplatz kostet $20, ✆ (863) 696-1112, www.floridastateparks.org/lakekissimmee.

In der Region Lake Wales gibt es ebenfalls eine Reihe guter B&Bs, z.B. das *Stanford Inn* (555 East Stanford St im westlichen Nachbarort Bartow), ab $140, ✆ (863) 533-2393; www.thestanfordinn.com.

Highland Hammock State Park

Knapp 40 mi südlich von Lake Wales passiert die #27 am Westufer des Lake Jackson die Zufahrt (Straße #634) zum schönen *State Park* **Highlands Hammock** bei Sebring. Das Gelände stand schon unter Naturschutz, bevor das *State Park*-System installiert wurde; www.floridastateparks.org/highlandshammock.

Der Park ist nach subtropischen *Hammocks* benannt, waldigen Inseln im Sumpfgebiet. Ein Highlight des Parks sind Holzstege durch einen ursprünglichen Zypressensumpf. Es gibt auch einige Radwege (Fahrradverleih) sowie ein Museum zur Geschichte des *Civilian Conservation Corps*. Diese Organisation hatte während der Weltwirtschaftskrise Anfang der 1930er-Jahre das *State Park*-System als Arbeitsbeschaffungsmaßnahme mit aufgebaut.

Ein **Campingplatz** fehlt ebenfalls nicht; ✆ (863) 386-6094; $22.

Lake June-in-Winter

Ein weiterer schöner **State Park** befindet sich am Lake June-in-Winter unweit der Kleinstadt Lake Placid: tolle Lage am See mit **Badestrand** und klaren Quellen auf dem Gelände: *Lake June-in-Winter Scrub State Park*, Daffodil Road in Lake Placid, ✆ (863) 386-6099; www.floridastateparks.org/lakejuneinwinter.

In Lake Placid kommt man u.a. im *Holiday Inn Express* gut unter, 608 South Lakeview Road, ab $95; ✆ 1-863-465-9916.

Lake Okeechobee

Von Lake Placid ist es nicht mehr weit bis zum riesigen Lake Okeechobee, dem größten See Floridas. Die Straße #27 führt ab Clewiston bis South Bay für 13 mi an dessen Südufer entlang. Wegen des Deiches ist der See aber von dieser Straße aus nicht zu sehen. Wer hier campen möchte, findet in diesem Bereich unweit der #27 den *Clewiston/Lake Okeechobee KOA* ca. 4 mi vom See entfernt. Zeltplätze direkt am Seeufer sind nur zu Fuß oder mit Fahrrad oder Boot erreichbar. Mehr dazu ➢ Seite 195.

Von South Bay ist Miami auf der nun endgültig autobahnartig ausgebauten Strecke in einer guten Stunde zu erreichen.

3.5 Die Nordostküste von Daytona Beach bis Jacksonville

3.5.1 Daytona Beach

Kennzeichnung Vom *Kennedy Space Center* nach **Daytona Beach**, einem weiteren populären Seebad, ist es eine gute Stunde Fahrt (ca. 60 mi). Im Gegensatz zu Miami Beach, Fort Lauderdale oder Palm Beach gilt es als Floridas **Billigbadeort**, in dem sich im Frühjahr vor allem **College-Studenten**, die *Spring Breakers*, sonst Familien tummeln. Das Strandleben ist dort tatsächlich ganz anders als in Südflorida. Es geht lauter und lebhafter zu.

Autos am Strand Der Strand darf im Bereich Daytona in sog. **Driving Zones** – in Einbahnspuren – täglich von 8-19 Uhr mit Autos befahren werden ($5). Genaueres dazu unter www.volusia.org/beach.

Autofreier Strand/ Leuchtturm **Autofrei** ist der Strand des **Lighthouse Point Park** am äußersten Zipfel des Ponce Inlet, 12 mi südlich des zentralen *Main Pier*, 5000 Atlantic Ave. Er gehört zu den schönsten der USA. Das **Ponce de Leon Inlet Lighthouse**, 4931 S Peninsula Drive, ist mit 54 m der höchste Leuchtturm Floridas, tägl. ab 10 Uhr, im Sommer bis 21 Uhr, Eintritt $5, bis 11 Jahre $2; www.ponceinlet.org.

Daytona Speedway mit Nascar Fahrzeugen für das Riding Experience, ➢ rechts oben

Daytona Speedway Neben den Auto-Stränden ist Daytona Beach für seine Rennstrecke bekannt. Als 1902 das erste Autorennen stattfand, rasten die Fahrer noch auf dem Sand direkt am Meer um die Wette. Doch seit 1959 finden die Rennen auf dem **Daytona International Speedway** statt (2 mi ab I-95 *Exit* 261, 1801 W International Speedway Blvd; www.daytonainternationalspeedway.com). Er ist – nach Indianapolis – die legendärste Rennstrecke der USA. Höhepunkt der Rennsaison sind die **Daytona 500** Ende Februar, aber auch zu anderen Rennen, wie der **Bike Week** im März mit dem **Daytona 200** Motorradrennen oder den **Coke Zero 400** Anfang Juli kommen Hunderttausende von Fans in die Stadt. Wenn gerade keine Rennen stattfinden, kann man an einer **Speedway Tour** auf der Strecke teilnehmen: täglich 11.30, 13.30, 15.30, 16 Uhr, $16, bis 12 Jahre $10.

Daytona Beach

Riding Experience

Als ultimatives *Highlight* für Autorennfans gilt die **Riding Experience**: $135 kostet es als Beifahrer, in einem echten Nascar-Rennwagen ein paar Runden auf dem *Daytona Speedway* zu drehen, bis der Herzinfarkt droht. Wer sich selbst hinters Steuer will, zahlt ab $549 für 8 Runden.

Halifax Historical Museum

Einen Überblick über die Geschichte der Region und Autorennen mit vielen Erinnerungsstücken findet man im **Halifax Historical Museum**, 252 S Beach Street, Di-Sa 10-16 Uhr, Eintritt $5/$1; www.halifaxhistorical.org.

Daytona Flea & Farmers Market

Südwestlich der I-95, *Exit 261*, findet Fr-So 9-17 Uhr der **Flea & Farmers Market** statt, einer der größten und besten Flohmärkte in Florida mit über 1000 Ständen. Neben typischem Trödel gibt's dort Farmprodukte billiger als im Supermarkt, 2987 Bellevue Ave Ext; www.daytonafleamarket.com.

Information

Daytona Beach Area Convention & Visitors Bureau, 126 E Orange Avenue; www.daytonabeach.com.

Unterkunft

Normalerweise ist es kein Problem, in Daytona Beach ein Motelzimmer für unter $60 zu finden, nur während des **Spring Break** im März und bei besonderen Veranstaltungen wird es eng; dann steigen auch die Preise.

Zahlreiche preiswerte Hotels und Motels (bei geringer Auslastung ab ca. $50) ebenso wie teure *Beach Resorts* finden sich entlang der #A1A/Atlantic Ave nicht nur in Daytona Beach, sondern auch noch nördlicher bis hinauf nach Ormond Beach.

Auf der folgende Seite findet sich eine kleine Auswahl:

264 Floridas Nordostküste auch Karte Seite 263

- *Hawaiian Inn*, 2301 S Atlantic Ave direkt am Strand, riesiger Komplex, nur große Suites und Studios mit integrierter Küche, die meisten mit seeseitiger Terrasse bzw. Balkon. Gute Poolanlage mit Bar und Grill, *Oceanfront* ab $70, ✆ 1-800-922-3023; www.hawaiianinn.com.
- *Sun Viking Lodge*, 2411 S Atlantic Ave, Daytona Beach Shores, ab $67, ✆ 1-800-815-2846, www.sunviking.com.
- *Rodeway Inn on the Beach*, 1503 S Atlantic Ave, ab $53.
- *Atlantic Ocean Palm Inn*, 3247 S Atlantic Ave, ab $59, ✆ 1-800-634-0098; www.atlanticoceanpalm.com.
- *The Tropical Manor*, 2237 S Atlantic Ave direkt am Strand, Apartment-Hotel mit einem aus mehreren Gebäuden bestehendem Komplex; schöne Garten- und Poolanlage am Strand, ab $70, ✆ 1-800-253-4920; www.tropicalmanor.com.
- *Boardwalk Inn*, 301 S Atlantic Ave, ab $75, ✆ 1-800-662-9040; www.boardwalkinndaytona.com.
- Es gibt auch diverse *B&Bs*; super ist z.B. *The Villa*, 801 N Peninsula Drive, ab $140; www.thevillabb.com.

Speziell Häuser der **Hotelketten gehobener Kategorie** findet man im Airportbereich am International Speedway (Straße #92).

Daytona Beach 265

Camping

- Südlich von Daytona Beach ist das **Daytona Beach Carefree RV Resort** eine gute Wahl; I-95 *Exit* 256 auf Hwy 421, 4601 South Clyde Morris Boulevard, ab $44; www.carefreervresorts.com.
- Der *Campground* im **Tomoka State Park**, 2099 North Beach Street (I-95 *Exit* 273) in Ormond Beach, 11 mi nördlich von Daytona Beach ist großzügiger angelegt als die privat geführte Konkurrenz, ab $24; ✆ (386) 676-4050.

Im Übrigen passiert man auf der #A1A im Abschnitt **zwischen Daytona und Flagler Beach** noch eine ganze Reihe kommerziell geführter **Plätze direkt am Strand** und die

- **Gamble Rogers Memorial State Recreation Area** nur wenig südlich von Flagler Beach, 3100 South Straße #A1A, ✆ 386-517-2086, Strandcamping ab $28.

Nördlich von Flagler Beach passiert man das

- **Beverly Beach Camptown RV Resort**, 2815 N Ocean Shore Rd, ab $50, ✆ 1-800-255-2706; www.beverlybeachcamptown.com.

Restaurants

- **Dancing Avocado Kitchen**, 10 S Beach Street, Säfte und *Health Food*, vegetarische Küche; ✆ (386) 947-2022.
- Das **Steak'n Shake**, 1000 International Speedway Boulevard (I-95 *Exit* 261) hat *Burger*, *Sandwiches* und *Steaks* rund um die Uhr, ✆ (386) 253-5283); www.steaknshake.com.

- Im **Ocean Deck**, 127 S Ocean Avenue, zwei Blocks südlich des Piers, gibt es frischen Fisch und Seafood, ✆ (386) 253-5224); www.oceandeck.com.
- **Caribbean Jack's** mit einer großen Terrasse am Wasser (*Intracoastal Waterway* Halifax River) liegt bei der *Loggerhead Marina* in der Ballough Road im zentralen Bereich der Stadt (nördlich Main Street Bridge), *Seafood*, Steak und übliche amerikanische Items. Viele Biersorten am Zapfhahn, sogar eine akzeptable Weinliste. ✆ (386) 523-3000; http://caribbeanjacks.com.

Nur im Bereich Daytona Beach lässt man in Florida – für $5 – Autos auf den Strand

266   Floridas Nordostküste   Karte Seite 263

3.5.2 Von Daytona Beach nach St. Augustine

Zur Strecke   Auf der **I-95** erreicht man in einer guten weiteren Stunde St. Augustine. Wer ab Daytona Beach die Autobahn wählt, verpasst zwar nicht viel, aber bei mehr Zeit ist wieder einmal die Straße **A1A** die bessere Alternative. Sie läuft auf den schmalen *Barrier Islands* in diesem Abschnitt oft **direkt am Wasser** entlang und passiert weitere, durchweg kleine Badeorte wie Ormond Beach, Flagler Beach, Beverly und Crescent Beach. Mehrere *State Parks* liegen am Wege. Der oben erwähnte **Tomoka State Park** liegt ca. 6 mi nördlich von Ormond Beach am Westufer des Halifax River und hat neben schattigem Picknick- und Campingplatz auch einen **Kanuverleih** am reizvollen Tomoka River. Die **Gamble Rogers Memorial State Recreation Area** südlich Flagler Beach bietet die Möglichkeit, direkt am Strand zu campen, ➢ vorige Seite.

Dolphin Conservation Center   Aus dem früheren **Marineland of Florida** wurde nach einem Konkurs **Marineland Dolphin Adventure**, 10 mi nördlich von Palm Coast, 9600 Oceanshore Blvd/#A1A, täglich 9-16.30 Uhr; ✆ 1-877-933-3402. Dort kann man einfach Delfinen zuschauen ($10 (bis 12 Jahre $6) oder teure Programme mit Delfinkontakt buchen ähnlich wie beim *Dolphin Research Center*, ➢ Seite 158, oder in der *Sea World Discovery Cove*, ➢Seite 254; www.marineland.net.

Camping

Weiter landeinwärts zwischen Mangroven und dichter Vegetation liegt der **Faver-Dykes State Park**; ab I-95, *Exit* 298, 2 mi auf der Faver Dykes Road. Ein schöner, selten voller Platz bei moderaten Gebühren ($18), ✆ (904) 794-0997; www.floridastateparks.org/faverdykes.

Fort Matanzas   15 mi südlich von St. Augustine steht das **Fort Matanzas National Monument** auf **Rattlesnake Island**, 8635 A1A South in St Augustine. Zwischen 9.30 Uhr und 16.30 Uhr stündliche Fähre zur Insel. Die 1740 von Spaniern errichtete Befestigung ähnelt dem *Castillo de San Marcos* in St. Augustine. Sie ging ebenso 1821 auf die USA über. Bei gutem Wetter ein empfehlenswerter Abstecher; täglich 9-17.30 Uhr, Eintritt frei; www.nps.gov/foma.

Kanonenschuss auf dem Fort Matanzas. Der Befehl zum Feuern kommt per Handy

3.5.3 St. Augustine

Kennzeichnung

Rund 60 mi nördlich von Daytona Beach liegt die älteste von Europäern gegründete Stadt der Vereinigten Staaten. St. Augustine ist ein **echtes Juwel** und **jeden Umweg wert**. Es besitzt einen sehr schönen alten Stadtkern mit Kopfsteinpflaster-Straßen und vielen restaurierten Häusern, die teilweise noch aus der spanischen Kolonialzeit stammen. Für historisch Interessierte ist St. Augustine sicherlich die interessanteste Stadt in ganz Florida.

Geschichte

Spanien und Frankreich

Ostern 1513 betrat **Don Juan Ponce de León** irgendwo an der Küste zwischen St. Augustine und Jacksonville als erster Europäer den Boden Floridas und erklärte kurzerhand die ganze – von ihm dafür gehaltene – »Insel« zu spanischem Besitz, ▸ Seite 468. In den folgenden Jahrzehnten unternahm die spanische Krone mehrere erfolglose Versuche, in der neuen Kolonie mit Siedlungen dauerhaft Fuß zu fassen. Aber erst als **Frankreich** ebenfalls Ansprüche auf Florida erhob und sogar in der Nähe des heutigen Jacksonville ein Fort errichtete, wurde den Spaniern klar, dass sie in Florida ernsthafte Präsenz zeigen mussten. Also ernannte der spanische König *Phillip II* **Don Pedro Menéndez de Avilés** zum Gouverneur und entsandte ihn nach Florida. *Menéndez* traf im August 1565 mit 800 Soldaten und Siedlern in ein und gründete eine erste Siedlung, die er nach dem Heiligen Augustinus benannte, da der Tag seiner Ankunft auf dessen Feiertag fiel. Seine ersten Aktivitäten bezogen sich auf die Vertreibung der Franzosen, um so den spanischen Besitzanspruch durchzusetzen, ▸ Seite 468

St. Augustine durchlebte in den folgenden Jahrzehnten zwar manche Krise – z.B. 1586 Plünderung durch den Piraten *Francis Drake* –, es wurde aber nie aufgegeben und kann somit völlig zu Recht für sich beanspruchen, die **älteste Stadt der USA** zu sein.

Praktisches

Information

Visitor Information Center, 10 Castillo Drive, ✆ (904) 825-1000.

Unterkunft

In St. Augustine warten zahlreiche Hotels und Motels und eine ganzen Reihe *B&Bs* in historischen Gebäuden im Stadtzentrum.

- Zu den attraktiveren *B&Bs* zählen z.B. das **Southern Wind Inn** (18 Cordova St, www.southernwindinn.com, ✆ 1-800-781-3338, ab $99), das **St. Francis Inn** (279 St. George St, www.stfrancisinn.com, ✆ 1-800-824-6062, ab $139) oder **Kenwood Inn** (38 Marine St, ✆ 1-800-824-8151, ab $139, www.thekenwoodinn.com).
- Wer sich etwas Besonderes gönnen möchte, übernachtet edel im **Casa Monica Hotel** (95 Cordova Street, ✆ 1-888-213-8903 oder ✆ 904-827-1888, www.casamonica.com; ab $179).

- In sehr guter Lage am Rand der Altstadt befindet sich das **Best Western Spanish Quarter Inn** (6 Castillo Dr, ✆ 904-824-4457; ab $99, www.staugustinebestwestern.com).

268 Floridas Nordostküste auch Karte Seite 270

- Auf Anastasia Island bieten ein ordentliches Preis-/Leistungsverhältnis das **Sleep Inn** (601 Anastasia Boulevard, ✆ 904-825-4535) und das **Anchorage Inn & Marina**, von dem aus man die *Bridge of Lions* und das andere Flussufer überblickt (1 Dolphin Dr, ✆ 904-829-9041, www.stayatanchorage.com), beide ab $80.
- Entlang der **A1A auf Anastasia Island** findet man viele weitere unabhängige wie Kettenmotels, ebenso an der **Straße #1**, die hier Ponce de Leon Boulevard heißt.
- Das **St. Augustine Hostel Pirate Haus**, 32 Treasury Street, liegt sehr günstig mitten im Zentrum; ab $20 **Dormitory** mit Frühstück, ✆ (904) 808-1999; www.piratehaus.com.

Camping

- Der Campingplatz im **Anastasia State Park** (1340 A1A, ✆ 904-461-2033, ab $28) auf der gleichnamigen Insel liegt etwas abseits der Küste in einem Wäldchen und ist wegen der Nähe zu St. Augustine und des nahen Strandes beliebt, d.h. oft voll.
- Der **KOA Campground St. Augustine Beach** liegt ebenfalls auf Anastasia Island, 525 W Pope Road, ab $45, ✆ 1-800-562-4022; www.staugustinekoa.com.
- **Indian Forest Campground**, 1505 Straße #207, ab I-95 *Exit* 311, ab $33, ✆ 1-800-233-4324; www.indianforestcampground.com.

Restaurants

- Zum Frühstück (oder Lunch) empfiehlt sich die **The Bunnery Bakery & Café** mitten in der Altstadt, 121 St. George Street, ✆ (904) 829-6166; www.bunnerybakeryandcafe.com.
- Das alte **Columbia Restaurant**, nur wenig weiter in der 98 St. George Street, bietet spanische Küche, perfekt passend zur Umgebung; ✆ (904) 824-3341; www.columbiarestaurant.com.
- Guten Fisch gibt es bei **O.C. White's Seafood & Spirits**, 118 Avenida Menendez, mit schönem Blick auf den Hafen; ✆ (904) 824-0808; www.ocwhitesrestaurant.com.
- Mexikanische Gerichte serviert das **El Potro** in der 226 San Marco Avenue, ✆ (904) 819-0390, www.elpotrorestaurant.com.
- Für hausgebrautes **Bier** (*Ale* & *Lager*) geht man ins **A1A Ale Works** in der 1 King Street, wo oft auch Live-Musik läuft, ✆ (904) 829-2977; www.a1aaleworks.com.

In Saint Augustine kann man Kajaks mieten und damit am Castillo de San Marcos entlang paddeln

Stadtbesichtigung

Start

Die Erkundung von St. Augustine beginnt man am besten erst nach einem Besuch im beachtlichen ***Visitor Information Center*** am Nordrand der historischen Innenstadt (10 Castillo Drive). Dort gibt es eine Ausstellung zu den Anfängen der Stadt, Karten und jede Menge Infomaterial. Der dort laufend gezeigte **Film** über die Frühgeschichte von St. Augustine ist eine gute Einstimmung auf den Besuch. Außerdem empfiehlt es sich, das Auto auf dem **Parkplatz** neben dem Besucherzentrum abzustellen, denn in der Altstadt ist das Parken problematisch. Einige Straßen in der Altstadt sind überdies Einbahnstraßen, die St. George Street eine Fußgängerzone. Man kommt zu Fuß besser zurecht.

Castillo de San Marcos National Monument

Die erste, beim Einfahren über die San Marco Ave oder über die A1A von Süden nach St. Augustine nicht zu übersehende Attraktion ist das ***Castillo de San Marcos*** in strategisch günstiger Lage am Ufer des **Matanzas River**, 1 South Castillo Drive. Täglich 8.45-17.15 Uhr, Eintritt $7, bis 15 Jahre frei; www.nps.gov/casa.

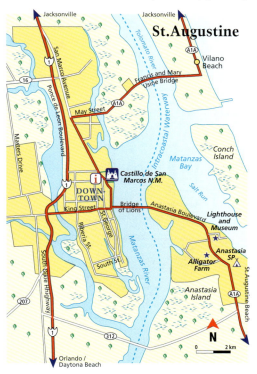

Nachdem die Franzosen aus Florida vertrieben worden waren, fürchteten die Spanier vor allem ihre nördlichen Nachbarn, die Briten in Georgia und den Carolinas. Daher baute man im späten 17. Jahrhundert diese enorme Anlage im Lauf von über 20 Jahren aus sog. *Coquina* (spanisch für kleine Muschel), einer mit Muscheln durchsetzten weichen Kalksteinart. Da erstmals ein Fort mit *Coquina* konstruiert wurde und Erfahrungen über Festigkeiten fehlten, errichtete man eine fast 6 m dicke Außenwand zur Küste. Die älteste erhaltene Festung der USA widerstand in der Folge tatsächlich diversen Attacken der Briten. 1740, bei einer einmonatigen britischen Kanonade, prallten die meisten Kugeln zur allgemeinen Verblüffung fast wirkungslos ab. 1821 übernahmen die USA das Fort

St. George Street/Old Schoolhouse

und machten daraus 1924 ein **National Monument**. Seither kann man das Kastell mit allen seinen Einrichtungen besichtigen, den Blick über die historische Altstadt und den breiten Fluss genießen und alte Kanonen bewundern. Diese werden Fr-So 10.30-15.30 Uhr stündlich abgefeuert.

Egal, ob man vom *Castillo de San Marcos* oder vom *Visitor Information Center* kommt, man betritt die historische Innenstadt am besten durch das **alte Stadttor** an der Orange Street. Dann geht es ganz automatisch auf die **St. George Street** (auch *Calle Real* genannt), die wichtigste Straße im Zentrum, an der einige der schönsten Häuser der Stadt stehen. Rechts, ganz am Anfang der Straße, befindet sich das sogenannte **Oldest Wooden Schoolhouse** (14 St. George Street, Ende Mai-Anfang September 7-20 Uhr, sonst täglich 9-17 Uhr, Eintritt $5, Kinder $4; ✆ 1-888-653-7245, www.oldestwoodenschoolhouse.com) aus dem frühen 18. Jahrhundert, eines der ältesten Schulgebäude in den USA.

St. Augustine

Imposanter Komplex des Flagler College

Geschichts-museum	Ein Stück weiter stößt man auf das **Colonial Quarter**, 33 St. George Street, auf der gegenüberliegenden Straßenseite. Dieser sehenswerte Komplex mit Wohnhäusern, Taverne, Schmiede u.a. vermittelt einen Eindruck vom täglichen Leben während der spanischen Kolonialzeit. Zeitgenössisch kostümiertes Personal spielt die Rolle der damaligen Einwohner der Stadt und beantwortet Fragen der Besucher, täglich 9-20 Uhr, $13, bis 12 Jahre $7; www.colonialquarter.com.
Casa Avero	Ein wenig weiter steht die **Casa Avero** (41 St. George Street), in der sich eine griechisch-orthodoxe Kirche und ein Museum befinden. Sie erinnern an griechische Einwanderer, die im 18. Jahrhundert nach St. Augustine kam. Schräg gegenüber steht das **Rodriguez-Avero-Sánchez House** aus dem Jahre 1761.
Plaza und Government House	Zwischen Cuna und Hypolita Street passiert man dann die **Casa de Nicholas de Ortega** von ca. 1740, das **Villalonga House** und das **Acosta House**, beide aus dem frühen 19. Jahrhundert. Zwei Blocks weiter folgt das **Peña-Peck House** (ca. 1750). Von dort ist es nur noch einen Block weit bis zur **Plaza de la Constitución**, dem zentralen Platz der Innenstadt, an dem auch die 1797 im Stil einer spanischen Mission erbaute **Basilica of St. Augustine** steht. Die Westseite der *Plaza* wird vom früheren Sitz der spanischen Kolonialregierung dominiert. Heute beherbergt es das **Government House Museum**, 48 King Street, das detailliert die Historie der Region erläutert. An der Ostseite des Platzes geht es auf die **Bridge of Lions**, eine mit Löwenfiguren verzierte alte Brücke, die nach Anastasia Island hinüber führt; täglich 10-16 Uhr, Eintritt $4, Kinder bis 12 Jahren $2, www.staugustinegovernment.com.
Flagler College	Von der *Plaza de la Constitución* sollte man einen kleinen Abstecher nach Westen unternehmen und einen Blick auf das (heutige) **Flagler College** (www.flagler.edu; 74 King Street) werfen. Der Bau am Haupteingang des *College* an der Ecke von King und Cordova Street ist das frühere **Hotel Ponce de León**, das vom Eisenbahnkönig *Henry Flagler* errichtet wurde. Er hatte mit der Verlegung

des Schienenstrangs entlang der Atlantikküste schon einiges für die Entwicklung von St. Augustine getan und versuchte mit dem Bau von Luxushotels den Tourismus weiter zu fördern. Während das *Hotel* seit langem zum *Flagler College* gehört und den Betrieb eingestellt hat, kommt man im wiedereröffneten **Casa Monica Hotel**, 95 Cordova Street, sehr edel unter; www. casamonica.com.

Lightner Museum

Ein drittes auf *Flagler* zurückgehendes Hotel beherbergt heute die Stadtverwaltung und das **Lightner Museum**, 75 King Street, mit einer Sammlung europäischer und amerikanischer Kunst, von Gemälden, Stilmöbeln etc., die größtenteils aus Werken besteht, die früher das *Hotel Alcazar* (1889) zierten. Gleichzeitig vermittelt das Museum einen Eindruck vom Luxus, der hier schon Ende des 19. Jahrhunderts geherrscht hat. U.a. sind ein türkisches Bad und ein pompöser Ballsaal zu sehen, von dem aus man auf das einstige Schwimmbad schaut. Es war seinerzeit der größte überdachte Pool der Welt; heute beherbergt die Halle das **Museumsrestaurant**. Das *Lightner Museum* kann nicht genug empfohlen werden; täglich 9-17 Uhr. Eintritt $10/$5; www.lightnermuseum.org.

Zorayda Castle

Nur einen Block vom *Flagler College* entfernt steht das **Zorayda Castle**, 83 King Street, ein Nachbau eines Teils der Alhambra von Granada/Spanien; Mo-Sa 10-17, So 11-16 Uhr, $10, bis 12 Jahre $4; www.villazorayda.com.

Old St. Augustine Village Museum

Zurück auf der St. George Street kommt man südlich bald zum **Dow Museum of Historic Houses**, einem weiteren Museumskomplex, der aus 9 schönen Häusern zwischen St. George Street, Palm Row, Cordova und Bridge Street besteht; 149 Cordova Street, Mo-Sa 10-17, So 11-17 Uhr, Eintritt $9, bis 11 Jahre $7; www.dowmuseum.com.

Dieses noch relativ neue Museum ist im Gegensatz zum *Colonial Quarter* weiter nördlich kein *Living History Museum*, das Personal ist nicht zeitgenössisch kostümiert. Es geht dort nicht nur um die koloniale Periode der Stadtgeschichte, sondern auch

Aus dem ehemaligen Luxushotel »Alcazar« wurde das Lightner Museum; immerhin noch mit Restaurant

Karte Seite 270 **St. Augustine** 273

um spätere Phasen. Die Häuser stammen aus den Jahren 1790 bis 1910 und sind alle wirklich »echt«, während es sich im *Colonial Quarter* – mit einer Ausnahme – um Rekonstruktionen handelt.

Ältestes Haus in Florida Das bekannteste Haus des Zentrums steht noch ein Stück weiter südlich in der 14 St. Francis Street am Ende der Innenstadt. Beim **González-Alvarez House** handelt es sich um das **älteste noch erhaltene europäische Wohnhaus in Florida** (frühes 17. Jahrhundert); täglich 9-17 Uhr, $8/$4; www.staugustinehistoricalsociety.org.

Ripleys Nördlich des alten Zentrums an der 19 San Marco Ave nur wenige hundert Meter vom Kastell entfernt steht das burgartige Gemäuer von »**Ripleys**«, ➢ Kasten Seite 275.

»Burganlage« von Ripley's in St. Augustine

Nombre de Dios Östlich der Kreuzung von San Marco Ave und Old Mission Ave – nur wenige Minuten nördlich des historischen Stadtkerns – steht ein riesiges **Metallkreuz** an der Stelle, an der die eben gelandeten Spanier 1565 den ersten Gottesdienst gefeiert haben sollen. Später entstand dort die Missionskirche **The Mission of Nombre de Dios and Shrine Our Lady of La Leche**, 27 Ocean Ave, www.missionandshrine.org, von der aus Franziskaner versuchten, die Indianer zum Katholizismus zu bekehren. Die Mission überstand die Jahrhunderte nicht, aber an gleicher Stelle befindet sich der älteste Marienschrein in den USA.

Jungbrunnen Wenig nördlich dieser Anlage befindet sich in einem Park der sog. **Fountain of Youth**, 11 Magnolia Ave, der Jungbrunnen, den der spanische Entdecker *Ponce de León* in Florida suchte und an dieser Stelle entdeckt zu haben glaubte. Es handelt sich indessen um nichts anderes als eine schlichte Quelle in einem etwas heruntergekommenen Brunnenhaus; täglich 9-17 Uhr, Eintritt $12, bis 12 Jahre $8; www.fountainofyouthflorida.com.

Old Jail Wiederum ein Stück weiter nördlich stößt man auf das alte Gefängnis (1891) von St. Augustine, 167 San Marco Ave. Neben den Zellen und einer Waffensammlung ist das restaurierte Wohnhaus des ersten Sheriffs der Stadt zu sehen; täglich 8.30-16.30 Uhr, Eintritt $9, bis 12 Jahre $5.

274   **Floridas Nordostküste**   Karte Seite 269

Weingut   Westlich des Zentrums ist die **San Sebastian Winery**, 157 King Street, ein lohnendes Ziel – zumindest für alle, die sich für Wein interessieren. Das älteste **Weingut** weit und breit bietet kostenlose Führungen und Weinproben; Mo-Sa 10-18 Uhr, So ab 11 Uhr; ✆ 1-888-352-9463, www.sansebastianwinery.com.

Anastasia Island

Verlässt man St. Augustine in Südrichtung auf der #A1A über die *Bridge of Lions*, gelangt man nach **St. Augustine Beach** auf *Anastasia Island*. Dieser Stadtteil ist nicht nur wegen seiner – befahrbaren – Strände den Besuch wert.

Alligator Farm   Unweit der Brücke passiert man den **St. Augustine Alligator Farm & Zoological Park**, 999 Anastasia Blvd=A1A, in dem alle bekannten Arten von Krokodilen und Alligatoren sowie Schlangen in großer Zahl Besucher anlocken. Stündliche Fütterungen und Alligator-/Reptilien-Shows. Täglich 9-17 Uhr, im Sommer bis 18 Uhr, Eintritt $23, bis 11 Jahre $12; www.alligatorfarm.com.

Alligatorfütterung in St. Augustine

Leuchtturm   Fast gegenüber der *Alligator Farm* ist das *St. Augustine Lighthouse*, 100 Red Cox Avenue, nicht zu übersehen. Neben dem malerischen schwarz-weißen **Leuchtturm** mit seiner roten Spitze – toller Blick von oben – steht das frühere Haus des Leuchtturmwärters, in dem heute das **Lighthouse Museum of St. Augustine** untergebracht ist. Täglich 9-18 Uhr, Eintritt $10 inkl. Turmaufstieg, bis 12 Jahre $8; www.staugustinelighthouse.com.

Strand   Auf *Anastasia Island* befindet sich der **Anastasia State Park**, 1340 A Straße #A1A South, hinter schneeweißen Badestränden und Dünen, ➢ Seite 268. Der **Campground** ($28) befindet sich westlich der Lagune; www.floridastateparks.org/anastasia.

Amphitheater   Ebenfalls auf *Anastasia Island* liegt unweit des *State Park* das **St. Augustine Amphitheatre**, 1340C #A1A South, mit Open-Air-Theaterstücken und -Konzerten; www.staugamphitheatre.com.

Shopping   An der I-95, *Exit 318*, liegen beiderseits der Autobahn zwei riesige **Outlet Center**. Beide sind gute Adressen fürs *Outlet Shopping*.

Ripley's Believe It or Not! www.ripleys.com

Gegenüber dem *Visitor Information Center* wartet in St. Augustine eine Sehenswürdigkeit auf Besucher, die es auch anderswo noch gibt: *Ripley's Believe It or Not!* Das im historischen *Castle Warden* untergebrachte Museum ist das älteste in einer Kette von mittlerweile 21 *Ripley's* in den USA und 13 weiteren im Rest der Welt. Obwohl alle diese Museen etwas anders gestaltet sind und eigene Exponate zeigen, verbindet sie doch dieselbe Grundidee. Es handelt sich um **Kuriositätenkabinette**, die von Leben und Werk des Journalisten, Karikaturisten und Weltreisenden *Robert Ripley* inspiriert wurden.

Robert Ripley wurde 1890 in Santa Rosa in Kalifornien geboren. Schon als Jugendlicher begann er zu zeichnen. Dieses Talent verhalf ihm zu seiner ersten Stelle als **Karikaturist** beim *San Francisco Chronicle*. Aber erst später, in New York, wurde er wirklich bekannt. Den Durchbruch brachte seine Cartoon-Serie *Believe It or Not*, in der er zunächst ungewöhnliche sportliche Leistungen darstellte, die vom Rekord im Seilspringen bis zum weltschnellsten Rückwärts-Sprinter reichten.

In den 1920er-Jahren begann er, die ganze Welt zu bereisen, immer auf der Suche nach dem Ungewöhnlichen und Seltsamen. Über seine Funde berichtete er in einer Cartoon-Reihe, die in über 300 amerikanischen Zeitungen gedruckt wurde.

Robert Ripley veröffentlichte außerdem eine **Buchreihe**, produzierte **Radiosendungen**, in denen er außergewöhnliche Personen interviewte, und moderierte Ende der 1940er-Jahre eine der ersten regelmäßigen **Fernsehshows**. Bei der Weltausstellung in Chicago zeigte er 1933 seine Cartoons und Exponate, die er von seinen Reisen mitgebracht hatte, u.a. Schrumpfköpfe vom Amazonas und mittelalterliche Folterinstrumente. Obendrein konnte das staunende Publikum Rasierklingen- und Baseballschluckern zusehen.

Der unglaubliche Erfolg dieser Show, die nach der Weltausstellung in vielen amerikanischen Städten gezeigt wurde, führte zur Eröffnung der ersten permanenten Museen.

Zu ihren festen Bestandteilen gehören nach wie vor die Karikaturen des 1949 verstorbenen *Robert Ripley* und eine Sammlung von Kuriositäten. So sind z.B. Menschenfressergabeln von den Fidji-Inseln, mumifizierte Katzen aus Ägypten, ein ausgestopfter Stier mit sechs Beinen und Indianer-Skalps zu sehen. Missgebildete Menschen kann man heute nicht mehr im Original zeigen, aber immer noch als **Wachsfiguren**, z.B. einen Mann mit vier Pupillen oder eine Frau, die angeblich noch mit 101 Jahren ein Baby bekam. Von Zeit zu Zeit rotiert man die Objekte zwischen den Standorten, um der jeweiligen Umgebung wieder Neues bieten zu können.

Der Witz dieser Kuriositätenkabinette ist, dass nicht klar ist, welche Geschichten und Exponate echt sind und welche nicht – daher die Bezeichnung: *Believe It or Not!*

In Florida gibt es vier *Ripley's*, das älteste in St. Augustine (19 San Marco Ave) in einem burgartigen Gemäuer, in dem es natürlich spukt. Beweis: 1944 verbrannten dort zwei Frauen unter mysteriösen Umständen.

Geöffnet täglich 9-20 Uhr, Eintritt $15, Kinder $8. In **Orlando** (8201 International Drive) ist *Ripley's* in einem Gebäude untergebracht, das im Boden versinkt. Das kleinere *Ripley's* in **Key West** findet man in einem bunten Gebäude an der belebten Duval Street und das *Panama City Beach Ripley's* präsentiert sich als sinkender Ozeandampfer, ➢ Foto auf Seite 344.

3.5.4 Jacksonville und Umgebung

Straße A1A

Zwischen St. Augustine und Jacksonville zeigt sich die Straße A1A von ihrer besten Seite. Man sollte dieses Teilstück nicht auslassen und nur im »zeitlichen Notfall« die I-95 oder Straße #1 nehmen. Die #A1A führt hier nah an der Küste entlang und mitten durch die **National Estuarine Research Reserve (GTM)** mit 5 mi herrlichem Strand.

Wer der Küste ohne Abstecher in die Großstadt Jacksonville weiter Richtung Norden folgen möchte, setzt mit der Fähre über die Mündung des **St. Johns River** (von Mayport nach Fort George Island: $6/Auto, $10/Wohnmobil; www.stjohnsriverferry.com) und erreicht so quasi automatisch die beiden »echten« Sehenswürdigkeiten der Region, die **Kingsley Plantation** und das **Fort Clinch** am Nordende von Amelia Island.

Jacksonville

Kennzeichnung

In Jacksonville ist man nur rund 40 mi von St. Augustine entfernt und dennoch in einer völlig anderen Welt. Während das kleine, St. Augustine vom Tourismus lebt, ist das große Jacksonville eine **Industrie- und Hafenstadt**. Viele der 840.000 Einwohner arbeiten bei der US-Marine, dem wichtigsten Arbeitgeber vor Ort.

Mit 2.000 km² Ausdehnung ist Jacksonville – nebenbei – die flächenmäßig größte Stadt der USA mit dementsprechend enormen innerstädtischen Entfernungen.

Praktische Informationen

Information

Jacksonville and the Beaches Convention & Visitors Bureau, 208 N Laura, ✆ (904) 798-9104; www.jaxcvb.com. Außerdem residiert ein gut bestücktes **Info-Büro** im ersten Stock des Einkaufs- und Restaurantzentrums *Jacksonville Landing*.

Unterkunft

Im Großraum Jacksonville gibt es ein Überangebot an H/Motels (➤ *Jacksonville Beach* und *Amelia Island*), vor allem entlang der *Interstates* #10, #95 und #295.

Tipps für **Budgetbewusste** (beide ab ca. $50-$60):

- **Days Inn Jacksonville South**, 5649 Cagle Rd, I-95 *Exit* 346, ✆ 904-733-3890; www.daysinn-southjax.com
- **Hometown Inn & Suites**, 4940 Mustang Road, I-95 *Exit* 344, ✆ (904) 281-2244; www.hometowninnjax.com

Am **Flughafen** findet man weitere Häuser der nationalen Ketten, u.a. **Crown Plaza** (14670 Duval Road, I-95 *Exit* 363, ab $100, ✆ 904-741-4404; www.cpjacksonvilleairport.com), **Motel 6** (10885 Harts Road, I-95 *Exit* 360, ab $40, ✆ 904-757-8600) und das **Red Roof Inn**, 1063 Airport Rd, I-95 *Exit* 363, ab $45, ✆ 904-741-4488).

Direkt im Zentrum befinden sich an der *Jacksonville Landing*

- **Wyndham Riverwalk**, 1515 Prudential Dr, I-95 *Exit* 350, luxuriöses Haus mit Flussblick, ab $89, ✆ (904) 396-5100
- **Omni Hotel**, 245 Water St, *Exit* 352, ab $139, ✆ (904) 355-6664

Jacksonville und Umgebung 277

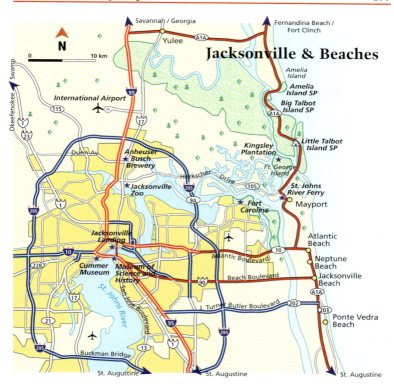

Wer ein **B&B** vorzieht, sollte nach Fernandina oder Jacksonville Beach ausweichen, z.B. **Fig Tree Inn B & B**, 185 4th Avenue South, ab $100; www.figtreeinn.com.

Camping

Campen ist bei Jacksonville schwierig; der **Jacksonville North/St. Mary's KOA** z.B. liegt bereits in Georgia, Kingsland bei St. Marys; www.koa.com/campgrounds/jacksonville. Sehr schöne schattige Stellplätze am **Myrtle Creek** hat der **Campground** im **Little Talbot Island State Park** (12157 Heckscher Drive, 6 mi südlich von Amelia Island, $24; www.floridastateparks.org/littletalbotisland). Kanuverleih im Park: www.kayakamelia.com.

Restaurants

Am Nordufer des St. Johns River erstreckt sich **Jacksonville Landing** (2 Independent Drive) mit diversen Lokalen, Bars, Cafés und **Food Court**. In *Downtown sind zu* empfehlen

- **Burrito Gallery** für Tacos und Burritos, 21 E Adams Street; www.burritogallery.com
- **River City Brewing Company**, 835 Museum Circle, *Friendship Park* gegenüber *Jacksonville Landing*; www.rivercitybrew.com

Stadtbesichtigung

Downtown und Riverwalks

Die architektonisch ansehnliche *Shopping & Restaurant Mall* **Jacksonville Landing** zwischen der *Main Street Bridge*, dem Independent Drive und dem St. Johns River bildet samt der Uferpromenade **Northbank Riverwalk** (3 km) das touristische Herzstück der Stadt; www.jacksonvillelanding.com. Gegenüber, mit Auto oder zu Fuß über die Brücke, sonst per Wassertaxi erreichbar (So-Do 11-21, Fr-Sa bis 23 Uhr, $3, Kinder $2), läuft ab dem **Friendship Park** der **Southbank Riverwalk** ca. 2,5 km nach Osten.

Museen

Vom Südufer aus fällt der Blick auf die attraktive Jacksonville *Skyline*. Am *Museum Circle* dahinter befindet sich das **MOSH**:

MOSH

Der Besuch im **Museum of Science and History**, einer gelungenen Mischung aus Wissenschafts-/Geschichtsmuseum für Erwachsene und *Hands-on-Museum* für Kinder, lohnt den Eintritt; 1025 Museum Circle, Mo-Fr 10-17 Uhr, Sa bis 18 Uhr, So 13-18 Uhr, $9, bis 12 Jahre $7, ✆ (904) 396-6674; www.themosh.org.

Cummer Museum of Arts & Gardens

Das **Cummer Museum of Art & Gardens**, 829 Riverside Ave, ist eines der interessanteren Kunstmuseen Floridas, das Werke von der Renaissance bis ins 20. Jahrhundert aus vielen Weltregionen präsentiert. Hervorhebenswert sind die Sammlung von Meißener Porzellan und Gemälde bekannter amerikanischer Maler (u.a. *Thomas Hart Benton* und *Thomas Moran*). Auch große Europäer sind vertreten. Eine 400-jährige immergrüne Eiche überragt die ausgedehnte **Gartenanlage** voller Skulpturen; Di 10-21, Mi-Fr 10-16, Sa 10-17, So 12-17 Uhr, Eintritt $10, Kinder & Studenten $6, ✆ (904) 356-6857; www.cummer.org.

Zoo

Der in den letzten Jahren laufend auf fast 50 ha erweiterte **Jacksonville Zoo & Gardens**, 370 Zoo Parkway, gehört zu den besten seiner Art im Osten der USA (größer als in New Orleans, ➤ Seite 331). Er liegt nördlich der Stadt zwischen **Heckscher Drive** und Trout/St. Johns River (I-95, *Exit* 358 A). In den dem natürlichen Habitat nachgebildeten Gehegen leben Tierarten aus allen Erdteilen. Täglich geöffnet 9-17 Uhr, im Sommer Sa-So bis 18 Uhr. Eintritt $15, Kinder bis 12 Jahre $10; www.jaxzoo.org.

Blick auf Jacksonville vom Südufer des St. Johns River; unterhalb der Hochhäuser links erkennt man Jacksonville Landing

Schlichte, aber historisch interessante Kingsley Plantation in schöner Lage am Wasser auf Fort George Island

Timucuan Ecological & Historic Preserve

Fort Caroline Interessanter sind Ziele nordöstlich des Stadtgebietes, so am Südufer des St. Johns River – bereits als Teil des *Timucuan*-Schutzgebietes das **Fort Caroline National Memorial** (12713 Fort Caroline Road, etwas langwierige Anfahrt, täglich 9-17 Uhr, frei, www.nps.gov/timu), eine Nachbildung des Forts, das hier 1562 von französischen Hugenotten errichtet wurde und die spanische Krone zur Gründung von St. Augustine veranlasste (➤ Seite 468).

Kingsley Plantation Auch die sehenswerte **Kingsley Plantation** (auf **Fort George Island**, täglich 9-17 Uhr, frei) aus dem frühen 19. Jahrhundert ist Teil der *Timucuan Preserve*. Von Süden erreicht man diese Plantage, auf der einst Baumwolle, Zuckerrohr und Zitrusfrüchte angebaut wurden, **via Mayport mit der Fähre über den St. Johns River**. Die 3-mi-Zufahrt ab der #A1A führt durch ein dichtes mit Palmen durchsetztes Waldgebiet zu einem Herrenhaus und Überresten alter Sklavenquartiere (sehr eng und sehr sehenswert!) in traumhafter Lage direkt am Wasser.

Die *Kingsley Plantation* ist zwar nicht annähernd so prächtig wie die großen Plantagenvillen am unteren Mississippi und das Herrenhaus nicht möbliert, die Gesamtanlage aber gut erhalten.

Amelia Island

Kennzeichnung Zwischen Jacksonville und der Grenze zu Georgia liegt vor der Küste die 12 mi lange Amelia Island. Sie ist über Brücken mit der südlichen Nachbarinsel Talbot Island bzw. nach Westen mit dem Festland verbunden. Engländer, die dort erste Plantagen gründeten, nannten die nördlichste Insel Floridas nach Prinzessin *Amelia*, der Tochter von König *George II*. Die Orte der Insel sind dank ihrer endlosen Sandstrände und -dünen beliebte Ferienziele. Nebenbei gelten die vor Amelia Island gefangenen *Shrimps* als Attraktion.

American Beach Eine interessante Geschichte betrifft **American Beach** im Inselsüden. Der Ort wurde 1935 speziell für Afroamerikaner gegründet, als Floridas Strände noch rassengetrennt waren und Schwarze kaum eine Möglichkeit hatten, Ferien an der See zu verbringen.

Bemerkenswert ist, dass American Beach auch heute immer noch in erster Linier von schwarzen Urlaubern besucht wird.

Fernandina Beach
Am nördlichen Inselzipfel liegt mit Fernandina Beach der Hauptort von Amelia Island mit einem *Historic District*. In seinen viktorianischen Häusern findet man – vor allem entlang der Centre Street – Läden, kleine Cafés und Kneipen.

Das *Amelia Island Museum of History*, 233 S 3rd Street, informiert über die Geschichte dieses Ortes; Mo-Sa 10-16, So ab 13 Uhr, Eintritt $7, Kinder $4; www.ameliamuseum.org.

Fort Clinch SP
Unmittelbar nördlich von Fernandina Beach steht die bestens erhaltene *Festung Fort Clinch* aus dem frühen 19. Jahrhundert im gleichnamigen *State Park*. Es war in den Seminolenkriegen und später im Bürgerkrieg von Bedeutung. Der Park bietet außerdem Strände, Wanderwege und Camping: Der kleinere *Beach* und der *Amelia River Campground* (✆ 904-277-7274, $26) liegen beide idyllisch an der Nordspitze der Insel (reservieren, da oft voll).

Information
Visitors Center im ehemaligen Bahnhof 102 Centre Street, oder *Amelia Island Tourist Developement Council*, ✆ 1-800-2-AMELIA oder ✆ (904) 277-0717; www.ameliaisland.com.

Unterkunft
• Wer sich etwas Besonders leisten möchte, sollte das noble *Ritz Carlton* (4750 Amelia Island Pkwy, ✆ 904-277-1100, ab $200, www.ritzcarlton.com) buchen. Zwei Pools, Tennisplätze, Golfplatz, Fahrradverleih, Privatstrand und Restaurants, ➢ unten.

Preiswerter übernachtet man z.B. im

• *Seaside Amelia Inn*, 2900 Atlantic Ave, ✆ 1-866-866-4535, ab $55; www.seasideameliainn.com.
• *Hampton Inn*, 2549 Sadler Road, ✆ (904) 321-1111, ab $90, www.ameliaislandhamptoninn.com.

Restaurants
• Gutes *Seafood* gibt es im *Beech Street Grill* (801 Beech Street, www.beechstreetgrill.com).
• Das *Marina Seafood Restaurant* (101 Centre Street, ✆ 904-261-5310) ist speziell für seine Fischsuppen bekannt, aber auch generell für gutes *Seafood*
• Im *Ritz Carlton* befindet sich das *Café 4750* mit *Deli*, *Brunch Buffet* und frischgebackenem Brot. Das Toprestaurant des Hotels, *The Grill*, zählt zu den besten der USA.

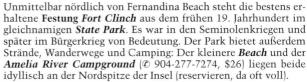

Fort Caroline, eine geschichtsträchtige Rekonstruktion aus den Tagen französisch-spanischer Auseinandersetzungen

Top Ten an der Atlantikküste

1. Das *Kennedy Space Center besuchen*
2. Die *Altstadt* und das *Castillo de San Marcos in St. Augustine* besichtigen
3. Die *Strände der Atlantikküste* genießen
4. Sich im Hotel *The Breakers* in Palm Beach einen Cocktail gönnen
5. Im *Flagler Museum* in Palm Beach den Reichtum und Besitz des einstigen Eisenbahnmagnaten bestaunen
6. In der *Hobe Sound National Wild Life Refuge Meeresschildkröten* und/oder im *Manatee Observation Center* in Fort Pierce *Manatees* sehen
7. Eine *Rundfahrt* durch die Kanäle von *Fort Lauderdale* buchen
8. Einen Abstecher zur *Kingsley Plantation* auf Fort George Island machen
9. und gleich nach *Amelia Island* weiterfahren (➢ links nebenstehend)
10. In Daytona Beach die Gelegenheit nutzen, *am Strand Auto* zu *fahren*

Exkurs   Abstecher nach Georgia

nach Cumberland Island

So nah an der Grenze von Georgia fällt jeder Blick auf die Karte unweigerlich auch auf **Cumberland Island**, südlichste Insel der Georgia vorgelagerten Kette und fast vollständig als *National Seashore* unter Naturschutz. Wer in Florida bis zum *Fort Clinch* (➢ nebenstehend) fährt, sieht jenseits des St. Mary's River (hier Mündung in den Atlantik) die Strände von Cumberland Island. Sie beginnen nur einen Kilometer vom alten Fort entfernt.

Zum Okefenokee Swamp

Ebenfalls auf keiner Landkarte zu übersehen ist der *Okefenokee Swamp*, mit eine Fläche von fast 1.800 km² eines der größten Sumpfgebiete der USA. Rund zwei Drittel dieser Fläche gehören zu Georgia, ein Drittel befindet sich auf dem Staatsgebiet von Florida. Seine Ostgrenzen liegen ca. 40 mi von der Küste entfernt.

Der Großteil des Sumpfes in Georgia steht als *Okefenokee National Wildlife Refuge*, ein kleinerer Teil südlich von Waycross und bei Fargo im Südwesten des Sumpfes als *State Park* unter Naturschutz. Nur bei **Waycross** befinden sich Areale in **Privatbesitz** und eine größere touristische Infrastruktur für Besucher.

Okefenokee in Florida

In Florida sind die Sümpfe nördlich des *Osceola National Forest* (zwische Sanderson und Lake City) kaum zugänglich. Durch sie hindurch führen nur die Straßen #250 und #2 unterhalb der Grenze zwischen Florida und Georgia.

weiter nach Georgia

Wen der Besuch eines oder beider dieser Ziele reizt, findet Hinweise zur Anfahrt und die wichtigsten Informationen in den folgenden beiden Abschnitten. Für darüberhinaus gehende Reisepläne in Richtung Georgia sei verwiesen auf die Anfahrtsrouten ab Atlanta nach Florida im Kapitel 8, speziell auf die Seiten 424-459, die sich auf die Küstenroute beziehen.

Nach Cumberland Island

Anfahrt und Information

Cumberland Island erreicht man nur über eine Fähre der Nationalparkbehörde ab dem Städtchen **St. Mary's** am gleichnamigen Fluss in der südöstlichsten Ecke Georgias. Eine Verbindung durch das verzweigte Mündungsdelta des Grenzflusses von Florida dorthin existiert nicht. Die küstennächste Route von **Jacksonville** entspricht der I-95, die man am *Exit 1* in Georgia wieder verlässt. Von dort sind es auf der St. Mary's Road (Straße #40) noch etwa 8 mi bis zum Fähranleger und **Visitor Center** des *National Park Service* an der **Waterfront**; www.nps.gov/cuis. Darüberhinaus gibt es ein lokales **Welcome Center** ein paar Schritte entfernt vom Anleger in der historischen Osborne Street; www.stmaryswelcome.com.

Fähre

Die **Personenfähre** (keine Autos, keine Fahrräder!) nach Cumberland Island verkehrt März-November täglich um 9 Uhr und 11.45 Uhr, zurück um 10.15 Uhr und 16.45 Uhr, eine zusätzliche Abfahrt gibt's Mai-September um 14.45 Uhr. Dezember bis Februar nur Do-Mo. Das **Retourticket** kostet $20, Kinder bis 12 Jahre $14; plus $4 Nationalparkgebühr pro Person, außerdem $2/Person und Nacht für Zeltcamper auf der Insel.

Restriktion

Lediglich 300 Besucher pro Tag dürfen die Insel betreten. Unter ✆ 1-877- 860-6787 oder per Fax 912-673-7747 über ein im Internet herunterzuladendes Formular kann man und sollte man reservieren, damit der Ausflug am Tag der Wahl klappt. Aktuelle Infos unter ✆ 1-888-817-3421 und www.nps.gov/cuis.

Auf der Insel

Auf Georgias südlichster der Küste vorgelagerter Insel warten endlose Strände und eine von Menschen weitgehend in Ruhe gelassene Flora und Fauna. Eine Besonderheit sind die **Wildpferde**, Nachkommen von Pferden, die vermutlich von ersten spanischen Expeditionen schon im 16. Jahrhundert dort zurückgelassen wurden. In den Marschen der Insel leben u.a. Alligatoren und **Loggerhead Turtles** (sonst seltene Schildkröten).

Einstige Villa der Carnegie Family, meistfotografierte der Ruinen auf Cumberland Island

Über die Insel verteilt stößt man auf eindrucksvolle Ruinen **früherer Millionärsvillen**, die man dem Naturschutz opferte.

Unterkunft & Camping

Früher einmal waren die *Carnegies* Eigentümer eines Großteils der Insel. Diese Familie unterhält bis heute das nostalgische **Greyfield Inn**, ✆ 912-261-6408 und ✆ 1-866-401-8051, www.greyfieldinn.com. Die Zimmer kosten ab $425/Tag inkl. Vollpension, als Information für alle, die nicht auf den Dollar schauen.

Erschwinglichere Quartiere gibt es in **St. Mary's**, z.B.:

- ***Cumberland Island Inn***, gutes Mittelklasse-Motel, 2710 Osborne Street, ✆ 912-882-7490 und ✆ 1-800-768-6250, www.cumberlandislandinn.com; ab $65
- ***Spencer House B&B Inn***, 200 Osborne Street, ✆ 912-882-1872, www.spencerhouseinn.com, ab $135.
- ***Goodbread B&B***, 209 Osborne Street, ✆ 912-882-7490, www.goodbreadhouse.com, ab $99.

Camping

Camper dürfen – nach Reservierung beim *National Park Service*, ➢ links – auf der Insel im **Sea Camp** (*Permit* $4) in der Nähe des Fährhafens oder auf einfachen *Campsites* im Hinterland (*Permit* $2) ihr Zelt aufschlagen.

Auf dem **Festland** liegt wunderbar am namensgebenden Wasserlauf der **Crooked River State Park** ca. 7 mi nördlich St. Mary's mit einem guten *Campground* und großem Swimmingpool (ab $25, *Cottages* bis 6 Personen ab $125); ✆ 912-882-5256, http://gastateparks.org/info/crookriv.

Wildpferde am Strand von Cumberland Island

Zum Okefenokee Swamp

Anfahrt

Von **St. Mary's** aus sind es auf der Straße #40 und ab Folkston #1 bis **Waycross**, dem touristischen Zentralort der Sümpfe, rund 60 mi, ebenso komplett auf der #1 ab der Umgehungsautobahn I-295, *Exit* 28, bei direkter Anfahrt ab Jacksonville. Den **Nordzugang** des *Okefenokee* erreicht man über **Waycross**, gute 50 mi westlich von Brunswick (Straße #82). Wer auf den Besuch von Waycross verzichtet, kann die Anfahrt zum Sumpf abkürzen. Die Straße #177 durch den oberhalb des *Okefenokee* gelegenen **Laura Walker State Park** führt über den *Waycross State Forest* zum Nordeingang des *Okefenokee Park*.

Abstecher nach Georgia

Entstehung des Okefenokee

Der indianische Name des Sumpfes bedeutet »**Land der bebenden Erde**«, weil in bestimmten Bereichen bereits feste Schritte den Untergrund erzittern lassen. Diese aus abgestorbenem Pflanzenmaterial entstandene torfartige Schicht auf über Jahrtausende langsam verlandenden quellgespeisten Gewässern findet sich in Verbindung zum festen Land als auch inselartig, oft schwimmend und dicht bewachsen. Im *Okefenokee* entspringen der vielbesungene **Suwannee River**, der in Richtung Golf von Mexiko abfließt, und der **St. Mary's River**, der in den nahen Atlantik mündet und auf diesem Weg die Grenze zwischen Georgia und Florida bildet.

Naturfreunde zieht der Sumpf vor allem mit seiner vielfältigen Flora aus Wasserpflanzen und wegen der Amphibien an. Man schätzt, dass über 10.000 Alligatoren im Okefenokee leben.

East Entrance (Hauptzugang)

Auf einer Fahrt von Jacksonville oder St. Mary's nach Waycross (Straße #1/#23) passiert man in Folkston die Abzweigung der Straße #121 (*Okefenokee Pkwy*). Von dieser zweigt 8 mi südlich eine Zufahrt zum **East Entrance** Richtung *Suwannee Canal Recreation Area* ab; die Straße ist im Sommer täglich geöffnet 7-19.30 Uhr, im Winter 8-18 Uhr.

Ein kleines **Visitor Center** informiert dort mit Ausstellung und Film über die Sümpfe. Auf einem Rundweg (*Boardwalk*) von 1,5 mi meist übers Wasser und dem Aussichtsturm kommt man dem Sumpf schon näher. Ein **8 mi-Rundkurs** existiert für Auto- und Radfahrer. Details und Karte unter www.fws.gov/okefenokee.

Bei *Okefenokee Adventures* lassen sich dort Kanus, Kayaks und Motorboote samt Ausrüstung für eine Sumpferkundung auf eigene Faust mieten (kürzester guter Rundkurs ab *Canal Recreation Area* ca. 6 mi, Alligatoren garantiert).

Zelten für Kanu- und Kajakfahrer im Sumpfgelände an sieben ausgewiesenen Plätzen **nur mit** *Permit*, Reservierung bis zu zwei Monate im voraus unter ✆ (912) 496 3331. Infos zur Bootsmiete (Kanus halbtags ab 13 Uhr $20, ganztags $30, 2-tägig $50, dann $25 für jeden zusätzlichen Tag) und Buchung unter ✆ 1-866-843-7926 oder im Internet unter http://okefenokeeadventures.com).

Man kann bei der genannten Firma auch Ausflüge auf flachen Booten und geführte Kanu-/Kajaktouren durch die Sumpfkanäle buchen. Ebenso und Bootsmiete beim **Outfitter Okefenokee Pastimes** an der Straße #121; www.okefenokee.com.

Okefeenoke Swamp Park	Besucher mit begrenzter Zeit könnten eventuell eher den Besuch des kommerziell betriebenen ***Okefenokee Swamp Park*** erwägen, einer Mischung aus Freizeitpark, Naturschutzgebiet und Zoo. Auch wenn dieser Park schon etwas in die Jahre gekommen ist, bietet er dem Besucher ebenfalls einen Einblick in Flora und Fauna der Sumpflandschaft.
	Anfahrt: 13 mi südlich von Waycross auf die Straße #177 (ab der #1 ausgeschildert). Täglich 9-17.30 Uhr, Eintritt $15, Kinder und Senioren $14; $3 *Discount Coupon* zum *Download* im Internet. Bootstouren mit stärkeren Motoren als in den geschützten Sumpfgebieten kosten $25/$20 (nur bei ausreichendem Wasserstand). ✆ 912-283-0583, www.okeswamp.com.
Waycross	Das 15.000-Einwohner-Städtchen Waycross hat zwar einen historischen Kern, ist aber insgesamt nicht übermäßig attraktiv. Das ***Tourism Bureau & Visitors Center*** befindet sich im ***Train Depot*** (Bahnhof) des Ortes an der Plant Ave; ausgeschildert, täglich 9-17 Uhr, ✆ 912-287-2969, www.swampgeorgia.com.
	Das ***Okefenokee Heritage Center*** befindet sich im Nordwesten von Waycross (1460 North Augusta Ave, Eintritt $4) und widmet sich vor allem der Geschichte des Gebietes. In der Außenanlage stehen u.a. eine Dampflok und alte Waggons; www.waycrosstourism.com/museums.htm.
Unterkunft	Waycross verfügt über reichlich Bettenkapazität. Die Häuser der **Motelketten** liegen mehrheitlich im Kreuzungsbereich des South Georgia Parkway #82 mit der #1/#23 bzw. etwas weiter diese Straße hinunter in Richtung Jacksonville:
	• ***Hampton Inn***, 1720 Brunswick Hwy, ✆ 912-285-5515, ab $69 • ***Holiday Inn***, 1725 Memorial Dr, ✆ 912-283-4490, ab $60 • ***Baymont Inn***, 950 City Blvd, ab der #1, ✆ 912-283-3800, ab $58
	Für alle diese Häuser kann man unter www.swampgeorgia.com ***10%-Discount Coupons*** herunterladen und ausdrucken. Man erhält sie auch bei der *Visitor Information*.

Camping	• Der *Campground* des **Laura S. Walker State Park** liegt sehr schön am See. Dort sind sog »Premium«-Stellplätze direkt am Wasser zu buchen; Camping ab $24, ✆ 912-287-4900; http://gastateparks.org/info/lwalker.
• **Okefenokee Pastimes** an der #121, 8 mi südlich von Folkston, gegenüber der Zufahrt zum **East Entrance** in den *Okefenokee*. Zelte ab $25, RVs ab $30 jeweils erste Nacht, danach billiger. Auch einfache Blockhäuser und *Cabins* stehen dort zur Verfügung (ab $45). ✆ 912-496-4472, www.okefenokee.com.
Essen & Trinken	Viele Restaurants und *Fast Food Places* stehen in/bei Waycross am Memorial Park Drive (Straße #82) und an der Straße #1/#23, ebenso im historischen Zentrum nahe dem alten Bahnhof.
Foster State Park	Die dritte Zufahrt in den *Okefenokee* führt von Südwesten aus zum **Stephen C. Foster State Park**. Der Abstecher dorthin kommt eher dann in Frage, wenn die Weiterfahrt (zunächst) in Richtung Westen geplant ist oder ohnehin nur als Stippvisite im *Okefenokee Swamp* (etwa ab der I-10 über die Straße #2 nach **Fargo** und dann zurück zur I-10 über die #441 in Richtung Lake City).
Bevor man sich ggf. auf die 2 x 18 mi Hin- und Rückfahrt auf der Stichstraße #177 tief in den Park hinein macht, liegt unabweisbar ein Stopp im beachtlichen **Suwannee River Visitor Center** bei Fargo an; mehr unter http://gastateparks.org/info/scfoster.
	Auch in diesem *State Park* gibt es einen **Campground** ($25-$30, *Cottages* für $115; ✆ 912-637-5274), Bootsverleih und von Rangern geführte Touren. Die Firma *Okefenokee Pastimes* (➤ oben) liefert Boote dorthin bzw. holt sie im Fall von *one-way rentals* ab/nach der *Suwannee Canal Recreation Area* dort wieder ab.
Weiterfahrt (Karte Seite 289)	Bei Fortsetzung der Reise durch Florida entsprechend der Routenführung im anschließenden Kapitel ginge es ab Waycross auf der Straße #84 zunächst nach Valdosta an der I-75 und von dort über Thomasville (➤ Seite 423) nach Tallahassee (➤ Seite 292f).
Für weitere Ziele in Georgia, speziell Atlanta, ➤ ab Seite 400.

Sumpflandschaft des Okefenokee

4. NORDFLORIDA UND DER PANHANDLE

Kurzkenn-zeichnung

Man muss schon ganz in den Norden des Staates fahren, um zu erkennen, dass Florida zu den amerikanischen Südstaaten gehört. Landschaft und Kultur ähneln dort mehr den Nachbarn Georgia und Alabama als dem mittelamerikanisch-karibisch geprägten Südflorida. Ausländische Touristen sieht man in Nordflorida mit dem weit nach Westen reichenden sog. *Panhandle* (➤ Seite 16) eher selten. Bei amerikanischen Urlaubern dagegen ist vor allem der *Panhandle* ein beliebtes Reiseziel, denn dessen schneeweiße Strände mit ihrer türkis leuchtenden Wassertransparenz sind dort mindestens genauso schön wie im Süden und vielfach sogar attraktiver. Dabei ist das Preisniveau im Norden deutlich ziviler.

Tallahassee abseits der Küstenroute

Weitab der Bevölkerungszentren liegt die Hauptstadt **Tallahassee** sozusagen eingangs des »Pfannenstiels«. Wer im folgenden beschriebenen Route ab Jacksonville oder – von Süden aus – der *Interstate*-Kombination I-75/I-10 folgt, wird Tallahassee nicht auslassen. Andererseits ist die Kapitale Floridas nicht so spannend, dass ihretwegen größere Umwege lohnen. Anders ausgedrückt: bei einer Fahrt *one-way* nach Westen oder von Westen nach Osten (etwa mit Ausgangspunkt New Orleans) durch Florida ist das Nordwesten ist die Küstenroute am empfehlenswertesten, wobei ein Abstecher nach Tallahassee über die **Wakulla Springs** durchaus in Erwägung zu ziehen wäre, wenn die Zeit reicht.

4.1 Durch Florida von Ost nach West

4.1.1 Von Jacksonville nach Tallahassee

I-10/Straße #90

Von der Atlantikküste im Bereich Jacksonville/St. Augustine liegt Tallahassee – je nach Ausgangspunkt – nur 170-200 mi entfernt, eine Distanz, die auf der **I-10** in drei Autostunden zurückgelegt werden kann. Wer etwas mehr vom dünn besiedelten, ganz anderen Nordflorida sehen möchte, fährt zumindest abschnittsweise auf der parallel zur *Interstate* verlaufenden **Straße #90**.

Olustee Battlefield

Beide Routen führen durch den **Osceola National Forest**, ein Pinienwaldgebiet 50 mi westlich des Atlantik, an dessen Ostrand der **Olustee Battlefield Historic State Park** liegt, der älteste historische Park Floridas (Zufahrt über die #90, von der I-10 *Exit* 324, in Olustee 5890 Battlefield Tril Road, www.floridastateparks.org/olusteebattlefield, ✆ 386-758-0400). Dort, in der Nähe der Ortschaft Olustee, fand am 20. Februar 1864 die größte der in Florida ausgefochtenen Schlachten des Bürgerkrieges statt. Der damalige Sieg der Südstaatentruppen wird alljährlich zum Jahrestag nachgespielt (**Battle of Olustee Reenactment**; www.battleofolustee.org). Ein Museum und Schilder mit Erläuterungen an einstigen Stellungen und Kampflinien informieren über die Details des Geschehens vor 140 Jahren. Nur die in der Landschaft verstreuten Kanonen erinnern noch an ein Schlachtfeld. Museum 9-17 Uhr, frei.

Camping

Mitten im **Osceola NF** liegt der wunderbare **Ocean Pond Campground** (Straße #90, dann #250A, 4 mi entfernt vom *State Park*) am namensgebenden großen See. Viele Stellplätze wurden dort direkt am Wasser angelegt. Der komfortable Platz verfügt über einen Badestrand und ist Ausgangspunkt von Wanderwegen. Zeltcamper zahlen ab $5, Campmobile mit *Hook-up* $12-$18.

Lake City

Nur wenig westlich des *Osceola National Forest* liegt zwischen den sich hier kreuzenden Autobahnen I-10 und I-75 die Kleinstadt Lake City (20.000 Einwohner; www.springsrus.com). Sie versucht, sich als »Tor zum *Osceola National Forest*« touristisch zu profilieren. Immerhin verfügt sie über große Hotel-/Motelkapazitäten im Bereich der Autobahnausfahrten 301 & 303 der I-10 und 427 & 423 der I-75. Entlang des Main Blvd stehen einige ansehnlich renovierte alte Holzhäuser.

Stephen Foster State Park

Wer sich für *Folk Music* interessiert, sollte dem **Stephen Foster Folk Culture Center State Park** einen Besuch abstatten, tägl 9-17 Uhr. Dieses Kulturzentrum liegt bei White Springs ca. 13 mi nördlich von Lake City am Ufer des Suwannee River (Straße #41, © 386-397-2733; www.floridastateparks.org/stephenfoster). Es ehrt den ersten professionellen *Songwriter* der USA. Er schrieb u.a. »*Oh, Susanna*«, »*My Old Kentucky Home*« und »*Old Folks at Home*«; letztere sind heute Staatshymnen von Kentucky bzw. Florida. Zum *Center* gehört ein 60 m hoher Turm, dessen Glockenspiel alle zwei Stunden seine bekanntesten Melodien intoniert, eine gepflegte Parkanlage und ein Museum.

Nebenbei verfügt der *State Park* über einen guten **Campingplatz** am Suwanee River. Reservierung möglich, $20, ➢ Seite 69.

Suwannee River State Park

Ein weiterer schöner *State Park* liegt nicht nur am Suwannee River, sondern heißt auch so – Zufahrt über *Exit* 275 der I-10, dann Straßen #90 und #132 der Ausschilderung nach; www.floridastateparks.org/suwanneeriver. Der Park ist Ausgangspunkt des **Suwannee River Canoe Trail**, einer Kanustrecke bis zur Mündung des Flusses in den Golf von Mexico, ➢ Seite 349 (*Manatee Springs State Park*). Neben einem **Kanuverleih** und einigen Wanderwegen gibt es in der dichten Waldlandschaft des Parks einen schattigen **Campingplatz** (© 386-362-2746, $22, Reservierung ➢ Seite 69). Von dort sind es noch etwa 70 mi bis Tallahassee.

Stephen Foster Culture Center

Von Lake City nach Süden 289

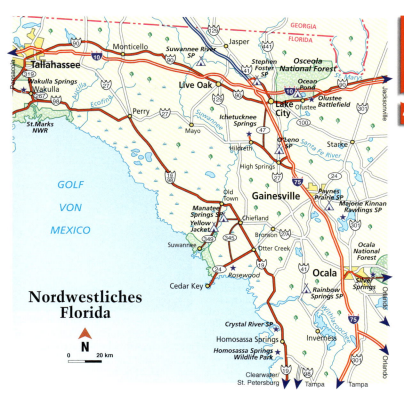

Exkurs Von Lake City nach Süden

Routenüberlegungen

Wer die Atlantikküste bis Jacksonville hinauf gefahren ist und nicht beabsichtigt, auch noch Tallahassee und den *Panhandle* zu besuchen, gelangt via I-75 rasch (zurück) in den Süden Floridas bzw. an die Golfküste an und unterhalb der Tampa Bay. Sofern man auf einen Zwischenstopp im *Osceola National Forest* und in Lake City verzichtet, spart man auf der direkten **Straße #301** (ab *Exit #343* von der I-10) nach Gainesville/Ocala erhebliche Meilen. Wer auf der Küstenroute zunächst Orlando zugunsten eines späteren Besuchs ausgelassen hat, findet mit dieser Inlandsstrecke auch eine gute **Alternative zur I-95/I-4**.

Gleichzeitig ist die I-75 für Floridatouristen, die in oder via Orlando oder Tampa starten und in den Norden bzw. Nordwesten wollen, der schnellste Zubringer mit Möglichkeiten für Zwischenstopps wie im folgenden beschrieben.

Floridas Norden

Abstecher von der I-75

Zwischen Lake City und Gainesville liegen **2 Springs Parks**, die manchem einen Abstecher von der Autobahn wert sein dürften.

Ichetucknee Springs

Da wäre zum einen der ***Ichetucknee Springs State Park*** bei Hildreth (I-75 von Norden *Exit* 423, dann Straßen #47+ #27; von Süden *Exit* 399, Straßen #441/27; www.floridastateparks.org/ichetuckneesprings).
Der kleine quellgespeiste und daher glasklare Ichetucknee River mäandert bis zur Mündung in den Santa Fe River ca. 6 mi durch eine hübsche Parklandschaft und gilt zu Recht als ideales Revier fürs **River Tubing**, ➤ Seite 82. Seine Uferbereiche sind *State Park* Gelände. Wer sich auf dem Fluss treiben lassen möchte, bringt entweder seinen eigenen »Reifen«

Taucher in den Ichetucknee Springs

oder sein Kanu mit oder leiht sich an einer der Stationen unmittelbar außerhalb des Parks den gewünschten Untersatz.

Die **Tubes** kosten ab $5 Leihgebühr/Tag; Eintritt in den *Park* $6/Fahrzeug. Zwischen Start- und Abholpunkten gibt es einen *Shuttle Service*. Beliebt ist dieser wie andere *Springs Parks* auch bei Gerätetauchern (*Scuba Diving*), die tief in die Quellöffnungen hinunterschwimmen bzw. -tauchen können.

Wer einen entsprechenden Tauchschein mitbringt, kann komplette Tauchausrüstungen leihen; ✆ (386) 497-4690.

Ginnie Springs

Ein weiteres *Tubing*- und *Scuba*-Revier sind die **Ginnie Springs** (und weitere *Springs*) bei der Ortschaft High Springs (Ausfahrten 399 oder 414 von der I-75, ✆ 386-454-1853), die ebenfalls in den Santa Fe River abfließen. Dieser Park wird kommerziell betrieben und hat nicht ganz das Ambiente von *Ichetucknee*, aber mehrere schöne Quellteiche. Eintritt $12, Kinder $3; *Tubes* $6.

Dort gibt es außerdem einen **Campingplatz**, ab $21, Kinder 7-14 $6; ✆ (386) 454-7188; www.ginniespringsoutdoors.com.

Campen (und schwimmen) kann man auch im *O'Leno State Park*, 10 mi nördlich von High Springs ebenfalls am Santa Fe River, ✆ (386) 454-1853; Eintritt $5, Camping ab $18; www.floridastateparks.org/oleno.

Gainesville

Kennzeichnung
Gainesville ist von Stränden und Urlaubsorten so weit entfernt, wie es in Florida eben möglich ist, und wird ganz von der *University of Florida* dominiert, der ältesten Universität im Staat. Rund 50.000 der 126.000 Einwohner sind Studenten, die das Leben nicht nur auf dem Campus, sondern auch in der Innenstadt prägen. Entlang der belebten Hauptstraße West University Avenue, speziell im Bereich der Kreuzung mit der Main Street, findet man Buchhandlungen und preiswerte *Eateries* und Cafés.

Information
- *Alachua County Visitors & Convention Bureau*, 30 East University Avenue, ✆ 1-866-778-5002, www.visitgainesville.net.

Unterkunft

- Unter den zahlreichen Motels bieten das **Super 8** (4202 SW 40 Blvd, www.super8gainesville.com, ✆ 352-378-3888) und das **Days Inn** (7516 W Newberry Road, ✆ 352-332-3033) ordentliche Quartiere. Beide ab ca. $60.
- **The Magnolia Plantation** (309 SE 7th St, ✆ 1-800-201-2379, ab $135; www.magnoliabnb.com) hat Atmosphäre in guter Lage.

Camping

Der **Paynes Prairie Preserve State Park** verfügt über einen kleinen *Campground* und Picknickplatz am Lake Wauberg etwas südlich von Gainesville (von der I-75 *Exit* 374 östlich, dann Straße #234, 100 Savannah Boulevard in Micanopy, www.floridastateparks.org/paynesprairie, ✆ 352-466-3397, ab $18).

Essen und Trinken

- Die **Wine and Cheese Gallery** (113 N Main Street, www.wineandcheesegallery.com), ein Bistro mit Käse- und Weinshop, eignet sich gut fürs *Lunch*, ✆ (352) 372-8446.
- Im **Ale House Gainesville** (3950 SW Archer Road, ✆ (352) 371-0818, www.millersalehouse.com) gibt es gute Fischgerichte und eine große Bierauswahl.

Grafitti-Art
Westlich der 13th Street beginnt der Campus. Dessen Ausdehnung ist größer als ganz *Downtown* und reicht bis zur 34th Street, wo man südlich der Kreuzung mit der 2nd Avenue eine wild bemalte bunte Mauer kaum übersehen kann. Diese sog. **34th Street Wall** ist eine Art »Denkmal für Toleranz«. Sie wurde ganz offiziell freigegeben für Grafitti-Künstler, die sich an ihr austoben dürfen und der Mauer ein immer wieder neues Aussehen geben.

Museumsmeile
Der Campuskomplex umfasst über 900 Gebäude und Sportanlagen, darunter zwei eintrittsfreie Museen (Spenden erbeten):
- Das **Samuel P. Harn Museum of Art** (Ecke SW 34th Street & Hull Road, Di-Fr 11-17 Uhr, Sa ab 10 Uhr, So ab 13 Uhr, www.harn.ufl.edu) am Westende des Campus in einem postmodernen Bau zeigt afrikanische, asiatische und amerikanische Kunst.
- Nebenan steht das **Florida Museum of Natural History** (3215 Hull Road, Mo-Sa 10-17 Uhr, So ab 13 Uhr, frei, aber der Zutritt zum *Butterfly Rain Forest* kostet $11; www.flmnh.ufl.edu).

Beide Museen liegen an der Cultural Plaza, www.culturalplaza.ufl.edu, Zufahrt von SW 34th Street, von dort auf Hull Road.

Kanapahah Botanical Gardens	Ein wunderbar angelegter **Botanischer Garten** mit vielen unterschiedlichen Teilbereichen und einem kleinen Arboretum liegt am **Lake Kanapah** westlich der I-75. Auch ein Picknickplatz ist vorhanden. Erreichbar sind die *Botanical Gardens* auf der Straße #24 (SW Archer Road, von der I-75 *Exit* 384). Geöffnet Fr-Mi 9-17 Uhr, Sa-So ggf. länger bis zur Dämmerung. Eintritt $7, Kinder bis 13 Jahre $4; © (352) 372-4981; www.kanapaha.org.
Marjorie Kinnan Rawlings	Ein Ausflugsziel für Literaturbegeisterte ist der *Marjorie Kinnan Rawlings Historic State Park* zwischen Island Grove und Micanopy an der Straße #325, schon fast auf halber Strecke von Gainesville nach Ocala, 18700 S County Road in Cross Creek, www.floridastateparks.org/marjoriekinnanrawlings. Der bekannteste Roman der Schriftstellerin ist *The Yearling* (deutsch: »Frühling des Lebens«). Für ihn erhielt sie den Pulitzerpreis. Sie beschreibt darin eine Kindheit im ländlichen Florida. Das Gelände ist täglich 9-17 Uhr geöffnet, Führungen durchs Haus finden Do-So von Oktober bis Juli um 10, 11, 13, 14, 15 und 16 Uhr statt.
Ocala	Ocala, rund 40 mi südlich von Gainesville, und die Möglichkeit eines Abstechers in den *Ocala National Forest* mit seinen Quellflüssen wurden bereits als Abschluss des Kapitels »Orlando« beschrieben, ➢ Seite 258.

4.1.2   Tallahassee

Geschichte	Tallahassee heißt in der Sprache der *Muskogee*-Indianer »alte Stadt«. Obwohl nur wenige Gebäude älter als 150 Jahre sind, ist der Name durchaus passend, denn der Ort blickt auf eine lange Siedlungsgeschichte zurück. Indianische Grabhügel am Südufer des Lake Jackson nördlich der Innenstadt beweisen, dass sich dort schon um das Jahr 1200 eine indianische Kultstätte befand (3600 Indian Mounds Road, www.floridastateparks.org/lakejackson). Der spanische Entdecker *Hernando de Soto* hat das Gebiet bereits 1539 erforscht und mit seinen Leuten im heutigen *DeSoto Site Historic State Park* (nahe *Downtown*) überwintert. Später errichteten die Spanier etwas westlich der heutigen Innenstadt eine Missionsstation, von der aus Franziskaner-Mönche die Bekehrung der Indianer Nordfloridas betrieben.
Mission San Luis	Auf historischem Boden steht das Museum **Mission San Luis** in der 2100 W Tennessee Street, www.missionsanluis.org. Kloster, Kirche und indianisches Rundhaus wurden rekonstruiert und sind Teil eines noch im Aufbau begriffenen Freilichtmuseums. *Visitor Center* (guter einführender Film) und Gelände sind Di-So 10-16 Uhr geöffnet, Eintritt $5, Kinder $2.
Hauptstadt	Bereits kurz nachdem Florida 1821 von den USA übernommen worden war, einigte sich die verfassungsgebende Versammlung des zukünftigen US-Bundesstaats auf Tallahassee als – noch zu errichtende – Hauptstadt, ➢ Seite 346. Zu der Zeit war Südflorida ein undurchdringliches Sumpfgebiet; Pensacola im Westen und St. Augustine an der Ostküste waren die einzigen Städte.

Tallahassee

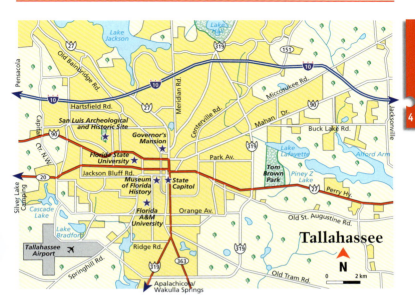

Praktisches

Information

- *Tallahassee Area Visitor Information Center*, 106 E Jefferson Street, ✆ 1-800-628-2866, www.visittallahassee.com, und das – günstiger gelegene – **Visitors Center** im **New State Capitol** (Eingang Duval Street). Beide haben Informationsmaterial/Karten zu Tallahassee und zu Florida insgesamt.

Unterkunft

Im Umfeld der Ausfahrten der Autobahn I-10 ballen sich die Häuser der bekannten Motelketten, speziell an der Monroe Street (Straße #27, *Exit* 199) und der Thomasville Road (Straße #61, *Exit* 203), die beide direkt ins Stadtzentrum führen. Relativ preiswert ab $60 sind u.a.

- *Super 8 Motel*, 2801 N Monroe Street, ✆ (850) 386-8286
- *Howard Johnson*, 2726 N Monroe Street, ✆ (850) 386-5000
- Als edelste Unterkunft der Stadt gilt das *Governor's Inn* mitten im Zentrum (209 South Adams Street, ✆ 1-800-342-7717 oder ✆ (850) 681-6855, www.thegovinn.com, ab $170).

Im *Wakulla Springs State Park*, ca. 15 mi südlich der Hauptstadt, gibt es eine schöne, etwas altmodische *Lodge* in traumhafter Lage unmittelbar am Quellwasserteich; ✆ (850) 926-0700, www.floridastateparks.org/wakullasprings, ab $95.

Camping

- Nur für Campmobile geeignet ist der *Tallahassee RV Park* (ab der I-10 *Exit* 209A, westlich auf der #90, 6504 Mahan Drive, ✆ 850-878-7641, Einheitstarif $43, www.tallahasseervpark.com).

- **Ochlockonee River State Park**, Straße #319, ca. 40 mi südwestlich von Tallahassee und 6 mi von der Küste entfernt bei Sopchoppy, ✆ (850) 962-2771, $18. Sehr schöne Stellplätze im Wald, Flussstrand; www.floridastateparks.org/ochlockoneeriver

Gastronomie

- Südstaatenküche und *BBQ* wird Downtown in **Po' Boys Creole Café** in der 224 E College Avenue und weiteren Filialen serviert, ✆ '850) 224-5400, www.poboys.com
- Für *Seafood* gut ist **Barnacle Bill's Seafood Emporium** (1830 N Monroe Street, www.barnaclebills.com, ✆ 850-385-8734).
- Preisgünstige Thaigerichte hat das **Bahn Thai** südlich *Downtown* (1319 S Monroe Street, ✆ 850-224-4765)
- Das **Uptown Café** (1325 Miccosukee Rd, www.uptowncafeandcatering.com, ✆ 850-219-9800) steht für Salate und Sandwiches

Floridas Old State Capitol, dahinter das Hochhaus des New State Capitol

Stadtbesichtigung

New State Capitol

Das Zentrum der 180.000-Einwohner-Stadt wird in jeder Hinsicht von der **Staatsregierung** dominiert, die für 25.000 Arbeitsplätze Tallahassees verantwortlich zeichnet. Ihren Sitz hat sie im unübersehbaren *Florida (New) State Capitol*, einem eher unattraktiven Hochhaus im Herzen von *Downtown* (401 South Monroe; dort auch ein Besucherzentrum, ➢ Seite 293). Von dessen **Observation Deck** im 22. Stock erkennt man, was für eine grüne Stadt Tallahassee ist. Zugang Mo-Fr 8-17 Uhr, Eintritt frei; www.myfloridacapitol.com.

Old State Capitol

Das nüchterne *New State Capitol* ist erst seit den 1970er-Jahren Regierungssitz. Vorher genossen Gouverneur und Abgeordnete im **Old State Capitol** ein deutlich stilvolleres Ambiente. Der alte Bau von 1845 steht neben dem *New State Capitol* und ist einen Besuch wert (400 South Monroe Street, ✆ 850-487-1902, www.flhistoriccapitol.gov, Mo-Fr 9-16.30 Uhr, Sa ab 10, So ab 12 Uhr).

Tallahassee

Geschichts-museum

Auch ein Besuch des **Museum of Florida History** in der 500 South Bronough Street könnte neben der Besichtigung der *Mission San Luis* (, ➤ Seite 292) und des alten Kapitols zum Tallahassee-Programm gehören (✆ 850-245-6400, www.museumoffloridahistory.com). Neben Ausstellungen zu Indianern, der spanischen Zeit und zum Bürgerkrieg gibt es Präsentationen mit lokalem Bezug. Geöffnet Mo-Fr 9-16.30 Uhr, Sa 10-16.30 Uhr, So 12-16.30 Uhr; frei.

Governor's Mansion

Ganz interessant ist ggf. das *Governor's Mansion* (700 N Adams Street, www.floridagovernorsmansion.com), in dem zur Zeit als 45. Gouverneur der Republikaner *Rick Scott* residiert, www.flgov.com. Das Gebäude steht eingeschränkt zur Besichtigung offen (März bis Mitte Mai: Mo, Mi, Fr 10-12 Uhr).

Südstaaten-villen/ Canopy Roads

Tallahassee ist bekannt für seine schönen Alleen und vielen weißen Villen, die typisch für den tiefen Süden sind. In der nördlichen Calhoun Street und der Park Ave sieht man davon beachtliche Beispiele, so etwa **The Columns** an der Kreuzung Bronough Street/Park Ave. Zu den öffentlich zugänglichen Häusern gehören das **Lewis House** (316 Park Ave, Mo-Fr 10-15 Uhr) und das **Knott House** (301 Park Ave, Mi-Fr 13-16, Sa 10-16 Uhr). *Canopy Roads* sind Straßen, in denen mit *Spanish Moss* dichtbewachsene Bäume kaum Sonnenlicht durchlassen. Auch die finden sich in Tallahassee, ein schönes Beispiel ist die **Centerville Road**.

Wakulla Springs

Kaum eine halbe Autostunde südlich von Tallahassee liegt der **Wakulla Springs State Park** an der Straße #267, ✆ (850) 926-0700, www.floridastateparks.org/wakullasprings. Mit ca. 2 Mio m³, die dort im täglichen Durchschnitt an die Oberfläche treten, sind die *Wakulla Springs* nach den *Silver Springs* bei Ocala die ergiebigsten Quellen Floridas, ➤ Seite 259. Man kann am geschützten kleinen Strand alligatorsicher baden und zu zivilen Tarifen im Park logieren, ➤ Seite 293.

Unbedingt buchen sollte man eine der 40-60-minütigen Bootstouren auf dem kristallklaren Quellfluss *Wakulla River*. Sie führen durch unberührten Florida-Dschungel, ein Paradies für exotische Vögel, Fische und Alligatoren. Nicht ohne Grund war der Park Drehort der ersten Tarzanfilme mit Johnny Weissmuller.

Eintritt $6 pro Fahrzeug. Bootstouren halbstündlich ($8/$5). Im Sommer 9.30-17 Uhr, im Winterhalbjahr bis 14.30 Uhr.

Badeplattform auf dem Pool der Wakulla Springs

Floridas Norden

4.1.3 Von Tallahassee nach Pensacola

I-10 und Straße #90

Auch westlich von Tallahasse verlaufen die I-10 und die Straße #90 nach wie vor parallel zueinader, wobei es im weiteren Verlauf durch Alabama und Mississippi bis New Orleans – und darüberhinaus bis San Antonio in Texas – bleibt. Man kann daher weiter alternativ Autobahn oder Landstraße benutzen.

Zeitzonenwechsel

Etwa 40 mi westlich von Tallahassee überquert man auf beiden Routen den **Apalachicola River**. Der Flusslauf markiert in Nordflorida – außer im Mündungsbereich – den Übergang von *Eastern Time* zur *Central Time*. Je nach Fahrtrichtung ist dort beim Zeitzonenwechsel die Uhr um eine Stunde vor- oder zurückzustellen.

Lake Seminole/ Three Rivers State Park/ East Bank

An der Grenze mit Georgia bildet der aufgestaute Apalachicola River den vielarmigen **Lake Seminole** ein beliebtes Naherholungsgebiet. Die Straße #90 passiert den See in nur kurzer Distanz. Am Seeufer liegt der ***Three Rivers State Park*** (Straße #271 ab Sneads, © 850-482-9006, www.floridastateparks.org/threerivers) dessen Bezeichnung auf die drei Flüsse Chattahoochee, Flint und Apalachicola zurückgeht. Die ersten beiden vereinigten sich dort, wo heute der Stausee ist, zum Apalachicola River. Der Park verfügt über Picknick- und Spielplätze, Bootsanleger und **Campingplatz** (ab I-10 *Exit* 158 nördlich 9 mi, ab $16).

Die Pioniere der *US Army* betreiben in der Nähe, schon in Georgia, den ***Campground »East Bank«***, 153 East Bank Road, ca. 1 mi nördlich Chattahoochee, zunäch Bolivar Street 1,5 mi, dann links; $12-$18, © (229) 662-9273; www.sam.usace.army.mil/Missions/CivilWorks/Recreation/Camping.aspx.

Pensacola 297

Tropfstein- Nördlich der Kleinstadt **Marianna** sind im *Florida Caverns State*
höhle   *Park* Tropfsteinhöhlen zu besichtigen (I-10 *Exit* 136 nach Chattahoochee, von dort nördlich Straße #166). Ein *Visitors Center* informiert über Entstehung und Geschichte der Höhlen und ist für sich schon den Besuch wert. Darüberhinaus kann man dort auch campen und auf dem Chipola River paddeln, Kanuverleih vorhanden. Zufahrt ab Marianna auf der Straße #166, Parkeintritt $5/Auto; Höhlentouren täglich 9-16 Uhr, $8/$4. **Camping** $20; www.floridastateparks.org/floridacaverns, ✆ (850) 482-9598.

Ponce   Unweit *Exit* 96 der I-10 liegt zwischen Straße #90 und Autobahn
de Leon   der ***Ponce de Leon Springs State Park*** (gleichnamige Straße) ein
Springs   weiterer um einen Quellfluss entstandener Park, ✆ (850) 836-4281, www.floridastateparks.org/poncedeleonsprings. Auch dort darf man von 8 Uhr bis Dämmerung im glasklaren Wasser baden, $3/Auto.

Militär-   Westlich von De Funiak Springs passiert die I-10 auf einer Strecke
flugzeug- von fast 60 mi die ***Eglin Air Force Base***, den größten Luftwaffen-
museum   stützpunkt der USA. Über die Straße #85 gelangt man durch das Gebiet der *Air Base* auf dessen Südseite. Dort befindet sich das ***Air Force Armament Museum***, ➤ Seite 340.

Blackwater Nordwestlich von Crestview liegt nördlich von Autobahn und
River Forest Straße #90 der ***Blackwater River State Forest***, ein ausgedehntes Waldgebiet unter Staatsverwaltung. Dessen schönster, südlicher Teil gehört zum ***Blackwater River State Park***, ✆ (850) 983-5363, www.floridastateparks.org/blackwaterriver.

Entlang der Zufahrt zum Park verleihen mehrere Firmen **Kanus und *Tubes*** (➤ Seiten 82 und 290; ***Blackwater Canoe Rental** & **Sales***, 6974 Deaton Bridge Road in Milton, ✆ 1-800-967-6789, www.blackwatercanoe.com).

Der wegen seines Untergrundes dunkle, aber glasklare Fluss bietet fürs *Canoeing* und *Tubing* ein Traumrevier. An seinen teils hellsandigen Ufern darf man zelten. Der S*tate Park* verfügt auch über einen ***Campground*** (ab $12; ✆ 850-983-5363).

4.1.4 Pensacola und Pensacola Beach

Kenn-   Pensacola ist mit 57.000 Einwohnern im Citybereich und ca.
zeichnung   440.000 im Großraum die größte Stadt der Region. Von Key West im äußersten Süden ist sie über 800 mi entfernt.

Dank seiner wechselvollen Geschichte verfügt Pensacola über ein historisch und architektonisch ganz interessantes Zentrum und auf der vorgelagerten Santa Rosa Island (Pensacola Beach) über herrliche schneeweiße Sandstrände.

Geschichte Die ersten spanischen Siedler, die sich 1559 an der Bucht, die sich heute Pensacola Bay nennt, niedergelassen hatten, gaben bereits nach wenigen Jahren auf. Wären sie geblieben, dann könnte Pensacola für sich in Anspruch nehmen, die älteste von Europäern gegründete Stadt in ganz Nordamerika zu sein. Diese Ehre wurde dadurch St. Augustine zuteil.

Erst 1698 gründeten die Spanier erneut eine nun dauerhafte Siedlung. Aber die spanische Flagge wehte nicht lange über der Stadt. Die Kolonialherren wechselten immer wieder, wie unter »Geschichte Floridas« beschrieben, ➤ Seite 468ff. Pensacola konnte auf Perioden spanischer, französischer, britischer und wieder spanischer Herrschaft zurückblicken, als Florida 1821 endgültig an die USA ging. Die Bewohner Pensacolas wurden damals unmittelbare Zeugen dieses Ereignisses, da die offizielle Übergabe der spanischen Kolonie in ihrer Stadt erfolgte. Nur knapp 3 Jahre war Pensacola danach Hauptstadt des neuen amerikanischen Territoriums, bevor Tallahassee zum Regierungssitz bestimmt wurde.

Wichtigste Wirtschaftszweige Pensacolas waren lange Fischerei und Holzindustrie, aber im 20. Jahrhundert wurde die US-Marine der dominierende Faktor der Region.

Praktisches

Information
- ***Pensacola Visitors Information Center***, 1401 E. Gregory Street, ✆ 1-800-874-1234; www.visitpensacola.com

Unterkunft Viele **H/Motels** liegen entlang der #98 und I-10/*Exits* #7-13.

- Unweit des *Historic Pensacola Village* in der Nähe der Bay ist das **New World Inn** ein individuell gestaltetes Hotel mit plüschig-gemütlichen Zimmern: 600 S Palafox Street, ab $129; ✆ (850) 432-4111, www.newworldlanding.com

Geheimtipp ***Cottages*** mit Küche und Terrasse im ***Oak Grove Park*** am Strand der Pensacola Bay auf dem Gelände der Marinebasis, ➤ Karte.

B & B *Bed & Breakfast*-Quartiere finden sich im historischen Zentrum:
- ***Noble Manor***, 110 West Strong Street im North Hill Noble District, ab $95; ✆ 1-877-598-4634, www.noblemanor.com

Wer **Strandnähe** sucht, fährt hinüber nach **Pensacola Beach** auf Santa Rosa Island, ➤ Karte. Dort gibt es Motels, Hotels an der Strandstraße Via de Luna Drive und jede Menge Ferienhäuser, die nicht tageweise, sondern minimal für ein Wochenende vermietet werden. Die Tarife schwanken je nach Saison und Auslastung.

Pensacola Beach Nordstrand am Santa Rosa Sound mit Blick auf Gulf Breeze und Sikes Bridge

Pensacola und Beach

Camping

- **Fort Pickens Campground** der *Gulf Islands National Seashore* am Westende von Santa Rosa Island, ✆ (850) 934-2622, $20; www.nps.gov/guis
- Nur ein paar hundert Meter vom *Museum of Naval Aviation* (➪ Seite 301f) liegt direkt am weißen Strand der Pensacola Bay der **Oak Grove Park** mit Stellplätzen unter Eichen. Eigentlich früher exklusiv eingerichtet für aktive und frühere Angehörige der US-Marine, ist er heute öffentlich. Neben Stellplätzen für RVs (ab $29) und Zelte (nur $8) verfügt er über sehr schöne moderne **Holzhäuser** samt Terrasse mit Strandblick ($100-$120), ✆ (850) 452-2535; www.naspensacola-mwr.com.
- Über einen sehr schönen, wiewohl strand- und wasserfernen *Campground* verfügt auch der **Big Lagoon State Park**: 20 mi südwestlich von Pensacola auf der Straße #292, dann östlich Gulf Beach Highway; www.floridastateparks.org/biglagoon, (850) 492-1595, $20. Wer vom *Museum of Naval Aviation* kommt, fährt weiter westlich bis zur Straße #292A, dann links noch ca. 7 mi; www.reserveamerica.com.

300   **Floridas Norden**

Gastronomie
- Für *Seafood* ist das **Fish House** am Hafen eine prima Wahl; 600 S Barracks Street, ✆ (850) 470-0003, www.goodgrits.com

Das »Nachtleben« von Pensacola spielt sich im Wesentlichen im **Seville Quarter** (130 E Government Street; www.sevillequarter.com) ab – in diesem Komplex ballen sich mehrere Kneipen und Restaurants unter einem Dach, u.a.

- der *Saloon* **Rosie O'Grady's**, oft mit *Live Music*
- die urige Kneipe **Lili Marlene's World War I Aviators Pub**
- das **Palace Café**, in der es außer Austern auch noch andere regionale Spezialitäten und **Wine Tasting** im Gift Shop gibt

- die **End O' the Alley Bar** mit einem hübschen kleinen Innenhof; Cocktails und oft *Live Music*.

Stadtbesichtigung

Seville Square
Die alte Innenstadt von Pensacola liegt unweit der Pensacola Bay südlich der Straße #98 und der Autobahn I-110. Mehrere **historische Straßenzüge** stehen dort unter Denkmalschutz. Manche der Häuser um den **Seville Square** und entlang der **Government Street** erinnern mit schmiedeeisernen Balkonen und Verzierungen an die Architektur des *French Quarter* in New Orleans.

Historic Village
Einige nah beieinander liegende historische Gebäude sind als **Historic Pensacola Village** definiert und können besichtigt werden. Dafür gibt es ein **gemeinsames Ticket**, das man im **Tivoli High House** kaufen kann (205 E Zaragoza Street, geöffnet Di-Sa 10-16 Uhr; ✆ 850-595-5993; www.historicpensacola.org, Eintritt $6, Kinder bis 16 Jahre $3). Dort beginnen auch geführte Rundgänge durch vier der Häuser (90 min, gut nur bei lokalem Interesse).

Museen im Village
Zum *Village* gehören die drei folgenden Museen:
- das **Museum of Commerce** (201 E Zaragoza neben dem *Tivoli High House*), in dem u.a. historische Transportmittel, ein alter Laden, eine ganze Häuserzeile aus der Zeit um die vorletzte Jahrhundertwende und eine alte Druckerei gezeigt werden.

Nostalgisches Feuerwehrauto, dauerhaft geparkt vor diesem Haus aus der französischen Periode mit typischen Arkadengittern à la New Orleans im Historic Village

Vorm Museum of Naval Aviation bei Pensacola

- das **Pensacola Children's Museum**, 115 E Zarragossa Street, Eintritt $3, Di-Sa 10-16 Uhr, www.historicpensacola.org/events.cfm. Dort wird Geschichte für Kinder mit einem kleine Fort und einem Indianerdorf erlebbar gemacht.
- das **T.T. Wentworth Museum**, 330 South Jefferson Street, mit Exponaten zur Geschichte der Region, u.a. Kunsthandwerk aus der Kolonialzeit. Di-Sa 10-16 Uhr, frei.

Kunstmuseum Schräg gegenüber steht das **Pensacola Museum of Art** (407 South Jefferson Street) mit wechselnden Ausstellungen, Di-Fr 10-17, Sa 12-17 Uhr, $5/$2; www.pensacolamuseumofart.org.

Beurteilung Einzelne Anlaufpunkte im alten Zentrum der Stadt und manche Präsentationen in den Museen sind durchaus sehenswert und aufschlussreich, aber alles in allem muss man in Pensacola – speziell bei knapper Zeit – nicht unbedingt alles gesehen haben.

Wer sich für Flugzeuge interessiert, darf die größte Sehenswürdigkeit Pensacolas auf keinen Fall auslassen und sollte für die ausführliche Besichtigung mindestens 3 Stunden einplanen:

200 Militärflugzeuge Das grandiose **National Museum of Naval Aviation**, mit jährlich über 1 Mio Besuchern eines der meistbesuchten Museen Floridas, liegt ca. **10 mi südwestlich** des Zentrums auf dem riesigen Gelände der *Pensacola Naval Air Station*, einem der wichtigsten Basen der US-Marineflieger. 2013 feiert es **50. »Geburtstag«**.

Die **Zufahrt** ab *Downtown* erfolgt über den Straßenzug Main Street/Barrancas Avenue (Straße #292), dann auf dem Navy Blvd (Straße #295)/Duncan Road über den Bayou Grande auf die Militärbasis. Am Schlagbaum an der Einfahrt muss man nur das Ziel nennen und seinen Pass zeigen. Die Weiterfahrt zum Museum ist ausgeschildert, geöffnet Mo-Fr 9-17 Uhr, Sa+So 10-17 Uhr. **Der Eintritt ist frei**. Kostenpflichtig sind Flugsimulatoren ($15) und das IMAX-Kino ($8); www.navalaviationmuseum.org.

Floridas Norden

Austellungs- halle und Open-Air- Bereich

Im *Open-Air*-Bereich und Museumsgebäude stehen und hängen bestens erhaltene Militärflugzeuge aller Generationen, teilweise integriert in Kriegsschauplätze (z.B. Hangar eines Flugzeugträgers, Marinefliegerbasis im Pazifik).

Unbedingt einen Blick sollte man in das **Cubi Bar Café** werfen, Teil des Museums und zugleich sein Restaurant. Es wurde einem legen-dären *Officers Club* der 1950er-Jahre auf den Philippinen nachempfunden und ist sehenswert.

Pendelbusse – **Flight Line Trolley Tours** – umrunden in 20 min (ohne Ausstiegsmöglichkeit) den Instandsetzungshangar auf dem Rollfeld mit 50 ausgestellten Flugzeugen (frei, Anmeldung im Foyer).

Das Museum of Naval Aviation ist vollgestopft mit Kampfflug-zeugen aller Generationen An die 50 weitere (größere) Maschinen stehen im Außengelände

Blue Angels

Pensacola ist die Heimatbasis der bekannten **Kunstflugstaffel Blue Angels**, deren *Airshows* 2013 aus Budgetgründen abgesagt wurden. Ihre halsbrecherischen Manöver lassen sich jetzt nur noch im IMAX-Kino bewundern, die blaugelben F-18 *Hornets* der Formation im Museum; www.blueangels.navy.mil.

Fort Barrancas

Wenige hundert Meter entfernt vom Museum steht das **Fort Bar-rancas** (täglich 9.30-16.45 Uhr; www.nps.gov/guis, freier Zutritt), eine mächtige Backsteinanlage, die einst zusammen mit dem *Fort Pickens* (➤ nächste Seite) auf Santa Rosa Island die Einfahrt in die Pensacola Bay sperrte.

Das Kontrast-programm zur High Tech der modernen Kriegsführung liefert das alte Fort Barrancas inkl. tollem Blick über die Pensacola Bay

Pensacola Beach

Weiße Strände
Historisches Zentrum hin, Flugzeugmuseum her – das beste an Pensacola sind die Strände auf den vorgelagerten Inseln, die man über die *Pensacola Bay Bridge* und die *Bob Sikes Bridge* erreicht (Pensacola Beach Blvd). Der Sand ist dort blendend weiß, das Wasser kristallklar und von türkiser Färbung.

Ort
Pensacola Beach hat einen kleinen Zentralbereich mit Shops, Restaurants, Bike- und Mopedverleihern. Darüber hinaus besteht der weitläufige Ort fast nur aus zahllosen Sommerhäusern zwischen Stränden und Durchgangsstraße #399. Einige Apartmentblocks, **Hotels und Motels** stehen in der ersten Linie gleich hinter dem Strand. Info im **Visitors Information Center**, 735 Pensacola Beach Blvd, ✆ 1-800-635-4803, www.visitpensacolabeach.com.

Gulf Islands National Seashore
Große Teile der langgestreckten schmalen **Santa Rosa Island** gehören jedoch zur ***Gulf Islands National Seashore***, in der es keine private Bebauung gibt. Zu diesem Nationalpark zählen neben Santa Rosa die weiter westliche Insel Perdido Key, ein Sumpfgebiet und einige Inseln vor der Küste von Mississippi.

Eine **Parkinfo** für den Florida-Teil der Nationalküste befindet sich bei Gulf Breeze (Landzunge zwischen den beiden Brücken) in der ***Naval Live Oaks Area*** an der Straße #98; www.nps.gov/guis.

Fort Pickens
Von Pensacola Beach sind es fast 10 mi durch den Nationalpark bis zum ***Fort Pickens*** am Westende von Santa Rosa (täglich 9-17 Uhr; Zutritt in die *National Seashore* $8/Auto). Das fünfeckige Backsteinfort entstand – wie auch das links erwähnte *Fort Barrancas* auf der gegenüberliegenden Seite – in der ersten Hälfte des 19. Jahrhunderts und schützte die Einfahrt in die Pensacola Bay. Während des ganzen Bürgerkriegs wurde *Fort Pickens* von der Union gehalten, während *Fort Barrancas* in der Anfangsphase des Krieges zunächst von der Südstaatenarmee besetzt worden war.

In den 1880er-Jahren diente *Fort Pickens* als **Gefängnis** für den **Apachenhäuptling *Geronimo*** und 15 seiner Krieger.

Strandzugänge
Die gesamte Inselküste besteht aus Strand und Dünen. In den Abschnitten der Nationalküste gibt es regelmäßig Strandzugänge bei kompletter Abwesenheit kommerzieller Infrastruktur.

Am Strand von Pensacola Beach auf Santa Rosa Island

4.2 Abstecher nach New Orleans

4.2.1 Lohnenswert?

Lohnt sich ein Abstecher nach New Orleans? Für viele Ziele muss man in Abhängigkeit von Interessen und Präferenzen sagen: » Es kommt darauf, je nach dem …«. Im Fall New Orleans gilt für fast jeden Geschmack: ja, wenn der Zeitrahmen nicht zu eng wird. Die möglichen Zwischenstopps am Wege und vor allem das Ziel selbst bieten eine Menge, was in Florida nicht zu finden ist.

Routen und Zeitbedarf

Von Pensacola sind es auf der *Interstate* #10 noch knapp 200 mi bis New Orleans. Mit einer Unterbrechung am **Schlachtschiff** »*Alabama*« am Ufer der Mobile Bay (⇨ Seite 306), vielleicht noch kurz im alten Zentrum von Mobile und mit einem kleinen Umweg über die Mississippi-Küste werden daraus leicht 250 mi und eine lange Ganztagsunternehmung. Zwei bis drei Tage kann dabei ohne weiteres »verbrauchen«, wer statt der I-10 zunächst die Route über Alabamas Küste wählt, an Mississippis Stränden pausiert oder sich auch zum Besuch der **Spielkasinos in Biloxi** und **Gulfport** animieren lässt.

Aufenthalt in New Orleans

Ein Aufenthalt in New Orleans unter zwei Tagen und mindestens einem Abend ist definitiv zu kurz, ein bisschen mehr wäre besser. Das vorausgeschickt ergibt sich ein absolutes Zeitminimum für einen Abstecher nach New Orleans von drei Tagen (ab Pensacola retour). Entspannter wären vier Tage, wenn zumindest eine Strecke nicht voll auf der Autobahn »abgerissen« werden soll.

Hard Rock Café & Casino in Biloxi und rechts gleich das nächste Spielkasino (Beau Rivage)

Karte Seite 304 **Durch Alabama und Mississippi**

4.2.2 Küstenroute in Alabama

Alabamas Küste

Die Strandqualität des *Florida Panhandle* setzt sich fort bis Alabama. Wen das lockt: Über die Insel **Perdido Key** kann man ohne Umwegmeilen weiter der Küste folgen, hier und dort eine Strandpause einlegen und vom **Fort Morgan** nach **Fort Gaines** auf Dauphin Island die Fähre nehmen. Dauphin Island ist über einen **sog. Causeway** mit dem Festland verbunden; über ihn gelangt man auf die Straße #188 und auf ihr auf die I-10 zurück bzw. auf die Straße #90 Richtung Mississippiküste und New Orleans.

Straße #182

Die hinter den Küstendünen und Strand verlaufende #182 ist vor allem zwischen den Bereichen **Gulf Shores** und **Orange Beach** abschnittsweise dicht mit Hotels & Motels, Apartmentkomplexen, Ferienhäusern und der dazugehörigen **Infrastruktur** besetzt.

Information

Gulf Shores Welcome Center, 3150 Gulf Shores Parkway (Straße #59), ✆ 1-800-745-7263; www.gulfshores.com.

Camping

Ein Riesengelände bei Gulf Shores rund um die verbundenen *Shelby Lakes* belegt der **Gulf State Park** mit allen Schikanen, Sportmöglichkeiten inkl. Golfplatz und meilenlanger weißer Strände. Die neueste Errungenschaft dort sind miteinander verbundene Seilbahnen (*Ziplines*). Die Stellplätze des *Campground* liegen landeinwärts am See, ebenso *Cottages & Cabins*; Camping $31-$41, Cabins ab $96; ✆ 1-800-252-7275, www.alapark.com/gulfstate.

Bon Secour Refuge

Westlich von Gulf Shores finden Naturfreunde oberhalb des Gator Lake die **Bon Secour National Wildlife Refuge**; www.fws.gov/bonsecour. Dorthin geht's auf der Pine Beach Road, die zwischen Gulf Shores und *Fort Morgan* von der Straße #180 abzweigt.

Traumstrand am West Beach Blvd

Die Straße läuft zwar noch weiter in Richtung Küste, hat aber keine Verbindung mit der Strandstraße West Beach Blvd (#182), die 6 mi westlich von Gulf Shores quasi im Sand endet.

Fort Morgan

Das **Fort Morgan** ganz am Ende der gleichnamigen Straße (#180) ist eine weitere Backsteinfestung ähnlich den oben beschriebenen *Forts Pickens* und *Barrancas* bei Pensacola. Es beherrschte einst die Einfahrt in die Mobile Bay und diente im Bürgerkrieg der Sicherung des Nachschubs für die Südstaaten. Heute ist der Bau aus dem Jahr 1834 ein **National Historic Landmark**, 9-17 Uhr, Eintritt $7, bis 12 Jahre $4; www.fortmorgan.org.

Fähre

Der Anleger für die **Mobile Bay Ferry** nach Dauphin Island befindet sich in direkter Nachbarschaft zum *Fort Morgan*; Abfahrten 8x täglich 8.45-19.15 Uhr, **keine Reservierung**, Fahrtzeit ca. 30 min, Info unter ✆ (251) 861-3000 und www.mobilebayferry.com. Pkw mit Fahrer $16; Motorhome $35; zusätzliche Personen $5. An Wochenenden und generell im Sommer ergeben sich schon mal Wartezeiten, die sich zur Besichtigung des Forts nutzen lassen.

Dauphin Island

Auf **Dauphin Island** setzen sich die hellen **Strände** fort, wenngleich nicht mehr mit ganz der gleichen Brillanz wie weiter östlich, da hier schon die beginnende Sumpfküste des Festlands die Wasserqualität beeinflusst.

306 **Floridas Norden**

Neben einer Handvoll Motels und Ferienhäuser, gibt es zwei **Campingplätze**, einer unweit des Fähranlegers (*Mobile Bay Lighthouse Luxury RV Resort*, 15440 Dauphin Island Parkway, ✆ 251-873-5001, www.mobilebaylighthouservresort.com), der andere im Grünen und ruhiger unter hohen Pinien zwischen Strand und Mississippi Sound (***Dauphin Island Campground***, 109 Bienville Blvd, ✆ 251-861-2742; www.dauphinisland.org/camp.htm).

Fort Gaines

Auch auf dieser Seite der Einfahrt in die Bucht steht eine Befestigungsanlage ähnlich *Fort Morgan*. **Fort Gaines**, 51 Bienville Boulevard, wurde ebenso wie sein Gegenüber 1864 von der Union eingenommen und bis zum 2. Weltkrieg militärisch genutzt, täglich 9-17 Uhr, $4; www.dauphinisland.org/fort.htm.

Bellingrath Gardens

Zurück **auf dem Festland** könnten Gartenfreunde einen Abstecher (ab der #188 auf #59 in Richtung Theodore) zu den **Bellingrath Gardens and Home** erwägen, einen attraktiven, für seine immer blühenden Blumenmeere bekannten Park rund ums Haus des einstigen Industriellen *Bellingrath*. Park geöffnet täglich 8-17 Uhr, das museale *Mansion* 9-16 Uhr; Eintritt nur in die Gärten $12, bis 12 Jahre $7 (mehr muss hier nicht sein); Kombiticket mit Haus $20/$12, ✆ 1-800-247-8420; www.bellingrath.org.

4.2.3 Auf der I-10 durch Alabama

Zur Route

Auf der Küstenroute lässt man den **Battleship Memorial Park** südöstlich von **Mobile** »links« liegen. Wer den besichtigen möchte, fährt am besten ab Gulf Shores auf der #59 wieder nach Norden zur I-10. Er liegt bei einer ggf. geplanten Rückfahrt auf der *Interstate* aber ohnehin am Wege. Von Pensacola direkt nach Mobile sind es nur 55 Autobahnmeilen, also eine Stunde Fahrt.

Battleship Park

Das riesige **Weltkrieg-II-Schlachtschiff** *Alabama* (Straße #90 ca. 2 mi östlich von Mobile, auch *Exit 27* von der I-10) ist Hauptattraktion des Waffenparks mit einem ausrangierten U-Boot, B-

USS Alabama bei Mobile mit Waffenpark an Land

52-Bomber, A-2-*Blackbird* und weiterem Fluggerät, Panzerfahrzeugen und Geschützen. Das waffenstarrende Ungetüm darf von der Kommandobrücke bis zum Maschinenraum auf eigene Faust erkundet werden, ebenso das U-Boot. Täglich April-September 8-18 Uhr, sonst bis 16 Uhr; Eintritt $12; bis 11 Jahre $6; Parken $2; www.ussalabama.com.

Mittelalterliche Armierung des Fort Condé und Hochhäuser des 20. Jahrhunderts aus Stahl und Glas stehen in Mobile nah beieinander

Mobile Wer nicht nach Mobile hineinfährt, versäumt nicht so ganz viel. Die 200.000-Einwohner-Stadt wirbt zwar gerne mit ihren *Historical Districts* und einem schönen Bestand an *Antebellum Mansions*, aber gesehen haben »muss« man das als Tourist auf dem Weg nach New Orleans nicht, denn dort sind *French Quarter* und die Villen der *Garden City* noch um einiges eindrucksvoller.

Information Einige *Highlights* in den historischen Straßen der Stadt und die *Old Town Houses* samt dem *Fort Condé* gleich daneben rechtfertigen aber durchaus einen Zwischenstopp. Im Fort residiert u.a. die **Visitor Information**; ✆ 1-800-566-2453, www.mobile.org.

Unterkunft Da Mobile Kreuzungspunkt der I-65 mit der I-10 und Kongressstadt mit einem – architektonisch beachtlichen – **Convention Center** am Mobile River ist (Water Street), gibt es **hohe Unterkunftskapazitäten**. Wenn nicht gerade ein Kongress stattfindet, sind daher Zimmer reichlich und preiswert vorhanden.

Motels und Hotels ballen sich vor allem an Ausfahrten der I-10 westlich von Mobile (*Exit* 15B) und der Stadtumgehung I-65 (*Exit* #3, Airport Blvd) und ebenso entlang der Government Street (Straße #90, *Exit* 1 von der I-65). Dank der vielen alten Villen verfügt Mobile zudem über eine ganze Reihe von **B&B Places**.

Das **Welcome Center im Fort Condé** hat eine Liste aller Quartiere.

Camping Der stadtnächste Campingplatz ist der **I-10 Kampground**. Er liegt schattig im Wald ca. 8 mi westlich von Mobile entfernt (unweit südlich der I-10, *Exit* 13); ✆ 1-800-272-1263; ab $24.

308   Floridas Norden

Orientierung   Die I-10 quert den Mobile River per Tunnel und berührt die Innenstadt in ihrer südöstlichsten Ecke. Wer die Autobahn an der Ausfahrt #26B (Water Street) verlässt, gelangt fast automatisch zum *Fort Condé* mit der *Visitor Information* (➢ oben, 150 South Royal/Church Street, 9-17 Uhr, Parkplatz, ✆ 251-208-2000). Das Fort ist ein guter Ausgangspunkt für Stadtbesichtigungen.

Museum of Mobile   Unweit nördlich des Forts steht in der 111 South Royal Street das *Museum of Mobile* (Mo-Sa 9-17, So 13-17 Uhr, $5, www.museumofmobile.com). Dort erfährt man alle Details zum früheren Leben in und zur Geschichte von Mobile.

Downtown   **Dauphin Street** und **Church Street** markieren zwischen Water Street und Washington Ave den zentralen Bereich von Mobile mit einigen Hochhäusern in Flussnähe und einer Reihe von nostalgischen Gebäuden im westlichen Teil von *Downtown*. Eine ansehnliche katholische *Kathedrale* (*of the Immaculate Conception*) steht an der Ecke Dauphin/Claiborne Street.

Historisches Viertel   Sehenswerter ist der *Oakleigh Garden Historical District* im Dreieck zwischen Broad, Texas und Palmetto Streets rund um den Washington Square noch ein paar Blocks weiter westlich.

4.2.4   Die Mississippi-Küste

Mississippi   Die Golfküste des Staates Mississippi ist nicht mit natürlichen Stränden gesegnet. Versumpfte Uferbereiche erstreckten sich vom westlichen Alabama über Hunderte von Meilen bis nach Texas. Die ununterbrochenen **Sandstrände** zwischen **Biloxi** und **Bay St. Louis** lassen das nicht vermuten, aber sie wurden tatsächlich – und nach *Katrina* (➢ Seite 312) breiter denn je – **aufgespült**, die Sümpfe dort weitgehend trockengelegt.

Strände Gulf Islands/ Fähre   **Echte Sandstrände und Dünen** gibt es indessen auf den vorgelagerten Inseln der *Gulf Islands National Seashore*. Von Gulfport verkehrt eine Fähre nach **Ship Island**. Die anderen Inseln sind nur mit privaten Booten erreichbar. Anleger für die Überfahrt Gulfport-Ship Island südlich der Einmündung Straße #49 in die #90 (23rd Ave). Frühjahr und Herbst Fahrten Mi-Fr 9 Uhr, Sa 9+12 Uhr, So 12 Uhr; Mitte Mai-Anfang September täglich 9 und 12 Uhr, Überfahrt ca. 60 min; zurück geht's um 14.30 Uhr oder um 17 Uhr. Retourticket $27, Kinder $17. Weitere Infos unter ✆ 1-866-466-7386, www.msshipisland.com.

Kasinos   Nachdem der Staat Mississippi Anfang der 1990er-Jahre zunächst nur den Betrieb schwimmender Kasinos erlaubt hatte, dauerte es nicht lange, bis auf dem Mississippi River und an der Golfküste in Biloxi, Gulfport und Bay St. Louis Kasinoschiffe festmachten. Später wurde das Privileg auch auf die Küste ausgedehnt (bis maximal 250 m landeinwärts) und so entstanden **Kasinokomplexe** vor allem bei und in Biloxi. Nach teilweiser Zerstörung durch *Hurricane Katrina* wurden sie nicht nur rasch, sondern teilweise bombastischer als vorher neu errichtet. Heute gibt es dort insgesamt zwölf Kasinokomplexe. Sie sind unverfehlbar.

**Küsten-
straße #90**

Auch wer sich nicht für Spielkasinos interessiert und sich ein paar zusätzliche Stunden Zeit lassen kann, sollte die Küstenstraße #90 der I-10 vorziehen. Eine Fahrt unmittelbar entlang der weißen Strände und der nach *Katrina* großenteils neu entstandenen und weiter im Ausbau befindlichen Infrastruktur ist erfreulicher als auf der Interstate #10 durchs reizlose Hinterland. Wer an Mississippis Küste übernachten möchte, findet en route viele neue und renovierte **Motels**/**Hotels** zu moderaten Tarifen.

**Davis Bayou
der Gulf
Islands NSS**

Östlich von **Ocean Springs** passiert man im Ortsteil Fontainebleau die Einfahrt zum **Davis Bayou** der **Gulf Islands National Seashore** (**Achtung**: schlecht ausgeschildert; man fährt auf der vierspurigen #90 leicht an der Abzweigung vorbei), einem Mangrovensumpfgebiet mit **Visitor Center** (3500 Park Road, ✆ (228) 875-9057, www.nps.gov/guis), *Nature*- und *Canoe-Trails*, das vor der Trockenlegung bewahrt wurde und naturbelassen blieb. Auch ein schöner Picknickplatz und **Campground** (mit RV-*Hook-ups*) sind vorhanden – *first-come-first-served*; $16.

**Ocean
Springs**

In **Ocean Springs** (östlich der Brücke über die Biloxi Bay) empfiehlt sich ein kleiner Umweg an eine wunderschöne Küste mit Uferparks und Badestellen (Front Beach Drive, am besten anzufahren über die Washington Ave). Dort und in den meisten Straßen von Ocean Springs wartet typisches Südstaatenflair: weiße Villen, viel Grün, Eichen und *Spanish Moss*.

**Kunst-
museum
in Biloxi**

Außer Kasinos gibt's in Biloxi auch ein beachtliches Kunstmuseum in einem ebensolchen Komplex, dessen Gebäude von **Frank Gehry** entworfen wurden: **Ohr-O'Keefe Museum of Art**, 386 Beach Blvd, Di-Sa 10-17 Uhr, Eintritt $10, bis 17 Jahre $5. Es ist benannt nach *George Ohr* (1857-1918), einem lokalen Keramiker mit deutschen Eltern, und *Jerry O'Keefe*, einem früheren Bürgermeister der Stadt, der dem Museum die Privatsammlung seiner Familie zur Verfügung stellte. Ein Stopp (gleich am Anfang des Strandes, Ecke Kuhn Street) lohnt allein schon wegen der Architektur des Gebäude-Ensembles; ✆ (228) 374-5547, www.georgeohr.org.

**Von Biloxi
nach Bay St.
Louis**

Der Strand beginnt eine halbe Meile westlich der *Biloxi Bay Bridge* und endet erst nach ca. 30 mi jenseits der Brücke über die Saint Louis Bay. Die in diesem Bereich komplett neu angelegte #90 mit vielen Parkplätzen auf der Seeseite verläuft unmittelbar dahinter. Die Infrastruktur, Yacht- und Fischerhäfen sind weitgehend neu.

**Information
Mississippi
Gulf Coast**

Ein Visitor Center für die ganze **Mississippi Gulf Coast** logiert einige Meilen westlich von Biloxi am 2350 Beach Blvd (im neuen *Convention Center*), ✆ 1-888-467-4853; www.gulfcoast.org.

*Westliches Ende des nach dem Wirbelsturm »Katrina« frisch
aufgespülten meilenlangen Mississippi-Strandes bei Bay St. Louis.
Auch die zwischenzeitlichen Spuren des BP-Oil Spill 2010 sind beseitigt.*

310   Abstecher nach New Orleans

4.2.5   New Orleans

Anfahrt
von Osten

Ab Mobile sind es bis New Orleans auf der I-10 knapp 150 mi, bei Wahl der #90 entlang der Mississippi-Küste noch ein bisschen mehr. Die Einfahrt von Osten ist gekennzeichnet durch spektakuläre Brückenkonstruktionen über zahlreiche *Bayous* und Kanäle. Ebenfalls beeindruckend ist die Fahrt nach New Orleans über den **Lake Pontchartrain Causeway**, eine 24 mi lange Trasse ab Mandeville, die man ab der I-10/Slidell und weitere 20 mi auf der I-12 in Richtung Westen erreicht. Wer so auf New Orleans zufährt, könnte meinen, sich einer Insel zu nähern, die nur durch diese schmale Brücke mit dem Festland verbunden ist.

Wissenswertes

Lage

New Orleans liegt tatsächlich inselartig zwischen **Mississippi** und **Lake Pontchartrain**, einem großen, vom Meer gespeisten Binnensee. Der alte Stadtkern befindet sich in einer weiten sichelförmigen Biegung des Flusses und ist auf einstigem Sumpfgelände errichtet, das großenteils unter den Hochwassermarken von Fluss und See liegt. Entwässerungskanäle und laufend betriebene Pumpanlagen sorgen dort für trockenes Gelände.

Klima

Das Klima in diesem Bereich ist fast **subtropisch** mit Temperaturen von ca. 20°C (max. 26°C, min. 15°C) im Jahresmittel. Die Sommerdurchschnittstemperaturen (Juni-August) betragen 27°C, im Winter liegt der Durchschnitt bei beachtlichen 12°C, in den Frühjahrs- und Herbstmonaten sind es angenehme 21°C. Man beachte, dass es sich hier um 24-Stunden-Durchschnitte handelt.

Regen

Weniger angenehm sind eine meist sehr hohe **Luftfeuchtigkeit** und starke **Regenfälle**: rund 1600 mm Niederschlag pro Jahr machen New Orleans zu einer der regenreichsten Großstädte der USA. Gewitter mit sintflutartigen Güssen kommen vor allem im Juli und August vor, wenn fast jeder zweite Tag Regen mit sich bringt.

Reisezeiten

Für Besucher ist folgendes wichtig zu wissen: **Tagestemperaturen** oft deutlich **über 30°C** sorgen in Verbindung mit Schwüle **von Mai bis einschließlich September** für ein Klima, das ohne *Air Conditioning* nur schwer zu ertragen wäre. Nachts sinken die Temperaturen in dieser Zeit nicht unter 20°C und bleiben oft deutlich darüber. Die **Winter** sind mild mit einer – nach unseren Maßstäben – frühlingshaften bis frühsommerlichen Witterung. Doch Kälteeinbrüche mit Nachtfrösten kommen auch vor. **Beste Besuchszeit** sind **März/April** und **Oktober/November**.

Historisches

1718 von Franzosen gegründet wurde die Stadt 1762 Teil des spanischen Kolonialreiches und fiel 1800 offiziell wieder an Frankreich, bevor sie 1803 im Rahmen des *Louisiana Purchase* von den Vereinigten Staaten gekauft wurde. Die Kreolen, Nachkommen der ersten Siedler aus Spanien und Frankreich, bildeten aber noch lange die gesellschaftliche Elite der Stadt. Erst mit dem vermehrten Zuzug von Amerikanern löste das Englische Französisch als vorherrschende Sprache ab. Dennoch haben sich bis heute zahlreiche französische Begriffe erhalten, wenn auch oft mit verballhornter englischer Aussprache.

New Orleans entwickelte sich bald nach Übernahme durch die USA zum Verkehrsknotenpunkt – mit dem Mississippi als Schlagader – und zur drittgrößten Stadt der USA und wurde 1812 (bis 1849) Hauptstadt von Louisiana. Mit dem **Bürgerkrieg** brachen dann schwere Jahre an: Da Louisiana zur Konföderation gehörte, besetzten Unionstruppen 1862 schon bald nach Kriegsbeginn die Stadt und sicherten damit für die Kanonenboote der Union den Zugang zum Mississippi.

Wirtschaft

Nach dem Krieg ließ die wirtschaftliche Erholung lange auf sich warten. Erst nach Entdeckung von Ölquellen 1901 ging es mit der Region wieder aufwärts. Industrie siedelte sich an, und New Orleans wurde dank der Ausbaggerung eines Tiefwasserkanals im Hauptstrom des Mississippideltas zu einer der wichtigsten Hafen- und Industriestädte der USA. Der ***Port of South Louisiana*** (www.portsl.com) ist heute der größte Hafen der USA. Er erstreckt sich über fast 90 km flussaufwärts. Innerhalb der Stadtgrenzen ist der ***Port of New Orleans*** Teil dieses wichtigen Hafenkonglomerats.

Bevölkerung

Im **Großraum New Orleans** leben heute etwa 1,2 Mio Menschen, in der City etwa 370.000. Rund 60% der Bevölkerung sind Afro-Amerikaner. Die Kreolen (▸ links unten) sind bis heute ein wesentlicher Faktor: sie zählen zu den rund 30% »Weißen« der Stadt.

Fazit

Die spanischen und französischen – aber auch afrikanischen und karibischen – Einflüsse machen New Orleans zur exotischsten Großstadt der USA mit sehr eigenem Rhythmus und Charakter.

Jeanne d'Arc in Gold und die Trikolore symbolisieren am Rande der Altstadt die Verbundenheit mit der Schwesterstadt Orleans

Hurrikan »Katrina« und die Folgen

Der Hurrikan *Katrina* sorgte am 29. August 2005 in New Orleans und den Küstenregionen des Staates Mississippi mit einer Schadenssumme von $108 Mrd für die schwersten Schäden durch eine Naturkatastrophe in den USA seit dem großen Erdbeben in San Francisco im Jahr 1906. Dabei richteten nicht so sehr die direkten Wirkungen des Sturms den größten Schaden an, sondern die nachfolgenden Flutwellen. Die durch keinerlei Deiche geschützten Küstenstriche Louisianas nordöstlich von New Orleans und Mississippis wurden kurzzeitig von einer Riesenwelle überrollt. Insgesamt waren 1.200 Todesopfer zu beklagen.

Der mit dem Golf von Mexico verbundene Binnensee Lake Pontchartrain (maximale Breite ca. 36 km, Länge ca. 60 km), unter dem sich im wahrsten Sinne des Wortes ein Großteil von New Orleans erstreckt, trat über seine ebenfalls ungeschützten Nordufer und setzte die dort liegenden Orte unter Wasser, zog sich aber im Gegensatz zum offenen Meer nicht wieder binnen kurzem zurück. Gleichzeitig drückte er auf und über die New Orleans schützenden Deiche des Südufers und auf die dünnen Schutzmauern entlang breiter die Stadt durchziehender Entwässerungskanäle und eines Verbindungskanals mit dem Mississippi. An mehreren Stellen kam es zu Deich- bzw. Mauerbrüchen. Alle unter dem Pegel des Sees liegenden Stadtteile liefen voll Wasser. 160.000 Häuser wurden zerstört oder irreparabel ruiniert.

Rund 300.000 Menschen verließen zumindest vorübergehend die Stadt. Im eigentlichen Stadtgebiet leben bis heute deutlich weniger Menschen als vor der *Katrina*-Katastrophe, während die Bevölkerung im Großraum New Orleans in etwa so viele Köpfe zählt wie früher. Auch die von Touristen meistbesuchten Viertel, etwa das French Quarter, verzeichnen weitgehend wieder die »alten« Einwohnerzahlen, nur die einstigen Bewohner von Problemvierteln kehrten zögernd oder gar nicht zurück. Von den stärksten Abwanderungsverlusten betroffen ist der fast nur von Afro-Amerikanern bewohnte Stadtteil Lower 9th Ward. Mehr Informationen dazu findet man unter www.gnocdc.org und www.9thwardnena.org.

Autobahnen und alle großen Zufahrtstraßen sind samt Brücken lange wieder intakt. Die Deiche, Wehre und Pumpstationen, so heißt es, seien heute in einem besseren Zustand als 2005. Und es wird weiter gebaut und verstärkt. Kritische Stimmen behaupten indessen, die Situation sei weit weniger positiv als offiziell dargestellt, ein neuer Sturm der *Katrina*-Kategorie würde New Orleans ein weiteres Mal unter Wasser setzen. Kritik gibt es auch wegen des immer noch desolaten Zustands einiger Areale der seinerzeit überfluteten Gebiete.

Im Jahr vor dem Hurrikan registrierte New Orleans mit 10,1 Mio die bis dato höchste Besucherzahl. Im Jahr nach *Katrina* 2006 kamen nur noch 3,7 Mio. Dank der von BP nach dem sog. *Oil Spill* im Golf von Mexico 2010 als Entschädigung überwiesenen Summen konnte New Orleans immense Marketingkampagnen mit durchschlagendem Erfolg finanzieren: Bereits 2011 verzeichnete man 8,75 Mio Touristen und 2012 knapp über 9 Mio.

Die üblichen Holzhäuser hatten Sturm und Wasser nichts entgegenzusetzen

Praktisches

Information
New Orleans Convention & Visitors Bureau, 2020 St. Charles Avenue und 529 St. Anne, © 1-800-672-6124; ww.neworleanscvb. com; *Jean Lafitte's French Quarter Visitor Center*, mit einer sehenswerten Ausstellung zur Stadtgeschichte, 419 Decatur Street.

Airport
Der Flughafen liegt nur 14 mi nordwestlich von *Downtown* im Vorort Kenner: *Louis Armstrong Int'l Airport*, 900 Airline Drive, © (504) 303-7500; www.flymsy.com,

Transport
Jefferson Transit Bus E2 verkehrt zwischen *Downtown* und *Airport* ca. 5-21 Uhr, Sa-So ab 6 Uhr, alle 30-40 min, Ticket $2.

Der *Airport Shuttle* zu Hotels in *Downtown* verkehrt alle 30 min und kostet $20 one-way, retour $38, © 1-866-596-2699; www.air portshuttleneworleans.com.

Orientierung

Anfahrt
Die *Interstate #10* läuft durch die ganze Stadt und besitzt mehrere **Ausfahrten in Zentrumsnähe**. Sie bildet westlich des *Louisiana Superdome* (➤ Seite 324) ein Autobahndreieck mit der ab dort als *Freeway* ausgebauten *#90 Business*. Diese überquert auf imposanten Hochbrücken den Mississippi (**Brückenmaut**, zahlbar nur bei West-Ost-Fahrt) südlich des *French Quarter* und wird auf dem Westufer zum *West Bank Expressway*.

Bezirke
Downtown umfasst den *Central Business District* (Kürzel: *CBD*) und das angrenzende *French Quarter*. *Uptown* oder *Upriver* nennt man Stadtteile weiter stromaufwärts, was heißt: westlich des *CBD*. Dazu gehören u.a. der *Garden District*, das **Universitätsviertel**, der *Audubon Park* und **Carrollton**.

Den großen Bereich zwischen Carrollton Ave, Esplanade Ave und Mississippi nennt man auch **Riverside** im Gegensatz zu **Lakeside**, das sich nördlich der I-10/I-610 erstreckt.

Parken
Es ist so gut wie unmöglich, im zentralen Bereich von New Orleans kostenlos zu parken. Im *CBD* (westlich der zentralen Achse Canal Street) steht eine Reihe gut ausgeschilderter **Parkhäuser**.

Großflächige **Parkplätze** befinden sich zwischen *French Quarter* und Canal Street ($5/1. Stunde). Es gibt zwar in der ganzen Stadt und auch im und rund um das *French Quarter* viele **Parkuhrenplätze**, doch die sind meist besetzt; zudem gelten dort begrenzte Parkzeiten (freie Parkuhren finden sich noch am ehesten an der Rampart Street oder an der Esplanade Avenue, ➤ Karte Seite 323).

Eine gute Parkoption (nicht für Campfahrzeuge, mit denen man aber ohnehin lieber nicht in die Innenstadt fahren sollte) im zentralen Bereich ist das **Parkhaus** über der *Shopping Mall* »*Canal Place*« am unteren Ende der Canal Street, ➤ Seite 320. Zwischen den drei Stockwerken des *Canal Place* und dem *Westin Hotel* in den oberen Etagen ist dort viel Platz. **Zufahrt** am besten über die St. Peter Street, dann *Canal Place* passieren und rechts ab in die

314   New Orleans

Iberville Street und wieder rechts Front Street zur Einfahrt (gut ausgeschildert; hört sich komplizierter an, als es ist).

Wer einigermaßen zentral übernachtet und einen **Parkplatz am Hotel** hat, sollte das Auto am besten dort stehen lassen, zu Fuß gehen, per Taxi fahren oder öffentliche Verkehrsmittel nutzen.

Öffentlicher Transport und Touren

Streetcars
Tatsächlich lassen sich von einem günstigen Ausgangspunkt in *Downtown* oder *Garden District* die wichtigsten Attraktionen in New Orleans zu Fuß oder mit den fünf Straßenbahnlinien der *New Orleans Regional Transit Authority (NORTA)* erreichen.

Die **Riverfront Line** verkehrt trotz der Bezeichnung außer Sichtweite des Mississippi jenseits der Eindeichung. Zwei weitere *Streetcar*-Linien verkehren auf der **Canal Street** von der *Riverfront* bis zum *City Park/Museum of Art*; die **Loyola Line** läuft entlang der Loyola Avenue.

Uralt, und daher eine eigenständige Sehenswürdigkeit ist die berühmte **St. Charles Streetcar Line**.

Busse
NORTA betreibt außerdem ein relativ gut ausgebautes Busnetz. Tarife: $1,25, Umsteiger (*Transfer*) $0,25; Expressbus $1,50.

Tagestickets
Es gibt auch Tages-Pässe für $3 und 3-Tage-Pässe für $9. Sie gelten für *Streetcars* und Busse.

Aktuelle Information zu Fahrplänen und Tarifen bei der **Regional Transit Authority**, ☏ (504) 248-3900; www.norta.com.

Geführte Touren
In New Orleans werden zahllose geführte Trips angeboten, seien es Stadtrundfahrten oder Ausflüge zu Attraktionen der Umgebung wie den **Bayou**s und **Ante Bellum Plantations**. Auch an **Voodoo-Ritualen** und **Jazz Funerals** (Beerdigungen mit Jazzmusik) kann man teilnehmen. Gemeinsam ist fast allen Touren ein recht hohes Preisniveau.

Walking Tours
Aber es gibt auch sog »**Free Walking/Bike Tours**«, für die man sich anmelden und nach der Tour selbst entscheiden kann, ob und wieviel einem die Führung wert war: www.freetoursbyfoot.com.

Free Walking Tours bietet auch Touren durch den *Garden District* und über Friedhöfe an. Historisch orientierte Führungen gibt es bei kleineren Spezialveranstaltern:

• **Historic New Orleans Tours**; www.tourneworleans.com
• **Haunted History Tours**; www.hauntedhistorytours.com

Ebenfalls kostenlos sind die von Rangern des **Jean Lafitte Nat'l Park** täglich um 9.30 Uhr durchgeführten **Riverfront History Walks** zum Thema »Mississippi«. **Free Tickets** ab jeweils 9 Uhr beim *NP-Visitor Center* (419 Decatur Street), *first-come-first-served*.

Um das **French Quarter** kennenzulernen, benötigt man genaugenommen gar keine Führung, da reicht die **Self-Guided French Quarter Walking Map** vom *Visitor Center* (➤ Seite 313).

Karte Seite 328 **Praktisches: Transport und Touren** 315

Kommerzielle Touren	Einen guten Überblick über kommerzielle Standardtouren in New Orleans vermittelt die Website von **Tours by Isabelle** (℡ 1-877-665-8687; www.toursbyisabelle.com), darunter auch eine **Post Katrina Tour** durch die seinerzeit besonders heimgesuchten Bereiche der Stadt.
Swamp Tours	Im Umkreis von New Orleans werden unterschiedlichste Touren durch die Sümpfe angeboten, teils mit lauten *Airboats*, teils mit **Ruderbooten** in großen Gruppen oder nur für ein paar Leute, z.B.: • **Honey Island Swamp Tour**, 41490 Crawford Landing Road bei Slidell (I-10, *Exit* 266, östlich auf der Straße #190, 4 mi bis Honey Island) auf kleinen geräuscharmen Flachbooten; $23, Kinder $15, ℡ (985) 641-1769; www.honeyislandswamp.com.
Riverboats	Zu einem New Orleans-Besuch gehört auch eine Fahrt auf dem Mississippi mit einem der traditionellen Schaufelraddampfer. Am ansehnlichsten von den **Riverboats** ist die große **Natchez**, die noch mit Kohlen befeuert wird. Sie startet mehrmals täglich vom Anleger am Einkaufszentrum *Shops at Jax Brewery*, ➤ Seite 322.

Vom Anleger beim Ladenzentrum *The Outlet Collection at Riverwalk* legt die **Creole Queen** ab; www.creolequeen.com.

Unterkunft

Unterkunft im French Quarter

Als touristische Hochburg und Kongressstadt verfügt New Orleans über jede Menge Quartiere in allen Preislagen. Es gilt zwar nach wie vor: **je näher am *French Quarter*, umso teurer**, aber das Tarifniveau ist – mit temporären Ausnahmen (*Mardi Grass*, Feiertage, Jazzfestival etc.) – generell eher moderat.

Für die Unterkünfte im *French Quarter* oder im *Garden District* sprechen die dort zu findenden Hotels mit Nostalgie-Charakter. Abhängig von Saison und Auslastung kommt man in durchaus akzeptablen Häusern bisweilen in der Woche schon ab $60 fürs DZ unter, in guten Hotels und B&Bs oft um die $100. An normalen Wochenenden wird's meist um $20-$30 teurer. Zu Hochsaisontagen und -wochen sollte man nur mit prallvoller Brieftasche nach New Orleans reisen. Dann kann ein $60-Zimmer ohne weiteres $150 und mehr kosten. In den *Info Centers* und im Internet finden sich die jeweils aktuellen Angebote. Für die Nächte von Sonntag- bis Donnerstag spricht außer den Tarifen auch der Umstand, dass dann eher Platz im Wunschquartier ist.

Außerhalb

In der weiteren Umgebung der Stadt findet man in erster Linie die Häuser der bekannten Motel- und Hotelketten. Dort kommt man durchaus unter $60 in der einfachen Kategorie und ab $70 in der Mittelklasse unter. Relativ citynah liegt der *New Orleans International Airport* in **Metairie** mit zahlreichen Betten im Umfeld. Am **Veterans Memorial Blvd** (parallel zur I-10 – *Exit* 223 – nördlich des Flughafens) wird man rasch fündig. Wer ggf. noch 20 mi oder mehr Fahrt (ab *Downtown*) in Kauf nimmt, stößt in und um **Slidell** (I-10 *Exit* 266) und bei **Covington** (I-12 *Exit* 63, jenseits der Brücke über den Lake Pontchartrain) auf die USA-übliche Ballung von Motels an den Ausfahrten.

Steuern

Auf alle Unterkunftsrechnungen werden in New Orleans 13% *hotel tax* und fixe $0,50-$2 *room tax* pro Nacht aufgeschlagen.

B & B

B&B ist in New Orleans wegen der hohen Zahl an Quartieren dieser Art nicht ganz so teuer wie andere Hochburgen des B&B (Charleston, Natchez u.a.). Bei der Unterkunftssuche und -reservierung von *Bed & Breakfast* sind folgende Zentralen behilflich.

- ***New Orleans B&B*** and ***French Quarter Accommodations***, ✆ 1-888-240-0070, www.neworleansbandb.com
- ***Green House Inn***, 1212 Magazine Street,, stilvolles ***B&B*** in Gehweite des French Quarter im *Lower Garden District* drei Blocks südlich der St. Charles Avenue, ab $109; ✆ 1-800-966-1303, www.thegreenhouseinn.com

Hostels

- Das ***India House International Hostel***, 124 South Lopez Street, liegt zwar in einer eher wenig erfreulichen Gegend, aber dafür in Fußgängerdistanz zum *French Quarter* einen Block westlich der Canal Street, Bett ab $17, DZ ab $45, sehr einfach, Pool; ✆ (504) 821-1904, www.indiahousehostel.com

Moderat

Erschwinglich sind:

- **Inn on St. Peter**, 1005 St. Peter, Bau aus dem frühen 19. Jahrhundert mit hübschen Balkonen und Innenhof, ab $79, Suiten ab $89; ✆ 1-800-535-7815, www.frenchquarterguesthouses.com
- **Frenchmen Hotel**, 417 Frenchmen, kreolisches Stadthaus mit Pool und Spa im Innenhof; *French Quarter*-Randlage, ab $59; ✆ 1-800-831-1781, www.frenchmenhotel.com
- **Place d'Armes Hotel**, 625 St. Ann Street, nah am Jackson Square mit Innenhof; ab $79; ✆ 1-888-626-5917, www.placedarmes.com
- **Prytania Park Hotel**, 1525 Prytania Street im *Garden District*, etwas plüschiges kleineres Hotel, ab $59; ✆ 1-800-862-1984, www.prytaniaparkhotel.com

Mittlere Preislage

Ein paar Dollar mehr kosten:

- **Hotel Monteleone**, 214 Royal St, in günstiger *French Quarter*-Lage, ab $95; ✆ 1-866-338-4684; www.hotelmonteleone.com
- **The Blake Hotel** (11-stöckiger Glaspalast), 500 St. Charles Ave, *Downtown*, Mittelklasse in prima Lage mit Pool und Café, ab $80; ✆ (504) 522-9000, www.blakehotelneworleans.com
- **Le Richelieu**, 1234 Chartes Street im *French Quarter*, ✆ 1-800-535-9653, ab $89, Suites ab $149; www.lerichelieuhotel.com

Höhere Kategorie

- Hohen Komfort und Mississippi-Blick bietet **The Westin at Canal Place** über ebendieser *Shopping Mall*, ab $150. Weitblick aus allen Zimmern, auch vom Restaurant im 11. Stock. Ideale Lage in Gehdistanz zur *Riverfront* und zum *French Quarter*. Parkgarage des Einkaufszentrums auch für Hotelgäste; ✆ (504) 566-7006, www.westinneworleanscanalplace.com

Camping

State Parks

Von Anlage und Ausstattung her zu empfehlen sind Campern in erster Linie die Campingplätze der vier **State Parks** im Umfeld von New Orleans; www.crt.state.la.us/parks:

- **Bayou Segnette**, auf der Westbank, nur 12 mi von der City entfernt, hat nicht nur einen Campingplatz, sondern sogar ein Wellenbad und am Bayou übers Wasser gebaute Häuschen
- **St. Bernard State Park**, 501 St. Bernard Parkway, Braithwaite, 16 mi bis New Orleans
- **Fontainebleau** und **Fairview Riverside** liegen beide am Nordufer des Lake Pontchartrain einige Meilen östlich bzw. westlich von Mandeville; Anfahrt auf der Brücke über den See (je 40 mi)

Zentrale Reservierung unter www.reserveamerica.com, ➤ Seite 69; ✆ 1-877-226-7652, $16 (Zelte) bis $26 mit *Hook-up*:

KOA Camping

- Vergleichsweise citynah im Stadtwesten liegt der **KOA-Platz New Orleans West**: 11129 Jefferson Hwy/Straße #48 (ab I-10/ *Exit* 223), hoher Komfort, $30-$40. *Shuttle Service* in die City; ✆ 1-800-562-5110, www.koa.com/where/la/18125

Essen & Trinken

Cajun & Creole Cooking

Eine Besonderheit der Region Südost-Louisiana sind die **Cajuns** (Käih-dschns). Das seltsame Wort *Cajun* geht auf eine eigenwillige Aussprache der Bezeichnung *Acadians* für französischstämmige Siedler zurück, die nach der Einnahme der Kolonie Acadia (entspricht in etwa den heutigen maritimen Atlantik-Provinzen Kanadas) durch die Briten um 1755 in Louisiana eine neue Heimat fanden. In und um New Orleans existiert eine eigene *Cajun Culture*, von Touristen am ehesten wahrzunehmen auf den Speisekarten der Restaurants: **Cajun Cooking** bietet mit Fisch- und Krabbenspezialitäten eine angenehme Abwechslung zum amerikanischen Einerlei der Hamburger-, Steak- und Chickengerichte. Das gilt auch für die ähnliche, aber etwas »feinere« **Creole Cuisine**, die kreolische Küche, die auf den spanisch-französischen Einfluss der Gründerzeit zurückgeht.

French Quarter

Besonders viele Restaurants konkurrieren im **French Quarter** um Gäste, wo ein hohes Preisniveau nicht unbedingt auch überdurchschnittliche Qualität signalisiert.

Mit folgenden Lokalen kann man wenig verkehrt machen:

- Ein *Café au lait* mit **Beignets** (Gebäck voller Puderzucker) im **Café du Monde** (800 Decatur, am Rande des *French Market*) gehört zu jedem New Orleans-Besuch, bereits seit 1862 werden hier Kaffeespezialitäten serviert; täglich rund um die Uhr geöffnet – nur bei Durchzug eines Hurrikans wird (laut Homepage) geschlossen; www.cafedumonde.com. Weitere **Filialen** des *Café du Monde* servieren die gleichen tollen *Beignets* z.B. in der **Outlet Collection at Riverwalk**.
- Im **Gumbo Shop** (630 St. Peter Street, ✆ 504-525-1486, www.gumboshop.com) gibt es den besten *Gumbo* (Gemüseeintopf mit Fisch, Krabben, Hühnerfleisch etc.) des *French Quarter*.
- Im attraktiven, aber touristischen **Court of Two Sisters** (613 Royal Street; www.courtoftwosisters.com) ist es immer voll, vor allem beim täglichen *Jazz Brunch Buffet* mit hauseigenem Jazz-Trio.
- Das **Pat O'Brien's** (718 St. Peter Street; www.patobriens.com) ist seit 1933 eine Institution und bekannt für seinen **Cocktail Hurricane** (auf Rumbasis) und **Mint Julep** (für Bourbonfans).
- Das **Upperline Restaurant** (1413 Upperline Street, ✆ 504-891-9822; www.upperline.com) ist eine Art Gemäldegalerie mit erstklassiger kreolischer Küche, dafür noch moderate Preise.
- Das **Three Muses** (536 Frenchmen St, ✆ 504-298-8746, www.thethreemuses.com) bietet Musik, Cocktails, leichte Gerichte und ist bekannt für *Late Night Food*. Von außen unauffällig.

Außerhalb (Lacombe)

Das **La Provence**, 25020 Straße #190, zwischen Mandeville und Lacombe jenseits des Lake Pontchartrain (ca. 7 mi ab *Causeway*-Ende in Mandeville) hat **französische Küche** mit kreolischem Einschlag; www.laprovencerestaurant.com.

Spezialität des Tropic Isle Dance Club in der Bourbon Street ist ein Cocktail namens »Hand Grenade«. Martialisch steht daher eine »lebende« Handgranate vor der Tür

Unterhaltung

Musik, Jazz

Artisten aller Art und **Straßenmusiker** unterhalten tagtäglich das touristische Publikum rund um den Jackson Square und am kleinen Washington Artillery Park zwischen *Jax Brewery* und *French Market*. Die Bourbon Street, vor allem die Blocks ab Iberville bis St. Ann Street, ist populär wegen ihrer dichten **Kneipenszene**, in der Bier und Cocktails in Strömen fließen. **Jazz pur** gibt es bekanntlich in der **Preservation Hall**, aber auch in einer Reihe von Jazzkneipen und auf dem **Dinnertrip** des **Riverboat Natchez**:

Empfehlenswerte **Live Places** sind:

- **Crescent City Brewhouse** (527 Decatur Street, ✆ 1-888-819-9330, www.crescentcitybrewhouse.com), die einzige Hausbrauerei im *French Quarter*, mit diversen Biersorten, dazu moderne amerikanische Küche im Bistro-Stil, aber nicht ganz billig.
- **House of Blues**, (225 Decatur Street, ✆ 504-310-4999, www.house ofblues.com/venues/clubvenues/neworleans), Restaurant, Bar und *Music Hall* (nicht nur für Blues).
- **Preservation Hall** (726 St Peter Street; www.preservationhall. com), die wahre Legende ohne Ausschank, ➢ Seite 325.
- **Tropical Isle** (600 Bourbon Street, ✆ 1-800-475-3649, www.tro picalisle.com), Kneipe mit *Live Music*.

- **Palm Court Jazz Café** (204 Decatur Street, ✆ (504) 525-0200, www.palmcourtcafe.com) mit kreolischer Küche bei *Old Time Jazz*, nur Mi-So 19-23 Uhr geöffnet;.
- **Tipitina's** (501 Napoleon Ave, *Uptown*; www.tipitinas.com), ein beliebter, der Legende *Henry Roeland Byrd* gewidmeter Club. Der als *Professor Longhair* bekannt gewordene Pianist und Komponist prägte viele Jahre die Musikszene von New Orleans und entwickelte eigene *Rhythm and Blues*-Stilrichtungen.

Shopping

Tax free

Dank des **Louisiana Tax Free Shopping (LFTS)**, an dem viele Shops auch in New Orleans teilnehmen (unübersehbare *Tax Free*-Aufkleber im Fenster oder an der Tür), können sich ausländische Besucher – gegen Vorlage des Reisepasses, des Airline-Tickets und der Kaufquittungen plus Voucher, der die gezahlte Umsatzsteuer ausweist – in der *Outlet Collection at Riverwalk*, im *International Airport* und im *Lakeside Shopping Center* die entrichteten *Sales Tax*-Beträge erstatten lassen (nicht auf Dienstleistungen); www.louisianataxfree.com.

Situation

Speziell in den Straßen des **French Quarter** und des **Garden District** gibt es ungewöhnlich viele originelle Läden für alles und jedes. Zwischen Decatur und North Peters Street erstreckt sich außerdem der **French Market** mit zahlreichen Ständen für Souvenirs, T-Shirts, Schmuck und allem, was man Touristen in New Orleans so verkaufen kann.

Shopping Malls

Wer in Anbetracht von Hitze und meist hoher Luftfeuchtigkeit lieber in klimatisierten *Shopping Malls* einkauft, findet mit den **Shops at Jax Brewery** (www.jacksonbrewery.com) zwischen Jackson Square und Mississippi-Riverfront einen von der Brauerei zum feinen Einkaufs- und Restaurantzentrum umfunktionierten Komplex. Noch distinguierter geht es im **Shops at Canal Place** (ca. 50 Geschäfte mit Edelmarken) am unteren Ende der Canal Street zu.

Bereits mehrfach erwähnt wurde die **Outlet Collection at Riverwalk** (www.riverwalkmarketplace.com), laut Eigenwerbung »The *Nation's first Downtown Outlet Center*«, die erst 2013 aus dem früheren *Riverwalk Marketplace* hervorging. Der Umbau wird noch bis 2014 dauern. **Haupteingang** gegenüber der Poydras Street.

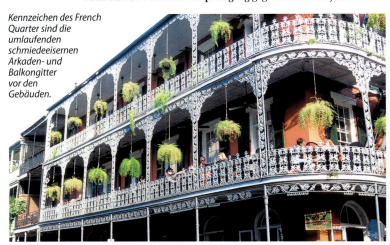

Kennzeichen des French Quarter sind die umlaufenden schmiedeeisernen Arkaden- und Balkongitter vor den Gebäuden.

Stadtbesichtigung
French Quarter und Umgebung

Kennzeichnung
Als New Orleans 1803 ein Teil der USA wurde, hatte es ganze 8000 Einwohner und bestand in etwa aus dem Gebiet des heutigen *Vieux Carré* oder **French Quarter**. In diesem ältesten Viertel schlägt das Herz der Stadt, die gerne **Big Easy** genannt wird.

Das *French Quarter* ist eigentlich ein *Spanish Quarter*, denn als es nach dem großen Brand von 1788 wieder aufgebaut wurde, befand sich New Orleans in spanischem Besitz. Viele Stilelemente der französischen Zeit davor blieben dennoch erhalten bzw. wurden restauriert, vor allem die schmiedeeisernen, oft reich verzierten **Balkon-** und **Arkadengitter** im ersten und zweiten Stock der Gebäude. Sie sind typisch für die Altstadt. Ebenso wie der Jazz und die dichte kommerzielle Infrastruktur.

Souvenirshops, Boutiquen aller Art, Restaurants und Kneipen machen mit dem Tourismus ein Bombengeschäft. Das Leben und Treiben konzentriert sich dabei im Wesentlichen auf den Bereich zwischen Mississippi und Bourbon Street.

Orientierung
Die Orientierung im *French Quarter* macht dank des schachbrettartigen Straßenrasters, der überschaubaren Größe (1,5 km^2) und des begrenzenden Mississippi-Ufers keine Probleme. Das Zentrum des Viertels bildet der grüne **Jackson Square**. Der Platz ist nach *Andrew Jackson* benannt, dem Sieger der *Battle of New Orleans* 1815, ➤ Seite 333. Die Reiterstatue des Generals und späteren Präsidenten der USA ist nicht zu übersehen.

Jackson Square
Der Jackson Square war in französischer und spanischer Zeit Zentrum des politisch-religiösen Lebens der Stadt. Heute sorgen dort, speziell in der Chartres Street vor der Kathedrale, Straßenkünstler für Kurzweil, ➤ Foto nächste Seite.

Kathedrale
Die den Platz überragende weiße **St. Louis Cathedral** ist zwar eine französische Gründung, aber das ursprüngliche Gebäude wurde – wie die meisten Häuser im historischen Stadtkern – bei einem großen Feuer zerstört und 1851 wieder aufgebaut. Die Kathedrale reflektiert den hier starken Katholizismus. Bis heute zählt New Orleans zu den wenigen Städten der USA mit hoher katholischer Bevölkerung und ist Sitz einer Erzdiözese; www.stlouiscathedral.org.

Cabildo
Gleich neben der Kirche befindet sich das sog. **Cabildo** (Di-So 10-16.30 Uhr, $6; www.crt.state.la.us/museum/properties/cabildo), einst Sitz des spanischen Gouverneurs. In ihm wurde 1803 das wieder französische Louisiana offiziell an die USA übergeben. Heute beherbergt es ein **Museum of History**. Dort erfährt man alles über die Geschichte des Staates Louisiana von der Ankunft der ersten europäischen Siedler über New Orleans' Rolle im Sklavenmarkt und die Zeit des Bürgerkriegs bis heute.

Presbytère
Auf der anderen Seite der Kathedrale steht das sog. **Presbytère**, es fungiert als – sehenswertes – **Mardi Gras-Museum** zur Entwicklung des Karnevals in Louisiana; Di-So 10-16.30 Uhr, Eintritt $6; www.crt.state.la.us/museum/properties/presbytere.

Pontalba Buildings

Die den Platz seitlich flankierenden Gebäude (St. Ann/St. Peter Street) stammen aus den Jahren 1849-51 und gehen zurück auf *eine Baroness de Pontalba*. Diese Dame ließ 16 Apartmenthäuser mit je vier Stockwerken errichten: Unter dem Dach hausten die Sklaven, im Erdgeschoss befanden sich Läden, dazwischen komfortable Wohnetagen mit Gasleitungen, fließend Wasser und WCs, damals hochmodern.

Das *Lower Pontalba Building*, das sog. **1850 House** (523 St. Ann Street), vermittelt eine Vorstellung vom Leben der kreolischen Oberschicht zur Mitte des 19. Jahrhunderts, Di-So 10-16.30 Uhr, $6; www.crt.state.la.us/museum/properties/1850house.aspx.

Moonwalk

Das pralle Leben am Jackson Square setzt sich fort vor der Bühne am kleinen **Washington Artillery Park** zwischen Decatur Street und Mississippi. Dahinter läuft – auf und vor dem Flussdeich mit weitem Blick über den Mississippi und auf die Hochbrücken weiter westlich – die Promenade **Moonwalk**. Sie führt vom French Quarter zum *Aquarium of the Americas* und weiter über die Spanish Plaza bis zur *Outlet Collection at Riverwalk*.

Mississippi Dampfer

Gleich hinter dem Komplex *Jax Brewery* befindet sich der Anleger des hier größten Mississippidampfers, der »*Natchez*«. Wenn ein Mississippitrip in New Orleans, dann mit diesem Boot (2 Std-Touren $26/$13, Abfahrten 11.30, 14.30 Uhr täglich, www.steamboatnatchez.com). In seinem Maschinenraum wird eindrucksvoll die Funktion des Heckantriebs dieser *Sternwheeler* demonstriert. Nicht billig, aber stimmungsvoll sind abendliche **Buffet Dinner Cruises** mit **Jazzband** im Restaurant.

Akrobatische Vorführung unter Publikumsbeteiligung am Jackson Square. Im Karton werden hinterher Dollars eingesammelt

French Quarter   323

William Faulkner/ Tennessee Williams	Vom Jackson Square führen zwei schmale Fußgängerstraßen an der Kathedrale und dem dahinterliegenden *St. Anthony's Garden* entlang in Richtung Royal Street. In der Nummer 624 der **Pirate's Alley** lebte in den 1920er-Jahren **William Faulkner**. Er schrieb dort seinen ersten Roman, *A Soldiers' Pay*. *Faulkner* war aber nicht der einzige Literat, der sich von New Orleans angezogen fühlte. Auch **Tennessee Williams** brachte sein Stück *A Streetcar Named Desire* im *Vieux Carré* zu Papier. Die Straßenbahn fuhr früher durch das Viertel und trug den Namen ihrer Endstation – »Sehnsucht«. Im Viertel findet jedes Jahr Ende März das mehrtägige **Tennessee Williams Literary Festival** an mehreren Veranstaltungsorten statt; www.tennesseewilliams.net.
Napoleon House	An der Ecke St. Louis/Chartres St steht das **Napoleon House**, in dem Napoleon nach seiner Abdankung Zuflucht nehmen sollte – so war zumindest im Plan des damaligen Bürgermeisters der Stadt. Bekanntlich kam es anders; www.napoleonhouse.com.
Royal Street	In der Royal Street (täglich 11-16 Uhr Fußgängerzone) ballen sich Kunst- und Antiquitätengeschäfte. Dort könnte man einen Blick in die **Historic New Orleans Collection** werfen (533 Royal Street, Di-Sa 9.30-16.30 Uhr; www.hnoc.org, frei), ein historisches Kabinett mit Dokumenten und Gemälden, dazu eine Ausstellung zur Geschichte Louisianas und der Stadt.

Gallier House Museum

Ein Prachtstück unter den Privathäusern ist das *Gallier House*, das sich der Architekt *James Gallier* noch vor dem Bürgerkrieg bauen ließ (1132 Royal St, Mo, Do, Fr 10-14, Sa 12-15 Uhr, Touren stündlich, Zutritt mit Führung $10, ✆ 504-525-5661, www.hgghh.org). Neben zeitgenössischer Möblierung beeindruckt die Luxusausstattung mit sanitären Anlagen (fließend Wasser, WC).

Bourbon Street/ Live Music

Nur einen Block oberhalb der Royal Street läuft die bekannteste Straße des *French Quarter*. In der **Bourbon Street** befindet sich eine Bar neben der anderen, und abends wälzen sich an guten Tagen Massen durch die dann autofreie Straße. Manchmal ist es sogar schwer, in einem der **Clubs**, in denen es heute Musik aller Stilrichtungen gespielt wird, Platz zu finden. *Live Music*, speziell **Jazz**, gibt es aber nicht nur in der Bourbon Street, sondern in vielen Lokalen des *French Quarter*.

Open-air Alkohol

Im Gegensatz zum gesamten Rest der USA (sieht man vielleicht von Key West an der äußersten Südwestspitze Floridas ab), wo der Konsum alkoholischer Getränke auf öffentlichen Straßen und Plätzen streng untersagt ist, darf man auf der Bourbon Street mit dem vollen Plastikglas oder der Bierdose in der Hand einfach so herumlaufen und zwar ohne Sperrstunde und ohne dass die Polizei einschreitet. Diese Freiheit wird gern genutzt, und so sieht die Bourbon Street frühmorgens auch aus.

New Orleans Jazz

Die Ursprünge des Jazz liegen in Afrika. Die aus ihrer Heimat verschleppten Schwarzen bewahrten sich auch in der Gefangenschaft die gewohnten Rhythmen, die sich allmählich mit populärer »weißer« Musik vermischten. Das Ergebnis waren *Spirituals* und *Gospel Songs*.

Ab der Jahrhundertwende entwickelte sich der *New Orleans Jazz*. Es heißt, er sei im damaligen Rotlichtviertel *Storyville* entstanden, aber manches spricht dafür, dass er auf ältere Straßenmusik zurückgeht. Denn in den Jahren nach dem Bürgerkrieg wurden die Instrumente der Militärkapellen billig verkauft. Viele schwarze Musiker gelangten so an gebrauchte – vor allem – Blasinstrumente und schlossen sich zu *Marching Bands* zusammen, die bei Paraden, Tanzveranstaltungen und Beerdigungen aufspielten. Auf dem Weg zum Friedhof war tragende religiöse Musik üblich, aber auf dem Rückweg improvisierte man lebendigere Varianten (*jazzing them up*), die Anfänge des Jazz. Er wurde zwar zunächst vorwiegend von Schwarzen gespielt, bald aber auch von weißen Musikern übernommen und modifiziert.

Voodookönigin Marie Laveau

Der Ursprung des *Voodoo*-Kultes ist afrikanisch. Der Voodooglaube basiert auf der Annahme, dass man Geister durch Zeremonien oder das Tragen von Amuletten und Talismanen beeinflussen kann. Außerdem äußert sich der Kult in wilden Tänzen und von Gesang begleiteten Ritualen, bei denen Schlangen angebetet und Hühner geopfert werden.

In Louisiana verstand man es, *Voodoo* und Katholizismus miteinander zu kombinieren und *Voodoo*-Geister mit katholischen Heiligen zu identifizieren.

Mit bestimmten Objekten (*Gris-Gris*), die in **Marie Laveau's House of Voodoo** (739 Bourbon Street, täglich 10-21.30 Uhr; www.voodoonewrleans.com), einem winzigen, gruselig wirkenden Laden, nach wie vor angeboten werden, soll man sich Gesundheit, Liebe oder Geld sichern und ggf. auch anderen helfen – oder schaden – können.

Marie Laveau, berühmteste *Voodoo*-Priesterin aller Zeiten, habe sogar einige ihrer Konkurrentinnen durch *Voodoo*-Zauber, so munkelt man, unauffällig aus dem Weg geräumt. Unter ihr war der Kult zeitweise gar gesellschaftsfähig.

Marie Laveau liegt auf dem ältesten Friedhof der Stadt begraben, dem **St. Louis Cemetery No. 1** (Basin/St. Louis Street, einen Block über der North Rampart Street westlich des *Louis Armstrong Park*), und ist offenbar unvergessen. Vor ihrem Grab (www.graveaddiction.com/1stlouis.html) finden sich immer wieder neue Opfergaben dankbarer Anhänger, denen die Verstorbene – so wird berichtet – sogar posthum noch Wünsche erfüllen konnte.

Besondere Kneipen	Bei der großen Auswahl an Pubs, Clubs und Restaurants in der Bourbon Street sei hier zusätzlich (➢ oben) auf zwei historisch besonders beachtliche Kneipen hingewiesen:

- Einer hochprozentigen Mixtur aus Wermut, Anis und Fenchel verdankt das **Old Absinthe House** an der Ecke Bourbon und Bienville Street seinen Namen; www.oldabsinthehouse.com. Der grüne Absinth wurde wegen seiner durchschlagenden Wirkung in den USA 1912 verboten, aber kürzlich (2007) wieder legalisiert.

- Eine der urigsten Kneipen, **Lafitte's Blacksmith Shop**, liegt am etwas ruhigeren östlichen Ende der Bourbon Street (Ecke St. Philip; www.lafittesblacksmithshop.com). Das Fachwerkhaus der »Schmiedewerkstatt« soll einst den berüchtigten Piraten *Jean* und *Pierre Lafitte* gehört haben.

Preservation Hall	Von der Bourbon sind es nur ein paar Schritte um die Ecke in die 726 St. Peter Street zur **Preservation Hall**, dem Mekka des traditionellen Jazz. Dort spielt in einem kleinen kargen Raum mit knapp 100 Plätzen (davon 60 Stehplätze) tagtäglich **The Preservation Hall Jazz Band**. Am besten lange vor Öffnung der Türen (20 Uhr) kommen. 45-minütige Sessions beginnen täglich um 20.15, 21.15 und 22.15 Uhr, Eintritt $15; www.preservationhall.com.
Pat O'Briens	Neben der *Preservation Hall* ist **Pat O'Brien's** unübersehbar, ein immer volles Lokal und Institution des *Quarter*, ➢ Seite 318.
Voodoo Museum	An der 724 Dumaine Street zwischen Bourbon und Royal Street befindet sich das **Historic Voodoo Museum**. Dort lassen sich in engen, vollgestopften Räumen jede Menge an Voodoo-Utensilien

wie Schrumpf- und Totenköpfe, Schlangen und Knochen, ein Voodoo-Altar und nicht zuletzt das Portrait der Voodoo-Priesterin **Marie Laveau** bewundern (➤ Kasten Seite 325). Geöffnet täglich 10-18 Uhr, $7/$4; www.voodoomuseum.com.

Congo Square

Der einst berüchtigte **Congo Square** zwischen der St. Ann und St. Peter Street ist heute Teil des **Louis Armstrong Park**, in dem der berühmteste Sohn der Stadt mit einer Statue geehrt wurde.

Auf diesem Platz durften sich einst sonntags (ausnahmsweise) Sklaven versammeln, die eigene Musik spielen und ihre Religion praktizieren. Im Gegensatz zu anderen Regionen der USA konnten sich daher in New Orleans afrikanische Musiktraditionen öffentlich entfalten.

US Mint

In der nordöstlichen Ecke des **French Quarter** befindet sich an der Decatur Street die **Old US Mint** (400 Esplanade Ave), einst Münzprägeanstalt (Ausstellung dazu im Untergeschoss) und heute Heimat des **New Orleans Jazz Museum** voller Fotos und Instrumente. Interessant sind Hörproben von Jazzgrößen wie *Armstrong*, *The Original Dixieland Jazz Band*, *Sidney Bechet* u.a. Di-So 10-16.30 Uhr, $6; www.crt.state.la.us/museum/properties/usmint.

French Market

Zwischen *US Mint* und Jackson Square erstreckt sich entlang North Peters und Decatur Street der **French Market** mit Teilbereichen wie **Farmers** und **Flea Market**, vor allem jedoch voller Stände für **New Orleans Souvenirs** und 1000 Produkte aus aller Welt, die man nicht braucht; www.frenchmarket.org.

Café du Monde

An der Ecke Jackson Square/French Market lässt sich das *Café du Monde* nicht übersehen. Dort »muss« man einfach **Beignets** (heiß) und einen **Café au lait** bestellen, ➤ Seite 318.

Spanish Plaza am River Walk

Karte Seite 323+8 **French Quarter • CBD • Warehouse & Museum District** 327

Central Business & Arts District

Canal und Poydras Streets

Die **Canal Street** markiert die **Trennline** zwischen *French Quarter* und *Central Business District*. Sie separierte bis weit ins 19. Jahrhundert hinein den kreolischen und amerikanischen Teil der Stadt und war ursprünglich nicht als Straße, sondern als Kanal zwischen Mississippi und Lake Pontchartrain geplant, was ihre ungewöhnliche Breite von über 50 m erklärt. **Hauptverkehrsader** in diesem Teil der Stadt ist dennoch die **Poydras Street** mit sehenswerter moderner **Hochhausarchitektur**.

Mississippi- fähre nach Algiers gratis

Am Ende der Canal Street geht es abwärts zum Anleger der Autofähre zum Westufer des Flusses nach Algiers. Die *Algiers Canal Street Ferry* bietet die Möglichkeit, die *Skyline* von New Orleans vom Wasser aus auf sich wirken zu lassen; täglich 6-0.15 Uhr alle 30 min, Fußgänger frei, Auto $1 (nur von Algiers Point **in** die Stadt). Das ärmliche **Algiers** am anderen Mississippiufer lohnt kaum den Besuch; www.friendsoftheferry.org.

Aquarium

Unmittelbar am Wasser befindet sich oberhalb der Fährenrampe das *Audubon Aquarium of the Americas* mit IMAX-Kino am Ende des *Moonwalk*, 1 Canal Street, Di-So 10-17, Tickets: $23/ $16 bzw. $29/$23 (inkl. IMAX); www.auduboninstitute.org.

Spanish Plaza

Gegenüber dem Aquarium auf der Westseite der Canal Street steht das Hochhaus des *World Trade Center*, davor liegt als Aussichtsterrasse am Mississippi die *Spanish Plaza*, gleich unterhalb am *Riverwalk* der Anleger des *Riverboat* »*Creole Queen*«. Die Tour zum *Chalmette Battlefield* (2,5 Stunden) kostet $25, bis 12 Jahre $13, täglich 14 Uhr; www.creolequeen.com.

Spielkasino

Zwischen Canal und Poydras Street klemmt sich das *Harrah's New Orleans Casino*; www.harrahsneworleans.com.

Convention Center/ Riverwalk

Dort, wo früher Lagerhäuser das Flussufer säumten, zieht sich ab der Poydras Street flussaufwärts *The Outlet Collection at Riverwalk* (guter *Food Court* mit Ableger des *Café du Monde*). An die *Shopping Mall* schließt sich das langgestreckte **Kongresszentrum** an, das die Uferlinie bis unter die Hochbrücke (*Freeway* #90) über den Mississippi zubetoniert.

Arts District/ Warehouse District

Das einstige Lagerhausviertel *Warehouse District* südlich von *Downtown* wird heute offiziell als *Arts District* bezeichnet. Dort entstanden einst Lagerhallen für den Güterumschlag von Binnen- auf Seeschiffe und umgekehrt. Als die nicht mehr gebraucht wurden, verwaiste das einst betriebsame Viertel. Seit Ende des 20. Jahrhunderts wurden die alten Gebäude zu Ateliers und *Lofts* umfunktioniert. Vor allem in der Julia Street und generell zwischen Camp und Magazine Street haben sich Künstler und Galerien eingemietet; www.neworleansartsdistrict.com.

Auch drei Museen sind dort zu Hause:

World War II Museum

• Das *National WWII Museum* steht in der 945 Magazine Street. Das einst von *Tom Hanks* und *Steven Spielberg* gesponserte *D-Day Museum* war zunächst ausschließlich der Invasion 1944 in

328 New Orleans

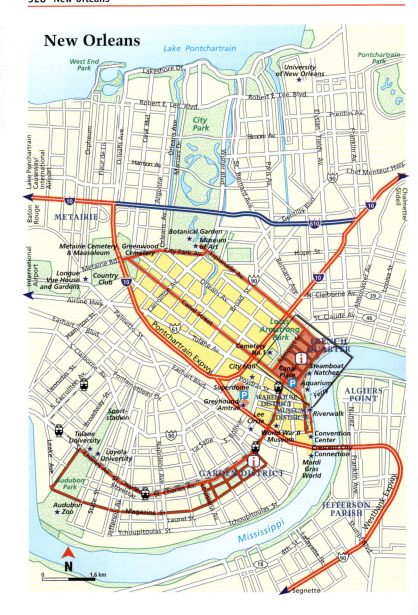

CBD • Warehouse & Museum District

der Normandie gewidmet, wurde aber bald auch auf die späteren Kriegsschauplätze in Europa und im Pazifik und alle Facetten der Kriegsführung erweitert und enorm ausgebaut. Spezialabteilungen beschreiben u.a. den weltweiten U-Boot-Krieg und die Geschichte der *Boeing Company*. Täglich 9-17 Uhr, Eintritt $22, bis 18 Jahre $13; www.nationalww2museum.org.

Bürgerkriegsmuseum
- Das **Civil War Museum** at the *Confederate Memorial Hall*, 929 Camp Street, residiert in einer ehemaligen Kirche: Mi-Sa 10-16 Uhr, Eintritt $8, bis 14 Jahre $5, www.confederatemuseum.com. Das Thema Bürgerkrieg wird dort mit einer relativ kleinen Sammlung von Originalobjekten und -dokumenten nur mäßig spannend abgehandelt.

- Einen Block weiter präsentiert das **Contemporary Arts Center**, 900 Camp Street, mit wechselnden Exponaten moderne Kunst; Mi-Mo 11-17 Uhr, Eintritt $5/$3; www.cacno.org.

Lee Circle/ Skulpturen
Am westlichen Rand des *Arts District* quert die St. Charles Ave den **Lee Circle** (unmittelbar östlich des *Pontchartrain Expressway*). Mittendrin steht auf einer 20 m hohen Säule die Statue des Südstaatengenerals *Lee*.

Superdome
Erst recht nicht zu übersehen ist der riesige **Mercedes-Benz Superdome** zwischen Poydras Street, I-10 und *Freeway* #90; www.superdome.com. Dort absolviert das *Football-Team* der Stadt, die **New Orleans Saints**, seine Heimspiele; www.neworleanssaints.com.

Bekannt wurde das *Stadion* über die Sportwelt hinaus, als es 2005 vielen tausend *Katrina*-Opfern Zuflucht bot. Danach musste die Halle wegen schwerer Schäden geschlossen und aufwendig saniert werden. Seit 2011 wird wieder gespielt.

St. Charles Streetcar
Die nostalgische **St. Charles Streetcar**, die dank *Tennessee Williams* und dessen Roman und Film »Endstation Sehnsucht« (*A Streetcar named Desire*) weltweit Berühmtheit erlangte, verkehrt täglich rund um die Uhr tagsüber alle 7 min, abends alle 30 min. Die Schienen laufen ab Canal Street über die volle Länge auf der grünen Mittelstrasse der St. Charles Avenue durch den *Central Business District*, den Garden *District* und *Uptown* bis Carrollton.

St. Charles Streetcar auf der gleichnamigen auf fast ganzer Länge von Eichen beschatteten Avenue

Diese älteste bis heute durchgehend betriebene Straßenbahnlinie der Welt wurde zunächst (1835) von Maultieren und später von Dampfloks gezogen, aber bereits 1893 elektrifiziert. Trotz ihres nostalgischen Charakters wären diese *Streetcars* kaum so populär geworden, führten die Schienen nicht über die wunderbare St. Charles Ave, eine Eichenallee, an der zahlreiche palastartige Villen und parkartige Gärten liegen. Die Fahrt ist daher wie eine **Sightseeing-Tour zum Niedrigtarif**.

Garden District

Garden District

Südlich der St. Charles Ave sind die Blocks zwischen Jackson und Louisiana Ave bis zur Magazine Street als **Garden District** definiert, wobei der engere und romantische Bereich zwischen Philip Street und Washington Ave liegt. Dort glaubt man sich in andere Städte des alten Südens wie Natchez oder Charleston versetzt. Gepflegte **Villen** stehen inmitten großzügiger subtropischer Gärten. Da aber die Häuser ausnahmslos in Privatbesitz sind, können sie nicht von innen besichtigt werden, sieht man von einer 9-tägigen **Spring Fiesta** (www.springfiesta.com) jeweils Ende März ab, während der einige Eigentümer ihre Türen für Besucher öffnen; www.gardendistrictassociation.com.

Aber das macht wenig, denn bereits eine langsame Fahrt, besser noch ein **Spaziergang** durch die Straßen des *Garden District*, ist für sich bereits lohnenswert. Dabei kommt es nicht unbedingt darauf an, viele Details der jeweiligen Häuser zu kennen. In den New Orleans **Visitor Informations** gibt es aber für Interessierte Unterlagen mit Einzelheiten und auch Adressen für geführte **Walking Tours**.

Anne Rice

Das **Toby's Corner** an der Ecke First/Prytania Street ist das älteste Gebäude des Viertels (1838). Drei Blocks weiter, an der Ecke Chestnut/First Street steht das mit viel Liebe restaurierte Wohnhaus der Autorin **Anne Rice** mit einem der schönsten Gärten des Distrikts (www.annerice.com). *Rice*-Fans fühlen sich im *Garden District* teilweise wie an die Schauplätze ihrer Romane versetzt. Ihre Werke sind im *Garden District Book Shop* neben dem *Rink Shopping Center* zu haben, 2727 Prytania Street, © (504) 895-2266, www.gardendistrictbookshop.com.

Friedhof

Der *Garden District* hat seinen eigenen Friedhof, den **Lafayette Cemetery No. 1** zwischen 6th Street und Washington Ave. Die Grabmäler sind wie überall in New Orleans überirdisch angelegt und wie kleine Häuser gebaut; www.graveaddiction.com/1lafayette.html.

Eichenalleen

An die übliche **Abgrenzung des Garden District** muss man sich bei einer Tour durch diesen Bereich durchaus nicht halten. Kaum minder interessant und mit ihren grandiosen Villen durchaus ähnlich attraktiv wie die St. Charles Ave sind die Eichenalleen **Louisiana, General Pershing**, **Napoleon** und **Nashville Ave** sowie – westlich des *Audubon Park* – der **Broadway**.

Shops/Whole Foods Market	Originelle **Läden** findet man an der Magazine Street zwischen Washington und Louisiana Ave, speziell im Bereich Pleasant und Toledano. Eine **Sehenswürdigkeit** für sich ist der **Whole Foods Market**, ein **Bio-Supermarkt** der gehobenen Kategorie, noch ein wenig weiter westlich in der 5600 Magazine Street zwischen Joseph und Arabella; ✆ 504-899-9119, www.wholefoodsmarket.com.
Audubon Place	Entlang der St. Charles Avenue werden die Villen westlich der Napoleon Ave immer größer und repräsentativer. Die nobelsten Privathäuser von New Orleans stehen indessen am **Audubon Place** gegenüber dem *Audubon Park*. Die Zufahrt in diese Straße der Superreichen ist gesperrt. Der neugierige Normalbürger darf nur aus der Distanz der St. Charles Ave die beachtlichen Fassaden des *Audubon Place* bestaunen.

Prachtvolle Villa eingangs der privaten Nobelstraße Audubon Place

Audubon Park	Der **Audubon Park**, benannt wie auch der *Audubon Place* nach dem Ornithologen *John James Audubon*, verfügt über Teiche, Spiel- und Picknickrasenflächen, über Golf- und Tennisplätze, und ist ein beliebtes **Jogging- und Grill-Revier**. Zahlreiche mächtige alte Eichbäume hängen voller *Spanish Moss,*.
Universities	Ebenfalls eindrucksvoll und weitgehend frei zugänglich sind die Areale der Universitäten **Tulane** (www.tulane.edu) und **Loyola**, (www.loyno.edu), die sich hier oberhalb des **Audubon Park** weiträumig zwischen Audubon Blvd und Calhoun Street erstrecken.
Zoo	Der südliche Teil des Parks zwischen Magazine Street und Mississippi gehört dem **Audubon Zoo** (Di-So 10-17 Uhr; Eintritt $18, Kinder $12, Kombiticket mit dem Aquarium ➢ Seite 327; www.auduboninstitute.org.

Bereich City Park

City Park/Botanical Garden
Mit 5,3 km² Fläche zählt der **City Park** zu den größten Stadtparks in den USA (zum Vergleich: der berühmte *Central Park* in New York hat 3,4 km²). Er reicht von der City Park Avenue etwas südlich der I-610 bis zum Robert E. Boulevard im Norden – und damit fast bis an den Lake Pontchartrain. Im südlichen Areal befindet sich der **Botanical Garden**, Di-So 10-16.30 Uhr, $6, bis 12 Jahre $3; www.garden.neworleanscitypark.com.

NOMA
Das **New Orleans Museum of Art**, kurz *NOMA*, steht am Südrand des *City Park*, 1 Collins Diboll Circle; Di-Do 11-18, Fr 11-21, Sa-So 11-17 Uhr, $10, bis 17 Jahre $6; www.noma.org.

Sammlung
Das Museum verfügt u.a. über eine beachtliche Sammlung von Werken europäischer Im- und Expressionisten, darunter *Degas*, *Picasso*, *Braque*, *Dufy* und *Miró*. Außerdem zu sehen sind frühe amerikanische Kunst aus präkolumbischer bis zur spanischen Epoche, zudem Mobiliar und altes Kunsthandwerk. Draußen beeindruckt ein großer Skulpturengarten.

Longue Vue House
Südwestlich des *City Park* steht nahe der I-10 mit dem **Longue Vue House & Gardens** ein weiterer beachtlicher musealer Komplex, 7 Bamboo Road, der einst kultureller Mittelpunkt der Stadt war. Im Haus beeindrucken die Räumlichkeiten als solche, das Mobiliar und viele moderne Kunstwerke, Di-Sa 10-17, So 13-17 Uhr; Eintritt $10, Kinder $5; www.longuevue.com

Friedhöfe
Rund um den *City Park* gibt es gleich mehrere weitläufige Friedhöfe, die man *Cities of the Dead* (»Totenstädte«) nennt, weil sie mit ihren unzähligen Grabmonumenten und Mausoleen und den mit Autos befahrbaren Straßen eher kleinen Städten als – wie sonst – grünen Parkanlagen ähneln. Vor allem der **Greenwood Cemetery** (5200 Canal Ave, I-10 *Exit* 232 östlich auf City Park Ave; www.greenwoodnola.com) und **Metairie Cemetery** (5100 Pontchartrain Blvd, I-10 *Exit* 231A in Ostrichtung) mit ihrer teilweise bombastischen Grabarchitektur sind einen Besuch wert. Man kann viele Friedhöfe problemlos mit dem Auto befahren.

Als gefährlich gilt der Besuch heute zu belebteren Tageszeiten nicht mehr. Infos zu allen Friedhofen von New Orleans unter www.saveourcemeteries.org.

Auf dem Saint Louis Cemetery No.3

Karte Seite 328 **Uptown & Mardi Gras**

Chalmette Battlefield

Schlachtfeld der Battle of New Orleans

Am Ufer des Mississippi liegt rund 7 mi östlich *Downtown* das *Chalmette Battlefield* als Teilbereich des *Jean Lafitte National Historical Park*, 8606 St. Bernard Hwy #46 im Stadtteil Arabi; Anfahrt ab Innenstadt über Rampart Street/St. Claude Ave, frei).

Dort fand 1815 die berühmte *Battle of New Orleans* statt. Es gibt zwar außer alten Kanonen und einem Monument nicht mehr viel zu sehen, aber der im *Visitor Center* gezeigte Film über Hintergründe, Verlauf und Irrsinn dieser Schlacht nach bereits erfolgtem Friedensschluss zwischen England und den USA (was nicht bis New Orleans gedrungen war) rechtfertigt den Abstecher; www. nps.gov/jela/chalmette-battlefield.htm.

Mardi Gras in New Orleans
von Eric Ulken/New Orleans (übersetzt von Burghard Bock)

Karneval wird seit Jahrhunderten von Katholiken rund um den Globus gefeiert und hat seine Wurzeln eigentlich in griechischen und römischen Frühjahrsritualen. Das Wort *carnival* stammt vermutlich aus dem Lateinischen: *carne levare* bedeutet »Fleisch beiseite schaffen« und bezieht sich auf Lustbarkeiten und Gelage vor dem Fasten in der Passionszeit, was bis zum Fastnachtsdienstag (*fat tuesday*, franz. *mardi gras*) dauert. Historisch war Karneval ein Feiertag mit wilden Exzessen, eine Art zeitweilige Anarchie, während der die Grenzen des Anstands ungestraft ausgelotet werden konnten.

Etwas weniger heftig lebt dieser Geist in **New Orleans'** *Mardi Gras* fort, dessen bekannteste Eindrücke die lärmenden Massen im *French Quarter* liefern. Das ist jedoch nur das große Finale von Wochen mit eher gedämpfter Belustigung. Obwohl *Mardi Gras* genaugenommen nur den Tag vor Aschermittwoch bezeichnet, wird der Begriff häufig auf die gesamte Karnevalsaison bezogen, die am 6. Januar startet. Die Feierlichkeiten beginnen langsam und nehmen mehr und mehr an Häufigkeit und Ausmaß bis zum Karnevalsdienstag zu.

Mardi Gras hat vor allem mit Paraden zu tun. Jährlich gibt es im Bereich New Orleans etwa 80 davon. Jede wird von einer *Krewe* organisiert. Die Mitglieder der *Krewes*, die von einem gewählten »König« oder einer »Königin« geführt werden, stehen bei den Paraden auf riesigen, thematisch gestalteten Festwagen. Die kostümierten Fahrer werfen beim Vorbeifahren billigen Schmuck wie Plastikperlen und -pokale auf die Schaulustigen. Blasmusik und andere Arten der Unterhaltung runden die Paraden ab. Die Einheimischen kommen vor allem wegen der »throws« und sind ziemlich ehrgeizig, sie zu fangen.

Die *Krewe of Rex* gilt als Spitze der Karnevalshierarchie, denn ihrem König wird während *Mardi Gras* symbolisch die Herrschaft über die Stadt übertragen. Andere beliebte *Krewes* sind *Endymion*, *Bacchus*, *Orpheus* und *Zulu*. *Bacchus* und *Orpheus* haben es sich zur Regel gemacht, Prominente als Könige und Königinnen zu krönen (in der Vergangenheit waren illustre Mitfahrer u.a. der Komiker *Bob Hope*, die Schauspieler *Charlton Heston* und *Whoopi Goldberg* sowie der Musiker *Stevie Wonder*), was ihren Paraden ein gewisses Hollywood Flair verleiht. Neben den Paraden veranstalten die *Krewes* aufwändige *Mardi-Gras*-Bälle, die in New Orleans den gesellschaftlichen Winterkalender bestimmen. Dazu haben nur geladene Gäste Zutritt.

Fortsetzung umseitig

Die andere, populärere Seite von *Mardi Gras* kann man beim alkoholisierten Gedränge beobachten, das am Fastnachtsdienstag und den Tagen davor durch das *French Quarter* wogt. Öffentliche Nacktheit, obwohl offiziell illegal, ist nichts Ungewöhnliches, da Frauen gerne dazu ermuntert werden, im Tausch für Perlen ihre Brüste zu »*flashen*«, also kurz zu zeigen. Fotografen, die Fotos und Videos davon verkaufen, haben *Mardi Gras* zu dem zweifelhaften Ruhm verholfen, den es heute genießt. Wer *Mardi Gras* kennenlernen will, wie man es im Fernsehen zeigt, muss am Fastnachtsdienstag ins *French Quarter* gehen.

Für ein echtes **New Orleans Karnevalserlebnis** sollte man sich auf mindestens eine **Parade in Uptown** einlassen. Jede Parade folgt zwar einer leicht unterschiedlichen Route (genaue Wege und Zeiten in *The Times-Picayune*, im *Gambit Weekly* oder im Internet unter www.mardi gras.com), aber auf der St. Charles Ave kann man kaum eine der *Uptown*-Paraden verpassen. Man sucht sich einfach einen Platz an der Route und wartet auf die Festwagen.

Die **Ausstellung** *(mit Shop)* **Mardi Gras World** *befindet sich am westlichen Ende des Convention Center: 1380 Port of New Orleans Place, ✆ 504-361-7821; www.mardigras world.com. Dort kann man Führungen durch die Lager voller Karnevalsfiguren buchen.*

4.2.6 Ante Bellum Plantations am Mississippi

Plantations Zwischen New Orleans und Baton Rouge gab es in der Blütezeit der Baumwollplantagen vor dem Bürgerkrieg zahlreiche herrschaftliche Villen der – dank Sklavenarbeit – reich gewordenen Pflanzer. Einige dieser Villen blieben über die Jahre beidseitig des Flusses erhalten und sind heute touristische Anziehungspunkte erster Ordnung. Wer New Orleans besucht, hat meist schon prächtige Fotos von ihnen gesehen und den Wunsch, diese sog. **Mansions** oder **Plantation Houses** zu sehen.

Besuchs-planung Dafür kann man sich geführten, zeitaufwendigen und ziemlich teuren Bustouren anschließen, die überwiegend mehrere der Häuser abfahren, oder den Besuch auf eigene Faust unternehmen, wozu hier ausdrücklich geraten wird.

Mardi Gras • Südstaatenvillen am Mississippi 335

Eintritt Zunächst einmal muss man aber wissen, das **in all diesen *Mansions* mindestens $15, in den meisten $18-$20 Eintritt** fällig sind (Kinder unter 12/16/17 Jahren $7,50-$10), ermäßigte Kombitickets für den Besuche mehrerer Mansions gibt es nicht. Dabei ist die Qualität des Gebotenen, sprich: die Attraktivität der Villen und ihrer Gärten und Parks, sehr unterschiedlich. Nicht nur auf Fotos, sondern auch in Wirklichkeit geht nichts über **Oak Alley Plantation** am Südufer des Flusses. Wer gerne in einer solchen Villa übernachten möchte, was in mehreren möglich ist, sollte die **Nottoway Plantation** in Betracht ziehen. Nur dort befinden sich die Zimmer fürs *Bed & Breakfast* im Haupthaus und nicht in irgendwelchen Nebengebäuden (w.z.B. im Fall *Oak Alley*). Indessen ist das nicht ganz billig und der kleine Park von Nottoway gehört nicht zu den reizvollsten.

Hinweis Wem $15-$20 Eintritt/Person – speziell bei mehreren Besuchen an einem Tag – zu hoch erscheinen, kann alle Häuser und ihre Parks mehr oder weniger intensiv auch ohne Eintrittsgeld von außen bewundern. Das berühmte **Foto von der Oak Alley Plantation** durch die Eichenallee hindurch lässt sich mit einem mäßigen Zoom sogar von der Straße aus durch den Zaun machen.

Führung Alle **Führungen** haben den Nachteil, dass sie oft in recht großen Gruppen erfolgen und ermüdend lange Detailerläuterungen (auf Englisch!) die Regel sind. Richtig lohnenswert sind sie nur bei starkem Interesse an Einzelheiten des einstigen Plantagenlebens.

Anfahrt Für alle *Plantations* gilt: sie liegen an **River Roads**, die sich beidseitig des Flusses hinter dem Deich entlangschlängeln, oft an Raffinerien, stillgelegten Fabriken und Verladeanlagen vorbei. Der Mississippi bleibt dem Auge verborgen, selbst von den *Plantations* aus. Überschauten seine Bewohner im 19. Jahrhundert noch den ungezähmten Fluss, fällt der Blick nun auf die Deiche. Also bloß nicht zur weiträumigen Anfahrt den kurvenreichen *River Roads* folgen, obwohl diese unfehlbar alle *Plantations* und viele nicht zur Besichtigung offenstehende Villen passieren. Der schnellste Weg zum Ziel ist für alle *Plantations* zunächst die **I-10** und dann die geeignete Stichstraße Richtung Mississippi.

336　New Orleans

Oak Alley Plantation (die besten Fotos gelingen am späten Nachmittag)

Anfahrt für Laura, Oak Alley und Nottoway	Für die besonders empfohlenen *Plantations* **Oak Alley** (bei Vacherie, ab dort ausgeschildert) und **Nottoway** (Donaldsonville/White Castle, ebenfalls ausgeschildert) ist für Fahrten **ab New Orleans die beste Route zwar auch die I-10, dann aber die I-310 über den Mississippi** und danach die breit ausgebaute, aber gering befahrene **Straße #3127 nach Westen**.
Information	Eine **Infobroschüre** zu den *Plantations* kann über die Webseite www.neworleansplantationcountry.com heruntergeladen werden. Auch die Seite der Nationalparkverwaltung zum Südwesten von Louisiana beschreibt alle historischen Plantagenhäuser der Region; www.nps.gov/nr/travel/louisiana/index.htm.

Die wichtigsten Häuser am **Nordufer** sind:

Destrehan & Ormond Plantations

- **Destrehan Plantation**, 13034 River Road/Straße #48, etwa 4 mi von der I-310 über den Mississippi; täglich 9-16 Uhr, $18/$7; ✆ 985-764-9315, www.destrehanplantation.org.
- Nicht weit entfernt liegt die **Ormond Plantation**, 13786 River Road. Sie dient heute als **Bed&Breakfast**-Quartier und ist mit $115 relativ preiswert; ✆ 985-764-8544, www.plantation.com.

San Francisco Plantation

- Eine der stilistisch ungewöhnlichsten *Mansions* ist das **San Francisco Plantation House**, 2646 River Road/Straße #44 in Garyville, I-10 *Exit* 194, südlich auf der # 641, 10 mi bis *Plantation*. Dort wurden diverse Baustile originell kombiniert, täglich 10-16 Uhr, $15, bis 17 Jahre $10; www.sanfranciscoplantation.org.

Houmas House

- Ca. 30 mi weiter westlich steht das von riesigen Säulen umgebene **Houmas House**, 40136 River Road/Straße #942 in Darrow, I-10 *Exit* 182, südlich auf der #22. Es ist innen nicht so bombastisch wie *San Francisco*, aber durchaus stilvoll; Mo-Di 9-17 Uhr, Mi-So 9-20 Uhr; Eintritt $20; www.houmashouse.com.

Am **Südufer des Mississippi** sind in erster Linie die drei folgenden Häuser sehenswert (alle westlich der *Veterans Memorial Bridge*):

Laura Plantation

- Nur ein paar Meilen westlich der Brücke passiert man auf der Straße #18 (führt auch zur *Oak Alley Plantation*) zunächst die **Laura Plantation**, ein vergleichsweise bescheidenes Anwesen

Südstaatenvillen am Mississippi 337

mit alten Sklavenhütten, 2247 River Road/Straße #18 in Vacherie. Mit $20/$6 teuer; 10-16 Uhr; www.lauraplantation.com.

Oak Alley Plantation

- Unmittelbar an der #18 vorm Mississippideich endet die namensgebende 400 m lange auf das Haupthaus des Komplexes zuführende Eichenallee. Die **Oak Alley Plantation**, 3645 Straße #18, ist wahrscheinlich das meistfotografierte und bestbekannte *Ante Bellum Mansion* der USA. Tatsächlich findet man ähnliche Eichenalleen auch noch anderswo, aber nirgends so lang, knorrig und alt (300 Jahre) wie hier. Dadurch allein wirkt das Anwesen gleich doppelt attraktiv. **Die besten Fotos** von der Eichenallee gelingen am frühen Vormittag oder späten Nachmittag. Dazwischen steht die Sonne ungünstig. Bedingt durch die große Popularität erfolgen die **Führungen** (Mo-Fr 9-16.30 Uhr, Sa-So 9-17 Uhr) in recht großen Gruppen durch Damen in zeitgenössischer Tracht (*Southern Belles*!), $20/$8; ✆ 1-800-442-5539, www.oakalleyplantation.com.

Die *Oak Alley Plantation* ist von einem besonders großen und gepflegten Park umgeben. In separaten *Guest Cottages* kann man **Bed & Breakfast** buchen (ab $145). **Restaurant**, **Café** und *Gift Shop* sind in einem separaten Komplex untergebracht.

Nottoway Plantation

- Die **Nottoway Plantation**, 31025 Straße #1, liegt noch einmal ca. 25 mi weiter westlich bei White Castle ebenfalls direkt hinter dem Deich des Mississippi. Von der *Sunshine Bridge* sind es ca. 15 mi dorthin; ✆ 1-866-527-6884, www.nottoway.com.

Die palastartige schneeweiße Villa eines einstigen Zuckerproduzenten fällt architektonisch ziemlich aus dem Rahmen des Üblichen. Erbaut um 1850 zählte *Nottoway* zu den größten und modernsten Privathäusern der Zeit, hatte fließend Warm- und Kaltwasser, Badezimmer und Gaslampen. Die Besichtigung lohnt hier noch am meisten; Führungen täglich 9-16 Uhr, $20/$6.

B&B-Gäste können im Haupthaus wunderbar nostalgisch übernachten, bezahlen dafür aber saisonabhängig $205-$285. In Nebengebäuden ist es etwas preiswerter, aber viel weniger romantisch: ab $160. Ein **Restaurant** fehlt auch nicht.

Nottoway Plantation Hauptgebäude

4.3 Von Pensacola nach Apalachicola

Strände ohne Ende

Die Golfküste im Bereich Pensacola bis Panama City wird seiner endlosen herrlichen Strände und Dünen wegen gerne *Miracle Strip* (wörtlich »Wunderabschnitt«) oder – wegen des smaragdgrünen Wassers – auch *Emerald Coast* genannt. Die Straße #98 heißt in den Orten am Wege denn auch **Miracle Strip Parkway** oder **Emerald Coast Parkway**.

Und wirklich gehören die Strände zwischen Pensacola und Panama City zu den schönsten der ganzen USA. Ihr Quartzsand ist so blütenweiß und fein, dass es Einheimischen während der Weltwirtschaftskrise 1930 gelungen sein soll, ihn andernorts – in Tüten abgepackt – als Zucker zu verkaufen.

Das Ende der Strände

Östlich von Panama City verändert sich die Küstenlandschaft langsam. Sumpfiges Terrain wechselt mit sandigen Abschnitten, das Wasser verliert die glasklare Transparenz. Auf der St. Joseph Peninsula und St. George Island finden sich noch einmal lange Sandstrände, aber sie sind nicht mehr so attraktiv wie weiter westlich. Danach verschwinden die Strände nach und nach ganz und machen bis fast hinunter nach Tarpon Springs sumpfigen Ufern Platz.

4.3.1 Die Emerald Coast

Santa Rosa Island/ Straße #399

Von Pensacola/Gulf Breeze aus könnte man gleich der Straße #98 folgen, aber schöner verläuft die #399 auf Santa Rosa Island. Sie führt hinter dem Dünengürtel festlandseitig bis nach Navarre, wo sie auf die #98 stößt. An ihr passiert man weitere Strandzugänge, u.a. den Abschnitt **Opal Beach** der *Gulf Islands National Seashore* und – vor der Brücke hinüber zum Festland – die **Navarre Beach**, einen reinen Strandpark ohne Camping, aber mit einer populären *Fishing Pier* (über 400 m); www.navarrepier.com.

Fort Walton Beach und Okaloosa Island

Fort Walton Beach (www.fwb.org) ist nach Pensacola der nächste größere, sich kilometerlang hinstreckende Ort an der Küste. Vor zwanzig Jahren war er wegen der vorgelagerten und kaum bebauten Strand- und Düneninsel **Okaloosa Island** (faktisch das Ostende von Santa Rosa Island) noch ein Geheimtipp. Heute säumen zahlreiche Motels der Unter- und Mittelklasse und *Fast Food Places* die alte Hauptstraße durch das kleine Zentrum. Und die Westseite von *Okaloosa* (Santa Rosa Blvd jenseits der gleichnamigen

Fort Walton, Okaloosa Island Beach. Der Dunst resultiert aus den feinen Sandpartikeln, die der starke Wind über den Strand bläst

Die Emerald Coast

Wasserstraße parallel zur #98) ist fast komplett zugebaut mit Apartmenthochhäusern und Hotels. Zwischen ihnen gibt es in regelmäßigen Abständen immerhin auch öffentliche Strandzugänge.

Information

Das *Emerald Coast Convention & Visitors Bureau* (1540 Miracle Strip Pkwy in Ft. Walton Beach, ✆ 1-800-322-3319; www.emerald coastfl.com) hat Werbebroschüren und das unverzichtbare Heft *See Emerald Coast* mit der ganzen Palette des Angebots der lokalen Gastronomie wie auch für Wassersport und alle Aktivitäten. Eine kommerzielles Portal ist www.emeraldcoast.com.

Indian Mound

Sieht man ab von den Stränden, kommt ein Zwischenstopp auch am *Indian Temple Mound & Museum* in Frage (139 Miracle Strip Parkway im zentralen Bereich, Juni-Aug. Mo-Sa 10-16.30, sonst ab 12 Uhr; $5/$3; www.friendsofthemuseums.org). Neben dem 600 Jahre alten Tempelhügel steht dort ein kleines Museum zur Geschichte der Indianerkulturen an der Golfküste.

Gulfarium

Das *Gulfarium* (1010 Miracle Strip Parkway, täglich 9-16.30 Uhr, im Winter bis 16 Uhr, Eintritt $20, Kinder $11; www.gulfarium. com) ist ein Marinepark der »ersten Stunde« (Eröffnung 1955), in dem Alligatoren, Delfine, Seelöwen, Pinguine und Meeresschildkröten in Pools und Gehegen zu sehen sind und die üblichen Shows stattfinden. Mit größeren Parks dieser Art wie z.B. *Sea World* kann das *Gulfarium* nicht konkurrieren.

Straße #98

Die Straße #98 (*Miracle Strip*) läuft über das gesamte Ostende von Okaloosa Island weiter nach Destin (ab Fort Walton Beach 6 mi). Eine lockere Infrastruktur aus Gastronomie, *Shopping* und *Amusement* (Minigolf, Wasserrutschenpark etc.) prägt zunächst das Bild entlang ihres dort breiten Verlaufs. Nur die östlichsten 3,5 mi der Insel blieben von Bebauung weitgehend verschont. *Beach Parks* gewähren dort den Strandzugang; sehr schön ist der *Beasley Park*.

Floridas Panhandle

Flugzeug-museum

Vom **Air Force Armament Museum** bei der *Eglin Air Force Base* (Straße #85) war weiter oben bereits die Rede, ➢ Seite 297. Es steht an der Straße #85, ca. 6 mi nördlich von Fort Walton Beach (Anfahrt auch über die Straße #189). Rund 30 Bomber und Kampfjets vom Weltkrieg-II-Modell bis zum SR 71-Spionageflugzeug sind dort (überwiegend im Außengelände) zu besichtigen. Mo-Sa 9.30-16.30 Uhr; Eintritt frei; ✆ 850-651-1808, www.afarmament museum.com. Sehenswert für Flugzeugfans, aber nicht so eindrucksvoll wie das *Museum of Naval Aviation*, ➢ Seite 301.

Destin

Jenseits der fast einen Kilometer langen Brücke über die Einfahrt in die Choctawhatchee Bay liegt das einstige Fischerdorf **Destin**, heute die größte sich über viele Meilen hinziehende Agglomeration von riesigen Apartmentblocks, unzähligen Villen und einer dichten kommerziellen Infrastruktur entlang des *Emerald Coast Parkway*. *The world's luckiest fishing village* heißt es zwar in der Werbung für Destin aber die paar verbliebenen Fischerboote verlieren sich förmlich im Gewirr der Yachten und Ausflugsboote im Hafen gleich hinter der *Destin Bridge*; www.cityofdestin.com.

Der hier in den letzten 30 Jahren ausgebrochene bzw. nach Destin getragene Wohlstand sucht seinesgleichen. Die Kombination aus unendlichen weißen Stränden und geschützten Naturhäfen sowohl an der Golfküste wie auch am landseitigen *Intracoastal Waterway* sorgte seit den 1980er-Jahren für einen enormen Zuzug und touristischen Betrieb von März bis Oktober.

Harborwalk

Ein zentraler Bereich gleich östlich der Brücke ist das **Harbor-Walk Village** mit **Marina** hinter dem bombastischen Hochhaus *Emerald Grande Resort*. Entlang einer kurzen Promenade ballen sich dort **Shops**, **Restaurants** und **Bars** mit Terrassen samt Aussicht auf die Bucht und die gegenüberliegenden – hier kaum einen Steinwurf entfernten – schneeweißen Strände. Wer **Abendunterhaltung** sucht, wird in den Bars dieses Bereichs ebenfalls fündig.

Bootstrips

An den Stegen der Marina dahinter warten zahlreiche Schiffe auf Kundschaft. Im Angebot sind **Fishing Trips** auf Spezialbooten mit Hochsee-Angelausrüstung, Fahrten zum Muschelsammeln oder

Nur über diese schmale Fahrrinne ist die weite Bucht des Destin Harbor mit dem offenen Meer verbunden. Emerald Grande Resort und HarborWalk gegenüber liegt eine fast 1000 m lange flache Nehrung mit weißem Traumstrand

Karte Seite 339 **Die Emerald Coast** 341

Dr. Beach: Wo ist der schönste Strand im Land?

In Sachen Strand gibt es in den USA eine unangefochtene Autorität: *Dr. Stephen P. Leatherman*, der Direktor des *Internationalen Hurrikanzentrums* an der *Florida International University*, veröffentlicht jedes Jahr eine **Hitliste mit den schönsten Stränden des Landes** und ist der Verfasser des Buches *America's Best Beaches*. Der unter dem Spitznamen *Dr. Beach* bekannte Autor geht dabei wissenschaftlich zur Sache. Er bewertet die 650 bekanntesten amerikanischen Strände nach fünfzig Kriterien, zu denen u.a. die Qualität des Sandes, die Sauberkeit des Wassers und die Höhe der Wellen gehören. Auch optische Aspekte – wie eine verbaute oder unverbaute Umgebung oder die Vegetation – werden berücksichtigt.

Die begehrten ersten Plätze auf der Liste des Stranddoktors werden fast immer von Stränden in **Hawaii, Florida** und **Kalifornien** belegt. Um für Abwechslung auf den ersten Plätzen zu sorgen, dürfen Strände, die einmal als der schönste Strand im Land ausgezeichnet wurden, in der Folge nicht mehr am Wettbewerb teilnehmen. Mehrere **Traumstrände in Florida**, obwohl nach wie vor schwer zu toppen, finden sich aus eben diesem Grund nicht mehr auf den aktuellen Listen. Mehr dazu unter www.drbeach.org.

Bisher trugen sich **sieben Floridastrände als Sieger** in die alljährliche Bestenliste des *Dr. Beach* ein: **Siesta Beach Sarasota** (2011), **Caladesi Island State Park** (2008), **Fort De Soto Park's North Beach** (2005) und die Strände der folgenden *State Parks*: **St. Joseph Peninsula** (2002), **St. Andrews** (1995), **Grayton Beach** (1994) und **Bahia Honda** (1992).

Schnorcheln oder Delfinbeobachtung, www.southernstardolphincruise.com. Schnellboote (sog. »*Blaster*«, www.seablasterdestin.com) rasen mit 50 km/h und mehr samt Passagieren übers Wasser, aber auch nostalgische **Segelboote** für Tagestrips wie **Sunset Cruises** fehlen nicht. Vor Ort am **Harbourwalk** ist alles meist noch kurzfristig verfügbar.

Strände bei Destin
Wer weiter die Strände genießen möchte, fährt nach Passieren des *Destin Harbor* über den **Gulf Shore Drive** auf der vorgelagerten Halbinsel bis zum Ende. En route sind nicht nur (wieder) Hochhäuser am Strand zu bewundern, sondern auch beneidenswerte Villen an angelegten Kanälen mit eigenem Bootssteg vor der Tür.

Wenn die Zeit reicht, kann man östlich von Destin nach Passieren des *Henderson Beach State Park* auf der »**alten**« #98 direkt an der Küste entlang fahren und staunen, dass die Bebauung überhaupt nicht aufzuhören scheint. Tatsächlich wird sie erst nach Meilen unterbrochen durch Privatareale der *Upper Class* und die großen Gelände der *State Parks Topsail Hill* und *Grayton Beach*.

Unterkunft Emerald Coast
Entlang des *Miracle Strip/Emerald Coast Highway* gibt es im Bereich Fort Walton Beach und Destin **jede Menge M/Hotels**, darunter zwar etliche in der absoluten Hochpreisliga ($200+), aber auch viele mit – außerhalb der Hochsaison (Ostern und Ende Mai bis Anfang September) – durchaus moderaten Tarifen. Das gilt speziell für die immer flexiblen Kettenhäuser. Sie sind **entlang der #98** in Fort Walton und Destin nicht zu verfehlen und werben bei schlechter Auslastung teilweise weit sichtbar mit Sonderpreisen.

342 Floridas Norden

Ganz hervorragend unmittelbar am Strand liegt das individuelle **Beachside Inn**, 2931 *Scenic Hwy* #98/Hutchinson Street etwas östlich des *Henderson State Park*; DZ ab $106 in der Nebensaison, HS $214; ✆ 1-888-232-2498; www.destinbeachsideinn.com.

Camping

Mit einer Ausnahme gibt es keine kommerziell geführten Komfort-Campingplätze direkt am Strand. Und dieser Platz gehört zu den teuersten in den ganzen USA, tariflich nur vergleichbar mit ähnlich exquisit gelegenen *Campgrounds* auf den Florida Keys: **Camp Gulf**, 10005 Emerald Coast Hwy in Miramar Beach, $55-$169, ✆ 1-877-226-7485; www.campgulf.com.

State Parks Aber im Bereich Destin warten gleich drei wunderbar gelegene *State Parks* mit Campingplätzen hinter den weißen Dünen und ebenso schönen Stränden. Wer dort campen möchte, sollte sie möglichst langfristig reservieren: ➢ Seite 69.

- Die **Henderson Beach State Park** liegt unweit westlich des Straßendreiecks #98/#293. Zum *State Park* gehören gute 2 km Strand und ein *Campground* im Wald mit 60 Plätzen ($30), 17000 Emerald Coast Pkwy, ✆ (850) 837-7550, www.florida stateparks.org/hendersonbeach.

- Um den **Topsail Hill Preserve State Park** zu erreichen, verlässt man ca. 10 mi östlich von Destin die #98, die sich hier einige Meilen von der Küste entfernt, und nimmt die küstennähere **Straße #30A**. Es handelt sich um einen Spitzenpark, was leider auch bei den Tarifen fürs Campen zum Ausdruck kommt ($24-$42). Er verfügt über einen 5 km langen Strand und ein großes Naturschutzgebiet. Neben dem **Campground** gibt's dort **Bungalows** für $100/Nacht, 7525 Hwy 30A, Santa Rosa Beach, ✆ (850) 267-8330; www.floridastateparks.org/topsailhill.

- Der **Grayton Beach State Park** liegt nur ein paar Meilen weiter, Zufahrt ebenfalls über den Hwy 30A, 357 Main Park Road. Das Gelände des Parks dehnt sich hinter den Dünen weit ins Inland aus, nur ca. 1 mi der Küste ist *State Beach*. Auch Grayton brachte es schon zur Auszeichnung »schönster Strand der USA« (1994), ➢ Essay *Dr. Beach*, ➢ Seite 341. Der vom Meer ca. 500 m entfernte *Campground* (34 schön zugewachsene Plätze, $24-$30) grenzt an den kleinen Binnensee Western Lake. **Cabins** für bis zu 6 Personen sind ebenfalls vorhanden, $110/Tag; ✆ (850) 267-8300, www.floridastateparks.org/graytonbeach.

Grayton Beach

Die Dünen in Seaside sind besetzt mit sog. Cottages, von denen sich viele – wiewohl zu heftigen Tarifen – auch mieten lassen

Seaside

Nur 2 mi östlich der Grayton Beach läuft die #30A durch Seaside, einen »Vorzeigeort«, der **unbedingt einen Zwischenstopp** erfordert. Seaside ist eine bereits in den 1970er-Jahren geplante und 1981 »eröffnete« **Retortenstadt**, der perfekt sichere und saubere Ort. Seaside wirkt tatsächlich ungewöhnlich aufgeräumt und ist ohne aufdringliche Werbung und *Fast Food Places*. Wie in einem Bilderbuch gruppieren sich rund um den *Central Square* mit Cafés und Restaurants wie auch entlang des Strandes nur gepflegte weiße oder hellblaue Holzbauten. In den Wohnstraßen steht ein makelloses Haus mit hübschem Garten und weißem Zaun neben dem anderen. Die Perfektion bewirkte, dass Seaside schon in mehreren Filmen als Kulisse diente, so u.a. als »Seahaven« in der grandiosen **Truman Show** mit *Jim Carrey*. Mehr zu diesem bemerkenswerten Ort unter: www.seasidefl.com.

Wer dort übernachten möchte, findet zahlreiche sog. *Cottages*, kleine und große Häuser, teilweise am Strand, zur – indessen teuren – Vermietung (ab $166); www.cottagerentalagency.com.

Eden State Park

Nördlich von Seaside wartet bei Point Washington im **Eden Gardens State Park** (zurück zur Straße #98, dann 1 mi #395) eine völlig andere Welt. Inmitten einer gepflegten Gartenanlage voller mit *Spanish Moss* behangener Eichen, Magnolien und Azaleen steht ein **schönes Herrenhaus im Plantagenstil** der Südstaaten. Täglich zugänglich 8 Uhr bis zur Dämmerung. Zutritt $4/Auto. Besichtigung Do-Mo 10-15 Uhr stündlich $4, Kinder $2.

#98 Alt bis Panama City Beach

Etwa 10 mi östlich von Seaside vereinigen sich die Straßen #30A und #98 und laufen vierspurig als Panama City Beach Parkway in Richtung Panama City. Parallel dazu führt die **Front Beach Road** als endloser breiter **Business Strip** weiter an der Golfküste entlang. Die Bebauung auf den etwa 20 mi von Laguna bis Panama City Beach ist vor allem seeseitig nahezu lückenlos. Im Gegensatz zu den Seebädern weiter westlich wechseln sich neue mondänere Bereiche mit älteren Strukturen ab. Die gesamte Strecke ist gekennzeichnet durch zahllose H/Motels, Beach-Apartments, Amusementbereiche, *Shopping* und jede Menge *Fast Food*.

4.3.2 Panama City Beach

Amusement und Shopping
Neben dem meilenlangen Strand, der mit seinem schneeweißen Sand und türkisfarbenen Wasser noch zur **Emerald Coast** gehört, ziehen im Bereich Panama City vor allem kommerziell orientierte Attraktionen Besucher an. Da dürfen natürlich auch *Shopping Center* nicht fehlen. Das beste ist der **Pier Park** mit ca. 120 Läden, vielen Restaurants und IMAX-Kino zwischen Front Beach Road und Straße #98A, www.simon.com/mall/pier-park.

Shipwreck Island
Die größte Attraktion ist der Planschpark **Shipwreck Island**, 12201 Middle Beach Road, täglich Ende Mai-Mitte August 10.30-17.00 Uhr, mit Wellenbad und Rutschen; Eintritt $28/$33 (bis/ab einer Größe von 1,27 m); http://shipwreckisland.com.

Gulf World
Der *Gulf World Marine Park*, 15412 Front Beach Road, besitzt ein **Aquarium** und einen **Florida-Zoo** mit Alligatoren, Flamingos u.a. Dazu gibt es Shows mit Delfinen, Seelöwen und Haien. Für $175 darf man **mit Delfinen schwimmen**, ➢ auch Seiten 158 und 254; täglich 9.30-17 Uhr, Sommer 9-19 Uhr, Eintritt $28; bis 11 Jahre $18; www.gulfworldmarinepark.

Delfine vor der Küste
Hinweis: In Panama City Beach muss man zur Delfinbeobachtung nicht mal ins Aquarium: Delfine sind auch in freier Natur extrem neugierig und hier in Küstennähe leicht anzutreffen. Man kann dafür Touren buchen oder in Eigeninitiative ein Boot mieten. Delfine lassen sich von ruhigen Schwimmern sogar berühren.

Ripley's
Kaum zu glauben ist auch **Ripley's Believe it or not!**-Kuriositätenkabinett mit modernem 4D-Kino, ➢ auch Seite 275. Der Bau in Form eines sinkenden Ozeanriesen erinnert an die *Titanic*; 9907 Front Beach Road, tägl. ab 10 Uhr, So-Do bis 20 Uhr, sonst länger, Eintritt $15, bis 12 Jahre $10; www.ripleyspanamacitybeach.com.

Wonder Works
Auf der gegenüberliegenden Straßenseite wird im **WonderWorks** im wahrsten Sinne des Wortes alles auf den Kopf gestellt. Eine Art Wissenschaftsmuseum mit vielen *Hands-on-Exhibits* und einem

Karte Seite 339 **Panama City Beach** 345

Nordfloridas Reiseziel Nº1

In den letzten Jahren hat sich **Panama City Beach** mit über sechs Mio Urlaubern zur – nach Orlando – zweitmeist besuchten Destination in Florida entwickelt. Es zog mehr Urlauber an als etwa Miami Beach oder Key West. Dies ist vor allem dem inneramerikanischen Tourismus zu verdanken. Für die meisten Urlauber, die mit begrenzter Zeit aus den Nachbarstaaten oder dem Mittleren Westen anreisen, ist Südflorida einfach zu weit und für viele zu teuer, in den Sommerferien obendrein zu heiß und wettermäßig unberechenbar. Auch für Studenten, die während der Frühlingssemesterferien, dem sog. *Spring Break*, ein paar Tage in der Sonne verbringen wollen, ist Panama City Beach ein beliebtes Ziel, ➢ Seite 262.

Da sich das Publikum dort überwiegend aus weißen Bewohnern des ländlichen Südens rekrutiert, werden die Strände der Gegend gerne als **Redneck Riviera** bezeichnet (*Redneck* ist der – wenig schmeichelhafte – Spitzname für ebendiese Gruppe wegen ihrer von der Landarbeit sonnenverbrannten Nacken). Strandleben und Tourismus spielen sich dabei ausschließlich in Panama City Beach ab. Die weiter landeinwärts gelegene Panama City ist eine eher unattraktive Industrie- und Hafenstadt mit starker Militärpräsenz.

	Hochseilgarten; Eintritt $23, bis 12 Jahre $19, täglich 9-21, Sa bis 22 Uhr; www.wonderworksonline.com/panama-city-beach.
Museum	***Man in the Sea Museum***, 17314 Panama City Beach Pkwy. Die Ausstellungen drehen sich um die Geschichte des Tauchens und zeigen zahlreiche Objekte wie alte Tauchanzüge, erste U-Boote und aus gesunkenen Schiffen geborgene Schätze. Ganz originelle Exponate befinden sich auch auf dem frei zugänglichen Außengelände; Mi-Sa 10-17 Uhr, Eintritt $5; www.maninthesea.org.
Information	***Panama City Beach Chamber of Commerce***, 309 Richard Jackson Blvd, ✆ (850) 235-1159; www.pcbeach.org.
Unterkunft	An der Front Beach Road stehen zahllose Motels, neben den üblichen Häusern der Ketten z.B.
	• **The Driftwood Lodge on the Gulf**, 15811 Front Beach Road, ✆ 1-800-442-6601, ab $70; www.driftwoodpcb.com
Camping	• Der **St. Andrews State Park** besetzt den kompletten östlichen Teil der Landzunge von Panama City Beach. Dort kann man den letzten Abschnitt des *Panhandle*-Traumstrandes genießen, ➢ Essay *Dr. Beach*. Die Areale des ausgedehnten Campingbereichs mit 176 Stellplätzen liegen alle auf der Lagunenseite der Halbinsel, $28; www.floridastateparks.org/standrews.
	• **Camper's Inn**, 8800 Thomas Dr, $45-$55; www.campersinn.net
Shell Island	Zum *State Park* gehört auch der westliche Teil von **Shell Island**; Überfahrt mit dem Boot $17; www.shellislandshuttle.com.
Gastronomie	Wie bereits angedeutet, gibt es am Strip und in den Parallel- und Nebenstraßen jede Menge *Fast Food*, aber auch »richtige« Restaurants und Kneipen ohne Ende. Hier nur diese Empfehlung:
	• **Capt' Anderson's**, 5551 N Lagoon Drive, an der Brücke über die Lagune, So geschlossen. Es gilt seit fast 50 Jahren als eines der lokalen Spitzenrestaurants; www.captanderson.com.

Floridas Panhandle   Karte Seite 296

4.3.3 Von Panama City nach Apalachicola

Östlich von Panama City nähert sich die Straße #98 nach Passieren der *Tyndall Air Force Base* wieder der Küste, die nun nicht mehr mit sensationellen, ununterbrochenen (wenngleich immer noch hellen) Stränden aufwartet und auch sonst nichts landschaftlich Spektakuläres zu bieten hat. Am Wege liegen bis Port St. Joe (ca. 40 mi) nur noch kleinste Ortschaften.

Port St. Joe   In dieser kleinen **Hafenstadt** konstituierte sich 1838 die erste verfassungsgebende Versammlung Floridas, an die das **Constitution Convention Museum** erinnert (200 Allen Memorial Way, Do-Mo 9-12 Uhr und 13-17 Uhr, Eintritt $2; etwas für historisch Interessierte; www.floridastateparks.org/constitutionconvention). Die nach einigen Überarbeitungen verabschiedete Verfassung, sorgte dafür, dass Florida 1845 der 27. US-Staat werden konnte. Heute ist Port St. Joe bedeutungslos; es hat ganze 3.400 Einwohner.

Unterkunft

Mitten im Ort steht an der 501 Monument Ave das nostalgische ***Port Inn***. Wenn auch Port St. Joe ansonsten nicht sonderlich einladend wirkt, dieses Hotel mit feiner Bar ist ein Geheimtipp, ab $109 inkl. Frühstück; www.portinnfl.com

Apalachicola   Auf direkter Route (Straße #98, ca. 24 mi) erreicht man rasch *Apalachicola*, ein altes Hafenstädtchen (2.200 Einwohner) an der Mündung des gleichnamigen Flusses. Es ist einer der hübschesten Orte an der Küste des *Panhandle* und für seine **Austern** in den ganzen USA bekannt. 90% aller Austern, die Florida auf den Tisch kommen, stammen aus der Apalachicola Bay.

Im Ort gibt es keine Ferienresorts und nicht einmal eine *Shopping Mall*, dafür aber einen historischen Stadtkern mit einigen nostalgischen Gebäuden, die heute mehr oder weniger originelle Läden beherbergen, und das unverfehlbare **Gibson Inn**, in dem man stilvoll übernachten kann. Rund um das kleine Zentrum stehen in den grünen Nebenstraßen voller *Live Oaks* mit *Spanish Moss* zahlreiche alte Villen, die dem Ort sein besonderes Flair verleihen. Einige davon bieten **Bed & Breakfast**.

Verfassunggebende Versammlung von 1838, nachgestellt im historischen Museum von Port St. Joe

Von Panama City nach Apalachicola

State Museum

Außerdem verfügt Apalachicola über den hier unerwartet interessanten **John Gorrie Museum State Park** (46 6th Street, Do-Mo 9-17 Uhr, $2; www.floridastateparks.org/johngorriemuseum). Er erinnert an den Arzt *John Gorrie* aus Apalachicola, der Mitte des 19. Jahrhunderts nach einer Möglichkeit suchte, für seine Patienten kühlere Räume zu schaffen. Dabei erfand er die erste Eismaschine und damit die Technik, nach der bis heute Kühlschränke, Gefriertruhen und Klimaanlagen funktionieren.

Gleich gegenüber liegt der kleine **Ortspark** am Wasser (unterhalb der Brücke über die Bay). Ideal für eine Fahrpause und Picknick.

Information
- *Apalachicola Bay Chamber of Commerce Visitor Center*, 122 Commerce Street, © 850-653-9419; www.apalachicolabay.org

Unterkunft
- Das hellblaue **Gibson Inn** (51 Avenue C, © 850-653-2191, www.gibsoninn.com, ab $115) und das **Coombs House Inn** (80 6th Street, © 1-888-244-8320, ab $120; www.coombshouseinn.com) stehen beide mitten in Apalachicola.
- Auch das altmodisch dekorierte **Bryant House Bed & Breakfast** (101 6th Street, © 1-888-554-4376; www.bryanthouse.com, ab $87) ist zu empfehlen, am besten das *Fisherman's Cottage*.
- Das **Rancho Inn** (240 Highway #98, © 850-653-9435, www.ranchoinn.com), ist ein ganz normales Motel der unteren Mittelklasse am westlichen Ortseingang, $65-$85.
- **Apalachicola River Inn** (123 Water Street am Fluss, © 850-653-9364, www.apalachicolariverinn.com) ab $149 inkl. *Breakfast*, einige Zimmer mit Terrasse; Restaurant und *Oyster Bar*.

Gastronomie
- **Boss Oyster** gehört zum *River Inn*, © 850-653-9364, und offeriert Austern in verschiedensten Zubereitungsarten.
- **Chef Eddie's Magnolia Grill** (99 11th Street, © 850-653-8000) ist ebenfalls für Austern und *Seafood* bekannt.
- **Owl Cafe and Wine Room** (15 Ave D beim *Gibson Inn*, © 850-653-9888, www.owlcafeflorida.com). Fangfrische Fischgerichte, beachtliche Wein- und Bierauswahl für den kleinen Ort.

St. Joseph Peninsula

Wer aber auf dem Weg in Richtung Süden noch Zeit hat, macht einen Abstecher auf die **St. Joseph Peninsula**. Etwa 1 mi südlich von Port St. Joe trennen sich die Straßen #98 und #30A. Die **#30A** läuft weiter die Küste entlang und vereinigt sich später wieder mit der #98 (bis Apalachicola auf dieser Route ca. 30 mi). Die Stichstraße **Cape San Blas Road** (#30E) führt bis ans Ende dieser hakenartigen Halbinsel. Deren Außenküste besteht aus endlosen hellen Stränden bei guter bis bester Wassertransparenz. Entlang der Straße gibt es immer wieder Strandzugänge. Sand und Wasser sind optimal an der Spitze des Hakens, die ganz zum **Stone Memorial St. Joseph Peninsula State Park** gehört, www.floridastateparks.org/stjoseph. Dort kann man gleich hinter der Küstendüne in unmittelbarer Strandnähe campen (© 850-227-1327, $24). Auch **Cabins** für bis zu sechs Personen sind vorhanden für $100/Tag.

Top Twelve in Nordflorida und dem Panhandle

1. An den Stränden der *Emerald Coast* oder auf Santa Rosa Island (*Gulf Island National Seashore*) **Sonne und Meer** genießen
2. Das **National Museum of Naval Aviation** bei Pensacola besuchen
3. Im *Ichetucknee Springs State Park* das *Tubing* ausprobieren
4. In Apalachicola Austern essen
5. Im *Wakulla Springs State Park* an einer Bootstour teilnehmen
6. In Destin einen Trip zur **Delfinbeobachtung** buchen
7. *Fort Pickens* und/oder *Fort Barrancas* bei Pensacola besichtigen
8. Einen Abstecher zum *Air Force Armament Museum* bei Fort Walton machen
9. Im *Suwannee River State Park* den Fluss per Kanu erkunden
10. In **Seaside** den dort scheinbar Realität gewordenen *American Dream* bewundern und eines der Restaurants mit Strandterrasse besuchen
11. In **Panama City** im *Ripley's* staunen, was es nicht alles gibt
12. Im *Blackwater River State Park* ein Kanu leihen und auf dem »schwarzen« Fluss die Zivilisation hinter sich lassen

St. George Island

Ebenso schön wie auf der St. Joseph Peninsula sind die Strände rund um die Ostküste von **St. George Island**. Eine 4 mi-Brücke (*toll*) führt ab Eastpoint dorthin. Ein Großteil der Strände ist unzugänglicher Privatbesitz, aber das gesamte Ostende der 30 mi langen Insel mit 9 mi ursprünglichem Strand und Dünen ist *State Park*-Terrain. Info unter http://www.seestgeorgeisland.com.

Traumhaftes Campen im **St. George Island State Park,** 1900 E Gulf Beach Drive, kostet $24+$6 Eintritt; ✆ 850-927-2111, www.floridastateparks.org/stgeorgeisland.

Unterkunft

- Auf St. George Island ist das **Buccaneer Inn** (160 W Gorrie Dr, ✆ 1-800-847-2091, $80-$100; www.buccinn.com) noch eines der preisgünstigeren Quartiere.
- Eine Übersicht aller Quartiere auf St. George Island findet sich unter www.apalachicolabay.org, Schaltfläche »*places to stay*«.

Strand auf St. George Island

Karte Seite 289 **Vom Panhandle nach Süden** 349

5. VOM PANHANDLE NACH SÜDEN ZUR TAMPA BAY

Zur Route

Ab Apalachicola
Die Straße #98 führt (gemeinsam mit der #319) **ab Apalachicola** zunächst wieder an der Küste entlang. Der Wald wächst auf den nächsten 40 mi bis Panacea häufig bis ans Wasser und sorgt damit für einen reizvollen Streckenverlauf.

Straße #319
Östlich von Lanark Village löst sich die Straße #319 von der #98 und führt durch den *Apalachicola National Forest* in Richtung Tallahassee. Wer in dieser Region einen romantischen Platz zum Campen sucht, findet ihn im **Ochlockonee River State Park**, ➢ Seite 294. Weiterfahrt ggf. über **Wakulla Springs**, ➢ Seite 295.

Verlauf
Von dort gelangt man ohne Rückkehr auf die Küstenroute und Weiterfahrt via Panacea auch weiter östlich wieder auf die dort mittlerweile landeinwärts laufende #98. Wegen der vollständig versumpften Golfküste zwischen Panacea und dem zentralen Florida bis ungefähr Tarpon Springs gibt es keine Küstenroute mehr nach Süden. Die küstennächste Strecke entspricht dem Verlauf der Straße #98 und – ab Perry – der von Tallahassee kommenden #19. Bis über *Homosassa Springs* hinaus trägt diese breit ausgebaute Straße nach Süden beide Nummern (#98 und #19).

Distanz & Zeitbedarf
Von Panacea bis zur Tampa Bay sind es rund 300 mi, eine Strecke, die bei zügiger Fahrt ohne längere Pause und Abstecher an einem Tag gerade gut zu schaffen ist (keine Autobahn! Meist Maximaltempo 65 mph, streckenweise und ab Crystal River verkehrsbedingt weniger). Im nördlichen Bereich dieser Route findet sich wenig, was zu Zwischenstopps Anlass gibt, aber die beiden folgenden Abstecher, speziell zu den *Manatee Springs*, sind sehr erwägenswert. Ein Besuch in Park und Zoo der weiter südlichen *Homosassa Springs* lohnt sich ebenfalls. Für die Fahrt ab dem *Panhandle* bis zur Tampa Bay kann man gut zwei Tage einplanen.

Abstecher und Zwischenstopps

Manatee Springs
Ein Abstecher sollte unbedingt dem **Manatee Springs State Park** gelten. Bei Chiefland zweigt die Straße #320 dorthin von der #19/ #98 ab; www.floridastateparks.org/manateesprings. Die glasklare Quelle sprudelt unweit des Suwannee River ca 10 mi von der Hauptstraße entfernt. Ein gut gepflegter Park umgibt Quelle und Quellfluss. Kleiner **Badestrand** (die Temperatur des glasklaren Wassers beträgt immer konstant 20°C; Badezeug ist Pflicht). Ein **Kanuverleih** ist vorhanden; www.suwanneeguides.com. Ein 300 m langer Holzsteg (*Boardwalk*) führt über Mangrovensumpf zum Ufer des hier breiten und sich träge dahinwälzenden Flusses.

Kanumiete
Wer sich mit dem Kanu auf den Suwannee traut, muss ganz schön gegen den Strom paddeln, um wieder problemlos zum Quellfluss zurückkehren zu können. Bis zum Golf von Mexico sind es 23 mi.

Schwimmen im klaren Wasser der Manatee Springs ist bei Wassertemperaturen um 20°C ein erfrischender Genuss

Camping

Ein **Campground** gut 200 m abseits des Wassers ist auch vorhanden. Er besitzt viele wunderbar angelegte Stellplätze in dichter Vegetation. Hier kann man gut einen Abend mit Barbecue beim Zirpen der Grillen verbringen, $20.

Alternative: Der schöne Komfortplatz **Yellow Jacket RV Resort** liegt gut 10 mi südlich von Old Town (Straße #349) am Nordufer des Suwannee River, ab $34, © (352) 542-8365; www.yellowjacketcampground.com.

Anfahrt Cedar Key

Ein weiterer Abstecher könnte **Cedar Key** gelten, einer den Küstensümpfen vorgelagerten, über Brücken erreichbaren Insel. Südlich von Chiefland zweigt die Straße #345 ab, die beim einstigen Dorf Rosewood (➤ Essay) auf die Straße #24 stößt, der direkten Verbindung zwischen Hauptstraße #19 und Insel (ab Chiefland etwa 28 mi, zurück auf die #19 ca. 20 mi bis Otter Creek).

Ortschaft Cedar Key

Cedar Key ist ein kleiner Ort mit 700 Einwohnern. Der Name der Insel erinnert daran, dass dort und auf dem nahen Festland einst Zedernwälder standen. In der zweiten Hälfte des 19. Jahrhunderts wurden sie aber von der Firma *Faber* (!) aufgekauft und für die Bleistiftproduktion komplett abgeholzt. Cedar Key verfügt außer seiner exponierten Lage über keine besonderen Attraktionen, aber ein paar hübsche Ministrände an der Westseite des zentralen Ortes und – in Verlängerung des alten Anlegers am Hafen – die auf Pylonen übers Wasser zur C Street geführte Dock Street. Dort warten eine paar rustikal-originelle Fisch- & Seafood-Restaurants (Austern), *Shops* und Bars auf Kundschaft. Ein Tipp für den frühen Abend ist der **Sunset Drink** auf dem *Deck* der **Coconuts Bar**.

Das Natur- und Vogelschutzgebiet **Cedar Keys National Wildlife Refuge** (www.fws.gov/cedarkeys) und der **Cedar Key Museum State Park** (Do-Mo 10-17 Uhr; www.floridastateparks.org/cedarkeymuseum, Eintritt $2) sind nur etwas für naturkundlich bzw. lokalhistorisch besonders interessierte Besucher.

Das Massaker von Rosewood

An der Straße #24 passiert man auf Höhe des Straßendreiecks mit der #345 ein Schild mit dem Schriftzug »Rosewood«. Es ist schwer vorstellbar, dass sich an diesem knapp 10 mi von der Golfküste entfernten Fleckchen Erde eines der furchtbarsten Ereignisse in der modernen Geschichte Florida abgespielt hat.

Anfang des 20. Jahrhunderts war Rosewood ein Dorf mit etwa 350 Einwohnern, fast ausnahmslos Afroamerikanern. Es gab einen Bahnhof, ein Hotel, eine Post, eine Schule, zwei Kirchen und ein Geschäft, das einem der wenigen weißen Bürger gehörte. Die Bevölkerung lebte teilweise von der Landwirtschaft, viele der Männer arbeiteten aber in einer Sägemühle in Sumner, einem ca. 2 mi entfernten, überwiegend »weißen« Ort. Auch einige schwarze Frauen waren dort angestellt – als Dienstmädchen oder Köchin.

Am Neujahrstag 1923 behauptete die 22-jährige verheiratete *Frances Taylor* in Sumner, sie sei von einem schwarzen Unbekannten überfallen und vergewaltigt worden. Zeugen für diesen Vorfall fehlten, und vereinzelt glaubte man auch, sie hätte Handgreiflichkeiten mit einem Liebhaber gehabt und mit diesem Vorwurf wollte sie ihrem Ehemann eine plausible Erklärung für die Existenz ihrer blauen Flecken liefern. Dennoch machte sich sofort eine Gruppe empörter Nachbarn auf die Suche nach dem »Täter«, den man, da angeblich schwarz, in Rosewood vermutete.

Gleich der erste Einwohner von Rosewood, auf den der weiße Stoßtrupp stieß, überlebte das Zusammentreffen nicht. Er konnte keine Auskunft über den vermeintlichen Verbrecher geben und wurde kurzerhand erschossen. Danach begann ein fünftägiges Morden und Brandschatzen, das in Rosewood keinen Stein auf dem anderen ließ. Mit tatkräftiger Unterstützung aus anderen weißen Orten der Umgebung zerstörte der Mob aus Sumner das komplette Dorf Rosewood und brachte einen Großteil der Einwohner um. Diejenigen, die flüchten konnten, kehrten nie mehr nach Rosewood zurück.

Obwohl die Verbrechen weit über die Umgebung von Cedar Key hinaus bekannt waren, wurde in den folgenden Jahren niemand für die Morde verurteilt oder auch nur vor Gericht gestellt. Die weiße Bevölkerung schwieg aus nachvollziehbaren Gründen. Die schwarzen Überlebenden waren verängstigt und rechneten wohl ohnehin nicht mit Unterstützung durch Behörden.

Erst 70 Jahre danach kam es zur Untersuchung des Massakers von 1923. Als 1993 endlich die Einzelheiten geklärt und veröffentlicht wurden, war es zu spät, um die damaligen Täter zur Rechenschaft zu ziehen. Aber die Regierung Floridas stellte zumindest eine Summe von mehreren Millionen Dollar für die Überlebenden und ihre Nachkommen zur Verfügung.

Das öffentliche Interesse an der so lange verschwiegenen Geschichte war groß. Alle amerikanischen Zeitungen schrieben Berichte, Fernsehteams interviewten in der Gegend von Rosewood Zeitzeugen. 1995 nahm sich der Hollywood-Regisseur *John Singleton* der Geschichte an. Er suchte Überlebende, informierte sich vor Ort und drehte anschließend einen Spielfilm, der 1997 mit dem schlichten Titel *Rosewood* in die Kinos kam.

Lesetipp:
In dem historischen Roman *Like Judgment Day, The Ruin and Redemption of a Town Called Rosewood* schildert *Michael d'Orso* die Ereignisse des Jahres 1923. Im Vorwort erzählt *John Singleton*, wie er darauf aufmerksam wurde und wie die Filmarbeiten in Florida abliefen.

Information	• ***Cedar Key Chamber of Commerce***, 618 Second Street, ✆ (352) 543-5600; www.cedarkey.org
Unterkunft	• ***Cedar Key B&B***, 810 Third Street, ✆ (352) 543-9000, ab $105; www.cedarkeybandb.com
	• Originell ist das nostalgische ***Island Hotel***, 373 Second Street, ✆ 1-800-432-4640, ab $80, www.islandhotel-cedarkey.com
	• Zu einem ähnlichen Tarif kommt man unter im ***Faraway Inn***, 847 Third St, ✆ 1-888-543-5330, ab $80, www.farawayinn.com
	• Empfehlenswert sind auch die ***Cedar Key Harbour Master Suites***, 390 Dock Street, ab $90, am Dock mit Aussicht übers Wasser, ✆ (352) 543-9146, www.cedarkeyharbourmaster.com
Camping	• ***Sunset Isle RV Park***, nördlich des Ortes an der Straße #24, ✆ 1-800-810-1103, www.cedarkeyrv.com, ab $28
Crystal River State Park	Bei der Kleinstadt Crystal River lohnt für alle, die sich für Frühgeschichte interessieren, ein weiterer Stopp. Wo der Crystal River in den Golf von Mexiko mündet, haben Ausgrabungen gezeigt, dass dort schon 500 v. Chr. Menschen lebten. Offenbar befand sich dort auch ein religiöses Zentrum der frühen indianischen Bewohner der Golfküste; u.a. sind sechs Hügel (*Indian Mounds*) erhalten. Im Museum des ***Crystal River Archaeological State Park*** werden Töpferwaren und prähistorische Kunstgegenstände präsentiert; 3400 North Museum Point, täglich 9-17 Uhr, $3, www.floridastateparks.org/crystalriverarchaeological.
	Tipp: In der Nebensaison (November bis Mai) bietet das mondäne ***Plantation on Crystal River***, ein enormes Golfhotel und ***Spa Resort*** am 9301 West Fort Island Trail unweit der Hauptachse #19 seine Zimmer ab $119 an (bei Vorlage von *Discount Coupons* - ▶ Seite 58 - ggf. auch schon mal für $89), ✆ 1-800-632-6262; www.plantationoncrystalriver.com.
Homosassa Springs	Nur wenige Meilen weiter passiert man den ***Homosassa Springs Wildlife State Park*** (*Visitor Center* und *Boat Dock* direkt an der #19/#98, täglich 9-17.30 Uhr, Eintritt $13, Kinder bis 12 Jahren $5, ✆ (352) 628-5343: www.floridastateparks.org/homosassasprings).

Sonnenuntergang auf Cedar Key

Per Boot (ca. 15 min) geht es zu einem offenen Zoo der Florida-Tierwelt: Flamingos, Adler, Alligatoren, Pumas, Schlangen und sogar **Manatees**. Es gibt zwar diverse Parks, in denen Meereskühe leben, *Homosassa* ist aber der einzige, der seinen Besuchern garantiert, diese Tiere wirklich zu Gesicht zu bekommen. Vom Unterwasser-Observatorium aus oder beim Füttern sieht man sie in voller Größe aus nächster Nähe. Empfehlenswerter Park.

Einen Besuch im Homosassa Park sollte man nicht auslassen – sehenswert sind vor allem die Manatees.

Tipp: Die Bootsfahrt ist witzlos und kostet mit Anstehen nur Zeit und Anstrengung. Man kann per Auto direkt zum Eingang (*West Entrance*) des eigentlichen Parks – hier auch der Zoo und ein *Visitor Center* – fahren und zwar auf der West Hall River Road unmittelbar nördlich des Besucherzentrums von der #98/#19 kurz nach Westen und dann die nächste Straße südlich ab (West Fishbowl Drive/Straße #490A). Ab der Hauptstraße sind es nur etwa 1 mi. Einziges Problem ist am **West Entrance** die Parkplatzkapazität.

Verkehrsdichte

Ab dem Bereich Homosassa Springs wird der Verkehr auffällig stärker und die Bebauung beidseitig der vier- bis sechsspurigen Straße immer dichter, eine Folge der flächendeckenden Urbanisierung weiter Gebiete Floridas auch ohne unmittelbare Anbindung an historisch gewachsene Ortschaften. Die Trennung der Straßen #19 und #98 rund 7 mi südlich von Homosassa Springs bewirkt da nur wenig. Starker Verkehr und Ampeln sorgen auf der Küstenroute #19 auch danach für langsames Vorankommen. Je näher man der Tampa Bay kommt, umso dichter wird die Infrastruktur und die Straße bald zum Großstadtboulevard mit reichlich stop-and-go zu Stoßzeiten.

Weeki Wachee Springs State Park

Die **Weeki Wachee Springs** waren lange kommerziell ausgebeutete Quellen beim gleichnamigen Ort (an der #19 südlich dessen Separierung von der #98), bis sie in das *State Park*-System eingegliedert wurden, www.floridastateparks.org/weekiwachee. Was das Programm betrifft, hatte das aber kaum Konsequenzen.

Dort läuft bereits seit 1947 tagtäglich eine etwas kitschige **Unter-wasser-Unterhaltung mit »Meerjungfrauen«**. Indessen muss man zugeben, dass die Schwimm- und Tauchleistungen der Wasser-akrobatinnen beachtlich sind. Die Show ist zentraler Punkt des ganzjährig geöffneten Parkteils, in dem auch Flussfahrten auf dem kristallklaren Weeki Wachee River und Vorführungen mit Tieren stattfinden; weitere Details dazu unter www.weekiwachee.com.

Im ebenfalls zum Komplex gehörenden **Wasserpark Buccaneer Bay** mit Badestrand, Rutschen und *Inner Tubing* sind die *Rides* im Hochsommer täglich nutzbar (sonst nur an den Wochenenden). Schwimmen kann man dort immer.

Geöffnet täglich 9-17.30 Uhr. Der Eintritt von $13, bis 12 Jahre $8, schließt den Besuch der Shows und der *Bucanneer Bay* mit ein.

Weiter zur Tampa Bay

Mit *Weeki Wachee* ist die Tampa Bay fast erreicht. Weitere Ziele nördlich des Ballungszentrums Tampa/St. Petersburg, die man bei Anfahrt von Norden passiert bzw. noch ansteuern könnte, wie etwa **Tarpon Springs** oder **Honeymoon Island**, sind auf den Seiten 372f beschrieben.

Der kommerzielle Charakter der einst rein privatwirt - schaftlich geführten Weeki Wachee Springs blieb trotz Übernahme der Anlage durch das Florida State Park System bislang voll erhalten

6. DIE SÜDLICHE GOLFKÜSTE
6.1 Die Tampa Bay

Geographie

Das Bild des Ballungszentrums Tampa/St.Petersburg/Clearwater wird geprägt durch seine Lage am Golf von Mexico rund um die Tampa Bay. Entlang unendlicher Meilen Uferlinie an großen und kleinen Buchten, künstlichen Seen und Kanälen drängen sich Ferienanlagen, Hotelpaläste und Privatvillen. Ein Yachthafen reiht sich an den anderen. Wer es sich leisten kann – und das sind viele –, hat sein Boot vor der Haustür liegen. Eine langgestreckte Inselgruppe mit scheinbar endlosen Sandstränden von Egmont Key im Süden bis Honeymoon Island im Norden ist der Küste vorgelagert und mit ihr durch zahlreiche Brücken verbunden.

Anfahrt

Wer **von Norden** kommt, fährt entweder auf der küstennahen Straße #19 via **Tarpon Springs** und **Clearwater** ein oder folgt südlich von Homosassa Springs zunächst der #98 und dann dem (gebührenpflichtigen) *Suncoast Parkway*. Auf ihm erreicht man bei normaler Verkehrsbelastung der Strecke in einer guten Stunde das zentrale Tampa und – via I-275 – St. Petersburg.

Bei **Anfahrt von Orlando** auf der I-4 (➤ Seite 258) braucht man ca. 90 min bis Tampa und maximal zwei Stunden bis St. Pete Beach.

Bei **Anfahrten von Süden** sollte man auf keinen Fall die sagenhafte *Sunshine Skyway Bridge* (I-275, ➤ Seite 367) über die Einfahrt in die Tampa Bay auslassen, selbst wenn zunächst ein Ziel im zentralen Tampa angesteuert werden soll und daher die (langweilige) I-75 östlich der Bay die schnellere Route darstellt.

6.1.1 Tampa

Kennzeichnung

Tampa wirkt ein wenig wie die kleine Schwester von Miami. Unter den vielen Einwanderergruppen haben hier wie dort besonders Kubaner das Gesicht der Stadt geprägt, und im Geschäftszentrum glitzern die Türme moderner Hochhäuser, deren Glasfassaden sich im Hillsborough River spiegeln. Nur wenige Meilen vom Zentrum entfernt befinden sich ausgedehnte Strände.

Tampa ist zwar nicht ganz so schick herausgeputzt wie manch andere Stadt in Florida, dafür aber authentischer. Der Tourismus spielt durchaus eine Rolle, aber seine wirtschaftliche Bedeutung reicht bei weitem nicht an die von Industrie (u.a. Schiffbau und High Tech) und anderen Dienstleistungen heran.

St. Pete Beach

356 Die südliche Golfküste

Geschichte und Entwicklung

Entdecker

Die Tampa Bay ist die größte Bucht der Florida-Golfküste. Kaum ein spanischer Entdecker oder Abenteurer, der sie nicht schon im 16. Jahrhundert als natürlichen Hafen genutzt hätte. *Juan Ponce de León* entdeckte sie 1521. Er fand nichts als ein kleines indianisches Fischerdorf. Ihm folgten ein *Panfilo de Narvaez* im Jahre 1528 und schließlich *Hernando de Soto*, der dort im Mai 1539 vor Anker ging. Da sie alle auf der Suche nach Gold und schnellem Reichtum waren, konnte sie und ihre Männer in dieser Gegend voller Sümpfe und flacher Strände nichts halten.

Fort Brooke

Ganz anders die angloamerikanischen Pioniere, die nach und nach ab dem frühen 19. Jahrhundert auftauchten: Sie waren an Grund und Boden interessiert und blieben. 1824 beschloss die amerikanische Bundesregierung, in der Nähe der Bay ein Reservat für die Seminolen einzurichten und daneben ein Fort zu dessen Überwachung. Um die Befestigung herum entstand eine Siedlung, die zunächst deren Namen trug: ***Fort Brooke***. Später besann man sich auf die indianische Bezeichnung der Region »**Tampa**«.

Henry B. Plant

Der Ort entwickelte sich, die Bevölkerung wuchs, aber es ging lange nicht recht voran. Wie auch im Fall vieler Städte an der Ostküste Floridas brachte erst der Bau einer Eisenbahnlinie den wirtschaftlichen Aufschwung. Der Industrielle **Henry B. Plant** sorgte in den 1880er-Jahren für eine Schienentrasse von Tampa nach Norden. Er investierte außerdem in den Ausbau der Stadt und ließ u.a. das *Tampa Bay Hotel* errichten, das heute das *Henry B. Plant Museum* beherbergt.

Vicente M. Ybor

Neben *Plant* prägte der aus Kuba stammende Zigarrenfabrikant ***Vicente Martinez Ybor*** die Entwicklung Tampas. Er verlegte 1886 seine Zigarrenproduktion von Key West hierher. Das nach ihm benannte Viertel **Ybor City** war für Jahrzehnte das weltweit größte Zentrum der Zigarrenproduktion.

Wirtschaftszweige

Im 20. Jahrhundert kamen Stahl- und Elektroindustrie sowie Brauereien hinzu. Erstere sind mittlerweile nicht mehr vorhanden bzw. ohne Bedeutung, dafür spielen Viehzucht, Fischfang und Zitrusplantagen samt Weiterverarbeitung eine wesentliche Rolle für Tampas Wirtschaft. Auch das Militär, speziell die *MacDill Air Force Base* am Ende der weit in die Bucht hineinragenden Landzunge im Südwesten der Stadt, ist ein wichtiger Arbeitgeber.

Bevölkerung

Heute verzeichnet der gesamte Ballungsraum um die Tampa Bay insgesamt 2,8 Mio Bewohner. Dabei entfallen auf die zentralen Bereiche der Städte ca. 350.000 auf Tampa, ca. 250.000 auf St. Petersburg und ca. 130.000 auf Clearwater.

Wegen ausgedehnter Villenbereiche mit großen Grundstücken, nur auf kleinen Flächen verdichteter Bebauung und der durch die riesige Tampa Bay, Buchten, Kanäle und die vorgelagerten Inseln auseinandergezogenen Stadtteile vermittelt die Region den Eindruck einer weit größeren urbanen Konglomeration.

Praktisches

Information Für ganz **Tampa** und Umgebung:
- **Tampa Bay & Company**, 401 East Jackson Street, Suite 2100; ✆ 1-800-448-2672; www.visittampabay.com

Speziell für **Ybor City**:
- **Visitor Information Center at Centro Ybor**, 1600 E 8th Avenue, ✆ (813) 241-8838; die Touristeninformation ist passenderweise wie eine Zigarrenkiste gestaltet; www.ybor.org

Transport Zwischen Ybor City und *Downtown* verkehrt die **Tampa-Ybor Streetcar**, $2,50, bis 17 Jahre $1,25; www.tecolinestreetcar.org.

Der öffentliche Nahverkehr (**HART** – *Hillsborough Area Regional Transit*) bietet ein flächendeckendes Busnetz, Einzelfahrt $2, Tageskarte $4 (inkl. *Streetcar* $5); www.gohart.org.

Unterkunft Unterkünfte aller Kategorien ballen sich vor allem in **Airportnähe** (I-275 *Exit* 40A auf N Westshore Blvd und West Cypress Street), im Bereich der **Busch Gardens** (I-275 *Exit* 51 auf Fowler Avenue/Straße #582) und an der **Straße #60** (Adamo Drive/Brandon Blvd) über I-75 *Exit* 256 von Süden, 257 von Norden):

- **Quality Inn Airport**, 1020 S Dale Mabry Hwy, I-275 *Exit* 41A, ✆ 813-254-3005, ab $50
- Wer das Nachtleben von Ybor City genießen möchte, erreicht die Clubs und Restaurants der Gegend vom **Hilton Garden Inn** aus zu Fuß (1700 9th Avenue, I-4 *Exit* 1, ✆ 813-769-9267, ab $120).

Die Auswahl an Motels der (unteren) Mittelklasse ist in der Umgebung der *Busch Gardens* besonders groß:

- **Days Inn Busch Gardens North**, 701 E Fletcher Avenue, I-275 *Exit* 52, ✆ (813) 977-1550, ab ca. $50
- **Red Roof Inn**, 2307 East Busch Boulevard, I-275 *Exit* 50, ✆ (813) 932-0073, ab $45
- **Garden View Motel**, 2500 East Busch Blvd, I-275 *Exit* 50, ✆ (813) 933-3958; www.gardenviewmotel.net, ab $40

In Tampa existiert mit **Gram's Place Hostel** auch eine Billigunterkunft, 3109 North Ola Avenue, I-275 *Exit* 46, ✆ (813) 221-0596; ab $23/Person; www.grams-inn-tampa.com.

Camping

- Nur 15 mi von *Downtown* liegt der riesige, extrem komfortabel angelegte Campingplatz **Bay Bayou RV Resort**, 8492 Manatee Bay Drive, Zufahrt über Straße #580 (W Hillsborough Avenue) Richtung Oldsmaar. Auch für Zelte sind Plätzchen vorhanden, ab $40; ✆ 1-888-692-2968, www.baybayou.com.

- Noch schönere Stellplätze bietet der **Hillsborough River State Park**, 15402 Hwy 301 in Thonotosassa, etwa 25 mi nordöstlich *Downtown* (**Anfahrt** über die I-4 *Exit* 14, dann auf McIntosh Rd; ✆ 813-987-6771; www.floridastateparks.org/hillsboroughriver, $24). In diesem Waldpark gibt es neben dem **Campground** einen *Boardwalk* über die »Schlucht« des Hillsborough River zu

Gastronomie

- Die bekannteste Adresse in **Ybor City** ist das riesige Traditionslokal **Columbia** (2117 E 7th Avenue, www.columbiarestaurant.com, ✆ 813-248-4961), das seit 1905 spanische Küche serviert, immer noch in Familienbesitz ist und abends die Gäste mit Flamenco-Vorführungen unterhält. Es ist angeblich das älteste Restaurant in Florida. Dennoch moderate Preise.
- Immer gut für *Seafood* und Steakgerichte ist überall das **Red Lobster**, hier am 2625 East Busch Boulevard; ✆ (813) 933-4093, www.redlobster.com.
- Wer in **Downtown** ein Restaurant sucht, findet mit dem **Bistro Mise en Place** beim *Henry B. Plant Museum* ein gutes Lokal mit innovativer amerikanischer Küche, 442 W Kennedy Boulevard, ✆ (813) 254-5373; www.miseonline.com.

Shopping

Ein typisches Tampa-Mitbringsel sind Zigarren; am besten kauft man sie auf der Einkaufsmeile *La Septima* in Ybor City bei

- *El Sol*, 1728 7th Avenue, www.elsolcigars.com
- *Metropolitan Cigar & Wines*, 2014 E 7th Avenue, oder
- *King Corona Cigars*, 1523 E 7th Ave, www.kingcoronacigars.com
- *Gonzales y Martínez Cigar Factory*, 2013 7th Avenue/Ecke 21st Street, ✆ 813-248-8210, neben dem *Columbia Restaurant*, ➢ oben.

Einst das Tampa Bay Luxushotel an sich, heute das Henry B. Plant Museum, ➢ übernächste Seite

Sehenswertes

Downtown

Tampas Innenstadt liegt zwischen der Autobahn I-275 im Norden und dem Garrison Channel der Tampa Bay im Süden. Außer der *University of Tampa* und dem *Plant Park* finden sich die meisten Institutionen und Sehenswürdigkeiten östlich des *Hillsborough River*. Dieser Bereich ist durchaus ansehnlich und besitzt sogar eine Fußgängerzone. Sehenswert sind dort in erster Linie das tolle **Henry B. Plant Museum** und das **Florida Aquarium**. Vom **Channelside Walkway** auf Harbour Island und vom **Plant Park** aus präsentiert sich die **Skyline** von *Downtown* Tampa von ihrer besten Seite.

Altes Tampa Bay Hotel

Nachdem die Schienen nach Tampa verlegt worden waren, ließ *Henry B. Plant* 1891 das **Tampa Bay Hotel** errichten (➤ Foto Seite 359). Dieses Haus bot seinen Gästen einen für die damalige Zeit unglaublichen Luxus. Alle 511 Zimmer hatten elektrischen Strom und Telefonanschluss. Es besaß den ersten Fahrstuhl im gesamten Staat, und die ausgeklügelte Beleuchtung des Hauses war von niemand anderem als dem – damals im nahen Fort Myers lebenden – Erfinder *Thomas A. Edison* entworfen worden.

Tampa

Der eigentliche Clou aber war die phantasievolle **orientalische Architektur** des Gebäudes, das von silbernen Minaretten gekrönt wird und manche Betrachter an die spanische *Alhambra* erinnert.

Henry B. Plant Museum

Trotz seines Luxus' war dem Hotel kein wirtschaftlicher Erfolg beschieden – es wurde 1930 geschlossen. Heute befindet sich das **Henry B. Plant Museum** in diesem Bau (401 West Kennedy Blvd). Seine Themen sind u.a. die Person des *Henry Plant*, die Geschichte seiner Eisenbahn, das Hotel (untermauert durch einen informativen Film über *H.B. Plant*), die Anfänge des Tourismus in Florida und die Bedeutung von Tampa im spanisch-amerikanischen Krieg. Vor allem aber ist das erstaunliche und originale Innenleben des ehemaligen Hotels zu bewundern, Di-Sa 10-17 Uhr, So 12-17 Uhr; Eintritt $10; bis 12 Jahre $5; www.plantmuseum.com.

Kunstmuseum

Das **Tampa Museum of Art** steht in *Downtown* am Ostufer des Hillsborough River. Neben einer ständigen Sammlung, speziell antiker griechischer und römischer Kunst, gibt es anspruchsvolle wechselnde Ausstellungen. Museumscafé/Terrasse, 120 W Gasparilla Plaza Mo-Fr 11-19, Fr bis 20 Uhr, Sa-So 11-17 Uhr, Eintritt $10, Studenten $5; www.tampamuseum.com.

Florida Aquarium

Exzellent ist das **Florida Aquarium** am Rand von *Downtown* an der *Waterfront* (701 Channelside Drive, © 813-273-4000, täglich 9.30-17 Uhr, Eintritt $22, bis 11 Jahre $17; www.flaquarium.org).

Die immensen Glascontainer zeigen unzählige Meerestier- und Pflanzenarten und die farbenfrohe Welt der Korallenriffe. Spannend ist, den Weg eines Wassertropfens durch verschiedene Ökosysteme nachzuvollziehen. Auch Übergangszonen vom Wasser zum Land wie Sümpfe und Strände mit ihrer Tierwelt sind berücksichtigt. Das Aquarium veranstaltet außerdem **Katamarantouren** in die Tampa Bay zu den Lebensräumen von Delfinen und *Behind-the-Scenes*-Programme mit Hai- und Rochen-Fütterungen.

In der Nachbarschaft des Aquariums befindet sich der eher wenig frequentierte **Shopping- und Restaurantkomplex** *Channelside Bay Plaza*, an den sich das *Terminal* für Kreuzfahrtschiffe anschließt; www.channelsidebayplaza.com.

Filmpalast
Ein restaurierter und von der *Tampa Theatre Foundation* betriebener Filmpalast (1926) ist das **Tampa Theatre** in der 711 North Franklin Street im Stadtzentrum zwischen I-275 und *Crosstown Expressway*. Filmprogramm unter www.tampatheatre.org. Dort auch Daten für Führungen ($5) durch das üppig dekorierte Innenleben mit funkelnden Sternen und »römischen« Statuen.

Restaurant- und Shopping Mall Centro Ybor

Ybor City
Nordöstlich von *Downtown* (I-4 *Exit* 1) liegt das interessanteste Viertel von Tampa, das kubanisch geprägte **Ybor City**. Sein Zentrum ist die Gegend um ein Teilstück der 7th Avenue (zwischen *Crosstown Expressway* #618 und I-4), hier auch *La Septima* genannt. Im Osten reicht das Viertel etwa bis zur 22nd Street.

Park José Martí
Das westliche Ende von Ybor City wird vom **José Martí Park** an der Kreuzung 8th Ave/13th Street markiert. Der kubanische Freiheitsheld *José Martí* (1853-95) lebte im späten 19. Jahrhundert im Exil in Ybor City, schwang revolutionäre Reden und wetterte gegen die spanische Herrschaft in Kuba. Der Park und die **Martí-Statue** erinnern daran, dass 1893 an dieser Stelle ein – erfolgloser – Attentatsversuch auf den Politiker unternommen wurde.

Shopping in Ybor City

Ein paar Straßen weiter stößt man auf das **Centro Ybor**, ein mehrere Blocks umfassendes **Shopping- und Restaurantcenter** zwischen 7th und 9th Avenue sowie 15th und 17th Street, das nach der früheren Zigarrenfabrik des Herrn *Ybor* (➤ Seite 357) benannt wurde; www.centroybor.com.

Museum
Im **Ybor City Museum State Park** (1818 9th Avenue, täglich 9-17 Uhr, Eintritt $4; www.ybormuseum.org) sind u.a. alte Zigarrenetiketten und Erinnerungsstücke aus der »großen« Zeit der Tabakproduktion zu sehen, außerdem ein Film über die Geschichte von Ybor City.

Nachtleben

Am aufregendsten ist Ybor City am Abend bis spät in der Nacht:
- Beliebt ist u.a. die **Tampa Bay Brewing Company**, 1600 E 8th Avenue, wegen des eigenen dort gebrauten Biers & Live-Musik; www.tampabaybrewingcompany.com.

Zoo

Der **Lowry Park Zoo** ist einen Besuch wert, speziell mit Kindern, für die es neben den Tiergehegen mit Streichelzoo auch noch eine Reihe von *Rides* und ein lehrreiches Unterhaltungsprogramm gibt; täglich 9.30-17 Uhr, Eintritt $25, Kinder bis 11 Jahre $20. Anfahrt über I-275 *Exit* 48, dann westlich bis 1101 Sligh Avenue West; www.lowryparkzoo.com.

Die Renaissance der Zigarre

Raucher haben es in Florida – wie in den gesamten USA – nicht gerade leicht. In öffentlichen Gebäuden, Flugzeugen, Bussen, Museen, Kinos, Einkaufszentren, den meisten Restaurants ist Rauchen untersagt. Zumindest soweit es Zigaretten betrifft. Zigarren dagegen sind in bestimmten amerikanischen Kneipen wieder »in«. Dort entspannt man sich neuerdings nicht mehr nur bei Bier und Chips, sondern bei *Martini* (kein Vermouth wie bei uns, sondern eine Art »Grappa«) und einer Zigarre.

In den letzten Jahren sind sog. *Cigar Bars* aus dem Boden geschossen, die vor allem das zahlungskräftige Publikum anziehen. Sie bieten eine große Auswahl an Zigarren und Hochprozentigem. In ihnen sieht man nicht nur ältere Männer, den bislang überwiegenden Zigarrentyp, genussvoll an dicken Havannas ziehen, sondern auch erstaunlich viele Frauen. Wer dem Trend folgen möchte:

Im **Havana Room** von **Central Cigars** (273 Central Ave, St. Petersburg, ✆ 727-898-2442, www.centralcigars.com) genießt man in braunen Ledersesseln Zigarre oder Drink. Wer mehr Abwechslung möchte, kann im **Club Skye** (1509 E 8th Avenue, ✆ 813-247-6606, www.skyetampa.com) zu Hip-Hop, Rap, House, Techno, Latin, Reggae oder Rock tanzen und zwischendurch an der Bar Zigarren rauchen.

Hundertschaften von Arbeitskräften drehten in riesigen Sälen bis in die 1930er-Jahre hinein in Ybor City Zigarren

Parkartige Anlage der Busch Gardens mit Rollercoaster

Busch Gardens	Für viele Besucher Tampas gehören auch die **Busch Gardens** zu den Hauptattraktionen der Stadt; 10165 N McKinley Drive nördlich der City, Anfahrt über die I-275 *Exit* 50; täglich geöffnet: Hochsommer 9-21 Uhr, sonst 10-18 Uhr, Sa, So und an Feiertagen länger; www.buschgardens.com.
Eintritt/ Zeiten	Eintritt 1 Tag $85, Kinder bis 9 Jahre $77, aber *Discount Coupons* (➤ Seite 216) in den Büros der *Visitor Information*; Discount für AAA-Mitglieder $5 (➤ Seite 15). Kombiticket für *Busch* und *Adventure Island* $99/$91. Auch **Tickets** in Kombination mit *Universal*, *SeaWorld*, *Aquatica* und *Wet'n Wild* in Orlando möglich (➤ Seite 248). **Parken** für Pkw und Campmobile $15.
Kennzeichnung	Die *Busch Gardens* sind eine **Kombination aus Freizeitpark mit vielen Shows und Zoo**. Das Leitthema bei Busch ist »**Afrika**«. Das dort präsentierte Bild von Afrika hat indessen mit der Realität nicht ganz viel gemein. Wer jedoch den Park einfach als Zoo und **Ansammlung spektakulärer Achterbahnen** nimmt, kann sich dort bestens amüsieren. Zumal in den *Busch Gardens* die Warteschlangen, die einem in Orlando nicht selten den Spaß verleiden können, im Allgemeinen kürzer sind.
Parkaufbau	Der Park gliedert sich in ineinander übergehende Bereiche, die nach afrikanischen Ländern oder Gebieten benannt wurden und neben Tieren auch typisch afrikanische Sehenswürdigkeiten bieten. So kann man sich in »**Ägypten**« z.B. das Grab des *Tutanchamun* ansehen, sich in »**Timbuktu**« von einer 4D-Piratenshow verblüffen lassen oder im Bereich »**Stanleyville**« im Schlauchboot die Tanganjika Flutwelle überleben.
	Die Affen im **Myombe Reserve** und die bengalischen Tiger in **Jungala** muss man sich auf jeden Fall ansehen. Im Bereich **Edge of Africa** erlebt man u.a. Löwen, Hyänen, Zebras, Giraffen und Nilpferde aus nächster Nähe. Man ist z.T. nur durch eine Glasscheibe von ihnen getrennt. Vom **Skyride** über die »*Serengeti*« und von der **Serengeti Railway** aus sieht man sie aus der Ferne.

Vor allem die **Roller Coaster** sind bemerkenswert: **Montu** befördert seine Passagiere teilweise über Kopf durch die Kurven, **Gwazi** ist ein riesiger nostalgischer Holzbau und **Kumba** eine grausame Spiralbahn. **Scorpion** überwindet enorme Höhenunterschiede in kürzester Zeit und erreicht eine Geschwindigkeit von 160 km/h. Am »schlimmsten« ist **SheiKra**, in der die Passagierplattform quasi im freien Fall 90° nach unten jagt; **Cheetah Hunt** ist mit über 1,3 km Strecke die längste Achterbahnfahrt in den *Busch Gardens*.

Wasserspaß

Der Wasserpark **Adventure Island** gehört ebenfalls dem Brauerei-Konzern *Anheuser-Busch*. Er liegt nur ein paar hundert Meter weiter nördlich »um die Ecke«: 10001 N McKinley Drive (= 40th Street; täglich geöffnet Mitte März-Anfang September, Hochsommer 9-21 Uhr, sonst 10-17 Uhr, Sa, So und an Feiertagen länger, Eintritt $46, Kinder $42, Kombitickets ➢ Seite 248; Parken $12; www.adventureisland.com.

Mit seiner Kombination aus Pools, Wasserfällen und -rutschen, Floßfahrten etc. gehört *Adventure Island* durchaus zur »Extraklasse« der Wasserparks. Andererseits sind gerade in der Tampa Bay die Strände nah und kosten null Eintritt, nur Parkgebühren.

Science Museum

Etwa 2 mi nördlich von *Adventure Island* steht an der E 4801 Fowler Avenue (I-275 *Exit* 51) ganz in der Nähe des Campus' der *University of South Florida* das riesige **Museum of Science and Industry**; Mo-Fr 9-17 Uhr, Sa-So bis 18 Uhr; Eintritt $22, bis 12 Jahre $18, inkl. **IMAX-Dome Theatre**, **Seilgarten und** *Zipline* $32/$28; www.mosi.org.

Das anschaulich gestaltete **MOSI** widmet sich Themen wie »Umwelt«, »Wetter« und »Raumfahrt«. Die *hands-on*-Experimente« und Wissensvermittlung zielen in erster Linie auf (Englisch sprechende) Kinder und Jugendliche. Das *IMAX* Kino verfügt über eine Projektionsfläche von 1000 m² in der Kuppel des Komplexes.

6.1.2 St. Petersburg und St. Pete Beach

Kennzeichnung

Kennzeichnung

Der Gegensatz zwischen den durch die Tampa Bay getrennten und über zwei 10 km lange Brückentrassen (für I-275 und Straße #92) miteinander verbundenen Nachbarstädten Tampa und St. Petersburg ist auffällig. In St. Petersburg gibt es weder Industrienoch kommerzielle Hafenanlagen. Das in St. Petersburg beheimatete *Business* besteht im wesentlichen aus Dienstleistern. Die Stadt entwickelte sich dabei zunächst als Winterrefugium wohlhabender Nordstaatler, die sich dort nach ihrer Pensionierung in vielen Fällen auch ganz niederließen. Die Strände auf den Inseln der Tampa Bay sind insgesamt zwar nicht so blütenweiß wie im *Panhandle*, aber vor allem die im **Fort de Soto Park** (➢ Seite 371) gehören dennoch zu den **Top Beaches** Floridas bzw. der USA. Auch wenn die Wassertransparenz dort oft getrübt ist.

366 Die südliche Golfküste

auch Karte Seite 356

Tarpon Springs
Intracoastal Waterway
Lake Tarpon
582
611
Keystone Lake
Lutz
41
275
597
581
Orlando
Museum of Science & Industry
Honey-moon Island SP
19
Palm Hbr.
301
Adventure Island
Oldsmar
Carrollwood
75
Lake Thonotosassa
Caladesi Island State Park
580
Egypt Lake
Busch Gardens
4
580
580
92
Dunedin
589
Rocky Creek
Clearwater Beach
Tampa Int'l. Airport
Belleair Beach
19
60
Old Tampa Bay
Ybor City
618
Brandon
Clearwater
Howard Frankland Bridge
TAMPA
60
Florida Aquarium
Largo
Gandy Bridge
41
Indian Rocks Beach
275
MacDill Air Force Base
Hillsborough Bay
Seminole
694
Pinellas Park
92
ST. PETERSBURG
Alafia
699
595
19
Apollo Beach
301
672
Treasure Island
375
Pier
Pasadena
Dali Museum
St. Pete Beach
275
TAMPA BAY
Ruskin
Bullfrog
Sun City Center
Don Cesar
682
Pass-A-Grill-Beach
Pier
41
Little Manatee River SP
Ft. de Soto Park
679
Sunshine Skyway Bridge
Egmont Key
Mullet Key
Intracoastal Waterway
Pier
19
301
Gamble
675
Anna Maria
Gamble Plantation
Anna Maria Island
64
Lake Manatee
Manatee
Holmes Beach
Bradenton
Lake Manatee SP
GOLF
Bradenton Beach
Cortez
684
64
VON
41
MEXICO
Longboat Key
Sarasota Bay
75
Braden
Longboat Key
Sarasota Classic Car Museum
70
Verna
Tampa Bay
Ringling Museum
789
Van Wezel Arts Hall
N
St. Armands Circle
Sarasota
780
Lido Key Beach
Selby Botanical Gardens
Sarasota Springs
0   10 km
Siesta Key
72
Myakka Lake
Myakka River State Park
Venice
Fort Myers

St. Petersburg und St. Pete Beach

Geschichte

Die Besiedelung der **Pinellas Peninsula** im Westen der Tampa Bay durch Weiße begann erst in den letzten Jahrzehnten des 19. Jahrhunderts. Mann der ersten Stunde war ein russischer Einwanderer namens *Peter Demens*, dem es zu danken ist, dass der Eisenbahnanschluss Tampas an das Schienennetz bis nach St. Petersburg verlängert wurde. Er hatte auch bewirkt, dass die junge Stadt 1888 nach St. Petersburg in Russland, seinem Geburtsort, benannt worden war. Erst in den 1930er-Jahren wurden die ersten beiden Straßenbrücken über die obere Bucht (*Old Tampa Bay*), *Gandy Bridge* und **Courtney Campbell Causeway** (nach Clearwater), fertiggestellt. Die **Howard Frankland Bridge** sorgt seit 1960 via Tampa für die Anbindung von St. Petersburg an das *Interstate*-Netz (I-275). Die Fortsetzung der I-275 nach Süden über die Tampa Bay wurde 1970 in Betrieb genommen, aber 1980 durch einen Frachter derart beschädigt, dass man den Bau der grandiosen **Sunshine Skyway Bridge** beschloss, über den der Verkehr seit 1987 läuft. Das Design dieser Brücke ist nicht nur ein statisches, sondern auch ein optisches Meisterwerk, ➤ Foto. Die ursprüngliche Konstruktion wurde im mittleren Bereich, der eigentlichen Brücke, abgerissen und der auf Pylonen dorthin führende alte *Causeway* zu den **längsten Fishing Piers der Welt** umfunktioniert (10 km); er ist beidseitig mit dem Auto zugänglich und bis zum Ende befahrbar ($4 Eintritt). Von dort ist man der neuen Brücke fürs Superfoto am nächsten; www.skywaypiers.com und www.floridastateparks.org/skyway.

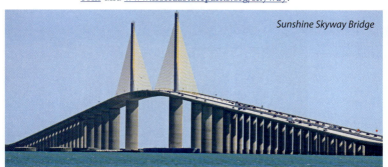

Sunshine Skyway Bridge

Praktisches

Info
- **Info: *St. Petersburg Area Chamber of Commerce***, 100 2nd Ave, ✆ (727) 821-4069. Ein **Tourist Information Center** befindet sich auf der Pier, ➤ Seite 369; www.visitstpeteclearwater.com.

Transport
Alle 20-30 min macht der **Central Avenue Trolley** ($0,50) eine Runde von den Parkplätzen an der Pier durchs zentrale St. Petersburg: er passiert die Museen und auch die *Shopping Mall Bay Walk*.
Öffentlicher Nahverkehr: PSTA (*Pinellas Suncoast Public Transit*), Einzelfahrt $2, Tageskarte $4,50; www.psta.net.

Unterkunft St. Petersburg

- In der Nähe des *Dalí Museums* steht das sehr gute **Hilton Bayfront**, 333 1st Street South; www.stpetersburg.hilton.com
- **Inn at the Bay Bed & Breakfast**, 126 4th Avenue, ✆ 1-888-873-2122, ab $115; www.innatthebay.com
- **Dickens House Bed & Breackfast**, 335 8th Avenue Northeast, ✆ 1-800-381-2022, www.dickenshouse.com, eine restaurierte Villa. Die Pier erreicht man von dort leicht zu Fuß, ➤ Seite 369.
- Das **Hotel Indigo**, 234 3rd Ave North, liegt unweit der Pier und des *Bay Walk Center* und bietet gediegene Atmosphäre ab $104; ✆ 1-800-181-6068, www.stpeteflhotel.com.

St. Pete Beach

- Wie ein Palast wirkt das **Don CeSar Hotel St. Pete Beach**, 3400 Gulf Boulevard; www.doncesar.com.

Unterkunft St. Pete Beach

- Am **Gulf Boulevard** direkt an der Beach gibt es zahllose Motels und Hotels. Auch die gängigen Motelketten sind vertreten, z.B. **Best Western** ab $110 (10750 Gulf Blvd, ✆ 727-367-2704). Viele Hotels und Motels liegen auch entlang der Ulmerton Road (Straße #688) Richtung Airport St. Petersburg (I-275 Exit 31).

Die offiziellen Zimmertarife für die normale Mittelklasse liegen dort nicht nur bei *BestWestern* über $100, doch die effektiven Preise schwanken stark mit der Saison und aktuellen Auslastung.

Generell preisgünstigere Unterkünfte findet man weiter nördlich in Clearwater Beach (➤ Seite 372).

Stellplatz im Fort de Soto Park unter Palmen – traumhaftes Campen mit Blick aufs Wasser, dazu moderate Gebühren für diese Qualität

Camping

- Auf Höhe Madeira Beach, noch östlich der Boca Ciega Bay, gibt es einen riesigen **Campground: St. Petersburg/Madeira Beach KOA**, 5400 95th Street N, Anfahrt in Bay Pines von Straße #19 auf die 95th Street, ab $40; www.koa.com/where/fl/09144.
- Der *Campground* im **Fort de Soto Park** (3500 Pinellas Bayway 679) gehört mit seinen von Palmen eingefassten und überwiegend am Wasser liegenden Stellplätzen zur **Camping-Spitzenklasse**, ist aber preislich moderat (ab $30). Trotz des Wassers rings um kann man dort nicht gut baden; die Strände befinden sich weiter südlich, ✆ (727) 893-9185; www.pinellascounty.org/park.

St. Petersburg und St. Pete Beach 369

Gastronomie St. Petersburg

- In der **Kopper Kitchen**, 5562 Central Ave, gibt es alles typisch Amerikanische, ✆ (727) 345-6339; www.kopperkitchenfl.com.
- Im **4th Street Shrimp Store** (1006 N 4th Street, www.theshrimpstore.com, ✆ 727-822-0325) serviert man günstig Fisch und Meeresfrüchte, speziell Krabbenvariationen.
- Pasta und Salate gibt's im **Primi Ristorante** in der 27 4th Street North, ✆ (727) 895-4909; www.primiristoranteitaliano.com.

St. Pete Beach Am Gulf Blvd ist die Zahl der Restaurants und *Fast Food Places* jeder Provenienz kaum zu überbieten, viele davon am Strand.

Sehenswertes

Pierbereich Die lebendigste Ecke der – ansonsten wenig aufregenden – Stadt ist der Bereich um die **St. Petersburg Pier**; Second Ave NE, ✆ (727) 821-6164, www.stpetepier.com. Die Pier ist eine in die *Bay* hineingebaute Verlängerung der 2nd Avenue mit Park, Yachtmarinas und einer auf den Kopf gestellten Pyramide am Ende. Sie beherbergt Shops, Restaurants und eine **Tourist Information**, außerdem ein kleines Aquarium, www.pieraquarium.org, Mo-Sa 10-20 Uhr, So 12-18 Uhr, $5/$4. An der Pier liegt das Rundfahrtboot *Dolphin Queen*, das verschiedene Touren anbietet, u.a. zur Delfinbeobachtung ($22, bis 12 Jahre $14). Interessant sind auch Trips, die an den noblen Villen der oberen 10.000 von St. Petersburg mit davor geparkten Luxusyachten vorbeiführen.

Shops at St Pete Ein architektonisch beachtlicher Shopping- und Entertainmentkomplex sind die aus dem alten *Bay Walk Center* hervorgegangenen ganz neuen **Shops at St. Pete** (153 2nd Avenue N, http://theshopsatstpete.com), 2 Blocks vom Bayshore Drive entfernt.

Museen St. Petersburg besitzt **einige sehr gute Museen**. Eher als einen Besuch der Pier sollte man den Besuch folgender Museen erwägen:

Geschichtsmuseum Am Ende der 2nd Avenue kurz vor der Pier steht das **Museum of History**, das die Geschichte der Stadt anschaulich darstellt. Sehenswert sind u.a. die Gemälde sog. **Florida Highwaymen**, einer Gruppe afroamerikanischer Landschaftsmaler, die ab den 1950er-Jahren über 200.000 Werke schufen. Sie verkauften sie von den Ladeflächen ihrer Pickup-Trucks an Haustüren; 335 2nd Ave, Di-Sa 10-17 Uhr, So ab 13 Uhr, $12; bis 17 Jahre $6; www.spmoh.org

Kunstmuseum Nicht weit vom Geschichtsmuseum entfernt steht im Straub Park das **Museum of Fine Arts**, 255 Beach Drive, Ecke 3rd Ave, das mit seinen ionischen Säulen an einen Tempelbau erinnert. Die Highlights der permanenten Ausstellung sind europäische Impressionisten (*Monet, Renoir, Cézanne*, Rodin, *Gauguin u.a.*) und Werke bekannter amerikanischer Künstler (*Moran, O'Keeffe, Tiffany u.a.*). Daneben präsentiert man auch Stücke aus der Antike, afrikanische und indianische Kunstwerke, Mo-Sa 10-17 Uhr, So ab 12 Uhr, Eintritt $17; bis 18 Jahre $13; www.fine-arts.org.

Dalí Museum Eine gute Meile südlich der Pier steht m *seum* die bekannteste Sehenswürdigkeit der Stadt, 1 Dali Blvd.

Allein schon das architektonisch raffinierte Gebäude ist einen Besuch wert: aus einem riesigen Quader quellen Glasblasen heraus. täglich 10-17.30, Do bis 20, So ab 12 Uhr, Eintritt $21, bis 12 Jahre $7; www.thedali.org.

Das Museum beherbergt die **weltgrößte Dalí-Sammlung**. Alle 96 im Besitz des Museums befindlichen Werke werden permanent ausgestellt. Sonderausstellungen kommen hinzu. Weitere Ausstellungen widmen sich Aspekten aus Leben und Werk des spanischen Surrealisten (1904-1989). Museumsshop, Vortragssaal, Bibliothek und ein Café mit Gartenterrasse runden das Ganze ab.

Science Museum

Gegenüber dem *Dalí*-Museum befindet sich das *Science Museum Great Explorations*, 1925 4th Street N. Es richtet sich in erster Linie an Kinder; es macht mit Experimenten und *Hands-on-Exhibits* wissenschaftliche Themen anschaulich; Mo-Sa 10-16.30 Uhr, So ab 12 Uhr, Eintritt $10; www.greatex.org.

Holocaust Museum

Das *Florida Holocaust Museum*, 55 5th Street S, informiert über den *Holocaust* und jüdisches Leben weltweit; täglich 10-17 Uhr, $16, bis 18 Jahre $8; www.flholocaustmuseum.org.

St. Pete Beach

Der bekannteste Badeort vor der Küste von St. Petersburg ist **St. Pete Beach** auf der Insel **Long Key**. Bis vor ein paar Jahren hieß er noch St. Petersburg Beach, dann aber machte man die allgemein gebrauchte Abkürzung zum offiziellen Ortsnamen.

Der schnellste Weg nach St. Pete Beach führt via I-275 ganz im Süden der *Pinellas Peninsula* über den *Pinellas Bayway*. Von den verschiedenen Strandabschnitten macht die **Pass-A-Grille Beach** am Südende von Long Key den besten Eindruck. Auch die **Strände** auf *Treasure Island*, nur wenige Meilen oberhalb des zentralen St. Pete Beach, sind einladend.

Info für alle Strände: www.tampabaybeaches.com/visitors.

Don CeSar

Nach St. Pete kommt man in erster Linie, um Sonne, Strand und Meer zu genießen. Sehenswürdigkeiten im eigentlichen Sinn gibt es keine mit Ausnahme des bereits erwähnten **Don CeSar Beach Resort**. Bei Anfahrt über den *Pinellas Bayway* ist dieser riesige rosafarbene Hotelkomplex nicht zu übersehen. Die bombastische Anlage stammt aus den 1920er-Jahren und hat in ihren »Glanzzeiten« Prominente wie den Schriftsteller *F. Scott Fitzgerald* und den Gangster *Al Capone* beherbergt.

Dali Museum in St. Petersburg

Clearwater und die Golfküste nördlich der Tampa Bay 371

Nach wie vor gehört die Anlage zu den luxuriösesten Quartieren in ganz Florida. Ein Besuch lohnt sich auch für Nicht-Logiergäste. Generell sind die Nächte im heute zum Hotelkonzern *Loewe's* gehörenden **DonCesar** nicht ganz billig; in der Nebensaison starten die Tarife bei ca. $220. Details unter www.doncesar.com.

Gulf Beaches Museum

An der *Pass-a-Grille Beach*, gut 2 mi südlich des *Don CeSar*, steht das kleine **Gulf Beaches Historical Museum** (115 10th Avenue, Do-Sa 10-16 Uhr, So 13-16 Uhr, frei, www.gulfbeachesmuseum.com). Wer sein Sonnenbad für eine halbe Stunde unterbricht, erfährt dort aus historischen Fotos, alten Postkarten und vielen Objekten alles über die Entwicklung der vorgelagerten Sandinseln zum Urlaubsziel unserer Tage.

John's Pass Village

Nördlich von Treasure Island liegt Madeira Beach und jenseits des Gulf Blvd am Wasser das schnuckelige **John s Pass Village & Boardwalk** mit subtropischem Anstrich, ✆ 727-393-8230. Entlang der Holzpromenade stehen an die 100 Shops, **Fast Food Places** und **Seafood Restaurants**, auch Surfboard- und Bootsvermieter. Gute gemachte Touristenfalle; www.johnspass.com.

Mullet Key/ Fort de Soto Beach

Mitten in der Einfahrt in die Tampa Bay liegt die hakenförmige Insel **Mullet Key**. Auf ihr gibt es keine private Bebauung oder kommerzielle Nutzung. Sie steht als **Fort De Soto Park** unter Naturschutz. Die auch hier **kilometerlangen Strände** (am schönsten die *North Beach*) werden nur an Wochenenden nennenswert genutzt. Picknickplätze, *Nature Trails* und ein altes Fort warten auf Besucher. Der Bau der Festung wurde während des spanisch-amerikanischen Krieges zum Ende des 19. Jahrhunderts begonnen, aber nie vollendet.

Die **Zufahrt** erfolgt auf der – über mehrere kleine Inseln geführten – gebührenpflichtigen Straße #679, die vom **Pinellas Bayway** abzweigt. Gleich nach der Einfahrt in den Park passiert man rechterhand den in Lage und Anlage kaum zu übertreffenden Campingplatz *Fort de Soto*, ➢ Foto Seite 368.

6.1.3 Clearwater und die Golfküste nördlich der Tampa Bay

Gulf Boulevard bis Clearwater

Der Gulf Boulevard/Straße #699 führt über 20 mi von Insel zu Insel bis Clearwater Beach. Dort stößt er auf die #60 bzw. die nördlichste Brückenverbindung der Inselkette mit dem Festland. Die Küstenstraße passiert immer wieder neue Strandabschnitte mit eigener Bezeichnung, die sich aber kaum voneinander unterscheiden. Die Bebauung auf der gesamten Strecke ist nur selten unterbrochen. Hotels, Motels, Apartmentanlagen, Marinas, Restaurants, Tankstellen, Minigolf, Shopping-Zonen, Strandparkplätze, *Fishing Piers* und bisweilen auch mal ein kleiner *Beach Park* mit Palmen besetzen beide Seiten der Durchgangsstraße.

Hochpreisige, gepflegte Bereiche lösen sich mit auch mal schäbigen Zonen ab. An Wochenenden und generell in der Wintersaison bis nach Ostern geht es auf dieser Route mit zahllosen Ampeln oft nur stop-and-go voran. Herausragende Sehenswürdigkeiten gibt es weder hier noch auf dem dahinterliegenden Festland.

Clearwater Beach

Kennzeichnung

Der Strand von Clearwater Beach gilt als attraktiv, die Unterschiede zu den südlichen Nachbarn sind aber marginal. Auf der dem Festland zugewandten Seite des Ortes erstrecken sich riesige Yachthäfen. Das Zentrum des Strandlebens (Volleyball & Wassersport) ist die helle **Public Beach** im Bereich der Pier 60.

Information

- Das **Clearwater Tourist Information Center** befindet sich in der 333C South Gulfview Boulevard, ✆ 1-888-799-3199; www.beachchamber.com.

Unterkunft

- Am **Gulf Blvd** in Clearwater Beach stehen **Motels und Hotels** aller Kategorien **dicht an dicht**. Dort ein Zimmer zu finden, ist meist kein Problem, sondern »nur« eine Frage des Preises. Günstiger sind Häuser in den Nebenstraßen jenseits des Strandes.

- Relativ einfach, aber preislich noch akzeptabel ist das **Monaco Resort Motel**, 648 Poinsettia Avenue, ✆ (727) 443-6954, ab $65
- Ebenfalls bezahlbar sind die Zimmer mit Küchennische (*Efficency*) im **Cavalier Beach Resort**, 64 Bay Esplanade, ✆ (727) 442-9492, www.cavalierbeachresort.com, ab $80

Camping

Auf der Insel gibt es im Bereich Clearwater Beach keinen Campingplatz; Camper müssen aufs Festland ausweichen. An der Straße #19 befinden sich mehrere kommerziell geführte *Campgrounds*, alle (zu) nah am Verkehrslärm.

- Noch weiter nördlich in Palm Harbor liegt der **Clearwater/Tarpon Springs Campground**, 37061 #19, ✆ 1-877-420-2267, www.clearwatertarponspringscampground.com, ab $28.

Gastronomie

- *Frenchy's Original Café*, 41 Baymont Street, ist ein gemütliches Restaurant mit Fischspezialitäten; www.frenchysonline.com.

- Etwas edler wie teurer ist **Bob Heilman's Beachcomber**, 447 Mandalay Ave; seit 1948 erstklassige Seafood- und Grillgerichte, abends oft Klaviermusik; www.heilmansbeachcomber.com.

Sunset Fiesta	Eine »Institution« sind die **Sunsets at Pier 60**. Jeden Abend trifft man sich etwa zwei Stunden vor dem Untergang auf der Pier, um der Sonne zuzusehen, wie sie im Golf von Mexico versinkt, www.sunsetsatpier60.com. Genau wie beim gleichen, aber bekannteren Ritual in Key West (➢ Seite 168) treten dabei Jongleure, Musiker oder Feuerspucker auf. Händler verkaufen Kunsthandwerk, Souvenirs und Getränke. Nach gelungener Sonnenvorstellung brandet Applaus auf und der Trubel geht weiter.
Aquarium	Im **Clearwater Marine Aquarium – CMA** – (249 Windward Passage auf Sea Island, am Clearwater Memorial Causeway=Hwy 60, täglich 9-18 Uhr) werden kranke oder behinderte Tiere »aufgepäppelt« und nach Genesung möglichst wieder freigelassen.
	Der große Star ist der Delfin **Winter**, der bei der Rettung aus einem Fischnetz Schwanz und Teile seiner Flossen verlor. Heute lebt er quietschfidel mit seinen Prothesen und hat seine eigene Ausstellung bekommen: **Winter's Dolphin Tale Adventure – WDTA** – (300 Cleveland Street in Clearwater, kostenloser *Trolley Ride* zum *CMA*). Erwägenswert sind auch die vom Aquarium organisierten 90 min-Bootstrips, sog. **Sea Life Safaris** mit Meerestierbestimmung; täglich 10.30, 12.30, 15 und 17 Uhr, $26, bis 12 Jahre $17, in Kombination mit CMA/WDTA $39/$28, CMA/WDTA $20/$15, ✆ (727) 441-1790; www.seewinter.com.
Bootstouren	Im Clearwater Beach kann man unterschiedlichste Bootstouren in den Golf hinaus oder auch nur durch das geschützte Gewässer des Clearwater Harbor zwischen Inseln und Festland buchen.

Caladesi und Honeymoon Islands

Caladesi Island	Unmittelbar nördlich von Clearwater Beach liegt **Caladesi Island**, eine 3 mi lange als **State Park** geschützte, unbewohnte Insel mit jeder Menge hellem Sandstrand – keine Brücke verbindet Caladesi mit dem Festland. Anfahrt nur mit privatem Boot oder mit der **Fähre ab Honeymoon Island**: www.caladesiferry.org. Ticket hin und zurück $14, bis 12 Jahre $7, täglich 10-16 Uhr.
	Dr Beach (➢ Seite 341) erklärte **Caladesi Island Beach** 2008 zum schönsten USA-Strand; www.floridastateparks.org/caladesiisland
Honeymoon Island	Die »Flitterwochen Insel« ist durch den Dunedin Causeway/#586 mit dem Festland verbunden. Wie Caladesi steht auch Honeymoon Island ganz unter Naturschutz. Nichtsdestoweniger ist sie als

Sonnenuntergang an der Clearwater Beach mit Piraten-/Ausflugsschiff vor Pier 60

State Park ausgewiesen mit riesigen Parkplätzen hinter den breiten (aber nicht so tollen) Stränden. Die Attraktivität liegt hier im wesentlichen in der Abwesenheit von Hotelbeton und Kommerz. Es gibt riesige Picknickplätze, aber kein Camping. Die Bezeichnung der Insel, die einst Hog Island (»Wildschwein Insel«) hieß, geht auf Hütten am Strand zurück, mit denen man vor Zeiten Brautpaare zur Buchung von Flitterwochen am Golf von Mexico animieren wollte; www.floridastateparks.org/honeymoonisland.

Tarpon Springs

Griechische Gründung

Das hübsche Küstenstädtchen Tarpon Springs, etwa 7 mi nördlich des *Dunedin Causeway*, wurde von griechischen Einwanderern gegründet und ist bis heute die Stadt mit dem höchsten griechischen Bevölkerungsanteil in den USA. Die griechisch-orthodoxe Kathedrale **St. Nicholas** (301 N Pinellas Avenue) im *Downtown Historic District* legt davon Zeugnis ab. Außer ihr, ein paar Elementen der Hafenanlage und einiger alter Boote weist nur wenig auf die Wurzeln der Stadt hin. Nichtsdestoweniger wurde der **Hafenbereich** fürs Tourismusgeschäft »griechisch« aufgemotzt, was sich vor allem in **griechischen Restaurants** manifestiert. Das zweite große Thema sind dort die **Naturschwämme**.

Sponge Capital

Denn vor der Küste von Tarpon Springs befinden sich große Schwammbänke, einst Motiv für die Einwanderung griechischer Schwammtaucher, was Tarpon Springs zur »Schwamm-Hauptstadt« Floridas machte. In den Shops kann man denn auch Naturschwämme in allen Formen und Größen kaufen. Beliebt sind Bootstouren zu den Schwammrevieren. Das reizvollste Boot für eine solche Tour ist die nostalgische **St. Nicholas III**. An Bord ist immer ein Taucher, der ins Wasser springt und die Techniken des *Sponge Diving* erläutert; Frequenz der Abfahrten je nach Andrang täglich 10-16.30 Uhr; 30 min-Trip $8, bis 12 Jahre $4.

Anfahrt zum Hafenbereich erfolgt über die Pinellas Ave (#19 Alt – parallel zur #19). Der **Dodecanese Blvd** ist auf ein paar hundert Metern Länge Zentrum des Geschehens. Gleich eingangs der Straße befindet sich die *Tourist Information*, wo man sich erst einmal eine Karte holen sollte; www.tarponspringschamber.org.

Hafen von Tarpon Springs: die Kisten sind voller Naturschwämme

Strandinseln Südlich der Docks liegen nicht nur die kleine **Altstadt** (Pinellas Ave/Tarpon Ave), sondern auch ausgedehnte Villenviertel rund um den Whitcomb Bayou und entlang der Küste. Der Clou sind jedoch die vorgelagerten kleinen Strandinseln **Sunset Beach** und **Fred Howard Park** (www.pinellascounty.org/park/beaches), beide durch Dämme mit dem Festland verbunden: weißer Sand, klares flaches Wasser und Palmen bilden vor allem an der *Sunset Beach* eine regelrechte Idylle. (Nur) Mit Hilfe des Ortsplans von der *Tourist Information* findet man ohne Probleme dorthin.

6.2   Von der Tampa Bay nach Naples/Marco Island

6.2.1   Zur Route

I-75 mit Alligator Alley Wer von der Tampa Bay (zurück) nach Miami fahren möchte, kann die rund 280 mi auf der Interstate #75 in einem Rutsch glatt in fünf Stunden zurücklegen. Dabei ist ein schnurgerade quer durch Südflorida führendes Teilstück der Strecke, die **Alligator Alley** von Naples nach Fort Lauderdale **gebührenpflichtig**. Weder der Verlauf der I-75 von Tampa bis Naples noch die *Alligator Alley* (auch *Everglades Parkway* genannt) bieten viel fürs Auge, wenngleich mancher eine erste Fahrt durch das zentrale Sumpfgebiet vielleicht gerade wegen seiner ungewöhnlichen Monotonie als durchaus interessant empfinden mag und dort sogar einige der namensgebenden Alligatoren sichten kann. Ein Besuch im Indianerreservat *Big Cypress* und des **Ah-Tah-Thi-Ki Museum** ist nur via *Alligator Alley* möglich, ➤ Seite 396.

Straße #41 Die I-75 entlastet seit den 1980er-Jahren mit parallelem Verlauf von teilweise nur wenigen Meilen die früher einzige durchgehende **Küstenstraße (#41)** zwischen Tampa und Naples, den **Tamiami Trail** (Abkürzung für **Tampa-Miami**). Dieser führt weiter südlich unmittelbar oberhalb des *Everglades Park* bis nach Miami hinein, ➤ auch Karte Seite 142.

Empfehlung Für eine touristisch geprägte Fahrt an der südlichen Golfküste entlang ist die #41 die Route der ersten Wahl, wobei viele der dort besonders reizvollen Ziele nicht direkt an der – teilweise auch küstenfern verlaufenden – Hauptstraße liegen, sondern über Stichstraßen und kleine oder größere Umwege angesteuert werden müssen. Wer nicht viel Zeit hat und nur ausgesuchte Ziele besuchen möchte, kann dabei zwischendurch auf die I-75 wechseln. Das empfiehlt sich bisweilen auch wegen der stellenweise hohen Verkehrsbelastung der #41 und der »bremsenden« Ampeldichte in manchen Ortsbereichen.

Sunshine Skyway Bridge Bereits weiter oben wurde die **Sunshine Skyway Bridge** erwähnt. Sie ist Teil der I-275, die als Alternativroute zur I-75 durch ganz Tampa und St. Petersburg läuft und sich unterhalb der Tampa Bay wieder mit der I-75 vereinigt. Die Fahrt über diese Abfolge mehrerer Brücken sollte man sich nicht entgehen lassen. Sie überspannt auf insgesamt fast 10 mi Länge die Lower Tampa Bay.

Gamble Plantation

Die I-75 wie auch die Straße #41 überqueren südlich der Tampa Bay den dort kilometerbreiten Manatee River. Noch nördlich der Flussbrücken verbindet die Straße #301 beide Routen. An ihr liegt der **Gamble Plantation Historic State Park**, eine frühere Zuckerrohr-Plantage, www.floridastateparks.org/gambleplantation. Das schöne Wohnhaus der Plantage mit gewaltigen weißen Säulen ringsum ist von Palmen und mit *Spanish Moss* behangenen Eichen umgeben, wie man es aus dem tiefen Süden kennt. Es handelt sich um das einzig erhaltene sog. **Antebellum Mansion** in Südflorida. *Visitor Center* geöffnet 8-16.30 Uhr, Führungen ($6), die man nicht unbedingt machen muss, finden Do-Mo mehrmals täglich statt.

6.2.2 Bereich Sarasota/Venice

Sarasota

Sarasota Beaches

Die #41 führt mitten durch **Sarasota**, eine attraktive Stadt, deren bessere Wohnviertel sich über Meilen an der Sarasota Bay hinziehen und die größer wirkt als ihre ca. 53.000 Einwohner vermuten lassen. Die bis 5 mi breite Bay wird durch langgestreckte vorgelagerte Sandinseln – vor allem **Longboat Key** – gebildet, die miteinander durch Brücken und die durchgehende Straße #789 verbunden sind. Ganz im Norden ragt **Anna Maria Island** noch weit in die Tampa Bay. Weiße Strände säumen die Küstenlinie der Inseln. Eine der besten mit schattigen Palmen ist *Coquina Beach* im Süden von Anna Maria (nördlich der Brücke über den *Longboat Pass* unweit der Brückentrasse/Straße #684 zum/vom Festland).

Straßen #64 & #789/ St. Armands

Wer genügend Zeit mitbringt, könnte gleich nach Überquerung des Manatee River der Straße #64 in Richtung Anna Maria und weiter der Strandstraße #789 über **Longboat**, **Lido** und **St. Armands Key** zum *Ringling Causeway* folgen, der ins Zentrum von Sarasota führt. Rund um den Verkehrsverteiler **St. Armands Circle** erstreckt sich ein **Shopping- und Restaurantkomplex der gehobenen Klasse**, für den man gut eine Extrastunde Bummeln einplanen könnte, www.starmandscircleassoc.com. Nicht nur gibt es dort originelle Shops, sondern auch Bistro- und Café-Terrassen.

Angelpier mit Kneipe am Nordende von Anna Maria Island

Die Villa Ca'd'Zan der Ringling Familie an der Sarasota Bay

Sie bieten das seltene Bild geschmackvoller Möblierung (keine Plastikstapelstühle!) und ansprechender Dekoration. Die Speisekarten überraschen mit mehr Vielfalt als anderswo.

An der Golfküste im zentralen Florida gibt es keine vergleichbar attraktive Uferstraße über eine derart lange Strecke.

Anfahrt von Norden
Wer von Norden aus über die Straße #41 oder die I-75 (dann *Exit 213* und *University Pkwy*) nach Sarasota fährt, erreicht ca. 3 mi vor dem Zentrum bzw. der Abzweigung des ***Ringling Causeway*** auf die Inseln die **Sehenswürdigkeit No. 1** der Stadt:

Ringling Estate
Das **Ringling Estate** liegt zwischen Straße #41 und Sarasota Bay. Dieser parkartige Komplex war einmal einer der Wohnsitze des bekannten amerikanischen Zirkuskönigs ***John Ringling***. Der Sohn deutscher Einwanderer machte im frühen 20. Jahrhundert mit seinem Zirkus ein Vermögen, das er u.a. in seine Villa und eine Kunstsammlung investierte.

Kunstmuseum
Die ausgedehnten Besucherparkplätze sind nicht zu übersehen. Gleich gegenüber steht das ***John & Mable Ringling Museum of Art*** (5401 Bay Shore Road) in einem im Stil einer römischen Villa errichteten Bau. Dessen Garten (➤ Foto nächste Seite) beherbergt Kopien bekannter Statuen und Skulpturen, unter denen besonders eine Bronzekopie von *Michelangelos* »David« auffällt. Einen weiteren Schwerpunkt des Museums bildet die klassische europäische Kunst (u.a. *Rubens, Tizian, El Greco*).

Ca'd'Zan
Das palastartige Wohnhaus der *Ringlings*, ca. 300 m entfernt vom Museum unmittelbar am Wasser, trägt den seltsamen venezianischen Namen ***Ca'd'Zan***, der so viel wie »Haus des Johannes« bedeutet und sich auf den Vornamen des Erbauers *John Ringling* bezieht. Auch die Architektur der Villa ist italienisch inspiriert, der Turm erinnert an den Dogenpalast von Venedig. Das Glas für die Fenster des Hauses wurde eigens aus Italien importiert.

Welt des Zirkus	Der dritte Teil des Anwesens, das *Circus Museum*, ist nur etwas für echte Zirkus-Fans: nostalgische Zirkuswagen, Requisiten und bunte Plakate aus der großen »*Ringling*-Zeit«.
Zeiten/ Eintritt	Gesamtkomplex täglich 10-17 Uhr, Do bis 20 Uhr; Eintritt $25 für Museum, Villa und Circus Museum; bis 17 Jahre $5, ℂ (941) 359-5700; www. ringling.org.
Classic Cars	Liebhaber alter Autos finden im *Sarasota Classic Cars Museum*, 5500 North Tamiami Trail (Straße #41) gegenüber dem *Ringling Estate*, eine

Ringling Museum of Art

große Kollektion nostalgischer Modelle – darunter Originale aus dem Besitz der *Ringlings* und der *Beatles*, täglich 9-18 Uhr, $19, bis 12 Jahre $7; www.sarasotacarmuseum.org.

Windhund - rennen	Von Mitte November bis Anfang Mai finden Mo-Sa um 12.30 und Fr-Sa auch um 19.30 Uhr im *Sarasota Kennel Club*, 5400 Bradenton Road, ca. 1 mi östlich des Ringling Komplexes, Windhundrennen statt. Beim *Greyhound Racing* wird ähnlich gezockt wie beim Pferderennen – jeder ab 18 Jahre darf mitwetten.
Van Wezel Hall	Zwischen Tamiami Trail und Sarasota Bay steht die architektonisch auffällige *Van Wezel Performing Arts Hall* direkt am Wasser. Sie verbirgt sich ein wenig hinter ausgedehnten Parkplatzflächen, lohnt aber vor allem für ein Foto den minimalen Abstecher von der Hauptstraße in die **10th Street** zum Parkplatz an der Bucht.
	Neben dem rosafarbenen Faltendach sind sogar die Straßenlaternen und andere Objekte in rosa gehalten. Wer Zeit genug hat, sollte auf das aktuelle Programm achten, 777 N Hwy 41; www.vanwezel.org.
G. Wiz Science Center	Das moderne *G.Wiz Science Museum* mit vielen interaktiven Experimenten und Demonstrationen steht in Sarasota am Boulevard of the Arts unmittelbar südlich des spektakulären *Van Wezel Hall* (Fußgängerbrücke über einen kleinen Wasserlauf dorthin). Speziell mit Kindern ist *G.Wiz* einen Besuch wert. Mo-Sa 10-17 Uhr; So ab 12 Uhr; Eintritt $9, bis 18 Jahre $6; www. gwiz.org. Bis Anfang 2014 wird umgebaut, das Museum bleibt aber geöffnet – ggf. eingeschränkte Zeiten unter ℂ (941) 309-4949.

Sarasota

Botanischer Garten
Südlich des *Ringling Causeway* über die Bay befindet sich der sehr schöne botanische Garten mit Regenwaldcharakter, die **Marie Selby Botanical Gardens**, an der 811 South Palm Avenue gleich südlich der #41. Dort gedeihen über 2.000 Planzenarten, darunter 6000 Orchideen in acht Treibhäusern; täglich 10-17 Uhr, Eintritt $17, bis 11 Jahre $6; www.selby.org.

Information Sarasota
Sarasota Visitor Information Center, 701 North Hwy 41, © 1-800-800-3906; www.sarasotafl.org

Unterkunft

Am Tamiami Trail (#41) zwischen *Downtown* und dem *Ringling Estate* stehen zahlreiche Motels/Hotels aller Preisklassen, z.B.:
- **Golden Host Resort**, 4675 N Hwy 41, ab $49, © 1-800-722-4895; www.goldenhostresort.com
- **Best Western Midtown**, 1425 South Hwy 41, ab $80, © (941) 955-9841; www.bwmidtown.com
- **La Quinta,** 1803 North Hwy 41, ab $89, © (941) 366-5128
- **Sun Dial Motor Inn**, 4108 N Hyw 41, ab $60, © (941) 351-4919; www.sundialmotorinn.com
- **Hotel Ranola**, 118 Indian Place, ruhige Lage im zentralen Sarasota, kleines Design-Hotel mit großen Zimmern, meist mit Küche, ab $99, © 1-866-951-0111; www.hotelranola.com

Camping

- Wer auf Strandlage Wert legt, bucht den **Turtle Beach Campground** auf **Siesta Key** südlich von Sarasota, 8862 Midnight Pass Rd, ab $32, © (941) 349-3839; www.scgov.net/turtlebeachcampground.
- Der **Myakka River State Park** liegt ca. 10 mi landeinwärts, Sugar Bowl Road/#72 (I-75 *Exit* 205). Er schützt ein Wald-, Sumpf- und Flussgebiet mit reicher Flora und Fauna und verfügt über ein Wegenetz von ca. 40 mi (z.T. als *Boardwalk* über Sümpfe), Aussichtsturm. Die **Myakka Wildlife Tours** (ca. 60 min) starten mehrmals täglich mit riesigen *Airboats*, $12, bis 12 Jahre $6; auch Kanu- und Fahrradvermietung. Camping $26; © (941) 361-6511; www.floridastateparks.org/myakkariver.

- Die Zufahrt zum **Oscar Scherer State Park** bei Osprey erfolgt unmittelbar von der Straße #41 aus, ca. 14 mi südlich von Sarasota. Der mit Mangroven dicht bewachsene Campingplatz des Parks ($26) liegt ruhig am Fluss South Creek – weit genug entfernt von der Straßenhektik. Auch ein kleiner Stausee mit Badestelle ist vorhanden, ebenfalls ein Kanuverleih; © (941) 483-5956; www.floridastateparks.org/oscarscherer.

Gastronomie
- Im **Main Bar Sandwich Shop**, 1944 Main Street, gibt es Sandwiches und Salate; geeignet zum Lunch; www.themainbar.com
- Sehr empfehlenswert ist das **Treviso Restaurant** auf dem Gelände des *Ringling Museum* mit einer sehr schönen Terrasse; www.trevisorestaurant.com.
- Richtig gut ist die Kombination aus Asien- und Hawaii-Küche in **Roy's Restaurant**, 2001 Siesta Dr (Richtung Siesta Key) etwas östlich des Hwy 41, © (941) 952-0109; www.roysrestaurant.com.

Siesta Key

Etwa 7 mi südwestlich von Sarasota ist die Insel Siesta Key mit gleichnamiger Ortschaft der Küste vorgelagert. Der halbmondförmige Strand dort gilt als einer der besten Floridas. **Dr. Beach** urteilte 2011 sogar: schönster Strand der USA (➤ Seite 341). Mehr zu Siesta Key unter www.siestakeychamber.com.

Venice

Venice

Ca. 15 mi südlich von Sarasota liegt ein Strandstädtchen mit dem vielversprechenden Namen **Venice**. Die *Visitor Information* dort findet man am 5118 Ocean Blvd, www.venicechamber.com

Trotz einiger Kanäle ist eine Ähnlichkeit mit Venedig kaum zu erkennen. Auch gibt es keine echten Sehenswürdigkeiten. Mit breiten Alleen, diversen Parks und schön renovierten alten Häusern im Zentrum wirkt der Ort aber sympathisch und gepflegt. Die *Venice Beach* indessen kann es ohne weiteres mit dem Strand auf Siesta Key aufnehmen, ➤ oben. Im Ortsbereich Venice in Strandnähe zu parken, ist nicht ganz einfach. Die Parkmöglichkeiten sind dort stark eingeschränkt.

Haizähne

Venice wird in der örtlichen Fremdenverkehrswerbung als **Shark Tooth Capital** von Florida bezeichnet, was keine leere Werbung ist. Denn an den Stränden um Venice findet sich wirklich leicht der eine oder andere Haizahn. Man muss nur ein paar Schritte ins Wasser laufen und sich den Sand durch die Finger rinnen lassen.

Gasparilla Island

Vor der Golfküste wimmelt es nur so von kleinen Inseln mit durchweg hellen, sauberen Sandstränden. Weit vor die Einfahrt nach Charlotte Harbor schiebt sich ca. 30 mi südlich von Venice **Gasparilla Island**. Man erreicht die Insel von Placida aus über den *Boca Grande Causeway*. Ein Großteil der Südspitze mit meilenlangem Strand gehört zum **Gasparilla Island State Park**. In exponierter Lage am Ende der Straße (Gulf Blvd) steht das *Boca Grande Lighthouse*, das einer Strandvilla mit aufgesetztem Leuchtfeuer ähnelt, mit **Besucherzentrum**, www.floridastateparks.org/gasparillaisland.

Tipp: Die **South Beach Bar & Grille** steht auf dem Sandstrand, toll bei Sonnenuntergang; www.southbeachbarandgrille.com.

Boca Grande Lighthouse am Südstrand von Gasparilla Island

6.2.3 Bereich Fort Myers

Kennzeichnung
Der Bereich Fort Myers, zu der u.a. Cape Coral, eine reine Wohnstadt mit schönen Villen entlang zahlloser Kanäle, Fort Myers Beach auf Estero Island und viele neue Urbanisationen rund um ausgedehnte Golfplätze gehören, zählt zu den am schnellsten wachsenden Regionen in Florida. Der Küste bei Fort Myers vorgelagert sind die Ferieninseln Sanibel Island und die noch exklusivere Captiva Island. Der Großraum Fort Myers/Cape Coral (*Lee County*) verzeichnet allein seit dem Jahr 2000 einen Bevölkerungszuwachs von 40% auf ca. 620.000 Einwohner.

Geschichte
Der militärische Name der Stadt geht auf ein Fort zurück, das hier 1841 angelegt worden war, um die Seminolen zu bekämpfen. Die weiße Besiedelung der Gegend erfolgte nur zögerlich. Noch 1885, als sich dort der Erfinder *Thomas Alva Edison* einen Winterwohnsitz einrichtete, hatte der Ort gerade mal 349 Einwohner.

Erst im 20. Jahrhundert erhöhte sich die Bevölkerungszahl ernsthaft, wenngleich viele der – vor allem in den 1920er-Jahren errichteten – prächtigen Häuser zunächst nur als Saisonresidenzen dienten. Aus jenem Jahrzehnt stammen ebenfalls nicht wenige der mediterran wirkenden Gebäude im Zentrum.

Gerade in dieser Ecke Floridas lassen sich heute mehr und mehr wohlhabende Nordstaatler nach ihrer Pensionierung nieder und zunehmend auch Ausländer, darunter viele Deutsche. Einerseits wegen des warmen Klimas, andererseits wegen der enormen Freizeitmöglichkeiten (in erster Linie Golfen, Fischen und Yachtsport) und der vielen »Gleichgesinnten« unter den Senioren.

Fort Myers

Stadtbild
Stadt und Umgebung strahlen gepflegten Wohlstand aus. Die Anlage mancher Villengrundstücke kann hier fast mit Botanischen Gärten konkurrieren; viele Straßen werden von Palmen gesäumt – so auch die 15 mi lange Hauptstraße **McGregor Boulevard** entlang des Caloosahatchee River in Richtung Sanibel Island. Die ersten Palmen waren einst von *Thomas Edison*, dem bekanntesten Bürger der Stadt, vor sein Anwesen gepflanzt worden. Das Geschäftszentrum im **Historical District** um die Kreuzung Hendry/First Street wirkt weniger edel. Zwischen modernen Shops und Lokalen gibt es immer noch heruntergekommene Gebäude. Im Gegensatz dazu stehen die hübsche Fußgängerzone um den *Patio de Leon* und die großen Marinas am Fluss.

Information
Lee County Visitor & Convention Bureau, 2201 2nd Street, Fort Myers, ℂ 1-800-237-6444; www.fortmyers-sanibel.com

Unterkunft

- ***Super 8***, 2717 Colonial Blvd, I-75 *Exit* 136, ℂ (239) 275-3500
- ***Downtown Historic Holiday Inn***, 2431 Cleveland Avenue, I-75 *Exit* 138, ℂ (239) 332-3232
- Bungalows am Teich im ***Rock Lake Resort***, 2937 Palm Beach Blvd, I-75 *Exit* 138, ab $65; www.rocklakeresort.com.

Zahlreiche H/Motels findet man in der **Fort Myers Area** speziell am **Daniels Parkway** (I-75 *Exit* 131). Über die Ausfahrt 131 gelangt man auch am schnellsten nach **Fort Myers Beach**. Am Estero Blvd (Straße #865) stehen viele Häuser der meisten Ketten und jede Menge unabhängiger Billigmotels, ➤ Seite 385.

Camping

Über einen guten schattigen Campingplatz verfügt der **Koreshan State Historic Site** (Hwy 41 ca. 15 mi südlich von Fort Myers, 3800 Corkscrew Road, ✆ 239-992-0311, $26), Kanuverleih, www.floridastateparks.org/koreshan, ➤ unten.

Gastronomie

- Das **Prawnbroker Restaurant**, 13451 McGregor Blvd, I-75 *Exit* 131, hat frische Meeresfrüchte; www.prawnbroker.com
- Im *French Connection Café*, 2282 First Street, gibt's u.a. Suppen und Crêpes; www.frenchconnectioncafe.com

Edison & Ford Estate

Am McGregor Boulevard (2350 Straße #867) etwas südlich *Downtown* befinden sich das **Edison Winter Estate & Laboratoy** und das **Henry Ford Winter Estate**. Dort sind neben einem **Museum**, das zahlreiche geniale *Edison*-Erfindungen detailliert erläutert (so die Stufen der Entwicklung der Glühbirne), sein einstiges Wohnhaus und die frühere Wintervilla des Autotycoons *Henry Ford* zu besichtigen. *Ford* hatte es dort bei einem Edison-Besuch so gut gefallen, dass er sich ein Haus gleich nebenan bauen ließ.

Das Museum ist separat zu besuchen, die Häuser aber nur zusammen auf geführten, ganz interessanten Rundgängen (*guided tours* ca. 90 min, ✆ 239-334-7419; www.efwefla.org).

Museum & Laboratorium: $12/Kinder $5. Museum & beide Häuser $20; Kinder $11. Täglich 9-17.30 Uhr.

Museum

Im **Southwest Florida Museum of History** (2031 Jackson Street, Di-Sa 10-17 Uhr, So ab 12 Uhr, Eintritt $9,50; Kinder bis 12 Jahre $5; www.swflmuseumofhistory.com) geht es u.a. um die Seminolenkriege und den Namensgeber der Stadt, *Colonel Myers*.

Edisons Labor

Fort Myers 383

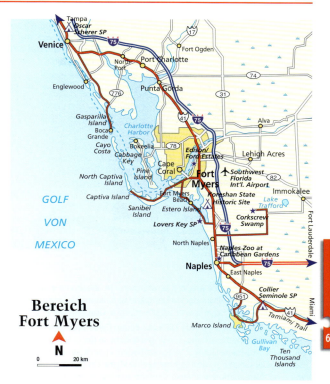

Orangen-markt	Wer ab Fort Myers auf der Straße #41 nach Süden bleibt, könnte einen Stopp im **Sun Harvest Citrus Market** einlegen. In der grünen Markthalle am 14810 Metro Parkway (#739) gibt es massenhaft Orangen und Orangensäfte; Zufahrt über I-75 Exit 131, dann Daniels Pkwy; www.sunharvestcitrus.com.
Koreshan Historical Site	Der ungewöhnliche **Koreshan State Historical Site** liegt südlich von Fort Myers zwischen der Straße #41 und der Estero Bay, Zufahrt über die Corkscrew Road, ➤ Seite 382. Er geht zurück auf eine Gruppe religiöser Siedler, die sich hier gegen Ende des 19. Jahrhunderts niedergelassen hatten. In den 1960er-Jahren vermachten die letzten Mitglieder der Gemeinschaft Land und Gebäude dem Staat Florida unter der Auflage, daraus einen historischen *State Park* zu machen. Im *Visitor Center* gibt es einen Film zu Glauben und Geschichte der *Koreshans*; auch Führungen durch das Dorf starten dort; www.floridastateparks.org/koreshan.
	Zum Park gehören ein Picknick- und ein schattiger **Campground** (➤ oben), Naturlehrpfade und ein Kanuverleih. Auf dem Estero

River mit dschungelartig überwachsenen Ufern kann man ins Landesinnere und zur *Mound Key* (ca. 3,5 mi) paddeln. Auf der Insel befinden sich Floridas besterhaltene indianische Grabhügel; www.floridastateparks.org/moundkey.

Kanus bereit zur Paddeltour auf dem Estero River (Vermietung im Koreshan State Park)

Die Koreshans

In den USA gab es viele Ansätze, schwärmerische Ideen von einer idealen Gesellschaft in die Tat umzusetzen. Besonders Neuengland ist bekannt für eine ganze Reihe politisch oder religiös motivierter Experimente verschiedenster Gruppen wie z. B. der Shaker.

Die Sekte der *Koreshans* wurde 1869 von einem **Cyrus Teed** gegründet. Der damals 30-jährige Arzt behauptete, er habe eine Vision gehabt, in der er beauftragt worden sei, als neuer Messias eine bessere Gesellschaft aufzubauen. Er änderte einen Namen zu *Koresh* (hebräisch für »Der Gesalbte«) und sammelte eine kleine Gruppe Anhänger um sich. Seine Lehre war eine Kombination aus versponnenen »wissenschaftlichen« Theorien und fortschrittlichen gesellschaftlichen Ideen. *Teed* predigte sozialistische Prinzipien wie Gemeinschaftsbesitz, kämpfte für die Gleichberechtigung von Mann und Frau und glaubte – für die damalige Zeit ebenso revolutionär – an die Gleichheit aller Rassen.

Er wusste, dass er in seiner Heimat New York mit seinen Vorstellungen nicht weit kommen würde, und führte seine Gefolgschaft 1894 nach Südwestflorida. Dort erwarben die *Koreshans* südlich von Fort Myers ein Stück Land und legten eine neue Siedlung an. Ihre Aktivitäten waren nicht nur wirtschaftlich erfolgreich, sondern bezogen sich auch auf ein reges Kulturleben, das auf die Umgebung ausstrahlte. *Teed* glaubte daher, dass seine 250-Seelen-Siedlung bald als Neu-Jerusalem auf 10 Mio. wachsen und die *Koreshanity* das Christentum ablösen könnte. Das Musterdorf in Florida würde dann die Hauptstadt der Welt werden.

Die Blütezeit der Siedlung und des Glaubens sollte indessen nur von kurzer Dauer sein. Mit dem Tod von *Cyrus Teed* begann ab 1908 der Niedergang. Ohne ihren spirituellen Kopf gewann die Gruppe kaum noch neue Mitglieder. Da sexuelle Enthaltsamkeit zu den Prinzipien der Sekte gehörte, fehlte auch der eigene Nachwuchs. Die Gemeinschaft schrumpfte stetig. Ihr letztes Mitglied, die deutsche Einwanderin *Hedwig Michel*, starb 1982.

Estero Island

Kennzeichnung
Südlich von Fort Myers trennt Estero Island die gleichnamige Bay vom Golf von Mexico. Nord- und Südspitze der ca. 8 mi langen Insel sind über die durchgehende Straße #865 mit dem Festland verbunden. Man kann sie alternativ zur Straße #41 fahren, muss aber wissen, dass man hier keine attraktive Insel wie etwa Sanibel (➤ unten) vor sich hat. Das Gros der Strecke um **Fort Myers Beach** und weiter unten bei **Bonita Beach** wird von Durchschnittsamerika mit Endloskommerz, Hotels, Motels und Apartmentkomplexen dominiert. Die Strände sind oft überfüllt.

Fort Myers Beach
Wer Estero Island von Norden aus ansteuert, landet rasch im touristischen Zentrum um den **Times Square** und eine kleine Pier, wo sich Shops und Restaurants ballen. Die Straße #865 heißt dort **Estero Boulevard**. An ihr passiert man viele Motels. Als Standquartier für Abstecher in die Umgebung, nach Sanibel und Captiva Island, ist Fort Myers Beach daher durchaus zu empfehlen.

Information
Fort Myers Beach, 17200 San Carlos Blvd; www.fortmyersbeach.org

Unterkunft
Am Estero Boulevard sind die **Häuser fast aller bekannter Ketten** zu finden und darüber hinaus **günstige unabhängige Motels**.

- Das **Mantanzas Inn**, 414 Crescent Street, liegt direkt an der Brücke unweit des Zentrums, ab ca. $70; www.mantanzas.com
- Im Süden der Insel, wo die Strände schöner und nicht so voll sind, ist das **Outrigger Beach Resort** eine gute Wahl; 6200 Estero Blvd, ab $110, ✆ 1-800-655-8997; www.outriggerfmb.com
- **Pink Shell Beach Resort & Marina** in bester Lage, 275 Estero Blvd, ab $139, ✆ 1-888-222-7465; www.pinkshell.com
- **Island House Motel**, 701 Estero Blvd, ab $65, ✆ (239) 463-9282

Camping

Von den auf Estero Island kommerziell betriebenen Campingplätzen kann man nur im **Red Coconut RV Resort**, 3001 Estero Blvd, direkt am Strand campen, dieser Luxus kostet indessen $67-$108, ✆ 1-888-262-6226; www.redcoconut.com

Gastronomie

- Im originellen Restaurant **Fish House** an den Docks, 7225 Estero Blvd, gibt's Shrimps, Muscheln und natürlich jede Menge Fischgerichte; www.thefishhouserestaurants.com
- **Mama Angie's Italian Cantina**, 3040 Estero Blvd, mit Terrasse am Strand, einfache Gerichte; www.fortmyersbeachrestaurants.com

Tagestrip nach Key West
Ab Fort Myers Beach und **Marco Island** (➤ unten, Seite 392) kann man Tagesausflüge nach Key West buchen. Schnelle Katamarane benötigen für die 130-mi-Distanz nur gut drei Stunden. Nach ca. sechs Stunden Aufenthalt geht es wieder zurück. Angesichts der langen Autofahrt nach Key West bei oft dichtem Verkehr über die Florida Keys und hoher Hoteltarife in Key West ist das eine erwägenswerte Möglichkeit für einen Besuch in der südlichsten Stadt der kontinentalen USA. Der Trip kostet von beiden Häfen aus $147, bis 12 Jahre $85. **Key West Express**, ✆ 1-888-539-2628; www.seakeywestexpress.com.

Lovers Key

Immerhin passiert man auf halber Strecke auch ein kleines Naturschutzgebiet (*Matanzas Pass Wilderness*) und im Süden einen **State Park** auf der anschließenden kleinen Insel mit dem hübschen Namen **Lovers Key**, der nicht nur über einen wunderbaren Strand, sondern auch über **Nature Trails** durch Sumpfvegetation verfügt, an dem sich Flamingos, Reiher und *Sea Turtles* beobachten lassen; www.floridastateparks.org/loverskey. Außerdem kan man per Leihkanus die vielen kleinen Wasserwege im Hinterland des Parks erkunden.

Einige Meilen weiter südlich passiert man im »Knie« der landeinwärts abbiegenden #865 bei der **Bonita Beach** die Zufahrt (ca. 3 mi) zum **Barefoot Beach Preserve County Park**; www.friendsofbarefootbeach.org. Der Strandabschnitt dort ist ohne Bebauung und – bis auf die Parkplätze – Infrastruktur.

Die Tourist Information gleich hinter der Brücke druckt tagesaktuelle Listen der freien Unterkünfte aus und hilft ggf. bei der Buchung

Sanibel & Captiva Island

Sanibel Island

Der Küste bei Fort Myers vorgelagert sind drei große Inseln. Während sich Pine Island nur über Cape Coral erreichen lässt und insgesamt für Besucher keine besonderen Reize bietet, ist das im Fall der Inseln Sanibel und Captiva Island ganz anders. Die Straßen #867 und #869 führen von Fort Myers geradewegs auf den **Sanibel Island Causeway** zu. Die **Gebühr für die kurze Brücke beträgt $6**, ist also eher eine Art Eintrittsgeld für den Inselbesuch. Gleich hinter der Brücke erhält man im **Visitor Center** Inselkarte und Info-Material. Vorbei an luxuriösen Anwesen und durch eine üppige subtropische Vegetation (Mangroven und Palmen) führt nur eine durchgehende Straße über die volle Länge der Insel bis Captiva Island. Kaum sichtbar ist die durchaus vorhandene Infrastruktur aus Tankstellen, *Fast Food* und *Shops* gehobenen Niveaus. Wer als *Non-Resident* die Insel besucht und sein Auto (Fußgänger dürfen gar nicht erst über die Brücke – Fahrradvermietung aber vor Ort) mal abstellen möchte, sieht sich überall Halteverbotsschildern gegenüber und wird auf einige wenige **Public Beaches** mit (zu) geringer Parkkapazität verwiesen.

Fort Myers Beach • Sanibel & Captiva Islands

Radfahren
Es macht (nicht nur) daher Sinn, Sanibel und Captiva Islands (12 mi bzw. 5 mi lang; maximal 3 mi bzw. 0,5 mi breit) per Fahrrad zu erkunden. Wenn man zumindest einen vollen Tag für die Inseln hat, ist das ergiebiger als das motorisierte Abfahren der wenigen Straßen. Manche reizvolle Wege sind per Auto gar nicht befahrbar, die Strände in vielen Fällen wegen der Parkproblematik nur nach Fußmärschen erreichbar. Ein großer *Bike-Rental-Shop* ist
- **Sanibel Island Finnimore's Cycle Shop**, 2353 Periwinkle Way, $9 für 4 Stunden, $14 proTag; www.finnimores.com

Information
- **Sanibel Captiva Chamber of Commerce**, 1159 Causeway Road, ✆ (239) 472-1080; www.sanibel-captiva.org.

Unterkunft
In der Frühjahrshauptsaison ist es fast unmöglich, auf Sanibel eine Unterkunft unter $150/Nacht zu finden; von Captiva Island und dem *South Sea Resort* ist weiter unten die Rede. Zu anderen Jahreszeiten kommt es auf die Auslastung an; das *Visitor Center* an der Brücke hilft. Aber unter $120/Nacht wird es schwer, eine vernünftige Unterkunft zu finden.

- Noch einigermaßen erschwinglich sind die **Seahorse Cottages** in Leuchtturmnähe, 1223 Buttonwood Lane, Hauptsaison ab $200, sonst $95, ✆ (239) 472-4262; www.seahorsecottages.com
- In besseren Mittelklasse-Motels muss man in der Hochsaison mit über $200/Nacht rechnen, z.B. **Holiday Inn Beach Resort**, 1231 Middle Gulf Drive; www.sanibelbeachresort.com

Preiswertere Quartiere findet man in **Fort Myers Beach**, sozusagen um die Ecke auf Estero Island, ➢ Seite 385.

Camping

Der einzige Campingplatz auf Sanibel Island ist der **Periwinkle Park** mit schattigen, aber engen Stellplätzen ca. 1 km vom Strand entfernt, ab $35; ✆ (239) 472-1433; www.sanibelcamping.com

Muscheln
Rund um Sanibel kann man – bei Ebbe und besonders nach einem Sturm – Muscheln sammeln wie sonst nirgendwo in den USA. Anleitungen für erfolgreiches Muschelsammeln gibt's im **Bailey-Matthews Shell Museum**, 3075 Sanibel-Captiva Road, wo man außerdem alles über in Florida heimische wie weltweit verbreitete Muschelarten erfährt, täglich 10-17 Uhr, Eintritt $9, bis 16 Jahre $5; www.shellmuseum.org.

Liegenphalanx auf Sanibel Island

Strände

Die attraktivsten Strände auf Sanibel sind die **Lighthouse Point Beach** am Ostende und die **Bowman's Beach** im Nordwesten.

Wildlife Refuge

Im Norden der Insel liegt das **J.N. »Ding« Darling National Wildlife Refuge**, das mit 25 km² rund ein Drittel der Inselfläche beansprucht; *Education Center* Mai-Dez täglich 9-16 Uhr, sonst 9-17 Uhr, Eintritt $4, ✆ (239) 472-1100; www.fws.gov/dingdarling.

In diesem sumpfigen Naturschutzgebiet ist eine vielfältige typische **Südflorida-Fauna** beheimatet, u.a. Reiher, Flamingos, Seeadler, Otter und Alligatoren. An einem 4 mi langen **Wildlife Drive** (Einbahnstraße, Fr gesperrt) gibt es Halte- und Aussichtspunkte.

Gray Heron (Graureiher) an einem der Nature Trails im Ding Darling NWR auf Sanibel Island

Captiva Island

Captiva Island ist nur durch einen schmalen Kanal von Sanibel getrennt. Im Übergang zwischen den Inseln findet man beidseitig der Brücke schöne Badestrände. Im zentralen Bereich gibt es eine Handvoll teurer Restaurants. Die Inselspitze wird vom **South Seas Island Resort** beherrscht, einem Luxuskomplex mit Ferien- und Privatvillen, Tennisplätzen und Yachthafen. Doch ein öffentlicher Strandzugang ist auch dort geblieben (aber immer Parknotstand).

Wer nicht in dieser schönen, jedoch kostspieligen Anlage absteigt (www.southseas.com, ✆ 1-866-565-5089, ab $179), kann auf der Insel außer einem Strandbesuch kaum mehr unternehmen als Bootstouren zu buchen, z.B. zur Delfinbeobachtung (täglich 16 Uhr, 90 min, $28, bis 12 Jahre $18) oder zur Insel Cabbage Key (täglich 10-15.30 Uhr, $40, bis 12 Jahre $25) mit **Captiva Cruises**; www.captivacruises.com.

Cabbage Key

Auf Cabbage Key gibt es das kleine **Cabbage Key Inn & Restaurant** auf einem parkartigen Grundstück am Wasser. Zimmer oder **Cottages**: $99-$379; ✆ (239) 283-2278, www.cabbagekey.com. Im **Restaurant** ist dank Yachtkundschaft immer viel Betrieb, und in der Bar hängen jede Menge handsignierter Dollarscheine an den Wänden – auch mit den Namen mancher Berühmtheit. Ein Trip nach Cabbage Key mit Übernachtung auf der Insel ist zwar keine billige, aber tolle Angelegenheit und dafür nicht zu teuer.

Sanibel & Captiva Islands • Naples

6.2.4 Naples & Umgebung

Kennzeichnung
Etwa 35 mi südlich von Fort Myers liegt mit dem bereits 1867 gegründeten **Naples** ein weiterer wohlhabender Küstenort, der als echter Millionärswinkel gilt. Beispiele beneidenswerter Wohnkultur findet man allerorten, besonders aber in den Avenues (Ost-West-Straßen) ab der 15th Ave und entlang des Gulf Shore Blvd. Doch die Stadtplaner müssen sich bei der Namenswahl irgendwie vertan haben, denn während man in Venice (➤ oben) vergeblich nach Ähnlichkeiten mit der Lagunenstadt Venedig sucht, wird Naples (= Neapel) von vielen Kanälen durchzogen, in denen die Yachten der Anwohner »parken«. In vielen Fällen lehnt sich auch die Architektur mancher Villen an italienische Vorbilder an.

Shopping
Das Zentrum der Stadt ist das Viertel **Old Naples** um die **5th Ave South** herum mit Galerien, teuren Boutiquen und Straßencafés; www.fifthavenuesouth.com. Ganz in der Nähe gilt auch die **3rd Street South** als Shopping-Meile; www.thirdstreetsouth.com. Die größte **Mall** ist das **Coastland Center** beim *Naples Zoo*, ➤ unten.

Strand
Palmen säumen den weißen **Sandstrand** sozusagen mitten in der Stadt, der sich meilenlang fortsetzt. Eine bei Anglern beliebte **Pier** ragt am Ende der 12th Ave 300 m weit ins Meer hinein.

Sehenswürdigkeiten
Nur wenige Schritte von der Pier entfernt kann man das hübsche *Palm Cottage* besichtigen, das älteste erhaltene Gebäude der Stadt (1895); 137 12th Ave, Nov-April Di-Sa 13-16, sonst Mi und Sa 13-16 Uhr; Führungen $10; bis 12 Jahre $5; ✆ 239-261-8164, www.napleshistoricalsociety.org. Das weiße Haus steht in einem grünen Garten, ist mit alten Möbeln, Gemälden und Fotografien gespickt und vermittelt mit seiner großen Veranda ein wenig die Architektur und Atmosphäre von Key West.

Zoo
Am Nordrand von Naples befindet sich der **Naples Zoo at Caribbean Gardens**, eine originelle Mischung aus tropischem Park und Zoo an der Goodlette-Frank Road (ab der # 41 zunächst östlich auf Fleischmann Blvd). Inkl. 15 min-Bootstour um eine »Affeninsel« $20, bis 12 Jahre $13; täglich 9-17 Uhr; www.napleszoo.com.

Naples Beach an einem Wochenende im März, Blick von der 300 m langen Seebrücke aus

390 Die südliche Golfküste

Kunst-museum	Etwa 4 mi weiter nördlich davon steht das *Philharmonic Center* mit dem **Naples Museum of Art**, 5833 Pelican Bay Boulevard. Die breit gefächerte Sammlung von amerikanischen bis zu chinesischen Werken ist eher etwas für große Kunstfreunde. Di-Sa 10-16 Uhr, So ab 12 Uhr; www.thephil.org/museum/museum.html.
Information	• **Naples Visitors Center**, 900 5th Avenue South, ✆ (239) 262-6141; www.napleschamber.org.
Trolley	Wer ein bisschen Zeit mitbringt und sich intensiver für Naples interessiert, kann auf den *Hop-on-hop-off-Trolley* springen. Eine Rundfahrt mit den **Naples Trolley Tours** dauert gut 90 min bei 21 Haltepunkten; täglich 9.30-17.30 Uhr, $25/Tag mit beliebigen Unterbrechungen, bis 12 Jahre $13; www.naplestrolleytours.com.
Unterkunft	Viele Unterkünfte findet man in Naples entlang der #41 und – günstiger – an den Ausfahrten 101 und 107 der I-75. Wegen der hohen Kapazität sind in Naples außerhalb der Hochsaison (Weihnachten bis Ende April) gute Quartiere um $60-$80 zu haben:

- So z.B. das hübsche **Lemon Tree Inn**, 250 9th Street, ✆ 1-888-800-5366, www.lemontreeinn.com; *off-season* ab $71.
- Nicht ganz gut, aber ideal an der Pier und unweit *Old Naples* steht das **Mariner Beach Motel**, 1295 Gulf Shore Blvd, *off-season* ab $70, ✆ (239) 261-7313; www.marineraptsmotel.com
- Eine volle Klasse besser ist das **Naples Beach Hotel & Golf Club**, etwas weiter nördlich am 851 Gulf Shore Blvd, mit einer großen Poolanlage am Strand, Bar und Restaurant; *off-season* ab $140, ✆ (239) 261-7313; naplesbeachhotel.com
- Luxus bietet das **The Inn on Fifth** mitten in der Stadt im historischen Bau einer früheren Bank an der 699 5th Ave, *off-season* ab ca. $150; ✆ 1-888-403-8778, www.innonfifth.com.

Camping	Kommerzielle Plätze bei Naples liegen meist im Hinterland und sind auf Langzeitcamper mit Groß-RVs zugeschnitten. Viel schöner campt man im **Collier Seminole State Park**, ➢ Seite 392.

Ein guter Platz 2 mi südwestlich der #41 ist der **KOA Naples/Marco Island**, 1700 Barefoot Williams Rd, Zufahrt über Straße #951, aber mit Tarifen ab $45 teuer; www.koa.com/where/fl/09109.

Gastronomie

- In der **Ridgway Bar & Grill**, 1300 3rd Street S in *Old Naples*, gibt's *Lunch*, Salate, *Sandwiches*, *Seafood* und regionale Gerichte; www.ridgwaybarandgrill.com
- Nebenan **Tony's off Third**, 1300 3rd Street S, hat Eis, Desserts und die berühmte **Key Lime Pie**; www.tonysoffthird.com
- Der **Watermark Grille**, 11280 North Tamiami Trail, bietet eine beachtliche Auswahl an Seafood-Gerichten, Steak und Pasta; www.watermarkgrille.com
- **M Waterfront Grille**, 4300 Gulf Shore Blvd North, serviert *Seafood* in Perfektion im *Village on Venetian Bay* (www.venetianvillage.com); schöne Terrasse an der Bucht, ✆ (239) 263-1662; www.mwaterfrontgrille.com

Naples & Umgebung

Floridas Süden

Italienisch angehauchte Architektur und Stadtanlage in Naples

392 **Die südliche Golfküste** Karte Seite 391

Korkenzieher- und andere Sümpfe
Ein stark beworbenes Ziel in der Umgebung von Naples ist der *Corkscrew Swamp*, heute ein **Sanctuary** der *Audubon Society* (375 Sanctuary Rd, täglich 7-17.30 Uhr, April-September bis 19.30 Uhr, Eintritt $12, bis 18 Jahre $4; www.corkscrew.audubon.org). Der Sumpfpark liegt nordöstlich der Stadt und ist etwas mühsam anzufahren (Straße #846, 17 mi östlich vom *Exit* 111 der I-75). Den Umweg wert ist der 4-km-*Boardwalk* durch Zypressenwald und Mangroven nur bei großem biologischem Interesse. Von den dort beheimateten Vogelarten und Alligatoren sieht der normale Besucher, ohne sich geduldig auf die Lauer zu legen, kaum etwas. In den *Everglades*, auf *Sanibel Island*, im *Collier Seminole Park* (➢ unten) und speziell im **Fakahatchee Strand Preserve State Park** (ab der Kreuzung #41/#29 ca. 6 mi nach Norden) sind Flora und Fauna der Sümpfe ebensogut zu besichtigen.

Marco Island
Ein Umweg über **Marco Island**, Straßen #951 und #92, ca. 17 mi südlich von Naples lohnt sich ebenfalls kaum. Die trockengelegte Sumpfinsel ist hinter eher grauen Sandstränden an trübem Wasser meilenweit mit gesichtslosen Hotel- und Apartmentblocks zugebaut. Es gibt kaum Parkplätze für Nicht-Residenten, speziell nicht für RVs in Strandnähe. **Marco Island Chamber of Commerce**, 1102 North Collier Blvd; www.marcoislandchamber.org.

Collier Seminole State Park
Auf dem Festland, an der Abzweigung der Straße #92 nach Marco Island, liegt der **Collier-Seminole State Park**, 20200 East Tamiami Trail (#41); www.floridastateparks.org/collierseminole.

Auf den Wasserläufen durch die Mangrovensümpfe des Parks finden von Rangern geführte Kanutouren statt. Man kann auch auf eigene Faust im Leihkanu lospaddeln. Sehr schön gelegen und angelegt ist der **Campground** des Parks ✆ 239-394-3397, $22.

Top Ten an der Golfküste

1. **Sonne und Meer genießen** in Tarpon Springs, in St. Pete Beach, auf Santa Maria Island oder Longboat Key, in Venice, Naples oder auf Sanibel Island
2. Auf Captiva Island einen **Bootsausflug** nach **Cabbage Key** oder zur **Delfinbeobachtung** buchen
3. Das *Ringling Estate* in Sarasota besichtigen
4. Das *Florida Aquarium* in Tampa besuchen
5. Die Werke von *Salvador Dalí* in St. Petersburg bestaunen
6. In einem der *State Parks Oscar Scherer*, *Myakka River*, *Koreshan* und/oder *Collier Seminole* ein **Kanu leihen** und **durch die Sumpflandschaft paddeln**
7. In den **Fort de Soto Park** (südlich St. Petersburg) fahren, dort baden und picknicken und das optimale Foto von der *Sunshine Skyway Bridge* schießen
8. Die **Sonnenuntergangsfiesta** an der Pier von Clearwater Beach erleben
9. Sich im **Hotel** *Don CeSar* in St. Pete Beach umsehen und an der *Pass-A-Grille Beach* sonnenbaden und schwimmen
10. Einen Tag Rollercoaster-Spaß in den **Busch Gardens** in Tampa haben

Werbung für Sumpftouren mit großrädrigen Spezialfahrzeugen (Swamp Buggies) am Tamiami Trail

7. VOM GOLF NACH MIAMI/FORT LAUDERDALE

Von Naples gibt es zwei Routen nach Osten an die Atlantikküste:
- Zum Einen den Tamiami Trail als weiter gut ausgebaute Straße #41 oberhalb der Nordgrenze des *Everglades National Park* **nach Miami** (120 mi; auch ohne Stopps bis 3 Stunden Fahrt).
- Zum Anderen die schnelle I-75, die bereits erwähnte **Alligator Alley** (➢ Seite 396), die schnurgerade und gebührenpflichtig durch die nördlichen *Everglades* **nach Fort Lauderdale** führt (100 mi, ab 90 min Fahrtzeit + ggf. 20 mi/30 min bis Miami).

Der *Tamiami Trail* ist die reizvollere Alternative mit einem erwägenswerten Abstecher nach Everglades City und einigen Anlaufpunkten für Zwischenstopps. Nur über die *Alligator Alley* gelangt man zum *Ah-Tah-Thi-Ki Museum* der Seminolen, ➢ Seite 396f.

7.1 Tamiami Trail nach Miami

Abstecher nach Everglades City

Von Naples bis zum links beschriebenen *Collier Seminole State Park* sind es auf direkter Route ca. 15 mi, von dort weitere 18 mi bis zur Abzweigung der Straße #29 nach **Everglades City** an der Nordwestgrenze des Nationalparks. Der Ort verfügt über eine komplette touristische Infrastruktur und ist End-/Ausgangspunkt des **Wilderness Waterway** von/nach **Flamingo**, ➢ Seite 143.

An der Straßenkreuzung #41/#29 wartet das ***Everglades City Welcome Center***, ✆ 239-695-3941, www.evergladeschamber.net, auf Besucher. Im Ort selbst befindet sich unverfehlbar das ***Gulf Coast Visitor Center*** des Nationalparks, www.nps.gov/ever.

Beide haben Unterlagen für die lokalen **Motels** und **B&Bs** (toll die nostalgische *Rod & Gun Lodge*, ✆ 239-695-2101, www.everglades rodandgun.com; ab $ 95), **Campgrounds** (in bester Lage der **Chokoloskee Island Park** schon innerhalb der Parkgrenze, ✆ 239-695-2414, www.chokoloskee.com, ab $38), **Airboat Tours**, **Kanuvermietung** und **Bootsausflüge** in die Inselwelt der *Ten Thousand Islands* und in die Mangroven-Wildnis (ab $26, Kinder $13).

Vom Golf nach Miami / Fort Lauderdale

Airboats

Am Ortseingang hat **Everglades City Airboat Tours** Boote mit gepolsterten Sitzen und Kopfhörern (= Ohrenschutz). Sie düsen täglich 9-17 Uhr zu einstündigen Touren in die *Glades*, jedoch nicht in das Gebiet des Nationalparks hinein. Kosten $40, bis 12 Jahre $20, www.evergladescity-airboattours.com.

Airboats am Tamiami Trail

Auch direkt am *Tamiami Trail* gibt es mehrere Anbieter mit Tourangeboten, darunter auch mit **Airboats**. Die Werbung dafür ist unübersehbar. Die Boote zeichnen sich durch extrem flache Bootskörper und Propellerantrieb am Heck aus und gleiten erstaunlich schnell über die Sumpfgewässer. Das Vehikel indessen ist exotischer als die durchquerten Sümpfe. Denn Tiere haben sich lange aus Bereichen verabschiedet, die von ihnen lärmverseucht werden.

Am professionellsten unter den – teilweise nicht sehr vertrauenerweckenden – Anbietern solcher Trips wirken **Wooten's Everglades Airboat Tours** bei Ochopee, auf deren Booten man meist ohne längere Wartezeit unterkommt; ✆ 1-800-282-2781, www.wootensairboats.com. Für 30-min zahlt man $25, für 45 min $38. **Alligatoren** schwimmen in der firmeneigenen Alligator-Farm.

Postamt

Ochopee ist nebenbei Standort für das **kleinste Postamt der USA**, einer Hütte von 3 m² Fläche, ein gutes Fotomotiv, ➤ Seite 94.

Big Cypress National Preserve

Ochopee liegt bereits in der **Big Cypress National Preserve**, die nahtlos nördlich an den Nationalpark anschließt; www.nps.gov/bicy. Dieses Gebiet ist ebenfalls Teil der einst viel größeren *Everglades*, aber der Naturschutz wird dort nicht so konsequent betrieben. Die Gründung der *National Preserve* 1974 war eine Art Kompromisslösung: Viehzucht und Ölförderung wurden damals nicht komplett verboten, wie es sich die Umweltschützer gewünscht hätten, aber weitere Nutzungsausdehnungen und Ausbauten zumindest gestoppt. Die *Big Cypress Preserve* bildet eine Art Übergangszone zwischen dem streng geschützten Park und der wirtschaftlich genutzten Umgebung.

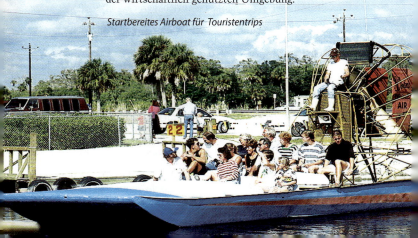

Startbereites Airboat für Touristentrips

Big Cypress Reserve • Miccosukee Indianer

Etwa 15 mi östlich der Straße #29 versorgt das **Oasis Visitor Center** (✆ 239-695-1201; www.nps.gov/bicy) seine Besucher mit Informationen und Karten, die auch die Lage einfacher **Campgrounds** und einer *Loop Road* durch die Sümpfe anzeigen. Der **Midway Campground** an einem Teich östlich des Besucherzentrums ist o.k. und mit $16-$19 preiswert.

Werbung für den Ringkampf Mensch gegen Alligator

Miccosukee und Seminole	An das *Big Cypress Areal* grenzen zwei Indianerreservate: die **Miccosukee Indian Reservation** und die **Big Cypress Seminole Indian Reservation**; ➢ Seite 396. Die verwandten Stämme leben heutzutage vom Glücksspiel. Beide bemühen sich, Besucher anzulocken. Die *Miccosukee*-Indianer unterhalten am *Tamiami Trail* gleich westlich des *Shark Valley* das **Miccosukee Indian Village**, täglich 9-17 Uhr, Eintritt $10, bis 12 Jahre $6; ✆ 305-552-8365, www.miccosukee.com. Es handelt sich dabei leider um eine **Touristenfalle**, wie sie im Buche steht. Das vermeintliche Indianerdorf ist faktisch eine Ansammlung einiger Souvenir Shops in einfachen Hütten. Außer – fragwürdigen – Schaukämpfen der Indianer mit Alligatoren gibt es wenig zu sehen.
Museum	Interessanter und sehenswerter ist das **Ah-Tah-Thi-Ki Museum**, der *Seminole*-Indianer. Es liegt jedoch nicht am *Tamiami Trail*, sondern nördlich der *Alligator Alley*, ➢ **Kasten nächste Seite**.
Shark Valley	Wer keine Zeit für den langen Weg in den Südostteil des Parks hat, aber von der Westküste hinüber nach Miami fährt oder umgekehrt, könnte das – wiewohl weniger interessante – **Shark Valley** besuchen. Im Bereich der *Miccosukee Indian Reservation* zweigt die Zufahrt zum **Shark Valley Visitor Center** ab (36000 Tamiami Trail, ✆ 305-221-8776, www.nps.gov/ever). Von dort geht es auf einer für den privaten Autoverkehr gesperrten Straße per **Tramtour** (www.sharkvalleytramtours.com) mit vielen Erläuterungen durch *Park Ranger* ca. 8 mi in den Sumpf hinein bis zu einem Aussichtsturm (2 Stunden retour; Kosten: $20, Kinder $13, 9-16 Uhr, 4-8 Abfahrten täglich saisonabhängig) oder ohne Rangeraufsicht mit **Leihfahrrad** für $9/Stunde.

7.2 Alligator Alley

Seminole Reservation

Die I-75 zwischen Naples und Fort Lauderdale erhielt den Beinamen *Alligator Alley*, weil häufig Alligatoren entlang der Straße zu sehen sind. Sie ist normalerweise nicht übermäßig stark befahren. Die Straße #833 in die **Big Cypress Seminole Reservation** zweigt ungefähr 52 mi östlich von Naples nach Norden ab. Zum Museum der *Seminole*, das im Kasten beschrieben wird, sind es ca. 18 mi. Es ist geöffnet Mi-So 9-17 Uhr, Eintritt $9, Kinder bis 18 Jahre $6; ✆ 1-877-902-1113; www.ahtahthiki.com.

Die Seminolen heute

Von den nur etwa 3.600 Indianern, die heute noch in Florida leben, gehören knapp 3.000 zu den **Seminole Indians**. Sie verteilen sich auf 5 kleine Reservate am Stadtrand von Tampa, bei Brighton, Immokalee, Fort Pierce und im Küstenort Hollywood zwischen Miami und Fort Lauderdale, und ein großes, die **Big Cypress Reservation**. Sie liegt am Rand der Everglades und ist für Touristen wegen des sehenswerten *Ah-Tah-Thi-Ki Museum* zu Geschichte und Gegenwart des Stammes und der dort angebotenen Bootstrips durch die Sümpfe in Begleitung indianischer Führer am interessantesten (*Ah-Tah-Thi-Ki* heißt in der Sprache der Seminolen »Ort des Lernens«). Der Umweg dorthin lohnt sich auch wegen der Anfahrt, die einen Einblick in die heutigen Lebensverhältnisse der Seminolen liefert. Man passiert die Viehherden des Stammes und ihre Rodeo Arena, sieht die Reservatsschule und die bescheidenen Häuser. Viele haben auf ihrem Grundstück noch ein *Chikee* stehen, wie die traditionelle Indianerhütte Südfloridas heißt.

Nach einem einleitenden **Film** geht man dort durchs anschaulich gestaltete Museum und gelangt zu einem kleinen **Freilichtbereich**, in dem Stammesmitglieder ihre traditionelle Handwerkstechniken vorführen, sowie zu einem **1,5 km langen Sumpfsteg** mit vielen erläuternden Schautafeln.

Bogenvorführung im Freilichtbereich des Ah-Tah-Thi-Ki Museum

Im **Okalee Indian Village** im **Seminole Paradise** bei Hollywood gibt es indianisches Kunsthandwerk wie Körbe, Puppen und Schmuck sowie einen kleinen Ableger des *Ah-Tah-Thi-Ki Museum*; Mi-Fr und So 10-17, Sa 12-20 Uhr.

In Hollywood nahe der Kreuzung Stirling Road (= Hwy 848) mit Hwy 441 steht mit dem bombastischen **Seminole Hard Rock Hotel & Casino**, 1 Seminole Way, auch die wichtigste Einnahmequelle der Seminolen, sieht man von den staatlichen Subventionen der Bundesregierung ab; www.seminolehardrockhollywood.com.

Die Seminolen hatten in den 1970er-Jahren in mehreren Instanzen bis zum Obersten Gerichtshof der USA als erster Stamm die Zulassung von Glücksspielen in ihrem Reservat erstritten und damit eine Vorreiterrolle für andere Indianerstämme übernommen. Heute gibt es in den gesamten USA kein indianisches Territorium mehr, und sei es noch so klein, das kein Kasino betreibt. Mit den Einnahmen finanzieren die Indianer Schulen und öffentliche Einrichtungen. Die Seminolen sind zwar auch in anderen Wirtschaftszweigen aktiv – wie etwa im Anbau von Zitrusfrüchten, der Viehzucht oder dem Handel mit Tabak –, der mit Abstand wichtigste ist aber der Betrieb der Spielhöllen und der zahlreichen **Hard Rock Cafés & Hotels** mit und ohne Kasino.

So leben die Seminolen in zwei Welten. Nach wie vor geben sie sich große Mühe, ihre Kultur zu bewahren. Ihre beiden Sprachen – *Maskókî* und *Mikisúkî* – werden immer noch gesprochen. Traditionelle **Geschichten, Lieder, Tänze** und auch Handwerkstechniken wie das Korbflechten werden von Generation zu Generation weitergegeben. Sogar Medizinmänner und -frauen sind in den Reservaten immer noch aktiv.

Andererseits geht der Stamm mit der Zeit und bemüht sich darum, seine Kultur durch Adaption an moderne Kommunikationsmittel zu verbreiten. So hat die Geschichtenerzählerin *Betty Mae Tiger Jumper* (1923-2011) die Legenden der Seminolen zusammengetragen und sie als Buch (*Legends the Seminole*) veröffentlicht. Auch ein Film entstand daraus (*The Corn Lady*). Der Stamm gibt zudem eine eigene Zeitung – die **Seminole Tribune** – heraus und unterhält die oben links genannte **Website**, die über Geschichte, Politik, Wirtschaft und Kultur der Seminolen ausführlich informiert.

Floridareise mit Ausgangspunkt Atlanta

Routen von Atlanta nach Florida

8. FLORIDAREISE MIT AUSGANGSPUNKT ATLANTA

Reisestart in Atlanta

Ein sinnvoller Ausgangspunkt für die Reise nach/durch Florida kann auch Atlanta sein, Georgias Hauptstadt mit dem riesigen *Atlanta Hartsfield Int'l Airport*. Das flugtechnische Drehkreuz der Südstaaten ist der nach Passagieraufkommen (über 90 Mio/Jahr) größte Flughafen der Welt und wird von vielen *Airlines* ab Europa in hoher Frequenz non-stop bedient. Bei eher nördlicher Schwerpunktsetzung der Reise ist Atlanta besser als Ankunftsairport geeignet als die großen Flughäfen in Südflorida. Nebenbei lassen sich damit neben Atlanta weitere attraktive Ziele wie Charleston, Savannah u.a.m. in die Reiseroute einbinden.

One-way Car Rental

Zudem bieten seit einigen Jahren Mietwagenfirmen in Atlanta ihre Autos mit Rückgabe in Florida an, ohne dass dafür eine Einweggebühr berechnet wird, ➤ Seite 36. Das ermöglicht schöne Routen von Atlanta bis zu den Cities mit internationalen Flughäfen in Südflorida, die früher nur unter Inkaufnahme von Zusatzkosten möglich waren.

Routen ab Atlanta nach Florida

Das dichte Straßennetz Georgias bietet viele Routen in Richtung Florida. **Im Anschluss an das Kapitel »Atlanta«** werden die vier wichtigsten Strecken skizziert, als da sind:

- Der direkte Weg führt über **Macon** auf der **I-75** nach Tampa mit guter Anbindung nach Tallahassee/*Florida Panhandle* (I-10 Richtung Westen), nach Jacksonville (I-10 Richtung Osten) und nach Orlando (*Florida Turnpike*); ➤ Seiten 420ff.

Atlanta - Geschichte

- Ebenfalls über **Macon** geht es auf der I-75, dann **I-16** nach **Savannah** unweit des Atlantik und weiter auf der Küstenroute I-95 nach Jacksonville; ➤ Seiten 423ff.
- Einen größeren Schlenker auf der **I-20** zunächst nach Osten muss machen, wer ggf. noch die Südstaatenperle **Charleston** in **South Carolina** in seine Reiseroute einbauen möchte; ➤ Seiten 435ff.
- Südwestlich geht es auf der **I-85**, dann **I-65** nach Mobile/Alabama für alle, die von Atlanta zunächst nach **New Orleans** und danach über den ***Panhandle*** nach Florida fahren wollen; ➤ Seiten 460ff.

8.1 Atlanta und Umgebung

8.1.1 Kennzeichnung, Geschichte und Klima

Hochhäuser

Atlanta ist nach New York und Chicago die Stadt mit den höchsten Wolkenkratzern Nordamerikas: ***Bank of America Plaza*** (600 Peachtree Street NE, 311 Meter, www.bentleyforbes.com/bank-of-america-plaza), ***Sun Trust Plaza*** (303 Peachtree Street NE, 274 Meter, www.suntrustplaza.com) und ***One Atlantic Center*** (1201 West Peachtree Street NE, 249Meter, www.1ac.com).

Wichtigste Attraktionen

Nur einen kurzen Spaziergang von diesen Hochhäusern entfernt liegen am ***Centennial Olympic Park*** die beiden Top-Attraktionen Atlantas, das ***Georgia Aquarium*** und die ***World of Coca Cola*** mit dem ***CNN Studio*** in nächster Nachbarschaft. Ein wichtiger Anziehungspunkt für viele Besucher der Stadt ist auch der ***Martin Luther King Jr. National Historic Site*** mit dem ***King Center*** und dem Grab des Friedensnobelpreisträgers.

Gute 20 mi östlich der City erstreckt sich mit dem ***Stone Mountain Park*** die größte natürliche Touristenattraktion Georgias.

Business

Über 400 börsennotierte US-Unternehmen haben in Atlanta eine Vertretung oder sogar ihren Hauptsitz, darunter Weltkonzerne wie *Coca Cola*, *Delta Airlines* und der Nachrichtensender *CNN*. Das typische Erscheinungsbild vieler US-Millionenstädte prägt auch das Zentrum von Atlanta. Zu den Bürostunden wirken *Mid-* und *Downtown* belebt und quirlig, aber abends und an Wochenenden ist es dort eher ruhig.

Keine »Altstadt«

Atlanta besitzt **keine historischen Sehenswürdigkeiten**, nicht einmal eine nennenswerte Zahl »echter« Südstaaten-Villen. Denn die Stadt wurde im Bürgerkrieg fast komplett niedergebrannt (➤ unten). Das heutige Bild basiert auf der Neuanlage Atlantas nach 1864. Im **Stadtwappen** symbolisiert ein aus der Asche steigender Phönix diese »Wiederauferstehung«.

Geschichte

Erste »weiße« Anwesen waren 1833 in der Nähe des *Cherokee*-Dorfes ***Standing Peachtree*** am Ufer des Chattahoochee River entstanden. Nach Anbindung an das Eisenbahnnetz der *Western & Atlantic Railroad* 1837 wurde daraus eine größere Siedlung mit der Bezeichnung ***Terminus***, später ***Marthasville***. 1845 erhielt sie ihren endgültigen Namen **Atlanta**.

General Sherman am 27. Juni 1864 auf dem Vormarsch nach Atlanta bei der Schlacht am Kennesaw Mountain, keine 30 km vom Ziel entfernt. Aber erst am 2. September gelang es den Truppen der Union, Atlanta endgültig einzunehmen.

Ende 1864 zerstörten Unionstruppen unter **General Sherman** und eigene Einheiten auf ihrem Rückzug den damals 10.000 Einwohner zählenden Handels- und Verkehrsknotenpunkt weitgehend. Von 4000 Gebäuden überstanden nicht einmal 400 die Brandschatzung. Atlanta wurde jedoch innerhalb weniger Jahre wiederaufgebaut und **1868 zur Hauptstadt Georgias** bestimmt. Bereits 1870 war die Bevölkerung mit 20.000 Menschen doppelt so groß wie vor dem Bürgerkrieg.

Für Atlantas weitere Entwicklung war **1886** ein denkwürdiges Jahr: *Coca Cola* war »erfunden« und erstmalig produziert worden. Der Firmensitz des heute global bekannten Konzerns befindet sich immer noch in Atlanta.

Schon Ende des 19. Jahrhunderts war Atlanta die wirtschaftlich wichtigste Stadt im Südosten der USA. Neben dem damals noch ausschließlich weißen Geschäftszentrum entstand der *Black Business District* **Sweet Auburn** unweit des Kernbereichs *Five Points*. In den 1960er-Jahren wurde Atlanta **Zentrum des von M.L. King inspirierten** *Civil Rights Movement*.

Olympische Spiele

Mit der Entwicklung zu einem Kommunikations- und Dienstleistungszentrum des US-Südens seit den 1980er-Jahren (➢ z.B. *CNN*, Seite 412) gewann Atlanta weltweite Aufmerksamkeit, die zur Vergabe der **Olympischen Spiele 1996** an Atlanta beitrug.

Im Großraum Atlanta leben heute rund **5 Mio. Mensch**, davon aber nur rund **430.000** in der eigentlichen *City of Atlanta*. Während sich die erste Zahl in den letzten drei Jahrzehnten mehr als verdoppelt hat, blieb sie im engeren Stadtgebiet im selben Zeitraum nahezu konstant.

M.L. King/ Jimmy Carter

Atlantas berühmteste Namen sind der Bürgerrechtler **Martin Luther King**, der dort 1929 geboren wurde, und **Jimmy Carter**, der es 1976 zum ersten und nach wie vor einzigen US-Präsidenten aus Georgia brachte.

Karte Seite 404 **Atlanta - Ankunft & Orientierung** 403

Klima Bei einer Höhenlage von 340 m in der sanften Hügellandschaft von Georgias Norden werden Hitzeschübe aus dem Süden zwar ein wenig abgemildert, aber Atlanta gehört mit Temperaturen, die zwischen Juni und September 30°C fast täglich übersteigen, und hoher Luftfeuchtigkeit im Sommer zu den klimatisch weniger angenehmen Städten. Die Winter sind dagegen mild mit nur seltenem Schneefall, dafür umso mehr Regen. Vor Kälteeinbrüchen wird Atlanta durch die Berge im Norden und Nordwesten weitgehend geschützt. Frost ist in Atlanta fast unbekannt. **Beste Besuchszeiten sind** das Frühjahr und der etwas trockenere **Herbst**.

8.1.2 Ankunft, Orientierung, Transport und Information

Airport Der **William B. Hartsfield-Atlanta International Airport** (10 mi südlich Downtown, ✆ 404-209-1700; www.atlanta-airport.com) ist – wie gesagt – bezüglich der Passagierzahlen der größte und mit 2500 Starts und Landungen täglich auch der verkehrsreichste Flughafen der Welt und von enormen Ausmaßen. Mit knapp 60.000 direkt oder indirekt Beschäftigten ist er gleichzeitig der größte Arbeitgeber Georgias.

Eine **U-Bahn** verbindet ihn direkt mit der City. Frequenz je nach Wochentag und Tageszeit alle 10-20 min. Fahrzeit bis Downtown ca. 20 min; Einheitsfahrpreis $2,50.

Außerdem gibt es Shuttlebusse, die ihre Passagiere direkt zu den größeren *Downtown*-Hotels bringen: **Atlanta Airport Shuttle**, ✆ 1-877-799-5282, www.taass.net ($17). Transportfragen klärt man im **Airport Ground Transport Information Center** in der Ankunftshalle, Vorinformation im Internet, ➢ oben.

Bahn/Bus Die **AMTRAK Station** befindet sich an der 1688 Peachtree Street, ✆ (404) 881-3062, ca. 3 mi nördlich von *Downtown*. Jeweils ein Zug täglich fährt nach New Orleans und New York.

Das **Greyhound Terminal** liegt in der Südecke von *Downtown* an der 232 Forsyth Street bei der U-Bahn Station *Garnett*, einen Block südlich des Knotenpunkts *Five Points* (✆ 404-584-1728).

Großzügige zentrale Halle im Atlanta Hartsfield Int'l Airport.

Atlanta und Routen nach Süden

auch Karte Seite 411

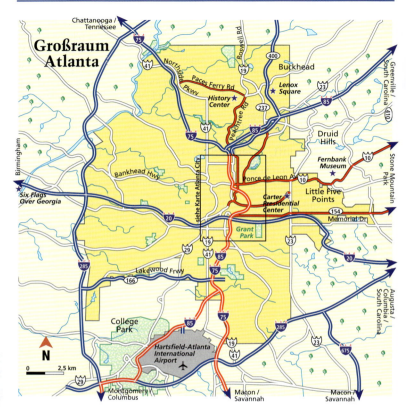

Orientierung Innenstadt

Downtown Atlanta liegt unmittelbar nordwestlich des Schnittpunktes der *Interstates* #20 und #75/#85. Letztere umschließt im Norden und Osten dank ihres bogenförmigen Verlaufs *Downtown* und den unteren Teil der nördlich daran anschließenden **Midtown** mit einigen auch für Besucher wichtigen Anlaufpunkten (*Fox Theatre, High Museum of Arts u.a.*), vielen Restaurants und Hotels. Die in Süd-Nord-Richtung mitten durch die Innenstadt verlaufende **Peachtree Street** ist **zentrale Verkehrsachse** der Stadt.

Orientierung Großraum

Der **Großraum** des sich aus vielen Unterzentren zusammensetzenden Atlanta wird im wesentlichen beschrieben durch den fast kreisförmigen Verlauf der **Ringautobahn #285**, den *Perimeter Highway*, der Atlanta weiträumig umfasst und die strahlenförmig in die City führenden *Freeways* miteinander verbindet. Außerhalb von *Downtown* sollte man sich unbedingt weitmöglichst an ihnen orientieren, da Atlanta ein relativ schwer überschaubares

Atlanta – Orientierung, Transport & Information

Straßennetz europäischen Zuschnitts mit vielen fast identischen Straßennamen besitzt (vor allem *Peachtree* in allein 55 Varianten mit Street, Road, Place, Avenue etc). Das Vorankommen auf den mitunter schlechten Straßen außerhalb der *Freeways* ist zudem wegen langer Ampelphasen ohne Koordinierung mühsam und zeitraubend. **Ohne einen genauen Stadtplan (gratis bei jeder *Visitor Information*) bzw. Navi kann man sich leicht »verfransen«.**

Auch ein Ziel wie den **Stone Mountain Park** sollte man daher ab *Downtown* nur über den scheinbaren Umweg der *Freeways* I-20 und I-285 (dann #78/*Stone Mountain Parkway*) ansteuern.

Downtown

Im Bereich *Downtown* fällt die Orientierung etwas leichter, das Autofahren wird aber durch Einbahnstraßen erschwert. Zwar gibt es viele Parkuhren, -plätze und -häuser, aber *Motorhome*-Fahrer sollten ihr Fahrzeug besser in U-Bahn-Nähe oder im Bereich des **Grant Park** (*Cyclorama*, ➢ unten) stehenlassen.

Nahverkehr: U-Bahn

Die *Metro Atlanta Rapid Transit Authority* **MARTA** (℃ 404-848-4711, www.itsmarta.com) unterhält vier U-Bahnlinien. Die rote und gelbe Linie laufen in Nord-Süd-Richtung, die blaue und grüne Linie in Ost-West-Richtung weitgehend parallel. Alle treffen sich in *Downtown* an der Station **Five Points** und verzweigen sich im Norden bzw. Westen. An vielen Stationen findet man große Gratis-Parkplätze. Verkehrszeit der U-Bahn Mo-Fr 5-2 Uhr und Sa+So 6-1 Uhr. Die Automaten für **Token** (Einheitspreis $2,50) gibt es an jeder Station. **Tagespässe** für unbegrenzte Fahrten im System für 1, 2, 3, 4 und 7 Tage kosten $9, $14, $16, $19 bzw. $24.

Busse

Das **Busnetz** ist im Zentrum dicht und in der Frequenz ausreichend, in der Fläche relativ dünn, reicht aber immerhin bis zum *Stone Mountain Park*.

Sightseeing Touren

Die besten Sightseeing-Touren in Atlanta finden in Kleingruppen per Elektromobil, *Segway* oder Fahrrad statt. Nicht ganz billig, dafür aber in dieser Stadt besonders geeignet. Details z.B. unter www.biketoursatl.com und www.getyourguide.de/#q=atlanta&ct=2n.

Die **Tourist Information** in Atlanta hat Beschreibungen für sog. **Gone-with-the-Wind-Tours** für literarisch interessierte Besucher, die in Eigeninitiative die einzelnen Zielpunkte abfahren mögen.

Ganz witzig, speziell mit Kindern, sind **Ride-the-Duck-Tours**, kombinierte Land-/Wasser-Trips im einem Amphibienfahrzeug im *Stone Mountain Park*, Einheitspreis $14; www.ridetheducks.com.

Information

Visitor Information Centers (www.atlanta.net) findet man
- in der **Mall at Peachtree Center**, 233 Peachtree Street NE
- in **Underground Atlanta**, 65 Upper Alabama Street
- im **Hartsfield Int'l Airport**

In den Besucherinformationen hat man u.a. die alle zwei Monate neu aufgelegte Zeitschrift »**Atlanta Now**« mit Unterkunfts- und Restaurantverzeichnis, Veranstaltungskalender und allen sonstigen touristisch relevanten aktuellen Informationen.

8.1.3 Unterkunft und Camping

Hotels/Motels

Eine preiswerte Unterkunft zu finden, ist in Atlanta kein besonderes Problem. Alle bekannten Motelketten sind gleich mit mehreren Häusern vertreten. Besonders viele Quartiere der mittleren und gehobenen Kategorie findet man in **Downtown** & **Midtown** und in **Buckhead** (im Stadtnorden) entlang der sich meilenlang in Nord-Südrichtung durch die Stadt ziehenden Peachtree Street, im Flughafenbereich und entlang der Ringautobahn I-285. Wer ohne Reservierung nach Atlanta kommt und Wert auf moderate Tarife (ab $60) legt, wird am leichtesten in der Nähe der großen **Kreuzungen der Interstates** (I-20, I-85, I-75 und I-675) mit dem **Perimeter Highway** fündig. Hilfreich bei der Suche sind die überall verteilten Hefte mit *Hotel Coupons* (➤ Seite 58), die gleichzeitig die genaue Lage und Anfahrt zu den darin aufgeführten Häusern enthalten. In der Regel befinden sich in deren Nachbarschaft unübersehbar weitere Unterkünfte.

Bereich Airport

In Atlanta sind selbst im sonst oft teureren **Airport**-Bereich die Unterkunftskosten nicht sonderlich hoch. Ab $70-$80 gibt's auch dort ordentliche Zimmer in der unteren Mittelklasse. Für $80-$120 kann man schon einen relativ guten Standard buchen, z.B.:

- **Courtyard by Marriott**, 2050 Sullivan Rd in College Park südwestlich des Airport, I-85 *Exit 69* über Riverdale Rd, ✆ 770-997-2220, ab $89; schöne 2-stöckige Anlage mit Bistro. Gute Chancen auf Zimmer in Autonähe (Parkplatz rund ums Gebäude).

- **Country Inn & Suites**, Atlanta Airport South, 5100 West Fayetteville Road in College Park südlich des Flughafens, I-285 *Exit 60*, ✆ 770-991-1099, ab $72. Große Zimmer. Bar & Restaurant.

- **Renaissance Concourse**, 1 Hartsfield Center Parkway nördlich des Flughafens, ✆ 404/209-8995. Großes Atrium-Hotel**** hinter den Start- und Landebahnen. Vom Indoor-Pool und vielen Zimmern aus freier Bick auf den Flugverkehr (Lärmschutzfenster). Gute Bar und Restaurant. *Weekend Rates* schon mal ab $99, mit Aussichtsterrasse ab $149. Parken teuer.

Zentraler Bereich

In **Down-/Midtown** sind bei mittlerem bis gutem Standard folgende Ketten einigermaßen erschwinglich, wobei die angegebenen Minimaltarife bei Auslastung deutlich höher sein können:

- **Best Western Plus Inn at the Peachtrees**,
  330 West Peachtree Street NW, ✆ 404-577-6970, ab $79

- **Motel 6 Downtown**,
  311 Courtland Street, ✆ 404-659-4545, ab $79

- **Days Inn Downtown**,
  300 Spring Street, ✆ 404-523-1144, ab $69

- **Fairfield Inn & Suites Atlanta Downtown**,
  54 Peachtree Street SW, ✆ 678-702-8699, ab $109

- **Hampton Inn & Suites Atlanta Downtown**,
  161 Spring Street NW, ✆ 404-589-1111, ab $89

Atlanta - Unterkunft & Camping

Die beiden folgenden Edel-Hotels liegen nah beieinander:
- **Westin Peachtree Plaza**
  210 Peachtree Street, ✆ 404-659-1400; ab $195
  Markantes Hochhaus mit Drehrestaurant
  in der 73. Etage auf 220 m Höhe.
- **Hyatt Regency Atlanta,**
  265 Peachtree Street NE,
  ✆ 404-577-1234; attraktive Atrium-Lobby; ab $159.

Erwägenswert wäre auch eine Übernachtung außerhalb im
- **Stone Mountain Inn**, ➢ Seite 419

B & B

Es gibt auch *Bed & Breakfast* Quartiere, wiewohl nicht billig. Ersteres liegt relativ zentral, *Sugar* östlich von *Downtown*.
- **Shellmont Inn**, 821 Piedmont Ave fast noch *Downtown*,
  ✆ 404-872-9290, www.shellmont.com, ab $175;
- **Sugar Magnolia**, 804 Edgewood Ave NE, ✆ 404-222-0226,
  www.sugarmagnoliabb.com, ab $130; schöne alte Villa

Sehr verkehrsgünstig und ruhig in *Midtown* liegt das

Hostel
- **Atlanta International Hostel**, 223 Ponce de Leon Ave in *Midtown*, ✆ 404-875-9449; ✆ 1-800-473-9449, www.atlantahostel.com, schönes Haus ab $22, auch EZ/DZ ab $49.

Camping

Fürs Campen gibt es in Atlanta kaum etwas Besseres als den Platz im **Stone Mountain Park**, der aus mehreren großen Arealen besteht. Bei der Einfahrt in den Park ($10 pro Fahrzeug, ➢ unten) erhält man eine Karte, die den Weg weist. Geöffnet März bis Oktober, Reservierung unter
✆ 770-498-5710 oder ✆ 1-800-385-9807;
www.stonemountainpark.com/lodging-camping; ab $25 für Zelte, $33-$46 RVs.
An Wochenenden oft früh voll.

Fontänen im Centennial Olympic Park; rechts der Turm ist das Westin Peachtree Plaza Hotel

8.1.4 Restaurants und Shopping

Essen & Trinken

Im Großraum Atlanta gibt es Restaurants und *Fast Food Places* mit allen Varianten amerikanischer wie internationaler Küche in Hülle und Fülle. Atlantas Touristiker preisen ihre Stadt heute als Geheimtipp für Gourmets. Und egal, ob *Fast Food* oder *First Class Restaurant*, das Preisniveau ist vergleichsweise moderat.

Reich bestückt mit *Eateries* für den schnellen Happen und Restaurants sind die **Shopping Malls Underground Atlanta** und die **Mall at Peachtree Center** (➤ unter *Shopping*).

Fast Food

Als Atlanta-Institution gilt das **Varsity**, 61 North Ave (unmittelbar östlich an und über der I-85, *Exit* 249, U-Bahn Station *North Avenue*), **das größte Drive-in der Welt** (mit enormer Sitzkapazität auch drinnen) für enorme Portionen *Hamburgers*, *Hot Dogs*, *French Fries* etc., www.thevarsity.com.

Hard Rock

Das Atlanta **Hard Rock Café** befindet sich in der 215 Peachtree Street, ✆ 404-688-7625.

Southern Food

Für Südstaatenküche sollte man zur **South City Kitchen Midtown** fahren (1144 Crescent Ave in **Midtown**, ✆ 404-873-7358, www.southcitykitchen.com) oder in *Downtown* **Pittypat's Porch** aufsuchen (25 Andrew Young Int'l Blvd NW Nähe *Peachtree Center*, ✆ 404-525-8228, www.pittypatsrestaurant.com, erst ab 17 Uhr).

Live Jazz

Ocean Prime ist ein höherpreisiges Restaurant mit abendlichem **Live-Jazz** bei kreativer amerikanischer Küche: *Seafood* und *Steaks* (3102 Piedmont Road NE in Buckhead, ✆ 404-846-0505, www.oceanprimeatlanta.com). Ebenfalls *Live Jazz* gibt's im **Westin Plaza Hotel** (➤ Seite 407) im *Sun Dial* Drehrestaurant im 73. Stock; www.sundialrestaurant.com.

Minibrauereien

Die national verbreitete Kette **Gordon Biersch Brewery Restaurant** ist mit zwei Lokalen in Atlanta vertreten. Neben diversen Biersorten aus der Hausbrauerei stehen amerikanische Gerichte und Pizza auf der Karte. Die Biere von *Gordon Biersch* gibt's auch in *Liquor Shops* und Supermärkten:

- 848 Peachtree Street NE in **Midtown**, ✆ 404-870-0805
- 3242 Peachtree Road in **Buckhead**, ✆ 404-264-0253

Shopping

Bereits erwähnt wurde **Underground Atlanta**, ein zentraler Shoppingkomplex in *Downtown*, auf den noch im folgenden Abschnitt näher eingegangen wird. Auch zentral liegt **The Mall at Peachtree Center** (225 Peachtree Street, www.peachtreecenter.com) mit ca. 70 Shops und Restaurants.

Weit außerhalb ist **Lenox Square** in Buckhead (3393 Peachtree Road NE, U-Bahn *Lenox Station*, Anfahrt über die I-85 und die Straße #400) mit heute 250 Shops etc. die größte *Mall* Georgias, www.lenoxsquare.com.

Noch weiter nördlich liegt bei Dunwoody unweit der I-285, *Exit* 29, die **Perimeter Mall**, ein Einkaufszentrum mit ca. 200 Läden, Kaufhäusern und Services; www.perimetermall.com.

Atlanta - Downtown

Zuschauer-sport

Atlanta hat auch Sportfans einiges zu bieten:
- die **Falcons** sind Atlantas **American Football Team** (NFL, September-Januar) im **Georgia Dome**; www.atlantafalcons.com
- die **Braves** spielen April-Oktober auf dem *Turner Field* **Baseball** (MLB); www.atlantabraves.com
- die **Hawks** sind die **Basketballer** (NBA) und treten November-April in der **Philips Arena** zu ihren Spielen an; www.hawks.com

Eingang zum Untergeschoss von Underground Atlanta an der Central Ave

8.1.5 Sightseeing Atlanta

Downtown

Situation 2013

Downtown Atlanta (www.atlantadowntown.com), ein Konglomerat architektonisch unterschiedlichster Bereiche, ist von überschaubarer Größe. Alle dortigen Sehenswürdigkeiten lassen sich problemlos zu Fuß erkunden.

Die Olympischen Spiele von 1996 haben im Stadtbild kaum Spuren hinterlassen. Das erst zu den Spielen eingeweihte Olympiastadion wurde bald nach der Abschlussfeier halbseitig abgerissen und als *Turner Field Baseball Stadium* einer neuen Bestimmung zugeführt. Andersherum der **Centennial Olympic Park** (benannt nach dem hundertjährigen Jubiläum der Spiele 1896-1996) mitten in *Downtown*. Den weihte man erst zwei Jahre nach den Spielen ein, und richtig funktional wurde er ein Jahrzehnt später, als die modernisierte **World of Coca Cola** dorthin umzog und und man das **Georgia Aquarium** endlich fertigstellte.

Derweil zieht das einstige Vorzeigeobjekt **Underground Atlanta** nicht mehr so viele Besucher an wie ehedem. Andere Projekte zur weiteren Entwicklung des zentralen Atlanta stehen auf der Kippe, z.B. die alles verbindende Straßenbahn entlang der Nord-Süd-Achse Peachtree Street; www.atlantastreetcar.org.

Atlanta und Routen nach Süden

Ausgangspunkt Five Points (Alabama/Peachtree Streets)

Für touristische Besucher sind in *Downtown* im wesentlichen drei Bereiche von Interesse, die in Fußgängerdistanz voneinander entfernt liegen, aber auch per **U-Bahn** (Stationen *Five Points* bzw. *Peachtree Center*) oder Bus leicht miteinander zu verbinden sind:

- Gleich ab *Five Points* erstreckt sich der Komplex **Underground Atlanta** überwiegend unterirdisch in Richtung **State Capitol**.
- Nordöstlich von *Five Points* ballen sich **entlang der Peachtree Street** die eindrucksvollsten **Hochhäuser** Atlantas.
- Ebenfalls nicht weit ist es zum *Centennial Olympic Park* nordwestlich von *Five Points* mit dem **CNN Center**, der **World of Coca Cola** und dem *Georgia Aquarium*.

Underground Atlanta

Zwischen Peachtree Street und Central Ave an und unterhalb der (hier verkehrsfreien) **Upper Alabama Street** befindet sich das *Shopping-*, *Restaurant-* und *Entertainmentcenter* **Underground Atlanta** mit rund 130 *Shops*, *Eateries* und *Bars* auf drei, davon zwei »unterirdischen« Ebenen; www.underground-atlanta.com.

Die unterste Ebene entsprach vor dem Bürgerkrieg dem Bahnhof von Terminus (➤ Geschichte) und wurde später einfach überbaut. Nachdem man die in Vergessenheit geratene Fläche wiederentdeckt und erhalten gebliebene Fassaden restauriert hatte, entwickelte sich *Underground Atlanta* zu einem Hauptanziehungspunkt der City nicht nur am Tage, sondern auch am Abend. Unten in der *Kenney's Alley* logieren Musikkneipen und ein Cabaret. Indessen ist die Unterwelt ersichtlich in die Jahre gekommen und *Underground Atlanta* keine »echte« Sehenswürdigkeit mehr.

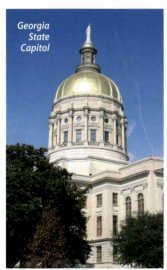

Georgia State Capitol

Von der mittleren Ebene aus gibt es einen unmittelbaren Zugang zur U-Bahn und zum Südwestausgang an der Central Ave.

Regierungsgebäude

Nur einen Block von dort entfernt steht im Georgia Plaza Park das **Georgia State Capitol** mit *Museum of Georgia History* im 5. Stock (Washington Ave/Mitchell Street, zugänglich Mo-Fr 8-17 Uhr, freie Führungen jeweils 11.30 Uhr; www.libs.uga.edu/capitolmuseum). Das Regierungsgebäude mit eindrucksvoller Goldkuppel ist ein Nachbau des Kapitols in Washington. Schräg gegenüber steht die **Atlanta City Hall**, das Rathaus der Stadt.

Peachtree Street

Folgt man der Peachtree Street NW ab *Five Points* nach Nordosten, steht man bald zwischen Wolkenkratzern aus Beton, Stahl und Glas. Sechs Blocks sind es bis zum Glasturm des *Westin Plaza Hotel* (210 Peachtree Street; U-Bahn Station *Peachtree Center*). Das bereits

Atlanta - Downtown 411

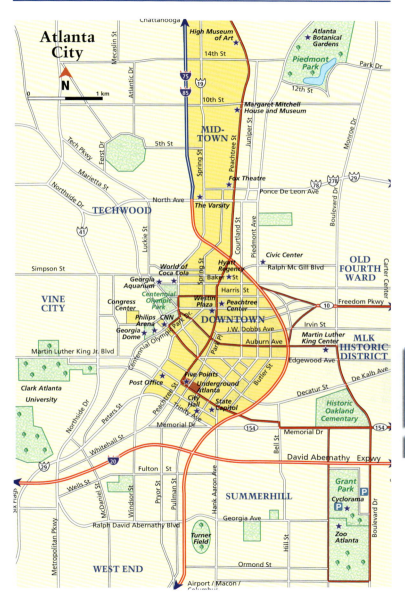

erwähnte **Sun Dial Restaurant** dreht sich einmal pro Stunde um 360° und bietet einen tollen Blick über Atlanta und Umgebung, am Abend aufs Lichtermeer der Stadt. Das kostet natürlich ein paar Dollars extra; ✆ 404-589-7506.

Einen Block weiter nördlich stößt man auf die ebenfalls schon erwähnte **Mall at Peachtree Center**. Sie verfügt über 60 Shops, einen *Foodcourt* und Restaurants. Der nördliche Endpunkt der *Mall* ist der Hotelturm des **Hyatt Regency** (www.atlantaregency.hyatt.com) mit einem beachtlichen Atrium.

Centennial Olympic Park/ Riesenrad

Von der Peachtree Street NE führen mehrere Querstraßen hinüber zum **Centennial Olympic Park** westlich und nördlich des gleichnamigen geschwungenen Park Drive (ca. 300 m). Von *Five Points* sind es via Marietta Street NW ca. 700 m bis zum *CNN Center* bzw. – östlich der Straße – zur südlichen Ecke des Parks, einer offenen Grünanlage mit einer Fläche voller musikgesteuerter Fontänen, die bei der vorherrschenden Hitze nicht nur von Kindern als kühlender Wasserspaß genutzt werden. Eine neue Attraktion ist dort das 60 m hohe **Riesenrad** (tägl. 10-22/23 Uhr; $15/Person, Kinder $9!). Ob man da nicht besser den Fahrstuhl hinauf zur **Viewing Level** (+ Bar/Restaurant) des **Westin Peachtree Hotel** in 200 m Höhe nimmt ($8/$4; Zeiten täglich ab 10 Uhr; ➢ Seite 407)?

CNN Center

Das **CNN-Center** (*Cable News Network*) umfasst Büros, das *Omni Hotel* und eben die *CNN Studios*. Im Foyer befindet sich ein guter *Food Court* für jedermann.

Wer mag, kann 55-min-Touren durch die **Studios** dieses global führenden Nachrichtensenders buchen. Mit Glück erwischt man Live-Sendungen. Interessant, aber kein »Muss« (Start alle 10 min; täglich 9-17 Uhr, Reservierung unter ✆ 404-827-2300, www.edition.cnn.com/tour, $15/Person, Kinder $12).

Georgia Aquarium

Das bombastische **Georgia Aquarium** an der Baker Street oberhalb des *Olympic Centennial Park* toppt seit Eröffnung 2006 das bis dato weltgrößte Aquarium in Chattanooga/Tennessee mit einem noch größeren und aufwändigeren Bau.

Aufgeteilt in sechs Bereiche – tropische Gewässer, offene Ozeane, Delfine, Flüsse, kalte Gewässer, Georgia zu Wasser und zu Lande inkl. Reptilien – plus 4-D-Kino bietet dieses Aquarium tatsächlich noch mehr als die gerade in den USA erhebliche Konkurrenz. Toll ist der transparente Tunnel »durch den Ozean«, »irre« das Kino mit »interaktiven« Sitzen und virtuellen »Berühreffekten«, die vierte Dimension.

Das *Georgia Aquarium* ist täglich geöffnet, So-Fr 10-17 Uhr, Sa 9-18 Uhr; ✆ 404-581-4000, www.georgiaaquarium.org. Eintritt $30, Kinder bis 11 Jahren $24; Senioren ab 55 Jahren $22.

Atlanta Downtown & Sweet Auburn 413

World of Coca Cola

Unweit des Aquariums steht an der Ecke Centennial Park Drive/Baker Street der Neubau der **World of Coca Cola**; So-Fr 10-18.30 Uhr, Sa 9-19.30 Uhr, © 1-800-676-2653; www.worldofcocacola.com. Eintritt $16 (!), Kinder $12. Es handelt sich dabei um ein **Firmenmuseum** mit Objekten rund um das – laut Eigenwerbung – »beliebteste Erfrischungsgetränk der Welt«. Per *self-guided-tour* geht es durch thematische Galerien zur nie versiegenden Coca-Cola-Quelle: »*Coke, all you can drink*« ist im Eintritt enthalten.

Congress Center/ Georgia Dome

Den äußersten Westzipfel von *Downtown* markieren die riesigen Gebäude des **World Congress Center** sowie der **Georgia Dome**, eines der größten Sportstadien der Welt mit freitragender Kuppel. Östlich gegenüber steht jenseits der International Plaza die **Philips Arena** (u.a. Basketball) zwischen Andrew Young Blvd und dem Centennial Park Drive westlich des *CNN Center*.

Sweet Auburn

Martin Luther King NHS

Die »schwarze« **Neighborhood** Sweet Auburn erstreckt sich beiderseits der Auburn Ave vom **Woodruff Park** (zwischen Pryor und Peachtree Street NW nördlich *Five Points*), unter der hier extrem breiten I-75/I-85 hindurch bis zum **M.L. King Jr. National Historic Site** und dessen **Visitor Center** an der 450 Auburn Ave; *Memorial* bis *Labor Day* täglich 9-18 Uhr, sonst bis 17 Uhr; Eintritt frei. Aktuelle Infos unter www.nps.gov/malu.

King wurde 1929 in *Sweet Auburn* geboren (501 Auburn Ave) und hielt Predigten in der **Historic Ebenezer Baptist Church** (407 Auburn Ave, www.historicebenezer.org). Er wurde 30 mal verhaftet und im Alter von nur 39 Jahren 1968 in Memphis ermordet. Sein Sarkophag steht auf einer Insel im langgestrecken Pool des NHS. Der Komplex umfasst neben Kirche und Geburtshaus das **King Center** in der 449 Auburn Ave, ein Forschungsinstitut mit Museum, geöffnet wie oben, Eintritt frei; www.thekingcenter.org.

Midtown und Buckhead

Definition

Unmittelbar an die *Downtown* schließt nördlich des Ralph McGill Blvd die **Midtown** an. Sie wird in etwa durch den gemeinsamen Verlauf der I-75/I-85 nach Norden beidseitig der Autobahn definiert und endet nach der Trennung der beiden *Interstates* nach Nordwest (I-75) bzw. Nordost (I-85). Oberhalb des Autobahndreiecks liegt zwischen der I-75 und dem *Freeway* #400 die Vorstadt **Buckhead**.

Midtown

Die südliche *Midtown* bildet so etwas wie ein zweites Stadtzentrum entlang der Peachtree Street oberhalb der North Avenue. Wie in *Downtown* gibt es auch dort moderne Hochhäuser, darunter die 312 m hohe **Bank of America Plaza** mit einer vergoldeten Spitzkuppel (600 Peachtree Street NE), das höchste Gebäude Nordamerikas abseits von Chicago und New York.

Varsity

Bereits unter dem Stichwort »Restaurants« wurde die *Fastfood Eatery* **The Varsity** erwähnt (61 North Ave NW an der I-75/I-85). Der eher schäbige Bau zeigt u.a. Elemente des Art-Deco und hat draußen zahlreiche *Drive-in* Autoboxen. Die *Hamburger* und *Hot Dogs* gelten als unübertroffen, wichtiger sei aber, so heißt es, die dort herrschende Atmosphäre und der Umstand, dass bis zu 30.000 Gäste täglich *The Varsity* aufsuchen. Nun ja ... Einen Umweg muss man für *The Varsity* nicht unbedingt fahren.

The Varsity, Atlantas Fast Food Legende

Fox Theatre

Einen Kontrapunkt zur Sachlichkeit der Neuzeit setzt draußen und drinnen das **Fox Theatre** (Ponce de Leon Ave/660 Peachtree Street NE), ein **riesiger Kinopalast** aus den 1920er-Jahren. Das Südstaatenepos »Vom Winde verweht« (»*Gone with the Wind*«) erlebte dort 1939 seine Uraufführung. Das Gebäude war ursprünglich als Moschee geplant worden, aber die islamische Gemeinde kam in finanzielle Schwierigkeiten und vermietete es daher an den Filmmogul *William Fox* als Kino. Als in den 1960er-Jahren mit dem Fernsehen das »Kinosterben« begann, musste auch das *Fox Theatre* seine Tore schließen und verfiel. Eine Bürgerinitiative konnte 1974 den Abriss zum Glück noch stoppen. Nach der folgenden Restaurierung wird dieser phänomenale Theaterbau heute wieder intensiv genutzt, ➢ www.foxtheatre.org.

Geführte Touren hinter die Kulissen Mo+Do um 10 Uhr, Sa 10+ 11 Uhr, $10. **Anmeldung** notwendig unter ✆ 404-688-3353.

Atlanta - Midtown & Buckhead

Margaret Mitchell House

Für Fans von »Vom Winde verweht« ist vielleicht auch das Domizil der Autorin, das **Margaret Mitchell House**, von Interesse (990 Peachtree Street NE, Ausstellung, Film und Shop, Touren Mo-Sa 10-17.30 Uhr, So ab 12 Uhr, $13, Kinder $9, ✆ 404-249-7015.

Margaret Mitchell bewohnte in diesem Bau aus dem Jahr 1899 nur ein Apartment im Souterrain. In den 1990er-Jahren brannte das Haus gleich zweimal ab und wurde jeweils wieder aufgebaut.

High Museum of Art

Einen guten Kilometer höher liefert die ungewöhnliche Architektur des **High Museum of Art**, eines der großen Kunstmuseen der USA, schon fast allein ein Motiv für den Besuch. Neben das 1983 entstandene mehrfach preisgekrönte Hauptgebäude traten im neuen Jahrtausend weitere schneeweiße Strukturen, die die Ausstellungsfläche auf über 28.000 m² verdoppelten und nun zusammen ein **Village for the Arts** bilden. Die schiere Menge der ausgestellten Stücke aus aller Welt und allen Epochen, darunter viele Werke von Künstlern mit großem Namen, ist sagenhaft. Die Website vermittelt bereits ein detailliertes Bild des Museums und seiner permanenten wie Sonderausstellungen: www.high.org.

Der Komplex liegt an der 1280 Peachtree Street NE, **U-Bahn Arts Center**, Di-Sa 10-17, Do bis 20 Uhr, So ab 12 Uhr; ✆ 404-733-4400; Eintritt $20, ermäßigt $12.

Buckhead

Das weiter nördliche **Buckhead** nennt sich »*Atlantas Premier Shopping, Dining & Entertainment District*«, bietet aber neben der größten *Shopping Mall* der Region (*Lenox Square*, ➤ oben) und vielen guten Kneipen und Restaurants noch etwas mehr:

Atlanta History Center

Die **Atlanta Historical Society** unterhält in Buckhead auf einem Gelände 9 mi nördlich des Zentrums das **Atlanta History Center**, ein Museum zu Stadt- und Regionalgeschichte und wunderschöne Gärten rund um einige historische Gebäude. Die sehenswerte Anlage liegt an der 130 West Paces Ferry Road NW. Geöffnet Mo-Sa 10-17.30, So ab 12 Uhr, Eintritt $17/$11; www.atlhist.org.

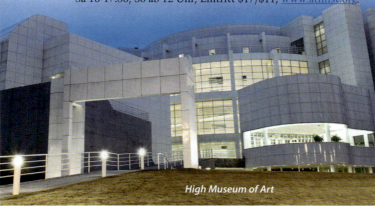

High Museum of Art

Villenviertel Ein weiteres, vielleicht das beste Motiv für einen Abstecher in den Vorort **Buckhead und Umgebung** sind die sagenhaften **Wohnbezirke der Wohlhabenden und Reichen**. Eine Fahrt auf der Collier Road, der Peachtree Battle Ave, der Paces Ferry Road und auf den zahllosen Nebenstraßen beidseitig der I-75 durch eine wunderschöne Parklandschaft ausgedehnten Privatbesitzes demonstriert eindrucksvoll die nach wie vor krassen und in den letzten Jahren sogar wieder gewachsenen Gegensätze. Sie prägen hier und anderswo in den USA die Gesellschaft stärker als bei uns.

Eingang zum Museumsbau mit dem Cyclorama

Weitere Sehenswürdigkeiten

Grant Park/ Atlanta Cyclorama

Südlich des *Martin Luther King District* (unterhalb der I-20) kann man im ausgedehnten *Grant Park* noch Schanzen und Geschütze des Bürgerkriegs und Überreste eines *Fort Walker* bewundern. Hauptsächlich aber ist der Park für das **Cyclorama & Civil War Museum** bekannt. Das *Cyclorama* ist ein 122 m langes und 15 m hohes Rundgemälde, das die Schlacht um Atlanta darstellt. Die Besucher betrachten das mit Lichteffekten und Kriegslärm unterlegte und um realistische Gemäldeergänzungen erweiterte Werk von einer Drehtribüne aus. Sehr besuchenswert!

Eingang an der 800 Cherokee Ave, geöffnet täglich 9.30-17.30 Uhr, im Sommer Sa+So bis 18.30 Uhr, Eintritt $10. Kinder bis 12 $8; www.atlantacyclorama.org.

Gleich neben dem Museum liegt der Eingang zum **Atlanta Zoo**, berühmt für seine vierköpfige Pandafamilie. Geöffnet ist der Zoo wie das *Cyclorama*; Eintritt $22/$17; www.zooatlanta.org.

Carter Center

Ein **Carter Presidential Center** darf in Atlanta natürlich nicht fehlen, denn jeder US-Präsident hat Anspruch darauf in seinem Heimatstaat. Die *Jimmy Carter Library & Museum* liegt am 441 Freedom Parkway (Straße #10) im Stadtteil Little Five Points, ein paar Meilen östlich der Innenstadt. Leben und Werk *Jimmy Carters*, der es vom Erdnussfarmer zum – scheinbar – weniger erfolgreichen US-Präsidenten, dafür aber zum Friedensnobelpreisträger

Atlanta - Grant Park, Carter Center und mehr

brachte und heute wieder stärker gewürdigt wird, sind dort ausführlich beleuchtet. Zu sehen sind Filme, Photos, Schautafeln und ein Teil der 27 Mio. Dokumente aus der Amtszeit des heute wieder in seinem Heimatort Plains lebenden *Carter*, ➤ Seite 422.

Öffnungszeiten: Mo-Sa 9-16.45, So ab 12 Uhr, Eintritt $8, unter 16 Jahre frei, www.jimmycarterlibrary.org.

Fernbank Museum

Ein weiterer Nobelort Atlantas (➤ Buckhead, im vorstehenden Abschnitt) ist **Druid Hills** noch etwas weiter nordöstlich, Anfahrt ebenfalls über den *Freedom Parkway*, dann North Ave und Ponce de Leon Ave (Straßen #29/#78). Druid Hills ist Standort der auch international bekannten privat finanzierten *Emory University*.

Nicht weit davon entfernt (767 Clifton Road NE) steht das **Fernbank Museum of Natural History**, das nach dem *Chicago Field Museum* zweitgrößte Naturkundemuseum der USA. Schwerpunkte sind Erdgeschichte speziell in Georgia und Dinosaurier. Geöffnet Mo-Sa 10-17 Uhr, So ab 12 Uhr, www.fernbankmuseum.org, Eintritt $18, Kinder $16; mit IMAX-Kino $23/$19.

Six Flags over Georgia

Einer der dreizehn, speziell wegen ihrer *Roller Coaster* populären **Six Flags Amusementparks** steht 12 mi westlich von Atlanta am Chattahochee River (Six Flags Pkwy SW an der I-20, *Exit* 46B). Rund 2 Mio. Besucher ergötzen sich alljährlich an über 100 *Rides*, darunter der Nachbau des legendären *Coney Island Cyclone*, einer Achterbahn im alten Holzbalkendesign. Neu 2013 ist der **Sky - Screamer**, noch 10 m höher als die bisher welthöchste Achterbahn **Goliat**. Mitte Mai bis Mitte August täglich ab 10 Uhr bis ca. 19 Uhr, Wochenenden 22 Uhr geöffnet. Ab Mitte März bzw. bis Oktober nur Wochenendbetrieb; Tagespass $57, Kinder unter 1,20 m $40; mehr Details unter www.sixflags.com/overGeorgia.

Stand-up Rollercoaster Georgia Scorcher im Six Flags Park

418 **Atlanta und Routen nach Süden**

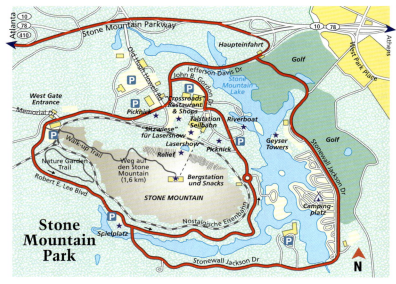

Stone Mountain Park

Anfahrt ab Atlanta
Atlantas Hauptattraktion für Touristen wie die Einwohner der Region ist der **Stone Mountain Park**, 20 mi östlich der City (**Stone Mountain Freeway**/Straße #410, **Ponce de Leon Ave**/Straße #10 oder **Memorial Drive**/Straße #154 mit – etwa ab Höhe I-285 – Übergang auf die Straße #10. Aber sowohl die #410 als auch die #10 steuert man am besten über die **I-20** und **Ringautobahn I-285** an, denn die direkte Route ab *Downtown* kostet meist mehr Zeit (ab I-285 Ausfahrten 39, 40 und 41).

Zeiten/ Eintritt
Die Einrichtungen des Parks sind normalerweise ab 10 Uhr morgens geöffnet; die Schlusszeiten variieren und hängen auch davon ab, ob *Lasershows* stattfinden. In den Park als solchen kann man täglich 6-24 Uhr einfahren, nur an wenigen Tagen verkürzte Zeiten. **Pro Fahrzeug zahlt man bei der Einfahrt $10**. Radfahrer und Fußgänger haben freien Zugang; www.stonemountainpark.com.

Relief im Stone Mountain
Im Mittelpunkt der auch kommerziell genutzten 12 km² großen Parkanlage mit Amusementparkkomponenten steht der ***Stone Mountain***, ein 263 m hoher, kuppelförmiger **Granitfelsblock von 8 km Umfang**, in dessen Nordwand ein Relief (Größe 24 m x 55 m) der Helden der Südstaaten – *Jefferson Davis*, einziger Präsident der kurzlebigen Konföderierten Staaten von Amerika, und die Generäle *Jackson* und *Lee* – gemeißelt wurde (Fertigstellung 1970 nach über 47 Jahren Arbeit). Eine Art Südstaaten-Gegenstück zum *Mount Rushmore Memorial* in South Dakota.

Atlanta – Stone Mountain Park 419

Aufstieg und Skyride

Auf die Kuppe des nur zu einem Drittel seiner vollen Größe aus der Erde ragenden Felsmassivs gelangt man von der Westseite des Massivs **zu Fuß** – ca. 1,6 km Aufstieg, bei normaler Kondition in unter einer Stunde hinauf machbar; lohnenswert, aber im Sommer und an manchen Wochenenden ist eine Art »Völkerwanderung« unterwegs – oder per **Seilbahn** (*Skyride*: $6 für eine Strecke, $9 retour, Kinder $4/$7). Von oben hat man grandiose Aussichten über die Umgebung und hinüber nach Atlanta. Wer nicht so gut zu Fuß ist, fährt mit der Seilbahn nach oben und läuft zurück.

Parkeinrichtungen

Im rund um den riesigen Granitblock angelegten Park existieren zahlreiche Sport- und Zerstreuungsmöglichkeiten – Jogging- und Bikepfade, Bootsverleih, *Riverboat*, Reitställe etc. **Picknicktische** säumen die Straßen zwischen Felsblock und halbkreisförmigem See. Vom **Campingplatz** am Wasser war bereits die Rede, ➤ Seite 407. Zentral mittendrin liegt das sehr schöne **Stone Mountain Inn** mit – sonst seltenen – Terrassen und Balkons. Teuer nur Fr+Sa, So-Do moderat ab $89; www.marriott.com, © (770) 469-3311.

Eine nostalgische **Eisenbahn** umrundet qualmend den Felsblock, ein Spaß eher für Kinder, aber dennoch ist der Zug voller Erwachsener ohne Nachwuchs.

Pfiffig ist der **SkyHike** auf schwankenden Verbindungen in luftiger Baumwipfelhöhe zwischen 3 m und 8 m Höhe. Eine Kletterwand im Fels ist ebenfalls vorhanden, mit $14 nicht ganz billig.

An **Shopping** und leibliches Wohl wurde auch gedacht; im **Servicedorf Crossroads** fehlt nichts, was Besucher nachfragen könnten.

Höhepunkt Lasershow

Ende Mai bis Anfang August täglich, ab April bzw. bis Oktober nur Sa wird eine Stunde nach Sonnenuntergang die Lasershow **Spectacular** in *3D-Mountainvision* auf die Felsfläche rund um Helden der Südstaaten projiziert, ein sagenhaftes Spektakel voller Patriotismus, das allein bereits den Besuch des Parks lohnt. Dafür wird kein gesonderter Eintritt erhoben. Das Publikum sitzt auf der großen ansteigenden Rasenfläche vor der Felswand.

Damit die Vorführung ungetrübten Spaß macht, warme Decke und Jacken nicht vergessen! Viele nutzen die Vorführung zum Picknick, genießen alkoholische Getränke aber nur gut »getarnt«.

Relief der Südstaatenhelden Jefferson Davis, Generäle Lee und Stonewall Jackson im Granit des Stone Mountain

8.2 Alternative Routen nach Florida

8.2.1 Die direkte Route und der Umweg über Savannah

Nach Macon und weiter auf der I-75 nach Süden

Zur Route

Von Atlanta auf der I-75 nach Florida zu fahren, macht vor allem Sinn **bei direkter Zielsetzung »Zentrales Florida«** mit Orlando und/oder der südlichen **Golfküste**, ebenso auch bei Ziel **Florida Panhandle** via Tallahassee. Weniger sinnvoll ist es, südlich von Macon weiter der I-75 zu folgen, wenn eine Weiterfahrt entlang der Atlantikküste geplant ist, ➢ Seiten 423ff.

Zwischenhalt in Macon?

Am Wege liegt zunächst die für eine Fahrtunterbrechung mäßig spannende 150.000-Einwohner-Stadt Macon, wäre da nicht südlich der Stadt die *Robins US Air Force Base* mit dem **Museum of Aviation**, einer enormen Ausstellung unzähliger Militärflugzeuge, die selbst das berühmte *National Museum of Naval Aviation* bei Pensacola fast in den Schatten stellt, ➢ Seite 301.

Unterkunft Macon

Macon ist von Atlanta nur 80 mi entfernt und damit nach einem Besichtigungstag in Atlanta durchaus noch ein erwägenswertes Zwischenziel, um preiswerter zu übernachten und am nächsten Morgen – ggf. nach Besichtigung von Stadt und/oder Flugzeugmuseum – die Fahrt fortzusetzen. Bei Macon ballen sich an der I-75, speziell Exit 169, und an der I-475, Exit 3 (Eisenhower Pkwy/Chambers Road) **Häuser fast aller bekannten Motelketten** der unteren Kategorie bis zur oberen Mittelklasse.

Macon

Macon entstand ab 1823 am Westufer des Ocmulgee River. Im Bürgerkrieg blieb die Stadt unbeschädigt und avancierte danach rasch zum Wirtschaftszentrum der Region. Heute macht sie keinen besonders dynamischen Eindruck mehr, aber einige Relikte der prosperierenden Vergangenheit lohnen eine kleine Rundfahrt. Der dafür relevante Zentralbereich liegt zwischen M. Luther King Blvd und Spring Street einerseits sowie Washington Ave/Poplar Street und Walnut Street andererseits (ca. 1 km^2).

Information

Ein örtliches **Welcome Center** (www.maconga.org) befindet sich am Martin Luther King Blvd 450 (*Exit* 2 von der I-16). Dort kann man sich Unterlagen und einen Stadtplan besorgen. Die Orientierung in Macon fällt leicht.

Museen

Eine Ecke weiter nördlich unweit des alten Bahnhofs wartet in der Cherry Street ein neueres Kulturzentrum mit der **Georgia Sports Hall of Fame** auf Besucher; Di-Sa 9-17 Uhr, Eintritt $8/Kinder $3,50, www.georgiasportshalloffame.com.

Fünf Blocks sind es von dort bis zur 340 Walnut Street mit dem **Tubman African American Museum**; Di-Fr 9-17 Uhr; Sa ab 11 Uhr, Eintritt $8, ermäßigt $4-$6; www.tubmanmuseum.com

Downtown

Downtown Macon liegt in etwa zwischen First und Spring Street mit Hauptachse Cherry Street. Sie wird von der ansehnlichen neugotischen **Saint Joseph's Catholic Church** überragt. In deren

Routen ab Atlanta - Macon 421

Umfeld befindet sich der **Victorian District** mit schönen historischen Gebäuden; www.historicmacon.org. Als besonders sehenswert gilt dort u.a. das **Sidney Lanier Cottage** (935 High Street).

Ante Bellum Houses
Die Georgia Ave, drei Blocks weiter nordöstlich, steht für den **White Columns District** mit säulengeschmückten Villen. In erster Linie das tolle **Woodruff House** auf einem Hügel an der Bond Street und das **Hay House** sind sehenswert (934 Georgia Ave, Ecke Spring Street, Mo-Sa 10-16, So 13-16 Uhr; $8; www.hayhouse.org). Letzteres galt zur Zeit seines Baus 1860 als »*Palace of the South*« und als Ausdruck höchster Modernität. So verfügte man über Bäder mit fließend heiß und kalt Wasser, und statt Kerzen gab es Gaslampen, außerdem zentrale Heizung, Aufzug u.a.m. Heute nagt ein wenig der Zahn der Zeit daran; ➢ Foto Seite 423.

Ocmulgee National Monument
Das **Ocmulgee Nat'l Monument** jenseits des Flusses gut 2 mi entfernt vom Zentrum sollte sich nur ansehen, wer großes Interesse für die untergegangenen Indianerkulturen Nordamerikas mitbringt (1207 Emery Hwy, täglich 9-17 Uhr, www.nps.gov/ocmu). Am interessantesten ist noch das moderne Museum. Die dicht bewachsene Parkanlage ist zwar gut gepflegt, aber viel zu sehen gibt es nicht. Immerhin hat man vom höchsten der Grabhügel weite Blicke über die hier schon fast subtropische Vegetation.

Museum of Aviation
Wie angedeutet ist dagegen das **Museum of Aviation**, etwa 10 mi südlich der Stadt (an der Straße #41/#129; I-75, *Exit* 144; www.museumofaviation.org) sehenswert. Das Museum besteht aus mehreren Hallen und »Parkplätzen« voller Militärflugzeuge beginnend mit dem 1. Weltkrieg bis heute, faktisch einer lückenlosen Sammlung aller jemals von den USA gebauten Flugzeuge plus ausländischer Modelle und Raketen. Täglich 9-17 Uhr; Zutritt frei.

F-16 im Museum of Aviation bei Macon

Andersonville National Historic Site

Südlich von Macon bietet sich ein **Abstecher** zum tragisch eindrucksvollen *Andersonville National Historic Site* an (Exit #127 von der I-75, dann 20 mi auf Straße #26 nach Westen, dann Straße #49 nach Americus). Bei Andersonville hatten die Konföderierten im Bürgerkrieg *Camp Sumter* errichtet, das als Gefangenenlager für bis zu bis zu 30.000 »Blauröcke« diente. Das Leiden und Sterben der Gefangenen in Andersonville gehört zu den besonders düsteren Kapiteln des Bürgerkriegs.

Rund um das damalige Lagergelände mit einigen nachgebauten Strukturen in einer gepflegten Parkanlage läuft eine Straße mit Haltepunkten und Erläuterungen an markanten Stellen. Eindrucksvoller ist indessen das *National Prisoner of War Museum* (täglich 8.30-17 Uhr, www.nps.gov/ande; frei). Die dort ausgestellten Fotos, Objekte und Szenerien beziehen sich nicht nur auf Andersonville sondern global auf das hier behandelte Thema.

Einfahrt zum einstigen Gefangenenlager und Museum bei Andersonville

Americus

Auf identischer Strecke oder über das Städtchen **Americus** geht es zurück auf die I-75. Wer über Americus fährt, ein hübsches Städtchen mit einem Nostalgiehotel (***Windsor Hotel*** an der Hauptstraße durch die Stadt im Zentrum, www.windsor-americus.com) hat es von dort nicht mehr weit (10 mi) nach **Plains**, Heimatdorf, des ehemaligen amerikanischen Präsidenten *Jimmy Carter*.

Plains

Er war nicht nur der 39. US-Präsident (1978-1982), sondern wurde 2002 auch Friedensnobelpreisträger wegen seiner Bemühungen um den Ausgleich im Nahen Osten (auch wenn davon so gut wie nichts die Jahre überlebte). In Plains bilden einige Gebäude zusammen den *Jimmy Carter National Historic Site*, www.nps.gov/jica. Die alte Schule dient als Museum und **Visitor Center**; täglich 9-17 Uhr. Bemerkenswert nur als Beispiel für die amerikanische Art der Ehrung früherer Präsidenten..

Weiter nach Florida

Wer nun (über die Straße #280) auf die I-75 zurückkehrt und auf ihr weiter nach Süden fährt, findet den Anschluss auf Seite 287.

Nach Tallahassee

Mit Zielsetzung **Florida Panhandle** wäre es ab Americus/Plains sinnvoller, die Schnellstraße #19 über Albany zu nehmen und ab Thomasville der #319 nach Tallahassee zu folgen.

Moultrie B & B

Etwas abseits dieser Route liegt eines der makellosesten *Bed & Breakfast* Häuser Georgias. Das **Barber-Tucker-Crawford Inn** im Städtchen Moultrie (704 3rd Street SW, ✆ 1-866-205-6913, www.barbertuckerinn.com) ist eine Art »Südstaatenpalast« auf einem Parkgrundstück und bietet nostalgischen Luxus zu Kosten, die auf dem Niveau weit weniger attraktiver *B&B Places* liegen ($125-$180). Dafür lohnt sich ggf. der Umweg von der #19 bzw. von der I-75. Man sollte aber reservieren; das Haus ist oft ausgebucht.

Thomasville

Thomasville, eine Kleinstadt 60 mi südlich von Albany, war nach dem Bürgerkrieg zeitweise ein bekanntes Winterferienziel für »Yankees«, bevor Florida touristische Infrastrukturen aufgebaut hatte. Die »gute alte Zeit« jener Tage blieb noch ein wenig in der **Pebble Hill Plantation** erhalten, 5 mi südlich des Ortes (Straße #319); geöffnet Di-Sa 10-17, So 13-17 Uhr, www.pebblehill.com.

Nach weiteren 35 mi ist Tallahassee erreicht; ➢ Seite 292.

Nach Florida über Savannah

I-75/I-16 oder I-75/I-10?

Für alle, die in Florida ohnehin die Atlantikküste hinunter fahren wollen, ist die Kombination **I-75/I-16** über **Macon nach Savannah** und von dort die **I-95** (ggf. mit **Abstechern**) nach Süden die **optimale Route**. Bis Jacksonville bleibt es sich entfernungsmäßig zudem ziemlich gleich, ob man dieser Route oder der Kombination I-75/I-10 folgt. Man könnte auf letzterer zwar gut einen Umweg zum **Okefenokee Swamp** (südlich von Waycross/Georgia, Straße #82, ➢ Seiten 284f) einbauen, aber dieses Sumpfgebiet dürfte für die meisten Florida-Reisenden kein prioritäres Ziel sein.

Von Macon fährt man auf der **I-16 bis Savannah** noch etwa 3 Stunden (170 mi). Entlang der Strecke gibt es keine wichtigen Gründe für längere Zwischenstopps.

Hay House auf dem Coleman Hill in Macon, ➢ Seite 421

Savannah

Kennzeichnung Savannah ist eine der schönsten Städte der US-Ostküste. Ihr historischer Kern reflektiert Architektur und Atmosphäre des alten Südens. Die geometrische Anlage der Stadt erinnert bereits an das schachbrettartige Gittermuster, das auch für viele später gegründete amerikanische Städte so charakteristisch ist. Schon beim ersten Blick auf Savannahs Stadtplan fallen außerdem die vielen planvoll angelegten Plätze auf.

Roman über Savannah Mit dem Buch »Midnight in the Garden of Good and Evil« von *John Berendt* und dessen Verfilmung 1997 (Regisseur: *Clint Eastwood*) erfuhr Savannah eine international beachtete literarische Würdigung. Das Buch (deutsch: »Mitternacht im Garten von Gut und Böse«) schildert einen abstrusen Kriminalfall. Lesenswert ist es vor allem wegen der genauen Stadtbeschreibung und der Charakterisierung real existierender Exzentriker Savannahs.

Praktisches

Information *Savannah Area CVB*, © 912-644-6400, www.visitsavannah.com. *Savannah Visitor Center* im Bahnhof, 301 M.L. King Blvd, Mo-Fr 8.30-17, Sa-So 9-17 Uhr; © 912-944-0455; © 1-877-728-2662.

Infostände auch im *Airport*. Im Besucherzentrum gibt es einen kostenlosen **Reservierungsservice** für Hotels, Motels sowie *B&B*.

Parken Das **zentral** am westlichen Rand des historischen Savannah gelegene **Visitor Center** ist ein guter Ausgangspunkt für einen Stadtrundgang zu Fuß, zumal man dort und im Umfeld im allgemeinen auch freie Parkplätze findet.

Unterkunft Wer sich Luxus und nostalgisches Flair gönnen möchte, findet **über 30 Historic Inns**. Aber es gibt auch jede Menge ganz normale Kettenmotels und *Motor Inns* zu moderateren Tarifen. Dabei gilt: je weiter vom Zentrum entfernt, umso preiswerter. Die meisten Hotels der Mittel- bis Oberklasse im Innenbereich stehen entlang

Savannah

Bay Street zwischen Savannah River/*Factors Walk* und der Altstadt, darunter eng beieinander an der **West Bay Street** mit noch relativ erschwinglichen Tarifen **Best Western**, **Hilton Garden Inn** und **Days Inn at Ellis Square**. In der Nachbarschaft zum *Visitors Bureau* liegen **Hampton Inn** und ein **Courtyard by Marriott**. Dort sind die Parkmöglichkeiten besser als in Flussnähe.

Savannah H/Motels an der I-95

Für Besucher ohne Vorausplanung gibt's nichts Besseres als die *Motel*- und *Inn*-Konzentration am **Savannah Gateway**, **Exit 94** von der I-95. Die Ketten der unteren bis mittleren Kategorie sind dort mit ihren Häusern stark vertreten und werden ergänzt durch eine passende *Fast Food*-Gastronomie. Dort kommt man schon ab $60 unter. Nachteil sind die 13 mi bis in die City.

Rund um den **Exit 102** findet man ebenfalls diverse Kettenmotels der **Mittelklasse**, zusätzlich auch die **Oberklasse** beim **Exit 104** (Abfahrt für den Savannah Airport).

Sonstige

Ein gutes Preis-/Leistungsverhältnis in weniger weit von Savannah entfernter Lage (ca. 5 mi) bieten z.B.

- **Oglethorpe Inn & Suites**, 7110 Hodgson Memorial Dr, ab I-95 *Exit 94* Abercorn Expwy/Street via Eisenhower Dr, ✆ 912-354-8560, ✆ 1-800-344-4378, www.oglethorpeinn.com, ab ca. $80,

- **Best Western Central**, 45 Eisenhower Drive, ebenfalls ab ab I-95 *Exit 94* Abercorn Expwy/Street, ✆ 912-355-1000, ab $69.

Ein »Geheimtipp«, da abgelegen, aber in schöner Umgebung im Grünen zwischen Airport und City (*Exit 102*), ist das

- **Days Inn**, 2500 Dean Forest Rd (#307), ✆ 912-966-5000, ab $60

Hostel

Die **Savannah International Pensione**, ein **Hostel** in der 304 E Hall Street am südlichen Rand der Altstadt, nimmt $24-$27/Bett, EZ/DZ $50-$90, ✆ 912-236-7744, www.savannahpensione.com.

Prima Fisch- und Steak-Restaurant Chart House mit Terrasse am Savannah River in einem alten Lagerhaus (202 West Bay Street; ✆ 912-234-6686, www.charthouse.com)

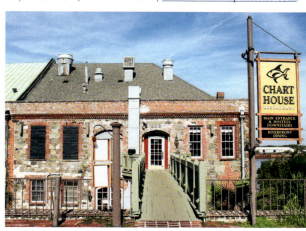

426 Atlanta und Routen nach Süden

Camping

In Stadtnähe gibt es keine Campingplätze. Die nächstgelegenen kommerziell geführten Plätze befinden sich auf Tybee Island (➤ unten) und westlich der I-95: **Savannah RV Resort,** 805 Fort Argyle Road, schattiger Platz am Fluss, ca. 3 mi ab *Exit 94* auf der Straße #204 westlich, © 912-748-4000, www.bellairewoods.com.

Einen guten *Campground* hat der **Skidaway Island State Park** (52 Diamond Causeway, © 912-598-2300, Strand und Pool, ab $25, www.gastateparks.org/info/skidaway) auf der rund 14 mi von der Stadt entfernten Insel.

Essen & Trinken

Am **City Market**, Bull und Broughton Streets, findet man eine ganze Reihe beliebter Restaurants wie **The Lady & Sons** (102 W Congress Street, © 912-233-2600), **City Market Café** (224 W Saint Julian St, © 912-236-7133), im Bereich **Riverfront** die **Moon River Brewery** (21 W Bay St, © 912-447-0943), **The Boar's Head** (One North Lincoln, © 912-651-9660) oder das **Olympic Café** (5 East River Street, der »Grieche« der Stadt, © 912-233-3131). Außerdem das **Chart House**, ➤ Foto Seite 425, zu gehobenen Preisen.

Viele **Seafood Places** gibt's auf Tybee Island, ↷ Seite 286.

Spezifisch zu empfehlen sind außerdem:

- **Mrs. Wilkes Dining Room**, 107 W Jones Street, nur **Lunch** Mo-Fr 11-14 Uhr, © 912-232-5997, www.mrswilkes.com. Ihre Südstaatenküche *family style* ist ein Muss trotz oft Warteschlange: Fleisch und Beilagen kommen in laufend nachgefüllten Schüsseln auf die Tische. *Self-service*-Pauschalpreis $15.

- **Clary's Café**, 404 Abercorn Street, © 912-233-0402, wurde zwar nach *John Berendts* Roman (↷ oben) noch bekannter, gehörte aber bereits vorher zur Altstadtszene; www.claryscafe.com.

Freier Transport

Catch the Cat Shuttle, www.catchacat.org, © 912-233-5767, verkehrt **gratis** durch die Altstadt und bedient auf seiner Route 30 Stopps. Ideal im Wechsel mit Spaziergängen, aber auch für einen Gesamteindruck. Gleichzeitig stellt der *Shuttle* an einigen Haltepunkten die Verbindung mit dem lokalen Bussystem (CAT) her.

Hop-on-hop-off gibt's als kommentierte Sightseeing-Runde mit Lokalkolorit auch noch; www.trolleytours.com/ savannah (ab $25)

Savannah 427

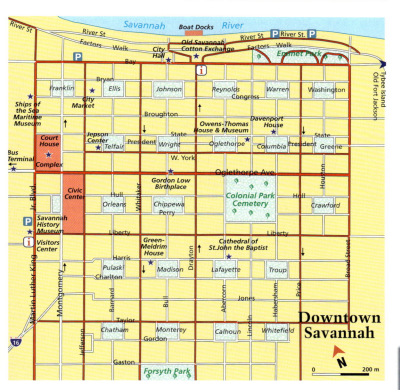

Die Altstadt

Orientierung

Die Orientierung in Savannah fällt nicht schwer: Beginnend an der **Riverfront** ist die **Bull Street** die **Hauptachse** in Nord-Süd-Richtung. Sie wird nach jeweils zwei Blocks unterbrochen von *Squares*, quadratischen Plätzen. Die ersten beiden, Johnson und Wright Square, sind zugleich die ältesten. Weitere 17 *Squares* unterbrechen jeweils östlich und westlich in regelmäßigen Abständen von 4 Blocks (Nord-Süd) bzw. 2 Blocks (Ost-West) den Straßenlauf zwischen den Plätzen. Sie sind fast alle nach Persönlichkeiten benannt, deren Denkmäler auf der Platzmitte stehen.

Die ohne Unterbrechung durch *Squares* verlaufenden doppelspurigen **Oglethorpe** und **Liberty Aves** mit breiten Mittelstreifen voller uralter Eichen sind neben dem die Altstadt nach Süden abschließenden **Victory Drive** die zentralen Ost-West-Achsen.

Die folgende Beschreibung entspricht einem möglichen Stadtrundgang, der alle wichtigen Anlaufpunkte mit einschließt:

Factor`s Walk

Einen Rundgang durch Savannah kann man sehr gut am Savannah River bzw. am *Factor's Walk* beginnen. Wo früher mit Baumwolle gehandelt wurde, dominieren heute Shops und eine Gastronomie für Touristen. Über Treppen, Fahrstuhl oder steile Kopfsteinpflastergassen geht es hinauf zum **Factor's Walk**, einer Straße entlang der Obergeschosse ehemaliger Lagerhallen und Büros der Baumwollhändler, die zu Wohnungen, Boutiquen und Restaurants umgebaut wurden. Man achte auf das rote Gemäuer der **Cotton Exchange**, die Baumwollbörse, einst die *Wall Street d*er Südstaaten.

Historical District

Die **Bull Street** eignet sich gut als »Einstieg« in den *Historical District*. Schon nach wenigen Schritten gelangt man auf den ältesten der **24 Plätze** der Stadt. Der **Johnson Square** ist – wie alle Plätze – eine üppig bepflanzte Grünanlage. Große *Live Oaks* spenden Schatten. Dort steht außerdem die erste Kirche Georgias, die 1733 gegründete *Christ Episcopal Church*.

Atmosphäre

Der nächste Platz, der **Wright Square**, folgt wenig später. Dieser Teil Savannahs ist zwar nicht spektakulär, hat aber viel Charme. In manchen Straßen steht ein historisches Wohnhaus neben dem anderen. Es sind weniger einzelne Gebäude, sondern Gesamteindruck und Atmosphäre, die den Reiz dieses Bereichs ausmachen: Schmiedeeiserne Gitter, einladende Veranden und hölzerne Fensterläden – nur wenig erinnert hier an die langweilige Einheitsarchitektur vieler amerikanischer Städte.

James Oglethorpe

Nachdem man die Oglethorpe Ave überquert hat, ist der nächste Platz der **Chippewa Square**. Auf ihm steht in Bronze der Gründer der Stadt **James Oglethorpe**, zugleich der erste Gouverneur Georgias. Aber ausgerechnet der einzige nach einem Indianerstamm benannte Platz wird von der Statue des mit gezücktem Schwert posierenden Eroberers dominiert.

Als **Hafenstadt** spielte Savannah bei der Erschließung Georgias eine wichtige Rolle. Sie war die am wenigsten englische Siedlung der britischen Kolonien, denn gut die Hälfte der Bewohner stammte aus Deutschland, der Schweiz und Schottland.

So kann ein Stadtzentrum auch aussehen: Überwiegend Einbahnstraßen unter schattigen Eichen voller Spanish Moss und relativ wenig Verkehr

Tom Hanks — Auf dem *Chippewa Square* stand – nebenbei – die **Parkbank**, auf der **Tom Hanks** in *Forrest Gump* auf den Bus wartete und währenddessen Passanten seine Lebensgeschichte erzählte.

Madison Square — Auf den Chippewa Square folgt der **Madison Square**. Die East Gordon Street führt von dort (östlich) zum Calhoun Square. Im ***Massie Heritage Interpretation Center***, 207 East Gordon Street, gibt es eine Übersicht über die verschiedenen in Savannah vertretenen Baustile. Geöffnet Mo-Sa 10-16 Uhr, So 12-16 Uhr; Eintritt $7, bis 12 Jahre $3; www.massieschool.com.

Clary`s Café — Zwischen Calhoun und Lafayette Square sollte man rechts auf das Haus **Abercorn 404** achten. In dem eher unscheinbar wirkenden *Clary's Café* (↦ oben) spielen Szenen des Buches *Midnight in the Garden of Good and Evil*; daher pilgern Krimi- und Filmfans dorthin. Die Speisekarte bezieht sich immer noch auf das Buch; so heißt es z.B. für Salate »*from our garden of good and evil*«.

Zurück zur Riverfront — Nördlich des Lafayette Square beginnt der Friedhof **Colonial Park Cemetery**. Von dort gelangt man weiter geradeaus über den Oglethorpe und den Reynolds Square zurück zum Savannah River mit **Ausflugsbooten à la Mississippi**.

Ausflugsdampfer im Mississippi-Look an der Riverfront von Savannah

Tybee Island

Einmal in Savannah sollte man auch einen Abstecher ans Meer nach Tybee Island in Erwägung ziehen (rund 20 mi ab der Innenstadt). Am Wege liegen zwei alte Fortanlagen. Von der Bay Street/ *Riverfront* in *Downtown* Savannah führt die President Street als **Islands Expressway** zur Insel. Ebenso gelangt man über die Verlängerung des **Victory Drive** (Straße #80) nach Tybee Island. Die letzten Meilen vor der Insel führen durch eine pittoreske Marschlandschaft. Über eine Hochbrücke erreicht man nach ca. 18 mi Tybee Island.

Fort Jackson Historic Site — Das **Old Fort Jackson** (www.chsgeorgia.org), ein altes Backsteinfort am Fluss, ist nur bei gutem Wetter besuchenswert (kleines *Visitor Center*, täglich 9-17 Uhr, $6). Man erreicht es über die Fort Jackson Road, 3 mi östlich der *Riverfront* ab *Expressway*.

Fort Pulaski National Monument

Erheblich interessanter ist das 1829-1847 errichtete *Fort Pulaski* (www.nps.gov/fopu) auf Cockspur Island ca. 15 mi östlich von Savannah (tägl. 9-17 Uhr, ✆ 912-786-5787, Eintritt $5). Die meterdick angelegten Mauern dieser Inselfestung in der Mündung des Savannah River waren nach damaligem Stand des Wissens durch weiter entfernte Artillerie nicht zu knacken. Als aber 1862 die Union von Tybee Island aus mit neuen Kanonen ein 30-stündiges Dauerfeuer startete, hielt die Armierung dem nicht stand.

Das Fort liegt in einem großen Park mit Zugang über ein *Visitor Center*. Vom offenen Obergeschoss des enormen, mit alten Kanonen armierten Bauwerks hat man einen tollen Weitblick.

Tybee Island

Tybee Island, die nördlichste der der Georgia-Küste vorgelagerten Inseln, erreicht man über eine Hochbrücke.

Ein *Visitor Center* liegt am Ortseingang an der Hauptstraße #80, 802 First Street. Dort hilft man ggf. bei der Quartiersuche, ✆ 912-786-5444 oder ✆ 1-800-868-2322, www.tybeevisit.com.

An der Nordspitze steht unübersehbar der alte **Leuchtturm** von 1773 (Aussichtsplattform in 45 m Höhe) mit kleinem Regionalmuseum, tägl. 9-17.30 Uhr, $7; www.tybeelighthouse.org.

Von der Hauptroute Butler Ave führen kurze Stichstraßen in Richtung Strand. An deren Ende findet man Fußwege durch die Dünen zum Strand. Oft ist dort aber der Parkraum rar; mehr Platz steht auf Höhe der Seebrücke (*Fishing Pier*) im Süden zur Verfügung.

Restaurant

Originell ist **The Crab Shack** (➪ Foto Seite 76), 40 Estill Hammock Road, ca. 1 mi östlich der Brücke rechts ab, ✆ 866-789-2722, www.thecrabshack.com. Dort gibt's *Seafood* mit dem besten Preis/Leistungsverhältnis weit und breit in subtropischem Ambiente am Wasser. Auch für einen Krabbencocktail oder ein Bier lohnt der Besuch (ausgeschildert).

Am Strand von Tybee Island

Von Savannah nach Jacksonville

Abstecher — Zur Weiterfahrt von Savannah nach Jacksonville sollte man die I-95 bevorzugen (**145 mi**). Einen Abstecher zu den **Golden Isles** (➤ unten) wird man nicht bereuen. Dazu verlässt man bei **Darien** den *Freeway* (*Exit* 47) und setzt die Fahrt auf der #17 fort. Dieser Ort an einem Arm des verzweigten Mündungsdelta des Altamaha River ist ein Zentrum des *Shrimp-Fishing*.

Fort King George — Unweit südlich des Ortes befindet sich der **Fort King George State Historic Site** (ausgeschildert ab Straße #17, Di-So 9-17 Uhr, ✆ 912-437-4770, http://gastateparks.org/FortKingGeorge, $7), eine sehenswert nach alten Plänen neu errichtete britische Befestigung mit Palisaden auf Erdwällen, alten Kanonen, einigen Blockhäusern und einem Museum im *Visitor Center*. Anfang des 18. Jahrhunderts befand sich dort der südlichste Außenposten der Kolonialmacht Großbritannien in Nordamerika.

Hofwyl-Broadfield — Ein paar Meilen weiter südlich liegt die ehemalige Reisplantage **Hofwyl-Broadfield Plantation**, ein weiterer **State Historic Site**, in den Sümpfen des Altamaha Mündungsdelta (5556 Straße #17 N, Di-So 9-17 Uhr, ✆ 912-264-7333, http://gastate parks.org/HofwylBroadfield, $7). Das Herrenhaus ist faktisch ein Museum zum Leben auf der Plantage und Reisanbau und zugleich eine Alternative zu Besuch der oft sehr teuren *Plantations* in Privatbesitz.

Brunswick Karte Seite 432

Golden Isles — Gute 15 mi südlich von Darien (Straße #17 oder I-95, *Exit* 36) erreicht man die Stadt Brunswick (16.000 Einwohner), die sich mit der Bezeichnung **Gateway to the Golden Isles** schmückt. Die **Golden Isles** sind Teil der *Barrier Islands* vor der Atlantikküste und umfassen vier Inseln im südlichen Georgia. Über Brücken mit dem Festland verbunden sind drei davon: **St. Simons Island**, **Sea Island** und **Jekyll Island**.

Information — *Golden Isles Visitors Bureau*, 4 Glynn Ave, ✆ 912-265-0620 und ✆ 1-800-933-2627, täglich 9-17 Uhr, www.goldenisles.com. Auch **Welcome Center** an der I-95 zwischen *Exits* 29 und 36.

Unterkunft — Entlang der I-95, vor allem zwischen *Exit* 47 (Darien) und 36 (Brunswick) gibt es zahlreiche H/Motels (ab $49), u.a.

- **Sleep Inn**, 5272 New Yesup Hwy, I-95 *Exit* 36B, Brunswick, ✆ 912-261-0670, ab $55 inkl. Frühstück

Die preiswerteste Alternative im Raum Brunswick ist das **Hostel in the Forest**, 3901 Straße #82, ✆ 912-264-9738, $25/Person im Mehrbettzimmer, www.foresthostel.com.

In Brunswicks *Old Town* gibt es mehrere B&Bs, z.B.:

- **Brunswick Manor**, 825 Egmont St, ✆ 912-265-6889, ab $119, www.brunswickmanor.com; schönes Haus und Grundstück
- **Waters Hill B&B**, 728 Union St, ✆ 912-264-4262, ab $85, www.watershill.com; auch gut, aber etwas kitschige Einrichtung

Camping

Gut zu erreichen ist der komfortabel angelegte **Blythe Island Regional Park & Campground** (6616 Blythe Island Hwy, ab I-95 *Exit* 36 von Norden kommend), ✆ 1-800-343-7855; www.glynncounty.org/index.aspx?NID=178, ab $37. Auch ein Badestrand ist vorhanden.

Essen und Trinken

- **Ole Times Country Buffet**, 665 ScrabtonRoad (Straße #25) bei der Glynn Place Mall, Kette mit *Southern Food*; www.oletimes.com
- **Captain Joe's Seafood**, 5296 New Jesup Highway (I-95 *Exit* 36), www.captainjoesseafood.com

Old Town Brunswick

In der kleinen verkehrsberuhigten **Old Town** von Brunswick (zwischen London/Prince und Albany/Ellis Streets) wirken ein paar viktorianische Fassaden ganz pittoresk. Als herausragend gilt dort das - **Mahoney-McGarvey House**; 1709 Reynolds Street gegenüber dem *Courthouse* (Union/G-H Street). Bei knapper Zeit ist ein Besuch in Brunswick nicht prioritär.

Die Golden Isles

Östlich von Brunswick liegt **St. Simons Island**; www.stsimonsguide.com.

The Village

Sogleich hinter dem Ende des *Torras Causeway* (*Toll*) führt der Kings Way zum Hauptort der Insel, **The Village**. Im Bereich des Dreiecks Mallory Street/Kings Way und Ocean Blvd gibt es Shops und einige Lokale. Eine Pier ragt dort in den St. Simons Sound.

Am Ostende des sich anschließenden **Neptune Park** steht unübersehbar ein weiß/schwarzer Leuchtturm. Das **St. Simons Island Lighthouse Museum**, 101 12th Street, Mo-Sa 10-17 Uhr, So ab 13.30 Uhr, Eintritt $10, bis 11 Jahre $5, vermittelt Details der lokalen Historie.

Brunswick & Golden Isles

Shopping/ Restaurants

Ein weiteres kommerzielles Zentrum (Shopping und Restaurants) auf der dicht mit Privatvillen bebauten Insel befindet sich im Kreuzungsbereich der Frederica und Demere Road (verlängerte Fortsetzung des *Torras Causeway*) unmittelbar nördlich des Flughafens (**Redfern & Retreat Villages**).

Fort Frederica

Das bereits 1736 gegründete **Fort Frederica** wurde 1758 durch Feuer weitgehend zerstört und nicht wieder aufgebaut. Das heutige **National Monument** erreicht man auf der Frederica Road nach Norden (ca. 5 mi ab Kreuzung *Redfern Village*, täglich 9-17 Uhr, www.nps.gov/fofr; $3 oder *National Parks Pass*). Es ist wegen seiner schönen Lage am Frederica River einen Abstecher mit Spaziergang übers Gelände wert. Neben erodierten Erdwällen, ein paar Grundmauern und alten Kanonen gibt's aber nicht viel zu sehen.

Unterkunft

Auf St. Simons Island sind die Quartiere nicht ganz billig, empfehlenswert sind z.B. folgende Häuser:

- **Sea Gate Inn**, 1016 Beachview Drive, © 912-638-8661, www.seagateinnstsimons.com, ab $190. Apartments am Strand/Pool.
- **Sea Palms Inn Island House**, 411 Longview Plaza (Frederica Road), © 912-634-0660, ab $130; schönes Motel mit Indoor Pool.

Campingplätze existieren nicht auf der St. Simons Island-Gruppe.

Sea und Little St. Simons Island

Über den *Sea Island Causeway* (ab oberer Frederica Road südlich der Fortanlage) geht es von St. Simons nach **Sea Island**. Der überwiegende Teil der Insel ist Privatbesitz, so dass kaum Serviceeinrichtungen existieren. Der öffentliche Zugang zum Strand ist faktisch kaum möglich, weil überall – einschließlich der kurzen Stichstraßen an den Strand – Halteverbote gelten. Für Normalsterbliche lohnt sich die Anfahrt nur zur Bewunderung des hier versammelten Immobilienbesitzes.

Jekyll Island

Geschichte

Ende des 19. Jahrhunderts kauften reich gewordene Unternehmer wie *Rockefeller, Pulitzer* oder *McCormick* die nur 23 km² große Insel für ganze $125.000, gestalteten sie für ihrer Zwecke um und machten daraus einen Club für Millionäre. Durch die Weltwirtschaftskrise in den 1930er-Jahren verloren viele der Mitglieder ihr Vermögen und der Inselclub seine Exklusivität. Dann kam der Weltkrieg, und 1947 übernahm der Staat Georgia Jekyll Island.

Heute ist die Insel ein beliebtes Ferienziel der amerikanischen Mittelklasse. Zwar logieren Bessergestellte immer noch im nach wie vor als Hotel existierenden **Jekyll Island Club**, aber das Gros der Unterkünfte gehört zur Zwei- und Dreistern-Kategorie und steht am Beach View Drive hinter einem kilometerlangen Strand. Recht zahlreich sind auch als Ferienhäuser vermietete Anwesen.

Anfahrt

Verlässt man Brunswick auf der #17 Richtung Süden, zweigt gleich nach der imposanten Hochbrücke über den Brunswick River die **Jekyll Island Road #520** ab. Nach 8 mi durch Marschlandschaft und Überquerung des *Jekyll Causeway* passiert man zunächst das **Jekyll Island Welcome Center**, täglich 9-17 Uhr, © 1-877-933-5955. Dort gibt es Inselkarte und -information; www.jekyllisland.com

Information

Strand	Nach Überquerung des Jekyll River (*Toll*) stößt man geradeaus (Ben Fortson Parkway) automatisch auf die breite Strandstraße **Beachview Drive** hinter der Küstendüne.
Jekyll Island Club Hotel	Der ***Jekyll Island Club*** legte sich auf der Westseite der Insel nördlich der Brücke ein großes Clubgebäude zu, das seinen Mitgliedern als Gästehaus diente. Später bauten die sich eigene Villen rund um das Clubgelände, und aus dem einstigen Club wurde das ***Jekyll Island Club Hotel***, in dem heute die bessere Zimmerkategorien nicht unter $300 kosten (✆ 1-855-219-2943, www.jekyllclub.com, ab ca. $170).
Millionaire's Village	Die alten Zeiten hält der ***Jekyll Island Club Historic District*** mit dem ***Millionaire's Village*** hoch, über 30 Villen der einstigen Clubgründer. *Tramtours* starten ab dem *Museum* an der 100 Stable Road, die hinter dem Club Hotel um das Viertel herum läuft; ✆ 912-635-4036, ab $12 (*Museum* täglich 9-17 Uhr, frei). Wer auf Erläuterungen verzichten mag, kann sich die Villen der Millionäre auch auf einem Spaziergang oder per Fahrrad ansehen.
Und sonst noch?	**Radtouren** rund um die Insel oder Teilbereiche davon sind ebenfalls recht populär. Per Rad, mit Auto sowieso, liegen auch die **Picknickplätze** an beiden Enden der Insel in Reichweite. Fahrräder ($14/Tag) mietet man bei ***Jekyll Island Experience***, North Beachview, ✆ 912-635-2648, www.jekyllexperience.com.
Unterkunft & Camping	Günstiger als im *Jekyll Island Club Hotel* kann man in mehreren Häusern direkt am Atlantikstrand nächtigen, z.B.: • ***Days Inn***, 60 South Beachview Drive, ✆ 1-888-635-3003, www.daysinnjekyll.com, ab $60, auf der Atlantikseite mit Balkon/Terrasse ab $70. Gute Anlage Apartments und **Ferienhäuser** mietet man (wochenweise) unter www.parker-kaufman.com/jekyll, ✆ 1-888-453-5955. Am Nordende liegt strandnah unter Bäumen der ***Jekyll Island Campground*** (1197 North Beachview Drive, $22-$36).
Weiter nach Florida	Nach ca. 120 mi (ab Savannah) auf der I-95 erreicht man Florida. Noch 25 mi sind es von der Grenze bis **Jacksonville**, ➤ Seiten 276f. Zum nördlichsten Strandbereich Floridas, **Fernandina Beach**, fährt man von der I-95, Exit 373, ca. 15 mi, ➤ Seite 280.

Krabbenfischer zwischen Festland und Jekyll Island

Karte Seite 400 **Jekyll Island - Madison**　　　　　　　　　　　**435**

8.2.2　Über Charleston und Savannah nach Jacksonville

Kenn-
zeichnung

Wer mindestens zwei, besser drei Tage Extrazeit investieren mag, könnte bei Favorisierung einer Anreise von Atlanta nach Florida über Savannah überlegen, ob nicht eventuell auch ein Umweg über Charleston/South Carolina eine gute Idee wäre. Zum Erlebnis Florida würde dieser Kurztrip durch einige *Highlights* **der alten Südstaaten** der Reise noch eine besondere Qualität hinzufügen. Der Zeitbedarf errechnet sich aus einem Minimum von drei Tagen bis Savannah (ca. 450 mi) minus erspartem Tag der Fahrt von Atlanta via Macon nach Savannah (ca. 250 mi). Dabei wäre nur ein voller Tag Aufenthalt in Charleston einkalkuliert, was extrem knapp für diese Stadt samt Umgebung ist. Ein voller Tag geht auch für die Strecke Charleston-Savannah drauf, es sei denn, man verzichtet auf den kleinen Abstecher nach Beaufort/Hunting Island, was schade wäre. Optimal hätte man für die gesamte Strecke von Atlanta über Charleston nach Savannah vier Tage Zeit, und zwar in etwa wie folgt:

ein Tag Anfahrt bis Charleston, den Abend in der Stadt verbringen
+ ein voller Tag für die Stadt und Patriots Point
+ ein halber Tag für eine *Plantation* oder *Charles Towne Landing*
+ ein halber Tag Anfahrt bis Beaufort, dort übernachten
+ ein voller Tag Beaufort und Hunting Island (bei Strandambition)
Danach abends oder am folgenden Morgen früh nach Savannah

Von Atlanta nach Charleston via Augusta

Zur Route

Von Atlanta nach Charleston geht es am schnellsten auf der *Interstate*-Kombination #20/#26 über Columbia, die Hauptstadt von South Carolina (ca. 330 mi). Die Strecke ab Augusta über die Straßen #278 und #78 meilenmäßig abzukürzen, führt zu Zeitverlust ohne Ausgleich durch Landschaftserlebnis. Anders wäre es mit der Abkürzung #178 (ab *Exit* 39 der I-20) über Orangeburg zur Auffahrt 154 der I-26. Diese Abkürzung spart zwar nur 30 mi, aber man umfährt den staubelasteten Autobahnring um Columbia.

Trotz eines – wie immer – sehenswerten *State Capitol* und einiger ganz ansehnlicher Museen verpasst nichts von Bedeutung, wer **Columbia** nicht besucht. Es macht Sinn, sich auf lohnenswertere Ziele zu konzentrieren, vor allem Charleston.

Madison

Aber nur 60 mi östlich von Atlanta ist die Kleinstadt **Madison** eine Stippvisite wert: ca. 3 mi nördlich der I-20 (*Exits* 113 und 114). Madison gilt als Kleinod amerikanischer ***Small Town*-Kultur**. In seinem ***Historic District*** (www.madisonga.org) stehen zahlreiche pittoreske Villen aus der Zeit 1830-1860. Unionsgeneral *Sherman* ließ sich bei der Einnahme erweichen, den Ort nicht zu brandschatzen; so wurde er zur »*town Sherman refused to burn*«.

Harlem:
»Dick & Doof
Museum«

Etwa 70 mi weiter liegt 6 mi südlich der I-20 (*Exit* 183) Harlem, ebenfalls ein hübscher Ort, dazu mit der Besonderheit des privaten »*Laurel & Hardy Museum*« unverfehlbar an der Hauptstraße #221. *Oliver Hardy* wurde in Harlem geboren und so fand sich auch ein Fan, *Gary*

436   **Atlanta und Routen nach Süden**   Karten Seite 400 bzw. 438

Russeth, der dieses Museum betreibt und zugleich **Oldtimer** in Originalgröße und -aussehen **aus Holz** bis ins kleinste Detail nachgebaut hat, einfach toll: www.harlemga.org/museum.htm. Öffnungszeiten Di-Sa 10-16 Uhr; Spende nach Belieben.

Augusta/ Information

Augusta, eine der neben Atlanta wenigen nennenswerten Städte Georgias liegt am Savannah River ein paar Meilen abseits der I-20. Ins Zentrum an der *Riverfront* gelangt man am schnellsten über den **River Watch Parkway** (*Exit* #200 von der I-20). Er geht über in die Jones Street, die auf die 10th Street stößt. Von dieser biegt man einen Block weiter nördlich auf die Reynolds Street ab. An der Ecke 6th Street/Reynolds steht das **Augusta Museum of History** (geöffnet Do-Sa 10-17 Uhr, So ab 12 Uhr, Eintritt $4/$2, www.augustamuseum.org). Darin befindet sich die lokale **Visitor Information** (www.augustaga.org), offizielle Adresse: 560 Reynolds Street.

Riverwalk

Von dort ist es einen Block zum **Riverwalk**, einer mäßig attraktiven Promenade und Parkanlage am Savannah River zwischen 10th Street und *Augusta Marina* (5th Street und Flussbrücken).

Beurteilung

Augusta muss man nicht besucht haben. Wer in dieser Region ein **Motel** sucht, wird an den Ausfahrten der I-20/I-520 leicht fündig.

Weiterfahrt

Für welche der möglichen Routen ab/über Augusta weiter nach Charleston man sich auch entscheidet, letztlich landet man auf der I-26 und gelangt auf ihr direkt ins Zentrum der Altstadt.

Charleston

Kennzeichnung

Charleston ist mit seinen gepflegten Wohnstraßen, vielen Kirchtürmen, schattigen Alleen, und der historischen *Old Town* bei (fast) Abwesenheit von Industrie- und Bürohochbauten die **attraktivste Mittelstadt der gesamten USA**.

Neben schönen Villen in beneidenswerten Lagen und geschichtlich bedeutsamen Sehenswürdigkeiten gibt es noch eine Reihe weiterer Anlaufpunkte, für deren Besuch sich eine Reise oder ein Umweg nach Charleston lohnt, vor allem einige der Herrenhäuser auf altem Plantagenbesitz in der Umgebung, die musealen Kriegsschiffe am *Patriots Point* und das grandiose Aquarium. Ganz nebenbei verfügt Charleston im nahen Umfeld auch noch über lange Strände am Meer.

Geschichte

Gründung und Entwicklung

Erste englische Siedler kamen 1670 in das Gebiet und gründeten am Ufer des Ashley River eine Siedlung an der Stelle des heutigen **Charles Towne Landing Park**, ➢ Seite 450.

Zehn Jahre später verlegte man die Siedlung auf die Halbinsel zwischen den Flüssen Ashley und Cooper River und nannte sie zu Ehren des Königs **Charles Towne**. Sie entwickelte sich rasch zu einer der wichtigsten Städte der britischen Kolonien. Reis, Baumwolle und Indigo wurden schon im frühen 18. Jahrhundert zu den Hauptstützen der Wirtschaft der britischen Kolonie Carolina.

Nach Loslösung der Südstaaten von den USA führte die Beschießung und Eroberung des Fort Sumter auf einer Insel vor Charleston im April 1861 zum amerikanischen Bürgerkrieg

Charles Towne wuchs dadurch bis zur Revolution 1776 zur fünftgrößten Stadt der britischen Kolonien in Nordamerika.

Unabhängigkeit Als der Ruf nach Unabhängigkeit vom Mutterland danach auch in den südlichen Besitzungen Großbritanniens immer lauter wurde, kam es zunächst zu einer Besetzung durch britische Truppen. Nach dem Abzug der Engländer wurde Charles Towne 1783 zu **Charleston** und South Carolina zu einem Territorium der jungen USA, 1788 Bundesstaat.

Bürgerkrieg Am 20.12.1860 unterzeichnete South Carolina in Charleston den Austritt aus der Union amerikanischer Staaten. Die Eroberung des von Unionstruppen gehaltenen **Fort Sumter** auf einer Insel in der Mündung der beiden Charleston umschließenden Flüsse markierte im April 1861 den Beginn des Bürgerkriegs zwischen Nord- und Südstaaten. Er endete für Charleston 1865 mit der Besetzung durch Unionstruppen und teilweiser Zerstörung.

Der vor dem Bürgerkrieg speziell in Charleston florierende **Sklavenmarkt** war damit ebenfalls beendet. Charleston fiel über Dekaden in Bedeutungslosigkeit.

20./21. Jahrhundert Es dauerte über 50 Jahre, bis man in den 1920er-Jahren daranging, die Spuren des Bürgerkriegs endgültig zu beseitigen und Charleston – dank weitsichtiger Bürgerinitiativen – nach alten Plänen wieder aufzubauen. So blieb auf der Halbinsel zwischen den Flüssen, der Old Town, das frühere Aussehen der Stadt erhalten.

Heute sorgen in erster Linie **Tourismus** und das **Militär** – seit dem 2. Weltkrieg besetzt ein riesiger US-Marinestützpunkt die nördlichen Ufer des Cooper River und eine *Air Force*-Basis grenzt an den Zivilflughafen – für die wirtschaftliche Prosperität der Stadt.

Atlanta und Routen nach Süden   auch Karte Seite 445

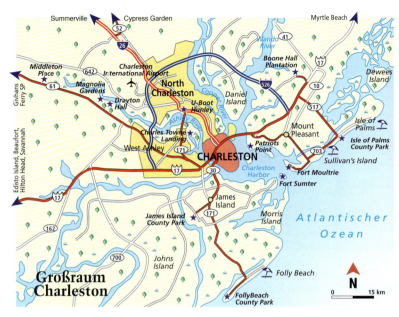

Orientierung und praktische Informationen

Charleston heute
Charleston ist heute eine 123.000-Einwohner-Stadt mit einem weiträumig dicht besiedelten Umfeld, was den Eindruck einer mindestens dreimal so großen Stadt vermittelt. Tatsächlich hat auch die Vorstadt Mount Pleasant 70.000 Einwohner, und North Charleston, das sich entlang der I-26 meilenweit Richtung Norden erstreckt, zählt eine Bevölkerung von über 100.000.

Anfahrt in die Altstadt
Das **zentrale Charleston** liegt auf einer langen, von Ashley und Cooper River gebildeten Halbinsel. Die gemeinsame Mündung beider Flüsse bildet eine große geschützte Bucht, den ***Charleston Harbor***. Die im Raum Charleston als Autobahn ausgebaute Straße #17 (***Crosstown Expressway***) überquert Ashley und Cooper River und läuft mitten durch die Stadt. Sie markiert ungefähr die Trennlinie zwischen der engeren City of Charleston und weiter nördlichen (großenteils beachtlichen) Wohnvierteln. Ins Zentrum gelangt man am besten über diese Straße oder über die *Interstate* #26 (von Nordwesten), die in den *Crosstown Expressway* mündet.

Altstadt
Haupteinfallstraßen für *Downtown* sind **Meeting** und **King Street**, die bis an die ***Battery*** (▶ Seite 361) an der Spitze der Halbinsel führen. Die historische **Altstadt** liegt **südlich der Calhoun Street**, etwa auf halber Strecke zwischen *Crosstown Expressway* und der Südspitze der *Charleston Peninsula*.

Charleston: Orientierung & Info

Parken/ Transport
In der gesamten *Old Town* findet man reichlich Parkplätze und Tiefgaragen. Außerdem gibt es viele – wiewohl knapp limitiert – Parkuhren. Für Besucher leicht zu finden und erreichbar ist der **Parkplatz am *Charleston Visitor Center*** mit **Shuttleservice** in die Altstadt. Der **Downtown Area Shuttle** (**DASH**; eine Fahrt $1,75, Tageskarte $6, 3 Tage $12) bedient von 6.30 Uhr bis 21.30 Uhr drei verschiedene Innenstadtrouten. Wer ein Tagesticket kauft, erhält auf die Parktarife am *Visitor Center* auch noch Rabatt.

Vororte/ Umfeld
Neben dem zentralen Bereich sind in/bei Charleston noch von Interesse der nordöstliche **Vorort Mount Pleasant** (mit dem Flugzeugträger-Museum *Patriots Point* unweit der Straße #17) und die vorgelagerten Strandinseln **Sullivans** (dort auch das alte *Fort Moultrie*) und Isle of Palms. Nordwestlich liegen in West Ashley der *Charles Towne Landing State Historic Site* und noch weiter westlich an der Ashley River Road/#61 gleich drei der bekanntesten *Plantations* von South Carolina wie Perlen an einer Kette.

Information
Das *Charleston Visitor Center* in einem restaurierten Lagerhaus am Rand der Altstadt ist die beste erste Anlaufstation: 375 Meeting Street, täglich 8.30-17 Uhr, ✆ 843-853-8000 oder ✆ 1-800-774-0006. Dort gibt es Stadtplan und – wie üblich – Broschüren und Werbeflyer in Hülle und Fülle für das touristische Angebot der Stadt, außerdem den sehenswerten **Film**: *»Forever Charleston«* (36 min, beginnt alle 45 min, $2).

Internet
Die offizielle Website www.charlestoncvb.com ist etwas mühsam zu bedienen. Hilfreicher sind
- www.discovercharleston.com
- www.charleston.com, kommerzielle Seite mit aktuellen Angeboten und ebenfalls vielen Infos

Heritage Passport
Im *Visitor Center* gibt es den *Heritage Passport*, ein Kombiticket für die wichtigsten historischen Häuser samt Kunstmuseum und zwei Plantagen in der Umgebung, für $46 (2 Tage gültig). Wer das Ticket voll nutzt, spart immerhin ca. 40%. Der Preis zeigt, wie teuer die Einzeleintrittspreise sind, so dass eine bewusste Auswahl ökonomisch angezeigt ist. Damit sich der Kauf lohnt, sind mindestens fünf der neun darin enthaltenen Häuser zu besuchen; www.charlestoncvb.com/charlestonheritagefederation.

Eindrucksvolle Cooper River Bridge verbindet Charleston mit dem nördlichen Stadtteil Mount Pleasant (Blick vom Aquarium)

Walking Tours   Charlestons Altstadt kann und sollte man weitgehend zu Fuß erkunden. Wer mehr wissen möchte, als aus diesem Buch und Broschüren des *Visitor Center* zu entnehmen ist und gut Englisch spricht, könnte geführte **Walking Tours** buchen (je 2-3 Stunden):

- **Charleston Strolls** starten täglich am *Charleston Place Hotel* um 10+14 Uhr und ab weiteren Hotels in Zeitabständen, ✆ 843-722-8687, $20, Kinder $10; www.charlestonstrolls.com.
- **Architectural Walking Tours of Charleston**, Reservierung unter ✆ 1-800-931-7761, starten Mo, Mi, Do, Fr+Sa um 10 Uhr und 14 Uhr am *Meeting Street Inn* (#173) und kosten $16, Kinder bis 12 frei; www.architecturalwalkingtoursofcharleston.com.

Bike Rental   Eine gute Idee in Charleston ist, sich ein Fahrrad zu mieten, da die Entfernungen nicht ganz gering sind und sich der Aktionsradius mit Fahrrad merklich erhöht. Bikeverleih z.B. im **Bicycle Shoppe**, 280 Meeting Street, ab $7/Stunde, maximal $28/Tag; ✆ 843-722-8168, www.thebicycleshoppecharleston.com.

Bike Rental in Charleston; typisch für solche Mietfahrräder ist das Fehlen jeglichen Komforts, sieht man ab vom breiten Sattel

Unterkunft und Camping

Situation   In einer Touristenstadt wie Charleston gibt es naturgemäß eine hohe Bettenkapazität. Das gilt sowohl für die *Old Town* als auch für das Umfeld entlang der Hauptzufahrtstraßen und der I-26. Faustregel ist: je näher am historischen Zentrum, umso teurer.

Man tut hier gut daran, Wochenenden und Ferienzeiten zu vermeiden. So hoch die Tarife dann teilweise sind, so sehr purzeln sie bei freier Kapazität. Beachtliche Sonderangebote gibt es in der Nebensaison ab Oktober bis April. Im **Visitor Center** bedient eine **Zimmervermittlung** kurzfristige Nachfragen.

City Hotels   In Charleston mitten in der Stadt zu unterzukommen, hat den Vorzug, abends zu Fuß unterwegs sein zu können, was sonst nur in wenigen Städten der USA möglich oder angezeigt ist. Selbst in guter Lage sind außerhalb von stark gebuchten Perioden und/oder Wochenenden die Quartiere noch einigermaßen erschwinglich:

Charleston: Unterkunft

- **Days Inn Historic District**, 155 Meeting, ✆ 843-722-8411, ab $110; großer Motelkomplex mittendrin.
- **Meeting Street Inn**, 173 Meeting, ✆ 1-800-842-8022, ab $160; nostalgisches Boutique-Hotel; www.meetingstreetinn.com
- **Indigo Inn**, 1 Maiden Lane, ✆ 1-800-845-7639, auch ab ca. $160; noch ein kleines Romantikhotel; www.indigoinn.com.
- **The Francis Marion**, 387 King St, ✆ 1-877-756-2121, ab $169; Nostalgiehotel, www.francismarioncharleston.com

Hostels

Definitiv die preiswertesten Übernachtungen bietet das *Notso Hostel* in der nördlichen Ecke von Downtown:

- **Notso Hostel**, 156 Spring, ✆ 843-722-8383, www.notsohostel.com; $26/Bett, EZ/DZ $62-$70. Mehrere schöne alte Häuser wurden hier zum *Hostel* kombiniert. Tarife inkl. Frühstück.

Bed & Breakfast

In kaum einer anderen Stadt und Umgebung gibt es derartig viele **B&Bs** und **Historic Inns**. Wie immer sind dafür die Tarife hoch (ab ca. $100 im günstigsten Fall, $250 Fr+Sa in der Hauptsaison im Frühling/Herbst für bessere Quartiere durchaus keine Ausnahme). Eine Liste (fast) aller **B&Bs** der Stadt hat man im *Visitor Center*. Ein paar Tipps für Direktbuchung:

- **Fulton Lane Inn**, 45 Zimmer-Haus, 206 King, Höhe Market Street, ab $150, ✆ 1-800-933-5464, www.fultonlaneinn.com
- **Planters Inn**, 112 N Market Street, ab $190, ✆ 1-800-845-7082, www.plantersinn.com. Nostalgie-Luxus für die größere Brieftasche, auch was den **Peninsula Grill** des Hauses betrifft.
- **Vendue Inn**, 19 Vendue Range, prima Lage mit Dachterrasse und Blick über Stadt und Cooper River; ab $160 inkl. Wein und Snacks; ✆ 1-800-845-7900; www.vendueinn.com
- **Palmer Home B&B**, 4 East Battery, ✆ 1-888-723-1574, ab $165, eines der besten Häuser in Charleston mit freiem Blick über Garten und Wasser, Pool; Tarif inkl. Wein und Snacks am Nachmittag, www.palmerhomebb.com
- **Palmer's Pinckney Inn**, 19 Pinckney Stret ein Block vom *City Market*, ✆ 843-722-1733, ab $135; nur 5 Zimmer; *Full Breakfast* +$5 im *Palmer Home*; www.pinckneyinn.com

- **Inn at Middleton Place**, 4290 Ashley River Road 14 mi nordwestlich Straße #61, ✆ 1-800-543-4774, modernes Hotel mit 55 Zimmern in mehrereren Gebäuden auf dem Gelände der *Plantation* am Flussufer. Architektonisch eher europäisch, Räume mit hohen Fenstern und Blick auf Wald und/oder Ashley River, alle mit Kamin, stilistisch stimmige , wenn auch etwas in die Jahre gekommene Einrichtung. Am besten die **Grand Rooms** ab $215, sonst ab $159. Der Tarif schließt neben einfachem Frühstück und Nachmittagsempfang (Bier, Wein, Snacks) den Eintritt für die *Plantation* ein. Helles teilverglastes Restaurant im Park. Eines der besseren Preis-/Leistungsverhältnisse in/bei Charleston und damit Empfehlung für alle, die sich etwas gönnen möchten. Entscheidungshilfe unter www.theinnatmiddletonplace.com.

Atlanta und Routen nach Süden

H/Motels im Umfeld

Preiswertere Motels und Hotels stehen überwiegend im Westen der Stadt (Straße #17/Savannah Highway), in North Charleston (entlang der I-26 bzw. I-526 im Airport-Bereich sowie Ausfahrten 208 und 209) und in Mount Pleasant an der Straße #17, z.B.:

- **BW Sweetgrass Inn**, 1540 Savannah Hwy, die gute Mittelklasse ab $89; ✆ 843-571-6100, www.thesweetgrassinn.com
- **Holiday Inn Express**, 1943 Savannah Hwy (#17), Nähe Südwestende I-526, ✆ 843-402-8300, modernes Haus ab $59
- **Country Hearth Inn & Suites**, 2311 Ashley Phosphate Road, am *Exit* 209 der I-26, ✆ 1-888-443-2784, Standard Hotel ab $59
- **Red Roof Inn**, 7480 Northwoods Blvd, I-26 Exit 209, ✆ 843-572-9100, untere Mittelklasse, üblicher *Redroof*-Standard ab $59. Ein weiteres *Red Roof Inn* befindet sich in Mount Pleasant in der Nähe von *Patriots Point*, ab $79.
- **Shem Creek Inn**, 1401 Shrimp Boat Lane in Mount Pleasant, von der #17 auf die #703 ca. 2 mi; ✆ 843-881-1000 & ✆ 1-800-523-4951, kleines Hotel in prima Lage am Yachthafen ab $120, www.shemcreekinn.com

Camping

Die in bzw. bei Charleston entfernungsmäßig noch akzeptablen Campingplätze sind rar, am besten sind folgende beiden:

- **James Island County Park Campground**, gut angelegt in schöner Lage am James Island Pkwy beim Planschpark *Splash Zone* 6 mi von *Downtown* entfernt. Anfahrt via Brücke/Straße #30 (James Island Expwy) über den Ashley River nach Süden auf Folly Road rechts, Central Park Road links, von ihr bis zum 871 Riverland Drive/Einfahrt in den Park), ✆ 843-795-7275, Zelte $25, RV ab $33. Vom Campground *Shuttle Bus* nach *Downtown* und *Folly Beach*. Alle Einrichtungen des Parks sind nutzbar.
- **KOA Mt. Pleasant** am Ostufer des Cooper River an der #17, ca. 5 mi östlich der I-526, 12 mi bis *Downtown*, ✆ 1-800-562-5796; $29-$59, guter Platz auch für Zelte.

Zelten auf dem KOA-Platz mit schattigem Picknicktisch und Grill am Wasser

Charleston: Unterkunft & Camping & Restaurants 443

- der kleine **Campingplatz** im weitläufigen *Givhans Ferry State Park*, gut 20 mi nordwestlich von Charleston (Straße #61 vorbei an drei der bekanntesten *Plantations*, ➢ unten) in wunderbarer Lage am Edisto River, ✆ 843-873-0692, Reservierung ✆ 1-866-345-7275, keine Duschen, aber *Hook-up* Wasser+Strom; $14.

Filiale von Bubba Gump, Sea Food-Kette mit Open-air Terrasse in Charleston

Leibliches Wohl und mehr

Essen & Trinken

In Charleston gibt es jede Menge **Eateries**, seien es Stände mit Snacks an Brennpunkten der Touristik oder *Fast Food* (z.B. im *City Market* in der östlichen Altstadt) und »richtige« Restaurants aller Kategorien. Empfehlenswert sind z.B.

- **Charleston Crab House**, 41 S Market Street, ✆ 843-853-2900, und 145 Wappoo Creek Drive auf James Island am Wasser, Anfahrt via #17/#171/#700, ✆ 843-795-1963, Krabben und Muschelfleisch in jeder Zubereitung. Moderate Preise, www.charlestoncrabhouse.com
- ***Hyman's Seafood Company***, 215 Meeting Street, preiswerte frische Fischgerichte, sehr populär, oft Wartezeiten, keine Reservierung möglich; www.hymanseafood.com
- ***Bubba Gump Shrimp Company***, 99 S Market Street, darf auch in Charleston nicht fehlen. Filiale der bekannten Südstaatenkette für Krabben, Hummer, *Ribs* und mehr; ein besserer *Fast Food Place*, aber nicht teuer, www.bubbagump.com
- ***Sticky Fingers***, 235 Meeting Street, *Ribs* und *Barbecue* bei Appetit auf Gegrilltes, mittlere Preise, www.stickyfingers.com
- ***Barbadoes Room*** im *Mills House Hotel*, 115 Meeting, ✆ 843-577-2400, Restaurant mit Spezialitäten aus *South Carolina*, hübscher Innenhof, nicht ganz billig
- ***Southend Brewery* & *Smokehouse***, 161 E Bay Street, frisch gebrautes Bier, Pizza und amerikanische Küche, ✆ 843-853-4677, nicht billig, www.southendbrewery.com

Veran-staltungen	Ein großes Ereignis ist Ende Mai/Anfang Juni das **Spoleto Festival** (© 843-679-3100, www.spoletousa.org). Das mittelalterliche Landstädtchen Spoleto in Italien und Charleston veranstalten in gegenseitigem Austausch (in Italien »*Two Worlds Festival*«) ein jeweils 17-tägiges Kulturfest mit Konzerten, Lesungen und Aufführungen in der Altstadt.
	Weitere Veranstaltungen sind u.a. das **Festival of Houses & Gardens** (März/April) und die **Fall Tours of Homes & Gardens** (im Oktober). Bei letzterem öffnen private Villenbesitzer ihre Pforten für die Öffentlichkeit; www.preservationsociety.org.
Shopping	*Shopping* wird natürlich auch in Charleston großgeschrieben. Speziell auf den Laufstrecken des Tourismus (King und Meeting Street) gibt es jede Menge Läden. Der *Shopping District* an sich in der Altstadt ist indessen der **Historic City Market** mit Ständen und Läden für alles in der Market Street östlich Meeting.
	Das größte *Shopping Center* der Stadt ist die **Northwood Mall** in North Charleston an der I-26, *Exit 209*, mit 130 Läden.

Stadtbesichtigung

Rundgang	Ein guter **Ausgangspunkt** für einen Stadtrundgang (2-3 Std, Besichtigungen nicht eingerechnet) ist das **Visitor Center** an der Meeting Street. Die Reihenfolge der beschriebenen Sehenswürdigkeiten entspricht einer sinnvollen Anordnung im Rahmen eines »konventionellen« Rundgangs. Der Kilometer zwischen dem *Visitor Center* und zentraler Altstadt mit der größten Dichte an Sehenswürdigkeiten kann gut mit dem *Dash-Shuttle* überbrückt werden, ➤ Seite 439. Das ist ggf. preiswerter als die hohen Parkgebühren weiter südlich zu bezahlen.
Charleston Museum	Unverfehlbar gegenüber dem *Visitor Center* steht das **Charleston Museum** (360 Meeting Street, Mo-Sa 9-17 Uhr, So ab 13 Uhr, Eintritt $10, bis 12 Jahre $5, Kombitickets mit *Manigault* und *Heyward-Washington House* kosten $16 bzw. $22); www.charlestonmuseum.org, © 843-722-2996). In diesem –so heißt es dort – ältesten Museum der USA (1773) geht es um Geschichte, Kultur und Natur von Charleston und Umgebung.
Manigault House	Organisatorisch verbunden mit dem Museum ist das dreistöckige **Joseph Manigault House** von 1803 (350 Meeting St, Mo-Sa 10-17 Uhr, So ab 13 Uhr, © 843-723-2926, $9, bis 12 Jahre $4). Besonders an diesem Bau sind breite Terrassen in den oberen Stockwerken, die rund um das Haus führen.
Aiken-Rhett House	Ein kurzer Abstecher nach Osten in die Elizabeth Street führt zum **Aiken-Rhett House** (#48, Mo-Sa 10-17, So ab 14 Uhr, Eintritt $10, Kombiticket mit *Nathaniel Russell House* möglich ($16), © 843/723-1159), einem Antebellumhaus mit zeitgenössischer Möblierung. Es diente im Bürgerkrieg als Hauptquartier der um Charleston stationierten Truppen und später dem Gouverneur *William Aiken* als Wohnsitz.

Charleston: Stadtbesichtigung 445

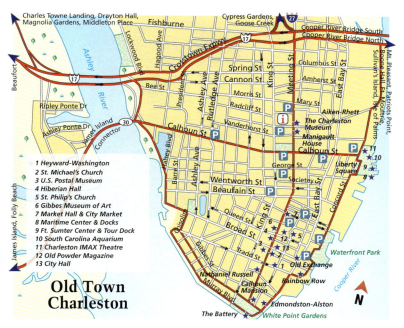

Nur in diesem Haus sind noch **Sklavenquartiere** zu sehen, sonst selten ein Thema in Charleston, obwohl die Stadt einst Sklavenhochburg war, www.historiccharleston.org/experience/arh.

City Market Bereich

Am Rande der Altstadt, etwas über 1 km die Meeting Street hinunter nach Süden, stößt man auf den **Old City Market** (doppelte Straßenführung mit breitem Trennstreifen, auf dem sich der Markt nach Osten erstreckt) mit der tempelartigen **Market Hall** an der Meeting Street; www.thecharlestoncitymarket.com.

Vom *City Market* folgt man am besten der Meeting Street in den zentralen Bereich der Altstadt. EinAbstecher könnte dem **Old Powder Magazin** von 1713 gelten, 79 Cumberland Street, Mo-Sa 10-17 Uhr, So ab 14 Uhr, Spende. Wie der Name andeutet, wurde es einst als Munitionsdepot genutzt. Ein kleines Museum wartet darin heute auf Besucher; www.powdermag.org.

Kunstmuseum

An der Meeting Street befindet sich zwischen Cumberland und Queen Streets das **Gibbes Museum of Art** (135 Meeting Street, Di-Sa 10-17 Uhr, So ab 13 Uhr, ✆ 843-722-2706, Eintritt $9, bis 18 Jahre $5). Im Mittelpunkt der Ausstellung stehen Werke regionaler Künstler von der britischen Kolonialzeit bis zur Gegenwart. Ungewöhnlich sind miniaturisiert nachgebaute Zimmer und zahlreiche Porträts im Kleinformat; www.gibbesmuseum.org.

Die Market Hall über dem City Market in der Meeting Street, ➢ *Seite 445*

Unübersehbar ist die **Circular Congregational Church** mit einem kleinen Friedhof schräg gegenüber dem Kunstmuseum.

Hibernian Hall
Auffällig ist gegenüber der Einmündung der Chalmers Street die **Hibernian Hall** mit ihrer imposanten Säulenhalle.

Fireproof Building
Das **Fireproof Building** (100 Meeting/Ecke Chalmers), ist Sitz der *South Carolina Historical Society*. Der Bau diente als Archiv für wichtige Dokumente und Akten. Der umgebende Park wurde als Schutz für den Fall einer Stadtbrandes konzipiert.

Four Corners of Law
Rund um die Kreuzung Meeting/Broad Street, einst Mittelpunkt der Altstadt, stehen vier Gebäude, die zur Bezeichnung des Bereichs als **Four Corners of Law** führten. Sie verkörperten in ihrer Funktion Stadtrecht, Staatsrecht und Bundesrecht sowie die Religion als vierte Instanz. Ins Auge fällt dort sofort die **St. Michael's Episcopal Church**, deren uralte Turmuhr dank moderner Wartung auch nach 250 Jahren noch korrekt tickt. Diagonal gegenüber steht das **Charleston County Courthouse**, in einer Ecke des Washington Park die **City Hall**. Bundesrecht spricht man im etwas zurückliegenden *US Courthouse* an der Broad Street.

Nathanial Russell House
Eineinhalb Blocks weiter passiert man das hinter Bäumen gut versteckte **Nathaniel Russell House** (51 Meeting Street, Mo-Sa 10-17 Uhr, So ab 14 Uhr, ✆ 843-724-8481, Eintritt $10), einen auch sonst unauffälligen Bau, dessen Qualitäten sich nur im Inneren erschließen. Prachtstück ist die freitragende Mahagonitreppe.

Villenviertel
Ein Bummel durch die Tradd Street und Nebenstraßen bis zum westlichen Ende und zurück via Battery und/oder Murray Blvd in der südlichen Ecke der Halbinsel führt vorbei an vielen bestens instand gehaltenen Wohnhäusern aus der Zeit vor dem Bürgerkrieg, aber auch an neueren **Prachtvillen** im Südstaatenstil, besonders entlang der Uferlinie, der besten Wohnadresse der Stadt.

Charleston: Stadtbesichtigung 447

Calhoun Mansion
Das **Calhoun Mansion** in der 14-16 Meeting Street wurde Ende des 19. Jahrhunderts errichtet und aufwändig restauriert. Diese Villa hat eine Wohnfläche von über 2000 m². U.a. befindet sich ein 15 m hohen Ballsaal mit Glasdach im Haus. Besichtgung täglich 11-17 Uhr; Eintritt $15, www.calhounmansion.net.

The Battery
An der Südspitze Charlestons liegt der schlichte, aber schattige Park **White Point Gardens**. Diese Ecke am Zusammenfluss von Ashley und Cooper River nennt sich **The Battery**, ein beliebter Treffpunkt am Nachmittag und frühen Abend. Rund um die *Battery* läuft eine Promenade am Wasser entlang. **Bemerkenswerte Villen** stehen auch dort dicht an dicht.

Als weiteres *Highlight* gilt in diesem Bereich das **Edmondston-Alston House** (21 East Battery, Di-Sa 10-16.30 Uhr, So+Mo ab 13.30 Uhr, Eintritt $12/$8; www.edmondstonalston. com), aber auch die Nachbarvillen bis zum Park sind Schmuckstücke. Dem Haus angeschlossen ist ein superteures *B & B*.

Heyward-Washington House
Über die Atlantic oder Water Street gelangt man in die Church Street. In diesem Bereich fallen die dörflichen Anfänge Charlestons noch ins Auge. Das **Heyward Washington House** in der 87 Church Street ist ein weiteres Gebäude, das zur Besichtigung offensteht (Mo-Sa 10-17 Uhr, So ab 13 Uhr, ✆ 843-722-0354, $10, bis 12 Jahre $5). Es wurde immerhin schon 1772 errichtet und sah einst *George Washington* als Gast.

Wieder weiter oben auf der Church Street passiert man an der Ecke Queen Street die **French Protestant Church**, eine der relativ seltenen Hugenotten-Kirchen in den USA. Exakt gegenüber steht das heutige **Dock Street Theatre** (135 Church, Mo-Fr 10-16 Uhr eintrittsfreie Besichtigung). 1736 nahm an dieser Stelle das erste Theater Nordamerikas seinen Spielbetrieb auf.

Waterfront Park

Wendet man sich auf der Queen Street nach Osten, sind es von der Ecke Church Street rund 500 m bis zum **Waterfront Park**, wo man sich unter schattigen Bäumen oder auf der *Fishing Pier* (mit *Fast Food*) auf Schaukelbänken bei einer frischen Brise von Pflastertreterei und Besichtigungsstress erholen kann.

Villenstrecke in der East Battery Street am Südende der Charleston Halbinsel

Old Exchange

Wem nach einer Pause der Sinn nach Fortsetzung der Besichtigungstour steht, geht vom *Waterfront Park* die paar Schritte hinüber zur East Bay Street/Ecke Broad Street. Dort steht **The Old Exchange & Provost Dungeon** (122 East Bay, täglich 9-17 Uhr, www.oldexchange.com, Eintritt $8, bis 12 Jahre $4), wo u.a. 1787 die Ratifizierung der US-Verfassung erfolgte. *The Old Exchange* gilt daher als eines der historisch wichtigsten Gebäude der USA. Das Verließ (*Dungeon*) unter dem Gebäude war einst Kerker der britischen Kolonialmacht für revolutionär umtriebige Bürger.

Rainbow Row

An der East Bay Street (#83-#107) befindet sich auch die **Rainbow Row**: 14 alte Häuser (ab 1740) markieren mit heute pastellfarbig bunten Fassaden den Verlauf der **Waterfront** im 18. Jahrhundert.

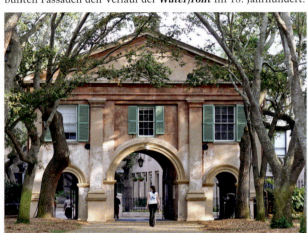

Historischer Eingang in den Campus des Charleston College in der George Street am Nordrand der Altstadt

Am Liberty Square

Der enorme Kubus am Ufer des Cooper River Höhe Calhoun Street ist das **South Carolina Aquarium**. Rund um den grünen Liberty Square an der Concord Street gibt es dort auch noch ein **IMAX-Theater**, den Anleger des *National Park Service* für die **Boote zum Fort Sumter** samt **Museum** und eine Bootsmarina.

Im Gebäude des IMAX-Kinos empfiehlt sich das **Sea Turtle Café** (leichte Snacks, Salate, erträgliche Preise) mit legerem Ambiente, Sonnenterrasse, Sofa-Leseecke und Wifi.

100 m entfernt vom Liberty Square steht an der Calhoun Street ein riesiges **Parkhaus** mit moderaten Tarifen; man kann auch in den Straßen parken, aber nur an zeitlimitierten Parkuhren.

Aquarium

Das **South Carolina Aquarium** ist nicht nur architektonisch und wegen seiner Größe beeindruckend, sondern auch sein Innenleben stellt viele ältere Aquarien in den Schatten. Kernstück ist ein 1200 m³-Tank voller ozeanischer Meerestiere. Die Präsentation beschränkt sich nicht auf Wasserlebewesen, vielmehr wird

Charleston: Stadtbesichtigung

die Fauna in nachgebildeten Kleinlebensräumen (mit Flora) zwischen Blue Ridge Mountains und der Küste gezeigt unter Betonung der Sümpfe und Salzmarschen der Region. Geöffnet täglich 9-17 Uhr im Hochsommer, sonst bis 16 Uhr, www.scaquarium.org. Eintritt $25, bis 11 Jahre $15.

Im **IMAX-Kino** nebenan zeigt man die dafür üblichen Filme in Großprojektion; Tickets nur als Kombi mit Aquarium $30/$20.

Fort Sumter National Monument: Überfahrt

Der **National Park Service** hat beim Liberty Square ein **Visitor Education Center** samt Anleger für die **Boote zum Fort Sumter** an den Cooper River gesetzt, faktisch ein eintrittsfreies attraktives Museum, das die Bürgerkriegsgeschehnisse um das Fort anschaulich macht. Eine Stunde Wartezeit lässt sich dort sehr gut überbrücken; danach geht man bestens informiert an Bord Richtung Fort Sumter; www.nps.gov/fosu.

Abfahrtszeiten März-November: 9.30, 12.00, 14.30 Uhr.
Tickets $18, Kinder bis 11 Jahre $11, **Tourdauer** ca. 135 min
Info: ✆ 1-800-789-3678; http://fortsumtertours.com.

Fort Sumter: Lage und Geschichte

Fort Sumter liegt in beherrschender Position auf einer Insel mitten im *Charleston Harbor*, der gemeinsamen Mündung von Ashley und Cooper River in den Atlantik ca. 4 mi entfernt von Charlestons Südspitze. Das Fort sah 1861 die ersten Kampfhandlungen zwischen Nord und Süd, nachdem die Besatzung der Festung sich geweigert hatte, den neu ausgerufenen Konföderierten Staaten von Amerika das Fort zu übergeben. Ein 34-stündiger Beschuss durch benachbarte Festlandsforts (u.a. **Fort Moultrie**, ▶ unten »Mount Pleasant«) führte zur Kapitulation der Unionsbesatzung am 12.4.1861. In den Folgejahren versuchte die Union mehrfach, auch von See her (▶ U-Boot *Hunley* nächste Seite), das Fort zurückzuerobern, um Charlestons Hafen abzusperren. Alle Anlagen des Fort wurden dabei komplett zerstört, aber die Südstaatler räumten es dennoch erst kurz vor Kriegsende im Februar 1865.

Alte Kanone auf neuer Lafette im rekonstruierten Fort Sumter

Das Fortgelände, heute ein **National Monument**, wird dominiert von einem bunkerartigen Komplex, der später während des spanisch-amerikanischen Kriegs entstand. **Park Ranger** veranstalten innerhalb der nur teilweise restaurierten Mauern Führungen. Man kann das *Fort Sumter* aber auch ohne Rangerbegleitung per *self-guided tour* besichtigen. Wirklich empfehlenswert ist dieser Ausflug nur bei großem Interesse und Lust auf die Bootsfahrt. Die komplette Historie um *Fort Sumter* erfährt man auch im *Education Center*. Außerdem ist das leicht erreichbare *Fort Moultrie* (➤ Seite 453) auf Sullivan's Island die sehenswertere Festung.

U-Boot »Hunley«

Entwicklung und Einsatz des ersten erfolgreichen Unterseeboots der Welt ist eng mit dem *Fort Sumter* verknüpft, die Story von Bau, Antrieb, Erfolg (ein das Fort belagerndes Kriegsschiff der Union wurde versenkt) und gleich darauf Untergang ebenso abenteuerlich wie die Bergung des Bootes 136 Jahre später (➤ Film dazu). Die **H.L. Hunley** ist ausgestellt im *Warren Lasch Conservation Center* der US-Marine; I-26, *Exit* 216 B, von dort via Cosgrove Ave North und Spruill Ave North auf die MacMillan Ave. Bei Einfahrt auf das US-Navy Gelände muss man den Besuchszweck mitteilen (»... *Conservation Center*, 1250 Supply Street«). Besichtigung nur Sa 10-17 Uhr, So ab 13 Uhr; ✆ 1-877-448-6539; www.hunley.org. Eintritt $12. Tickets telefonisch oder im Internet unter www.etix.com; vor Ort *first-come-first-served*.

Charles Towne Landing

Etwa 7 mi nordwestlich von *Downtown* Charleston befindet sich am Ort der ersten englischen Siedlung am Ashley River (➤ unter »Geschichte«) der **Charles Towne Landing State Historic Site**.

Anfahrt aus der Stadt über die westliche Brücke der #17, dann Straße #61 (Ashley River Road), dann #171 (Old Towne Road). Wer von Norden kommt, verlässt die I-26 beim *Exit* 216 und folgt der Straße #7 (Rittenberg Blvd) über den Ashley River, dann #171. Täglich 9-17 Uhr Juni-August, sonst bis 17 Uhr, ✆ 843-852-4200, www.southcarolinaparks.com/ctl, Eintritt $7,50, Kinder $3,50.

Nachbau der »Adventure«, mit der die ersten Siedler 1670 in den Ashley River einfuhren, im Charles Towne Landing Park

Charleston: Charles Town Landing & Plantations

Dieser Park am verschilften Ufer des Ashley River steht voller alter mossbehangener Eichen. Zwar sind große Teile des Geländes eher für edukative Zwecke angelegt, so das rekonstruierte Minidorf *Settlers Life Area* und das *Visitor Center* und damit ein typisches Schulausflugsziel. Aber der Park als solcher, der Spaziergang hinüber zum erstaunlich kleinen Nachbau der **Adventure**, dem Schiff der Ankömmlinge, und vor allem die Eichenallee vorm **Legare Waring House** lohnen den Besuch.

Dieses **Plantation Mansion** gehört nicht ganz zur Oberklasse, ist aber durchaus ansehnlich. Es wird für private Anlässe, speziell Hochzeiten genutzt. Daher kann man es nicht mehr von innen besichtigen, aber die erwähnte Allee mit Blick auf die Villa wirkt ähnlich attraktiv wie die der *Oak Alley Plantation* bei New Orleans, ➤ Seite 336f; www.legarewaringhouse.com.

Plantations bei Charleston

Plantations an der Ashley River Road

Fährt man die Straße #61 nach Norden (Anfahrt ab Charleston zunächst wie zum *Charles Towne Landing Park*, von der I-26 am besten über die Stadtumgehung I-526 nach Westen), passiert man in wenigen Meilen Abstand drei stark besuchte und auch täglich von vielen Tourbussen angefahrene **Plantations**. So unterschiedlich sie im Detail auch sind, gemeinsam ist ihnen allen die leider happige Eintrittspreisgestaltung, die zum Teil über den Kauf des **Heritage Pass** (➤ Seite 439) gemildert werden kann, hier sind im Pass enthalten *Drayton Hall* und *Middleton Place*.

Drayton Hall

Drayton Hall ist die erste der drei *Plantations* und ca. 10 mi von *Downtown* Charleston entfernt. Puristen gilt sie als prächtiges Beispiel der frühen Kolonialarchitektur, zumal das Haus seit seiner Errichtung 1738 fast unverändert blieb.

Mo-Sa 9-17 Uhr, So 11-17 Uhr, stündliche Touren, ✆ 843-769-2600, www.draytonhall.org; Eintritt $18, bis 11 Jahre $6. Wer nur die *Gardens* besucht und auf die geführte Hausbesichtigung innen verzichtet (*Drayton Hall* ist nicht möbliert), zahlt nur $8.

Magnolia Plantation

Nur ein paar Meilen weiter nördlich liegen die **Magnolia Plantation and Gardens**, die insgesamt eindrucksvollste, aber auch teuerste Plantage im Umkreis von Charleston mit einem 24 ha großen Park mit vielen hundert Azaleen- und Kamelienarten.

Magnolia ist täglich von 8 Uhr bis zur Dämmerung geöffnet. Letzte Einfahrt im Sommerhalbjahr um 17.30 Uhr, im Winter 16.30 Uhr, ✆ 1-800-367-3517; www.magnoliaplantation.com.

Der Eintritt aufs Gelände kostet $15, bis 12 Jahre $10, die geführte Tour durchs *Plantation House* (ca. 1680, rekonstruiert) $8/$5 extra für 30 min. Eine *Tram Tour* (45 min) über die Plantage kommt ebenso wie eine Bootstour oder eine Besuch des **Swamp Garden** mit der für Sümpfe des Südens typischen Flora und Fauna $8 extra. Wer z.B. *House* & *Gardens* besichtigen und den Sumpf sehen möchte und eine der Touren macht, kommt auf stolze $39.

Im Park der Plantation Middleton Place. Sie steht voller alter mit Irish Moss behangener Eichen

Middleton Place

Noch weitere 4 mi sind es von der Einfahrt zu *Magnolia* bis zum **Middleton Place**. Der Park – heute mit Kamelien, Magnolien, Teichen und uraltem Eichenbestand – wurde 1741 nach französischem Muster streng symmetrisch angelegt. Ihm fehlt jedoch ein Herrenhaus. Seit es im Bürgerkrieg zerstört wurde, dient der ehemalige Gästeflügel von 1755 als Hauptbaus (30 min Touren; Möbel, Utensilien und Dokumenten aus der Vor- und Nach-Bürgerkriegszeit). In den sog. **Stableyards** werden handwerkliche Fertigkeiten aus dem 19. Jahrhundert vorgeführt. Sehr schön sitzt man im parkeigenen Restaurant; fürs Dinner (18-20 Uhr; nicht eintrittspflichtig) unbedingt reservieren: ✆ (843) 266-7477.

Täglich 9-17 Uhr, Haustouren Di-So 10-16.30 Uhr, Mo ab 13.30 Uhr, ✆ 843-556-6020, www.middletonplace.org, Eintritt für *Gardens* & *Stableyard* $25/$10, Haustour $12. Wer im **Inn at Middleton Place** nächtigt, hat freien Zutritt, ➢ Seite 441.

Boone Hall

Nördlich von Mount Pleasant liegt die **Boone Hall Plantation** (von Straße #17 auf Long Point Road, Zufahrt auch über I-526, *Exit* 28. *Boone Hall* ist sehenswert und eine erwägenswerte Alternative zu den oben beschriebenen Anlagen am Ashley River.

Geöffnet Sept-Feb Mo-Sa 9-17 Uhr, So 12-17 Uhr, März bis *Labor Day* Mo-Sa 8.30-18.30 Uhr, So 11-17 Uhr; Touren alle 30 min; Eintritt $20, bis 12 Jahre $10; www.boonehallplantation.com.

Cypress Gardens

Neben Plantagen mit historischen Herrenhäusern gibt es auch reine Gartenanlagen, wie die **Cypress Gardens**. Dieser Park, ca. 24 mi nördlich von Charleston (I-26, *Exit* 209A auf Straße #52, 3030 Cypress Gardens Road), entstand in den 1920er-Jahren auf den Feldern einer ehemaligen Reisplantage beim Cooper River. Seinen Namen hat er von großen Zypressen, die pittoresk mitten aus dem Wasser eines sumpfigen Sees wachsen, auf dem man auch per Boot herumpaddeln (inklusive) und die Alligatoren stören darf.

Täglich 9-17 Uhr, ✆ 843-553-0515, www.cypressgardens.info, mit $10 Eintritt (bis 12 Jahre $5) tariflich etwas moderater.

Charleston: Plantations & Mount Pleasant

Mount Pleasant und Sullivan's Island

Naval & Maritime Museum

Am sog. *Patriots Point* südlich der *Cooper River Bridge* (Straße #17N, dann Coleman Blvd/#703, Patriots Point Road, täglich 9-18.30 Uhr, www.state.sc.us/patpt, $18, bis 11 Jahre $11), liegt das *Naval & Maritime Museum* am Ufer bzw. vor Anker.

In erster Linie geht es dort um den **Weltkrieg-II-Flugzeugträger USS Yorktown** mit 25 Kampfflugzeugen (www.ussyorktown.com). Außerdem sind noch ein Zerstörer, ein U-Boot, ein Flusspatrouillenboot samt Basis aus dem Vietnamkrieg und ein Schiff der Küstenwache zu besichtigen. Wer sich für maritime Kriegsführung interessiert, bekommt hier eine Menge geboten.

2x bis 3x täglich fahren ab *Patriots Point* ebenfalls **Boote zum Fort Sumter**, ➢ oben, Seite 449.

Sullivan's Island

Die Straße #703 in Richtung *Patriot's Point* läuft weiter über flache Marschen, Sümpfe und den *Intracoastal Waterway* zu den vorgelagerten Inseln **Sullivan's Island** und **Isle of Palms**. Auf beiden erstrecken sich seeseitig ununterbrochene Strände und dichte private Küstenbebauung. Eine Ferien- oder Ausflüglerinfrastruktur existiert auf den Inseln nicht. Trotz öffentlicher Strandzugänge ist es dort selbst an Wochenenden relativ ruhig. Die Bürger Charlestons zieht es eher nach **Folly Island**, ➢ nächstes Kapitel.

Fort Moultrie

Historische Bedeutung erlangte Sullivan's Island zunächst durch das bereits 1776 (gegen die Engländer) errichtete *Fort Moultrie*, das durch seine Lage nah an der Hauptfahrrinne die Einfahrt in den *Charleston Harbor* leicht sperren konnte. Da auf der gegenüberliegenden Seite das (heute nicht mehr existierende) *Fort Johnson* weit weg von der Fahrrinne stand, baute man auf einer künstlichen Insel südlich des Tiefwasssers das gewaltige *Fort Sumter*, das gerade zu Beginn des Bürgerkriegs vor der Fertigstellung stand und bereits eine erste Besatzung hatte. *Fort Moultrie* nahm 1861 an der Beschießung von *Fort Sumter* und dessen Fall aktiv teil (➢ Seite 437). Nach dem Bürgerkrieg war es in keine Kampfhandlungen mehr verwickelt, blieb aber weiter aktiv und wurde bis zum 2. Weltkrieg waffentechnisch angepasst; www.nps.gov/fomo.

Die Anlage am Westende der Insel ist bestens erhalten. Das **Visitor Center** des heutigen **National Monument** erläutert die Historie mit Film und Ausstellung von Objekten und Dokumenten.

Täglich 9-17 Uhr, Eintritt $3 oder *National Parks Pass*.

Flugzeugträger USS Yorktown und Zerstörer 724 am Patriot's Point

Von Charleston nach Savannah

Zur Route

Zur Route Von Charleston nach Savannah sind es auf der Straße #17, dann I-95, nur 110 mi. Die #17 verläuft alternativlos relativ weit landeinwärts, da Buchten und Meeresarme tief ins Land hineinreichen. Stichstraßen führen ans Meer und zu vorgelagerten Inseln. An- und Rückfahrten dorthin sind zeitaufwendig. Lohnenswert auf dieser Strecke ist vor allem der Abstecher nach **Beaufort**, einer Art Charleston en miniature.

Beaches Der Charleston nächstliegende Strand im Südwesten befindet sich auf **Folly Island** (ca. 20 mi, Straßen #30/#171). 10 km Strandlänge sorgten dort trotz dessen geringer Breite für einen Immobilienboom, der die Preise bis 2008 in 20 Jahren verzehnfachte. In der Krise brachen die Werte dann böse ein; www.follybeach.com.

Camping Ursprünglicher und naturnäher ist **Edisto Island** mit dem **Edisto Beach State Park** (Straße #174). Salzmarschen, Strand und Palmen, ein fast subtropisches Paradies. Delfinbeobachtung gehört dort wie an der gesamtem Südküste South Carolinas zu den populären Aktivitäten. Der Park verfügt über zwei **Campingareale** direkt hinter dem Strand und unter mossbehangenen Eichbäumen; $21-$38, www.southcarolinaparks.com/edistobeach/camping.aspx.

Beaufort (sprich: »Bjufort«)

Lage Die zweitälteste Stadt South Carolinas, Beaufort, liegt 85 mi südlich von Charleston und 35 mi nördlich von Savannah. Von der Hauptroute #17 führt die #21 dorthin (ca. 15 mi ab Gardens Corner) und – über tolle Hochbrücken – weiter bis Hunting Island. Die Altstadt, der *Historic District* voller nostalgischer Villen und mit einer südlichen *Waterfront* samt Geschäftsbereich, besetzt komplett eine vom meeresarmartigen Beaufort River und dem Port Royal Sound umspülte Halbinsel.

Start zur Kayak Tour durch Marschen und Fluss - arme rund um Beaufort unmittelbar hinter dem Villenviertel der Stadt in Fußgängerentfernung des zentralen Bereichs

Folly Beach - Edisto Island - Beaufort

Geschichte/Gründung

Bereits 1562 landeten französische Hugenotten auf einer von der Halbinsel nach Süden ragenden Landzunge und nannten sie **Port Royal**, gaben aber diese erste weiße Siedlung in der Region nach nur zwei Jahren wieder auf. Mit der Etablierung der britischen **Kolonie *Carolina*** strömten später immer mehr Einwanderer in die *Lowlands* entlang der Küste und es kam im Jahr **1711** zu dieser nach Charleston zweiten **Stadtgründung** der Kolonie.

Entwicklung

In der Folge entwickelte sich Beaufort dank Baumwollplantagen und billiger Sklavenarbeit prächtig. Zur Zeit der Unabhängigkeit der USA hatte Beaufort bereits 4000 Einwohner. Zahlreiche grandiose Villen aus der Zeit vor dem Bürgerkrieg spiegeln vor allem an Beauforts Uferlinien den erstaunlichen Reichtum der wenigen Glücklichen jener Zeit.

Bürgerkrieg

Im Bürgerkrieg wurden die vorgelagerten Inseln dieses Gebietes einschließlich Beaufort schon wenige Monate nach Kriegsbeginn von See her fast kampflos von Truppen der Union besetzt, was Beaufort das Schicksal ersparte, zerstört zu werden.

20. Jahrhundert

Nach Dekaden des Niedergangs entdeckten Anfang des 20. Jahrhunderts reiche Finanzmagnaten den Küstenstrich bis hinunter nach Brunswick als ideales Jagd- und Freizeitrevier und kauften sich auf den Inseln ein. Parris Island unterhalb Port Royal wurde zum Trainingscamp fürs *Marine Corps* der US-Streitkräfte.

Beaufort heute

Erst nach dem 2. Weltkrieg begann in der Region der Tourismus, der heute eine große wirtschaftliche Rolle spielt und wieder Wohlstand brachte. Beaufort hat heute 13.000 Einwohner plus 11.000 in Port Royal, wirkt aber wegen der Ausdehnung weit über die Halbinsel der Altstadt hinaus erheblich größer.

Information

Greater Beaufort Chamber of Commerce & Visitors Center, 713 Craven Street in der Südostecke der Altstadt, ✆ 1-800-638-3525, www.beaufortsc.org.

Unterkunft

Vor der Einfahrt in die *Historic Old Town* auf der #21 passiert man auf einer langen Meile zahlreiche Häuser der bekannten H/Motel-

Ketten und die üblichen *Fast Food Places* ebenso wie eine Reihe von besseren Restaurants. Weitere Häuser stehen an der Straße #802 Richtung Port Royal/Parris Island. Ein ordentliches Preis-Leistungsverhältnis bei schöner Lage bietet das

- **Quality Inn at Town Center**, 2001 Boundary Street (#21 schräg gegenüber der Abzweigung der Straße #802); ✆ 843-524-2144, www.choicehotels.com/hotel/sc395, ab $59

Auch nicht schlecht ist etwas weiter vor den Toren der Stadt

- **Howard Johnson Express**, 3651 Trask Parkway (Straße #21), mit vielen Zimmern zum Fluss; ✆ 843-524-6020, ab $55

Unweit der Restaurantzeile an der Waterfront liegt ruhig das

- **Best Western Plus Sea Island Inn**, 1015 Bay Street, ✆ 843-522-2090, von dort nur 100 m bis zur Kneipen- und Restaurantzeile am Wasser; www.sea-island-inn.com, ab $99

In Beaufort gibt es diverse sehr schöne **historische B&Bs**, z.B.

- **The Cuthbert House Inn**, 1203 Bay Street, eindrucksvolle Villa, ✆ 1-800-327-9275; ww.cuthberthouseinn.com, ab ca. $150
- **Two Suns Inn**, 1705 Bay Street mit Blick über den Port Royal Sound, ein paar Blocks westlich des *Cuthbert House Inn*, ✆ 1-800-532-4244; www.twosunsinn.com, ab $139

Restaurants

Wer an der Zufahrt (Straße #21) nicht das Richtige findet, wird an der Bay Street auf der Waterfront-Seite sicher fündig. Alle Restaurants haben dort eine Außenterrasse:

- **Panini's on the Waterfront**, 926 Bay Street, Italiener, drinnen ganz gemütlich, www.paniniscafe.net
- **Saltus River Grill**, 802 Bay Stree ganz nah am Wasser, *Seafood*, www.saltusrivergrill.com
- **Luthers Rare & Well Done**, 910 Bay Street, *Steaks* & *Live Music*

Cuthbert House B&B Inn an der Bay Street mit freiem Blick übers Wasser

Beaufort & Hunting Island 457

Sonntagsbetrieb am Strand von Hunting Island

Camping Hunting Island	Gut 15 mi südöstlich von Beaufort belegt der **Hunting Island State Park** am Ende der Straße #21 einen Großteil der gleichnamigen Insel, die ähnlich wie Edisto Island strukturiert ist: Kilometerlange unbebaute Strände, Dünen, Salzmarschen, Mangrovensümpfe. Mittendrin mit vielen Stellplätzen (#1-#88) unter Palmen liegt gleich hinter dem Strand der **Campground**. Ein paar Meilen weiter vermietet der *State Park* sog. *Cabins*, in Wahrheit ausgewachsene, sehr unterschiedliche **Strandvillen** auf einer langen sandigen Landzunge zwischen Ozean und einer flussartigen Bucht; ✆ 843-838-2011, www.southcarolinaparks.comhuntingisland/camping.aspx, campen $17-$38; *Cabins* teuer, z.T. nur wochenweise.

Strandzugang	Zum *State Park* gehört auch ein **Leuchtturm**; dort gibt's öffentlichen Strandzugang und Picknicktische plus einen kleinen Kiosk. Schöner und ruhiger ist die **Beach** beim Parkplatz am Beginn der Straße auf die Landzunge (bei den *Cabins* Halteverbot!). **Strand und Baden direkt in/bei Beaufort gibt es nicht.**
Ortsbesichtigung Beaufort	Zu einem **Rundgang** durch Beaufort braucht man keine Anleitung. Die besten Häuser stehen auf »verwunschenen« Grundstücken im **Viertel östlich der Carteret Street, also zwischen der #21 und Beaufort River**. Das Gebiet ist nicht einmal einen Quadratkilometer groß. In maximal 2 Stunden kann man gemütlich das ganze Viertel ablaufen (Besichtigung der Häuser innen nicht möglich). Wer Details wissen und sich nicht nur mit ein wenig *Sightseeing* zufrieden geben möchte, kann **Walking Tours** oder **Kutschfahrten** mit Erläuterungen buchen. In Beaufort sind auch **Fahrräder zu mieten** (Liste von *Bike Rentals* in der *Visitor Information*), was bei schwüler Witterung eine gute Alternative zu Spaziergängen ist. Ebenfalls sehenswert sind manche Häuser **oberhalb (nördlich) der #21**, vor allem auf den Ufergrundstücken. In den schachbrettartig angelegten Straßen zwischen der südlichen *Waterfront* und der abknickenden #21 sind beachtliche Gebäude eher dünn gesät.
Bay Street	Unbedingt ablaufen oder mit Bike abfahren sollte man dagegen die Bay Street westlich der kommerziellen *Waterfront*. Die Uferlinie setzt sich dort als wunderbar (einseitig) bebaute Allee fort. Einige der Häuser sind **B&B-Places**, ➢ oben.

| | Atlanta und Routen nach Süden | Karte Seite 455 |

Gullah Kult

Beaufort ist Zentrum der *Gullah Culture* mit eigener Sprache, Kunst, Küche und bizarrer Religion, die sich in Zeiten des Sklavenhandels entwickelte und nur in dieser Ecke von South Carolina bis heute überlebte. Jedes Jahr am letzten Wochenende im Mai findet in Beaufort das *Gullah Festival* statt: www.gullahfestival.org.

Eine besonders ungewöhnliche Ausprägung erfährt der Gullah-Kult im *Kingdom of Oyotunji*, einer Art afrikanischem Dorf mit selbsternanntem »König« (bei Sheldon, Straße #17/#21, dann Bryant Lane, täglich 11 Uhr bis Dämmerung, Touren 45 min $10/$5. Weitere Details dazu unter www.oyotunji.org.

Hilton Head Island

Anfahrt

Von Beaufort erreicht man die **Insel Hilton Head** nur auf verschlungenen Wegen via Straßen#170 und #462, dann auf der Zufahrt #278. Bis zum südlichen Zentralbereich der Insel sind es gute 50 mi und mindestens eine Stunde Fahrt. Etwa ebenso weit ist es von Savannah (schnellste Zufahrt über die I-95, dann Straße #278; alternativ auch direkt aus der City Straße #17, dann #170 direkt oder ggf. #46 über Bluffton bis zur #278, ➢ auch unten).

Geschichte

Hilton Head Island ist mit 144 km² die zweitgrößte Insel vor der US-Atlantikküste (nach Long Island vor New York), wobei 34 km² auf Wasserfläche entfallen. Schmale Buchten reichen tief ins Innere; der Broad Creek, eher ein Meeresarm, teilt die Insel fast in zwei Hälften. Während *Marshland* und Sümpfe die Westseite kennzeichnen, zeigt sich die Ostseite bewaldet mit Dünen vor endlosem Strand. Nach dem Bürgerkrieg wurde die Insel zunächst den im Süden befreiten Sklaven, den *Gullah* (➢ oben) überlassen. Frühere Plantagen verkamen. Nur Ruinen sind erhalten.

Tourismus

Erst 1956 wurde Hilton Head über eine Brücke mit dem Festland verbunden und durch den Bau erster Ferienanlagen zu einem bis dato kaum bekannten touristischen Ziel. **Heute ist Hilton Head komplett erschlossen** durch eine perfekte Infrastruktur aus zahlreichen Golf- und Tennisplätzen, abgeschotteten teuren Ferienanlagen, Yachtmarinas und allem, was man für die 35.000 mehrheitlich finanzkräftigen Residenten und jährlich über 2 Mio. Urlauber so braucht. Trotz der Expansion in solche Größenordnungen kam es nicht zu Bausünden und Auswüchsen des Billigkommerzes wie anderswo. Die Insel ist die Antwort der amerikanischen Ober- und gehobenen Mittelschicht auf Rummelplätze wie Myrtle und Virginia Beach und ähnliche Küstenorte in Florida. Entsprechend höher ist dort das Preisniveau.

Abstecher machen?

Das bekannte Ziel reizt vielleicht zu einem Abstecher. Aber es ist nichts für Kurzfristbesucher. Ohne eine Resortbuchung und/oder vorgeplante Aktivitäten gerade dort bleibt nichts weiter als die Besichtigung erstaunlichen Wohlstands und eine Visite an eher langweiligen Stränden, die anderswo schöner, ursprünglicher und ohne Parkprobleme sind (z.B. Edisto oder Hunting Island, ➢ oben).

Hilton Head Island 459

Sightseeing Wer sich Hilton Head dennoch mal ansehen möchte, sollte sich eingangs rechts halten und auf dem *Cross Island Parkway* zunächst Richtung Süden fahren. Am Kreisverkehr **Sea Pines Circle** hält man sich wieder rechts und gelangt auf dem Greenwood Drive bis zum **Greenwood Circle**. Von da geht's zurück auf dem Northern Sea Pines Drive, dem South Forest Beach Drive und über den Coligny Circle auf der Pope Ave zum erstgenannten Kreisverkehr und dann auf der Straße #278 in großem Bogen über die Insel wieder zur Festlandsbrücke. Auf dieser Route erhält man mit Stopps und kleinen Umwegen (ggf. auf der Lighthouse Road bis zur hübschen **Harbour Town** mit einem pittoresken Leuchtturm über der Marina oder zu den Überresten der *Plantations*) schon einen guten Eindruck.

Strandzugang Beim **Coligny Circle** (zwischen North und South Forest Beach Drive) kommt man am einfachsten an den Strand (Parkuhren). Dort ist auch die Infrastruktur aus Shops, Kneipen und *Eateries* dicht und für Tagesbesucher geeignet.

Information Ein **Welcome Center** befindet sich eingangs der Insel an der #278, ✆ 1-800-523-3373, www.hiltonheadisland.org. Neben Karten und jeder Menge Werbematerial hat man dort einen **Official Dining Guide** mit allen Restaurants der Insel und – für potenzielle Übernachter – einen ausführlichen **Lodging Guide**.

Unterkunft Auf/bei Hilton Head ist ein Zimmer in der Mittelklasse im Sommer unter $150 kaum zu bekommen, außerdem vermieten viele Resorthotels nur wochenweise. Die Website oben listet eine Fülle von Quartieren aller Kategorien.

Es gibt aber auch eine Handvoll *Motels/Inns* der unteren Mittelklasse und Einfachkategorie. Vergleichsweise günstig ab ca. $80 im Sommer und ab ca. $70 in der Vor-/Nachsaison ist das

• **Redroof Inn**, 5 Regency Pkwy/#278, ✆ 843-686-6808, in noch halbwegs strandnaher Lage, ab $80

Nach Savannah Von Hilton Head geht's via Bluffton zurück auf die Straße #46, dann #170 (*Freedom Pkwy*) und am Ende auf der hier wieder von der I-95 separierten #17 über die eindrucksvolle *Savannah River Bridge* direkt hinein ins Zentrum der Stadt.

Fortsetzung der Reise durch Savannah und weiter nach Florida ➢ Seiten 423ff.

Sonnenuntergangsszenerie in Harbour Town auf Hilton Head Island

8.2.3 Über Mobile nach New Orleans und/oder Pensacola

Zur Route

Eine ganz interessante Variante einer **Floridareise mit Start in Atlanta** wäre die **Kombination mit einem Besuch in New Orleans**, von wo aus man danach von Westen (Pensacola) in den *Florida Panhandle* hineinfährt und dann weiter der Golfküstenroute folgt, ➢ Seiten 338ff. Der schnellste Weg von Atlanta nach New Orleans führt auf der I-85 bis Montgomery, dann weiter auf der I-65 nach Mobile und von dort auf der I-10 zum Ziel. Auf dieser Route erreicht man bereits nach gut 80 mi Alabama. Dort »gewinnt« man vorübergehend eine Stunde, denn man wechselt von der *Eastern* zur *Central Time Zone*.

Grenze Georgia/Alabama

Der in seinem Verlauf mehrfach aufgestaute Chattahoochee River bildet im südlichen Bereich Alabamas die **Grenze zu Georgia**. Auf der I-85 überquert man den Fluss bei den Ortschaften Lanett und Valley. Von dort sind es noch einmal 80 mi bis nach Montgomery, der Kapitale von Alabama. Wer einen halben Tag Extrazeit mitbringt, könnte über die noch in Georgia von der I-85 abzweigende I-185 einen **Abstecher nach Columbus** einplanen. Hauptmotiv für diesen Umweg wäre ein Besuch in den Militärmuseen für **Naval Civil War** und **Infantery**, ➢ Kasten. Ohne Interesse daran lohnt sich der Umweg eher nicht.

Bei Rückkehr auf die I-85 über die Straße #280/#431 ergäben sich ca. 40 mi zusätzlich, bei Nutzung der Straße #80 parallel zur *Interstate* über Tuskegee, einer historischen Universitätsstadt, nur ca. 20 Mehrmeilen bei jedoch erheblichem Zeitaufwand.

Montgomery

Montgomery, 1819 hervorgegangen aus einem Zusammenschluss zweier Siedlungen am Alabama River, wurde bereits 1846 **Hauptstadt Alabamas**. Dort proklamierten die konföderierten Staaten im Februar 1861 den ehemaligen US-Senator, Staatssekretär und Offizier *Jefferson Davis* zu ihrem Präsidenten. Nach dem Bürgerkrieg wurde Montgomery wegen der ersten elekrischen Straßenbahn der USA bekannt. Die Stadt zählt heute 206.000 Einwohner.

Alabama State Capitol

Abstecher nach Columbus/Georgia

Exkurs

Kennzeichnung
Columbus entwickelte sich vom kleinen Handelsposten am Ostufer des Chattahoochee River in weniger als 200 Jahren zur zweitgrößten Stadt Georgias mit knapp 200.000 Einwohnern. Heute dominiert die riesige **Militärbasis Fort Benning** (im Stadtsüden) Columbus und ist Hauptarbeitgeber der Region. Die I-185 endet bzw. beginnt (konsequenterweise) im Gelände von *Fort Benning*.

Information
Columbus Conventions & *Visitors Bureau*, 1000 Bay Ave, 9-17 Uhr, ✆ 1-800-999-1613, www.visitcolumbusga.com.

Altstadt/ Riverfront
Im Zentrum von Columbus (**I-185**, *Exit* 6, Macon/Wynnton Rd) konzentriert sich das Interesse auf die pittoreske **Altstadt** entlang des grünen Broadway (mit ansehnlichen alten Klinkerbauten und südlich der 8th Street vielen schönen Villen) und die *Riverfront* am Chattahoochee River. Ein **Walk**- & **Bikeway** führt über 15 mi am Flussufer entlang. Die **Stromschnellen** (bester Zugang über die 12th Street) sind ein beliebtes Revier des Kayaksportler.

Stromschnellen des Chattahochee River mitten in der Stadt

Historic District
Die Blocks zwischen Broadway und 2nd Ave sowie 8th bis 6th St gelten als Zentralbereich des **Historic District**. Herausgehoben werden dort einige restaurierte Gebäude aus dem 19. Jahrhundert, die aber durchaus nicht allen anderen Villen den Rang ablaufen. Das eher unscheinbare *Pemberton House* (11 7th Street), ist nach dem »Erfinder« von Coca Cola, *John Pemberton*, benannt.

Naval War Museum
Das *National Civil War Naval Museum* steht mit Victory Drive südlich von *Downtown* am Fluss. Was dort ausgestellt ist, wird nirgendwo sonst geboten: gesunkene, gehobene und teilrestaurierte Flusskampfboote aus dem Bürgerkrieg und jede Menge Objekte, Fotos und Dokumente. Historisch wie kriegstechnisch hochinteressant. Geöffnet Di-Sa 10-16.30 Uhr, So+Mo 12.30-16.30 Uhr, $7/$6; www.portcolumbus.org.

Infanteriemuseum
Erdverbundener ist das **National Infantry Museum** auf dem *Fort Benning*-Gelände, dem größten Trainingszentrum der *US-Army*. Hier wird die Entwicklung der Infanterie von 1750 bis zum High Tech-Soldaten unserer Tage anhand aller Kriege vorgeführt, an denen die USA beteiligt waren. Auch die Infanterie der Kriegsgegner wird mit vielen Originalstücken gewürdigt. Enormer Komplex mit IMAX-Kino und *Combat Simulator* am 1775 Legacy Way; geöffnet Di-Sa 9-17 Uhr, So ab 11 Uhr, frei, aber Einfahrt ins Militärgelände nur nach Intensivkontrolle von Fahrzeug und Insassen; www.nationalinfantrymuseum.org.

Atlanta und Routen nach Süden

Anfahrt und Information

Der zentrale Bereich der Stadt liegt zwischen Alabama River und der I-85 und wird durch die I-65 nach Westen begrenzt. Von der I-85 fährt man am besten vom *Exit 1* ins Zentrum. Von der I-65 nimmt man den *Exit 172* (Clay Street). Von beiden Zufahrten gelangt man relativ rasch zum ausgeschilderten **Visitor Center** in der bombastischen **Union Station** am Rand der Innenstadt über dem Ufer des Alabama River (300 Water Street, ✆ 334-262-0013, www.visiting montgomery.com).

In der hohen Halle dieses alten Bahnhofs hat man eine ansehnliche **Ausstellung zur Geschichte Montgomerys** untergebracht. Nordöstlich hinter dem Bahnhof erstreckt sich die **Riverfront**, ein Parkgelände mit Promenade, Tourbootanleger etc.

Unterkunft

H/Motels findet man geballt an den Ausfahrten der I-85 im Osten der Stadt, entlang der Straße #31/#82 (South Blvd) beidseitig der Ausfahrt #168 und auch im Zentrum.

Ein preiswertes Quartier noch relativ citynah ist das

• **Town Plaza Inn**, 743 Madison Ave, ✆ 334-269-1561; ab $59

Gehobenen Hotelstandard bieten die zentralen Häuser

• **Hampton Inn & Suites**, 100 Commerce Street, älteres renoviertes Gebäude gleich neben dem *Hank Williams Museum* und dem Kneipenviertel *The Alley*, ✆ 334-265-1010; ab $99.

• **Marriott Renaissance Hotel**, 201 Tallapoosa gegenüber von *The Alley* und *Hank Williams Museum*, bestes Hotel der Stadt mit Restaurants und Außenterrassen, ✆ 334-264-2231; ab $149.

B & B

Das **Red Bluff Cottage** ist ein *Downtown* nahes kleines *B&B Inn* (551 Clay Street, ✆ 1-888-551-2529; www.redbluffcottage.com) mit Zimmern ab $110 inkl. Frühstück. Schöne, ruhige Lage mit Weitblick von der Terrasse.

Camping

• **Woods RV Park** liegt unweit der City an der Straße #80 östlich der Ausfahrt #168 von der I-65 (4350 Sassafras Circle, ✆ 1-866-386-0776, www.woodsrvpark.com), verfügt über einen kleinen See und nimmt auch Zelte auf.

• Der **Gunter Hill Park** am Bob Woodruff Lake (Erweiterung des Alabama River), ca. 13 mi westlich von Montgomery, hat einen prima gelegenen Platz am Seeufer. Zufahrt über Old Selma Road, dann Booth Road, ✆ 334-269-1053; $18-$22.

Essen & Trinken

In Montgomery geht nichts über **The Alley**, eine kleine Ansammlung von Restaurants, Kneipen und Bistros in einem Innenhof an der Ecke Commerce/Tallapoosa Street gegenüber dem *Renaissance Hotel* und nur ein paar Schritte ab *Hank Williams Museum*. Häufig *Live Music*, im Sommer auch draußen.

Das **Irish Bred Pub & Restaurant** in einem alten Klinkerbau mit Gusseisenterrassen in der 78 Dexter Ave/Ecke Perry Street auf halbem Weg zwischen *Riverfront* und *State Capitol* hat 13 Sorten Bier im Ausschank und noch mehr als Flaschenbier. Dazu preiswerte, ungewöhnlich gute *Pub Food*; ✆ 334-834-7559, www.irish bredmontgomery.com. Fr und Sa Abend *Live Music*.

Montgomery/Alabama

Alabama State Capitol

Wichtigstes und auffälligstes Gebäude der Stadt ist das *Alabama State Capitol* auf dem Goat Hill an der Bainbridge Street. Auf der breiten Dexter Ave fährt man genau darauf zu. Sein Grundstein wurde schon 1851 gelegt. Wie viele seiner Art ist auch der Regierungssitz Alabamas dem *Capitol* in Washington nachempfundenl.

First White House of the Confederacy

An der Südseite des Capitols, wo die Vereidigung des einzigen Präsidenten der Südstaaten stattfand, steht in der 644 Washington Ave das – bescheidene – *First White House of the Confederacy*. *Jefferson Davis* verbrachte dort 1861 nur ganze drei Monate bis zum Umzug der konföderierten Regierung nach Richmond in Virginia. Besichtigung Mo-Fr 8.30-16.30 Uhr, Sa 9-16 Uhr, frei.

Geschichtsmuseum

Nebenan liegt der riesige Bau des *State Archives and History Museum* (624 Washington Ave, Mo-Sa 8.30-16.30 Uhr; Eintritt frei; www.archives.alabama.gov) mit einer umfangreichen Ausstellung zur Geschichte Alabamas und der Südstaaten.

Civil Rights Area

In der *Dexter King Memorial Baptist Church*, 454 Dexter Ave, war einst – wie erwähnt – *Martin Luther King* Pfarrer; Di-Fr 10-16 Uhr, Sa 10-14 Uhr, Führungen nach Anmeldung, ✆ 334-263-3970.

Hank Williams Museum

Fans der Country Musik interessieren sich vielleicht für das *Hank Williams Museum* in der 118 Commerce Street, ✆ 334-262-3600, (www.xaust.com/hank), in dem man alles über diesen Altstar der Szene aus den 1950er- und 1960er-Jahren erfährt. Mo-Fr 9-16.30 Uhr, Sa 10-16, So 13-16 Uhr; Eintritt $8.

Museum of Fine Arts

Das *Montgomery Museum of Fine Arts* residiert in einem riesigen Bau im *Blount Cultural Park* unweit Woodmere Blvd (*Exit* 6 von der I-85, bei der 1. Ampel rechts=südlich auf den Festival Drive, dann links Museum Drive, Di-Sa 10-17, Do bis 21, So ab 12 Uhr, frei, ✆ 334-240-4333, www. mmfa.org). Der Schwerpunkt liegt dort auf amerikanischer Kunst mit Werken von Künstlern, die auch überregional einen Namen haben wie *Hopper*, *Sargent*, *O'Keefe*, *Russell* oder *Remington*.

Weiter nach Mobile und New Orleans

Von Montgomery sind es auf weitgehend ereignisloser Strecke durch Wald- und Agrarland noch **170 mi bis Mobile** an der gleichnamigen Bucht, ➢ **Seiten 306f, weiter nach New Orleans 308f.**

In Mobile geht's auf einer dieser Straßen weiter, links nach New Orleans, rechts nach Pensacola/Florida

ANHANG:

FLORIDA WISSEN

Florida Wissen

1. Geschichte

Indianerkulturen

Besiedelung
Es ist unklar, wann genau die ersten Menschen in das Gebiet des heutigen Florida kamen. Die Vorfahren der nordamerikanischen Indianer, die nach dem Ende der Eiszeit in mehreren Wellen von Asien nach Amerika kamen, erreichten die Halbinsel vermutlich vor etwa 10.000 Jahren. Sie waren Jäger, Fischer und Sammler und ließen sich vor allem an den Küsten nieder.

Frühe Kulturen
Die interessantesten Spuren, die diese frühen Indianerkulturen hinterlassen haben, sind sogenannte **mounds**, Hügel, die aus den unterschiedlichsten Gründen entstanden. Neben Grabhügeln gab es zeremonielle Hügel, außerdem Anhöhen, die als Fundamente für Behausungen dienten, und schließlich solche, die schlicht aus aufgehäuften Abfällen bestehen. Da viele Hügel fast komplett aus Muscheln und den Überresten von Schalentieren bestehen, kann man z.B. davon ausgehen, dass an den Küsten Floridas schon vor Tausenden von Jahren Meerestiere gegessen wurden. Tonscherben und Gefäßfragmente belegen, dass manche Stämme das Töpfern beherrschten. Zudem fand man – besonders entlang der Golfküste – auch Reste einfacher Waffen, Werkzeuge und Schmuck.

Wo?
Die besterhaltenen Hügel der beschriebenen Art findet man auf der kleinen Insel **Mound Key** bei Fort Myers, die indessen nicht ganz leicht zu erreichen ist (➤ Seite 384). Einfacher ist der Besuch des **Crystal River State Archaeological Site** weiter nördlich mit mehreren *Mounds*. Auch ein kleines Museum gehört zu der Anlage (➤ Seite 352). Über die indianische Frühzeit berichtet ebenfalls das **Indian Temple Mound Museum** in Fort Walton Beach im Florida *Panhandle*, auf dessen Gelände sich ein weiterer indianischer Tempelhügel befindet, ➤ Seite 339.

Calusa Indianer
Als im 16. Jahrhundert die ersten Europäer nach Florida kamen, lebten im heutigen Staatsgebiet Floridas wahrscheinlich knapp 100.000 Indianer, die verschiedenen Stämmen angehörten. Die *Calusa* im Südwesten waren Fischer, die mit ihren Kanus bis Kuba und Hispaniola ruderten und vor allem von Austern und

Indian Mounds sind zwar kulturhistorisch interessant, aber nichts weiter als simple Erdhügel geringer Höhe

Fischen lebten. Sie setzten sich bereits beim Auftauchen der ersten Weißen vehement zur Wehr. Der spanische Entdecker *Ponce de León* wurde von einem Pfeil der *Calusas* so schwer verwundet, dass er an der Verletzung starb. Keine spanische Missionsstation konnte sich in ihrem Gebiet je halten.

Weitere Stämme

Die an der südlichen Atlantikküste lebenden **Tequesta** und **Ais** waren nicht ganz so kriegerisch. In ihrem Gebiet konnten die Spanier erfolgreich missionieren. Am Ufer des Miami River z.B. gab es bereits im 16. Jahrhundert eine spanische Missionsstation.

An der nördlichen Atlantikküste lebten die **Timucuan**, die im Gegensatz zu den südlichen Stämmen Landwirtschaft betrieben. Sie kamen früh mit europäischen Siedlern in Kontakt, da eine Gruppe Hugenotten 1562 dort ein Fort errichtet hatte. Unter den Franzosen, die in *Fort Caroline* bei Jacksonville (➤ Seite 279) lebten, war auch der Maler *Jacques Le Moyne*, dem die ersten bildlichen Darstellungen der Indianer Floridas zu verdanken sind.

Im Gebiet des Panhandle waren die **Apalachee** zu Hause, die wie die *Timucuans* in großen Siedlungen lebten und sich von Ackerbau und Jagd ernährten. Auch in ihrem Gebiet konnten franziskanische Mönche manche Indianer zum Christentum bekehren.

Kontakte mit Weißen

Nur wenige der indianischen Ureinwohner Floridas überlebten den Kontakt mit den europäischen Siedlern, die ab dem 16. Jahrhundert in ihr Gebiet einfielen. Manche kamen bei gewaltsamen Auseinandersetzungen ums Leben, die große Mehrheit fiel den von den Weißen eingeschleppten Krankheiten zum Opfer. Eine letzte Gruppe verließ später mit sich zurückziehenden Spaniern die Region. Es gibt in Florida keine überlebenden Nachkommen der indianischen Ureinwohner mehr. Die heute in Florida lebenden Indianer stammen aus Gebieten weiter nördlich.

Erste Europäer

Spanische Expeditionen

Als erster Europäer betrat am 2. April 1513 der bereits erwähnte Spanier **Juan Ponce de León** den Boden des heutigen Florida. Er legte irgendwo an der nördlichen Atlantikküste an und erklärte seine Entdeckung, die er damals noch für eine Insel hielt, zu spanischem Besitz. Auf ihn geht auch der Name **Florida** zurück. Er könnte sich auf die üppige Vegetation der Halbinsel beziehen (*florido* = blühend) oder darauf, dass die Spanier in der Osterzeit eintrafen (*pascua florida* = Ostern).

Hernando de Soto

In den folgenden Jahren unternahmen die Eroberer weitere Expeditionen, um ihren Besitz zu erkunden. **Hernando de Soto** ging z.B. 1539 mit 600 Soldaten in der großen Bucht an der Golfküste vor Anker, die heute Tampa Bay heißt. Seine Suche nach Gold und Reichtümern führte ihn durch das Landesinnere ins Gebiet des späteren Gainesville, dann weiter nach Norden bis zum heutigen Tallahassee, wo er mit seinen Männern überwinterte. Erst 1987 wurde sein Winterquartier von Archäologen entdeckt – weniger als 2 km vom Kapitolgebäude der Staatsregierung entfernt.

Ponce de León

De Sotos Hoffnungen auf Gold wurden enttäuscht, genau wie *Ponce de Leóns* Suche nach einem mythischen **Jungbrunnen**, den er u.a. in Florida vermutete. Diese Misserfolge erklären teilweise die zunächst nur zögernden Kolonisierungsbemühungen Spaniens: Mit den reichen Azteken- und Inkakulturen in Mittel- und Südamerika konnte Florida einfach nicht mithalten. 1559 starteten die Spanier in Pensacola zwar einen ersten Versuch, sich dauerhaft niederzulassen, scheiterten aber und verloren vorübergehend das Interesse an ihrer nördlichsten Kolonie.

Ponce de León Denkmal in St. Augustine

Fort Caroline

Erst als sich 1564 eine Gruppe von 300 französischen Siedlern an der Mündung des St. Johns River beim heutigen Jacksonville niederließ und **Fort Caroline** errichtete, wurde den Spaniern klar, dass sie Florida an andere europäische Mächte verlieren würden, wenn sie dort nicht bald ihre Kolonie etablierten.

St. Augustine

Am 8. September 1565 war es soweit: *Pedro Menéndez de Avilés* traf mit 500 Soldaten, 200 Seeleuten und 100 Zivilisten ein und gründete ca. 60 km südlich der französischen Festung die Siedlung **St. Augustine** und begann mit dem Bau einer Befestigung. Noch ehe *Menéndez* sich nach Fort Caroline aufmachen konnte, um die Franzosen zu vertreiben, unternahmen diese den Versuch, St. Augustine anzugreifen. Aber sie erlitten auf dem Weg dorthin Schiffbruch; die Überlebenden wurden von den Spaniern getötet.

Das französische Intermezzo in Floridas Geschichte war damit vorbei und der spanische Anspruch auf die Kolonie gesichert. Die Überreste des **Fort Caroline**, das die spanische Krone seinerzeit zur Gründung von St. Augustine veranlasst hatte, blieben erhalten und sind heute noch zu besichtigen (➤ Seite 279).

Missionskirchen

In St. Augustine nahm neben der europäischen Besiedlung auch die **Christianisierung** Floridas ihren Ausgang. Priester errichteten bei St. Augustine die erste **Missionskirche *Nombre de Dios***, an deren Errichtung heute ein kleiner Marienschrein erinnert (➤ Seite 273). Über 200 Jahre bevor die erste kalifornische Mission entstand, begann man – ausgehend von *Nombre de Dios* – mit der systematischen Bekehrung der Indianer Floridas. Franziskanische Mönche sorgten mit Hilfe der bekehrten Indianer für eine Kette von rund 40 Kirchen an der Atlantikküste und im Landesinneren. Diese und die um sie herum entstandenen Siedlungen waren aus Holz und blieben daher nicht erhalten. Viele wurden im frühen 18. Jahrhundert auch durch englische Überfälle zerstört.

Geschichte

Vom spanisch-indianischen Zusammenleben kann man sich am besten in der rekonstruierten, äußerst interessanten **Mission San Luis** in Tallahassee ein Bild machen, ➢ Seite 292 + Foto unten.

Piraten

Nach dem schnellen Sieg über die Franzosen wurden die spanischen Siedler von St. Augustine mit anderen Problemen konfrontiert. Der Boden an der Atlantikküste stellte sich als nicht sonderlich fruchtbar heraus, so dass man lange auf Hilfslieferungen aus Mexiko angewiesen waren. Außerdem machten Überfälle englischer Piraten den Spaniern das Leben schwer.

Erste Stadt Nordamerikas

Trotzdem wurde St. Augustine als wichtigster Hafen Hauptstadt der Kolonie und blieb ein militärisches Zentrum. Als im frühen 17. Jahrhundert in Virginia und in Neu-England die ersten englischen Niederlassungen entstanden, war St. Augustine schon eine komplette Stadt mit Kirche, Fort, Krankenhaus, Markt, vielen Geschäften und über hundert Wohnhäusern. Viele der historischen Gebäude blieben erhalten und stehen heute Besuchern offen, so das Fort **Castillo de San Marcos** oder das schlichte *González-Alvarez House*, ältestes Wohnhaus der USA (➢ Seite 273).

Gebäude und zeitgenössische »Bewohner« der rekonstruierten Mission San Luis in Tallahassee

Britisches Zwischenspiel und 2. spanische Periode

7-jähriger Krieg

Das Schicksal Floridas wurde im 18. Jahrhundert in Europa entschieden. Da Spanien mittlerweile die englische Kolonialmacht mehr fürchtete als Frankreich, ließ es sich in den 7-jährigen Krieg hineinziehen, der in Nordamerika **French and Indian War** hieß und mit einem Sieg Englands über Frankreich endete. Die Franzosen wurden 1763 gezwungen, einen Teil ihrer Ansprüche in Nordamerika aufzugeben (u.a. die Kolonien in Ostkanada) und an England abzutreten. Die Spanier mussten nur das relativ kleine und damals noch relativ uninteressante Florida aufgeben.

Britische Besetzung

Kurz nach Kriegsende traf britisches Militär in Florida ein. Die Kolonie wurde in zwei Hälften geteilt und der Apalachicola River zur Grenze erklärt. St. Augustine blieb Hauptstadt Ost-Floridas, Pensacola wurde Hauptstadt West-Floridas. Die Bevölkerung von

Britische Besatzersoldaten als Wandbild in St. Augustine

St. Augustine flüchtete großenteils nach Kuba. Briten übernahmen deren Gebäude und änderten die Namen von Kirchen und Straßen. Neusiedler und Zuwanderer aus den nördlicheren englischen Kolonien errichteten in der Umgebung erste Plantagen.

Rückgabe an Spanien

Als sich 1776 dreizehn aufmüpfige nordamerikanische Kolonien für unabhängig erklärten und die Vereinigten Staaten gründeten, beteiligte sich Florida nicht an dieser Revolution, sondern stellte sich auf die Seite des englischen Königs. Doch die Krone zeigte sich nicht dankbar für diese Loyalität. Als England nach verlorenem Krieg 1781 die Unabhängigkeit der USA akzeptieren musste, wurde gleichzeitig ein Tauschhandel mit Spanien abgeschlossen. Man gab den Spaniern ihre ehemalige Kolonie Florida zurück und erhielt dafür die Bahamas sowie Gibraltar.

Verkauf Floridas an die USA

Als die Spanier nach zwei britischen Jahrzehnten Florida wieder übernahmen, war schon ziemlich klar, dass dies nicht von Dauer sein konnte. Die USA hatten sich als neue Macht des Kontinents etabliert und expandierten nach Westen und Süden. Da Spanier kein besonderes Interesse an einer Auswanderung nach Florida zeigten, fand sich die Kolonialregierung damit ab, dass immer mehr **anglo-amerikanische Siedler** über die Grenze kamen.

Und so begann – gewissermaßen durch die Hintertür – die amerikanische Eroberung Floridas. Die spanische Regierung wusste, dass sie dagegen letztlich machtlos war und verkaufte Florida daher **1821** für 5 Mio. Dollar an die USA. Nach über 300 Jahren war es mit der spanischen Herrschaft in Florida endgültig vorbei.

Die »Amerikanisierung« Floridas

Neue Hauptstadt Tallahassee

Als Florida Teil des US-Territoriums wurde, gab es mit Pensacola an der Westgrenze und St. Augustine nur zwei größere Siedlungen. Man war sich unschlüssig, welcher der beiden Orte die **Hauptstadt** werden sollte. Die neue gesetzgebende Versammlung traf sich daher 1822 zunächst einmal in Pensacola, im nächsten Jahr dann in St. Augustine. Da die Abgeordneten für die lange Reise von der Atlantikküste bis in den äußersten Zipfel des Panhandle fast zwei Monate (!) gebraucht hatten, kamen sie auf die Idee, die Regierung weder im extremen Westen noch an der Ostküste, sondern irgendwo dazwischen anzusiedeln. Das würde nicht nur die Anreise der Politiker erleichtern, man konnte so zudem die Entscheidung zwischen den Rivalen Pensacola und St. Augustine umgehen. Als Standort kam das heutige **Tallahassee** zustande und schon 1824 tagte man dort zum ersten Mal.

Gründungs-phase

Danach gab es eine regelrechte Bevölkerungsexplosion. In Nordflorida entstand eine **Plantage** nach der anderen. Eine der größten war die bis heute gut erhaltene *Kingsley Plantation* bei Jacksonville (➤ Seite 279). Auch viele neue Orte wurden gegründet.

27. US-Staat

Der nächste Schritt war die Anerkennung Floridas als **US-Bundesstaat**. Um vom locker organisierten Territorium zum Staat zu werden, waren mehrere Bedingungen zu erfüllen. Eine notwendige Bevölkerung von 60.000 hatte Florida schon bald. Außerdem war eine **Verfassung** zu entwerfen, die vom Kongress in Washington abzusegnen war. Zu eben diesem Zweck kam man in Florida 1838 in der Hafenstadt Port St. Joe zusammen, wo heute ein kleines Museum an dieses Ereignis erinnert (➤ Seite 346). Die Verhandlungen mit Washington zogen sich aber hin, und erst 1845 wurde Florida zum vollwertigen (27.) Staat der USA.

Florida im Bürgerkrieg

Sklaven-wirtschaft

In der Mitte des 19. Jahrhunderts war Florida noch zweigeteilt: der Süden bestand – von wenigen Ausnahmen abgesehen – aus unerschlossener Wildnis. Im Norden aber blühte die Plantagenwirtschaft. Man produzierte Zucker, Reis und Baumwolle. Tallahassee hatte sich zu einer typischen Südstaatenstadt voller Villen entwickelt: ein wichtiger Umschlagplatz für Baumwolle. Fast die Hälfte der Einwohner Nordfloridas bestand damals aus Sklaven.

Sezession

Als 1861 die Südstaaten die USA verließen und der Bürgerkrieg gegen den Norden begann, gehörte Florida nach South Carolina und Mississippi zu den ersten Staaten, die diese Entscheidung unterstützten. Nach der spanischen, der französischen, der britischen und der amerikanischen wurde jetzt in Florida die **fünfte Flagge** gehisst, die der Konföderierten Staaten von Amerika.

Bedeutung im Bürgerkrieg

Floridas Bedeutung im Bürgerkrieg lag zum einen in seiner **Landwirtschaft**, die Lebensmittel für die Südstaaten-Armee produzierte, zum anderen in seinen **Häfen**. Sie dienten als Nachschubbasis und zur Sicherung der Seewege. Wegen ihrer strategischen Rolle wurden drei der exponiertesten Festungen Floridas während des gesamten Bürgerkrieges von Nordstaatenbesatzungen gehalten: *Fort Pickens* vor der Küste Pensacolas (➤ Seite 303), *Fort Taylor* auf Key West (➤ Seite 173) und *Fort Jefferson* auf den Dry Tortugas (➤ Seite 176). Die einzige größere **Schlacht** des Bürgerkrieges in Florida fand 1864 östlich von Lake City, fast an der Grenze zu Georgia statt und endete mit einem Sieg der Konföderierten. Heute erinnert daran der ***Olustee Battlefield State Historic Site***, wo bis heute aufwändige Nachstellungen der Schlacht in historischen Kostümen stattfinden (➤ Seite 287).

Ruinen ehemaliger Sklavenquartiere auf der Kingsley Plantation in Nordostflorida bei Jacksonville

Nach dem Krieg

Nach Kriegsende wurde Florida von Nordstaatentruppen besetzt, die Sklaverei abgeschafft. 1868 trat eine neue Verfassung in Kraft, die zum ersten Mal allen Männern – auch Schwarzen – über 21 Jahren das Wahlrecht gab. Nach Abzug des Nordstaatenmilitärs 1876 begann man aber bald damit, Regelungen – wie etwa die Einführung einer Wahlsteuer – zu erfinden, die schwarzen Wählern die Ausübung dieses Rechts unmöglich machten.

Die Jahrhundertwende

Eisenbahnbau

Da Florida im Vergleich zu anderen Südstaaten im Bürgerkrieg eher wenig gelitten und kaum Zerstörungen erlebt hatte, erholte sich der Staat relativ schnell. In den 1880er-Jahren begann der Bau der großen **Eisenbahnstrecken**, die Florida mit dem Rest der USA verbanden. An die 6.000 km Schienenstrecken wurden verlegt und dadurch der Transport landwirtschaftlicher Produkte und die Anreise von Urlaubern erheblich erleichtert und beschleunigt.

Eisenbahnmagnaten Plant und Flagler

Die Eisenbahnen waren vor allem zwei reichen Industriellen aus dem Norden zu verdanken: **Henry B. Plant** finanzierte den Schienenstrang von Jacksonville nach Tampa an der Golfküste. Um Nordstaatler dazu zu bringen, diese Strecke auch zu nutzen, ließ er in Tampa das exotische *Tampa Bay Hotel* errichten, in dem heute das *Henry B. Plant Museum* residiert, ➤ Seite 360f.

Ähnlich ging **Henry M. Flagler** an der Atlantikküste vor. Zunächst kaufte er die bereits existierende kurze Strecke von Jacksonville nach St. Augustine und ließ dann in St. Augustine mehrere stilvolle Luxushotels erbauen, u.a. das *Hotel Ponce de León*, in dem heute das *Flagler College* untergebracht ist (➤ Seite 271). Er ließ die Schienen bis Palm Beach verlängern, wo er wiederum Hotels – darunter das legendäre und immer noch als Hotel betriebene **The Breakers** (➤ Seite 191) – und auch eine Residenz für

Die Seminolenkriege

Als erste weiße Siedler in die Gebiete der heutigen Südstaaten eindrangen, stießen sie dort auf mehrere große Indianerstämme. Manche verhielten sich friedlich und übernahmen bald sogar weiße Lebensweisen, so etwa die **Cherokee**. Andere Stämme, wie z.B. die **Creek**, setzten sich aber zur Wehr.

Nachdem General *Andrew Jackson* 1814 in der Schlacht von Horseshoe Bend in Alabama einen blutigen Sieg über die *Creek* errungen hatte, flüchteten viele der Überlebenden nach Florida. Schon im späten 18. Jahrhundert waren kleinere Gruppen von Indianern aus Georgia und den Carolinas vor den weißen Siedlern nach Süden geflüchtet. Florida war damals noch so dünn besiedelt, dass sie sich leicht in den unendlichen Wäldern und Sümpfen der Halbinsel verstecken konnten. Die meisten dieser Indianer stammten zwar aus dem Stamm der *Creek*, aber in Florida wurden sie bald *Seminoles* genannt, was in der Sprache der *Creek* so viel wie »Abtrünnige« oder »Wilde« heißt.

Im sogenannten **ersten Seminolenkrieg** fiel General *Andrew Jackson* 1817/18 in Florida ein. Dass Florida damals noch eine spanische Kolonie war, störte ihn dabei nicht. Er zog durch das Gebiet zwischen dem Suwannee River und Pensacola und zerstörte alle Indianersiedlungen, die er finden konnte.

Nach der Übernahme Floridas versuchten die USA, die *Seminoles* – ähnlich wie die *Cherokee* – zur mehr oder weniger freiwilligen Umsiedlung in Reservate zu bewegen. Und man brachte auch einzelne Seminolen-Häuptlinge dazu, Verpflichtungen zur Übersiedlung ihrer Stämme in Oklahoma-Reservate zu unterschreiben. Aber die meisten Seminolen weigerten sich, Florida zu verlassen. Der damit manifestierte Bruch geschlossener Verträge diente in der Folge der US-Regierung als Rechtfertigung für den **zweiten Seminolenkrieg**.

Als 1835 das amerikanische Militär nach Florida kam, um die Seminolen zwangsweise umzusiedeln, stieß man auf massiven Widerstand. Der Seminolen-Häuptling *Osceola,* Sohn eines Weißen und einer *Creek*-Indianerin, war dabei zunächst die indianische Leitfigur. Durch geschickte Guerilla-Taktiken gelang es den Seminolen, den überlegenen US-Truppen über sieben Jahre Widerstand zu leisten. Erst 1842 endeten die Kämpfe und Tausende von Seminolen wurden nach Westen deportiert.

Einer kleinen Gruppe gelang indessen die Flucht, und sie zog sich noch weiter nach Süden in die unwegsamen *Everglades* zurück. Dort kam es 1855 bis 1858 zum **dritten Seminolenkrieg**, in dem wiederum ein Teil des Stammes getötet und ein weiterer Teil nach Westen transportiert wurde. Nur etwa 200 Seminolen überlebten versteckt in den Sümpfen. Sie sind die Vorfahren der heutigen Indianer Floridas (zu ihrer jetzigen Situation ➢ Seite 396). Da sie in keinem der Seminolenkriege je kapitulierten, nehmen sie heute noch für sich in Anspruch, **der einzige unbesiegte amerikanische Indianerstamm** zu sein.

474   Florida Wissen

sich und seine Frau errichtete. Eigentlich hatte in Palm Beach Schluss sein sollen, doch die Landbesitzerin *Julia Tuttle* über-redete den Eisenbahnkönig dazu, die Strecke bis in ein noch süd-licheres – und damit noch wärmeres – Fischerdorf names **Miami** weiterzuführen. Als dort 1896 der erste Zug eintraf, gab es gerade 300 Einwohner. Der ehrgeizige *Flagler* fasste damals den ebenso mutigen wie riskanten Entschluss, die Strecke über die gesamte Inselgruppe der **Florida Keys** bis Key West fortzusetzen.

Kubanisches Exil

Ebenfalls um die vorletzte Jahrhundertwende begann eine zweite Entwicklung, die Florida entscheidend prägen sollte. Die Bewoh-ner der Karibik-Insel **Kuba** wollten sich nicht mehr mit der spa-nischen Kolonialherrschaft abfinden und begannen zunehmend, politischen Widerstand zu organisieren, der in den letzten drei Jahrzehnten des 19. Jahrhunderts laufend zu Auseinandersetz-ungen zwischen kubanischen Freiheitskämpfern und der Kolo-nialregierung führte. Für unzufriedene Kubaner und für die Vor-denker des Freiheitskampfes, die um ihr Leben fürchten mussten, diente Florida schon damals als Zuflucht. Der bekannteste kuba-nische Autor und Politiker dieser Zeit, *José Martí*, lebte z.B. im Exil in Ybor City in Tampa, wo sich Tausende von Kubanern an-gesiedelt hatten (➤ Seite 362).

Die »goldenen« 1920er-Jahre

Nach dem 1. Weltkrieg

Obwohl Florida von den Schauplätzen des ersten Weltkrieges denkbar weit entfernt liegt, hatte er doch massive Auswirkungen auf Wirtschaft und Bevölkerung des Staates. Auf seinen **Marine- und Armeestützpunkten** wurden Schiffe gebaut und Soldaten ausgebildet. Vielen von ihnen gefiel Florida so gut, dass sie nach Kriegsende dorthin zogen oder im Urlaub zurückkehrten.

Prohibition

Eine indirekte Folge des Weltkrieges war die **Prohibition**, die Her-stellung, Transport und Verkauf von alkoholischen Getränken verbot. Auch in Florida gelang es nie, das Alkoholverbot wirklich durchzusetzen. Zumal es auf den Bahamas und auf Kuba viele Destillen gab, ihre Produkte nach Florida verschifften. Die langen Küsten des Staates komplett zu kontrollieren, war unmög-lich. Miami galt damals als die »feuchteste« Stadt der USA und als wichtigster Hafen für den Import illegalen Alkohols.

Beginn des Tourismus

Nach Ende des Krieges erlebte Florida einen phänomenalen **Boom**. In den frühen 1920ern überschritt die Einwohnerzahl des Staates erstmals die Millionengrenze. Besonders Miami und Um-gebung zogen Investoren, Spekulanten und Bauherren an. Miami Beach, das noch 1915 eine leere Sandbank gewesen war, besaß 1925 bereits 56 Hotels mit 4.000 Zimmern, 178 Apart-menthäuser, drei Golf- und vier Polo-Plätze. Strom und Telefon erreichten bald selbst die kleinsten Orte im Landesinneren. Über-all schossen Restaurants, Geschäfte und Tankstellen aus dem Bo-den. Die Verbreitung des Automobils machte es für immer mehr Amerikaner möglich, im Urlaub in den Süden zu fahren.

Weltwirtschaftskrise und Auswirkungen des 2. Weltkriegs

Niedergang

Während im Rest der USA die Wirtschaft 1929 kollabierte und das Land in die schwerste Krise des 20. Jahrhunderts stürzte, begann der Zusammenbruch in Florida bereits drei Jahre früher. Der Auslöser war 1926 ein ungewöhnlich starker **Hurrikan**. Er zerstörte ganze Städte und die meisten Brücken der Eisenbahnlinie nach Key West und bereitete dem ersten Tourismusboom ein jähes Ende. Hinzu kam, dass eine **Invasion von Fruchtfliegen** fast die komplette Zitrusindustrie in den Bankrott trieb und zahllose Banken und Firmen schließen mussten.

New Deal unter Präsident Roosevelt

Hilfe erhofften sich die Wähler in Florida – wie anderswo – von *Franklin D. Roosevelt*. Der demokratische Kandidat wurde bei den Präsidentschaftswahlen 1932 in Florida mit überwältigender Mehrheit gewählt. Die von ihm initiierten Arbeitsbeschaffungsmaßnahmen sorgten danach auch wirklich für die Wiederbelebung der Wirtschaft. Viele öffentliche Gebäude in Florida – etwa die Hauptpost in Miami Beach – entstanden in jenen Jahren.

2. Weltkrieg und danach

Aber erst der **zweite Weltkrieg brachte Florida** das endgültige Ende der Wirtschaftskrise und einen neuen Boom. Nachdem die USA 1941 in den Krieg eingetreten waren, wurde Florida zum wichtigsten **Trainingslager** der US-Luftstreitkräfte. Praktisch alle amerikanischen Piloten des 2. Weltkriegs wurden in Florida ausgebildet. Allein in Miami Beach wurden quasi über Nacht 70.000 Hotelzimmer mit Soldaten belegt, die auf den Stränden der Region trainierten. Plötzlich waren Restaurants und Bars wieder so voll wie in den »goldenen« 1920ern; es wurde Geld ausgegeben. Und ähnlich wie im Fall des ersten Weltkrieges nahmen diesmal Hunderttausende von Soldaten Erinnerungen an Florida mit in den Krieg. Nach dessen Ende kehrten sie – für immer oder auch nur für die Ferien – in Scharen in den Sonnenstaat zurück.

Nicht nur Art Deco Hotels aus den 1920er- und 1930er-Jahren sind in Miami Beach noch vorhanden, sondern auch nostalgische Automodelle

Bürgerrechtsbewegung

Rassismus

Wie auch in anderen Südstaaten wurde in den 1960er-Jahren die politische Debatte in Florida von heftigen Auseinandersetzungen über die **Gleichstellung der Afroamerikaner** beherrscht. Zu Beginn des Jahrzehnts durften Schwarze in Florida noch nicht wählen; ihr Leben wurde von strikter Rassentrennung regiert. Sie lebten in separaten Stadtteilen und gingen auf »schwarze« Schulen. Auch Krankenhäuser, Busse, Züge, Kinos, Restaurants, Hotels, ja sogar Strände waren rassengetrennt. Genau wie in den anderen Staaten begannen die schwarzen Einwohner Floridas zunehmend, sich gegen diese Zustände zu wehren.

Nord-/ Südgefälle

Rassismus und Diskriminierung waren aber in den verschiedenen Regionen Floridas unterschiedlich ausgeprägt, wobei es ein deutliches Nord-Südgefälle gab. In Nordflorida, wo vor dem Bürgerkrieg auf Plantagen Tausende von Sklaven gehalten worden waren, blieb auch im 20. Jahrhundert das Verhältnis zwischen Schwarzen und Weißen angespannt, im Panhandle z.B. bis in die 1960er-Jahre. Im Süden Floridas waren dagegen die Rassenbeziehung entspannter. Besonders Miami spielte bei der Rassenintegration eine Vorreiterrolle. Als einzige Stadt im Staat hatte sie schon 1960 alle öffentlichen Schulen für alle Rassen geöffnet.

Wahlrecht für Schwarze

Die vom obersten Gerichtshof der USA vorangetriebene schrittweise **Aufhebung der Rassentrennung** verlief in Florida friedlicher als in anderen Südstaaten. Am Ende des Jahrzehnts war es mit der offiziellen Benachteiligung der Schwarzen vorbei, ihr Wahlrecht endgültig durchgesetzt. Hotels und Geschäfte konnten keinen Kunden mehr wegen seiner Hautfarbe abweisen und dabei das Gesetz auf ihrer Seite wissen. 1968 wurde sogar mit *Joe Lang Kershaw* aus Coral Gables zum ersten Mal ein Schwarzer ins Parlament gewählt.

Einwanderung aus Kuba und Haiti

Entwicklung

Die Verbindung zwischen Florida und Kuba war – wie erwähnt – seit langem eng. Flug- und Schifffahrtslinien verbanden die Nachbarn, und der Handel florierte. Viele Amerikaner verbrachten den Urlaub auf Kuba, und in Florida gab es schon seit den 1860er-Jahren eine wachsende kubanische Gemeinde. Waren die frühen kubanischen Einwanderer anti-spanische Revolutionäre und sozialistisch gesinnte Zigarrenarbeiter, kamen nach dem Sieg *Fidel Castros* vor allem wohlhabende Kubaner nach Florida.

Als *Castro* 1959 das korrupte *Batista*-Regime auf Kuba stürzte, wurde dies in den USA zunächst mit Sympathie verfolgt. Als sich dann aber in den folgenden Jahren zeigte, dass es auf Kuba keine freien Wahlen geben würde, und sich Castro der Sowjetunion annäherte, verschlechterte sich das Verhältnis.

Flüchtlinge aus Kuba

In Miami, das seit jener Zeit **Zentrum** der **kubanischen *Castro*-Gegner** ist, wurde auch die im April 1961 gescheiterte Schweinebuchtinvasion geplant. Danach flüchteten wiederum Tausende

Geschichte

von Kubanern nach Südflorida. In Miami entstand das rein kubanische Viertel **Little Havana** (➤ Seite 122). Ein Höhepunkt der Einwanderung aus Kuba war das Jahr 1980, als sich im sogenannten **Mariel boatlift** fast 150.000 Kubaner übers Meer nach Florida absetzten. Sie ließen sich, wie die Einwanderer und Flüchtlinge vor ihnen, überwiegend in Miami nieder. Dort leben mittlerweile eine knappe Million Menschen mit kubanischen Wurzeln.

Flüchtlinge aus Haiti

Als 1991 das haitianische Militär eine Terrorherrschaft installiert hatte, setzte sich ein neuer **Flüchtlingsstrom** in Bewegung. In allem, was irgendwie schwimmen konnte, segelten und paddelten Tausende von Haitianern nach Florida. Ein Armenviertel im nördlichen Miami erhielt prompt die Bezeichnung **Little Haiti**, wo viele von ihnen untergekommen waren. Die Reaktion auf die haitianischen Flüchtlinge unterschied sich erheblich von der im Fall ihrer kubanischen Vorgänger. Die Kubaner waren fast ausnahmslos wohlwollend aufgenommen worden. Trotz der dadurch verursachten Probleme wurde nie ernsthaft daran gedacht, sie abzuweisen. Ganz anders im Fall der Haitianer: Wen die Küstenwache im Wasser aufgriff, wurde sofort nach Haiti zurückgebracht. Auch wer die Küste Floridas erreichte, war damit nicht sicher gerettet, sondern wurde oft wieder abgeschoben.

»Ewige« Flamme für die bei der missglückten Landung in der Schweinebucht 1961 gefallenen »Märtyrer« des Kampfes gegen Castro in Miamis Little Havana

Florida zu Beginn des neuen Jahrtausends

Heute ist der **Tourismus** die wichtigste wirtschaftliche Kraft in Florida. Dessen Zentren sind Orlando und Miami. Aber auch viele kleinere Ziele wie Key West, Panama City Beach, Pensacola oder St. Augustine ziehen zahlreiche Besucher an.

Tourismus, Bedeutung und Probleme

Die Dominanz des Tourismus hat Vorteile und Nachteile. Die Millionen von Urlaubern haben dem Staat Wohlstand gebracht. Die Arbeitslosigkeit war lange gering und das Wachstum schien kein Ende zu nehmen. Umweltschützer schienen die einzigen zu sein, denen diese Entwicklung ernsthaft Sorge bereitete. Denn die Natur zahlt für die immer dichtere Besiedelung und die Bebauung der Küsten den höchsten Preis. Viele Tierarten sind vom

478   Florida Wissen

Aussterben bedroht; das Ökosystem der *Everglades* schrumpft stetig, und die Flüsse und Seen des Staates sind nicht immer so sauber wie sie aussehen. Dennoch hat sich die Staatsregierung Floridas – egal, welche Partei gerade den Gouverneur stellte – durchweg wirtschaftsfreundlich gezeigt und Wachstum den Vorrang vor anderen Aspekten und Zielen eingeräumt.

Immobilien - krise 2008

2008 schlug die **Immobilienkrise** in Florida besonders hart zu. Leerstände und Preisverfall (bis auf ein Drittel der Preise vor der Krise) kennzeichneten den Haus- und Wohnungsmarkt auch für Ferienimmobilien bis Ende 2011. Dann verharrten die Preise auf dem erreichten Niveau 2012, und stiegen 2013 erstmalig wieder.

Kriminalität

Obwohl die Wirtschaft florierte, war das Image des Sonnenstaates in den 1980er- und frühen 1990er-Jahren nicht das beste. Florida stand für Drogenhandel, Bandenkriege und Kriminalität, eine Vorstellung, die insbesondere von der Fernsehserie *Miami Vice* auf der ganzen Welt verbreitet wurde. Eine Serie von Touristenmorden bedrohte in den 1990er-Jahren nicht nur die Besucher Floridas, sondern auch die wichtigste Einkommensquelle des Staates. Dank rigoroser Maßnahmen bekam man die Schwerkriminalität seither offenbar in den Griff, zumindest, soweit sie Urlauber betraf. Obwohl es natürlich immer noch ungemütliche Viertel gibt, gilt selbst die einstige Verbrechenshauptstadt Miami mittlerweile nicht mehr als gefährlicher als andere Metropolen.

Nur an der Bedeutung des Drogenhandels hat sich nicht viel geändert. Dank enger Verbindungen nach Mittelamerika und in die Karibik sowie langer, schwer kontrollierbarer Küsten war und bleibt Florida für den Handel mit verbotenen Gütern – so scheint es – prädestiniert.

2.   Bevölkerung

Rassen- gemisch

Sogar für US-Verhältnisse sind die Bewohner Floridas ein ausgesprochen buntes Völkchen. Angloamerikaner, Menschen lateinamerikanischer Abstammung und Afroamerikaner bilden die drei größten Bevölkerungsgruppen. Hinzu kommen Vertreter fast aller Nationalitäten der Welt, von Chinesen, Vietnamesen und Indern über Finnen, Tschechen und Griechen bis hin zu Jamaikanern, Haitianern und Frankokanadiern.

Immigranten

Alle der knapp 20 Millionen Bewohner Floridas sind entweder selbst Einwanderer oder Nachkommen von Einwanderern. Selbst die wenigen heute in Florida lebenden Indianer stammen – wie bereits weiter oben ausgeführt – nicht von den Ureinwohnern ab, sondern sind Nachfahren der im 17. und 18. Jahrhundert aus dem Norden eingewanderten *Creek*. Die ca. **600 *Miccosukees*** und **3.000 *Seminoles***, beide mit Reservaten in Südflorida (➤ Seite 395 ff), bilden heute nur noch eine verschwindend kleine Minderheit gegenüber der Gesamtbevölkerung.

Bevölkerung 479

Angloamerikaner

Nicht hispanische Weiße

In Miami gewinnt man heute fast den Eindruck, dass weiße, englischsprechende Amerikaner eine vom Aussterben bedrohte Spezies sind. Doch ganz so ist es noch nicht: Obwohl die ethnischen Minderheiten in Florida rasant zunehmen, bilden **Angloamerikaner** zu Beginn des neuen Jahrtausends nach wie vor eine **Mehrheit**. Beim letzten Zensus im Jahr 2010 ordneten sich 57 % der Einwohner Floridas als »nicht-hispanische Weiße« ein. Diese Gruppe hat damit in den vergangenen Jahrzehnten zwar stetig abgenommen – 1990 waren es noch 73 % –, von einer Situation wie in Texas oder Kalifornien, wo Angloamerikaner langsam zu einer Minderheit werden, ist man in Florida aber noch relativ weit entfernt.

Cracker und Yankees

Die »nicht-hispanischen Weißen« sind in Florida keine einheitliche Gruppe. Zu unterscheiden sind zunächst die Nachkommen der alteingesessenen Familien einerseits und diejenigen, die erst in den letzten Jahrzehnten nach Florida gezogen sind. Erstere werden in Florida traditionell als *Crackers*, die Zugezogenen pauschal als *Yankees* bezeichnet. Beide Begriffe waren ursprünglich abwertend gemeint, werden heute aber je nach Betonung und Kontext auch positiv oder humorvoll verwendet. Die beiden Gruppen sprechen anders, essen anders, haben andere Berufe und leben in anderen Teilen des Staates. Was sie voneinander trennt, ist ungefähr dasselbe, was den amerikanischen Norden von den Südstaaten unterscheidet: eine unterschiedliche Vergangenheit und – daraus resultierend – ein anderes Selbstverständnis.

Ein *Cracker* stammt – dem Stereotyp zufolge – aus einer Familie, die schon im 19. Jahrhundert nach Florida kam, lebt im Landesinneren oder im *Panhandle*, arbeitet in der Landwirtschaft, geht in seiner Freizeit zum Rodeo oder zum Autorennen und spricht mit einem Südstaatenakzent.

Der stereotype *Yankee* andererseits ist erst vor kurzer Zeit aus dem amerikanischen Norden oder dem Mittleren Westen in den Sonnenstaat gezogen, lebt an der Küste, arbeitet als Geschäftsmann, spielt Golf und hat keine echte Bindung an seinen Wohnort. Die Zugezogenen sind längst die größere und finanzkräftigere Gruppe. Nur noch **etwa 19 %** der heutigen **Einwohner** sind **in Florida auf die Welt gekommen**. Stammbäume, die hundert Jahre oder mehr zurückreichen, sind eine Rarität. Dementsprechend hat sich durchaus Stolz auf die Tradition der *Crackers* entwickelt. Geschäfte und Restaurants (»*Cracker Barrel*«) schmücken sich mittlerweile gerne mit der Bezeichnung. Es gibt in der Architektur und auch in der Küche einen *Cracker Style*, womit immer das Ortstypische und Traditionsbewusste gemeint ist.

Afroamerikaner

Bürger 2. Klasse

Als Florida 1845 zum amerikanischen Bundesstaat wurde, machten **Afroamerikaner** fast die Hälfte der damals nur rund 70.000 Einwohner aus. Mit wenigen Ausnahmen waren die Schwarzen

Sklaven und arbeiteten auf Plantagen. Nach dem Ende der Sklaverei verließen zwar manche von ihnen Florida, um in den Industriestädten des Nordens ihr Glück zu suchen, doch auch zu Beginn des 20. Jahrhunderts waren immer noch etwa 45 Prozent der Bevölkerung schwarz. Heute machen Afroamerikaner nur noch etwa 16% der Bevölkerung aus. Grund ist die extrem hohe Einwanderung aus dem Norden und aus Lateinamerika.

20. Jahrhundert

Wie bereits im Kapitel »Geschichte« ausgeführt, blieben nach Abschaffung der Sklaverei Schwarze in Florida noch lange Bürger zweiter Klasse. Sie wurden häufig an der Ausübung ihres Wahlrechts gehindert. Lynchmorde und Einschüchterungsaktionen des *Ku Klux Klan* kamen in Florida ebenso vor wie in anderen Südstaaten. Der Alltag der Afroamerikaner wurde noch bis in die zweite Hälfte des 20. Jahrhunderts von Rassentrennung und Diskriminierung beherrscht. Ungewöhnlich sind in Florida indessen eine Reihe von Afroamerikanern gegründeter **rein schwarzer Orte**, die sich ohne weiße Bevormundung selbst regierten und verwalteten, z.B. **Rosewood** (➢ Seite 351) bei Cedar Key und **Eatonville**, Heimatort der Schriftstellerin *Zora Neale Hurston* (➢ Seite 206). 1935 gründeten Afroamerikaner sogar den **rein schwarzen Badeort American Beach** auf Amelia Island (➢ Seite 279). Da früher neben Schulen und Geschäften auch die Strände in Florida rassengetrennt waren, schufen sich Schwarze damit eine erste Möglichkeit, Ferientage am Strand zu verbringen.

Ghettobildung

Während Afroamerikaner noch vor 100 Jahren in erster Linie in kleinen Orten und auf dem **Land** lebten, ist die große Mehrzahl mittlerweile in die **Metropolen** des Staates gezogen: Hohe schwarze Bevölkerungsanteile kennzeichnen z.B. Miami, Fort Lauderdale, Jacksonville, Orlando und Tampa. Auch nach Ende der Rassentrennung und kompletter gesetzlicher Gleichberechtigung leben viele Schwarze innerhalb dieser Großstädte in separaten Wohngegenden. Der Stadtteil **Liberty City** in Miami ist z.B. ein schwarzes Ghetto, in dem es noch 1980 zu Rassenunruhen kam, den schwersten in der neueren Geschichte des Staates.

»Schwarzenghetto« mit Wahlwerbung

First Lady des kubanischen Amerika: die Sängerin Gloria Estefan

Heute wundert sich niemand mehr, wenn Popstars wie *Ricky Martin* oder *Jennifer Lopez* auf **Englisch** und auf **Spanisch** singen und in ihren Liedern **Pop** und **Salsa** kombinieren. Vor nur 25 Jahren war so etwas noch ungewöhnlich. Die kreative Verbindung von amerikanischem Pop mit Latino-Rhythmen wurde in den 1980ern in der Musikszene Miamis geboren. Es war vor allem die Band *Miami Sound Machine*, die damals mit Hits wie *Conga* oder *Rhythm Is Gonna Get You* Erfolge feierte und in den ganzen USA und in Europa eine erste Latino-Pop-Mode auslöste.

Die **Sängerin** der *Miami Sound Machine*, *Gloria Estefan*, begann bald auch eine Solo-Karriere und veröffentlichte ihre eigenen englischen, spanischen und zweisprachigen Platten und CDs. Manche ihrer frühen Lieder sind noch ziemlich der Disco-Mode verpflichtet, doch gerade spätere Alben sind stark **karibisch** geprägt. *Abriendo Puertas* erinnert an **kubanische Tanzmusik** der 1930er- und 1940er-Jahre und auch ihr Album *Alma Caribeña* ist eine nostalgische Liebeserklärung an ihre kubanische Heimat.

Gloria Estefans Musik spiegelt ihren eigenen Lebensweg wider, der typisch ist für die über eine Million kubanisch-stämmigen Amerikaner, die heute in Florida zu Hause sind. Als *Gloria Maria Fajardo* kam sie am 1. September 1957 in Havanna auf die Welt. Da ihr Vater einer der Leibwächter des kubanischen Diktators *Fulgencio Batista* war, mussten ihre Eltern nach der Revolution und der Machtübernahme durch *Fidel Castro* sofort flüchten. So kam die gerade zwei Jahre alte Gloria nach Miami, wo sie mit ihrer Familie in **Little Havana** zunächst in armen Verhältnissen lebte. Als ihr Vater José sich 1961 an der misslungenen Invasion Kubas beteiligte, die bereits bei der Ankunft der Exilkubaner in der Schweinebucht scheiterte, wanderte er dort ins Gefängnis, und die Situation der Familie wurde noch schwieriger.

1975 wurde *Gloria* von dem Musiker *Emilio Estefan* in seine *Band The Miami Latin Boys* geholt. Nachdem die beiden drei Jahre später geheiratet hatten, wurde aus der Band die *Miami Sound Machine*. Mit *Dr. Beat* schafften sie es 1984 zum ersten Mal in die amerikanischen Top Ten. Dann jagte ein Erfolg den anderen. **1989** veröffentlichte *Gloria Estefan* ihr **erstes Solo-Album** *Cuts Both Ways* mit mehreren No. 1-Hits wie *Anything for You* oder *Don't Wanna Lose You*. 1996 wurde ihr die besondere Ehre zuteil, bei der Abschlussfeier der Olympischen Spiele in Atlanta zu singen.

Mittlerweile hat die Latino-Diva über 70 Mio. CDs verkauft und ist **die erfolgreichste Musikerin Floridas**. Sie ist längst von Little Havana auf die teure kleine Insel Star Island bei Miami Beach umgezogen und auch als Geschäftsfrau erfolgreich. So gehört ihr z.B. das *Cardozo Hotel* am *Ocean Drive* in Miami Beach.

Wie die meisten Kubaner in Miami ist auch *Gloria Estefan* überzeugte Anti-Kommunistin. Sie hat mittlerweile fast überall auf der Welt gesungen, doch in Kuba war sie nach der Flucht ihrer Familie nur ein einziges Mal und zwar auf der amerikanischen Militärbasis *Guantanamo Bay*. Als sie 1998 eingeladen wurde, um in Havanna beim Papstbesuch aufzutreten, lehnte sie ab: solange *Fidel Castro* auf Kuba regiere, teilte sie mit, würde sie dort nicht singen.

Hispanics

Größte Minderheit

Anfang des Jahrtausends überholten die Bürger **lateinamerikanischer Abstammung** in Florida die Afroamerikaner, die bis dato die größte Minderheit im Staat gewesen waren. Heute machen die *Hispanics* gut 23% der Bevölkerung aus.

Latinos

Für diese weiter wachsende Gruppe gibt es mehrere Begriffe. Oft werden sie **Latinos** genannt, obwohl die offizielle Bezeichnung *Hispanics* ist. Sie umfasst alle, die ihre Wurzeln in spanischsprachigen Ländern haben, egal ob sie nun aus Mexiko, Nicaragua, Kuba oder anderen karibischen, mittel- oder südamerikanischen Staaten stammen. Sie sind großenteils weißer Hautfarbe, aber gerade in Florida gibt es auch viele schwarze *Hispanics*, überwiegend spanisch sprechende Einwanderer aus der Dominikanischen Republik. Manche *Hispanics* sprechen auch in Florida nur Spanisch, andere haben ihr Spanisch längst vergessen. Die große Mehrheit ist zweisprachig.

Cuban Americans

Während in anderen stark hispanisch geprägten amerikanischen Staaten – wie Texas und Kalifornien – die *Mexican Americans*, Amerikaner mexikanischer Abstammung, die größte Gruppe unter den *Hispanics* sind, sieht es in Florida anders aus. Dank der kubanischen Einwanderungswellen (➤ Seite 476f) bilden die rund 1,2 Mio. **Cuban Americans** heute die größte und einflussreichste Gruppe unter den *Hispanics* in Florida.

Im Gegensatz zu anderen Einwanderern aus der Karibik, die fast immer arm sind, gehörten die vor Castro geflüchteten Kubaner überwiegend der **Mittelschicht** an. Viele waren Unternehmer, Lehrer und Ärzte und brachten neben einer guten Ausbildung auch Vermögen mit nach Florida. Sie lebten sich rasch ein und brachten es verblüffend schnell zu **wirtschaftlichem Erfolg**, auf den bald auch **politischer Einfluss** folgte.

Viele ältere *Cuban Americans* hegen den – mittlerweile gar nicht mehr unrealistischen – Traum, nach dem Tod *Fidel Castros* nach Kuba zurückkehren zu können. Die jüngere Generation ist aber so integriert, dass sie die USA bzw. Florida als Heimat betrachten.

Hispanics aus Nicaragua

Von den etwa **140.000 *Hispanics* nicaraguanischer Abstammung** in Südflorida kamen die meisten in den 1970er-Jahren. Sie leben mehrheitlich in Vororten wie Sweetwater am westlichen Stadtrand von Miami. Und wie das Zentrum kubanischen Lebens *Little Havana* genannt wird, heißt diese Gegend *Little Managua*.

Weitere Gruppen

Weitere große hispanische Gruppen sind ***Mexican Americans*** (ca. 630.000) und ***Puerto Ricans*** (ca. 850.000). In Orlando z.B. leben mehr **puertoricanische** als kubanische Amerikaner. In ländlichen Gegenden – etwa in den Bezirken Collier oder Okeechobee – dominieren **mexikanisch-stämmige** Amerikaner, die häufig in der Landwirtschaft arbeiten. Hinzu kommen Tausende von Kolumbianern, Venezolanern, Peruanern, El Salvadorianern, Bolivianern und Argentiniern, die mit ihrer Sprache und Kultur ebenfalls in starkem Maße zur **Latinisierung Floridas** beitragen.

Bevölkerung 483

3. Staat und Politik

Verfassung

Im Laufe der Geschichte als US-Bundesstaat kam es in Florida bereits fünf Mal zu einem Wechsel der Verfassung. Die ursprüngli- Fassung wurde zu Beginn des Bürgerkrieges durch eine neue ersetzt, als Florida wie die anderen Südstaaten aus den USA austrat und sich den Konföderierten anschloss. Nach dem Bürgerkrieg schrieb die Bundesregierung Florida wie auch den anderen Südstaaten eine neue Verfassung vor, die die Sklaverei verbot und Schwarzen das Wahlrecht versprach.

Regierungssystem

Auch im 20. Jahrhundert reagierte man in Florida auf politische Krisen wieder mit radikal überarbeiteten Verfassungen. Das Ergebnis ist ein ungewöhnlich demokratisches und **transparentes Regierungssystem**. So war Florida einer der ersten Staaten, in dem Kandidaten für wichtige Ämter nicht intern in den Parteien bestimmt, sondern offen von den Wählern in sog. *Primaries* gewählt werden. In wichtigen politischen Fragen dürfen die Bürger Floridas in **Volksabstimmungen** mitentscheiden.

Florida ist außerdem der einzige US-Staat, in dem der Gouverneur die Mitglieder seines Kabinetts nicht ernennen darf: sie werden alle direkt von den Bewohnern des Staates gewählt. Daher gab es schon zahlreiche Kabinette, in denen Mitglieder anderer als der Regierungspartei saßen.

Darüberhinaus verpflichten besondere Gesetze Politik und Verwaltung zu völliger **Offenheit**. Diesen sog. **Sunshine Laws** zufolge müssen alle Sitzungen des Parlaments und von Kommissionen öffentlich sein. Staatliche Dokumente dürfen jederzeit von jedem/jeder Bürger/in des Staates eingesehen werden.

Verfassung

Floridas heutige Verfassung lehnt sich in ihrer Struktur an die US-Verfassung an. Die staatliche Gewalt ist in die Exekutive, Legislative und Judikative aufgeteilt. Im Kapitol von Tallahassee bestimmt der **Gouverneur** die Regierungsgeschäfte (▶ Seite 294).

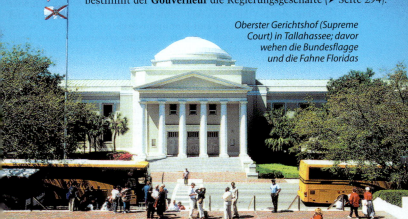

Oberster Gerichtshof (Supreme Court) in Tallahassee; davor wehen die Bundesflagge und die Fahne Floridas

Er wird alle vier Jahre neu gewählt und darf – wie der amerikanische Präsident – nur bis zu 8 Jahre sein Amt ausüben.

Parlament

Im *Capitol* tagt auch das Parlament des Staates Florida. Es setzt sich aus **zwei Kammern** zusammen, dem für zwei Jahre gewählten Repräsentantenhaus, das 120 Mitglieder hat, und dem für vier Jahre gewählten Senat, der sich aus nur 40 Mitgliedern zusammensetzt. Beide Kammern sind für die Gesetzgebung zuständig und sollen sich gegenseitig kontrollieren. Die Parlamentarier tagen immer nur 60 Tage im Jahr und zwar im März und April.

Gerichts-barkeit

Tallahassee ist auch Sitz des **obersten Gerichtshofes** des Staates. Seine Mitglieder werden vom Gouverneur ernannt. Sie kontrollieren Gesetze auf ihre Verfassungsmäßigkeit und sind für die Auslegung der Verfassung zuständig.

Parteien und Gouverneur

Lange Zeit galt Florida als regelrechter Einparteienstaat, denn die **Demokraten** gewannen laufend Gouverneurs- und Parlaments-wahlen. Als 1986 der Republikaner *Bob Martinez* zum Gouverneur gewählt wurde, war dies eine Sensation. Danach änderte sich das Wählerverhalten grundlegend. 1994 gelang es den **Republikanern**, im Senat die Mehrheit zu erobern und 1996 auch im Repräsentantenhaus. Die Wahl von *Jeb Bush*, dem Bruder von Präsident *George Bush*, zum Gouverneur 1998 und seine Wiederwahl 2002 galten als Höhepunkte republikanischen Erfolgs. Zwar musste *Bush* nach zwei Legislaturperioden Ende 2006 abtreten, die Regierungsgewalt blieb aber bis heute bei den Republikanern. Seit 2011 heißt der Gouverneur Floridas **Rick Scott**, der als Anhänger der ultra-konservativen *Tea Party*-Gruppierung gilt.

Wähler-gruppen

Die Verfestigung der republikanischen Vorherrschaft in Florida hat mehrere Gründe, am wichtigsten ist die Demographie. Zuwanderer, die ständig aus dem Norden und dem Mittleren Westen nach Florida ziehen, sind tendenziell eher Republikaner als die prozentual immer weniger werdenden alteingesessenen Bürger, die traditionell eher demokratisch wählen. Auch die Amerikaner kubanischer Abstammung wählen eher republikanisch. Sie sind in der Regel radikal **anti-kommunistisch** eingestellt und sehen bei republikanischen Politikern eher die erwünschte harte Position gegenüber der Partei *Fidel Castros*. Die zweitgrößte Minderheit des Staates – die **Afroamerikaner**, mehrheitlich Wähler der **Demokraten** – hat in letzter Zeit eher an Einfluss verloren.

Politische Zweiteilung

Obwohl also das politische Klima in Florida seit nahezu 30 Jahren konservativer wird, gingen die Wahlen bislang immer ziemlich knapp aus. Im Prinzip ist die Bevölkerung des Staates in zwei Hälften gespalten, wobei die Demokraten den Großraum Miami als ihre Hochburg betrachten, während die Republikaner den Westen und den Norden dominieren. Diese **politische Zweiteilung** des Staates sorgte bei der Präsidentschaftswahl im November 2000 sogar für internationale Aufmerksamkeit. Die Kandidaten lagen so nah beieinander, dass letztlich nur eine Handvoll Stimmen in Florida den Ausschlag für *George Bush* gab.

Staat und Politik 485

4. Wirtschaft

Dynamik ohne Ende?

Zu Beginn des 21. Jahrhunderts zeigte sich die Wirtschaft Floridas dynamischer als je zuvor. Die Arbeitslosigkeit lag unter 4%, und die Besucherzahlen brachen Jahr für Jahr neue Rekorde. Das Wachstum scheint keine Grenzen zu kennen.

Wirtschaftszweige

Die wichtigsten Wirtschaftszweige sind nach wie vor **Tourismus** und **Landwirtschaft**. Aber auch *High Tech* spielt eine stärker werdende Rolle. So haben sich z.B. viele Elektronikbetriebe in der Umgebung der NASA bei Cape Canaveral angesiedelt. Computerfirmen zog es besonders an die südliche Atlantikküste, die Einheimische daher schon mal gerne als *Silicon Beach* bezeichnen. Zahllose **Banken** und **Handelsfirmen** haben ihren Sitz in Miami, dem wichtigsten Platz für Finanztransaktionen und Warenverkehr zwischen Nord- und Südamerika. Auch die Unterhaltungsindustrie, speziell Film- und Musikproduktionen, hat in Miami und Orlando in letzter Zeit viele Arbeitsplätze geschaffen.

Land - wirtschaft

In der Kolonialzeit stand »Wirtschaft« in Florida praktisch für »Landwirtschaft«. Man baute zunächst vor allem **Baumwolle** und **Zuckerrohr** in großem Maßstab an und exportierte beides in den Norden und nach Europa. Bereits spanische Missionare hatten die ersten Zitrusfrüchte auf die Halbinsel gebracht und in den Gärten der Missionsstationen Orangen und Zitronen angebaut. Im 20. Jahrhundert entwickelten sie sich zum wichtigsten Exportprodukt. Die Orangen werden zwar auch als Früchte verkauft, größtenteils aber bereits vor Ort zu **Saft** oder **Konzentrat** verarbeitet. Riesige **Zitrusplantagen** findet man heute vor allem im zentralen Florida südlich und nordwestlich von Orlando.

Im Süden des Staates widmet man sich mehr dem **Gemüseanbau**. Dank des immer warmen Klimas können auch im Winter Tomaten, Gurken, Zwiebeln, Rettich, Sellerie, Avocados und Kohl geerntet werden, wofür im Norden hohe Preise zu erzielen sind.

Lohndumping

Obwohl der Sektor in den vergangenen Jahrzehnten an Bedeutung verloren hat, arbeitet auch heute noch jeder sechste Einwohner Floridas in der Landwirtschaft. Mit einem Jahresumsatz von rund $6 Mrd. trägt sie immer noch stark zum Wohlstand des Staates bei. Die Arbeitskräfte in den Orangenplantagen und Gemüsefeldern gehören trotzdem zu den Ärmsten der Armen. Viele von ihnen sind Wanderarbeiter und oft dazu illegal in den USA. Sie akzeptieren daher nicht selten Löhne, die unter dem heute (2013) in Florida gültigen Mindestlohn von $7,79/Stunde liegen.

Tourismus

Der Tourismus ist der wichtigste Wirtschaftszweig Floridas. Im Jahr 2012 brachten fast 90 Mio. Urlauber, darunter 10,2 Mio. aus Übersee, $67 Mrd. nach Florida. Schon jetzt ist fast die Hälfte aller Arbeitnehmer im **Dienstleistungsbereich** beschäftigt. Da auch ein Großteil der Bauunternehmen, des Einzelhandels und der Lebensmittelindustrie indirekt vom Fremdenverkehr lebt, wird klar, dass der **Tourismus** zentraler **Dreh- und Angelpunkt der Wirtschaft** des Sonnenstaates ist.

Staat im Staat: Disney World

Wenn man bei Orlando die Autobahn verlässt und in das riesige Gelände von *Disney World* hineinfährt, scheint es, als habe man eine **unsichtbare Grenze** überquert. Plötzlich gibt es keine hässlichen Strommasten und -kabel mehr, keine Werbeplakate, keine Motels und *Fast Food Eateries*. Alles ist sauber und grün, die Straßen sind breiter ausgebaut und in perfekterem Zustand als irgendwo sonst in Florida. Sogar die Beschilderung wirkt attraktiver; sie wurde von *Disney*-Designern gestaltet.

Das Reich des *Disney* Konzerns ist mit eigener Verwaltung, eigener Feuerwehr und eigener Strom- und Wasserversorgung quasi autonom. Es gelten sogar andere Bauvorschriften. Kritiker prägten unter Hinweis auf die einzigartigen Vorrechte des Unterhaltungskonzerns den hübschen Begriff vom »Vatikan mit Mauseohren«.

Diese Rechte, von denen andere Unternehmen nur träumen können, hatte sich *Walt Disney* schon beim Kauf in den 1960er-Jahren gesichert. Wenn in *Disney World* die Arbeitsbedingungen oder die Einhaltung von Bauvorschriften kontrolliert werden, dann nur von *Disney*-Angestellten. Manche Privilegien wurden bisher noch gar nicht genutzt, so etwa das Recht, auf dem Gelände einen *Disney*-eigenen internationalen Flughafen und – wenn gewünscht – sogar ein Kernkraftwerk (!) zu bauen.

Das Streben nach totaler Kontrolle, die *Disney* in Florida zur Voraussetzung für seine Investitionen machte, erklärt sich durch die schlechten Erfahrungen, die man rund um *Disneyland* in Kalifornien gemacht hatte. Dort fühlte sich der Konzern von den umliegenden Gemeinden übervorteilt. Man ärgerte sich über hohe Stromkosten und besonders über das schlechte Bild, das Billigmotels, Souvenirshops und Fast-Food-Lokale boten, die dort nach Eröffnung des Parks rasch aus dem Boden geschossen waren. Sie schadeten nach Ansicht des Konzerns dem *Disney Image*, vor allem aber mach(t)en sie Umsätze, die dem *Disney*-Konzern entgingen, obwohl der ihnen überhaupt erst die Kunden brachte.

Bei der Planung des zweiten Parks tat man alles, um Ähnliches zu verhindern. Man wollte in viel größerem Maßstab bauen, das Gelände besser auswählen und von Anfang an alle Fäden selber in der Hand halten. Die Entscheidung für Florida fiel vor allem wegen des idealen Klimas. Das Unternehmen hatte zwar auch andere Regionen in Erwägung gezogen, aber *Walt Disney* traf die Entscheidung für Orlando, nachdem er aus der Luft in einem in Frage kommenden Gebiet den großen Bay Lake und in dessen Mitte eine Insel gesehen hatte.

Beim Ankauf ging *Disney* generalstabsmäßig vor. Um einen frühzeitigen Anstieg der Grundstückspreise zu verhindern, hielt man die Pläne des Konzerns völlig geheim. Man gründete zunächst eine Firma mit unverfänglichem Namen, die über Monate zu Spottpreisen nach und nach eine Fläche von über 30.000 *acres* (12.000 ha bzw. 120 km²) zusammenkaufte. Damit konnte um die von Anfang an geplanten Parks *Magic Kingdom* und *Epcot* ein breiter Grüngürtel sichergestellt werden, und gleichzeitig war genug Platz für konzerneigene Hotels, Geschäfte, Campingplätze und ggf. auch für weitere Attraktionen.

Nach der Eröffnung des **Magic Kingdom** im Oktober 1971 kamen bald Hotels hinzu; neue Themenparks waren 1982 die »Zukunftsvision« **Epcot**, 1989 der Filmpark **Hollywood Studios** und 1998 das **Animal Kingdom**. Mittlerweile gibt es zudem Dutzende von **Hotel- und Resortanlagen**, zwei beachtliche **Wasserparks**, eine Autorennbahn und den Shopping-, Restaurant- und Discokomplex **Downtown Disney** mit **Pleasure Island** und **Cirque du Soleil**.

Wirtschaft

In der *Disney World* arbeiten heute über **65.000 Angestellte**, was *Disney* zum – mit Abstand – wichtigsten zivilen Arbeitgeber in Florida macht. Doch selbst jetzt, nach über 40 Jahren Entwicklung des Komplexes, wird erst weniger als ein Viertel des vorhandenen Areals genutzt. Es gibt noch viel Platz für eine weitere Expansion.

Über das Gelände von *Disney World* hinaus betreibt der Konzern die riesige **Ferienanlage Vero Beach** (www.disneybeachresorts.com/vero-beach-resort) an der Atlantikküste und die Mustersiedlung *Celebration* (➤ Seite 217). Ein weiteres Projekt des Unternehmens sind eigene **Kreuzfahrtschiffe**: Mittlerweile stechen vier Schiffe – die *Disney Magic*, *Disney Wonder*, *Disney Dream* und *Disney Fantasy* – unter der Mauseflagge zu Kreuzfahrten in die Karibik in See. *Disney* kaufte zur Abrundung des Programms auch gleich **eine eigene Insel** in den Bahamas, um seinen Passagieren einen von »Eingeborenen« ungestörten Landgang samt Badevergnügen zu sichern; www.disneycruise.disney.go.com.

Beginn

Die Anfänge des Tourismus reichen in Florida über hundert Jahre zurück. Nach Verlegung der ersten Eisenbahnstrecken im späten 19. Jahrhundert begannen Nordstaatler, im Winter nach St. Augustine, Tampa oder Palm Beach zu reisen. Während das zunächst nur etwas für gut betuchte Urlauber war, setzten sich mit der zunehmenden Verbreitung des Autos immer mehr Amerikaner Richtung Florida in Bewegung. Schon 1933 überschritt die Besucherzahl erstmals die Millionengrenze.

Erste Amusement Parks

Viele kamen in dieser Zeit wegen der schönen Strände und des warmen Klimas. Andere wurden durch das legendäre **Nachtleben** von Miami Beach angelockt. Aber bereits damals begann man, künstliche Touristenattraktionen zu schaffen. Als **erster Vergnügungspark** wurde 1938 das *Marineland of Florida* südlich von St. Augustine eröffnet (heute nicht mehr existent). Wenig später folgten die – ebenfalls mittlerweile geschlossenen – *Cypress Gardens* südwestlich von Orlando mit spektakulären Wasserski-Shows. Ein »Oldtimer«, der überlebte, ist *Silver Springs* bei Ocala nordwestlich von Orlando (➤ Seite 258).

Disney und mehr

Als 1971 der *Disney*-Konzern mit dem *Magic Kingdom* seinen ersten Park aufmachte, begann ein neues Kapitel in der Geschichte des Fremdenverkehrs. Innerhalb weniger Jahre wurde der Raum Orlando zum populärsten Reiseziel der Welt. Motels und Restaurants wuchsen wie Pilze aus dem Boden; und *Disney* eröffnete eine Attraktion nach der anderen (➤ Seite 208ff). Hinzu kamen andere Unternehmen, die um die Tourismus-Dollars konkurrierten: *Busch Gardens* (➤ Seite 364), *SeaWorld* (➤ Seite 252), *Universal Studios* (➤ Seite 247) u.a.m. Mittlerweile könnte man mit dem Besuch aller Vergnügungsparks allein im Raum Orlando/ Tampa glatt ein paar Wochen verbringen.

Probleme des Tourismus

Der Tourismus ist für Florida nicht nur ein Segen, er hat auch nicht zu unterschätzende Schattenseiten. So wurden durch die Jahrzehnte andauernde Expansion ganze Landstriche einbetoniert und Naturlandschaften zerstört. Die über Hunderte von Kilometern »zugebauten« Küsten haben negative Folgen nicht nur für die Natur, sondern auch für die Attraktivität Floridas und damit

488 Florida Wissen

Entwicklung bis 2013

für die Besucherzahlen. Spätestens nach den Terroranschlägen von 09/11 zeigte sich deutlich, dass der Tourismus auch ein ziemlich **anfälliger Wirtschaftszweig** sein kann. Politische und wirtschaftliche Krisen und selbst Krisenerwartungen haben oft genug weniger Reiseaktivität zur Folge. Die ansonsten für die US-Wirtschaft problematische Immobilienkrise seit 2007 mit Auswirkung bis heute führte jedoch in Florida nur vorübergehend zu Stagnation und einem nur 5%igen Minus der Urlauberzahlen aus dem In- und Ausland 2009 (ca. 80 Mio Besucher). Seitdem geht es mit erstaunlichen jährlichen Zuwächsen wieder rasch bergauf. Für 2013 erwartet man deutlich über 90 Mio. Touristen.

5.   Kunst und Kultur

Aktuelle Situation

Die wechselvolle Geschichte und die vielen Bevölkerungsgruppen haben in Florida für eine Vielfalt an **Kulturdenkmälern** und **Kunstschätzen** gesorgt. Sie reichen vom Kunsthandwerk präkolumbischer Indianerstämme über Bauten aus der spanischen Kolonialzeit und mit Kunstsammlungen gespickten Winterresidenzen reicher Industrieller bis zu Art-Deco-Palästen und postmodernen Wolkenkratzern. Auch die gegenwärtige Kulturszene ist lebendig und abwechslungsreich. Im Sonnenstaat wird geschrieben und gemalt, Theater gespielt und gesungen, wobei Florida besonders als Hochburg der Film- und Musikproduktion gilt.

Spanische Architektur

Indianerstämme, die vor Ankunft der ersten Europäer in Florida lebten, haben keine Bauwerke hinterlassen. Auch die ersten spanischen **Missionsstationen** sind leider nicht erhalten geblieben. Man kann sich aber in der vorbildlich rekonstruierten *Mission San Luis* in Tallahassee einen Eindruck von der schlichten Architektur dieser frühen spanischen Bauten verschaffen (➢ Seite 292). Aus der spanischen Zeit stammt auch das **älteste erhaltene Gebäude** im Sonnenstaat. Das einfache Haus mit dicken Mauern und schlichtem Mobiliar steht in St. Augustine (➢ Seite 273) und soll sogar das älteste Haus der gesamten Vereinigten Staaten sein. Architektonische Spuren der spanischen Kolonialzeit findet man außer im Stadtkern von St. Augustine besonders im historischen Zentrum von Pensacola im *Panhandle* (➢ Seite 300).

Plantagen

An die Anfänge der angloamerikanischen Besiedlung erinnern die mit Terrassen und weißen Säulen im frühen 19. Jahrhundert entstandenen Plantagenhäuser. In Nordflorida ist die **Kingsley Plantation** auf Fort George Island (➢ Seite 279) ein gutes Beispiel für die Architektur jener Zeit, die von den benachbarten Staaten übernommen wurde. In Südflorida steht dafür die **Gamble Plantation** bei Bradenton (➢ Seite 376).

Baustil in Key West

Am südlichsten Zipfel Floridas, auf Key West, entwickelte sich ein völlig anderer Baustil, der bis heute zu bewundern ist. Hier entstanden Holzhäuser, deren Architektur verspielte **viktorianische** Elemente – wie Türmchen und Erker – mit der Bauweise der

Wirtschaft - Kunst & Kultur

Karibik kombiniert, von der man die großen schattigen Veranden übernahm. Wenn man es sich dort mit einem kühlen Drink in einem Schaukelstuhl bequem macht, ist die tropische Hitze der Insel leichter zu ertragen. Heute sind viele dieser einladenden Holzhäuser *B&B-Places* (➤ Seite 64).

Art Deco

Als in der ersten Hälfte des 20. Jahrhunderts der Tourismus Südflorida entdeckte, wurde besonders Miami Beach von einem Bauboom erfasst. Innerhalb kürzester Zeit entstanden dort an die 1000 Gebäude, die man im damals hochmodernen Stil des *Art Deco* errichtete. Die Architekten imitierten dabei aber nicht bloß den in Europa und in den nördlichen USA verbreiteten Stil, sie verbanden ihn vielmehr mit einheimischen Elementen wie knallig bunten Farben oder Flamingo- und Palmenmotiven und schufen so die Stilrichtung des *Tropical Deco*, den man besonders im südlichen Miami Beach in Reinkultur sieht (➤ Seite 136).

Moderne Hochhäuser

In der zweiten Hälfte des 20. Jahrhunderts entstanden zwar in erster Linie langweilige und austauschbare Gebäude, gegen Ende des Jahrhunderts wurden aber besonders in Miami auch einige originelle Bauwerke errichtet. Eines der bekanntesten Gebäude im Geschäftszentrum ist z.B. der nachts neonfarben angestrahlte *Nations Bank Tower* von *I.M. Pei*.

Architektonisch interessante Hochhäuser findet man auch entlang der *Brickell Avenue*. Dort steht u.a. ein aus dem Vorspann der Serie *Miami Vice* bekanntes ungewöhnliches Gebäude, in dessen Mitte eine Lücke – wie ein großes Fenster – klafft, in der eine Palme wächst. Das mediterran wirkende *Metro-Dade Cultural Center* in *Downtown* Miami wurde vom Stararchitekten der amerikanischen Postmoderne, *Philip Johnson*, geplant.

Museen

Auch andere Museen in Florida sind in bemerkenswerten Gebäuden untergebracht. Eine der größten Kunstsammlungen des Staates etwa ist im 1990 eröffneten *Samuel P. Harn Museum of Art* in Gainesville in einem beeindruckenden postmodernen Bau zu sehen (➤ Seite 291). Das *Salvador Dalí Museum* in St. Petersburg – es zog erst 2011 in einen architektonisch beachtlichen Bau um – beherbergt die weltgrößte Sammlung von Werken des spanischen Surrealisten (➤ Seite 369).

Manche Sammlung befindet sich in vormals privaten Villen, deren Architektur alte europäische Bauformen aufgreift. Die *Villa Vizcaya* in Miami etwa wurde erst zu Beginn des 20. Jahrhunderts im Stil der italienischen Renaissance errichtet und ist heute ein populäres Museum voller europäischer Kunstwerke und Antiquitäten (➤ Seite 127).

Über die umfangreichste Sammlung des Staates mit Werken von *Rubens* über *Bernini* bis *Frans Hals* verfügt das *Ringling Museum of Art* in Sarasota. Es residiert in einer prächtigen, italienisch anmutenden Palastanlage, die ebenfalls erst im frühen 20. Jahrhundert entstand (➤ Seite 377).

490	**Florida Wissen**

6. Sport

Übersicht

In Florida sind alle bekannten amerikanischen Sportarten bestens vertreten. In den größeren und in vielen kleineren Städten wird Basketball, Football, Baseball und Eishockey gespielt. Außerdem gibt es mit dem schnellen Ballspiel *Jai Alai* auch eine exotische und nur in Florida anzutreffende Sportart.

Sportmuseen

Zu den bekanntesten Sportmuseen gehören die **Florida Sports Hall of Fame** (www.fshof.com) in Auburndale westlich von Orlando (I-4, *Exit* 41), die über in Florida populäre Sportarten und erfolgreiche Mannschaften informiert, und das **International Swimming Hall of Fame Museum** (www.ishof.com/museum) in Fort Lauderdale, das dem Schwimmsport und seinen erfolgreichsten Athleten gewidmet ist (➢ Seite 183).

Basketball NBA

In Florida mischen zwei Teams in der Basketball-Profiliga **NBA** (*National Basketball Association*; www.nba.com) mit: Die **Miami Heat** (www.miamiheat.com) spielen in der *American Airlines Arena*, die **Orlando Magic** (www.orlandomagic.com) im *Amway Center* westlich von *Downtown* (I-4 *Exit* 83).

Football NFL

Drei Mannschaften spielen in der Football-Profiliga **NFL** (*National Football League*; www.nfl.com): Die **Tampa Bay Buccaneers** (www.buccaneers.com) im *Raymond James Stadium*, die **Miami Dolphins** (www.miamidolphins.com) im *Sunlife Stadium* und die **Jacksonville Jaguars** (www.jaguars.com) im *Municipal Stadium*.

College Football

Besonders beim *Football* können Spiele von **College Teams** (www.ncaafootball.com) die Gemüter der Fans noch mehr erregen als Profi-Spiele. Zu den besten Teams der USA im *College Football* gehören drei aus Florida: die **Miami Hurricanes** (www.hurricanesports.com) der *University of Miami*, die **Florida Gators** (www.gatorzone.com) der *University of Florida* in Gainesville und die **Florida State Seminoles** (www.seminoles.com) der *Florida State University* in Tallahassee. Die College-Mannschaften spielen in geographisch definierten Ligen. Nach Saisonende treten die besten Teams in der **Bowl Championship Series** (www.bcsfootball.org) an.

Baseball

Zwei Mannschaften aus Florida spielen in der Baseball-Profiliga **MLB** (*Major League Baseball*; www.mlb.com). Die **Florida Marlins** spielen in Miami im *Sunlife Stadium*, die **Tampa Bay Rays** treten auf dem *Tropicana Field* in St. Petersburg an.

Wer sich für Baseball interessiert und im Frühling nach Florida kommt, dem bietet sich hier eine einmalige Möglichkeit, die Superstars dieser Sportart in Aktion zu sehen. Es ist in der *MLB* nämlich üblich, **vor dem Beginn der Spielzeit** für ein paar Wochen zum **Spring Training** in den warmen Süden zu reisen. Die **Übungsspiele** sind öffentlich und die Eintrittskarten nicht teuer. Die **New York Yankees** z.B. trainieren auf dem *Steinbrenner Field* in Tampa, das dem *Yankee Stadium* in New York nachempfunden wurde.

Eishockey	In der Eishockey-Profiliga **NHL** (*National Hockey League*; www.nhl.com) spielen die **Florida Panthers** (www.floridapanthers.com) in Miamis *Bank Atlantic Center* und die **Tampa Bay Lightning** (www.tampalightning.com) im *St. Pete Times Forum*.
Jai Alai	*Jai Alai* ist eine **Spezialität Floridas** und besonders bei den *Hispanics* Floridas sehr beliebt. Es entstand im Baskenland, und viele der Spieler in Florida sind Nachkommen von baskischen Einwanderern. Bei diesem schnellen Spiel schlagen die Sportler (*pelotari*) mit einem Korbschläger (*Cesta*) ähnlich dem Squash einen Ball (*pelota*) mit enormer Kraft und hoher Geschwindigkeit gegen eine Wand (*frontis*). In einer Spielrunde treten acht Einzel- oder Doppelspieler gegeneinander an. Da das Publikum beim *Jai Alai* gerne wettet, nimmt es mit Leidenschaft am Spielverlauf teil.

Es gibt in Florida mehrere *Jai Alai*-Hallen, u.a.

Miami Jai Alai, 3500 NW 37th Ave, ✆ 305-633-6400

Orlando Jai Alai, 6405 S Hwy #92, ✆ 407-331-9191

Fotonachweis

Eyke Berghahn, Hamburg: Seite 56

David Dolder, Lustmühle/Schweiz, www.daviddolder.ch:
Coverfoto und Seiten 24, 106, 108/9, 160, 215, 217, 247, 361, 374, 382, 387, 391, 464/5

©**fotolia.com**: BrianLasenby Seite 284

©**gettyimages.de**: Jupiterimages Seite 473

Mareike Hartl, Eckenhaid: Seiten 37, 73, 118, 201, 205, 395

©**iStockphoto.com** (Fotograf Seite):
ManuelVelasco 80, Ruskpp 175, rgaydos 219, Aneese 221, Imageegaml 224, Paulbr 272, lauradyoung 282+286+434, filo 283, BrianLasenby 285, sframephoto 302, Denis TangneyJr 304+307, cpurser 312, laartist 326, DelmasLehman 367, benedek 370, Marje 377, Rakoskerti 378, sgoodwin4813 380, SeanPavonePhoto 398/399, HultonArchive 402, jcarillet 407+447, Mari 415, Paulbr 417, ConstanceMcGuire 419, mstroz 423, waitingtofly 430, duncan1890 437, Aneese 439, drewhadley 440, Pgiam 446, JuniperCreek 448, visionsofmaine 449, fallbrook 459, mj0007 460, benkrut 463

Edith Kölzer, Bielefeld: Seite 257 und Alligatoren auf dem Umschlag (U4)

Ute Ritzenhofen, Mainz: Seiten 19, 54, 57, 65, 99, 111, 112, 113, 116, 117, 133, 134, 135, 137, 139, 158, 170, 172, 176, 177, 178, 183, 190, 198, 218, 220, 228, 232, 233, 240, 245, 253, 255, 256, 271, 272, 294, 339, 359, 362, 363, 371, 373, 384, 388, 396, 397, 468, 469, 470, 472, 477, 483

Werner Schmidt, Ganderkesee: Seiten 145, 146, 200

SeaWorld, Orlando: Seiten 21, 25, 254

Julia Strauch, Osterholz-Scharmbeck/**Hanno Saade**, Essen: 17, 18, 103, 122, 123, 127, 156, 162, 164, 167, 174, 182, 189, 204, 207, 213, 231, 235, 250, 251, 262, 265, 278, 346, 355, 361

Steffen Synnatschke, Dresden: Seite 29

Jörg Vaas, Steinheim: Seiten 279+280

Alfred Vollmer, Neubiberg: Seiten 74, 82, 126, 128 oben, 153, 154, 168

Bernd Wagner, Duisburg:
Seiten 66, 117, 185, 192, 196, 2 x 203, 266, 268, 273, 274, 299, 340, 475

Peter Schickert, Fröndenberg, www.schickert.info:
Seiten 10/11, 12, 23, 81, 93, 120, 128 unten, 140

Hans-R. Grundmann, Westerstede: alle weiteren Fotos

492 Informationsstellen USA und Florida

Touristische Vertretungen

Offizielle Tourismus-Seite der USA: www.discoveramerica.com

Visit USA Committee Germany
✆ 0700 8474 8872, info@vusa.travel; www.vusa.travel

New Orleans/Louisiana
✆ 069 2553 8270,
www.neworleans.de und www.louisianatravel.de

Georgia
33613 Bielefeld, ✆ 0521 986 0425, www.georgia-usa.de

Florida Hotline
Presse- und Touristikdienst in 64850 Schaafheim,
✆ 06073 88157, www.visitflorida.com/deutsch,

Bradenton, Anna Maria Island, Long Boat Key
c/o **Vera H. Sommer TM**, 63739 Aschaffenburg,
✆ 06021 583 9042, www.bradentongulfislands.com/german

Florida Keys & Key West
c/o **Get it Across Marketing** in 50667 Köln,
✆ 0221 2336451, www.fla-keys.de

Fort Lauderdale c/o Lieb Management
in 83135 Schechen, ✆ 089 6890 63830; www.sunny.org

Fort Myers & Sanibel
c/o **Touristik Marketing** in 63739 Aschaffenburg,
✆ 06021 325303, www.fortmyers-sanibel.com/de

Miami c/o Touristikdienst Truber
in 63811 Stockstadt; www.miamiandbeaches.com

Naples, Marco Islands, Everglades CVB
c/o **DiaMonde** in 70173 Stuttgart,
✆ 0711 91257610. www.paradisecoast.de

Orlando
✆ 0261 9730673 und ✆ 0800 1007325; www.visitorlando.com/de

Palm Beach County c/o CircleSolution Germany
in 82541 Münsing, ✆ 08177 9989509, www.palmbeachfl.de

Sarasota c/o Eyes2Market Janine Beckmann
in 25462 Rellingen, ✆ 04101 3709237; www.sarasotafl.org

St. Petersburg/Clearwater c/o MS Wolf Marketing
in 61288 Bad Homburg, ✆ 06172 38809480, info@visitspc.de

SeaWorld Parks
63263 Neu-Isenburg, ✆ 06102 366636, www.seaworldorlando.de

Universal Orlando
✆ 06131 6277475, www.universalorlando.com

Walt Disney
81677 München, www.disneyworld.de

Die Nr. 1 *) für Ihre Reise durch den ganzen Westen

Und nicht nur das!

Das Nordamerika-Programm von Reise Know-How kennt keine weißen Flecken. Seit 25 Jahren vertrauen hunderttausende USA- und Kanada-Reisende den Nordamerika-Reiseführern von Reise Know-How.

Unsere Autoren sind Jahr für Jahr kreuz und quer in Nordamerika unterwegs, unsere Titel daher praxisnah, immer aktuell und voller Insidertipps.

ISBN 978-3-89662-279-2,
19. erweiterte und aktualisierte Auflage 2013, 836 Seiten, € 25,00

1. Auflage 2014

ISBN 978-3-89662-178-8, 708 Seiten, € 23,50

*) Seit Jahren bestverkaufter deutschsprachiger Reiseführer für Regionen im US-Westen

Die Reiseführer von Reis

Reisehandbücher
Urlaubshandbücher
Reisesachbücher
Europa

Algarve, Lissabon
Amrum
Amsterdam
Andalusien
Apulien
Athen
Auvergne, Cévennen

Barcelona
Berlin, Potsdam
Borkum
Bretagne
Budapest
Burgund

City-Trips mit
  Billigfliegern
City-Trips mit Billig-
  fliegern, Bd.2
Cornwall
Costa Blanca
Costa Brava
Costa de la Luz
Costa del Sol
Costa Dorada
Côte d'Azur, Seealpen,
  Hochprovence

Dalmatien
Dänemarks
  Nordseeküste
Disneyland
  Resort Paris
Dresden

Eifel
El Hierro
Elsass, Vogesen
England, der Süden
Erste Hilfe unterwegs

Estland
Europa BikeBuch

Fahrrad-Weltführer
Fehmarn
Föhr
Formentera
Friaul, Venetien
Fuerteventura

Gardasee, Trentino
Golf von Neapel,
  Kampanien
Gomera
Gotland
Gran Canaria
Großbritannien

Hamburg
Helgoland
Hollands
  Nordseeinseln
Hollands Westküste
Holsteinische Schweiz

Ibiza, Formentera
Irland
Island, Faröer
Istanbul
Istrien, Kvarner Bucht

Juist

Kalabrien, Basilikata
Katalonien
Köln
Kopenhagen
Korfu, Ionische Inseln
Korsika
Krakau, Tschenst.

Kreta
Krim, Lemberg, Kiew
Kroatien

Landgang
  an der Ostsee
Langeoog
La Palma
Lanzarote
Latium mit Rom
Leipzig
Ligurien,
  Cinque Terre
Litauen
London

Madeira
Madrid
Mallorca
Mallorca,
  Leben/Arbeiten
Mallorca, Wandern
Malta, Gozo, Comino
Mecklenb./Brandenb.:
  Wasserwandern
Mecklenburg-Vorp.
  Binnenland
Menorca
Montenegro
Moskau
Motorradreisen
München

Norderney
Nordseeinseln, Dt.
Nordseeküste
  Niedersachsens
Nordseeküste
  Schleswig-Holstein
Nordspanien
Nordzypern
Normandie
Norwegen

Ostseeküste
  Mecklenburg-Vorp.
Ostseeküste
  Schleswig-Holstein
Outdoor-Praxis

Paris
Piemont, Aostatal
Polens Norden
Polens Süden
Prag
Provence
Provence, Templer
Pyrenäen

Rhodos
Rom
Rügen, Hiddensee
Ruhrgebiet
Rumänien,
  Rep. Moldau

Sächsische Schweiz
Salzburg,
  Salzkammergut
Sardinien
Schottland
Schwarzwald, südl.
Schweiz, Liechtenstein
Sizilien, Lipar. Inseln
Skandinavien,
  der Norden
Slowakei
Slowenien, Triest
Spaniens
  Mittelmeerküste
Spiekeroog
St. Tropez
  und Umgebung
Südnorwegen
Südwestfrankreich
Sylt

Teneriffa
Tessin, Lago Maggiore
Thüringer Wald
Toscana
Tschechien
Türkei, Hotelführer
Türkei: Mittelmeerküste

Umbrien
Usedom

Venedig

Know-How auf einen Blick

Reisehandbücher
Urlaubshandbücher
Reisesachbücher
Fernziele

Afrika, Durch, 2 Bde.
Agadir, Marrakesch, Südmarokko
Ägypten individuell
Ägypten/Niltal
Alaska & Kanada
Algerische Sahara
Argentinien, Uruguay, Paraguay
Äthiopien
Australien – Auswandern
Australien, Osten und Zentrum
Australien, Westen und Zentrum

Baikal, See u. Region
Bali und Lombok
Bali, die Trauminsel
Bangkok
Botswana
Brasilien
Brasilien kompakt

Cabo Verde
Chicago
Chile, Osterinsel
China Manual
Chinas Osten
Costa Rica
Cuba

Djerba & Zarzis
Dominikanische Republik
Dubai, Emirat

Ecuador, Galápagos
Erste Hilfe unterwegs

Fahrrad-Weltführer
Florida
Fuerteventura

Guatemala

Havanna
Hawaii
Honduras
Hongkong, Macau, Kanton

Indien, der Norden
Indien, der Süden
Iran

Japan
Jemen
Jordanien

Kalifornien und USA Südwesten
Kalifornien, Süden und Zentrum
Kambodscha
Kamerun
Kanada, USA
Kanadas Maritime Provinzen
Kanadas Osten, USA Nordosten
Kanadas Westen, Alaska
Kapstadt – Garden Route (Südafrika)
Kapverdische Inseln
Kenia
Kenia kompakt
Kerala (Indien)
Krügerpark – Kapstadt (Südafrika)

Ladakh, Zanskar
Laos
Lateinamerika BikeBuch
Libyen

Malaysia, Singapur, Brunei
Marokko
Mauritius, La Réunion
Mexiko
Mexiko kompakt
Mongolei
Motorradreisen
Myanmar

Namibia
Namibia kompakt
Neuseeland BikeBuch
New Orleans
New York City
New York im Film

Oman
Outdoor-Praxis

Panama
Peru, Bolivien
Peru kompakt
Phuket (Thailand)

Qatar
Queensland (Australien)

Rajasthan (Indien)

San Francisco
Senegal, Gambia
Singapur
Sri Lanka
St. Lucia, St. Vincent, Grenada
Südafrika
Südafrika: Kapstadt – Garden Route
Südafrika: Krügerpark – Kapstadt
Sydney, Naturparks
Syrien

Taiwan
Tansania, Sansibar
Thailand
Thailand – Tauch- und Strandführer
Thailands Süden
Tokyo, Kyoto, Yokohama
Transsib
Trinidad und Tobago
Tunesien
Türkei, Hotelführer
Türkei: Mittelmeerküste

Uganda, Ruanda
USA, als Gastschüler
USA, Kanada
USA, Canada BikeBuch
USA Nordosten, Kanada Osten
USA, der große Süden
USA Südwesten, Kalif., Baja California
USA, Südwesten, Natur u. Wandern
USA, der ganze Westen

Venezuela
Vereinigte Arabische Emirate
Vietnam

Westafrika – Sahel
Westafrika – Küste
Wo es keinen Arzt gibt

Yucatán (Mexiko)

PANORAMA

Australien
Cuba
Rajasthans Palasthotels
Südafrika
Thailands Bergvölker und Seenomaden
Tibet
Vietnam

496 Index

Alphabetisches Register – Index

Im Register finden sich alle Ortsnamen, Sehenswürdigkeiten und geografischen Bezeichnungen ebenso wie alle wichtigen Sachbegriffe. Egal, wonach man sucht, alles ist unterschiedslos alphabetisch eingeordnet, wobei heißt

NP = National Park   **NM** = National Monument   **SP** = State Park

AAA	**15**	
Adventure Island	364	
Ah-Tah-Thi-Ki Museum	396	
Air Force Museum	297, 340	
Airboats	394	
Alexander Springs	259	
Alkohol	50, 71	
Alligator Alley	375, 396	
Alligatoren	24, 396	
Amelia Island	279	
American Beach	279	
Andersonville NHS	422	
Angeln	81	
Ante Bellum Plantations	334	
Apalachicola River	296	
Apotheken	85	
Appalachicola	346	
Aquatica	255	
Art Deco	136ff, 489	
Ärzte	85	
Astronaut Hall of Fame	206	
Atlanta	401ff	
- Airport	403	
- Centennial Park	412	
- CNN Center	412	
- Coca Cola World	413	
- Downtown	409	
- Georgia Aquarium	412	
- Sweet Auburn	413	
Augusta	436	
Autofahren USA	48f	
Autolexikon	54	
Automiete generell	34ff	
- Führerschein	37	
- Kosten	36	
- Versicherungen	37	
Automobilclubs	15	
Aviation Museum	421	
Baden	**80**	
Bahia Honda SP	160	
Banken	86	
Bargeld	45	
Battleship Memorial Park	306	
Bay St.Louis	309	
Bay Walk (St. Petersburg)	369	
Beaufort	454	
Bed & Breakfast	64	
Behinderte	86f	

Benzin	53	
Bevölkerung	478ff	
Big Cypress Nat. Pres.	394	
Big Pine Key	161	
Biloxi	308	
Biscayne Nat'l Park	144	
Blackwater River SP	297	
Blue Springs SP	259	
Boca Raton	188	
Bok Sanctuary & Tower	260	
Botschaften/Konsulate	87	
Brunswick	431	
Bürgerkrieg in Florida	471f	
Bürgerrechte in Florida	476	
Bush Gardens	364	
Busverkehr	33	
Cabbage Key	**388**	
Caladesi Island	373	
Camping	66	
- ohne Campground	70	
- Führer	66	
- Gebühren	66f	
Campingplätze		
- kommerzielle	68	
- staatliche	67f	
- Reservierung	69f	
Campmobile		
- Mietkosten	41f	
- Kostenvergleich mit Pkw	44	
- Typen	39f	
- Versicherungen	42	
Captiva Island	388f	
Carpool	49	
Cedar Key	350	
Charleston	436ff	
- Plantations	451	
Clearwater	372	
Cocoa Beach	201	
Collier Seminole SP	392	
Columbus/Georgia	461	
Coral Castle	129	
Corkscrew Swamp	392	
Cumberland Island	282	
Crystal River SP	352	
Dali Museum	**370**	
Datumschreibung	106	
Davis Bayou	308	

Daytona Beach	262ff	
Delfine	25, 158	
Delray Beach	188	
Destin	340f	
Dickinson SP	196	
Ding Darling Wildl. Ref.	388	
Dinner	76	
Discount Coupons	58f	
Discovery Cove	254	
Disney World	222ff, 486	
- Animal Kingdom	241ff	
- Blizzard Beach	245	
- Celebration	217	
- CityWalk	252	
- Downtown Disney	246	
- Epcot	234 ff	
- Hollywood Studios	238ff	
- Magic Kingdom	229ff	
- Typhoon Lagoon	245	
Dollars	45f	
DonCesar (Hotel)	370	
Dr. Beach	341	
Dry Tortugas NP	176	
Eden SP	**343**	
Edison Estate	382	
Einreise USA	29f	
Eisenbahn	32	
Emerald Coast	338ff	
Essen und Trinken	71	
Estefan, Gloria	481	
Estero Island	385	
Everglades City	393f	
Everglades NP	141ff, 393	
Expressways	51	
Fahrenheit	**101**	
Family Restaurants	73	
Fast Food	72f	
Feiertage	89	
Fernandina Beach	280	
Fisher Island	140	
Flagler, Henry M.	147, 472	
Flagler Museum	190	
Flamingo	143	
Florida		
- Daten&Fakten	15	
- Fauna/Tierwelt	24	
- Flora	23	

USA-Geheimtipp
www.cellion.de

Die Cellion USA-Handykarte – ein *Muss* für jeden USA-Reisenden

Ralph aus Hannover, Städtereise New York:

„Gut, dass mir ein Kollege von Cellion erzählt hat. So konnte ich mein Handy in Amerika nutzen, ohne ständig an die Telefonrechnung denken zu müssen."

Stefan aus Berlin, Urlaub in Florida:

„Großes Lob! Cellion ist *die* Empfehlung für jeden USA-Reisenden."

Ines aus München, Rundreise quer durch die USA:

„Für meinen nächsten USA-Urlaub bestelle ich auf jeden Fall wieder eine Cellion Handykarte."

Sparen auch Sie beim Mobiltelefonieren und mobilen Surfen in den USA. Sie erhalten Ihre USA-Handykarte noch vor Ihrer Abreise – kostenlos und ohne Nutzungsverpflichtung. Verpassen Sie diese Gelegenheit nicht!

Info und kostenlose Bestellung
www.cellion.de

- Geographie	16f		

- Geographie 16f
- Geschichte 466ff
- Information/Internet 14
- Klima 18
- Staat 483f
- Tourismus 474, 477, 485
Florida Caverns SP 297
Florida Keys 147ff
Flugbuchung 28
Flüge 26ff
Flugzeiten 28
Folly Beach
Ford Estate 382
Fort Barrancas 302
Fort Caroline 279
Fort Clinch 280
Fort de Soto Park 371
Fort Frederica 433
Fort Jackson 429
Fort Jefferson 176
Fort King George 431
Fort Lauderdale 181ff
Fort Matanzas 267
Fort Moultrie 453
Fort Myers 381f
Fort Myers Beach 386
Fort Pickens 303
Fort Pierce 199
Fort Pulaski 430
Fort Sumter 449
Fort Walton Beach 339
Fort Zachary Taylor 173
Fotografieren 89f
Freeways 51
Frühstück, Hotel 57

Gainesville 291f
Gamble Plantation 376
Gamble Roger SP 266
Gasparilla Island 258
Gatorland 256f
Geldautomaten 45
Geldverlust 47
Gepäck 27
Geschwindigkeitsgrenzen 49
Gewichte 92f
Ginnie Springs 290
Golden Isles 432
Golf 83
Grassy Key 158
Grayton Beach SP 342
Greyhound Bus 33
Gulf Islands NSS 303, 308
Gulf World 344
Gullah Kult 458
G-Wiz Science Center 378

Hemingway, Ernest 171
Henderson Beach SP 342
Highland Hammock SP 260
Highways 51
Hilton Head Island 458
Hobe Sound 197
Hofwyl-Broadfield 431
Holy Land Experience 255
Homosassa Springs 353
Honeymoon Island 373f
Hostels 65
Hotelbetten 61
Hotel-Motel-Tarife 57f
Hotels 55ff
Hotelverzeichnisse 58
Hugh Taylor Birch SP 184
Hunting Island 457
Hurrikan 90
Hutchinson Island 198

Ichetucknee Springs 290
Indian Key 157
Indian Temple Mound 339
Internet unterwegs 104f
Internetbuchung Hotel 60
Interstate Autobahnen 51
Islands of Adventure 251

Jensen Beach 198
Jekyll Island 433
John Pennekamp SP 150
John Pass Village 361
Jonathan Dickinson SP 196
Jugendherbergen 65
Juniper Springs 260
Jupiter 196

Kaffeebars 75
Kanupaddeln 81f
Kasinos 309, 319, 396f
Kennedy Space Center 202ff
Key Largo 151
Key Lime Pie 161
Key West 163ff
- Aquarium 168
- Conch Train 168, 172
- Mallory Square 167
- Museen 169ff
- Southernmost Point 16, 172
Kinder 91f
Kingsley Plantation 279
Klima 18
Klimaanlagen 91
Konsulate 87
Korallen 25
Koreshan Historical SP 376
Kreditkarten 46f

Kriminalität 478
Kuba 175, 474, 476f, 482
Kundenkarten 72
Kunst & Kultur 488f

Lake City 288
Lake June-in-Winter SP 261
Lake Okeechobee 195, 261
Lake Worth 189
Lion Country Safari Park 192
Literatur zu Florida 92f
Lodges 56
Lovers Key 385
Lowry Park Zoo Tampa 363
Lunch 76

Manatee Springs SP 349f
Macon 420
Madison 435
Manatees 25, 199
Marathon 159
Marco Island 384
Mardi Gras 333
Marineland of Florida 266
Marjorie Rawlings SP 292
Maße & Gewichte 92f
McArthur Beach 196
Miami 111ff
- Bayfront 119
- Biltmore Hotel 116, 126
- Coconut Grove 128
- Coral Gables 125f
- Fairchild Garden 129
- Flagler Street 118
- Key Biscayne 127
- Little Havana 122f
- Metromover 118
- Monastery St. Bernard 125
- Parrot Island 122
- Venetian Pool 126
- Villa Vizcaya 127f
Miami Beach 130ff
- Art Deco District 139ff
Miami Vice 121
Miccosukee Indianer 395
Miracle Strip 338, 341
Mission San Luis 292
Mississippi (Küste) 308
Mobile/Alabama 307
Montgomery/Alabama 460
Moskitos 143
Motels 55ff
Moultrie 423
Museen 489

Index

Naples **389ff**
National Parks 19
Navarre Beach 338
New Orleans 310ff
- Audubon Park 331
- Bourbon Street 324f
- City Park 331
- Chalmette Battlefield 332
- French Quarter 321ff
- Garden District 330
- Jazz 319, 324
- »Katrina« 312
- Mardi Gras 333
- Nottoway Plantation 337
- Oak Alley Plantation 336f
- St. Charles Streetcar 329
- Voodoo 325
- Warehouse District 323
- Zoo 331
Notfälle 86, 93

O'Leno SP **290**
Ocala + O. Nat' l Forest 258
Ocean Springs 309
Ochopee (Post Office) 94, 394
Ochlokonee River SP 349
Öffentl. Verkehrsmittel 32
Okaloosa Island 338
Okefenokee Swamp 284
Olustee 287
Orlando (Stadt) 208ff
Orlando (Theme Parks) 222ff
Oscar Scherer SP 379

Palm Beach **189ff**
Panama City Beach 344f
Parken/Parktickets 50
Passerfordernis 29
Pennekamp SP 150
Pensacola & P. Bech 297ff
Picknickplätze 52
Pigeon Key 160
Plains 422
Plant Museum 361
Plant, Henry B. 357
Plantation Key 154
Polizei 50
Ponce de Leon SP 297
Port St. Joe 346
Post 93

Ramrod Key **162**
Ranches 95
Reisedauer 13f
Reiseschecks 46
Reisezeiten 13
Reservierung H/Motels 60ff

Resorts 56
Restaurants 72ff
Ringling Museum of Art 377
Ripley's Believe it or not!
174, 274, 344
Ron Jon Surf Shop 201
Rosewood 351

Sales Tax **95**
Salvador Dali Museum 370
Sanibel Island 387
Santa Rosa Island 303, 338
Sarasota 376f
Savannah/Georgia 424ff
Sawgrass Mills Outlet Mall 185
Scheckkarte 45
Schotterstraßen 52
Schwimmen 80
Schwulenszene 165
Seaside 342f
Sea Turtles 197, 200
SeaWorld 252ff
Sebastian 201
Seminole Ind. Reserv. 396f
Seminolenkriege 473
Senioren 60, 95
Shark Valley 395
Shipwreck Island 344
Shopping 84
Silver Springs 258
Six Flags over Georgia 417
Sklaven in Florida 471
Sport in Florida 80ff, 490f
Spring Break 181, 262
Spring Parks 21, 259
St. Andrews Beach SP 345
St. Armand's Circle 379
St. Augustine 267ff
- Anastasia Island 274
- Castillo de San Marcos 266f
- Flagler College 271
St. George Island 348
St. Joseph Peninsula SP 347
St. Lucie Inlet SP 197
St. Pete Beach 370
St. Petersburg 365ff
Star Island 140
State Parks 20
Stephen Foster SP 289
Stone Mountain Park 418
Strände, die schönsten 341
Straßenkarten 52
Stromspannung 88
Stuart 198
Sugarloaf Key 162
Sunshine Skyway 375

Supermärkte 71
Surfen 80
Suwanee River SP 297

Tallahassee **292**
Tamiami Trail 375, 393f
Tampa 356ff
Tarpon Springs 372
Tauchen 81, 152
Telefonieren 96ff
Temperaturen 101
Tempolimits 49
Tennis 83
The Breakers 190, 472
Thomasville 423
Three Rivers SP 296
Toiletten 101
Tomoka SP 265
Topsail Hill SP 342
Tourbooks 15, 58
Tourist Information 14
Tri City 355ff
Trinkgeld 62, 77, 102
Trinkwasser 72
Tubing 82
Tuttle, Julia 111, 474
Tybee Island/Georgia 429

Universal Studios **247ff**
Upper Matecumbe Key 157

Vaca Key **159**
Van Wezel Hall 378
Venice 380f
Vero Beach 200
Veranstaltungen 101ff
Vergnügungsparks
84, 208ff, 486
Verkehrsregeln 48f
Visum 30
Vogelbeobachtung 83

Wakulla Springs SP **295**
Wandern 82
Waschsalons 105
Weeki Wachee Springs 354
Wekiwa Springs 260
West Palm Beach 192ff
Wet'n Wild 257
Wilderness Waterway 143
Windhundrennen 378

Ybor City **360**

Zahnärzte **85**
Zeitungen 106
Zeitzonen 107, 296
Zigarren 124, 164
Zoll USA 32

Kartenverzeichnis

Regionenkarten

Atlantikküstenstreifen

Miami–Fort Lauderdale	179
Fort Lauderdale–Palm Beach	188
Palm Beach– Cape Canaveral	197
Cape Canaveral–Jacksonville	263
Küste Georgia	432
Südküste South Carolina	455

Andere

Florida Keys	148/149
Floridas Süden	383
Floridas zentraler Westen	348
Mississippi Plantations	331
Nordwestliches Florida	288
Panhandle, östlicher Teil	296
Panhandle, westlicher Bereich	338
Routen von Atlanta nach Florida	400
Von Pensacola bis New Orleans	308

Städte in Florida

Daytona Beach	264
Fort Lauderdale	184
Fort Myers und Umgebung	383
Jacksonville	277
Key West, ganze Insel	163
Key West, Zentralbereich	170
Miami Großraum	114
Miami Beach	131
Miami Downtown	119
Miami, Zentraler Bereich	124
Orlando	209
Palm Beach/West Palm Beach	191
Pensacola und Beach	299
St. Augustine, Bereich	269
St. Augustine, Downtown	270
Tallahassee	293
Tampa	360
Tampa Bay (mit St.Pete & Clearwater)	366

Städte Nachbarstaaten

Atlanta Großraum	404
Atlanta City	411
Charleston Großraum	438
Charleston Old Town	445
New Orleans, French Quarter	323
New Orleans	328
Savannah, Großraum	424
Savannah Downtown	427

Sonstige

Disney World	223
Everglades Nat'l Park	142
Kennedy Space Center	202
Stone Mountain Park Atlanta	418
Zeitzonen	107

Kostenloser Download dieses Buches als E-Book unter:

www.usacanada.de/buchcode-florida

Ihr persönlicher Code als Käufer des Buches

K8R680LW43